CHRISTIAN GRAF VON KROCKOW

DIE DEUTSCHEN

IN IHREM JAHRHUNDERT

1890–1990

ro
ro
ro

ROWOHLT

31.–45. Tausend Dezember 1992

Veröffentlicht im Rowohlt Taschenbuch Verlag GmbH,
Reinbek bei Hamburg, September 1992
Copyright © 1990 by Rowohlt Verlag GmbH, Reinbek bei Hamburg
Umschlaggestaltung Walter Hellmann unter Verwendung des
Gemäldes «Brandenburger Tor» von Harald Metzkes, 1978
© VG Bild-Kunst, Bonn 1991
Gesamtherstellung Clausen & Bosse, Leck
Printed in Germany
1990–ISBN 3 499 19195 4

Inhalt

Vorwort

Der 9. November 1989 bezeichnet eine Wendemarke deutscher Geschichte: Ende und Anfang zugleich. Vielleicht wird er einmal der deutsche Nationalfeiertag sein. Dann könnte er auf ein neues Selbstbewußtsein verweisen und an eine Revolution erinnern, unsere einzig geglückte: Friedvoll und beharrlich erstritten sich Menschen ihren Weg in die Freiheit, um fortan als Bürger zu leben und nicht länger als Untertanen. Es folgte die Wahl vom 18. März 1990, die Entscheidung zur Einheit.

Was sich damit ankündigt, ist das Ende des deutschen Dramas, das genau ein Jahrhundert zuvor begann. Wollte man nämlich seinen Auftakt mit einem Datum markieren, so wäre wohl der 18. März 1890 zu nennen. An diesem Tag schrieb Bismarck, der Gründer des Nationalstaates, sein Entlassungsgesuch, und der junge Kaiser, ungeduldig, selbst zu regieren, statt von gealterter Größe sich gängeln zu lassen, gab die Parole aus: «Volldampf voraus!» Nicht um die sorgenreiche Bewahrung des längst Errungenen, sondern um die vom eigenen Kraftgefühl gestaltete Zukunft sollte es fortan gehen.

Wilhelm II. war kein Außenseiter, vielmehr Repräsentant der Epoche, die nach ihm benannt worden ist. Fünf Jahre nach Bismarcks Entlassung, 1895, hat Max Weber, der große Gelehrte, den Sachverhalt bündig formuliert:

«An unserer Wiege stand der schwerste Fluch, den die Geschichte einem Geschlecht als Angebinde mit auf den Weg zu geben vermag: das harte Schicksal des politischen Epigonentums... Entscheidend ist auch für unsere Entwicklung, ob eine große Politik uns wieder die Bedeutung der großen politischen Machtfragen vor Augen zu stellen vermag. Wir müssen begreifen, daß die Einigung Deutschlands ein Jugendstreich war, den die Nation auf ihre alten

Tage beging und seiner Kostspieligkeit halber besser unterlassen hätte, wenn sie der Abschluß und nicht der Ausgangspunkt einer deutschen Weltmachtpolitik sein sollte.»[1]★

Ein Fluch über den Deutschen, der danach verlangte, ihn durch die Tat zu bannen und den «Platz an der Sonne»[2], den angeblich vorenthaltenen, zu erkämpfen: Etwas Sonderbares ist daran, eine Verblendung, etwas wie Wahn; den Nachgeborenen jedenfalls will es scheinen, als seien die Deutschen jenem mythischen Ikarus-Ort selten so nahe gewesen wie im Zeichen ihrer Klage, im Schatten zu stehen.

Was Weber sagte, war ähnlich überall zu hören und zu lesen, in jeder Preislage, sei es an Stammtischen und in patriotischen Reden, in Gazetten und Büchern, sei es gereimt, wie in dem poetischen Gruß voraus an das neue Zeitalter:

> «Und haben wir viel geforscht, gedacht,
> die allerschönste Musik gemacht,
> tragisch und heiter die Welt besungen,
> den Erbfeind dann in uns bezwungen,
> als treu geeintes Volk in Waffen
> ein ehrenfestes Reich geschaffen:
> So laßt uns nun die Welt ergreifen,
> den letzten Kleinmut von uns streifen,
> ausstrahlen über die Erde hin
> so deutsche Kraft wie deutschen Sinn,
> mit gottdurchdrungnem Heldenwillen
> das zwanzigste Jahrhundert füllen.»[3]

Am Willen, an der Vorstellung und an der Tat hat es nicht gemangelt. Im Jahrhundert seit 1890 haben die Deutschen Europa und die Welt in Unruhe und Staunen versetzt, mit ihren Leistungen verblüfft, mit Taten und Untaten, mit Opfermut und mit Opfern, am Ende mit Schrecken erfüllt. Und immer schien es, als könnten sie ihr Selbstbewußtsein einzig durch Herrschaft begründen, ihre Einheit nur durch Feindbilder herstellen.

Schon das wilhelminische Vorspiel läßt davon etwas ahnen. Die

★ Zahlen im laufenden Text verweisen auf die Anmerkungen ab Seite 367

Zukunft sollte «auf dem Wasser» liegen; der Schlachtflottenbau forderte das alte Imperium zum Weltenduell, gegen das dann im Krieg der Haß explodierte: «Perfides Albion! Gott strafe England!» Ausgerechnet vom Riesenspielzeug des Kaisers und seiner Epoche führte indessen der Weg in die Niederlage, zur Revolte – und zum Schicksalsdatum des 9. November 1918.

Das Scheitern des ersten, wilhelminischen «Griffs nach der Weltmacht»[4] spielte den Deutschen noch einmal eine Probe, eine Chance zur Normalität zu: sich einzufügen in die überkommene Staatsraison, in die europäischen Maße der Macht und in eine westliche Form von Demokratie. Diese Chance ist vertan und von der Mehrheit nicht einmal erkannt worden. Der Umsturz von 1918 galt bald als «Novemberverbrechen», als Zerstörung des deutschen Wesens, der Friede als das Diktat, dem nur durch Auflehnung, nicht durch Erfüllung beizukommen war; der Weimarer Verfassung, dem Parlaments- und Parteiwesen und der daran gebundenen Freiheit begegnete man mit Vorbehalt oder mit mißgelaunter Gleichgültigkeit, wenn nicht mit Verachtung und Haß. So wurde zwischen 1918 und 1933 die Bahn gebrochen zum zweiten Anlauf, zum nun erst ins Grenzenlose weisenden Griff nach der Macht, die, um vollendete Herrschaft zu sein, zugleich der vollendeten Knechtschaft bedarf.

Hitler rückte zum Führer auf, weil er sich auf Symbole verstand. Schon sein Münchener Putsch von 1923 war auf den 9. November angelegt; später wurde die deutsche Konterrevolution alljährlich mit düsterem Pomp nachinszeniert, bis dann, 1938, in der Nacht dieses Tages die Häuser Gottes brannten. Doch noch oder gerade unter dem finstersten Vorzeichen bündelten sich Leistungswille und Opferbereitschaft zu einer Energie, die nahe genug an das Unwahrscheinliche des Erfolgs heranführte. Die europäischen Gegenkräfte reichten längst nicht mehr aus; eine Weltanspannung war nötig, um den deutschen Höhenflug zu stoppen.

Aber sogar der Absturz von 1945 setzte unerwartete Kräfte frei; fast möchte man meinen, daß es den Siegern des Zweiten Weltkriegs mit den Besiegten wie Goethes «Zauberlehrling» mit dem übereifrigen Besen erging:

«Wahrlich! brav getroffen!
Seht! er ist entzwei!
Und nun kann ich hoffen,
Und ich atme frei!
    Wehe, Wehe!
    Beide Teile
    Stehn in Eile
    Schon als Knechte
    Völlig fertig in die Höhe!
    Helft mir, ach! ihr hohen Mächte!»

Jemand hat die unbeirrbare Tüchtigkeit sarkastisch kommentiert: «D-Mark und Goldmedaillen bilden den Kern des deutschen Nationalbewußtseins.»[5] Daran ist etwas, trotz aller Überspitzung. Die Bundesrepublik Deutschland hat sich neben den Vereinigten Staaten und Japan zur dritten Wirtschafts- und zur ersten Exportweltmacht aufgeschwungen, die Deutsche Demokratische Republik neben den USA und der Sowjetunion zur olympischen Weltmacht – und dies jeweils auf einer ungleich schmaleren Bevölkerungsbasis als die Konkurrenten.

Dabei hätten sich die Deutschen wohl gern im Windschatten der Geschichte niedergelassen, zipfelmützig samt Gartenzwerg oder Barockengel; schließlich gehört die «Gemütlichkeit» zu ihren unübersetzbaren Weltbegriffen, wie Kindergarten, Bildung, Weltanschauung, Blitzkrieg und Endlösung. Aber nicht bloß der Drang zum Tüchtigsein machte das Ausruhen schwer, sondern die Angst. Man traute dem Bestehenden nicht, das Tag um Tag seine Unvollkommenheit, seine Gebrechen offenbarte; morgen schon, so meinte man, konnte alles zu Ende sein, ob durch Krieg, Naturzerstörung, den wirtschaftlichen Kladderadatsch oder wodurch immer. Darum bildeten Sehnsüchte nach der Idylle und Untergangserwartungen im deutschen Gemüt einen seltsamen Zweiklang, indessen die Angst vielerlei Bewegtheit und Bewegungen gebar, ungewiß nur wohin. Ob auch dafür der 9. November 1989 ein Ende gesetzt und ein neues Selbstbewußtsein begründet hat, das ist freilich die Frage, auf die erst die Zukunft antworten kann.

Leistungswille und Opferbereitschaft, Verblendung und Selbstzerstörung: Von 1890 bis zur Gegenwart folgt dieses Buch den Deutschen durch ihr phantastisches, ihr schreckensvolles Jahrhundert. Aber es möchte nicht bloß nachzeichnen, was sie dachten und taten; den längst unzählbaren, sei es schmalen oder vielbändigen Berichten soll keiner hinzugefügt werden. Es geht um etwas anderes: um Aufklärung. Denn die Deutschen haben sich auserwählt, unvergeßlich zu werden, indem sie der Erfahrung des Menschseins etwas hinzufügten, was neu war oder so alt, daß niemand es kannte. Und dies, wahrlich, haben sie erreicht. Was nur trieb sie, derart hoch zu streben – und lieber ins Bodenlose zu fallen, als mit dem Gewöhnlichen sich abzufinden? Das ist die Frage, die untersucht und, wenn möglich, beantwortet werden soll.

Aufklärung freilich, wie die geschichtliche Darstellung, erlaubt keine Patenturteile, und so es sie gibt, erweisen sie sich als untauglich; das Vielschichtige gehört zur Sache wie der Widerspruch. Darum bedarf es der eingehenden Untersuchungen und einer Vielfalt statt der Einfalt der Ansätze; wirtschaftliche Bedingungen, gesellschaftliche Kräfte und politische Institutionen spielen ebenso ihre Rolle wie die Formation der Ideen, wie der Glaube oder der Wahn, und nur lange, nicht kurze Wege führen zum Ziel.

Die Darstellung und die Wertung bleiben wurzellos und willkürlich ohne eine begründende Dokumentation. Um den Text nicht zu überfrachten, wurde diese Dokumentation zum Teil in die Anmerkungen verwiesen, denen damit ein eigenes Gewicht zukommt.

Aufklärung beginnt im übrigen niemals von vorn, sondern sie folgt ihren Vorbildern. Für den Verfasser sind vor allem zwei Bücher seit langem wichtig gewesen. Das eine erschien schon vor mehr als anderthalb Jahrhunderten, 1835; es wurde in Paris geschrieben, und sein Autor heißt Heinrich Heine: «Zur Geschichte der Religion und Philosophie in Deutschland». Die präzise Vermessung deutscher Tiefen und Untiefen, die prophetische Kraft um ein ganzes Jahrhundert voraus, dazu noch ein Gipfel deutscher Sprachkunst: Wo sonst findet man, was dem Vergleich standhält?

Das andere Buch stammt von Helmuth Plessner und ist – seit 1959 – mit angemessener Verspätung unter dem Titel «Die verspätete Nation» bekannt geworden. Aber es entstand in den Niederlanden, und seine Erstveröffentlichung erfolgte 1935 in Zürich. Bewußt, wenngleich mit ganz anderen Mitteln, schließt es an Heine an.

Zwei Bücher also, die wir dem Exil verdanken: Ein Zufall ist das gewiß nicht. Wo das Selbstverständliche endet, beginnen die Fragen; erst die Fremde läßt uns Heimat als das Verlorene mit anderen Augen sehen, im Schauder und mit neuer, verwandelter Liebe. Eben diese Erfahrung hat den Verfasser seinen Vorbildern zugeführt.

Erfahrung, die deutsche zumal, mag allerdings skeptisch und manchmal bitter stimmen: Hat Einsicht überhaupt eine Chance? Aber kein Bemühen um Aufklärung wäre denkbar ohne wenigstens ein Gran des Hoffens: darauf, mit Kant, daß Menschen aus ihrer selbstverschuldeten Unmündigkeit herausfinden können und durch einigemal Fallen wohl endlich gehen lernen.

ERSTER TEIL

DAS WILHELMINISCHE VORSPIEL
1890–1914

Erstes Kapitel
Vom Fortschritt und vom Frieden

Eine Bevölkerung im Aufbruch

«Wir leben in einem Übergangszustande! Deutschland wächst all-mählich aus den Kinderschuhen heraus, um in das Jünglingsalter ein-zutreten. Da wäre es wohl an der Zeit, daß wir uns von unsern Kinderkrankheiten frei machten. Wir gehen durch bewegende und anregende Tage hindurch, in denen das Urteil der großen Menge der Menschen der Objektivität leider zu sehr entbehrt. Ihnen werden ruhigere Tage folgen, insofern unser Volk sich ernstlich zusammen-nimmt, in sich geht und unbeirrt von fremden Stimmen auf Gott baut und die ehrliche fürsorgliche Arbeit seines angestammten Herrschers.

Ich möchte dieses Übergangsstadium mit einer kleinen Geschichte vergleichend beleuchten, welche Ich einmal gehört habe. Der be-rühmte englische Admiral Sir Francis Drake war in Zentralamerika gelandet nach schwerer, stürmisch bewegter Reise; er suchte und forschte nach dem andern großen Ozean, von dem er überzeugt war, daß er vorhanden sei, den die meisten seiner Begleiter jedoch als nicht existierend annahmen. Der Häuptling eines Stammes, dem das ein-dringliche Fragen und Forschen des Admirals aufgefallen war, sagte ihm: ‹Du suchst das große Wasser; folge mir, ich werde es dir zeigen›, und nun stiegen die beiden trotz warnenden Zurufs der übrigen Be-gleiter einen gewaltigen Berg hinan. Nach furchtbaren Beschwerden an der Spitze angekommen, wies der Häuptling auf die Wasserfläche hinter ihnen, und Drake sah die wildbewegten Wogen des zuletzt von ihm durchschifften Meeres vor sich. Darauf drehte sich der Häuptling um, führte den Admiral um einen kleinen Felsvorsprung herum, und plötzlich tat sich vor seinem entzückten Blicke der vom

Gold der aufgehenden Sonne bestrahlte Wasserspiegel des in majestä-
tischer Ruhe sich ausbreitenden Stillen Ozeans auf.
So sei es auch mit uns! Das feste Bewußtsein Ihrer Meine Arbeit treu
begleitenden Sympathie flößt Mir stets neue Kraft ein, bei der Arbeit
zu beharren und auf dem Wege vorwärtszuschreiten, der Mir vom
Himmel gewiesen ist.
Dazu kommt das Gefühl der Verantwortung unserm obersten Herrn
dort droben gegenüber und Meine felsenfeste Überzeugung, daß un-
ser Alliierter von Roßbach und Dennewitz Mich dabei nicht im Stich
lassen wird. Er hat sich solche unendliche Mühe mit unserer alten
Mark und Unserem Hause gegeben, daß wir nicht annehmen kön-
nen, daß er dies für nichts getan hat. Nein, im Gegenteil, Branden-
burger, zu Großem sind wir noch bestimmt, und herrlichen Tagen
führe Ich euch noch entgegen.»

Ausschnitte aus einer Rede Seiner Majestät des Kaisers und Königs
von Preußen, Wilhelms II., gehalten beim Festmahl des Branden-
burgischen Provinziallandtages am 24. Februar 1892:[1] Man mag
blasphemisch finden, wie Gott als Alliierter in Erbpacht genommen und neben der eigenen Erhabenheit eher klein geschrieben
wird, und lächerlich erscheint, wie jemand vom Arbeiten schwa-
droniert, der sich zu systematischer Arbeit nie hat bequemen können;[2] über die «herrlichen Tage» haben schon Zeitgenossen gespot-
tet. Doch die Herzen flogen dem forschen Vielredner[3] zu: Sprach
er – bei aller Übertreibung – nicht aus, was sich vollzog?
    Im Rückblick der Besserwissenden fällt es uns schwer, dem Kai-
ser und seiner Epoche gerecht zu werden. Weit stärker und einseitiger, als wir zugeben möchten, hängt unser Urteil vom Ausgang der
Ereignisse und oft auch von Zufällen ab. Wie Hagen Schulze in
seiner Biographie des preußischen Ministerpräsidenten Otto Braun
gesagt hat: «Nicht nur der Verrat ist, nach dem bekannten Aphoris-
mus Talleyrands, eine Frage des Datums, auch der geschichtliche
Ruhm ist es. Die Großen von Weimar sind für die Nachwelt diejenigen, die früh genug starben, um das Ende nicht mitverantworten
zu müssen.»[4]

Als Wilhelm II. im Jahre 1913 sein fünfundzwanzigjähriges Regierungsjubiläum beging, wurde er als der «Friedenskaiser» gefeiert, der einem Vierteljahrhundert des stetigen und in vieler Hinsicht stürmischen Fortschritts seinen Namen geliehen, vielleicht sogar seinen Stempel aufgeprägt hatte. Wie also würden wir über ihn urteilen, wäre er in diesem Jahr einem Attentat zum Opfer gefallen, wie wenig später der österreichische Thronfolger?

Der Fortschritt, den der Kaiser verkörperte, zeigt sich in vielen Dimensionen. Um sie zu verstehen, ist zunächst ein Blick auf die Bevölkerungsentwicklung nicht nur nützlich, sondern unerläßlich. Denn diese Entwicklung bildet den Hintergrund für das nationale Kraftbewußtsein – ebenso wie für Ängste, die Jahrzehnte hindurch die deutschen Alpträume bestimmten.

Seit den Anfängen des 19. Jahrhunderts wuchs die Bevölkerung auf dem Gebiet des Bismarck-Reiches von 24,8 Millionen (1816) über 41 Millionen (1871) auf 67 Millionen im Jahre 1913. Zum Vergleich: In Frankreich lebten um 1800 bereits 27,5 Millionen Menschen. Diese Zahl stieg bis 1870 auf knapp 40 Millionen und blieb dann bis zum Ende des Zweiten Weltkriegs nahezu konstant. Viel früher also als in Deutschland setzte sich beim «Erbfeind» die Praxis der Geburtenbeschränkung durch, viel früher veränderte sich westlich des Rheins die Alterspyramide, mit allen Folgen für die Unter- und Überlegenheitsgefühle: Daß die Franzosen ein altes, wenn nicht gar sterbendes Volk seien, die Deutschen dagegen ein junges und dynamisches, wurde zum Glaubensbekenntnis aller Stammtischstrategen.[5]

Mit der Bevölkerung wuchs freilich zugleich ihre Dichte im Raum: zählte die Statistik 1871 erst 76 Einwohner pro Quadratkilometer, so waren es 1910 bereits mehr als 120. (Inzwischen hat sich diese Zahl auf dem Gebiet der Bundesrepublik nochmals verdoppelt: auf 245 Menschen pro Quadratkilometer.) Wenn man dazu noch hörte, daß die Agrarproduktion nicht Schritt hielt, daß man mehr und mehr Lebensmittel einführen mußte, wuchsen allerdings auch die Beengungsgefühle: Wurde man nicht unausweichlich – wie etwas später Hans Grimm es mit einem einprägsamen Romantitel formulierte[6] – zum «Volk ohne Raum», das in Kolonien oder wo immer um beinahe jeden Preis neuen Lebensraum gewinnen mußte?

Das Zusammenrücken, die Ballung der Menschen vollzog sich im übrigen sehr ungleich: Von 1875 bis 1910 stieg die Einwohnerzahl in Ostpreußen nur von 1 856 000 auf 2 064 000, in Pommern von 1 462 000 auf 1 717 000; im Rheinland war dagegen ein Sprung von 3 804 000 auf 7 121 000 zu verzeichnen, in Westfalen von 1 906 000 auf 4 125 000. Das heißt: Die Agrargebiete blieben immer weiter hinter den Regionen zurück, in denen die Industrialisierung die Zeichen der Zeit setzte. Ganz besonders wuchsen die Städte, wie die folgende Tabelle zeigt (Bevölkerung jeweils in 1000):

Jahr:	1800	1850	1900	1910
Berlin	171	419	1889	3730
Leipzig	40	63	456	588
Frankfurt a. M.	48	65	289	415
Nürnberg	30	54	299	389
Breslau	60	114	423	512
Düsseldorf	10	27	214	358
Essen	4	9	119	2915
Kiel	7	15	108	211

In manchen Fällen werden die Zahlen allerdings dadurch verfälscht, daß die Städte von den alten Kerngebieten durch Eingemeindungen in ihr Umland hinausgriffen; dennoch entrollt sich ein eindrucksvolles, um nicht zu sagen ein dramatisches Bild – das Bild gewaltiger, in solcher Form und solchem Ausmaß zuvor nie gekannter Wanderungsbewegungen vom Land zur Stadt und vom Osten nach Westen; im Ruhrgebiet wurden die «Brüder aus der kalten Heimat» sprichwörtlich, und ohne ihren Zuzug hätte sich das Kerngebiet der Schwerindustrie in diesem Umfang und mit diesem Tempo gar nicht entwickeln können.

Drei Umstände, ineinander verschränkt, machten die Wanderung möglich und unausweichlich: In den Gebieten, in denen der Großgrundbesitz eine wichtige Rolle spielte, also besonders in den östlichen Provinzen, stagnierte oder schrumpfte der Bedarf an Arbeitskräften, weil hier vom Dampfpflug bis zur Dreschmaschine moderne Agrartechniken zuerst Einzug hielten; in den städtischen Ballungsräumen entstanden mit der Industrialisierung neue Arbeitsplätze; der Bau der Eisenbahnen schuf das schnelle, leistungsfähige und zunehmend preiswerte Verkehrsmittel für den Massentransport von Gütern und Menschen.

Dampfkraft und Eisen: Sie sind die Hebel eines neuen Zeitalters, wie Bismarcks «Blut und Eisen» Hebel zur Gründung des Nationalstaates gewesen waren. Die sozialen Stichworte aber heißen Verstädterung und Mobilisierung – in jenem Sinne, in dem schon Karl Marx im «Kommunistischen Manifest» die Leistungen der bürgerlichen Gesellschaft gepriesen hatte: «Die Bourgeoisie hat das Land der Herrschaft der Stadt unterworfen. Sie hat enorme Städte geschaffen, sie hat die Zahl der städtischen Bevölkerung gegenüber der ländlichen in hohem Grade vermehrt und so einen bedeutenden Teil der Bevölkerung dem Idiotismus des Landlebens entrissen... Erst sie hat bewiesen, was die Tätigkeit des Menschen zustande bringen kann. Sie hat ganz andere Wunderwerke vollbracht als ägyptische Pyramiden, römische Wasserleitungen und gotische Kathedralen, sie hat ganz andere Züge ausgeführt, als Völkerwanderungen und Kreuzzüge.» [7]

Fragt man nach den Ursachen der Bevölkerungsexplosion, so sind im wesentlichen wieder drei Faktoren zu nennen. Erstens wurde jetzt früher und häufiger geheiratet als in der vormodernen Gesellschaft, die ihre eigene Form von Geburtenbeschränkung praktizierte. Nur wer den Hof oder den Handwerksbetrieb erbte, durfte einst in den Ehestand treten, und in der Regel erst dann, wenn der alte Inhaber mit seinem Tod oder seinem Abgang aufs Altenteil den Platz räumte. Jüngere Geschwister blieben als Knechte, Gesellen und Mägde meist lebenslang ledig, es sei denn, daß sich ihnen eine Gelegenheit zur Einheirat bot. Gleichzeitig gab es scharfe Sanktionen gegenüber unehelichen Geburten. [8] Die rechtlichen Schranken fielen seit den Anfängen des 19. Jahrhunderts Schritt um Schritt, zum Beispiel mit der Durchsetzung der Gewerbefreiheit; die neuen, industriell geprägten Arbeitsplätze kannten die traditionellen Bindungen an den persönlichen Besitz ohnehin nicht mehr, und in den städtischen Ballungsgebieten erwiesen sich die moralischen Schranken als zunehmend unwirksam, wie schrill auch immer die Tugendwächter predigen mochten.

Zweitens entfaltete der medizinische Fortschritt nach und nach seine Wirksamkeit. Die Säuglings- und Kindersterblichkeit nahm ab; immer mehr Menschen erreichten das zeugungsfähige Alter. Gewiß, auch in Deutschland begann schließlich eine neue Form der Geburtenkontrolle. Nach einem Höhepunkt zwischen 1871 und 1875 mit jährlich 39 Geburten auf 1000 Einwohner fiel die Rate auf 28 pro 1000 zwischen 1911 und 1913. Gleichzeitig sank jedoch die Sterberate von 28 auf 16 pro 1000, so daß der Geburtenüberschuß in der Epoche des Kaiserreiches praktisch konstant blieb.

Drittens verbesserte sich – bescheiden zwar, aber doch spürbar – die Ernährung. In der zweiten Hälfte des 19. Jahrhunderts verblaßte zudem der Schrecken der periodisch wiederkehrenden Hungersnöte, die teils regional, teils im Wechsel der Jahreszeiten aufzutreten pflegten und seit Menschengedenken zu den großen Plagen gehört hatten. Hierbei spielten wiederum die Entwicklung des Verkehrswesens, in erster Linie der Eisenbahnen und der Dampfschiffe, eine zentrale Rolle: Schnell und in großer Menge konnte man Güter, zum Beispiel Getreide, von einem Land, von einem Erdteil zum anderen transportieren.

Vom Agrarstaat zur Industriegesellschaft

Zu den großen europäischen Bewegungen des vorigen Jahrhunderts gehört die Auswanderung nach Übersee, besonders nach Amerika. Exakte Zahlen gibt es nicht, aber an die 60 Millionen Europäer dürften bis zum Beginn des Ersten Weltkriegs ihre Heimat verlassen haben. Den Deutschen kommt dabei ein gehöriger Anteil zu, mit fast zwei Millionen allein in der Zeit zwischen 1871 und 1890. Der Höhepunkt liegt in den Jahren 1881 und 1882 mit jeweils über 200000. Diese gewaltige Bewegung löste zwiespältige Gefühle aus, so wie sie in dem Lied zum Ausdruck kommen, das Ferdinand Freiligrath den Auswanderern gesungen hatte:

«O sprecht! Warum zogt ihr von dannen?
Das Neckartal hat Wein und Korn;
der Schwarzwald steht voll finstrer Tannen,
im Spessart klingt des Älplers Horn.

Wie wird es in den fremden Wäldern
euch nach der Heimatberge Grün,
nach Deutschlands gelben Weizenfeldern,
nach seinen Rebenhügeln ziehn!

Wie wird das Bild der alten Tage,
durch eure Träume glänzend wehn!
Gleich einer stillen, frommen Sage
wird es euch vor der Seele stehn.» [9]

Mag sein. Die Frage nach dem «Warum?» aber läßt sich leicht beantworten: Deutschland konnte seine rasch wachsende Bevölkerung nicht ernähren, ihr keine ausreichende Lebensgrundlage bieten. Politische, mitunter auch religiöse Motive mochten durchaus
eine Rolle spielen [10]; ganz überwiegend war es indessen blanke Not,
die die Menschen gehen hieß. Wenn die soziale Katastrophe aus-
blieb, der große Kladderadatsch, den die Väter des wissenschaftlichen Sozialismus in ihrem englischen Exil gerade für Deutschland
zuversichtlich erwarteten, dann ist dies nicht zuletzt der Tatsache
zu verdanken, daß in der kritischen Entwicklungsphase eine Entlastung vom Überdruck der Bevölkerung möglich war. [11]

Vor diesem Hintergrund nimmt sich nun der wilhelminische
Fortschritt um so erstaunlicher aus. Denn von 1893 an ging die
Auswanderung drastisch zurück; schon 1895 war mit 37 498 eine
Zahl erreicht, die nie mehr überschritten wurde und sich seit 1908
um die 20 000 einpendelte. Noch eindrucksvoller wirkt der Kontrast: Im Jahre 1912 verzeichnete das Reich 18 545 Auswanderer,
Großbritannien mit Irland fast eine halbe Million, Italien mehr als
700 000. Für Rußland fehlen genauere Angaben, aber allein die
deutschen Häfen registrierten 127 747 Personen, in erster Linie
wohl Polen, die das Zarenreich verließen.

Der Vergleich mit früheren Zahlen und mit anderen Ländern
kann eigentlich nur besagen, daß das Reich am Ausgang seiner wilhelminischen Tage wenn schon nicht «herrlich», dann doch glän-

zend dastand. Die kritische Entwicklungsphase war durchschritten, der wirtschaftliche Fortschritt hatte das Bevölkerungswachstum eingeholt; Deutschland bot den Deutschen Arbeit und Brot.

Insgesamt wuchs die Zahl der Beschäftigten zwischen 1890 und 1913 von 22,4 auf 31 Millionen. Dabei leisteten Land- und Forstwirtschaft sowie die Fischerei mit einem Anstieg von 9,6 auf 10,7 Millionen nur einen bescheidenen Beitrag, während die «häuslichen Dienste» bei 1,5 Millionen stagnierten. Dagegen stellten Industrie und Handwerk 3,5 Millionen neuer Arbeitsplätze zur Verfügung, andere Wachstumsbereiche waren Bergbau, Verkehr, Handel, Bank- und Versicherungswesen sowie die «sonstigen», im Gegensatz zu den «häuslichen Diensten» durchweg modern geprägten Dienstleistungen.

Deutschland wandelte sich von der Agrar- zur Industriegesellschaft, und es wandelte sich rasch. Oder, um das kaiserliche Bild zu verwenden: Man verließ die alten, wohlvertrauten Gestade und blickte hinaus auf einen neuen, noch kaum bekannten Ozean mit seinem «vom Gold der aufgehenden Sonne bestrahlten Wasserspiegel.» Nur eine, allerdings bedeutsame, Korrektur dürfte an dem Bilde anzubringen sein: Nicht «majestätische Ruhe» kennzeichnete die Gewässer, die zu befahren man sich anschickte, im Gegensatz zu den «wildbewegten Wogen», die man hinter sich ließ; voraus lag vielmehr eine weit rauhere See als die gewohnte.

Wie rasch sich der Übergang von der Agrar- zur Industriegesellschaft vollzog, zeigen die Anteile an der volkswirtschaftlichen Wertschöpfung. Industrie und Handwerk, die im Jahre 1883 noch hinter der Land- und Forstwirtschaft rangierten, hatten um die Jahrhundertwende bereits einen deutlichen Vorsprung errungen, und 1913 betrug das Verhältnis 19,9 zu 11,3 Milliarden Mark, wobei die weiteren Hauptanteile an der Gesamtleistung von 48,5 Milliarden wiederum auf moderne Bereiche wie Bergbau, Verkehr, Handel, Banken, Versicherungen und die sonstigen Dienstleistungen entfielen.

Der wilhelminische Fortschritt, noch einmal in Zahlen: Die Eisenbahnen erreichten 1890 11,3 und 1913 41,4 Milliarden Personen-Kilometer; beim Güterverkehr lauteten die entsprechenden

Jahresleistungen 22,5 und 67,7 Milliarden Tonnen-Kilometer. Die deutsche Handelsflotte wuchs – bis 1912 – von 1,6 auf 4,6 Millionen Bruttoregistertonnen. Damit lag das Reich zwar immer noch weit hinter Großbritannien mit 19,9, aber klar vor den Vereinigten Staaten mit 2,8 Millionen Tonnen; im Vergleich mit diesem Verfolger erwies sich übrigens die deutsche Handelsflotte als die entschieden modernere: Während hier nur noch ein Dreizehntel der Tonnage auf Segelschiffe entfiel, war es in den USA mehr als ein Drittel. In nur 16 Jahren, von 1896 bis 1912, stieg die Steinkohleförderung von 86 auf 177, die Braunkohleförderung von 27 auf 82, die Roheisengewinnung von 6,3 auf 17,9 Millionen Tonnen.

Diese wilhelminische Erfolgsbilanz ließe sich fast beliebig verlängern. Und nach seinem Rückblick hätte ein kundiger Festredner zum Regierungsjubiläum von 1913 allen Grund gehabt, im zweiten Teil seiner Ansprache die Zukunft erst recht in glänzenden Farben zu malen. Denn bisher war man nicht nur tüchtig gewesen, sondern man hatte auch Glück gehabt. Dem «Gründerkrach» von 1873 – samt Skandalen und peinlichen Pleiten – folgte eine lange, bis in die neunziger Jahre reichende Phase des weltweit gedämpften Konjunkturverlaufs, in denen die Stockungsjahre gegenüber denen des Aufschwungs überwogen. Seither aber gab es eine positive Phase; von den 19 Jahren zwischen 1895 und 1913 ließen sich 14 dem Aufschwung und nur 4 der Stagnation zurechnen.

Die Zukunft, die Chance, im internationalen Wettbewerb zu bestehen und voranzukommen, hing nun entscheidend von zwei Befähigungen ab: von der Möglichkeit, einerseits Qualitätswaren und andererseits neue Produkte zu liefern. Unter beiden Gesichtspunkten ergaben sich die besten Aussichten. Die von den Engländern 1887 erzwungene Herkunftsbezeichnung für Exportprodukte, das «Made in Germany», ursprünglich gegen Schleuderwaren gerichtet, hatte sich als ein Markenzeichen für Qualität durchgesetzt. Deutschland nahm in den Bereichen der Chemie und der Pharmazie, der Optik, der Feinmechanik und der Elektrotechnik – das heißt in den Zukunftsindustrien – eine Spitzenposition ein, während es in den «klassischen» Bezirken von Schwer- und Textilindustrie gegenüber Großbritannien zwar aufgeholt hatte, aber doch nur der zweite Sieger geblieben war.[12] AEG, Siemens & Halske, Robert Bosch, Carl Zeiss, die Badische Anilin- und Soda-Fabrik, Bayer, Hoechst: gestern noch kaum bekannte Namen und jetzt schon Unternehmen auf dem Wege zur Weltgeltung.

Die Ursachen des Erfolges

Fragt man nach den Ursachen des Erfolges, so findet man rasch die scheinbar eindeutige Antwort. In den Festreden jedenfalls tauchen unfehlbar bestimmte Tugendbegriffe auf: Fleiß und Tüchtigkeit, Ordnungssinn, Disziplin und Sparsamkeit, als handle es sich um die immerwährende Natur der Deutschen. In Wahrheit sind diese Eigenschaften ein Ergebnis langfristiger Erziehung; der Obrigkeitsstaat – voran Preußen – hat sie den Untertanen eingeprägt.

Wollte man den Sachverhalt in einer Person anschaulich machen, so wäre an erster Stelle Friedrich Wilhelm I., der «Soldatenkönig» (1713 bis 1740) zu nennen. Er ist der schlechthin überragende Erzieher zum Preußentum; gegen das europäische Modell höfischer Prachtentfaltung, das sein Vorbild im Sonnenkönigtum Ludwigs XIV. hat, setzt er in einer «Revolution von oben» sein eigenes Modell der Schlichtheit, Sparsamkeit und Leistungsbereitschaft. Und mit unendlicher Mühe, gegen Unverständnis und Widerstand ringsumher setzt er es durch. «Parol' auf dieser Welt ist nichts als Müh' und Arbeit», schreibt dieser König einmal an seinen Freund, den Fürsten Leopold von Anhalt-Dessau.[13] Ein wahrhaft preußisches Motto. Und sehr langfristig, über Generationen hin, wird es durch Verwaltung, Militär und Schule den Untertanen eingeimpft, bis sie es mit Stolz als das ihre annehmen.

Sieht man genauer hin, so erkennt man zugleich die Wurzeln, die bis ins Religiöse hinabreichen. In Brandenburg-Preußen ergibt sich – seit 1613 – die eigenartige Konstellation eines «Calvinismus von oben», eines reformierten Herrscherhauses über ganz überwiegend lutherischen Untertanen. Beim frommen Soldatenkönig wird dieser ererbte Calvinismus durch eine kräftige Beimischung des Pietismus zusätzlich aktiviert. So entsteht, nur eben «von oben», was sonst – in den Niederlanden und wichtigen Teilen der Eidgenossenschaft, im angelsächsischen Puritanismus und Nonkonformismus – eher «von unten» wirkt: ein Typus protestantischer Ethik, der Schlichtheit und Leistung als die weltlichen Merkmale des Glaubens in den Mittelpunkt rückt und damit dem wirtschaftlichen Fortschritt wichtige Antriebskräfte verleiht.[14] Zumindest in einigen Regionen ist aber auch in Deutschland die Glaubensbewegung von unten wirksam geworden: Am Neckar, am Niederrhein und an der Wupper hat der Pietismus seine Rolle als handfeste praktische Triebkraft gespielt.

Im wilhelminischen Fortschritt zur Qualität und zur Modernität der industriellen Produktion gewannen noch zwei andere Umstände zunehmende Bedeutung. Einmal handelt es sich um ein eher konservatives Moment, um die hartnäckige Beibehaltung eines Ausbildungsmodells, das den Traditionen des Handwerks entstammt und an die Volksschule eine mehrjährige Lehre anschließt. Damit entwickelte und behauptete sich in den meisten und gerade in den zukunftsweisenden Produktionsbereichen eine Facharbeiterschaft, deren Selbstbewußtsein von der Fähigkeit und dem Willen zu qualitätsbestimmter Leistung getragen wurde.[15]

Der andere Umstand wirkt eher revolutionär. Er hat damit zu tun, daß in Bereichen wie der Elektroindustrie und besonders der Chemie der Fortschritt neue Grundlagen erfordert. Nicht mehr bloß auf den Praktiker, den Tüftler und Erfinder mit genialen Einfällen kommt es an, sondern auf die Systematik wissenschaftlicher Forschung. Genau dafür war Deutschland gerüstet wie kaum ein anderes Land. Bereits am Anfang des 19. Jahrhunderts hatte die Humboldtsche Universitätsreform Gelehrsamkeit und Forschung statt eines mehr oder minder schulmäßigen Lehrens und Lernens in den Mittelpunkt gerückt. Natürlich: Nirgendwo reichte die Wirklichkeit ans Ideale heran; stets gab es den Brot- oder Bierstudenten ebenso wie den karrieredürren Professor. Dennoch erwies sich die Gründung der Universität von Berlin im Jahre 1810 als ungewöhnlich fruchtbar und als beispielgebend; sie hat für mehr als ein Jahrhundert den Rang, vielmehr den Vorrang des deutschen Hoch-

schulwesens begründet.[16] Von weither kamen junge Wissenschaftler nach Deutschland, um hier zu lernen und ihre akademische
Laufbahn zu beginnen; das Deutsche wurde ihre Sprache. Bewundernd ist damals gesagt worden, daß jeder Gelehrte zwei Vaterlän-
der habe: sein eigenes und Deutschland.

Dafür, daß Selbstzufriedenheit und Verkrustungstendenzen
nicht die Oberhand gewannen, sorgte im übrigen die preußische
Kultusverwaltung. In der wilhelminischen Zeit war Friedrich Althoff ihre zentrale Figur: Seit 1882 vortragender Rat, leitete er bis
1907 die Hochschulabteilung und von 1897 an als Ministerial-
direktor auch die Abteilung für das höhere Schulwesen. Höchst
autoritär, aber in der Regel segensreich, griff er in die Berufspoli-
tik der Fakultäten ein, und gegen das Wehe-Geschrei aus den alten
Institutionen über das tyrannische «System Althoff» setzte er
nachdrücklich neue Entwicklungen durch, die für die Zukunft bedeutsam waren, etwa die Anerkennung der Realgymnasien und
der Technischen Hochschulen.[17]

Übrigens besaß Althoff das für einen Beamten seines Dienst-
ranges ungewöhnliche Recht zum direkten Vortrag bei Seiner
Majestät – hier in dessen Eigenschaft als König von Preußen –,
und er fand einen gleichgesinnten Partner. Wilhelm II. half dem
wissenschaftlichen Fortschritt nach Kräften voran, sogar gegen
konservativen Widerstand.[18] Auf eine Dankadresse der Technischen Hochschulen zur Verleihung des Promotionsrechtes erwi-
derte der Kaiser in seiner Rede vom 9. Januar 1900:

«Es hat Mich gefreut, die Technischen Hochschulen auszeichnen
zu können... Ich wollte die Technischen Hochschulen in den Vordergrund bringen, denn sie haben große Aufgaben zu lösen... Das
Ansehen der deutschen Technik ist schon sehr groß. Die besten
Familien, die sich sonst anscheinend ferngehalten haben, wenden
ihre Söhne der Technik zu, und Ich hoffe, daß das zunehmen wird.
Auch im Ausland ist Ihr Ansehen sehr groß. Die Ausländer sprechen mit größter Begeisterung von der Bildung, die sie an Ihrer
Hochschule erhalten haben. Es ist gut, daß Sie auch Ausländer her-
anziehen; das schafft Achtung vor unserer Arbeit. Auch in England
habe Ich überall die größte Hochachtung vor der deutschen Tech-

nik gefunden. Das habe Ich jetzt wieder erfahren, wie man dort die deutsche technische Bildung und die Leistungen der deutschen Technik schätzt. Wenden Sie sich daher auch mit aller Kraft den großen wirtschaftlichen und sozialen Aufgaben zu.» [19]

Der Kaiser-Wilhelm-Gesellschaft zur Förderung der Wissenschaften – der heutigen Max-Planck-Gesellschaft –, die im Jahre 1911 gegründet wurde und über den traditionellen Hochschulrahmen hinaus neue Forschungsmöglichkeiten eröffnete, lieh der Kaiser nicht nur den Namen. [20] Erst recht begeisterte er sich für alles Neue, wie in seiner Ansprache an den Grafen Zeppelin vom 10. November 1908:

«In Meinem Namen und im Namen unseres ganzen deutschen Volkes freue Ich Mich, Euere Exzellenz zu diesem herrlichen Werke, das Sie Mir heute so schön vorgeführt haben, aus tiefstem Herzen zu beglückwünschen. Unser Vaterland kann stolz sein, einen solchen Sohn zu besitzen, den größten Deutschen des zwanzigsten Jahrhunderts, der durch seine Erfindung uns an einen neuen Entwicklungspunkt des Menschengeschlechts geführt hat. Es dürfte wohl nicht zu viel gesagt sein, daß wir heute einen der größten Momente in der Entwicklung der menschlichen Kultur erblickt haben. Ich danke Gott mit allen Deutschen, daß er unser Volk für würdig erachtete, Sie den Unseren zu nennen... Als Zeichen Meiner bewundernden Anerkennung, die gewiß alle hier versammelten Gäste und unser ganzes deutsches Volk teilen, verleihe Ich Ihnen hiermit Meinen hohen Orden vom Schwarzen Adler... Seine Exzellenz Graf Zeppelin, der Bezwinger der Lüfte, hurra!» [21]

Der übliche Überschwang, gewiß. Und zumindest voreilig dürfte es sein, den größten Deutschen des 20. Jahrhunderts bereits im Jahre 1908 auszurufen. Dennoch, kein Zweifel: Wilhelm II. war ein Mann des wilhelminischen Fortschritts.

Der soziale Fortschritt
und das wohlverstandene Interesse

Einwände liegen auf der Lauer, Fragen drängen sich auf: Wem kam der wilhelminische Fortschritt eigentlich zugute? Standen neuer Reichtum und uralte Armut nicht hart und kaum versöhnbar neben-, vielmehr gegeneinander, war Deutschland etwa keine Klassengesellschaft? Wie sah es in den explodierenden Städten abseits der Bürgerfassaden aus, in den von Boden- und Bauspekulanten hastig aufgetürmten Massenquartieren, in den lichtlosen Hinterhöfen? Mußten viele der in winzigen, dumpfen Wohnungen zusammengepferchten Arbeiterfamilien nicht zusätzlich noch «Schlafburschen» aufnehmen, um die Miete überhaupt bezahlen zu können? Und mußte unter solchen Umständen die Tuberkulose nicht eine Volksseuche sein und bleiben, für die Masse der Betroffenen ohne jede Aussicht, auf dem «Zauberberg» der Privilegierten eine Chance zur Genesung zu finden? Wer überhaupt konnte sich denn Badekur und Sommerfrische leisten? Oder wem wohl standen die Gymnasien, wem die Technischen Hochschulen und die Universitäten zur Verfügung – etwa den Arbeiterkindern?

Jede dieser Fragen, deren Liste sich leicht noch verlängern ließe, zielt auf Tatbestände sozialer Ungerechtigkeit, an denen kein Zweifel erlaubt ist. Gleichzeitig muß man jedoch feststellen, daß es beim Übergang von der Agrar- zur Industriegesellschaft einen anderen als den steilen und steinigen Weg nirgendwo gibt. Das gilt für die erste industrielle Revolution in England ebenso wie für alle späteren Modelle der nachholenden Industrialisierung, sei es in Japan oder in der Sowjetunion, sei es heute in Ländern wie Südkorea oder Taiwan. Riesige Investitionen sind erforderlich, aber die Produktivität bleibt zunächst gering, und es mangelt an Kapital. Überall nährt sich darum der wirtschaftliche Fortschritt aus Schweiß und Tränen, aus der Mühsal und den Entbehrungen der Massen, aus überlanger Arbeitszeit bei minimaler Entlohnung. Bittere Not steht ohnehin im Hintergrund; die Menschen strömen ja nicht aus Übermut vom Land in die Städte, sondern in der Hoffnung, überhaupt eine Lebenschance und vielleicht einmal, wenigstens für die Kinder oder die Enkel, ein besseres Leben zu finden.

Im internationalen Vergleich schneidet das kaiserliche Deutschland keineswegs schlecht ab. Der Lebensstandard stieg zwar langsam, aber stetig. So wuchs das durchschnittliche Jahreseinkommen in Industrie, Handel und Verkehr von 493 Mark im Jahre 1871 auf 650 Mark im Jahre 1890 und auf 1083 Mark im Jahre 1913. Real – in Preisen von 1895 gerechnet – handelte es sich immerhin noch um einen Anstieg von 466 über 636 auf 834 Mark. Nach Kochtöpfen und Textilien fanden erste Industriegüter einer gehobenen Kategorie ihren Weg in die Arbeiterhaushalte, zum Beispiel die Nähmaschine. Auch die in der Frühzeit der Industrialisierung übermäßig langen Arbeitszeiten von zwölf bis vierzehn Stunden täglich gehörten bereits der Vergangenheit an, ebenso wie die Kinderarbeit wenigstens in den Fabriken. 56 bis 60 Arbeitsstunden in der Sechstagewoche bildeten gegen Ende der wilhelminischen Epoche die Regel, doch die Forderung nach der 48-Stunden-Woche rückte aus dem Reich der Utopie allmählich in den Horizont des Realisierbaren hinein.

Etwas sehr Wichtiges kam noch hinzu. Der deutsche Obrigkeitsstaat stellte nicht nur ein Instrument zur Unterdrückung freiheitlicher Bestrebungen dar, sondern er begann relativ frühzeitig mit seinem sozialen Ausbau. Schon 1839 erließ Preußen ein Regulativ zum Schutz von Kindern und jugendlichen Arbeitern; ähnliche Gesetze folgten 1840 in Bayern und Baden, 1861 in Württemberg und Sachsen. 1869 verschärfte der Norddeutsche Bund, 1871 das Reich die Schutzbestimmungen, 1878 die Fabrikinspektionen. Bismarck führte 1883 die Krankenversicherung für Arbeiter, 1884 die Unfallversicherung, 1889 die Invaliditäts- und Altersversicherung ein. Die Ausgestaltung des Arbeitsrechts nahm 1890 mit der Einführung von Gewerbegerichten ihren Anfang. 1891 wurde ein Arbeitsschutzgesetz erlassen, dem 1903 Verbesserungen, unter anderem des Kinder- und Mutterschutzes folgten. Die Reichsversicherungsordnung von 1911 und im gleichen Jahr die Versicherung für Angestellte, die 1913 in Kraft trat, bildeten weitere Meilensteine.

Bedeutende Unternehmer wie Ernst Abbe in Jena, Krupp in Essen oder Stumm an der Saar ergänzten diese Entwicklung durch den Bau von Arbeitersiedlungen und andere Maßnahmen. Gewiß: Durchweg handelte es sich dabei um eine patriarchalische Fürsorge, sozusagen nach Gutsherrenart; die Mündigkeit der Betreuten war keineswegs gemeint. Entsprechend ist für die staatliche Sozialpolitik zu sagen, daß sie durchaus nicht allein einem christlichen Gewissen oder der Menschenfreundlichkeit entsprang; sie folgte auch sehr irdischen und handfest konservativen Interessen. Schon das preußische Regulativ von 1839 stammte aus der Einsicht, daß Fabrikkinder wegen des vorzeitigen Ruins ihrer Gesundheit als Rekruten nicht mehr taugten, und seit Bismarck stand hinter aller Sozialpolitik der Kampf gegen die parteilich organisierte Arbeiterbewegung, der man die Arbeiter durch fortschrittliche Gesetze gleichsam abkaufen wollte. Dies allerdings erwies sich als Illusion.

Wie immer man die Motive beurteilen mag, auf die Ergebnisse kam es an, und sie waren segensreich. Jener volkswirtschaftliche Fachmann, dem wir die Festrede zum Regierungsjubiläum des Friedenskaisers im Jahre 1913 anvertrauten – vielleicht das Vorstandsmitglied der Deutschen Bank Karl Helfferich[22] oder der Generaldirektor der HAPAG und Vertraute Wilhelms II. Albert Ballin –, dürfte daher seine Zuhörer mit einem zuversichtlichen «Weiter so, Deutschland!» verabschiedet haben, mit einem Ausblick auf die Kontinuität des Fortschritts – und des Friedens.

Denn, wie schon gesagt: Der wilhelminische Fortschritt hatte das Bevölkerungswachstum eingeholt. Schon darum mußte man nicht länger nach «Lebensraum» gieren,[23] schon darum war es unwichtig, ob man über ein Kolonialreich verfügte, das sich dem britischen oder französischen, dem niederländischen oder belgischen vergleichen ließ. Ohnehin haben die Kolonien weder als Rohstofflieferanten noch als Siedlungsräume jene Rolle gespielt, die man ihnen andichtete[24]; im Grunde lenkten sie nur vom Wesentlichen ab, von der Tatsache nämlich, daß für einen Industriestaat vor allem die anderen Industriestaaten wichtig sind, weil nur sie über Kaufkraft und aufnahmefähige Märkte verfügen.[25]

Wenn im übrigen einige Leute vom ökonomisch bedingten «Imperialismus» redeten und einen vom Konkurrenzkampf erzwungenen Zusammenstoß der führenden Wirtschaftsmächte voraussagten, dann zeugte das schwerlich von Sachverstand. So erbittert in Teilbereichen der Wettbewerb auch sein mochte, insgesamt ging es nicht um ein «Nullsummenspiel», bei dem stets einer verliert, was der andere gewinnt. Insgesamt gewannen alle miteinander: Deutschland steigerte seine Ausfuhren nach Großbritannien, aber Großbritannien auch seine Exporte nach Deutschland.[26]

Noch einmal die Sprache nüchterner Zahlen: Der Anteil am Weltaußenhandel betrug im Jahre 1913 für Großbritannien 15, für Deutschland 13, für die Vereinigten Staaten 11 und für Frankreich 8 Prozent. Dabei ergab sich für Großbritannien ein Importüberschuß von 0,6, für Frankreich von 0,3, für Deutschland von 0,2 Milliarden Dollar, während die USA einen Überschuß von 0,6 Milliarden erzielten. Gleichzeitig verfügte Großbritannien über Auslandsanlagen im Wert von 18, Frankreich von 9, Deutschland von 5,8 Milliarden Dollar, während die USA noch zu den Schuldnerländern gehörten. Durch die Zinsbewegungen wurden die Bilanzen weitgehend ausgeglichen. In der neueren Geschichte der Weltwirtschaft hat es selten eine so ausgewogene Situation gegeben wie am Vorabend des Ersten Weltkrieges.

Kurzum: Der wilhelminische Fortschritt hatte sich unter der Bedingung des Friedens vollzogen; ein nüchternes Rechnen, die Vernunft des wohlverstandenen Interesses aller Beteiligten – sie hätten sagen sollen, sagen müssen, daß dieser Fortschritt auch zu seiner Fortsetzung den Frieden brauchte.

Zweites Kapitel
Gesellschaft ohne Selbstbewußtsein

Staatsbürger in Uniform

«Berlin. 28. Dezember 1918. – Vor dem Frühstück mit Breitscheid das Schloß besichtigt... Die Verwüstungen im Innern durch die Beschießung sind überraschend gering... Dagegen ist in den Privatgemächern des Kaisers und der Kaiserin ziemlich arg geplündert worden... Die Privaträume, Möbel, Gebrauchsgegenstände, übriggebliebenen Andenken und Kunstgegenstände der Kaiserin und des Kaisers sind aber so spießbürgerlich nüchtern und geschmacklos, daß man keine große Entrüstung gegen die Plünderer aufbringt, nur Staunen, daß die armen, verschreckten, phantasielosen Wesen, die diesen Plunder bevorzugten, im kostbaren Gehäuse des Schlosses zwischen Lakaien und schemenhaften Schranzen nichtig dahinlebend, weltgeschichtlich wirken konnten. Aus dieser Umwelt stammt der Weltkrieg oder was an Schuld am Weltkrieg den Kaiser trifft: aus dieser kitschigen, kleinlichen, mit lauter falschen Werten sich und andere betrügenden Scheinwelt seine Urteile, Pläne, Kombinationen und Entschlüsse. Ein kranker Geschmack, eine pathologische Aufregung die allzu gut geölte Staatsmaschine lenkend! Jetzt liegt diese nichtige Seele hier herumgestreut als sinnloser Kram. Ich empfinde kein Mitleid, nur, wenn ich nachdenke, Grauen und ein Gefühl der Mitschuld, daß diese Welt nicht schon längst zerstört war, im Gegenteil in etwas andren Formen überall noch weiterlebt.»

Eine Eintragung im Tagebuch des Grafen Harry Kessler[1]: Darf man sie gerecht nennen? Jedenfalls wirft sie in ihrem kritischen Rückblick Fragen auf: Kann von einem wilhelminischen Stil oder gar von einer Epoche der Stillosigkeit gesprochen werden? Und, vor allem: Welche Rückschlüsse lassen sich ziehen für das Verhältnis oder Mißverhältnis von Stil und Gesellschaft?

Beginnen wir mit dem kaiserlichen Repräsentanten. Wilhelm II. lebt in der Zeit, in der die Photographie sich durchsetzt; zahlreiche Aufnahmen und auch schon einige Filmdokumente haben sich erhalten. Betrachtet man sie, so fällt auf, daß zivile Bilder fast völlig fehlen. Immerfort Uniformen, immerfort im Wechsel, als handle es sich – ganzjährig – um einen martialischen Karneval. Überwiegend teilt sich die Kostümierung des Kaisers in drei Gruppen. Erstens handelt es sich um mehr oder weniger traditionsreiche Regimentsuniformen, vom Ordensprunk geziert: Garde du Corps, Leibgardehusaren, das Erste Garderegiment zu Fuß und so fort. Auch österreichische, russische und englische Uniformen kommen vor, weil der Kaiser bei den entsprechenden Regimentern die Stellung eines Ehrenkommandeurs bekleidet[2]. Zweitens liebt Wilhelm II. die historische Kostümierung, ganz besonders die friderizianische.[3] Drittens spielt die Marineuniform eine große Rolle. Nicht selten nimmt die Verkleidungsmanie groteske Züge an: Zum Routineempfang des britischen Botschafters erscheint Seine Majestät als britischer Admiral, ähnlich – nur deutsch –, wenn in der Oper «Der fliegende Holländer» auf dem Programm steht.[4] Erst im Krieg weicht der bunte Wechsel dem feldgrauen Einerlei.

Zugegeben: Das Uniformtragen entspricht den preußischen Traditionen, die die großen Könige im 18. Jahrhundert begründeten. Aber Friedrich Wilhelm I. und Friedrich der Große traten stets im Preußischblau des schlichten, fast völlig schmucklosen Offiziersrocks auf, bei Friedrich am Ende fast bis zur Schäbigkeit zerschlissen. Und kaum ein schärferer Gegensatz ist denkbar als der zwischen Enkel und Großvater. Denn Wilhelm I. war gewiß nicht «der Große», als den ihn sein Erbe lobhudelnd ausrief; was ihn kennzeichnete, war die Schlichtheit des Soldaten und Kavaliers alter Schule, die sich mit einer Höflichkeit des Herzens und mit sicherem Taktgefühl zu selbstbewußter Würde verband. Insofern kommt mit Wilhelm II. etwas ganz und gar Unpreußisches, etwas Neues, um nicht zu sagen Neureiches ins Spiel, das Parvenühafte, das seine geheime und abgründige Unsicherheit im angestrengt forschen Auftreten, in der Kostümierung und im Redestil ebenso verrät wie in der notorischen Taktlosigkeit.[5]

Aber es geht um weit mehr als um Personen und Charaktere im Zufall ihrer Anlagen. Wilhelm I. war im Grunde der letzte Preuße auf dem Hohenzollernthron – und er hat das geahnt. Darum hat er sich gegen den «Charaktermajor»[6] heftig gewehrt, wie er die «Beförderung» zum Kaiser abschätzig nannte; er dachte sogar an Abdankung: «Fritz soll die Sache machen. Der ist mit ganzer Seele bei dem neuen Stand der Dinge. Aber ich mache mir nicht ein Haarbreit daraus und halte zu Preußen.» Schließlich, am Vorabend der Kaiserproklamation von Versailles, bekannte er seinem Kanzler unter Tränen: «Morgen ist der unglücklichste Tag meines Lebens. Da tragen wir das preußische Königtum zu Grabe.»

Das war nicht bloß, wie man hat glauben wollen, die Laune, die Sentimentalität oder gar die Senilität eines alten Mannes. Es war die Wahrheit.[7] Der Enkel, der dem Großvater nach nur 99 Tagen auf dem Thron folgte, erwies sich nach der Art seiner Selbstinszenierung und im Bewußtsein der Zeitgenossen eben kaum noch als der König von Preußen, vielmehr, kurzhin, als «der Kaiser». Und wie in seiner Begeisterung für den technischen Fortschritt war Wilhelm II. auch darin der Mann seiner Zeit, daß er vollendet eine Gesellschaft repräsentierte, die zum eigenen Stil, zur angemessenen und selbstsicheren Form nie gefunden hat. Die wilhelminische Gesellschaft wurde in ihrem Kern vom Bürgertum bestimmt, von Unternehmern, Kaufleuten, Handwerkern, Beamten und Angestellten, von Professoren und Lehrern, Ärzten, Rechtsanwälten, von Journalisten und Schriftstellern, Künstlern und Kritikern, von Ingenieuren und Architekten. Alter und neuer Mittel-«Stand» verbanden sich zu einer nicht etwa schrumpfenden, sondern im Gegenteil rasch wachsenden Schicht. Und erstmals gehörte zu ihr nicht nur der Traum, sondern die Realität eines zwar meist bescheidenen, aber gesicherten Wohlstands, der sich in Spitzenpositionen bald in Reichtum verwandelte. Sosehr die Sparsamkeit noch zu den ererbten Tugenden zählte, so durften sich jetzt viele leisten, was die Eltern und erst recht die Großeltern sich verbieten mußten, von Rentenpapieren bis zur Sommerfrische. Eines allerdings konnte sich diese Bürgergesellschaft offenbar nicht leisten, weil es nicht käuflich war: ein bürgerliches Selbstbewußtsein. Angelpunkt aller Orientierung war und blieb jene übermächtige Vaterfigur, die der junge Thomas Mann sich so realistisch und so treffsicher vorgestellt hat: der «General Dr. von Staat».

Dieser ehrfurchtgebietende Herr lockte mit Orden und Titeln – und mit der Uniform. Sie galt als ein Ausweis des Dazugehörens zur führenden, «staatstragenden» Schicht, zur «guten» Gesellschaft. Daher trug sie der Reichskanzler oft und gern in den Reichstag, die zivilistischen Abgeordneten distanzierend, von denen einer, der Liberale Ludwig Bamberger, den martialischen Eindruck geschildert hat: «Das deutsche Parlament ist das einzige in der Welt, in welchem die Minister und ihre Vertreter mit dem Säbel an der Seite erscheinen und mit der Hand auf dem Degenknauf ihre Reden halten. Bei etwas lebhaften Regungen in der Debatte geschieht es auch, daß unwillkürlich diese Stützung der Hand auf dem Schwertgriff sich zu einer charakteristischen Gebärde gestaltet. Auch diese Eigentümlichkeit unserer repräsentativen Zustände entbehrt nicht des tiefen Sinnes.» [8]

Ähnlich überall. Der Gymnasialprofessor trat aus patriotischem Feiertagsanlaß im längst pressend engen Rock des Leutnants der Reserve a. D. in die Aula seiner Schule; der Bahnhofsvorsteher gab sich mit seinem funktionswidrigen Schleppsäbel als Würdenträger zu erkennen, wie der Schutzmann unter der Pickelhaube. Und die Kinder, Mädchen wie Jungen gleichermaßen, wurden in die ebenso dekorativen wie unpraktischen Matrosenkleider und -anzüge gesteckt, für die Sonn- und Feiertage in der weißen Version. Der Geist der Zeit leuchtet aus der Geschichte, die der Sohn des Rabbiners Josef Tal von seinem vierten Geburtstag erzählt:

«Mutter rief mich zum Fenster von Vaters Arbeitszimmer, das zur Straße hin lag. Unten stand ein großer Lieferwagen des Warenhauses ‹Wertheim› in der Leipziger Straße; man brachte das Geschenk der Eltern. Es war eine Offiziersuniform aus zwei Teilen, einem Brust- und einem Rückenstück aus Hartpappe, die mit schwarzen Bändern zusammengeschnürt wurden. Auf dem gewellten Brust-stück waren herrliche goldene Knöpfe, rechts und links zwei fun-kelnde Orden. Dazu gab es einen schwarz lackierten Kunstleder-gürtel, in dem ein veritabler Säbel hing, den man ungefährdet aus der Scheide ziehen konnte, da er stumpf war. Zu allem noch ein silber- und goldumrandeter Pickelhelm. Mir gingen die Augen über. Ich habe bald in dieser Uniform schwere Schlachten siegreich ausgefochten, während die Eltern in ihrem Schlafzimmer wohlver-dienten Mittagsschlaf hielten. Aber der Geburtstag endete beinahe tragisch. Als ich abends ins Bett mußte, wollte ich um keinen Preis die Uniform ausziehen. Es gab großes Geheule, bis Mutter ihre volle Energie entfaltete, um den jungen Offizier mit Gewalt aus der Uni-form herauszukriegen. Aber sie hatte die Rechnung ohne den Wirt gemacht. Mein mörderisches Geschrei ließ Vater zu Hilfe rennen und ein salomonisches Urteil fällen: ‹Laß ihn doch in der Uniform schlafen. Wenn es ihn drückt, wird er von alleine alles abnehmen.› Und tatsächlich schlief ich selig ein in der Pappgarnitur inklusive Pickelhelm und träumte wahrscheinlich von großen Siegen.»[9]

Ach, diese Elternsehnsucht des Dazugehörens, die Träume eines jüdischen Kindes im wilhelminischen Deutschland! Über eine etwas spätere Periode heißt es: «Meine Schwester besuchte das Für-stin-Bismarck-Lyzeum, ich begann diese neue und einschneidende Periode meines Lebens am Kaiser-Friedrich-Real-Gymnasium, das auch eine humanistische Abteilung hatte. Beide waren wir also im Hohenzollernschoß wohlgeborgen, charakteristisch für das Ideal eines deutschen Juden dieser Zeit.»[10]

Das Dazugehören, uneingestanden von der Frage bedrängt, ob es wirklich erreicht sei, der Traum vom Geborgensein überm Bo-denlosen:[10a] Dies kennzeichnete freilich nicht nur die Juden, son-dern die Bürgergesellschaft insgesamt. Will man den Sachverhalt verstehen und gerecht beurteilen, so muß man zurückblicken in die Geschichte. Denn sie wird – und zwar zentral – von der Tatsache bestimmt, daß das deutsche Bürgertum durch den Dreißigjährigen Krieg tief und langfristig ruiniert worden war.[11]

Anders als in Frankreich und England, als in der Schweiz oder in den Niederlanden, anders auch, als die Lehrbuchregeln von John Locke und Adam Smith oder von Karl Marx es vorschreiben, fiel damit das Bürgertum als Motor der neuzeitlichen Wirtschafts- und Gesellschaftsentwicklung weitgehend aus. Seine Rolle übernahm der absolutistische Obrigkeitsstaat – exemplarisch, aber keineswegs nur in Brandenburg-Preußen –, dessen Kommandoposten der zu einer leistungstüchtigen Dienstklasse erzogene Adel besetzte. Für den Bürger, der aufsteigen und halbwegs zu Sicherheit und Ansehen gelangen wollte, gab es für lange Zeit kaum eine andere Möglichkeit als den Beitritt zum Staatsdienst, also zum Beamtentum, dessen höhere Ränge durch Bildungspatente zugänglich wurden. Daher einerseits die einzigartige Bedeutung von «Bildung» in der neueren deutschen Geschichte, wie sonst wohl nur noch im klassischen China der Mandarine. Und daher, andererseits, der schließlich erreichte Rang des preußischen, aber zum Beispiel auch – seit Montgelas' Reformen nach französischem Vorbild – des bayerischen Beamtentums. Weil es Alternativen kaum gab, konnte der Staat die tüchtigsten Bürgersöhne für sich rekrutieren. Noch zu Beginn des 19. Jahrhunderts schmäht Hegel niemanden, sondern er spricht nur die deutsche Wahrheit aus, wenn er sagt: «Die Mitglieder der Regierung und das Staatsbeamtentum machen den Hauptteil des *Mittelstandes* aus, in welchen die gebildete Intelligenz und das rechtliche Bewußtsein der Masse eines Volkes fällt.» [12]

Der Bürger unterwegs zu einem Staat, der doch nicht der seine ist: Darin sind neben den Chancen zum Aufstieg und der Bedeutung der Bildung allerdings auch die Möglichkeiten einer Selbstentfremdung, eines verfälschten Selbstbewußtseins angelegt. Wenn daher der «Staatsbürger» zu den charakteristischen deutschen Begriffen gehört, dann mit ihm die «Entfremdung» und das «falsche Bewußtsein». Zur Geschichte und zur Größe deutschen Geistes gehört wiederum die Selbstentlarvung, wie sie von der Erkenntnis- und der Ideologiekritik bis zur Traumdeutung durch Namen wie Immanuel Kant, Karl Marx, Sigmund Freud bezeichnet wird.

Wie tief und wie nachhaltig das Bürgertum ruiniert worden war,

zeigt ein Beispiel. Die nachmals als Pflanzstätte bürgerlicher Selbstverwaltung und damit der Selbstachtung gefeierte Städtereform
des Freiherrn vom Stein nimmt sich in der Beschreibung Gerhard
Ritters erst einmal so aus: «Die Städteordnung von 1808 ist ausschließlich der Initiative des höheren Beamtentums entsprungen,
und ihre Einführung stieß überall im Lande auf Verwunderung,
Bedenken und Beschwerden der verschiedensten Art – so gut wie
nirgends auf freudige Zustimmung. Bürgerliches Selbstbewußtsein gab es – außerhalb des Beamtentums – nur im Bereich der
Literatur, der Wissenschaft, Dichtung, Tagesschriftstellerei... Un-
zweifelhaft ist also durch die Reformtat Steins ein mächtiger Anstoß zur Belebung städtischer Selbstverwaltung in das ganze deutsche Staatsleben gekommen. Ihre Kühnheit wird erst dann recht
sichtbar, wenn man sich im einzelnen anschaulich macht, wie völlig überrascht und hilflos das Bürgertum der ostelbischen Kleinstädte, aber selbst der wenigen großen Residenzen und Handels-
städte, der neu geschenkten, nicht erkämpften, ja nicht einmal
erbetenen Freiheit gegenüberstand.» [13]

Für die weitere Entwicklung gewinnen die beiden einschneiden-
den Ereignisse des 19. Jahrhunderts schicksalschwere Bedeutung:
das Scheitern der bürgerlichen Revolution von 1848 und die Herstellung der nationalen Einheit durch den alten Obrigkeitsstaat.
Mit der doppelten Weichenstellung verkürzt sich die im Ursprung
doppelte, auf Einheit *und* Freiheit gerichtete Bewegung des Bürgertums auf den Nationalismus, der im Bismarck-Staat an sein Ziel
kommt. Seit der Reichsgründung paßt sich das Bürgertum in diesem Staat ein – und wird zunehmend stillos. Man baut Rathäuser
wie gotische Kathedralen und die Prachtvillen des neuen Reich-
tums wie Raubritterburgen. In ihrem Innern: Düsternis und
Schwüle, Plüsch und Pomp. Pseudofeudale Statussymbole – das
Institut des Reserveoffiziers und die Mitgliedschaft in einer schla-
genden Verbindung – rücken zu Renommier-«Standes»-Idealen
auf.[14] Und die einflußreiche zeitgenössische Familienzeitschrift, die
«Gartenlaube», geht mit ihrer Zeit: Vor dem patriotischen
Triumph hatte sie Fortschrittlichkeit, Humanität und Nationalbewußtsein als Kennzeichen einer aufgeklärten Gesellschaft pole-

misch gegen Feudalität, Hofschranzentum, Reaktion, Willkür und Uniformgläubigkeit ausgespielt. Später verherrlicht sie genau dies: Hofleben, Adel, Militär. Berechtigt ist es deshalb, von einer «Verjunkerung der Bourgeoisie» zu sprechen[15] – und verständlich, obwohl nur noch für wenige einsichtig, wenn Theodor Mommsen bitter resignierte Klage führt, unter Deutschen nicht Bürger im alten und ehrenhaften Sinne sein zu können. «Das ist nicht möglich in unserer Nation, in der der Einzelne, auch der Beste, über den Dienst im Gliede und den politischen Fetischismus nicht hinauskommt.»[15a]

Dieser Fetischismus, oder, freundlicher ausgedrückt, die politische Symbolik, in der die wilhelminische Gesellschaft sich erkennt und erkannt werden kann, findet nicht nur in der Uniformgläubigkeit ihren Ausdruck. Eines der Symbole hat Sebastian Haffner beschrieben:

«Der Sedantag war ein rundes halbes Jahrhundert lang *der* deutsche Nationalfeiertag, mit Paraden, Beflaggung, Schulfeiern, patriotischen Reden und allgemeinen Hochgefühlen. Und zwar war es, muß man wahrheitsgemäß und mit einiger Beschämung gestehen, der einzige wirklich effektive Nationalfeiertag, den die Deutschen je gehabt haben. Was nachher an seine Stelle trat, der 11. August, Verfassungstag der Weimarer Republik, der 1. Mai der Nazis, der 17. Juni der Bundesrepublik, das war alles nichts Rechtes mehr: halt ein freier Tag und ein paar Weihestunden und Reden, die keinen sonderlich interessierten. Aber der 2. September, Sedantag, mein Gott, da war wirklich noch was los! Das war eine Stimmung – ich finde für die heutige Zeit keinen anderen Vergleich –, als ob die deutsche Nationalmannschaft die Fußballweltmeisterschaft gewonnen hätte, und zwar jedes Jahr aufs neue.»[16]

Doch weniger die Hochgefühle sind das Problem, sondern die Tatsache, daß da nichts anderes bejubelt wird als der Triumph über den «Erbfeind», als der Obrigkeitsstaat im Glanz seiner siegreichen Waffen. Weder «Freiheit und Gleichheit!» hört man schallen noch Menschen- und Bürgerrechte; keine Ideale der guten und gerechten Gesellschaft werden gefeiert, wie im französischen Gedenken an den Bastillesturm, bloß die Macht.[17]

Das bestätigt sich an einem weiteren Symbolbereich: am Bismarck-Kult, wie er seit der Entlassung und besonders seit dem Tode des Reichsgründers in Stein oder Erz, in Türmen und Denkmälern heranwächst zur deutschen Heldenfigur schlechthin, zum Über-Mann von «Blut und Eisen». Man betrachte, nur als Beispiel, den Riesen von Hamburg. Eigentlich handelt es sich um einen «Roland»; im Gegensatz aber zu seinem Vorgänger, wie man ihn in Bremen sehen kann, droht er nicht als Symbol freier und selbstbewußter Bürger zum Dom hin, also gegen den Erzbischof als den einstigen Feudalherrn der Stadt, sondern zum Hafen und zum Strom, so als sei er schon Schirmherr des wilhelminischen Schlachtflottenbaus, der sein Schwert gegen das beneidete, verhaßte Britannien richtet.

In solchem Sinne hat Ernst Troeltsch als ein kritischer Beobachter von der politischen Erziehung durch Bismarck gesprochen. «Ihr Kern war gerade der, daß das Wesen des Staates Macht ist, daß er sein festes Knochengerüst hat an einem schlagfertigen Heere, daß er der beständig drohenden Gefahr von außen und innen nur durch ebenso vorsichtigen als rücksichtslosen Machtgebrauch begegnen kann, und daß hierfür nichts so hinderlich ist, wie die Prinzipien und die Theorie... Es ist ein Ideal der Vorurteilslosigkeit und Unbefangenheit, das alles nur dem einen politischen Grundgedanken der dauernden, jedem Gegner überlegenen Macht unterordnet. Und dieses Ideal ist uns nach den langen Jahren politischen Elends, theoretischer Staatsideale, pathetischer Resolutionen und unfruchtbarer Forderungen der öffentlichen Zeitungsmeinung als der ungeheure Fortschritt erschienen, der uns die ersten Lebensbedingungen des Staats erst zum Verständnis gebracht hat.» Damit ist die Prinzipienlosigkeit «unter uns selbst zur Theorie geworden, die wir wohl auch mit etwas Nietzschescher Herrenmoral oder Darwinistischem Kampf ums Dasein versetzen, und die sich nur allzu leicht mit den Idealen der kurzangebundenen Schneidigkeit und der bürokratischen Amtshoheit verbinden, von denen der Nachwuchs der regierenden Klassen weithin erfüllt ist.» [18]

Die Renegaten
und die vaterlandslosen Gesellen

Jede Unterwerfung hat mit Ängsten zu tun; die bürgerliche Einordnung in den Obrigkeitsstaat wäre kaum denkbar gewesen ohne
die Furcht und die Flucht vor der Arbeiterbewegung. Deren Sie-
geszug läßt sich an Wahlergebnissen ablesen: Im Reichstag von
1871 saßen bei einem Stimmenanteil von 3,2 Prozent zwei Arbei-
tervertreter; 1890 gewannen die Sozialdemokraten mit 19,9 Prozent der Stimmen 35 von 397 Mandaten; 1912, bei den letzten
Vorkriegswahlen, waren daraus 34,8 Prozent und 110 Mandate
geworden.

Nur ein starkes Selbstbewußtsein hätte auf diese Herausforderung gelassen mit Bündnis- und Reformangeboten zur demokratischen Weiterentwicklung der politischen Ordnung antworten können. Doch woher sollte solch ein Selbstbewußtsein stammen bei
einem Bürgertum, das sich weder zur Freiheit noch zur nationalen
Einheit je einen Fortschritt aus eigener Kraft hatte erkämpfen können? Lag es nicht tatsächlich näher, sich in den Schutz eines Staates
zu flüchten, dessen Über-Macht man wieder und wieder erfahren,
erlitten und schließlich anerkannt, ja verinnerlicht hatte? Am Ende
galt dies selbst dort, wo man auf die eigenen Leistungen hätte stolz
sein dürfen, zum Beispiel im Bereich der Bildung und Gelehrsamkeit, im Blick auf das Universitätswesen. Schon im Jubeljahr 1871
hatte der berühmte Physiologe Du Bois-Reymond als Rektor die
Universität von Berlin zum «geistigen Leibregiment der Hohenzollern» erklärt; von da an wurde es üblich, von einer «Geistesari-
stokratie» statt von der Gelehrtenrepublik zu sprechen.

Und noch etwas kam hinzu, vielleicht das Entscheidende: In ihren politischen Forderungen setzte die Sozialdemokratie im
Grunde dort an, wo die bürgerliche Bewegung 1848 gescheitert
war und wo sie mit der Reichsgründung die eigenen Positionen
räumte – um nicht zu sagen: aus ihnen desertierte. Eben damit
wurde wirksam, was als Renegatencharakter zu kennzeichnen
wäre; blanker Haß traf diejenigen, die beim Namen nannten, was
man selbst einst vertreten und dann verdrängt hatte. Niemand hat

dieses Renegatentum derart personifiziert wie Heinrich von Treitschke – und wohl niemand sonst hat als gelehrter Demagoge, als Erzieher einer ganzen, der wilhelminischen Generation derart prägend gewirkt;[19] die Wirkung erweist wiederum den Renegatencharakter als repräsentativ.

Später einmal, im Versuch, das faschistische Unheil aufzuklären, wird man vom «autoritären» Charakter sprechen.[20] Der aber stammt aus dem Renegatentum. Vielmehr, genauer: Nur dort, wo er aus dieser Wurzel stammt, erweist er sich als gemeingefährlich. Denn wer sich einer Autorität unterwirft, zu der er einst eine kritische Gegenposition einnahm, der muß mit besonderer Starrheit und im Übereifer agieren – nicht zuletzt im Verfemen und Verfolgen derer, die sich kritischer Einstellungen noch oder neu verdächtig machen.

Treitschke spricht mit wünschenswerter Deutlichkeit: «Alle Gesellschaft bildet von Natur eine Aristokratie. Die Sozialdemokratie kennzeichnet den Unsinn ihrer Bestrebungen schon durch den Namen. Wie mit dem Staat gegeben ist ein Unterschied von Obrigkeit und Untertan, der niemals aufgehoben werden kann, so ist mit dem Wesen der Gesellschaft ein für allemal gegeben die Verschiedenheit der Lebenslage und Lebensbedingungen ihrer Glieder... Sieht man genauer hin, so liegt es ebenfalls in der menschlichen Natur selber begründet, daß die ungeheure Mehrheit der Kräfte unseres Geschlechts aufgehen muß in der Befriedigung der gröbsten Lebensbedürfnisse. Das bloße Dasein zu fristen ist dem Barbaren der Hauptinhalt des Daseins. Und so gebrechlich und bedürftig ist von Natur unser Geschlecht, daß auch auf höheren Kulturstufen die ungeheure Mehrheit der Menschen immer und überhaupt der Sorge um das Leben, der materiellen Arbeit ihr Dasein widmen muß, oder um es trivial auszudrücken: Die Masse wird immer die Masse bleiben müssen. Keine Kultur ohne Dienstboten. Es versteht sich doch von selbst, wenn nicht Menschen da wären, welche die niedrigen Arbeiten verrichten, so könnte die höhere Kultur nicht gedeihen. Wir kommen zu der Erkenntnis, daß die Millionen ackern, schmieden und hobeln müssen, damit einige Tausende forschen, malen und dichten können. Das klingt hart, aber es ist wahr und wird in aller Zukunft wahr bleiben. Mit Jammern und Klagen ist hiergegen gar nichts auszurichten. Der Jammer entspringt auch nicht der Menschenliebe, sondern dem Materialismus und dem Bildungsdünkel unserer Zeit.»[21]

Allerdings gäbe es in den Massen immer wieder, dank ihrer Verführbarkeit durch falsche Propheten, Regungen des Aufbegehrens, Forderungen gar nach politischer Mitsprache, parlamentarischer Regierung, Demokratie. Doch das seien nur Erscheinungsformen der Verblendung und einer naiven Selbstsucht. «Dieser naiven Selbstsucht der Regierten steht die wesentlich politische Anschauung der Regierenden gegenüber, die den Staat nicht aus einer Interessengruppe heraus, sondern vom Standpunkt der Gesamtheit betrachtet. Sie denken zunächst an die Macht und Einheit des Ganzen; und da sie die schwere Verantwortung tragen für das Los der Millionen, so betrachten sie festen Gehorsam als das erste Erfordernis.»[22]

In der Tat. Wie aber die Klage über Materialismus und Bildungsdünkel zu den Haltet-den-Dieb-Methoden derjenigen gehört, die ihren Monopolanspruch auf höheres Einkommen und höhere Bildung verteidigen, so gehört zur Lebenslüge des Obrigkeitsstaates, daß die Herrschenden selbstlos ans Ganze dächten statt an sich. Im übrigen wirkt es seltsam, wie ausgerechnet der Historiker seinen Beruf verrät und zur unabänderlichen Natur verklärt, was dem Wandel unterliegt. Der Prinzipienwechsel von der Ungleichheit zur Gleichheit war doch längst nicht nur angekündigt worden, sondern praktisch auf dem Wege, von Tocqueville am amerikanischen Beispiel als die europäische Zukunft tiefgründig analysiert.[23] Und zu den großen, Schritt um Schritt in einem Jahrhundertprozeß sogar eingelösten Verheißungen des Industriezeitalters zählt, daß aus der Muße als einem Privileg der wenigen die frei verfügbare Zeit als ein Besitzstand der vielen wird – bis hin zum radikalen Umsturz der Werte. (Inzwischen bildet nicht Muße, sondern ein Übermaß an Arbeit das Merkmal der Eliten, während ein Übermaß an Freizeit als Fluch des Ausgeschlossenseins die trifft, die als Arbeitslose oder rüstige Frührentner nicht mehr gebraucht werden.)

Ein Vorwurf fehlt freilich in Treitschkes Text, der giftigste von

allen: die Behauptung, daß die proletarische Bewegung «vaterlandslos» sei. Diese Behauptung kam schon früh auf,[24] und bereits
im Jahre 1870 hat Johann Jacoby in seiner Schrift «Das Ziel der
Arbeiterbewegung» bitter geantwortet: «Euer Vaterland ist für uns
nur eine Stätte des Elends, ein Gefängnis, ein Jagdgrund, auf dem
wir das gehetzte Wild sind und mancher von uns nicht einmal einen
Ort hat, wo er sein Haupt hinlegen kann. Ihr nennt uns, scheltend,
‹vaterlandslos›, und ihr selbst habt uns vaterlandslos gemacht.»[25]

Aber von «vaterlandslosen Gesellen» zu reden wirkte im Zeitalter des siegesdeutschen Hurrapatriotismus nur allzu verführerisch;
denn dies bedeutete die Feinderklärung schlechthin, die Ausgrenzung aus der nationalen Gemeinschaft. Dabei kennzeichnete ein
Grundzug von Patriotismus die Arbeiterbewegung, und niemand
hat ihn so überzeugend verkörpert wie August Bebel (1840–1913),
der Unteroffizierssohn aus den Kasematten von Deutz bei Köln,
der in der wilhelminischen Zeit zur unumstrittenen Vaterfigur der
Sozialdemokratie aufrückte, zum «Gegenkaiser», wie man ihn
manchmal genannt hat.[26] Von einem Nationalismus, der den
Machtstaat von «Blut und Eisen» feiert und daher auf die «Erb-
feindschaft» geradezu angelegt ist, blieb der Patriotismus von links
freilich durch Welten geschieden. Er suchte die internationale Verständigung, die Sicherung des Friedens; er wollte den Rüstungs-
wettlauf beenden und die stehenden Heere durch eine Volkswehr
ersetzen, die nur zur Verteidigung taugte. In ihren besten Momen-
ten kam diese Haltung an das heran, was man einen Patriotismus in
weltbürgerlicher Absicht nennen könnte.

Derlei erregte den Haß der Nationalisten, die Wut aller Stammtischstrategen. Der «Untertan», den Heinrich Mann porträtiert
hat,[27] bramarbasierte wie sein oberster Herr, der 1899 meinte: «Ehe
nicht die sozialdemokratischen Führer durch Soldaten aus dem
Reichstag herausgeholt und füsiliert sind, ist keine Besserung zu
erhoffen.»[28] Ein Jahr später telegraphierte der Kaiser, anläßlich
eines Streiks der Straßenbahner in Berlin: «Ich erwarte, daß beim
Einschreiten der Truppe mindestens 500 Leute zur Strecke gebracht
werden.»[29] Und so immer weiter: «Eine Rotte von Menschen,
nicht wert, den Namen Deutscher zu tragen, wagt es, das deutsche

Volk zu schmähen, wagt es, die uns geheiligte Person des allverehrten verewigten Kaisers in den Staub zu ziehen. Möge das gesamte Volk die Kraft finden, diese unerhörten Angriffe zurückzuweisen! Geschieht es nicht, nun, dann rufe ich Sie, um der hochverräterischen Schar zu wehren, um einen Kampf zu führen, der uns befreit von solchen Elementen.» [30]

Nicht nur die Verfemung, sondern auch die Verfolgung der «vaterlandslosen Gesellen» ging nach dem Sturz Bismarcks und seines Ausnahmegesetzes gegen die «gemeingefährlichen Bestrebungen» der Sozialdemokratie weiter und weiter [31] – mit eindeutigem Ergebnis. Erstens sah sich die Arbeiterbewegung in die Isolierung, in eine Art von Getto abgedrängt; zweitens wurde sie nicht etwa geschwächt, sondern gestärkt.

Schon um 1888 schrieb der Arbeiterschriftsteller und Buchdrucker Ernst Preczang: «Die rein politische oder wirtschaftliche Wertung der Arbeiterbewegung reicht nicht aus, um ihre Bedeutung zu erklären. Für Zehntausende ist sie auch eine neue seelische Heimat geworden, wurde sie rein menschlich zu lebendig-freudevollem Daseinsinhalt. Das wird oft übersehen.» [32] In der Tat: Es ging um weit mehr als bloß um die gewerkschaftliche und politische Interessenvertretung; es ging um eine Lebensordnung mit Vereinswesen und Sterbekasse, mit Liedgut und Bildungsstreben, ums Zuhausesein in einem Milieu, das neue und eigene Prägungen schuf. Das Herzstück dieses Zuhauseseins aber war die Hoffnung – nein: der unbeirrbare Glaube an den künftigen Sieg: «Mit uns zieht die neue Zeit...»

Der Glaube löste vielfach – im evangelischen Bereich weit stärker als im katholischen – die überlieferten kirchlichen Bindungen ab; marxistische Dialektik ersetzte die christliche: Die Letzten werden die Ersten sein. Und wie in ihren römischen Katakomben die frühen Christen dem Jüngsten Gericht entgegensahen, so erwartete man im proletarischen Getto diszipliniert, opferbereit und zuversichtlich den «großen Kladderadatsch» einer längst schon verdammten Welt. Kein Elend und keine Verfolgung konnte dem Glauben etwas anhaben, allenfalls die Verführungen zur Teilhabe am Wohlstand und an der Macht. Gerade die Verfolgungen haben daher den Marxismus als die Sinngebung triumphieren lassen, die Schumpeter beschrieben hat: «Einfach das Ziel zu predigen, wäre wirkungslos geblieben; eine Analyse des sozialen Prozesses hätte nur ein paar hundert Spezialisten interessiert. Aber im Kleid des Analytikers zu predigen und mit einem Blick auf die Bedürfnisse des Herzens zu analysieren, dies schuf eine leidenschaftliche Anhängerschaft und gab dem Marxisten jenes größte Geschenk, das in der Überzeugung besteht, daß das, was man ist und wofür man einsteht, niemals unterliegen, sondern am Ende siegreich sein wird.» [33]

Es gab indessen eine Dialektik in der Dialektik, eine Schwäche, vielleicht sogar ein Verhängnis der Stärke. Denn die Zuversicht der reinen Lehre verführte zum Abwarten und zur Selbstisolierung statt zur Aktivität für Reformen, die Koalitionen und Kompromisse mit anderen gesellschaftlichen Kräften notwendig einschließt. Die zwiespältige Dogmatik des Abwartens hat der Lehr- und Zuchtmeister marxistischer Orthodoxie, Karl Kautsky (1854–1938), gültig formuliert: «Die Sozialdemokratie ist eine revolutionäre, nicht aber Revolution machende Partei. Wir wissen, daß unsere Ziele nur durch eine Revolution erreicht werden können, wir wissen aber auch, daß es ebensowenig in unserer Macht steht, diese Revolution zu machen, als in der unserer Gegner, sie zu verhindern.» [34]

Doch die Arbeiterbewegung war ja nicht nur Partei, sie war auch oder erst recht Gewerkschaftsorganisation. Schon darum mußte sie sich auf Reformen, auf die Besserung des Bestehenden Schritt um Schritt, auf den zähen Kampf um Lohn, Arbeitsbedingungen und Arbeitszeit, um sozialstaatliche Regelungen einlassen. Als nun Eduard Bernstein (1850–1932) die Praxis beim Namen nannte und eine Revision der Theorie forderte,[35] löste er zwar eine leidenschaftliche Debatte aus, wurde jedoch auf allen Parteitagen mit eindeutigen Mehrheiten niedergestimmt. Denn er tastete das uneingestanden Heiligste an: den Glauben an eine Zukunft, in der die Verheißung des Sieges sich wunderbar erfüllen sollte. Wie Ignaz Auer, der langjährige Parteisekretär, in einem Brief an Bernstein schrieb: «Speziell seitens der maßgebenden Parteikreise so zu handeln, wie Du es verlangst, hieße einfach die Partei sprengen, jahrzehntelange Arbeit in den Wind streuen. Mein lieber Ede, das, was Du verlangst, so etwas *beschließt* man nicht, so etwas *sagt* man nicht, so etwas *tut* man. Unsere ganze Tätigkeit – sogar auch unter dem Schandgesetz –, war die Tätigkeit einer sozialdemokratischen Reformpartei. Eine Partei, die mit den Massen rechnet, kann auch gar nicht anders sein.» [36]

Schärfer kann man den inneren Widerspruch kaum bezeichnen. Wie immer der Alltag aussehen mochte, die Rhetorik blieb starr, vom revolutionären Entweder-Oder, vom Freund-Feind-Schema bestimmt. Und sie forderte ihren Preis; sie half wiederum dem Gegenlager zum Aufruhr der Ängste und Aggressionen; sie förderte und befestigte zu ihrem Teil die Scheidung der wilhelminischen Gesellschaft in zwei Heerlager.

Ein junger Mann aus gutem englischem Hause, Bertrand Russell, hat sich 1895 in Deutschland umgesehen und ein Jahr später sein erstes, der deutschen Sozialdemokratie gewidmetes Buch geschrieben. Im Schlußteil wagte er einen skeptischen Blick in die Zukunft:

«*Wenn* die Sozialdemokraten ihre kompromißlose Haltung aufgeben können, ohne ihre Stärke einzubüßen; *wenn* andere Parteien, diese Veränderungen wahrnehmend, einen versöhnlicheren Ton anschlagen; und *wenn* ein Kaiser oder Kanzler auftauchen sollte, der weniger kompromißlos feindlich gegen jeden Fortschritt an Zivilisation oder Freiheit ist als Bismarck oder Wilhelm II. – wenn alle diese glücklichen Umstände eintreten sollten, dann mag Deutschland sich auf friedlichem Wege, wie England, zu einer freien und zivilisierten Demokratie entwickeln. Wenn aber nicht, wenn die Regierung und die anderen Parteien ihre derzeitige bigotte Verfolgung fortsetzen, dann scheint es keine Macht zu geben, die das Anwachsen der Sozialdemokratie stoppen oder ihre kompromißlose Opposition mildern könnte... Für alle jene aber, die die derzeitige gespannte Feindschaft zwischen Reich und Arm in Deutschland auf friedlichem Wege vermindert sehen möchten, kann es nur eine einzige Hoffnung geben: daß die herrschenden Klassen zuguterletzt ein gewisses Maß an politischer Einsicht, an Mut und Generosität zeigen werden. Sie haben in der Vergangenheit nichts davon gezeigt, und sie zeigen im Augenblick wenig davon; aber Furcht mag sie einsichtig machen, oder neue Männer mit einem besseren Geist mögen heranwachsen. Einstellung der Verfolgung, vollständige und uneingeschränkte Demokratie, absolute Koalitions-, Rede- und Pressefreiheit – sie allein können Deutschland retten, und wir hoffen ganz inständig, daß die deutschen Herrscher sie gewähren werden, ehe es zu spät ist. Tun sie es nicht, so sind Krieg und eine Auslöschung des nationalen Lebens das unvermeidliche Schicksal des deutschen Kaiserreiches.» [37]

Der romantische Aufbruch

«Mit uns zieht die neue Zeit»: Das singen nicht nur die proletarischen Bataillone. Vom Klampfenschlag begleitet, fallen junge Leute aus bürgerlichem Elternhaus ein, Gymnasiasten und Studenten vorweg: Im Jahre 1896 brach in Berlin-Steglitz eine kleine Gruppe von «Wandervögeln» auf, hinaus aus der Stadt, die Natur zu erleben. Aus Hamburg und von überall her kamen bald ähnliche Scharen hinzu oder spalteten sich ab; in einer Vielfalt von Gruppen, Gemeinschaften, Bünden entsteht etwas Eigenes und Neues: die Jugendbewegung. [38]

   Kein Umsturz war gemeint, nirgendwo wurden politische Parolen entrollt; man demonstrierte nicht mit der roten Fahne der Revolution über den Asphalt, sondern mit der blauen Blume der Romantik durch Wald und Flur. Und doch ging es, nachhaltig sogar, um Protest, um eine Auflehnung von Bürgerkindern gegen die Lebensordnung, aus der sie stammten. Es begann, was in periodisch wiederkehrenden Bewegungen, unter vordergründig sehr verschiedenen Vorzeichen das deutsche Jahrhundert kennzeichnen sollte: eine Art von Selbstverurteilung, die Paradoxie strikt antibürgerlicher Bürgerlichkeit. Eine Spielart von Renegatentum also auch hier, eine Entlarvung der Väter als der Bürger, die selber verleugneten, dies zu sein, unter idealistischen Vorzeichen eines Kampfes um Wahrhaftigkeit und Natürlichkeit: Von den Hintergründen wird bald und immer wieder zu reden sein.

   Was aber die Erscheinungen angeht, so läßt sich die Jugendrebellion bereits an Äußerlichem, an Stilfragen erkennen. Wer vergilbte Gruppenphotos von Abiturklassen aus der Zeit vor der Jahrhundertwende anschaut, der schaudert fast vor einer Vergreisung zur Unzeit; junge Menschen verstecken ihr Alter im dunklen Anzug samt vatermörderisch steifem Hemdkragen, Weste und Uhrkette. Bei Stefan Zweig kann man es nachlesen:

«Die Welt vor uns oder über uns, die alle ihre Gedanken einzig auf den Fetisch der Sicherheit stellte, liebte die Jugend nicht oder vielmehr: sie hatte ein ständiges Mißtrauen gegen sie. Eitel auf ihren systematischen ‹Fortschritt›, auf ihre Ordnung, proklamierte die bürgerliche Gesellschaft Mäßigkeit und Gemächlichkeit in allen Lebensformen als einzig wirksame Tugend des Menschen...; junge Menschen, die ja aus Instinkt immer schnelle und radikale Veränderungen wollen, galten deshalb als ein bedenkliches Element, das möglichst lange ausgeschaltet oder niedergehalten werden mußte... Dieses Mißtrauen, daß jeder junge Mensch ‹nicht ganz verläßlich› sei, ging damals durch alle Kreise. Mein Vater hätte nie einen jungen Menschen in seinem Geschäft empfangen, und wer das Unglück hatte, besonders jung auszusehen, hatte überall Mißtrauen zu überwinden. So geschah das heute fast Unbegreifliche, daß Jugend zur Hemmung in jeder Karriere wurde und nur Alter zum Vorzug. Während heute in unserer vollkommen veränderten Zeit Vierzigjährige alles tun, um wie Dreißigjährige auszusehen und Sechzigjährige wie Vierzigjährige, während heute Jugendlichkeit, Energie, Tatkraft und Selbstvertrauen fördert und empfiehlt, mußte in jenem Zeitalter der Sicherheit jeder, der vorwärts kommen wollte, alle denkbare Maskierung versuchen, um älter zu erscheinen... Man legte sich lange schwarze Gehröcke zu und einen gemächlichen Gang und wenn möglich ein leichtes Embonpoint, um diese erstrebenswerte Gesetztheit zu verkörpern... Alles, was uns heute als beneidenswerter Besitz erscheint, die Frische, das Selbstbewußtsein, die Verwegenheit, die Neugier, die Lebenslust der Jugend, galt jener Zeit, die nur Sinn für das ‹Solide› hatte, als verdächtig.» [39]

Vor solchem Hintergrund wird verständlich, welchen Umsturz der Werte es bedeutete, wenn eine Bewegung ausdrücklich das

Jungsein in den Mittelpunkt rückte und dies von ihren Liedern bis zur «Vaganten»-Bekleidung mit Windbluse, offenem Kragen oder gar kurzen, freilich noch bis zum Knie schlotternden Hosen kenntlich machte. Als im Oktober 1913 eine große Zahl von jungen Menschen auf einem Berg bei Kassel zusammenkam, um sich auf die Gemeinschaft ihrer neuen Lebenshaltung einzuschwören, lautete die feierlich proklamierte «Meißnerformel»: «Die Freideutsche Jugend will aus eigener Bestimmung, vor eigener Verantwortung, mit innerer Wahrhaftigkeit ihr Leben gestalten. Für diese innere Freiheit tritt sie unter allen Umständen geschlossen ein. Zur gegenseitigen Verständigung werden freideutsche Jugendtage abgehalten. Für deren Durchführung gilt: Alle gemeinsamen Veranstaltungen der Freideutschen Jugend sind alkohol- und nikotinfrei.»

Die Wahrhaftigkeit und die innere Freiheit, mit der Abstinenz vom Trinken und vom Rauchen kombiniert: Das ergibt einen eher komischen Klang. Doch es reimt sich zum Ernst im Protest; das Treffen auf dem Hohen Meißner war bewußt als Gegenaktion stilisiert, als Antwort auf die Jahrhundertfeier der Völkerschlacht bei Leipzig, voll vom patriotischen Getöse, vom Bierdunst umwabert, als Gegenbild zum akademischen Nachwuchs unter Farben und Fahnen, mit Waffen und Wichs gleich neben den Kriegervereinen. Den Kern der Freideutschen Jugend bildeten Studenten, die den alt- oder neudeutschen Mannbarkeitsritualen, der alkoholischen Stiefel- und Kannengießerei, wie sie in Korporationen und Burschenschaften grassierte, naturfürchtig abschworen.[40]

Sieht man sich weiter um, so zeigt sich die Jugendbewegung als ein Zufluß zum Strom ihrer Zeit. Der Jugendstil entfaltete sein zierliches Rankenwerk, «Frühlings Erwachen» hieß ein Jugenddrama von Frank Wedekind, das 1891 erschien – und «Jugend» seit 1896 eine Kulturzeitschrift, deren Titel schon Programm bedeutete. Lebensreform war eine Hoffnung; Reformkleidung sollte die Leiber entschnüren, Reformkost sie besser ernähren, Reformpädagogik von bloßem Wissensdrill weg ins Freie geleiten.[41] Landkommunen wurden gegründet und, 1893 bei Oranienburg unweit Berlin, die vegetarische Obstbaukolonie «Eden».[42] Nur fort vom verspannt Künstlichen, hin zu neuer Natürlichkeit! Aus Wien kam unerhörte

Kunde von den Seelen- und Triebkräften des Menschen; eine Philosophie des Lebens lieferte Theorie – oder den Affekt, wie er bei Max Scheler anklingt: Das Ziel, die «Umbildung der Weltanschauung, die wir im Auge haben», wird sein «wie der erste Tritt eines jahrelang in einem dunklen Gefängnis Hausenden in einen blühenden Garten. Und dieses Gefängnis wird unser, durch einen auf das bloß Mechanische und Mechanisierbare gerichteten Verstand umgrenztes Menschenmilieu mit seiner ‹Zivilisation› sein... Und jener Gefangene wird sein – der europäische Mensch von gestern und heute, der seufzend und stöhnend unter den Lasten seiner eigenen Mechanismen einherschreitet und, nur die Erde im Blick und Schwere in den Gliedern, seines Gottes und seiner Welt vergaß.» [43]

Sezession überhaupt, Auszug aus dem Etablierten und Aufbruch ins Unbekannte, ja Unerhörte, Naturalismus, Impressionismus und dann und vor allem der Expressionismus, neues Bauen bei Peter Behrens, Walter Gropius, Hans Poelzig, Theaterentwicklung von Otto Brahm zu Max Reinhardt, Literatur in ihrer Spannweite von Gerhart Hauptmann bis Stefan George, die Malerei von Max Liebermann bis zur «Brücke» mit Kirchner, Heckel, Schmidt-Rottluff, zum «Blauen Reiter» mit Kandinsky, Kubin, Klee, mit Marc, Macke, Gabriele Münter; die Kritik dazu, die Satire aufs dummdreist Selbstzufriedene, aufs naßforsch Herrschende [44], der «Simplicissimus» und die «Scharfrichter» des Kabaretts: Deutschland erwies sich als ein Land der Avantgarde, als Experimentierfeld der Zukunft. [45]

Die Angegriffenen amüsierte das nicht. Sie setzten sich zur Wehr, der Kaiser vorweg. Es hagelte Prozesse und strenge Urteile wegen Majestätsbeleidigung, Hunderte pro Jahr. Und aus gegebenem Anlaß – 1901 bei der Feier zur Einweihung der Sieges- oder, wie die Berliner bald sagten, der «Puppen-Allee» brandenburgisch-preußischer Herrscherfiguren –, aus diesem Anlaß also befand Wilhelm II.: «Eine Kunst, die sich über die von Mir gesetzten Schranken und Gesetze hinwegsetzt, ist keine Kunst mehr.»

Denn «wenn nun die Kunst, wie es jetzt vielfach geschieht, weiter nichts tut, als das Elend noch scheußlicher hinzustellen, wie es schon ist, dann versündigt sie sich damit am deutschen Volke. Die

Pflege der Ideale ist zugleich die größte Kulturarbeit, und wenn wir hierin den anderen Völkern ein Muster sein und bleiben wollen, so muß das ganze Volk daran mitarbeiten, und soll die Kultur ihre Aufgabe voll erfüllen, dann muß sie bis in die untersten Schichten des Volkes hindurchgedrungen sein. Das kann sie nur, wenn die Kunst die Hand dazu bietet, wenn sie erhebt, statt daß sie in den Rinnstein niedersteigt.»[46]

Das Wort von der «Rinnsteinkunst» machte schnell die Runde und löste einen Sturm der Entrüstung aus.[47] Und eine beklemmende Fernsicht zeichnete sich ab, selbstherrlich anbefohlen die Perspektive jenes «gesunden Volksempfindens», das als «entartet» verdammt, das verbietet und verbrennt, was ihm nicht paßt.

Immerhin: Das Kaiserreich blieb ein Rechtsstaat, in dem man sich zwar vor der Majestätsbeleidigung hüten mußte,[48] im übrigen aber verkünden durfte, was man mochte. Weitaus wichtiger war daher vorerst eine konservative Kulturkritik an der «Entartung» und «Zersetzung», an der Moderne überhaupt, eine Prophetie nach rückwärts, die – zum idealisch Guten, Wahren und Schönen verklärt – wiederherstellen wollte, was es angeblich einmal gegeben hatte. Als exemplarisch sei Julius Langbehn mit seinem Buch «Rembrandt als Erzieher» genannt.

Der «Rembrandtdeutsche», wie Langbehn (1851–1907) bald allgemein hieß, war eigentlich ein Außenseiter, um nicht zu sagen eine verkrachte Existenz und ein Psychopath,[49] und was er schrieb, erwies sich – nüchtern betrachtet – als höchst wirrköpfig. Aber mit seiner Gestimmtheit auf die Tonlage des apokalyptischen Sehers und antimodernen Künders traf er einen Nerv der Zeit; das Buch, genau zur Epochenwende von 1890 erschienen, geriet zum beispiellosen Erfolg und erlebte in nur zwei Jahren 39 Auflagen. Sein Autor «lehnte die zeitgenössische Kultur ab, verhöhnte die Vernunft und fürchtete die Wissenschaft; die Art seiner Kritik bekundete weniger den Wunsch nach Reform als vielmehr das Verlangen, die moderne Gesellschaft zu vernichten. Diese Verwerfung der Modernität und der rationalistischen Tradition, die er ihr gleichsetzte, war das eigentliche Thema seines Werkes. Wie widersprüchlich er sich auch immer ausdrücken mochte – das ganze Buch wird von einer starken

Sehnsucht nach einer Art von Primitivismus beherrscht, der nach der Zerstörung der modernen Gesellschaft darauf abzielte, die elementaren menschlichen Leidenschaften freizusetzen und eine neue germanische Gesellschaft zu schaffen; deren Grundlage sollten Kunst, Genialität und Macht sein.» [50]

Im Grunde sollte es sich um ein Gesamtkunstwerk handeln, sozusagen um eine Wagneroper des wirklichen Daseins, edel und aristokratisch statt plebejisch und philisterhaft, unter der Parole, daß Gleichheit der Tod sei und nur Gliederung das Leben. Im übrigen war Langbehn einer der ersten, die den Kult der Jugend propagierten; am Ende seines Buches hieß es: «Das neue geistige Leben der Deutschen ist keine Sache für Professoren; es ist eine Sache der Jugend; und zwar der unverdorbenen, unverbildeten, unbefangenen deutschen Jugend. Sie hat das Recht.»

«Kein anderes Buch der völkischen Kritiker übte einen so tiefen Eindruck auf die deutsche Kultur aus, keine andere Mischung von Kulturpessimismus und nationalistischer Hoffnung erlangte je solche Popularität», hat Fritz Stern festgestellt. [51] Der handfest antizivilisatorische, antiliberale und antidemokratische Hintersinn legt es daher nahe, von einem Kultbuch des bürgerlichen Selbsthasses zu sprechen.

Indessen: Es ging um mehr als bloß um ein Buch. Das Traumbild, «aristokratisch» statt philisterhaft zu sein, kennzeichnet die Epoche. In diesem Sinne las und verstand man Nietzsche, wie verkürzt und einseitig auch immer. [52] Ein anderes Beispiel liefert der Kreis um Stefan George. Seine Bedeutung ist von Mitgliedern zwar bis ins Aberwitzige übertrieben worden, so als sei die deutsche Geistesgeschichte seit 1890 entweder mit ihm identisch oder «nacht und nichts» gewesen. [53] Für viele und besonders junge Menschen besaß der George-Kreis dennoch eine Faszinationskraft, die heute kaum noch verständlich scheint.

Zweierlei ist augenfällig: ein den ganzen Menschen einforderndes, erotisch getöntes Verhältnis zwischen dem «Meister» und seinen «Erweckten», den bedingungslos und gläubig ergebenen Jüngern, und ein absolut gesetzter Ästhetizismus. Wie der Meister selbst verkündete: «Wir sehen in jedem Ereignis, jedem Zeitalter nur ein Mittel künstlerischer Erregung. Auch die Freiesten der Freien konnten ohne den sittlichen Deckmantel – man denke nur an die Begriffe von Schuld usw. – nicht auskommen, der uns ganz wertlos geworden ist.» [54] Oder, zur Zukunft gewandt, im Raunen:

«Wer denn . wer von euch brüdern
Zweifelt . schrickt nicht beim mahnwort
Dass was meist ihr emporhebt
Dass was meist heut euch wert dünkt
Faules laub ist im herbstwind
Endes- und todesbereich:

Nur was im schützenden schlaf
Wo noch kein taster es spürt
Lang in tiefinnerstem schacht
Weihlicher erde noch ruht –
Wunder undeutbar für heut
Geschick wird des kommenden tages.» [55]

Man mag den Ästhetizismus entschuldigen: Es handelte sich um Dichter und Dichtung. Doch der Einwand verkennt Absicht und Wirkung; bewußt sollte es um Lebensgestaltung gehen, mit der «Staatlichkeit» als letztem Ziel. George stellte, «was keiner der westlichen Enddichter vermochte, wieder Bild und Recht des herrscherlichen Menschen in die Mitte Europas. – Er..., der Erwecker einer männlich heldischen Jugend..., trieb die Kunst als Macht, wie einst Napoleon die Macht als Kunst.» [56]

In den «Jahrbüchern für die geistige Bewegung», die aus dem George-Kreis hervorgingen, zog man wider die moderne «Verhirnlichung» und «Geldversklavung» ins Feld; man suchte zu zeigen, wie der Mensch nicht mehr aus der «Gesamtleiblichkeit» lebt, sondern unter der «Willkür seines freigewordenen Geistes» dahintreibt. In der Einleitung des dritten Jahrbuches hieß es: «Nach weiteren fünfzig Jahren fortgesetzten Fortschritts werden auch die letzten Reste alter Substanzen verschwunden sein, wenn es keine anderen mehr als die mit dem fortschrittlichen Makel zur Welt gekommenen gibt, wenn durch Verkehr, Zeitung, Schule, Fabrik und Kaserne die städtisch fortschrittliche Verseuchung bis in die fernste Weltecke gedrungen und die satanisch verkehrte, die Amerikawelt, die Ameisenwelt sich endgültig eingerichtet hat.

Wir glauben, daß es jetzt weniger darauf ankommt, ob ein Geschlecht das andere unterdrückt, eine Klasse die andere niederzwingt, ein Kulturvolk das andere zusammenschlägt, sondern daß ein ganz anderer Kampf hervorgerufen werden muß, der Kampf von Ormuzd gegen Ahriman, von Gott gegen Satan, von Welt gegen Welt.» [57] Entweder – oder, Freund oder Feind – und Feind ist der bürgerliche Fortschritts-Verfall, gegen den ein Welt-Bürger-Krieg entfesselt werden muß.

Schärfer noch und in mancher Hinsicht sogar folgenreicher formulierten die vom George-Kreis abgesplitterten Münchener «Kosmiker» um Alfred Schuler und Ludwig Klages. Für sie stammte alles Böse aus der Rechenhaftigkeit des Geistes, sie hielten den Menschen für das «am Geist erkrankte Tier» [58]; ein kosmisches Prinzip des seelischen Ur-Seins sollte wiederhergestellt werden. Der Geist als Moloch, der die eigenen Kinder frißt: Schuler gab dieser Auffassung eine dämonische Wendung, indem er die Semiten als verworfene Erfinder des Geistes ausrief. So entstand das Schlagwort vom «molochitischen Semitentum». Schuler trug übrigens das Symbol des Urprinzips, das Hakenkreuz, das er bei Bachofen gefunden hatte, in den George-Kreis. Es ist möglich, daß Hitler direkt von Schuler beeinflußt worden ist. [59]

Gemeinschaft gegen Gesellschaft

Wir sind es gewohnt, eine Gesellschaft mit allgemeinen Begriffen zu kennzeichnen; wir sprechen von der feudalen oder der bürgerlichen Gesellschaft, der Klassengesellschaft, von einer Agrar- oder der Industriegesellschaft. Im Lichte solch allgemeiner Bestimmungen dürfte kaum zweifelhaft sein, daß wir es im wilhelminischen Deutschland mit einer im Kern bürgerlichen Gesellschaft zu tun haben, die auf dem Wege der Industrialisierung und Verstädterung sehr rasch, sehr leistungstüchtig und kraftbewußt, um nicht zu sagen kraftstrotzend, voranschreitet.

Nur, sonderbar: Es handelt sich zugleich um eine Gesellschaft ohne Bürgerbewußtsein. Die bestimmende Schicht herrscht nicht,

sondern ordnet sich ein und unter. Sie fügt sich in den Obrigkeitsstaat, der Ansehen und Verhaltensformen vom Beamtentum oder
mehr noch vom Adel und vom Militär her bestimmt. «Es gab To-
desanzeigen von hochverdienten Professoren aus der Kaiserzeit,
die ihre Stellung als Leutnant der Reserve noch vor ihrer Mitgliedschaft in hohen Akademien der Wissenschaften angaben.»[60] Das
mag als kurios erscheinen, aber es beleuchtet Zeit und Gesellschaft.
Nicht einmal die preußisch-deutsche Hofrangordnung muß dann
abwegig wirken. Sie enthielt insgesamt 62 Stufen, und sie verwies
Universitätsrektoren auf Platz 47, zivile, aber «bei Hofe vorge-
stellte Herren» auf Platz 57, Mitglieder des Parlaments auf Platz
58.[61]

Die Bewegungen der Jugend und der Außenseiter andererseits
fühlten zwar das Vordergründige und Falsche, das sie erstickend
umgab, und sie rebellierten dagegen. Doch die Wahrhaftigkeit und
Freiheit, die sie meinten, wollte nicht die Ankunft, sondern den
Abschied des Bürgers; da man bloß das Unechte, das Renegatentum kannte und es mit dem Wesen verwechselte, schien Echtheit
einzig erreichbar, wenn man das Bürgersein ein für allemal liqui-
dierte.

Es ergibt sich die merkwürdige, ja paradoxe Tatsache, daß die
Verteidiger des Bestehenden und die Rebellen, sosehr sie dem Anschein nach einander verachten, in der Tiefe dennoch übereinstim-
men – verbunden in der Negation, im Haß, der den Selbsthaß
birgt. Hier wie dort möchte man nicht Bürger sein, sondern irgendwie «aristokratisch». So kommt es, daß «rechte» und «linke»
Positionen, die kulturpessimistische Botschaft eines Langbehn und
die progressive Zeitkritik seltsam ineinander verschwimmen. Hier
wie dort der Protest und ein Appell an die Jugend zum Aufbruch,
ungewiß nur wohin.

Um das Maß der wilhelminischen Paradoxien vollzumachen,
könnte man hinzufügen, daß bürgerliches Selbstbewußtsein dort
aufgehoben wurde, wo seine Überwindung zum Programm des
Klassenkampfes gehörte: in der Arbeiterbewegung. Hegel und mit
ihm Marx haben «Aufhebung» dialektisch im dreifachen Sinne gedeutet: als Abschaffen, Bewahren und Hinaufheben auf eine neue,

höhere Stufe zugleich. In diesem Sinne ging es der Arbeiterbewegung um den demokratischen Bürgerstaat der Freiheit und Gleichheit – und um die bürgerlichen Kulturwerte, an die sonst niemand mehr glaubte.

Die Widersprüche des kaiserlichen Deutschland und das Sonderbare einer bürgerlichen Gesellschaft ohne Selbstbewußtsein sind schon von den Zeitgenossen gesehen worden; die politischen Schriften Max Webers zum Beispiel werden vom Anfang bis zum Ende von bitteren Klagen über das Mißverhältnis zwischen «Sein» und «Bewußtsein», zwischen der wirtschaftlichen Bedeutung des Bürgertums und seinem Unwillen zur Macht ebenso bestimmt wie vom verzweifelt vergeblichen Suchen nach Abhilfe.[62] Später, im Rückblick, hat Ralf Dahrendorf mit Fug von einer «industriellen Feudalgesellschaft» und, doppelsinnig, von der «verworfenen» Nation gesprochen, in der, wie in Ablagerungen der Erdgeschichte, die verschiedenen Zeitschichten nebeneinander zu finden sind.[63]

Aber von der anstößigen Tatsache einmal abgesehen, daß der Industriefeudalismus sich als ein besonders erfolgreiches Entwicklungsmodell erweist – nicht nur in Deutschland![64] –, wirkt der Hinweis auf Verwerfungen, auf die Gleichzeitigkeit des Ungleichzeitigen eher trivial. Denn wo eigentlich gäbe es sie nicht? In Rußland prägt der Kontrast von Modernem und Uraltem die Verhältnisse oder Mißverhältnisse – und die Mühsal, oft die Vergeblichkeit der Reformen von Peter dem Großen bis zur Gegenwart. In den Vereinigten Staaten gibt es die Sklaverei und über sie weit hinaus die rassische Diskriminierung. In Frankreich liegt die «eine und unteilbare» Nation seit 1789 in kaum versöhnbarem Widerstreit, der sich bitter und manchmal blutig entlädt, wie im Bürgerkrieg von 1871, wie um die Jahrhundertwende in der Dreyfus-Affäre, wie zwischen Vichy-Regime und Résistance im Zweiten Weltkrieg. Und kaum ein Land kennt so harte, fast «kastenartig indische» Schranken, so unüberwindbare Klassenfronten wie England. Es mag sein, wie Dahrendorf meint, daß die deutschen Verwerfungen sich als «vulkanisch» und unkontrollierbar erweisen, diejenigen anderer Länder hingegen als nichtvulkanisch und kontrollierbar. Doch derlei taugt zur Erklärung allenfalls mit dem Charme der Tautologie: Vulkane sind vulkanisch, und kontrollierbar ist, was kontrolliert werden kann. Läßt man aber die Fragen des Selbstbewußtseins beiseite, so gilt durchaus, was Hagen Schulze über jene Jahre gesagt hat: «Trotz Streikbewegungen, trotz Wahlrechtskampf, trotz Massenstreikdebatte in den Reihen der Sozialdemokratie: Deutschland bleibt ein sozial beruhigtes Land, viel mehr, als dies in Amerika, England, Frankreich und Belgien der Fall ist.» [65]

Nochmals also: Nicht aus dem «Sein» lassen sich Unterschiede ableiten, sondern nur aus dem «Bewußtsein», genauer aus dem Widerspruch, der es zerreißt. Auf der einen Seite ist man stolz auf den eigenen Fortschritt, auf eine wirtschaftliche, wissenschaftliche und technische Tüchtigkeit, die zum Einholen und Überholen des westlichen, vorab des englischen Vorbildes ansetzt. Auf der anderen Seite wird die Bürgergesellschaft, die kulturell und politisch diesem Fortschritt entspricht, als das Verfehlte und Falsche, das Wesensfremde denunziert; man möchte über sie hinaus oder – was zwielichtig aufs gleiche hinausläuft – hinter sie zurück.

Doch wohin genau soll der Aufbruch aus der Bürgerlichkeit eigentlich führen? Wie stets bleibt das Positive weit undeutlicher als die Negation. Immerhin gibt es Anhaltspunkte; einen davon liefert der Begriff der Gemeinschaft, der in der wilhelminischen Zeit seine deutsche Karriere begann, obschon zunächst eher unauffällig und akademisch. Im Jahre 1887 veröffentlichte Ferdinand Tönnies ein Buch unter dem Titel «Gemeinschaft und Gesellschaft». Es fand kaum Beachtung; erst ein Vierteljahrhundert später, 1912, gab es eine Neuausgabe. Dann freilich stellte sich der Erfolg um so nachhaltiger ein; 1926 erschien bereits die siebente Auflage. Ein Autor hatte seiner Epoche das Stichwort geliefert.

Tönnies sieht in «Gemeinschaft» und «Gesellschaft» zwei einander entgegengesetzte Grundformen des menschlichen Zusammenlebens: «Das Verhältnis und also die Verbindung (der Menschen) wird entweder als reales und organisches Leben begriffen – das ist das Wesen der Gemeinschaft, oder als ideelle und mechanische Bindung – dies ist der Begriff der Gesellschaft... Gemeinschaft ist das dauernde und echte Zusammenleben, Gesellschaft nur ein vorübergehendes und scheinbares. Und dem ist gemäß, daß Gemeinschaft selber als ein lebendiger Organismus, Gesellschaft als ein mechanisches Aggregat und Artefakt verstanden werden soll.» In der Gemeinschaft sind die Menschen im Wesen verbunden, in der Gesellschaft wesentlich getrennt, und während sie «dort verbunden bleiben trotz aller Trennungen», sind sie hier «getrennt trotz aller Verbundenheit».[66]

Die negative, trotz des Fassadenschmucks von formaler Höflichkeit bloß auf Vorteil und Gegenleistung berechnete Beziehung kennzeichnet die Gesellschaft, während in der Gemeinschaft die Menschen sich rückhaltlos öffnen und einander zuwenden. Zwei gegensätzliche Willensformen gehören damit ins Bild: In der Gesellschaft herrscht die Willkür, ein «Kürwille», vom Egoismus gesteuert, in der Gemeinschaft der «Wesenwille», der jedem Einzelwillen, jeder Einzelentscheidung vorgeordnet bleibt und sie bindet.

Organismus und Artefakt, Natur und Kunstprodukt, Hingabe und Selbstsucht: Die Verteilung der Akzente ist deutlich. Sie wird noch dadurch betont, daß Tönnies die Typen nicht nebeneinander, sondern in die Beziehung geschichtlicher Abfolge stellt. Die Gemeinschaft ist «ursprünglich», früh, die Gesellschaft spät – ein Zerfallsprodukt der Gemeinschaft und auf deren Zersetzung gerichtet. Hier trifft sich Tönnies mit der marxistischen Kritik am Kapitalismus: Arbeitsteilung und Entfremdung sollen Kennzeichen der bürgerlichen Gesellschaft sein wie Handel und Industrie. Auch im «Kommunistischen Manifest» heißt es ja, die Bourgeoisie habe, wo sie zur Herrschaft gekommen, alle «idyllischen Verhältnisse» zerstört, «die Bande, die den Menschen an seinen natürlichen Vorgesetzten knüpften, unbarmherzig zerrissen und kein anderes Band zwischen Mensch und Mensch übriggelassen, als das nackte Interesse, als die gefühllose bare Zahlung», die alle Gefühlsbindungen «in dem eiskalten Wasser egoistischer Berechnung» ertränkt.

Es ist genau diese Verteilung der Akzente, die zum Schwingen und Klingen bringt, was als romantische Sehnsucht in einer Zeit angelegt ist, in der sich der rasche, fast sprunghafte Übergang von der Agrar- zur Industriegesellschaft mit schlimmen Begleiterscheinungen vollzieht. Nur soll es nicht – wie bei Marx – um die Aufhebung, sondern um die Zerstörung des Bestehenden gehen; statt des weiteren Fortschritts ist Regression gemeint. «Aus grauer Städte Mauern» auszubrechen in die Natur, um dort eine neue, vielmehr die ursprünglich-natürliche Lebensform zu entdecken: Von dieser *Revolution nach rückwärts* träumen Bewegungen, deren Losung «Gemeinschaft» heißt.

Einer nüchternen Betrachtung fiele es nicht schwer, gerade in der «Gemeinschaft», wie die Begeisterung sie malt, das durch und durch Künstliche nachzuweisen, die moderne, seit Rousseau mächtige Sehnsucht nach der fernen und verlorenen Idylle:

> «Seht, ihr fremden, klugen, weißen Leute,
> seht, wir Wilden sind doch bessre Menschen!»[67]

In Wahrheit läßt gerade in älteren, «vormodernen» Gesellschaftsformationen die Übermacht des Objektiven, der institutionellen Festlegung und zeremoniellen Distanzierung, jenen subjektiven Überschwang gar nicht erst aufkommen, der am Begriff der «Gemeinschaft» haftet. Auch die Gefühlsinnigkeit, die sich mit Begriffen wie «Familie» oder «Heimat» verbindet, ist daher spezifisch modern. Um wie vieles nüchterner, rechnerischer, um nicht zusagen händlerischer pflegte es zum Beispiel einst bei Eheschließungen zuzugehen, in Bauernkaten wie auf Fürstenthronen; nicht auf die Neigung kam es an, sondern auf den Stand und die Mitgift. Im modernen Auseinandertreten von Objektivem und Subjektivem, von Beruf und Familie, Öffentlichkeit und Privatheit, Sachzwang und Seele bekommt «Gemeinschaft» ihre Chance, aber nicht als soziale Gesamtverfassung, sondern als das polare Gegenüber zur «Gesellschaft», an die sie untrennbar gebunden bleibt. Nur zugespitzt hat Arnold Gehlen formuliert, wenn er «Seele» – als Gegenüber zur Technik – ein Produkt der Moderne nennt.[68]

Aber im jugendbewegten Aufbruch geht es ja nicht um historische Analyse, sondern um den eigenen Überschwang. Hinzu kommt, daß der Gegensatz von «Gemeinschaft» und «Gesellschaft» einen anderen, weit älteren in sich aufnimmt: den von Kultur und Zivilisation. Denn Zivilisation als der angebliche Inbegriff des Erkünstelten, ihre Konventionen als das Unechte, ihre Manieren als Masken, die Fratzen bergen, ihre Höflichkeit als Heuchelei, als Lüge: Das stammt von weit her, aus der Misere von Untertanen in ihrem Verhältnis und Mißverhältnis zur Obrigkeit; wenn daher junge Leute – auch in unserer Zeit – es so sehen, dann wissen sie nur nicht, wie sehr traditionsbestimmt, wie deutsch sie reagieren. Zivilisation meint zunächst die Höflichkeit als Verhalten bei Hofe, in einer hocharistokratischen Gesellschaft, die im 18. Jahrhundert ihre Blütezeit erlebt. Dazu heißt es im Zedlerschen Universal-Lexikon unter dem Stichwort «Hofmann»: «Einer, der in einer ansehnlichen Bedienung an eines Fürsten Hof steht. Das Hofleben ist zu allen Zeiten einesteils wegen der unbeständigen Herrengunst, wegen derer vielen Neider, heimlichen Verleumder und offenbaren Feinde als etwas Gefährliches; anderteils, wegen des Müßiggangs, Wollust und Üppigkeit, so zum öfteren daselbst getrieben wird, als etwas Laster-Tadelhaftes beschrieben worden. Es haben aber zu allen Zeiten sich auch Hofleute gefunden, die durch ihre Klugheit die gefährlichen Steine des Anstoßes vermieden, und durch ihre Wachsamkeit den Reizungen des Bösen entgangen, also sich zu würdigen Exempeln glücklicher und tugendhafter Hof-Leute vorgestellt. Gleichwohl wird nicht vergeblich gesagt, daß nahe bei Hofe, sei nahe bei der Hölle.»

Ein verteufeltes Porträt, ein charakteristisches erst recht. Das durch den Dreißigjährigen Krieg ruinierte Bürgertum erlebt und erleidet im Gegenüber zur höfisch-aristokratischen Zivilisation immer neu seine Ohnmacht und seinen Mangel an Ansehen. So bleibt ihm nur, diese Zivilisation als das Unechte, Widernatürliche zu denunzieren, als das Fremde, Französische dazu.

Zivilisation hat man – als Schein, als Äußerliches –, oder man hat sie nicht. Wo es am Haben bitter fehlt, erhebt man sich darüber zum wahren Sein: zur Kultur. Sie ist identisch mit dem Eigentlichen, Echten und – in der Wendung nach rückwärts – mit dem Natürlichen; sie kommt aus dem Herzen und sprengt die Form. Man mag

so verschiedene Schriften lesen wie Sophie de la Roches «Fräulein
von Sternheim» (1771), Goethes «Leiden des jungen Werthers»,
Schillers «Kabale und Liebe» – oder inzwischen, sofern man dies
alles für abgetan hält, Erich Fromms Erfolgsbuch «Haben oder
Sein» [69]: Stets stößt man auf Variationen des alten und immer neuen
deutschen Themas. Bei Kant heißt es:

«Wir sind zivilisiert, bis zum Überlästigen, zu allerlei gesellschaftlicher Artigkeit und Anständigkeit. Aber, uns schon für mo-
ralisiert zu halten, daran fehlt noch sehr viel. Denn die Idee der
Moralität gehört noch zur Kultur; der Gebrauch dieser Idee aber,
welcher nur auf das Sittenähnliche in der Ehrliebe und der äußeren
Anständigkeit hinausläuft, macht bloß die Zivilisierung aus... Alles Gute aber, das nicht auf moralisch gute Gesinnung gepfropft ist,
ist nichts als lauter Schein und schimmerndes Elend.» [70]

Man vergleiche dies Bild mit französischer «civilisation» oder
englischer «civilization»; darin ist nichts von der deutschen Verteu-
felung enthalten. [71] Allerdings ist die Geschichte der bürgerlichen
Gesellschaft in Westeuropa anders verlaufen als hierzulande. Die
Weichenstellungen des 19. Jahrhunderts bedingen dann eine Um-
deutung des sozialen Gegensatzes in den nationalen: Deutsche Kultur steht gegen westliche Zivilisation. Aus der Auflehnung gegen
das einst französisch bestimmte Hofleben wird eine Frontstellung
gegen den «Erbfeind» Frankreich. Und im Verhältnis zu England
wetterleuchtet in Theodor Fontanes Beschreibung «Ein Sommer in
London», 1854, was zwei Generationen später sich zur Haßliebe
auswachsen wird:

«England und Deutschland verhalten sich zueinander wie Schein
und Sein... Du brauchst kein Gentleman zu sein, du mußt nur die
Mittel haben, als solcher zu erscheinen, und du bist es.» [72] Vierzig
Jahre danach – im «Stechlin» – taucht dann die fatale Formel auf:
«Sie sagen Christus und meinen Kattun.»

Bei alledem bleibt stets die Bewunderung spürbar. Eben darum
die Haßliebe, als das Echo aus dem Elend eines Bürgerseins, das
seine eigene Form und sein Selbstbewußtsein nie gefunden hat.
Eben darum der Selbsthaß, gerade bei den Sensiblen, bei Künstlern,
Schriftstellern, in den Bewegungen der Jugend, die das Verkehrte,

das Verkümmerte spüren. Und daher das Aufbegehren. Aber verführend und des Verhängnisses trächtig stellt sich solcher Haß im Glanz des Idealischen dar: als Kampf für das Echte und Eigentliche, als ein deutscher Traum vom wahren Leben, der in selbstloser Hingabe an die Gemeinschaft dereinst Wirklichkeit werden soll.

Drittes Kapitel
Schiff ohne Steuer

Reichsverfassung und Beamtenherrschaft

«Na», fragte ich, «wohin geht die Fahrt des Kaisers? – Norden? Süden? Osten? Westen?» – «Nee», sagte er (der Steuermann) gedehnt, «ick fahre nur man so drauflos.»

Eine Anekdote, ein Bericht Philipp Eulenburgs[1] von der Nordlandfahrt des Kaisers 1898 – und fast ein Symbol. Die Politik des wilhelminischen Deutschland wirkt seltsam ziellos, so als treibe ein Schiff ohne Steuer dahin, oder jedenfalls ohne den Kapitän, der das Ziel der Reise kennt und den Kurs festlegt, indessen die Passagiere lauthals zanken oder verdrossen abseits stehen. Die Ziellosigkeit ist freilich nicht nur den handelnden Personen zuzurechnen; sie liegt vorab in der Struktur, im Verfassungssystem des Kaiserreiches begründet.

Genau betrachtet lebten die Deutschen gar nicht in einem eigenen Staat, vielmehr als Preußen, Sachsen, Bayern und so fort in dem «ewigen Bund» ihrer Fürsten. Wie Paul Laband, der maßgebliche Staatsrechtslehrer der Bismarckzeit, es ausgedrückt hat: «Das Deutsche Reich ist nicht eine juristische Person von 40 Millionen Mitgliedern, sondern von 25 Mitgliedern.»[2] Diese Bündnispartner, die eigentlichen Souveräne, waren folgerichtig in ihrem Verfassungsorgan, dem Bundesrat, mit Gesandten vertreten, die den Diplomatenstatus besaßen wie Botschafter fremder Länder. Der König von Preußen bildete – unter dem romantisch schmückenden Kaisertitel – «das Präsidium», und der Reichskanzler, von ihm ernannt und entlassen, war sein Geschäftsführer. Selbstbewußte Honoratioren der Hansestädte redeten daher – völlig korrekt – den Kaiser nicht als «Eure Majestät», sondern als «Hoher Verbündeter» an.

Preußen hatte sich, um süddeutsche Besorgnisse zu mindern, mit 17 von 58 Bundesratsstimmen begnügt, weit unterhalb seines Zwei-Drittel-Anteils an Reichsgebiet und Reichsbevölkerung, aber eine zuverlässige Gefolgschaft von Kleinstaaten sicherte seine Führung. Vielleicht noch wichtiger war, daß der Reichskanzler und seine Staatssekretäre bloß über bescheidene Apparate verfügten, so daß das Reich praktisch von der Zuarbeit der preußischen Ministerialbürokratie abhing. Aus diesem Grunde war der Kanzler in der Regel zugleich der Ministerpräsident von Preußen. Übrigens blieb auch die Finanzausstattung stets unzulänglich und das Reich ein Kostgänger der Bundesstaaten; erst die Reichsfinanzreform Matthias Erzbergers von 1919 und 1920 schuf postume Abhilfe. Die Machtstellung Preußens brachte es mit sich, daß der Bundesrat nie ins Zentrum politischer Auseinandersetzungen rückte und ein seltsames Schattendasein führte, obwohl er das theoretisch wichtigste Verfassungsorgan darstellte.

Im Gegenüber zum Bundesrat befand sich der Reichstag. Zwar war ihm jeder direkte Einfluß auf die Regierungspolitik versagt; keine noch so große Mehrheit konnte den Kanzler wählen, kein Mißtrauensvotum ihn stürzen. Aber der Reichstag hatte den Gesetzen und dem Etat zuzustimmen. Daher mußte der Kanzler sich von Fall zu Fall Mehrheiten suchen, und weil mit der modernen Entwicklung eine einheitliche Gesetzgebung auf immer mehr Gebieten immer wichtiger wurde, wuchs – der Tendenz nach – das Gewicht des Reichstags.

Als Schlüsselfigur des komplizierten Systems fungierte offensichtlich der Kanzler. Er bildete gleichsam das Scharnier zwischen Kaiser und Volksvertretung, zwischen dem Bündnis und Preußen. Er konnte zwischen den Gewalten jonglieren – und mußte sich mit jeder von ihnen arrangieren, mit denen noch dazu, die hinter den Kulissen als «Kamarilla» den Kaiser umgaben. Um die Dinge zusätzlich zu komplizieren, galt für den Reichstag das allgemeine,

gleiche und geheime (Männer-)Wahlrecht, in Preußen dagegen das
Dreiklassenwahlrecht. Ein Krupp war – als Deutscher – seinen
Arbeitern gleichgestellt; als Preuße dagegen besaß er mehr Stimm-
gewicht als sie alle zusammen.[3] Daher sahen die Parteien- und
Mehrheitsverhältnisse im Reichstag und im preußischen Landtag
verschieden aus; ein Ministerpräsident, der sich mit seiner konser-
vativen Landtagsmehrheit verbündete, verprellte im Reich die
Gruppen, auf die er als Kanzler angewiesen war – und umgekehrt.

Wie eigentlich sollte da jemand tatkräftig regieren und zielbewußt führen? Bismarck hatte das System ganz auf sich selbst, auf
seinen überragenden Einfluß zugeschnitten. Doch sogar er geriet,
je länger er regierte, desto tiefer in Schwierigkeiten, um nicht zu
sagen in eine Ausweglosigkeit, die ihn mit Gedanken an einen
Staatsstreich, an die gewaltsam von «oben» diktierte Umgestaltung spielen ließ.

Aber Staatsstreich wohin? Wie überhaupt sollte irgendeine Form
von Autokratie sich nicht bloß gegen die Sozialdemokraten, sondern auch gegen den im Zentrum organisierten Katholizismus, gegen die Linksliberalen, gegen die süddeutschen, hanseatischen oder
sonstigen Bündnispartner durchsetzen und auf die Dauer behaupten? Hatte zu den Gründungsbedingungen des Reiches etwa nicht
gehört, daß Bismarck mit dem allgemeinen und gleichen Wahlrecht das Unvereinbare von Obrigkeitsstaat und Bürgergesellschaft zur Einheit fügte? Unterhalb dieser Einheit blieben indessen
die Gegensätze: sie wurden durchs Nationale mehr übertüncht als
überwunden. Genau diesen Sachverhalt spiegelte das Verfassungssystem mit den Möglichkeiten und Unmöglichkeiten, die es dem
politischen Handeln bot; Bethmann Hollweg hat als Reichskanzler
resignierend und zutreffend von einer «Politik der Diagonale» gesprochen.[4]

Eine von Herzen unpolitische Bürgermehrheit bekümmerte dies
alles wohl wenig. Gewiß ärgerte man sich, wenn man meinte, daß
der biedere Michel von seinem britischen Vetter wieder einmal her-
eingelegt worden sei; man seufzte nach dem neuen starken Mann,
nach einem wiedererstandenen Bismarck, dem im gesicherten Abstand glorifizierten und mißverstandenen, daß er dreinfahre.[5] Und

man fühlte sich im Vorurteil bestätigt, daß die Politik ein schmutziges Geschäft sei; man distanzierte sich vom «Parteiengezänk». Worauf es im Alltag wirklich ankam, das war etwas ganz anderes; eine gute, also überparteiliche und sparsame Verwaltung. Daran fehlte es schwerlich: War die preußisch-deutsche Bürokratie denn nicht die beste der Welt, hatte sie ihre Leistungsfähigkeit nicht wieder und wieder bewiesen?

Verwaltung statt politischer Führung, Beamtenherrschaft: Vergessen oder verdrängt wurde allerdings, daß die Bürokratie so überparteilich gar nicht war, wie sich ihr Selbstverständnis darstellte – nach einem Wort Gustav Radbruchs als die Lebenslüge des Obrigkeitsstaates. Die Regel war vielmehr eine scharf konservative Prägung.

Diese Prägung bildete durchaus kein Naturgesetz. Einst hatte gerade die höhere Beamtenschaft Preußens – vom Geist der Aufklärung berührt, an Kant geschult, im Zeichen des Neuhumanismus gebildet, von der Reformbewegung nach 1807 beflügelt – in den Jahren der Restauration nach 1815 und wiederum nach 1848 gewissermaßen die Rolle einer Opposition gegen sich selbst übernommen. Sie versuchte, Liberalität durchzusetzen und zu verteidigen; ihre besten Leistungen erzielte sie dort, wo dies ohne massiven Widerstand möglich war, zum Beispiel im Felde der Wirtschaftspolitik mit der Vorbereitung und dem Ausbau des Zollvereins. Ganz besonders zeigte sich der Sachverhalt in Situationen der politischen Krise – oder sogar des Konflikts: Im Frankfurter Paulskirchenparlament gehörten rund sechzig Prozent der preußischen Abgeordneten zur «beamteten Intelligenz».[6] Auch die Opposition im preußischen Landtag, gegen die Bismarck in der Konfliktzeit der sechziger Jahre kämpfte, wurde wesentlich von Beamten getragen.

Es versteht sich, daß keine Regierung sich mit der Opposition ihrer eigenen Beamten abfinden mochte. Während der kurzlebigen Vorherrschaft liberaler Kräfte im Jahre 1848 erließ der preußische Minister des Innern eine Verfügung, in der es hieß, es könnte nicht geduldet werden, daß Beamte im Dienst blieben, die «dem dermaligen Regierungssystem ihre Anerkennung geradezu versagen oder demselben geflissentlich widerstreben». Damit sollte einer konservativen Obstruktion begegnet werden. Praktisch aber wirkte sich die Verordnung nur zugunsten der Reaktion aus, die rasch wieder zur Macht gelangte. Schon am 11. Juli 1849 folgte eine Notverordnung mit neuen Disziplinarbestimmungen. Nach ihrem § 20 – dem «Mutparagraphen» – war es ein Grund für die Dienstentlassung, wenn der Beamte «die Pflicht der Treue verletzt oder den Mut, den sein Beruf erfordert, nicht bestätigt oder sich einer feindseligen Parteinahme schuldig macht».

Besonders rücksichtslos ging in den Reaktionsjahren der Innenminister Ferdinand von Westfalen vor – der Schwager von Karl Marx. Ihm folgte in den achtziger Jahren Robert von Puttkamer, der in einer Reichstagsrede unverblümt sagte: «Die Regierung wünscht, daß innerhalb der Schranken des Gesetzes ihre Beamten sie bei der Wahl nachdrücklich unterstützen, und ich kann hinzufügen, daß diejenigen Beamten, welche das in treuer Hingebung bei den letzten Wahlen getan haben, des Dankes und der Anerkennung sicher sind, und, was mehr ist, daß sie auch des Dankes ihres kaiserlichen Herrn sicher sind.» Entsprechend sahen die Erlasse aus, auch nach 1890.[7]

Erlasse und Disziplinarmaßnahmen allein hätten freilich die konservative Prägung der Beamtenschaft kaum durchsetzen können, wenn ihnen nicht seit der Reichsgründungszeit ein Gesinnungswandel jener Bürger- und Bildungsschichten entsprochen hätte, aus denen sich in ihren mittleren und höheren Rängen die Beamten ganz überwiegend rekrutierten. Die innere Angleichung an den Obrigkeitsstaat erzeugte eine zunehmende Überheblichkeit gegenüber dem «gewöhnlichen» Bürger, so als fange der vollgültige Mensch erst beim Beamten an; jetzt triumphierten, wie der bereits zitierte Ernst Troeltsch gesagt hatte, die «Ideale der kurzangebundenen Schneidigkeit und bürokratischen Amtshoheit, von denen der Nachwuchs der regierenden Klassen weithin erfüllt ist».[8]

Mit dem Gesinnungswandel veränderten sich die Bildungsideale, auf die man sich stets und nachdrücklich berief; mit einigem Abstand folgte die Beamtenschaft der Armee, wie sie Friedrich Meinecke für die Mitte des 19. Jahrhunderts schilderte: Es hatte sich, sagt er, «das jetzige Offizierkorps... trotz seiner teilweisen

Ergänzung auch aus bürgerlichen Kreisen zu einem Stande mit einheitlicher aristokratischer Physiognomie zusammengeschlossen. Und es stand, trotz vieler minderwertiger Elemente in seinen Reihen, auch der geistigen Bildung seiner Zeit nicht fern, das heißt, es benutzte sie, aber es eignete sie sich nicht innerlich an; es übernahm mehr ihre positiven Lehren als ihren ideellen Kern. Aus dieser Schule gingen die späteren Generale von 1866 und 1870 hervor. Sie hatten alle fleißig gelernt und die Fortschritte des Wissens aufmerksam verfolgt, aber sie hatten nicht, wie die Reformer von 1808, den heißen Trieb, das eigene Leben mit den allgemeinen geistigen Kräften zu durchdringen. So bildete sich ein Typus des modernen preußischen Offiziers aus: von Kindheit an gerade gerichtet, um nicht zu sagen dressiert; alle, die Klugen wie die Dummen, zu ritterlichem und straffem Auftreten erzogen... Und die geistigen Mächte, die zu Beginn des Jahrhunderts die Dämme des Standesbewußtseins hatten durchreißen können, hatten sich gewandelt. Teils hatten sie an innerer Stärke verloren, teils wirkten sie sogar als günstige Winde in den Segeln. Jene Verbindung einer realistisch-utilitaristischen Bildung mit einem sozialen Standesgeist, der Elemente aus anderen Kreisen nur soweit aufnahm, als sie gleichartig oder verwandt waren, war und wurde immer mehr modern und wurde im preußischen Offizierkorps eigentlich zuerst verwirklicht. Fachbildung und Standesgeist förderten sich gegenseitig, denn der moderne Realismus erkannte sehr genau, daß nicht nur Bildung, sondern auch Milieu und Tradition, selbst irrationale Tradition, Macht sei. Nicht Universalität, sondern Einseitigkeit macht schneidig für den Zweck, sagte Roon später einmal, als er die Kadetteninstitute verteidigte.»[9]

Noch etwas kam hinzu, vielleicht das Entscheidende: Unwillkürlich – und durchaus verständlich – wird eine Bürokratie sich für die Kräfte entscheiden, die ihre Selbstherrlichkeit fördern; ebenso verständlich wird sie sich gegen Bewegungen stellen, die die eigene Vormacht bedrohen. In der Epoche des Absolutismus wurde die Beamtenherrschaft von der Macht des Monarchen begrenzt, der oft genug eigenwillig und stets selbstherrlich entschied.[10] Daher bargen im Zeitalter der preußischen Reformen alle Bemühungen um die Ausgestaltung des Rechts- und Verwaltungsstaates auch den Hintersinn, die königliche Gewalt zurückzudrängen, bis hin zur bloßen Staatsrepräsentation; daher fand die liberale und fortschrittliche Gesinnung in den Interessen der Bürokratie eine nicht zu unterschätzende Stütze.

Doch seit der Mitte des 19. Jahrhunderts änderten sich die Verhältnisse; von da an waren es, je später desto eindeutiger, die Parteien und «linken» Bewegungen, die ihren Schatten auf die Beamtenherrschaft warfen; im Falle ihrer Durchsetzung hätte man sich einer neuartigen Form von politischer Führung unterordnen müssen. Was lag darum näher als der Frontenwechsel, als der Übergang ins konservative Lager? Sich selbst als «staatstragend» zu stilisieren und dabei die monarchistische Gesinnung demonstrativ zur Schau zu stellen, alle Fortschritts- und Reformkräfte hingegen als «zersetzend» zu diffamieren, das gehörte seit dem letzten Drittel des 19. Jahrhunderts eben nicht nur zu den Zeichen eines beliebig wehenden Zeitgeistes. Es entsprach vielmehr der «Staatsräson» – dem Eigeninteresse beamteter Herrschaft.

Aber selbst wenn man von der einseitig konservativen Prägung einmal absieht, stellt sich grundsätzlich die Frage, wie weit eine Bürokratie zu politischer Führung überhaupt imstande ist. Große politische Temperamente und Begabungen wie der Freiherr vom Stein oder Bismarck haben das Unzulängliche bloßer Beamtenherrschaft erkannt und mit ihrer Kritik nicht gespart. Stein war lebenslang ein wütender Feind der «Schreiberkaste», der «Bureau- und Schreib-Maschinerie». Und Bismarck ging in seinem aus Zorn und Verachtung gemischten Scherz noch viel weiter: «Um eine Staatsverwaltung in tüchtigem Gang zu erhalten, müßten alle drei Jahre einige Minister, einige Generale und ein Dutzend Räte füsiliert werden; man müßte alle Beamten mit dem fünfzigsten Jahre wegjagen.»[11] Doch weder Stein noch Bismarck waren fähig oder willens, die bestehenden Verhältnisse wirklich zu überwinden und einem System zuzusteuern, in dem alle paar Jahre das politische Führungspersonal zur Wahl steht. Erst recht verweigerte sich das Beamtentum jeder Entwicklung zu Parlamentarismus und Demokratie.

Das Ethos der Beamten, ihre Fähigkeiten und ihr politisches Versagen, hat niemand so scharf umrissen wie Max Weber: «Glänzend bewährt hat sich das Beamtentum überall da, wo es an amtlichen, festumschriebenen Aufgaben *fachlicher* Art seine Sachlichkeit und seine Kraft der Beherrschung organisatorischer Probleme zu beweisen hatte... *Gänzlich versagt* hat die Beamtenherrschaft da, wo sie mit *politischen* Fragen befaßt wurde. Das ist kein Zufall.» Wenn nämlich «ein *leitender* Mann dem *Geist* seiner Leistung nach ein ‹Beamter› ist, sei es auch ein noch so tüchtiger: ein Mann also, der nach Reglement und Befehl pflichtgemäß und ehrenhaft seine Arbeit abzuleisten gewohnt ist, dann ist er weder an der Spitze eines Privatwirtschaftsbetriebes noch an der Spitze eines Staates zu gebrauchen. Wir haben leider innerhalb unseres eigenen Staatslebens das Exempel darauf zu machen gehabt.»[12]

«Der Unterschied liegt nur zum Teil in der Art der erwarteten Leistung. Selbständigkeit des Entschlusses, organisatorische Fähigkeit kraft eigener Ideen wird im einzelnen massenhaft, sehr oft aber auch im großen von ‹Beamten› ebenso erwartet wie von ‹Leitern›. Und gar *die* Vorstellung: daß der Beamte im subalternen Alltagswirken aufgehe, nur der Leiter die ‹interessanten›, geistige Anforderungen stellenden Sonderleistungen zu erbringen habe, ist literatenhaft und nur in einem Lande möglich, welches keinen Einblick in die Führung seiner Geschäfte und die Leistungen seiner Beamtenschaft hat. Nein – der Unterschied liegt in der Art der *Verantwortung* des einen und des anderen, und von da aus bestimmt sich allerdings weitgehend auch die Art der Anforderungen, die an die Eigenart beider gestellt werden. Ein Beamter, der einen seiner Ansicht nach verkehrten Befehl erhält, kann – und soll – Vorstellungen erheben. Beharrt die vorgesetzte Stelle bei ihrer Anweisung, so ist es nicht nur seine Pflicht, sondern seine *Ehre*, sie so auszuführen, als ob sie seiner eigensten Überzeugung entspräche, und dadurch zu zeigen: daß sein Amtspflichtgefühl über seiner Eigenwilligkeit steht... So will es der Geist des *Amtes*. Ein politischer *Leiter*, der so handeln würde, verdiente *Verachtung*. Er wird oft genötigt sein, Kompromisse zu schließen, das heißt: Unwichtigeres dem Wichtigeren zu opfern. Bringt er es aber nicht fertig, seinem Herrn (es sei der Monarch oder der Demos) zu sagen: entweder ich erhalte jetzt diese Instruktion *oder ich gehe*, so ist er ein elender ‹Kleber›, wie Bismarck diesen Typus getauft hat, und kein Führer. ‹Über den Parteien›, das heißt aber in Wahrheit: außerhalb des *Kampfes* um eigene Macht soll der Beamte stehen. Kampf um eigene Macht und die aus dieser Macht folgende *Eigenverantwortung für seine Sache* ist das Lebenselement des Politikers wie des Unternehmers.»[13]

Es bleibt eigentlich nur noch hinzuzufügen: Die Beamtenherrschaft hat nicht bloß politisch versagt, sondern sie hat am Ende auch das Ethos der Beamten verdorben. Denn im Kampf um die Erhaltung der eigenen Herrschaft wurde die Sachlichkeit unaufhaltsam zerstört: sie wurde mehr und mehr durch Parteilichkeit in der Frontstellung gegen Parlamentarismus und Demokratie verdrängt – und dies ausgerechnet unter dem Vorwand, überparteilich zu sein und allein dem Staate zu dienen.

Eine Gesellschaft der Vielfalt, eine Nation ohne Einheit

Beim Rückblick auf die politische Ordnung des Kaiserreichs gerät man ins Grübeln: Wäre nicht eine «englische» Entwicklung denkbar gewesen, eine Parlamentarisierung also, die den Reichskanzler an die jeweilige «Regierungs»-Mehrheit des Reichstages band? Wäre damit eine neue und kraftvolle Form von politischer Führung möglich geworden? Und hätte die Monarchie – wie in England – für ihre Einbuße an Macht eine Aussicht auf Dauer gewonnen, wenn sie mehr und mehr auf die Repräsentation der Einheit als ihre eigentliche Aufgabe beschränkt worden wäre?[14]

Ein Ausweg aus der deutschen Misere, vielleicht die Abwendung späteren Unheils: vorstellbar ist vieles.[15] Der Geist der Verfassung hätte keineswegs hindern müssen, daß sich die Wirklichkeit von ihm entfernte; der Buchstabe wäre nicht einmal verletzt worden, wenn der Kaiser nicht länger nach eigenem Gutdünken, sondern nach parlamentarischem Willen den Kanzler ernannte und entließ. Ohnehin wuchs ja die Bedeutung des Reichstags mit dem

Umfang der Gesetzgebung und der Etats, über die er beschließen sollte. Dennoch unterblieb die Parlamentarisierung, bis die Geschichte ihr eisiges «Zu spät!» sprach: Sie ist Ende September 1918 nicht etwa erkämpft, sondern von der Obersten Heeresleitung geradezu anbefohlen worden – auch oder vor allem, um den Mehrheitsparteien des Reichstags die Verantwortung für den Waffenstillstand zuzuschieben; diesen Umsturz der Verhältnisse sanktionierten Verfassungsänderungen vom 28. Oktober 1918 – nur Tage vor dem Zusammenbruch des Kaiserreiches.

Die Gründe des Säumens in der Friedenszeit sind vielfältig. Zunächst einmal hätte es eines unbeirrbar starken Selbstbewußtseins und Machtwillens bedurft, vorab des Bürgertums unter Einbeziehung zumindest wichtiger Teile der Beamtenschaft. Denn natürlich hätte die Parlamentarisierung gegen massiven Widerstand der konservativen Kräfte erkämpft werden müssen – und im Schatten Bismarcks, auf den sie sich beriefen. Gerade Bismarck aber war es gewesen, der den Machtwillen des Bürgertums gebrochen und immer mehr Deutsche von der Wahrheit seines Ausspruchs überzeugt hatte: «Nicht durch Reden und Majoritätsbeschlüsse werden die großen Fragen der Zeit entschieden – das ist der Fehler von 1848 und 1849 gewesen –, sondern durch Eisen und Blut.»[16]

Schlimmer noch: Bismarck hatte Deutschlands Bürger das Fürchten gelehrt, indem er ihnen die «gemeingefährlichen Bestrebungen der Sozialdemokratie», die «rote Gefahr» vor Augen stellte. Sollte man nun die Sozialdemokraten zu Bündnispartnern aufrücken lassen, ihnen womöglich Macht zuspielen, gegen die nach einer Parlamentarisierung kein Mittel mehr blieb, sobald sie die Mehrheit gewannen? War es nicht einzig der Obrigkeitsstaat, der davor beschützte?

Zweitens hätte der Machtwille seiner Personifizierung, des mitreißenden politischen Führers bedurft. Wie aber sollten solche Führer ohne Aufgaben wachsen, ohne die Bewährung im Kampf zwischen Regierungsmehrheit und Opposition? Ein fataler Zirkel: Zur Entwicklung des Machtinstinkts braucht man schon Machtchancen, während Ohnmacht die Ohnmacht gebiert.[17]

Drittens hätte man in der Kunst der Kompromisse und Koalitio-

nen geübt sein müssen, weil nach Lage der Dinge immer nur meh-
rere Parteien im planvollen Zusammenwirken stabile, «regie-
rungsfähige» Mehrheiten zu bilden vermochten. Diese Fähigkeit
zu erlernen, verbot wiederum die Situation. Sie erzog die Parteien
vielmehr dazu, sich gleichsam in Wagenburgen einzuschließen, in
Prinzipien verschanzt, durch eine Weltanschauung gesichert, «welche die unbestreitbaren Vorzüge eines Katechismus und einer Feld-
dienstordnung auf bestrickende Weise in sich vereint» [18].

Bei Wahlkämpfen schien es in erster Linie wichtig, die eigenen
Anhänger zu mobilisieren; dagegen versuchte man kaum, in
fremde Reviere einzubrechen. [19] Es liegt nahe, von Milieu-Parteien
zu sprechen. Das gilt geistig ebenso wie gesellschaftlich – und regional: Die Sozialdemokraten waren eine Partei der Großstädte
und Industriereviere, mit denen sie wuchsen, die Partei des proletarischen Milieus, das einerseits ihnen den Boden bereitete und das sie
andererseits als sozialistisch-gewerkschaftliches selbst formten; das
Zentrum organisierte und verteidigte die katholischen Interessen in
deren Milieu; die Konservativen besaßen ihre Stärke im wesentlichen als ostelbische Agrarpartei. [20] Nur bei den Liberalen blieb die
meist protestantisch-mittelständische Anhängerschaft etwas diffu-
ser. Das erwies sich als Stärke, solange es um das große Ziel der
Reichseinigung ging, und daher bildeten die Liberalen vor und um
1871 die eigentliche Nationalstaatspartei mit überragendem Einfluß. Aber es bedeutete Schwäche, als das Werk getan war und die
Prägekräfte der Milieus wieder Vorrang gewannen: 1871 hatte der
liberale Wähleranteil 46,1 Prozent betragen, 1893 fiel er erstmalig
und bereits endgültig unter die 30-Prozent-Grenze; die Zahl der
Abgeordneten schrumpfte zwischen 1871 und 1912 von 201 auf 87.

Der Begriff des Milieus verdient indessen noch ein genaueres
Hinsehen. Denn er weist auf eine Besonderheit hin, auf ein deutsches Problem, das nur selten beachtet wird. Der Begriff meint
traditionsreiche, über mehr oder minder lange Zeiträume gewachsene Lebensformen, in die der einzelne sich stets schon eingebettet
findet und die ihn bestimmen und stützen, indem sie ihm, in allerdings enger Umgrenzung, Verhaltensorientierung liefern. Milieus
umfassen Arbeitswelt, Familie, Ausbildung, Bräuche, Feste, das

Vereinswesen, die Konfession, das ganze Dasein. Weil sie dem Leben Orientierung und Profil geben, schaffen sie in ihren Grenzlinien das, was wir Identität nennen.

Im kaiserlichen Deutschland gab es sehr viele und sehr unterschiedliche Milieus: ländische und urbane, konfessionelle, aristokratische, bürgerliche und proletarische, und fast immer waren sie zugleich regional bestimmt; das rheinländische, kölnisch-katholische zum Beispiel, in dem ein Konrad Adenauer aufwuchs, war durch Welten geschieden vom preußisch-adeligen und protestantischen, das Theodor Fontane im «Stechlin» schildert.

Doch nicht nur bei Fontane, sondern überhaupt aus der Literatur kann man erfahren, was Milieus bedeuteten: bei Theodor Storm, Fritz Reuter, Ludwig Thoma, Johann Peter Hebel, Wilhelm Raabe, in Thomas Manns «Buddenbrooks». In gewissem Sinne gilt das noch nach dem Zweiten Weltkrieg: Wie wäre Heinrich Böll denkbar – sei es im Widerspruch – ohne Katholizität und Köln, wie Günter Grass ohne sein kaschubisch umlagertes Danzig? Was dagegen auffällig fehlt, ist die literarische Darstellung eines Milieus, das ohne seine Brechung im Besonderen nationale Gültigkeit beanspruchen könnte. Kein Dickens, Balzac oder Tolstoi weit und breit. Einzig im Negativen deutet sich die nationale Repräsentanz manchmal an, wie im «Untertan» von Heinrich Mann. Wo die positive Darstellung dennoch versucht wird, gerät sie teils ins historisch weit Hergeholte oder ins blaß Allgemeine, teils ins Drittklassige – und dann rasch ins Sentimentale, in peinliche Theatralik, in das heroisch leere Getöse, mit einem Wort in den Kitsch, in der Spannweite von Wildenbruch bis zur Marlitt.

Das kommt nicht von ungefähr; Literatur zeigt, was ist und was nicht ist. Es fehlte in Deutschland am nationalen Milieu. Die Konfession verband nicht – wie etwa in Polen oder in Irland –, sondern sie trennte, und es gab keine Leitbilder bürgerlichen Selbstbewußtseins, wie sie westliche Länder kennzeichneten. Es fehlte auch die unumstrittene Hauptstadt mit ihrer zentralisierenden Wirkung. Berlin kam spät, zu spät; noch die Nationalversammlung von 1848 trat in der alten Krönungsstadt Frankfurt zusammen, und Wien wurde erst durch die Entscheidung von 1866 abgedrängt. Insgesamt gilt, daß die farbige Vielfalt der Milieus ein deutscher Reichtum sein mochte. Aber die Tatsache, daß dieser Reichtum durch kein nationales Milieu ergänzt und überlagert wurde, erwies sich im Zeitalter der Industrialisierung als gesellschaftliches Problem – und als politisches im Zeitalter des Nationalstaates.

Industrialisierung macht Mobilität notwendig. Darunter sind nicht bloß und nicht einmal in erster Linie Wanderungsbewegungen oder Auf- und Abstiegsprozesse zu verstehen, sondern allgemeine, überall anwendbare Verhaltensmuster, die im Prozeß des zukunftsoffenen Wandels das unerläßliche Mindestmaß an Stabilität und Sicherheit garantieren. Solche Verhaltensmuster konnten die partikularen Milieutraditionen nicht liefern.[21] Darum wurde die späte und stürmische Industrialisierung und Verstädterung so zwiespältig erlebt. Einerseits erschien sie im Aufbruch aus der Enge als Befreiung, als die Emanzipation aus uralter Beschränktheit. Andererseits stellte sie sich als Sinnverlust, als Zersetzung, Entfremdung und Verfall dar; darum begleiten der Kulturpessimismus und die Sehnsucht nach rückwärts den Siegeslauf des Fortschritts.

Ähnlich das politische Problem. Die notorische Unsicherheit der Deutschen, ihre – wie man sieht: sehr berechtigte – Frage nach der eigenen Identität findet ihr konsequentes Gegenstück im überforschen Auftrumpfen, mit dem Wilhelm II. sein Zeitalter so vollendet verkörpert. Und jene Verherrlichung des Machtstaates im Glanz seiner siegreichen Waffen, wie sie der Sedantag symbolisiert, ist vielleicht nicht nur einem zufälligen oder irgendwie «zeitbedingten» Ausgleiten der Nation in den Chauvinismus zuzurechnen, sondern dem Fehlen der Maßstäbe, das anders nicht überspielt werden konnte.

Wenn nun die Parteien sich im wesentlichen als politische Organisationsformen aus spezifischen Milieus darstellten, dann bestätigten sie die deutschen Gegebenheiten auf ihre Weise. Ihre Lagermentalität kam nicht von ungefähr; sie stammte aus den Milieus und befestigte sie. Und wenn man mit Max Weber den Mangel an Machtwillen und an Führungsqualitäten beklagt, dann ist dieser Mangel nicht nur Bismarcks negativer Erziehung oder der Verfassungslage zuzuschreiben, sondern eben auch und zuerst den Milieubedingungen. Im Grunde gab es noch dort, wo man opponierte und von der Revolution träumte, ein geheimes Einverständnis mit dem Obrigkeitsstaat, der Windstille garantierte und niemanden in die Verlegenheit brachte, sich im Sturm der nationalen und internationalen Politik bewähren zu müssen.

Von der großen Politik abgeschnitten oder entlastet, widmeten sich die Parteien um so eifriger ihrer partiellen Interessenvertretung – und, versteht sich, der Ämter- und Pfründenjagd. Dabei erwiesen sich die Konservativen als besonders erfolgreich, während die Sozialdemokraten ausgeschlossen blieben. In enger oder weitläufiger Verbindung mit den Parteien wuchsen gleichzeitig Verbände heran, um die Vielzahl unterschiedlicher Interessen schlagkräftig zu organisieren.

Das war völlig normal. Zur Industriegesellschaft gehören Gewerkschaften und Unternehmerverbände, Organisationen der Landwirte, der Ärzte und so fort, nach der Regel, daß im Geflecht und im Kampf der Interessen unter die Räder gerät, wer sich nicht Gehör verschafft und keinen Druck ausüben kann. Eine Besonderheit des Kaiserreichs bildeten jedoch Verbände oder Vereine, die zu organisieren versuchten, was sie als die «Weltmacht»-Mission der Deutschen ansahen. Sie besetzten damit Felder, die die Parteien und Parlamente weitgehend unbestellt ließen, und da sie keinerlei Verantwortung trugen, taten sie dies unverantwortlich. Hier ist vor allem der kraß imperialistische «Alldeutsche Verband» mit seiner hemmungslosen Agitation zu nennen, 1891 unter Mitwirkung von Alfred Hugenberg und Carl Peters gegründet[22], ferner der Flottenverein, der 1898 entstand, um für eine deutsche Zukunft zu werben, die auf dem Wasser liegen sollte.[23] Eine besondere Stellung nahm seit 1893 der «Bund der Landwirte» ein, der sich über die agrarische Interessenvertretung hinaus sehr rasch zu einem organisatorisch hochmodernen Instrument rechtsradikaler Demagogie entwickelte.[24]

Schlachtflottenbau:
Der Traum von der Weltmacht

Wortgewaltig, aber unstet und tatenarm: So ließe sich die politische Führung des wilhelminischen Deutschland mit einer Kurzformel charakterisieren. Es gab allerdings eine Ausnahme, als Traum und als Technik zugleich das große Vorhaben, das in die Zukunft der Weltmacht führen sollte: den Schlachtflottenbau. Wie denn nicht? Gerade zur rechten Zeit hatte der Amerikaner Alfred Thayer Mahan sein epochales Werk vorgelegt: «Vom Einfluß der Seemacht auf die Geschichte»[25]. Seine Lehre ließ sich in drei Worten zusammenfassen: Weltmacht ist Seemacht. Das traf einen Nerv der Zeit, den deutschen besonders. Wilhelm II. erwies sich auch darin als der Repräsentant seiner Epoche, daß er als der erste Seemann der Nation auftrat, als eifrigster Förderer ihrer Marine. Im Jahre 1897 ernannte er den Mann zum Staatssekretär des Reichsmarineamts, der sich als überragender Organisator des Flottenbaus erweisen sollte: Alfred Tirpitz. Mit der Vorlage der Flottengesetze von 1898 und 1900 begann im Ernst die Realisierung des Traums, in immer kühnerem Ausgreifen weitergeführt bis zum Krieg.[26]

Eine Probe auf das noch Unbekannte begann hier, übrigens auch auf dem Felde der Propaganda. Mit Recht ist gesagt worden, daß Tirpitz «mit unwiderstehlicher Werbekraft den Weg zu einer neuen Ideologie eröffnete. Seinen Ton und Stil übernahmen Hunderte von Journalisten und Gelehrten, Parlamentariern und Diplomaten, in Tausenden von Zeitungsartikeln, Broschüren, Abhandlungen, Vorträgen und Reden. Die nationale Trommel wurde geschlagen; aus eigenem Willen sollte sich das deutsche Volk seinen Platz an der Sonne erkämpfen, von sich aus sollte es den Entschluß fassen, die Flottenfrage über die Parteien, Klassen und Stände zu erheben, um damit den Reichstag unter Druck zu setzen.» Dabei war Tirpitz' Propaganda «nicht eine gesteigerte Endphase jener Politik des 19. Jahrhunderts, die Volksbeeinflussung durch erhöhte Werbetätigkeit der Regierungen schon gekannt hat. Sie ist vielmehr ein Neubeginn; sie muß als Einsatzpunkt einer modernen Propagandaära betrachtet werden, wie sie dann das 20. Jahrhundert zu höchster Vollkommenheit herausgebildet hat, in der zur Unterstützung und Legitimierung der Regierungspolitik die Massen durch umfassende und pausenlose staatliche Einwirkung umworben, gewonnen, fanatisiert wurden, wobei man jedoch den Vorgang gleichzeitig so darstellte, als werde diese Regierungstätigkeit von einer schon vorher bestehenden Volksmeinung gefordert, als sei sie von einem Massenwillen zwangsläufig getrieben.»[27]

Im Rückblick freilich scheint kein Zweifel möglich: In diesem Traum von der Weltmacht bereitete sich die Katastrophe vor. Sebastian Haffner hat von einer «Todsünde» des Deutschen Reiches gesprochen[28], und Michael Stürmer hat bitter gefragt: «Wo blieb jener gesunde Überlebensinstinkt, der die Omnipotenzphantasien der Flottenideologien der tödlichen Lächerlichkeit preisgab? Wo die nüchterne Rechenhaftigkeit der Industrie, die in der ganzen Welt Geschäfte machte und doch heroischen Alpträumen vom Endkampf zum Opfer fiel? Deutschland war zur Fabrikhalle der Welt geworden. Aber die deutschen Eliten, statt Realpolitik zu treiben, träumten von Weltpolitik, Kolonialexpansion und Flottenbau, und wenn das alles zu nichts führte, dann mochte die Fabrikhalle einstürzen, wie die Festhalle des Hunnenkönigs die letzten Nibelungen unter sich begrub: atavistischer Alptraum in der Welt der Konstruktionsbüros.»[29]

Denn gewiß war nur, daß der Schlachtflottenbau gegen Großbritannien und niemanden sonst gerichtet war und daher die See-Weltmacht auf Leben und Tod zum Duell forderte. Schon in der Vorlage von 1900 hieß es, die Flotte müsse so stark sein, «daß ein Krieg auch für den seemächtigsten Gegner mit derartigen Gefahren verbunden ist, daß seine eigene Machtstellung in Frage gestellt wird»[30]. Tirpitz hat hierfür das griffige Wort von der «Risikoflotte» erfunden, eine Art von Abschreckungstheorie: England würde den Krieg nicht wagen, wenn es den Untergang seiner eigenen Weltgeltung fürchten mußte. Doch das war Verschleierung: Zielstrebig arbeitete Tirpitz auf die Entscheidungsschlacht irgendwo zwischen Helgoland und Themsemündung hin, technisch ausgedrückt mit einem Höchstmaß an Kampfkraft und Standfestigkeit der Linienschiffe, mit Abstrichen bei Geschwindigkeit und Reichweite.[30a]

Wenn man immer wieder beteuerte, daß eine große Handelsnation die Flotte zum Schutz ihrer Seewege brauche, hätte man etwas ganz anderes bauen müssen: neben kleinen Einheiten zum Küstenschutz schnelle Kreuzer mit weitem Aktionsradius.

Aber die Verschleierung barg eine Illusion, den fatalen Fehlschluß. «Communications dominate war», auf die Nachschublinien kommt es an, hätte man bei Mahan lesen und lernen können.[31] Im Seekrieg ist das Ziel nicht die eine heroische Schlacht, die in Stunden oder Tagen entschieden wird, sondern die Sicherung der eigenen Verbindungen wie die Blockierung der feindlichen, die erst in Monaten oder Jahren sich auswirkt. Darum gehören zum Seekrieg ganz andere Begriffe nicht bloß vom Raum, sondern auch und erst recht von der Zeit, als zum Landkrieg.[32] England mußte die Schlacht gar nicht schlagen, es konnte die Blockadelinien weitab von den deutschen Küsten aufbauen und risikolos sichern – wie es folgerichtig im Weltkrieg geschah. Damit erfüllte die «Grand Fleet» exakt ihre Aufgabe, während die «Hochsee»-Flotte funktionslos auf ihren Liegeplätzen verkümmerte. Um so hart zu formulieren, wie es den Tatsachen entspricht: Tirpitz hatte die See nicht verstanden; sein Traum paßte zum Drill preußischer Garderegimenter in Döberitz oder auf dem Tempelhofer Feld, nicht aufs Wasser. Im übrigen war bald zu erkennen, daß England die Herausforderung annahm; Admiral John Fisher, seit 1904 Erster Seelord, stand Tirpitz an Tatkraft nicht nach, aber er kannte aus britischer Erfahrung die Macht auf dem Meer.[33]

Das Deutsche Reich war in der europäischen Zentrallage gewiß nie ungefährdet, es mußte mit der Möglichkeit des großen Landkrieges rechnen, im schlimmen Falle gegen Frankreich und Rußland zugleich. Doch dafür besaß es seine mächtige, erprobte Armee; die Chancen, im Landkrieg zu siegen, standen so schlecht durchaus nicht. Nur eines mußte bei Todesstrafe vermieden werden: sich zugleich noch die erste Seemacht zum Feind zu machen. Genau dies aber war die Konsequenz des Traums von der Weltgeltung, der im Schlachtflottenbau Gestalt annahm.

Je genauer man die Zusammenhänge durchdenkt, desto dringender stellt sich die Frage nach den Triebkräften des Unheils. Natürlich waren handfeste Wirtschaftsinteressen im Spiel, von den Werften bis zu Stahl- und Rüstungsunternehmen wie Krupp.[34] Doch für sich genommen taugt der Hinweis auf solche Interessen sehr wenig, weil es sich nur um ein schmales Segment der Gesamtwirtschaft handelte. Niemandem sonst konnte an der Herausforderung Englands gelegen sein, weder dem Mittelstand noch den mächtig vorwärtsdrängenden Großunternehmen der Chemie, der Elektroindustrie und so fort. In den hanseatischen Kontoren wußte man es ohnehin besser; ein Mann wie Albert Ballin – der Generaldirektor der HAPAG, einer der international führenden Reedereien – hat offen ausgesprochen, daß zur Sicherung der Schiffahrt und des Welthandels die Verständigung mit England wichtiger sei als der Schlachtflottenbau. Und wie überhaupt fügen sich die altpreußischen Interessen des ostelbischen Adels, der Armee, der Bürokratie ins Bild, die Kräfte also, denen doch sonst immer ein überragender Einfluß zugeschrieben wird?

Wenn man schon von Interessen spricht, muß man anders und weniger vulgärmarxistisch argumentieren: Im Schlachtflottenbau finden die sonst verdrängten, dem preußisch geprägten Staat in der Selbstunterwerfung geopferten Machtträume der wilhelminischen Bürgergesellschaft ihr Ventil und ihre Gestalt. Aus diesen Träumen stammt die Begeisterung, die bis zur Sonntagsbekleidung der Kinder sich auswirkt.

Brandenburg-Preußen war trotz seiner langen Ostseeküste und – seit den Tagen Friedrichs des Großen – seines ostfriesischen Besitzes an der Nordsee fast ausschließlich Landmacht geblieben, wenn man von der Episode des niederländisch erzogenen Großen Kurfürsten einmal absieht. Denn nur die Armee konnte das zerrissene Staatsgebilde zusammenhalten und sichern, übrigens in den Schicksalsjahren des Siebenjährigen Krieges und von 1813 bis 1815 im Bündnis mit England. Mit dem Drang zur See macht sich also etwas Un- oder gar Antipreußisches bemerkbar, etwas Neu- und Nationaldeutsches; sehr bezeichnend hat schon das Paulskirchenparlament von 1848 sofort zum Aufbau einer Flotte angesetzt.

Verfassungsrechtlich war die Marine sozusagen «reichsunmittelbar»; sie unterstand dem Kaiser, nicht dem König von Preußen, und daher entkam sie dem Bannkreis preußischer Traditionen. Sie war nicht mehr der Ausdruck eines besonderen Milieus, sondern ein nationales Instrument. Als Seeoffiziere konnten Bürgersöhne endlich Karriere machen und Ansehen gewinnen, ohne vom Prestige des Adels überschattet und erdrückt zu werden.[35]

Die Marine war auch ein Ausdruck spezifischer Modernität. Wenn der Adel die traditionsreiche, aber im Zeitalter der Repetier- und Maschinengewehre kaum noch brauchbare Kavallerie liebte, wenn er im Grunde den «Rittmeister» für feiner befand als den «Hauptmann» und auf Fußartillerie oder Pioniere schon herabsah, dann stellte sich die Flotte als Ingenieurs-Modernität dar, als die konzentrierte Macht aus Maschinen: nicht als die Nostalgie, sondern als die Zukunft der Gewalt.[36]

Genau darin nun, daß sie über die preußischen Traditionen und selbst über die kontinentale «Sedan»-Gloriole entscheidend hinausweist, hat die seltsame Fixierung auf England ihren Ursprung. Ein Schlachtensieg über das Inselreich in dessen ureigenem Element würde bedeuten, daß man sein Erbe antrat. Denn England erschien nun einmal als der Inbegriff einer aus aristokratischen und bürgerlichen Elementen gleichwertig gemischten, machtbewußten Selbstsicherheit, die man bewunderte und entbehrte, der die Haßliebe galt.

Das klingt höchst irrational, gewiß. Doch eben darauf kommt es an: nicht eine nüchtern kalkulierte Bilanz von Nutzen und Nachteil, sondern das Traumhafte, den Wahn zu deuten. Vielleicht ist es angebracht, in diesem Zusammenhang an ein Ereignis zu erinnern, das wie kein anderes die kaiserliche Selbstherrlichkeit erschütterte: die «Daily Telegraph»-Affäre vom Herbst 1908. In seinen Ansichten zu den deutsch-britischen Beziehungen, die die englische Zeitung veröffentlichte, schwadronierte Wilhelm II. mit notorischem Ungeschick, aber im Kern ging es darum, daß er den Engländern vorwarf, sie seien «verrückt wie Märzhasen», weil sie seine Freundschaft, ja die Liebe nicht erwiderten, die ihn von einer Mehrheit seiner Landsleute unterscheide.

An die Allerhöchste Taktlosigkeit war man längst gewöhnt; darum läßt sich der Erregung, die das Interview auslöste, eigentlich nur erklären, wenn man annimmt, daß der Kaiser in doppelter Weise «Verrat» geübt hatte: weil er unterstellte, daß die Deutschen anders dachten als er – und weil er gegenüber dem Rivalen jenseits der Nordsee die abgründige Ambivalenz der Gefühle erkennbar machte, die man nicht aufdecken durfte, ohne als Illusion zu zerstören, was sie eigentlich meinte.

Es heißt den gleichen Sachverhalt bloß anders beschreiben, wenn man sagt, daß der Schlachtflottenbau im Grunde gar nicht dem realen, sondern dem symbolischen England galt. Die aggressive Wendung nach außen wurde aus den inneren Krisengefühlen, die staunenswerte technische Leistung aus Versagensängsten geboren. Eben dies machte den Vorgang so irrational und führte zur fassungslosen Empörung, als das wirkliche England – das «perfide Albion» – 1914 in den Krieg eintrat.

Ein wahrlich kompliziertes, gleichwohl genaues und striktes Bedingungsverhältnis: Die Ambivalenz der Gefühle bezog sich vorab auf den alten, den preußischen und «junkerlich» geprägten Staat; indem das Bürgertum sich seit der Reichsgründung seiner Über-Macht unterwarf, setzte es sich in vorbewußter Tiefe zugleich einer Selbstverachtung aus, die der Ablauf der Zeit keineswegs milderte, vielmehr verschärfte. Denn mit dem wilhelminischen Fortschritt trat das Mißverhältnis zwischen der wirtschaftlichen Macht, über die man verfügte, und der politischen Ohnmacht, in die man sich fügte, stets krasser zutage. Der Versuch, sich mit der Schlachtflotte ein eigenes Machtinstrument und Machtbewußtsein zu schaffen, und die Haßliebe zu England wurzelten eben schon im eigenen Zwiespalt, in der Haßliebe zum deutschen «General Dr. von Staat».

Die Haßliebe wirkte bis in das Technische hinein und erklärt, was sonst kaum erklärbar wäre: Wenn Tirpitz die Flotte nicht seegerecht baute, sondern wie eine Spielart von Erstem Garderegiment zu Fuß, dann weist dies auf die eigentliche Fixiertheit hin, auf die Quellen der Ohnmachtsgefühle und Machtphantasien, aus denen das Unheil entsprang.

Einmal mehr zeigt sich im übrigen Wilhelm II. als der Mann der Epoche. Seine Sprunghaftigkeit, sein unsicher überforsches Auftreten und sogar seine Verkleidungsmanie sind nicht nur in Defekten der Persönlichkeit angelegt, sondern auch in der Situation: Auf der einen Seite ist der Kaiser mit seiner Fortschritts- und Marinebegeisterung durchaus ein Bürgermonarch; er verkörpert die Bürgernation, die aus dem Schatten – in Wahrheit keiner fremden Großmächte, sondern des eigenen, preußisch beherrschten Obrigkeitsstaats – herausdrängt zu ihrem «Platz an der Sonne» [37]; auf der anderen Seite stammt das Kaisertum aus königlich preußischem «Eisen und Blut» und kann sich davon nicht losreißen, ohne die eigenen Wurzeln zu kappen.

Schon hart am Abgrund hätte sich vielleicht noch einmal eine Chance geboten, das Unheil abzuwenden. Im Februar 1912 kam der britische Kriegsminister Lord Haldane nach Berlin, um eine politische Verständigung anzubieten um den Preis, daß die deutsche Flottenrüstung sich mäßige. Die Mission scheiterte am Widerstand von Tirpitz und an all den Kräften, die der Großadmiral repräsentierte.

Was sonst noch geschah, wohin der Geist oder Ungeist eines Zeitalters wies, hat Haldane dem Grafen Kessler erzählt: «Als er (Haldane) zu den Verhandlungen über ein Marineabkommen in Berlin war, wohnte er als Gast des Kaisers im Schloß und wurde vom Monarchen in jeder Weise ausgezeichnet. Unter anderem hatte ihm der Kaiser auch eine Hofequipage zur Verfügung gestellt. Eines Tages fuhr Haldane, der von Haus aus Philosoph und als Student Lieblingsschüler des großen Philosophen Lotze in Göttingen gewesen war, und der einen großen Teil seines Lebens der Erforschung und Übersetzung der Werke Hegels in England gewidmet hatte, nach dem Invaliden-Friedhof, um dort die Gräber Hegels und Fichtes zu besuchen. Er fand sie ziemlich verwahrlost und bedauerte das abends an der Hoftafel. Worauf der Kaiser im scharfen Ton mit einem Lächeln hervorstieß: ‹Ja, in meinem Reiche ist für Kerle wie Hegel und Fichte kein Platz...›» [38]

Ingenieursmacht, Maschinengewalt statt Philosophie: Ein paar Jahre später hat Oswald Spengler den Un-Geist der Zeit beschworen, als er der Jugend zurief: «Wenn... sich Menschen der neuen Generation der Technik statt der Lyrik, der Marine statt der Malerei, der Politik statt der Erkenntniskritik zuwenden, so tun sie, was ich wünsche, und man kann ihnen nichts Besseres wünschen.» Da allerdings war die Katastrophe längst abzusehen; das stammte, einleitend, aus dem «Untergang des Abendlandes» [39].

ZWEITER TEIL

DAS DEUTSCHE DRAMA

1914–1945

Viertes Kapitel
Krieg

Begeisterung: Abgründe und Gründe

«Was der Mensch will, das hofft und glaubt er. Die überwältigende Mehrheit der Nation war des ewig unsicheren Zustandes schon längst überdrüssig; so war es auch nur zu verständlich, daß man an eine friedliche Beilegung des österreichisch-serbischen Konfliktes gar nicht mehr glaubte, die endgültige Auseinandersetzung aber erhoffte... Der Kampf des Jahres 1914 wurde den Massen, wahrhaftiger Gott, nicht aufgezwungen, sondern von dem gesamten Volke selbst begehrt... Mir selber kamen die damaligen Stunden wie eine Erlösung aus den ärgerlichen Empfindungen der Jugend vor. Ich schäme mich auch heute nicht, es zu sagen, daß ich, überwältigt von stürmischer Begeisterung, in die Knie gesunken war und dem Himmel aus übervollem Herzen dankte, daß er mir das Glück schenkte, in dieser Zeit leben zu dürfen.»

Krieg und Begeisterung – und die Stimme eines noch Unbekannten [1], der, wenn schon nicht für alle, dann gewiß doch für die im Wortsinne überwältigende Mehrheit redet! Als die allgemeine Mobilmachung verkündet wurde, sang die vor dem Berliner Schloß versammelte Menge spontan einen Choral: «Nun danket alle Gott...» Wilhelm II. sprach vom Balkon des Schlosses herab. Er fand die zündende Parole: «Wenn es zum Kriege kommen soll, hört jede Partei auf, wir sind nur noch deutsche Brüder.» Nach einem Zeitungsbericht rief das Kaiserwort einen Jubel hervor, «wie er wohl noch niemals in Berlin erklungen ist. Die Menge stimmte begeistert erneut patriotische Lieder an.»[2] Wenig später folgte die Umformulierung, der dann Flügel wuchsen: «Ich kenne keine Parteien mehr. Ich kenne nur Deutsche.»

So war es nicht bloß in Berlin, nicht nur in Deutschland: Europa versank im Krieg – und im Taumel der Begeisterung. Gesänge, Tränen nicht des Entsetzens, sondern der patriotischen Rührung, Blumen und Birkengrün überall; an den Waggons zur Front die kessen Sprüche: «Auf nach Paris, mir juckt die Säbelspitze!» Die Kirchen segneten die Waffen; das Motto ihrer Kriegspredigt hieß: «Gott mit uns.»[3] Die Literaten eilten herbei, Dichter spannten blutrünstig die Leier. Was gestern noch galt, zählte nicht mehr. Rainer Maria Rilke, der einfühlsame Freund Frankreichs und Rußlands, schrieb:

> «Heil mir, daß ich Ergriffene sehe. Schon lange
> war uns das Schauspiel nicht wahr,
> und das erfundene Bild sprach nicht entscheidend uns an.
> Geliebte, nun redet wie ein Seher die Zeit
> blind, aus dem ältesten Geist.
> Höret. Noch hörtet ihr's nie. Jetzt seid ihr Bäume,
> die die gewaltige Luft lauter und lauter durchrauscht:
> über die ebenen Jahre stürmt sie herüber
> aus der Väter Gefühl, aus höheren Taten, vom hohen
> Heldengebirg, das nächstens im Neuschnee
> eures freudigen Ruhm reiner, näher erglänzt...»

Anderthalb Millionen Kriegsgedichte sollen im August 1914 aus deutschen Federn geflossen sein, ein Produktionsrekord eigener Art. Und wie viele, wie wenige vielmehr waren wohl darunter, die sich gegen das Unheil stemmten?[4] Im Rückblick aus den Schrecken eines blutgetränkten Jahrhunderts nimmt sich ungeheuerlich aus, was geschah, im Grunde schlicht unverständlich, auch wenn sich Erklärungen gleich mehrfach anbieten.

Eine erste besagt, daß die Völker den Krieg, in den sie sich hineinsangen, so wenig kannten wie die Staatsmänner und die Generale. Zur Legende übergoldet, um die versunkenen Schmerzen, die Opfer verkürzt, gab es nur Erinnerungen an rasche Kriegsabläufe, etwa die von 1866 und 1870. Eine einzige Schlacht – Königgrätz, Sedan – stand jeweils im Mittelpunkt und brachte nach wenigen

Wochen bereits die Entscheidung. Daher gab es nirgendwo Pläne für ein langes Ringen; man glaubte, daß man bald – mit dem Fall des herbstlichen Laubs, doch gewiß um Weihnachten – wieder zu Hause sein werde, vom frischen Ruhm bekränzt, würdig der Vorfahren. Und zum alljährlich erhebenden Gedenken im Kriegerverein würde dann der Toten wohl gerade genug sein.[5]

Die Abnutzung eines langen Friedens trat wahrscheinlich hinzu. Eine Lust am Abenteuer, der Wille zur Bewährung stellten sich gegen die Banalität des friedvollen Alltags, gegen die Sinnentleerung einer hochkomplizierten, offenbar bloß noch vom Materiellen, von der Konkurrenz und vom Wohlstandsstreben beherrschten Zivilisation. Ernst Jünger hat dieses Motiv beschrieben: «Wir sind zu verästelt; der Saft steigt nicht mehr in die Spitzen. Nur wenn ein unmittelbarer Impuls uns wie ein Blitz durchbrennt, werden wir wieder einfach und erfüllt: das gilt für den einzelnen wie für seine Summe, das Volk. Im Tanz auf schmaler Klinge zwischen Sein und Nichtsein offenbart sich der wahre Mensch, da schmilzt seine Zersplitterung wieder zusammen in wenige Urtriebe von gewaltiger Stärke. Alle Vielfalt der Formen vereinfacht sich zu einem Sinn, dem Kampf.»[6] Jünger übrigens sprach schon nicht mehr vom unbekannten Krieg, sondern als der junge, vielfach verwundete und hochdekorierte Frontoffizier.

Schließlich war wichtig, daß der Krieg eine innenpolitische Funktion besaß, und auch dies galt nicht bloß in Deutschland. Das Zarenreich war von der Revolution des Jahres 1905 schwer erschüttert worden; der Gegensatz zwischen alter Herrschaftsordnung und neuen, zur Macht drängenden Kräften, zwischen Reichtum und Massenelend dauerte fort. Ein Erfolg im Krieg gab Hoffnung oder sogar Aussicht auf Befestigung der wankenden Macht. Ähnlich in Österreich-Ungarn; trotz aller Ausgleichsversuche bedrohten die Sprengkräfte des Nationalismus den ehrwürdigen Vielvölkerstaat.

Dem Bismarckreich aber schien sich endlich ein Ausweg aus der innenpolitischen Weglosigkeit zu bieten; das Wort des Kaisers, daß er keine Parteien mehr kenne, sondern nur Deutsche, ließen beinahe alle sich gerne gesagt sein, auch (oder gerade) die Sozialdemo-

kraten. Denn obwohl sie in den Wahlen von 1912 zur stärksten
Reichstagsfraktion aufgerückt waren, galten sie noch immer als die
«vaterlandslosen Gesellen» und blieben in ihr Getto gebannt. Jetzt
sahen sie die Chance, daraus auszubrechen, indem sich «die ärm-
sten Söhne des Volkes als seine treuesten» erwiesen. Folgerichtig
wurde nicht der Krieg durch die sozialistische Solidarität verhindert, sondern die Zweite Internationale zerbrach am Nationalismus, an der Solidarisierung der Völker zum Kampf.

Wohl zutreffend hat Heinrich Mann geschildert, was den Sozialdemokraten geschah: «Auf den Kongressen gaben sie ihren fremden Freunden das Versprechen, nie Waffen zu gebrauchen, und
wurden sich schwerlich bewußt, wie falsch es war. Sie dachten mit
Recht, daß alle ihre Interessen gegen den Krieg seien, und dachten
mit Unrecht, daß sie darum nicht kämpfen würden. Ihr gefühlsmä-
ßiger Nationalismus kannte sich selbst nicht. Die Arbeiter hatten
ihn im selben Maß wie die Bürger: auch sie überzeugt vom Recht
der Macht, auch sie durchdrungen, die Macht sei hier. Ein Zeitalter
scheidet sich nicht, es ist eins. Klassenkämpfe geschehen an der
Oberfläche, in der Tiefe sind alle einig.»[7] Darauf in der Tat hat
dieser Krieg die Probe geliefert.

Im konservativen Gegenlager mochte man glauben, daß ein Sieg
die alte Ordnung mit neuem Glanz überstrahlen und stärken
würde, so wie der preußisch-deutsche Triumph von 1871 es auf
seine Weise getan hatte. Nüchtern betrachtet weist der Kontrast der
Erwartungen darauf hin, daß es sich um eine Flucht aus dem politischen Konflikt, vielleicht aus dem Politischen überhaupt in Illusionen handelte, die früher oder später zerbrechen mußten. Aber Begeisterung blendet.

Der Historiker Hermann Oncken hat formuliert, was so viele
erhofften: «Der Krieg hat den Deutschen mit einem stärkeren Ruck
über diese innere Kluft hinweggeholfen, als lange Friedensent-
wicklung vermocht hätte... Wir alle haben die große Stunde erlebt, wo ein frevelhafter Angriff alle Deutschen einte. Als auch die
Sozialdemokratie in ihrer Vertretung im Reichstage, in der Sprache
ihrer publizistischen Organe und in der Gesinnung ihrer Millionen
sich rückhaltlos und mannhaft in Reih und Glied stellte, da kam

über viele ein beseligendes Gefühl: jetzt sind wir wahrhaft, jetzt sind wir endlich eine einige Nation ... Darin aber besteht die große Aufgabe der inneren Politik, das rasch Gewonnene, das die Not an einem großen Tag mit Unerbittlichkeit vollbracht, nicht wieder in müderer Zeit zu verlieren: die edlen Kräfte, die unnatürlich brachgelegen hatten oder sich in bitteren Kämpfen untereinander verzehrten, nunmehr dauernd in den natürlichen Organismus einzuordnen. Es gibt kaum ein inneres Kriegsziel, das wertvoller wäre. Jetzt handelt es sich darum, daß nach den deutschen Stämmen auch die deutschen Klassen zu einer einzigen sozialen und nationalen Gemeinschaft sich für immer verschmelzen.»[8] «Natürlicher Organismus» und «Gemeinschaft»: Was war jenseits des Wohlklangs eigentlich gemeint? Wie sollte die künftige Ordnung der Deutschen konkret aussehen? Vom «siegreichen Krieg als sozialem Ideal» hat allerdings schon im Jahre 1911 der Staatsrechtslehrer Erich Kaufmann gesprochen. Und er hat vergleichsweise nüchtern aufgedeckt, was hinter dem Ideal sich verbarg: die totale Mobilmachung im Dienste der Macht und des Machtkampfes. «Im Kriege offenbart sich der Staat in seinem wahren Wesen, er ist seine höchste Leistung, in dem seine Eigenart zur vollsten Entfaltung kommt. Hier hat er zu bewähren, daß ihm die Weckung und Zusammenfassung aller Kräfte gelungen ist, daß die höchsten Forderungen, die er stellt, auch wirklich erfüllt werden, und daß das Letzte seinem Bestehen in der Weltgeschichte geopfert wird ... Je stärker diese Anforderungen und Leistungen werden, und je weiter und komplizierter sie sich bis in alle Verästelungen des Lebens hinein erstrecken, um so mehr wird der Krieg zu einer wirklichen Berechtigungs- und Leistungsprobe des ganzen Staates.»[9]

Die Mythen des Krieges

Krieg und Begeisterung: Gibt es eine Chance, den Zusammenhang des einen mit dem anderen wirklich zu verstehen? Reichen die bisherigen, die üblichen Erklärungen aus, so plausibel sie sein mögen?

«Binnen Wochen wurde der Krieg zum technisch-industriellen

Großunternehmen, dessen Produktionsziel nicht Gewinnmaximierung war, sondern der militärische Sieg. Binnen Tagen zerfiel die um den Goldstandard gruppierte Weltwirtschaft, standen die Mittelmächte isoliert, wurde der Krieg durch eine zunächst beschränkte, ab 1915 unbeschränkte Blockade der britischen Seestreitkräfte zum Wirtschaftskrieg, begann auf Initiative Walther Rathenaus die Rohstoffbewirtschaftung.»[10] Wenn darum fast über Nacht der freie Welthandel und insgesamt die Friedenswirtschaft zerbrachen: Wer sollte dann, nüchtern gerechnet, überhaupt noch der Sieger sein, von einer kleinen Zahl der Rüstungsproduzenten vielleicht abgesehen? Würden am Ende nicht alle miteinander verlieren, sogar die militärisch Triumphierenden? Konnte der Ruin der Währungen, deren Realwert die Schlachten zermalmten, die Gesellschaft insgesamt unberührt lassen? Hätte mithin – was immer die Barden und die Soldaten bewegen mochte – der Krieg bei der Mehrheit der Bürger nicht vor allem Besorgnis, ja Bestürzung auslösen müssen?

In der Tat, je genauer man bilanziert, desto unwiderstehlicher drängt sich dieser Schluß auf. Dann aber bleibt als Folgerung nur, daß die Zerstörung keineswegs als ein Übel erschien, sondern im Gegenteil das geheime Ziel war, auf das es im Letzten ankam. Denn die allgemeine Begeisterung ergibt doch nur einen Sinn, wenn man unterstellt, daß in ihr sich die Ahnung oder fast schon Gewißheit entflammte, die Bürgergesellschaft werde ihr Fundament verlieren und mit ihren Grundwerten Opfer sein, wie erst recht die europäische Zivilisation. Ganz in der Tiefe also, mit Freud zu reden, eine Art von Todestrieb des Bestehenden: «Diesen erahnte der Jubel der Freiwilligen, in dem die Stimme des deutschen Dämons gewaltig zum Ausbruch kam, und in der sich der Überdruß an den alten Werten mit der unbewußten Sehnsucht nach einem neuen Leben verband.»[11]

Tiefendimensionen des Vor- oder Unbewußten lassen sich nur indirekt erschließen, aus den Bildern und Mythen, die als Nacht- oder Tagträume in uns aufsteigen. Der Erste Weltkrieg hat zwei deutsche Mythen geboren: den Tannenberg-Mythos, der die Rolle Paul von Hindenburgs, des greisen Generals, in der Geschichte des

20. Jahrhunderts begründet, und den Mythos von Langemarck. Seltsam allerdings: In diesem zweiten Falle handelte es sich, im genauen Gegensatz zum Sieg in Ostpreußen, um ein militärisches Fiasko. Die Regimenter der Kriegsfreiwilligen, kaum ausgebildet, stürmten 1914 im flandrischen Novembernebel gegen die Maschinengewehre der britischen Berufsarmee an und wurden niedergemäht. Ungefähr 80000 Gefallene waren zu beklagen, die Jugendblüte einer Nation; allein der deutsche Kriegsfriedhof von Langemarck zählt 45000 Gräber. Um so seltsamer, um so aufschlußreicher die nachträgliche Verklärung:

«Es ist bekannt, daß der Sturm, von dem hier die Rede ist, mißlang. Es ist weiter bekannt, daß er unter unsäglichen Verlusten mißlang. – Wenn trotzdem der Name Langemarck schon jetzt, zwanzig Jahre nach jenem Sturm, wie der Name einer heroischen Sage klingt, so muß damals etwas geschehen sein, was in der Geschichte unsterblich bleibt.»[12]

Was das war, wird dramatisch geschildert: «Und ein Gesang löste sich los von der tödlichen, verfluchten Erde, aus Äckern und aus den Wiesen steigt es auf, das Lied, das Lied, das Lied!!! Offizier und Mann, Freiwillige und Landwehrleute ––– ‹Deutschland ––– Deutschland ––– über ––– alles ––– über ––– alles ––– in ––– der ––– Welt›. Und die Übriggebliebenen, die Unversehrten, denen bis jetzt noch nichts geschehen ist, klammern die erdverklebten Hände um ihr Gewehr, heben die Köpfe hoch, furchtlos, und singen die heiligen Worte. Manche haben Tränen der Wut und der namenlosen Erbitterung in den Augen, sie lassen die Tränen über die Wangen rinnen und singen. Und wer unter ihnen nicht mehr imstande ist, sich zu bewegen, singt, die blassen Lippen dicht am Boden, in die Erde hinein.

‹wenn ––– es ––– steht ––– zu ––– Schutz ––– und ––– Trutze –––›

Und das Wunder geschieht, das unvorstellbare Wunder. Schon steht, inmitten des neu ausbrechenden Vulkans von Eisenklumpen und Stahlregen, steht einer aufrecht, und jetzt noch einer und noch einer, ein Fünfter, Zehnter, da und dort, und noch mehr, manche ohne Helm, mit wehenden Haaren und freien Stirnen, manche mit

blutenden Verbänden um die Hand, um den Arm, um den Kopf –
und jetzt ist es eine dünne, ganz dünne, todesentschlossene Sturm-
reihe geworden – ein Offizier, dem der Rock in Fetzen gerissen ist,
reißt sich den hemmenden Verband von der Schulter, stürzt vorwärts und mit ihm die anderen und mit allen – das Lied, das Lied.

‹– – – brü – – – der – – – lich›

Es sind keine Menschen mehr, keine Kinder, Jünglinge und Männer mehr, die da ankommen, mehr schwankend und fallend als lau-
fend, mit dem Sturmgesang auf den Lippen. Schritt um Schritt,
unaufhaltsam, unhemmbar – auf diesen gespenstigen, teuflischen,
feuerspeienden Häuserrand zu, es sind unwirkliche Gestalten aus
einer Sage, mit glühenden Gesichtern, mit brennenden Augen –

‹– – – zu – – – sam – – – men – – – hält – – –›

Und einen Augenblick scheint es, als ob Langemarck in eisigem
Entsetzen den Atem anhalten würde vor diesem apokalyptischen
Traum, der da angetaumelt kommt, dann aber bricht jäh aus allen
Winkeln und Ecken der Landschaft ein vertausendfachtes Geklirr,
Gefauche, Geschmetter; ein brühheißes Gewölbe aus Schrapnell-
wolken, Erdfontänen, Eisenzacken und Flammenbögen kommt
auf die Stürmenden herunter und bricht über ihnen zusammen. Das
Lied stirbt.

Es stirbt wie die, die es gesungen haben und die es noch auf den
Lippen haben.

Stimme um Stimme verdunkelt sich, verröchelt, schweigt.
Mund um Mund klafft auseinander, Stirn um Stirn sinkt in den
Boden.»[13]

Einzig im Selbstopfer erfüllt sich das Leben, noch bevor es wirklich gelebt wurde, denn der Tod ist sein Sinn: Dies und nichts sonst
scheint der Mythos zu sagen. «Die Freiwilligen des Regiments List
haben vielleicht nicht recht kämpfen gelernt, allein zu sterben wußten sie wie alte Soldaten», schrieb einer, der dabei war und überlebte – bis zu seinem Selbstmord um dreißig Jahre und sechs Monate später.[14]

Es sei übrigens darin erinnert, daß das wohl einzige Kultbuch,
das unmittelbar dem Kriege entstieg – schon 1918 in der neunten
Auflage –, von einem Leben erzählt, das sich im jugendbewegten

Sterben erfüllt: «Der Wanderer zwischen beiden Welten» von Walter Flex.[15] Ein weiteres Kultbuch mit ähnlicher Botschaft trugen die Kriegsfreiwilligen bereits im Tornister: «Die Weise von Liebe und Tod des Cornets Christoph Rilke»[16].

Wenn man sich umsieht und vergleicht, wird ein Unterschied, ein deutscher Sonderweg sichtbar. Der französische Mythos aus dem Ersten Weltkrieg ist vor allem der von Verdun.[17] Seine Bilder zeigen die Nachtseite des Krieges, das Grauen der Materialschlacht – und das Standhalten gegenüber dem Grauen. Aus diesem Mythos wird die Maginot-Linie geboren, eine in ihrer vorbewußten Tiefe eigentlich pazifistische Konsequenz: Falls man wirklich den deutschen Ansturm noch einmal wird abwehren müssen, will man die eigenen Verluste so gering wie möglich halten. Um einen historischen Schritt weiter hat dann die Lähmung des Angriffsgeistes der französischen Armee im Herbst 1939 und ihrer Kampfmoral in offener Schlacht 1940 durchaus und direkt mit dem Mythos zu tun, der aus Verdun stammt. Der Zusammenhang findet seine Gestalt in Marschall Pétain, dem Sieger von 1916, der – eben weil er dies ist – zum Statthalter der Niederlage von 1940 wird.

Von den Abgründen, die den einen Mythos vom anderen trennen, hat Georges Clemenceau etwas verstanden, als er mit der Hellsicht des Feindes schrieb: «Lieber Freund, es entspricht dem Wesen des Menschen, das Leben zu lieben. Der Deutsche kennt diesen Kult nicht. Es gibt in der deutschen Seele, in der Kunst, in der Gedankenwelt und Literatur dieser Leute eine Art Unverständnis für alles, was das Leben wirklich ist, für das, was seinen Reiz und seine Größe ausmacht, und an dessen Stelle eine krankhafte und satanische Liebe zum Tod. Diese Leute lieben den Tod. Diese Leute haben eine Gottheit, die sie zitternd, aber doch mit einem Lächeln der Ekstase betrachten, als wären sie von einem Schwindel erfaßt. Und diese Gottheit ist der Tod. Woher haben sie das? Ich weiß darauf keine Antwort. Der Deutsche liebt den Krieg als Selbstliebe und weil an dessen Ende das Blutbad wartet. Der Deutsche begegnet ihm, wie wenn er seine liebste Freundin wäre.»[18]

Die Ideen von 1914

Zum Aufbruch in den Krieg machten nicht nur die Dichter mobil, sondern beinahe alle, die zu reden und zu schreiben vermochten. Ganz besonders taten sich die Gelehrten hervor; sie vor allem waren es, die einen Sonderweg der Deutschen, einen Gegensatz zwischen «deutschem Geist» und «Westeuropa» proklamierten. In den Worten des Historikers Georg von Below: «Die Erlebnisse des Weltkrieges haben den Zusammenbruch der Ideale der französischen Revolution dargetan. Die Ideen der Freiheit, Gleichheit, Brüderlichkeit sind durch die deutschen Ideen von 1914, Pflicht, Ordnung, Gerechtigkeit überwunden.»[19]

Die Vorhersage von Zusammenbrüchen mag sich nicht immer exakt so erfüllen, wie sie gemeint ist. Doch in der Tat: «1789» und «die Ideen von 1914» wurden zu Symbolen westlichen Unwesens und deutschen Wesens erhoben, zu einem Kontrast stilisiert, der von den politischen Prinzipien hinabreichen sollte bis in die Tiefen des Seins. Und die deutsche Erneuerung, die man sich von der Feuerprobe des Krieges erhoffte, sollte genau dies erbringen: die Reinigung des Deutschen vom Undeutschen. Wie der Philosoph Max Wundt es ausdrückte:

«In einer Verblendung, die schon in der nächsten Zeit unbegreiflich sein wird, ist man bei uns geschäftig dabei, das bewährte Deutsche zurückzudrängen und das Fremde, auf das man gänzlich unbegründete Hoffnungen setzt, zu größerer Wirkungskraft zu bringen. Und leider ist es nicht nur Verblendung, sondern sehr klare und ihre Interessen wohl kennende Einsicht, die hier die Geschäfte unserer Feinde besorgt! Erwachen wir, ehe es zu spät ist! Auch im Innern soll die Losung gelten: Was deutsch ist, soll deutsch bleiben.»[20]

Praktisch war das eine Feinderklärung an jeden, der demokratische Reformen wollte. Denn daß dies und nichts anderes gemeint sei, daran ließ Wundt keinen Zweifel: «Zwischen dem deutschen und dem demokratischen Geist gibt es keine Vermittlung. Ob man dem einzelnen allein ursprünglichen Wert zuschreibt und nach seinen Wünschen den Staat sich einrichten läßt oder ob man dem Staat einen ursprünglichen, über alle Einzelwillen erhabenen Eigenwert und Eigensinn zuschreibt, das sind grundsätzliche Verschiedenheiten der Auffassung, die man nicht mit Redensarten und demagogischen Künsten verkleistern soll... Demokratie ist recht eigentlich der Triumph der toten Zahl über die lebendige Form. Dem setzt der deutsche Gedanke die Vernünftigkeit des wirklichen sittlichen Lebens entgegen. Die vernünftige Idee soll herrschen, nicht die Wünsche des einzelnen. Die Vernunft aber kommt zur klaren Einsicht ihrer selbst nur in der einzelnen Persönlichkeit. Darum soll die Persönlichkeit herrschen, nicht die vielen.»[21]

In anderer und besserer Sprache, aber mindestens ebenso einprägsam hat Thomas Mann den deutschen Sonderweg beschworen, als er in seinen «Betrachtungen eines Unpolitischen» schrieb: «Ich will nicht Politik. Ich will Sachlichkeit, Ordnung, Anstand... Ich bekenne mich tief überzeugt, daß das deutsche Volk die politische Demokratie niemals wird lieben können aus dem einfachen Grunde, weil es die Politik selbst nicht lieben kann, und daß der vielverschriene ‹Obrigkeitsstaat› die dem deutschen Volk angemessene, zukömmliche und von ihm im Grunde gewollte Staatsform ist und bleibt... Der Unterschied von Geist und Politik enthält den von Kultur und Zivilisation, von Seele und Gesellschaft, von Freiheit und Stimmrecht, von Kunst und Literatur; und Deutschtum, das ist Kultur, Seele, Freiheit, Kunst und nicht Zivilisation, Gesellschaft, Stimmrecht, Literatur.»[22]

Sonderbare deutsche Konstruktionen aus dem Bildungsbann machtgeschützter Innerlichkeit! Wenn man freilich nachfragt, bei Wundt und bei den vielen, die ähnlich redeten, wie denn die Herrschaft der Persönlichkeit praktisch aussehen sollte, dann erhält man keine Antwort. Eigentlich konnte sie unter den gegebenen Umständen nur auf die Militärdiktatur hinauslaufen, wie sie sich unter Ludendorff seit 1916 unausgesprochen entwickelte. Für die Amtswalter der vernünftigen Idee mochten dabei allenfalls Berater- oder Propagandafunktionen bleiben. Schon in der «Erklärung der Hochschullehrer des Deutschen Reiches» vom 16. Oktober 1914, die 3016 Unterschriften trug, verkündete man «mit Entrüstung, daß die Feinde Deutschlands, England an der Spitze, angeblich zu unseren Gunsten, einen Gegensatz machen wollen zwischen dem Geiste der deutschen Wissenschaft und dem, was sie den preußischen Militarismus nennen»[23]. Oder deutet sich in Wundts Worten bereits an, was später das «Führerprinzip» heißen würde?

Natürlich gab es andere Stimmen, Stimmen der Mäßigung. Doch während die Propagandisten der «Ideen von 1914» mit Gesten des Unbedingten, der Entschlossenheit zum Letzten imponierten, brachten sich die Gemäßigten durch Halbheit um jede Wirkung. Ein Beispiel liefert der Historiker Friedrich Meinecke. Stets um Besonnenheit bemüht, gehörte er nach 1918 zu den «Vernunftrepublikanern», die, wenn schon nicht aus vollem Herzen, dann aus Einsicht für den neuen Staat eintraten. Im Kriege wünschte Meinecke die Abschaffung des preußischen Dreiklassenwahlrechts als Bedingung des inneren Friedens. Aber zugleich sagte er:

«Es ist klar: man will uns demokratisieren, um uns zu desorganisieren. Man wirft listig dieses Schlagwort in unsere Mitte, weil man weiß, daß wir selbst unter uns im Streite darüber sind, ob und welches Maßes von Demokratie wir bedürfen, um wahre politische Freiheit zu haben.» Die Demokratisierung des Wahlrechts wird also zugestanden, doch das Aber folgt auf dem Fuße: «Sollen wir nun auch in dem parlamentarischen Systeme eine Freiheitsforderung deutscher Nation erblicken? Ich antworte mit Bestimmtheit: Nein. Hier heißt es, vor falschen Nachahmungen sich zu hüten und das individuelle deutsche Bedürfnis, auch unser Freiheitsbedürfnis zu erkennen. Das parlamentarische System soll den Volkswillen zur alleinigen Geltung im Staate bringen. Wir bestreiten, daß ihm das gelingt. Es bringt immer und immer nur die Parteien und innerhalb dieser nur ganz kleine Schichten und Gruppen ans Ruder, die dann als Drahtzieher der herrschenden Partei eine wundervolle Gelegenheit erhalten, den Staat für sich auszubeuten.»[24]

Als ob das im angeblich überparteilichen Regime jeder Spielart nicht erst recht gelten würde, nur ohne die Kontroll- und Korrekturmöglichkeiten im Wechselspiel von Regierung und Opposition! Mindestens im Ansatz formuliert also sogar ein «Gemäßigter» die vergifteten Scheinargumente, die immerfort deutsche Vorurteile gegen Parlamentarismus und Demokratie prägen.

Der Gegensatz von Radikalen und Gemäßigten bestimmte auch die Diskussion der Kriegsziele. Die Radikalen wollten den «Siegfrieden» um jeden Preis; typisch war die «Seeberg-Adresse» vom Sommer 1915, verfaßt von dem Theologen Reinhold Seeberg, unterzeichnet von 352 Hochschullehrern. Darin hieß es:

«Wir wollen uns so fest und so breit auf gesicherten und vergrößerten Heimatboden stellen, daß unsere unabhängige Existenz auf Generationen hinaus gesichert ist. Das Volk ist einmütig geschlossen in diesen Grundzielen. Es ist die echteste und nach allen Seiten begründete Wahrheit: nur eine Furcht besteht in allen Schichten des Volkes, insbesondere breit und tief in den einfachsten Kreisen, die Furcht nämlich, es könnte aus falscher Versöhnungsillusion oder gar aus nervöser Ungeduld ein vorzeitiger und deshalb halber und nimmermehr dauerhafter Friede geschlossen werden; es könnte, wie vor hundert Jahren, die Feder des Diplomaten verderben, was das Schwert siegreich gewonnen... Ganz gewiß, nicht Weltherrschaft, aber volle, der Größe unserer kulturellen, wirtschaftlichen und kriegerischen Kraft entsprechende Weltgeltung wollen wir.»[25]

Unter anderem wurde dann gefordert, daß Belgien ein deutsches Protektorat werden und Frankreich wichtige Gebiete von Belfort im Süden bis zur Kanalküste im Norden abtreten solle. Doch vor allem ging es um Eroberungen im Osten: «Grundlage zur Wahrung unseres Volkswachstums aber bietet Land, das Rußland abtreten muß. Es muß landwirtschaftliches Siedlungsland sein. Land, das uns gesunde Bauern, diesen Jungbrunnen aller Volks- und Staatskraft, bringt...» Damit wurde, zum Teil bis in die Wortwahl hinein, Hitlers Programm schon vorweggenommen.

Ein Wortführer der Gemäßigten war der Historiker Hans Delbrück. Klar und nüchtern stellte er fest, daß die maßlosen Eroberungsgelüste nie zu einem gesicherten Frieden führen könnten, sogar dann nicht, wenn zunächst ihre militärische Durchsetzung gelingen sollte. Denn die verstümmelten Staaten und unterdrückten Völker würden um ihre Befreiung kämpfen, sobald sich nur die Gelegenheit dazu biete. Trotz oder wegen aller Siege sei darum dem Eroberer – wie einst Napoleon – dauernde Friedlosigkeit und Bedrohtheit gewiß.[26]

Delbrück hätte sich auf Erfahrungen mit dem französischen Revanchismus seit der deutschen Annexion Elsaß-Lothringens berufen können; in Andeutungen tat er das sogar. Aber die überzeugende Darstellung eines wirklichen Friedens wird durch den imperialen Traum entwertet: «Die erste und wichtigste aller nationalen Forderungen, die wir beim künftigen Friedensschluß zu stellen haben, wird die eines sehr großen Kolonialreiches sein müssen, eines deutschen Indien.»[27] Von Ost nach West quer durch Afrika sollte dieses deutsche Indien sich erstrecken und zur Absicherung gleich noch Umliegendes einschließen, zum Beispiel als Zwischenstation und Flottenbasis die portugiesischen Azoren. So ergab sich die gleiche Situation wie bei der Frage der Staatsordnung: Man widersprach zwar den Radikalen, aber man stand doch auf einer schiefen Ebene zu ihnen hin. So kann es kaum verwundern, daß diese sich als die Stärkeren erwiesen und alle Chancen zum Verständigungsfrieden vertan wurden, bis es zu spät war.

Hier wie nirgendwo sonst kann man übrigens die Stärkeverhältnisse an Zahlen ablesen. Am 19. Juli 1917 nahm der Reichstag mit 212 Stimmen der Sozialdemokraten – oder jetzt: Mehrheitssozialisten –, des Zentrums und der Fortschrittspartei gegen 126 Stimmen der Konservativen und Nationalliberalen sowie der Unabhängigen Sozialisten eine Friedensresolution an, deren eine Woche zuvor im «interfraktionellen Ausschuß» beschlossener Text mit den Worten begann: «Der Reichstag erklärt: Wie am 4. August 1914 gilt für das deutsche Volk auch an der Schwelle des vierten Kriegsjahres das Wort der Thronrede: ‹Uns treibt nicht Eroberungssucht!› Zur Verteidigung seiner Freiheit und Selbständigkeit, für die Unversehrtheit seines territorialen Besitzstandes hat Deutschland die Waffen ergriffen. – Der Reichstag erstrebt einen Frieden der Verständigung und der dauernden Aussöhnung der Völker. Mit einem solchen Frieden sind erzwungene Gebietserwerbungen und politische, wirtschaftliche oder finanzielle Vergewaltigungen unvereinbar.»

Als Antwort auf diese Resolution waren es wiederum Hochschullehrer, die eine «Erklärung gegen die Reichstagsmehrheit» abgaben, in der es hieß: «Die unterzeichneten Lehrer deutscher Hochschulen, unbeeinflußt von Ansichten irgendeiner Partei, frei von Sonderinteressen jeder Art, einzig und allein erfüllt von schwerer Sorge um die Zukunft des Vaterlandes, erklären hiermit: daß nach ihrer Überzeugung die jetzige Mehrheit des vor fast sechs Jahren gewählten Reichstages es nicht für sich in Anspruch nehmen kann, gegenüber den heute zur Entscheidung stehenden Lebensfragen den Volkswillen in unzweifelhafter Weise zum Ausdruck zu bringen.»[28]

Professoren aber waren dazu offenbar imstande, obwohl sie überhaupt keinen Wählerauftrag besaßen. Schon die «Seeberg-Adresse» hatte ja kühn behauptet, daß man die Wahrheit des Volkswillens ausspreche und die Meinung «gerade in den einfachsten Kreisen» genau kenne. Gleichzeitig allerdings operierte man, im Sinne eines demagogisch ausgedeuteten Rousseau, gegen unbequeme, als bloße Interessenvertretung abqualifizierte Mehrheiten mit der Berufung auf die geheimnisvoll höherwertige volonté générale, auf einen Gemeinwillen, den man als geistige Elite idealistisch verkörperte.[29] Überparteilichkeit gegen die Parteilichkeit der Parteien: die alte und immer neue Lebenslüge des Obrigkeitsstaates.

1100 Hochschullehrer unterzeichneten die Erklärung gegen die Friedensresolution des Reichstags. Dagegen stellten dann andere Hochschullehrer im Sinne der Reichstagsentschließung und des Verständigungsfriedens eine Gegenerklärung – mit 49 Unterschriften. 32 Heidelberger Professoren schlossen sich mit einer eigenen Liste an: zusammen 81 Stimmen. 1100 gegen 81: eine Mehrheit von 13 bis 14 zu eins, ein Verhältnis oder vielmehr Mißverhältnis der Kräfte, das für die Zukunft wenig Gutes verhieß.

Es versteht sich im übrigen, daß die Friedens- oder vielmehr die Sieges- und Eroberungsdebatte nicht allein und nicht einmal in erster Linie von den Hochschullehrern bestritten wurde. Die «Alldeutschen» waren natürlich zur Stelle, die Schwerindustrie und die Agrarier brachten ihre Interessen ins Spiel, und noch viele, viele andere drängten herbei.[30]

Von deutscher Selbstbehauptung

Gab es den deutschen «Sonderweg», einen ins Prinzipielle reichen-
den Gegensatz zwischen dem «deutschen Geist» und Westeuropa
überhaupt? Sofern man in der Geschichte etwas weiter zurück-
blickt, kann die Antwort nur lauten: nein. Aufklärung im Sinne
Kants, als Ausgang des Menschen aus selbstverschuldeter Unmündigkeit, Liberalismus und Rechtsstaat, die bürgerliche Bewegung
zur Freiheit und zur Nation hin, die Revolution von 1848 und die
industrielle Revolution, Kapitalismus und Arbeiterbewegung, die
Entwicklungen der Wissenschaft und der Kunst: Das alles war
europäisch ebenso wie deutsch. Was «Bildung» einmal meinte, war
im Ursprung ohnehin europäisch oder vielmehr und ganz entschieden weltbürgerlich angelegt.[31] Sogar das Antisymbol zu den
«Ideen von 1914», die Französische Revolution von 1789, hatte
einst tiefe Empfindungen aufgerührt, wie Hegel – nicht ein jugend-
lich schwärmender, sondern der gereifte, der «preußische Staats-
philosoph» – zu Protokoll gab:

«Der Gedanke, der Begriff des Rechts machte sich mit einem
Male geltend, und dagegen konnte das alte Gerüste des Unrechts
keinen Widerstand leisten. Im Gedanken des Rechts ist also jetzt
eine Verfassung errichtet worden, und auf diesem Grunde sollte
nunmehr alles basiert sein. Solange die Sonne am Firmamente steht
und die Planeten um sie herumkreisen, war das nicht gesehen worden, daß der Mensch sich auf den Kopf, das ist, auf den Gedanken
stellt und die Wirklichkeit nach diesem erbaut... Es war dieses somit ein herrlicher Sonnenaufgang. Alle denkenden Wesen haben
diese Epoche mitgefeiert. Eine erhabene Rührung hat in jener Zeit
geherrscht, ein Enthusiasmus des Geistes hat die Welt durchschau-
ert, als sei es zur wirklichen Versöhnung des Göttlichen mit der
Welt nun erst gekommen.»[32]

Natürlich kann man stets auf Besonderheiten, auf das Eigentümliche nationaler Prägungen verweisen. Aber wenn man etwa die
Schweiz mit den Niederlanden oder England mit Frankreich vergleicht, bleiben eigentlich bloß die Gegenfragen: Wo denn gab es
die Unterschiede und sogar Gegensätze nicht? Muß Vielfalt das

europäisch Gemeinsame zwangsläufig blockieren? Auch in der westlichen Perspektive ist übrigens von einer abgründig fremden und drohenden feindlichen Wesensart der Deutschen bis weit ins 19. Jahrhundert hinein nie die Rede. Noch Balzac führt in seiner Novelle «Das Rote Wirtshaus» den Erzähler – den Geschäftsfreund eines Pariser Bankiers – mit den Worten ein:

«Dieser Freund, der Inhaber einer bedeutenden Nürnberger Firma, war ein biederer, dicker Deutscher. Er verfügte über Geschmack und Bildung und war ein leidenschaftlicher Pfeifenraucher; er hatte ein hübsches, breites Nürnberger Gesicht und eine viereckige offene Stirn, die von spärlichen blonden Haaren umrahmt war. Er war der echte Sohn des edlen und reinen Germanien, das so fruchtbar ist an ehrenwerten Charakteren, deren friedfertige Sitten sich selbst nach sieben Invasionen nicht verleugnen. Der Fremde hatte ein argloses Lachen, hörte aufmerksam zu und trank sein gehöriges Quantum; dem Champagner schien er ebensoviel Geschmack abzugewinnen wie dem Johannisberger. Er hieß Hermann, wie fast alle Deutschen, die uns von den Schriftstellern geschildert werden. Als ein Mensch, der nichts leichtzunehmen weiß, saß er behäbig am Tisch des Bankiers und speiste mit dem in Europa so berühmten altdeutschen Appetit.»

Gewiß, der Tag würde kommen, an dem sich mit dem dicken Hermann und mit Nürnberg finstere Vorstellungen verbanden. Aber wer konnte das seinerzeit ahnen? Auch für die Engländer sah es kaum anders aus als für Balzac; die kleine Großmacht Preußen galt ihnen keineswegs als ein «Hort des Militarismus», sondern als ein sehr willkommenes Instrument, um das europäische Gleichgewicht zu erhalten.[33]

Kurzum, der deutsche Sonderweg wurde erst spät erkennbar, und die Gegensatzkonstruktion von «deutschem Geist» und «Westeuropa» geriet gerade darum so dramatisch, so angestrengt bösartig, um nicht zu sagen besessen bis zum Wahn, weil sie in Wahrheit nie eindeutig und unumstritten war. Es handelte sich – kriminalpsychologisch ausgedrückt – um einen Konflikt aus der Nähe, um Haß und Mordgelüst im Familiengehäuse. Im Grunde meinte die Feinderklärung nach außen ja auch immer den inneren

Feind, die Sozialdemokraten vorab. Und beziehungsreich war vom «inneren England» die Rede, wenn man Liberale oder «Flaumacher» treffen wollte, die sich wegen ihrer Mahnungen zur Selbstkritik und Sachlichkeit, zum Verständigungsfrieden oder überhaupt wegen übernationaler, europäischer Bindungen verdächtig machten.

Der Konflikt aus der Nähe wird am Englandhaß deutlich. Er explodierte mit dem Kriegsbeginn: «Perfides Albion! Gott strafe England!» Und wieder einmal waren die Gelehrten mit Übereifer zur Stelle. Der Nationalökonom Werner Sombart beschrieb den britisch-deutschen Gegensatz unter dem Titel «Händler und Helden»[34]; der Philosoph Max Scheler entwarf in seinem hymnischen Buch «Der Genius des Krieges und der deutsche Krieg» eine Kategorientafel britischer Perversität, die angeblich Kultur in bloßen Komfort verwandelt, Denken ins kalte Berechnen, Wahrheit ins Nützliche, Frömmigkeit in Bigotterie.[35] Es fällt schwer, hier nicht vom Ressentiment zu sprechen, ausgerechnet bei einem Denker, der dem Ressentiment tiefdringende Studien gewidmet hatte.[36] Erst recht brach der berühmte Altphilologe Ulrich von Wilamowitz-Moellendorff über England den Stab:

«Dort ist der eigentlich treibende böse Geist, der diesen Krieg emporgerufen hat aus der Hölle, der Geist des Neides und der Geist der Heuchelei. Was gönnen sie uns nicht? Unsere Freiheit, unsere Selbständigkeit wollen sie untergraben, jenen Bau der Ordnung, der Gesittung und der freilich selbstbewußten Freiheit, den wir uns errichtet haben, wollen sie zerstören, die Tüchtigkeit und Ordnung nicht bloß in unserem Heer und in unserem Staatsaufbau, nein, in dem ganzen Bau unserer Gesellschaft. Wenn der englische Marineoffizier jetzt durch ein feines, schönes Glas hinausschaut, umschaut nach deutschen Kreuzern, so ärgert ihn – wir verdenken es ihm nicht –, daß das Glas in Jena geschliffen sein wird, und die Kabel, die die Meere durchziehen, sind zum größten Teil in Charlottenburg am Nonnendamm gefertigt. Die Güte der deutschen Arbeit wurmt ihn.»[37]

Aber handelte es sich womöglich um eine Projektion des eigenen Neides? Wurde, mit dem Kaiser voran, das wilhelminische

Deutschland nicht von der Ambivalenz der Gefühle, von einer Haßliebe zu England geplagt? Von diesen irrationalen Antriebskräften
war beim Thema des Schlachtflottenbaus bereits die Rede. Und wie
vor allem stand es mit der «selbstbewußten Freiheit»? Ging es insgeheim nicht um die innere Unsicherheit und gesellschaftlich wie
politisch um den eigenen Mangel an Selbstbewußtsein – über das
offenbar die britischen Vettern imponierend verfügten?

Es drängt indessen die Frage: Woher stammt die deutsche Angst,
die in die Aggression umschlägt? Wie ist die Bedrohung zu deuten,
von der man meint, daß sie seit «1789», seit der Proklamation von
Freiheit, Gleichheit und Brüderlichkeit vom Westen her ausstrahlt?
Wogegen richtet sich die fast verzweifelte und darum rabiate Abwehr? Man kann wohl absehen von der christlichen oder später
romantischen Kategorie der Brüderlichkeit, von der sogar – in der
besonderen Form der «Gemeinschaft» – seit der Jugendbewegung
der Jahrhundertwende eine eigentümliche Faszination ausgeht und
die bei Kriegsbeginn als Einigungsparole beschworen wird. Auch
von Freiheit ist durchaus und positiv die Rede, durchweg allerdings
in jener vor- oder unpolitischen Gestalt, die Thomas Mann als
«machtgeschützte Innerlichkeit» präzise gekennzeichnet hat.

Es bleibt als Eckstein des Anstoßes die Gleichheit – und Freiheit
insofern, als sie mit der Gleichheit sich politisch verbindet zur parlamentarisch verfaßten Demokratie. Die deutsche Bewegung, die
auf einen Sonderweg führt, wäre somit als der Versuch zu deuten,
als Ungleichheit zu bewahren oder in einer Art von Konterrevolution wiederherzustellen, was die Bürgerrevolution des Westens als
«das alte Gerüste des Unrechts», als das Legitimationsprinzip
menschlicher Lebensordnungen feierlich widerrufen und hinweggefegt hatte.

Der Obrigkeitsstaat als die dem deutschen Volk angemessene,
zukömmliche und von ihm im Grunde gewollte Staatsform; Pflicht,
Ordnung, Gerechtigkeit in ihrer Opposition zu Freiheit, Gleichheit,
Brüderlichkeit; die Herrschaft der Persönlichkeit statt der vielen; ein
ursprünglicher, über alle Einzelwillen erhabener Eigenwert und
Eigensinn des Staates; die Unvereinbarkeit von deutschem und
demokratischem Geist: Wenn man die Vielzahl der Äußerungen

bündelt und prüft, weisen sie sämtlich auf Herrschaft und Unterordnung, auf Hierarchie hin. Wie sonst wäre die Auflehnung wider
die westlichen Ideale zu deuten, die das Individuum mit seinen
Menschen- und Bürgerrechten als den Maßstab proklamieren, an
dem Politik und Staat jederzeit kritisch zu messen sind? Im Hintergrund aber steht jenes Renegatensyndrom deutschen Bürgergei-
stes, auf das wir schon mehrfach gestoßen sind, diese Bekehrung zu
«aristokratischen» Idolen und Idealen, also der Selbstverrat, der
mit dem Verfemen und Verfolgen ursprünglich eigener freiheitlicher Hoffnungen bezahlt werden muß. Um welche Tiefen oder
Abgründe es am Ende sich handelt, zeigt die Begeisterung für den
Krieg als Erlösung aus sinnentleerter Zivilität, als Berauschung am
Selbstopfer für ein mythisch erlebtes Großes und Ganzes.

Mit anderen Worten: Es geht nicht oder erst in zweiter Linie um
materielle Probleme; die bürgerliche Gesellschaft des kaiserlichen
Deutschlands stellt sich wirtschaftlich und sozial nicht entscheidend anders dar als in den westlichen Ländern. Es geht um ein Problem der Psychologie. Aber nicht individualpsychologische Fragen stehen zur Debatte, keine Privatcharaktere des einzelnen oder
der vielen, sondern die Fragen einer politischen Psychologie, die
mit langfristigen Formationen oder Deformationen zu tun hat. Das
zentrale Stichwort heißt Selbstbewußtsein.

Was gemeint ist, läßt sich an einem sehr deutschen, ebenso ge-
dankenreichen wie dunklen Kapitel aus Hegels «Phänomenologie
des Geistes» verständlich machen. Es handelt vom Selbstbewußtsein unter dem Titel «Herrschaft und Knechtschaft» [38]. Vereinfacht
ausgedrückt: Der Herr gewinnt sein Selbstbewußtsein aus der
Macht über «die anderen», die in der «Furcht des Herrn» leben; ihre
Unterwerfung und sogar noch ihr Aufbegehren – sofern es in die
Unterwerfung zurückgezwungen wird – sind der Stoff, aus dem
sein Stolz und sein Ehrgefühl gemacht sind. Der Knecht andererseits gewinnt sein Selbstbewußtsein im Akt der Selbstaufgabe, aus
einer Übertragung, im Wortsinne aus der Ehr-Furcht: Er identifi-
ziert sich mit dem Herrn. Je mächtiger und unangefochtener, je
herrlicher der Herr, desto stärker zugleich die Kräfte, die im Glanz
oder Abglanz auch den Knecht binden und tragen.

Lassen wir Hegels Schlußfolgerung beiseite, an die Marx anknüpft: daß der Knecht durch sein negatives Monopol des Arbeitenmüssens Macht gewinnt und ein Selbstbewußtsein begründet, das zum guten Ende seine Ketten sprengt; die Geschichte seit Hegel und Marx bietet zu solchem Optimismus wenig Anlaß. Weit massiver belegt sie, wie Herren und Knechte im Wechselverhältnis, in ihrer Bindung aneinander sich gemeinsam gegen den Wandel zur Wehr setzen – und wie sie gegen die Herausforderung der Gleichheit mobil machen.

Entscheidend ist, daß diese Herausforderung beide trifft, nicht nur den Herrn, sondern in der Identifikation mit ihm seinen Knecht gleichermaßen. Beide sehen ihr Selbstbewußtsein in Frage gestellt; Gleichheit braucht es in einer grundlegend veränderten Gestalt.[39] Das Selbstbewußtsein aber gehört zur conditio humana, zur Bedingung des Menschseins; es zerstören heißt unser Dasein in dieser Welt bodenlos machen. Der Aufruhr wider seine Bedrohung ist darum so verständlich, wie er sich als menschlich erweist – sogar dort noch, wo er in die Unmenschlichkeit mündet.

Selbstbewußtsein, auf Herrschaft und Hierarchie statt auf Gleichheit gegründet: Dies bildet den Kern der «Ideen von 1914», in denen dramatisch zutage tritt, was sich über Jahrzehnte hin angebahnt und gestaut hat. Um diesen abgründigen Gegensatz wird der große Kampf in seiner metaphysischen Dimension ausgetragen, als der Krieg nach außen gegen «den Westen» und, in seinem Schatten verborgen, als ein Krieg nach innen um die Bürgerseele, dem Bürgerkrieg vorweg. Denn indem man das herrschaftliche Selbstbewußtsein zum deutschen Wesen erklärt – und zum Verrat, was ihm widerspricht – keimt über den Krieg hinaus schon das künftige Verhängnis.

Der verlorene Krieg

Generale, sofern sie beim letzten Waffengang siegreich waren, pflegen den letzten, nicht den künftigen Krieg vorzubereiten. So jedenfalls nimmt sich der Schlieffenplan [40] aus, der den Beginn des großen Kampfes bestimmte: Hinhaltende Verteidigung im Osten, um mit allen verfügbaren Kräften einen raschen Sieg in Frankreich zu erreichen, der Vormarsch durch Belgien und Nordfrankreich, Einschwenken in den Rücken der gegen Elsaß-Lothringen massierten französischen Armee, ihr Abdrängen gegen die Schweiz und ihre Vernichtung – was war das anderes als die Wiederholung von Sedan, ins Gigantische gesteigert?

Aber fast auf den Tag 44 Jahre nach Sedan scheiterte der große Plan in der Schlacht an der Marne – an seiner Verwässerung und an Führungsfehlern, wie entschuldigend gesagt worden ist. Doch von vornherein haftete an ihm eine fast schon verzweifelte Kühnheit. [41] Das Eindringen in Belgien mußte Großbritannien auf den Plan rufen und mit dem englischen Expeditionskorps den Feind genau dort verstärken, wo man ihn schwach erhoffte; die Nachschublinien wurden fatal überdehnt, während sie sich auf französischer Seite verkürzten. Ohnehin war man militärtechnisch in eine Ära eingetreten, in der die Verteidigung das Übergewicht besaß wie selten zuvor und nie mehr seither; wer mit Repetier- und Maschinengewehren, dazu noch mit schlichten Spaten gerüstet war, um sich in die Erde zu graben, der konnte überlegene Angreifer aufhalten und ihnen furchtbare Verluste zufügen.

Man hätte das wissen können, wissen müssen. Wäre es darum nicht klüger gewesen, den Franzosen die Verantwortung für den Krieg im Westen zuzuschieben, um sie dann gegen vorbereitete Vogesenstellungen anrennen zu lassen? Warum suchte man den Erfolg nicht im Osten, wo die Weite der Operationsräume, die unzulängliche Ausrüstung und die mangelnde Beweglichkeit der russischen Armeen noch Chancen für Vorstöße und Kesselschlachten ließen? Bot dort nicht der Sieg, Mäßigung vorausgesetzt, eine Aussicht auf Sonderfrieden? Solche Fragen bleiben müßig, weil es nur den einen und einzigen Kriegsentwurf und keinen Alternativplan gab; man

wird dies wohl eine unerhörte Pflichtvergessenheit des Generalstabs nennen müssen[42], freilich mitverschuldet durch die Schwäche
oder Blindheit der politischen Führung. Denn mit dem Schlieffenplan war die Mechanik des Unheils vorgezeichnet: Allein schon die
russische Mobilmachung erzwang, um einen katastrophalen Zeit-
verzug abzuwenden, die deutsche Kriegserklärung an Frankreich
und den Angriff im Westen, wie die Verletzung der belgischen
Neutralität das britische Eingreifen provozierte.

Als die Fronten im herbstlichen Schlamm erstarrten, enthüllte
der Krieg erst sein wahres Gesicht, ganz ohne Glanz und Gloria.
Hüben wie drüben die Soldaten in die Erde gekrallt, in die Schüt-
zengräben gebannt, hinterm Stacheldraht verschanzt, in jeder Minute ihrer Verstümmelung, des Sterbens gewärtig, im Trommelfeuer der Artillerie, in den Blutmühlen der Materialschlachten, im
unendlichen Ringen um ein paar Meter zerwühlten Bodens, dennoch ausharrend Tag und Nacht, durch die Winter und Sommer,
Jahr um Jahr; hinter den Fronten die ganze Kraft der Völker, der
Erfindergeist und die Todesfabriken zu Höchstleistungen organisiert: Wann hat je eine Zivilisation mit mehr Opfermut, mehr
Standhaftigkeit und mehr Leidensbereitschaft ihre Selbstzerstörung betrieben?

Die Entscheidung bahnte sich dort an, wo die große Entscheidungsschlacht niemals stattfand: zur See. Während das Traumpro-
dukt des Kaiserreiches, die deutsche «Hochsee»-Flotte, untätig und
im Grunde so funktionslos, als gäbe es sie nicht, an ihre Liegeplätze
gebannt blieb, erfüllte die britische genau die Aufgabe, die einer
Seemacht zukommt: den Feind von seinen Zufuhren abzuschnei-
den und die eigenen zu sichern. Von Anfang an glichen darum die
Mittelmächte einer belagerten Festung, in der erst der Mangel,
dann der Hunger umging. Das Aushalten über Jahre war nicht
zuletzt deutschen Juden zuzuschreiben: Mit ungleich größerer
Weitsicht und Tatkraft als Militärs und Zivilbehörden organisierte
Walther Rathenau die Rohstoffbewirtschaftung. Und ohne die
wissenschaftlichen Arbeiten Fritz Habers, ohne das Haber-Bosch-
Verfahren zur Ammoniakgewinnung aus Luftstickstoff hätte
Deutschland sehr bald kapitulieren müssen, weil es nicht mehr über

den Chile-Salpeter verfügte, den man sonst zur Herstellung der Schieß- und Sprengstoffe benötigte. Ihr Einsatz ist diesen Patrioten nicht gedankt worden; Rathenau starb 1922 von rechtsradikaler Mörderhand, Haber 1934 im Exil.

Es ist verständlich, daß man nach neuen Kampfmitteln Ausschau hielt und daß dabei die U-Boote mehr und mehr ins Blickfeld rückten. Konnten sie womöglich durch eine wirksame Gegenblockade England zur Kapitulation zwingen, gesetzt nur, daß man sie «unumschränkt» operieren, das heißt – gegen die Regeln des herkömmlichen Seekriegsrechts – ohne Warnung alle Schiffe versenken ließ, die die Meere rings um die britischen Inseln befuhren? Abzusehen war allerdings, daß man damit den amerikanischen Kriegseintritt provozieren würde.

Lange wogte der Streit. Die Admirale verschworen sich auf einen Erfolg binnen sechs Monaten.[43] Schließlich wurde der unbeschränkte U-Boot-Krieg am 1. Februar 1917 erklärt. Der Abbruch der diplomatischen Beziehungen durch die Vereinigten Staaten folgte zwei Tage später, die Kriegserklärung am 6. April, durch den abenteuerlichen Versuch, Mexiko gegen seinen nördlichen Nachbarn aufzuwiegeln, zusätzlich motiviert. Trotz bedeutender Anfangserfolge zeichnete sich bald – binnen sechs Monaten – die Niederlage der U-Boote ab, weil die Briten ihnen mit dem Geleitzugsystem begegneten. Kein amerikanischer Truppentransporter ist auf seinem Weg über den Atlantik versenkt – und keiner der deutschen Siegesbeschwörer zur Verantwortung gezogen worden. Unbegreifbar bleibt in jedem Falle die Unterschätzung des amerikanischen Potentials.

Was immer die Deutschen von jetzt an noch taten, wie unvergleichbar tapfer sie kämpften, ob sie Siege errangen in Italien, auf dem Balkan, ob sie Rußland zum Frieden zwangen und einen weiten Vormarsch nach Osten antraten, ob sie schließlich vom Frühjahr bis zum Sommer 1918 an der Westfront die Entscheidung suchten: Von jetzt an war der Krieg verloren. Im Spätsommer 1918 zeichnete sich der Zusammenbruch der Verbündeten ab – und damit die Notwendigkeit, nach Süden hin eine neue Front aufzubauen, für die es keine Reserven mehr gab. Am 18. Juli 1918, nur einen Tag nach dem Scheitern der letzten deutschen Offensive, begann in Frankreich der Gegenangriff der Alliierten, von Woche zu Woche mit stärkerer Beteiligung amerikanischer Verbände; am 8. August folgte der «schwarze Tag des deutschen Heeres», die Auflösung ganzer Divisionen. Es wurde erkennbar, daß viele und immer mehr Soldaten – keineswegs alle – innerlich aufgaben, weil sie, mitdenkend, nicht bereit waren, sich für eine verlorene Sache noch sinnlos zu opfern.

Wer möchte es ihnen verdenken? Am 14. August befand sogar die Oberste Heeresleitung, daß eine Fortführung des Krieges aussichtslos sei, und einige Wochen später, am 29. September, verlor Ludendorff die Nerven: Er forderte den sofortigen Waffenstillstand, zur maßlosen Überraschung, ja zum Entsetzen der zivil Verantwortlichen, die man über die militärische Lage ausdauernd getäuscht hatte.[44]

In einem indessen verlor der Mann, der bis dahin alle Befugnisse auf sich konzentrierte und bei jeder Gelegenheit auf die Verantwortung verwies, die er trug[45], faktisch als Militärdiktator, seine Nerven durchaus nicht: Er forderte zugleich den Rücktritt des Reichskanzlers, Verfassungsreformen und eine Übergabe der Verantwortung an die Mehrheitsfraktionen des Reichstags. Die verachteten Parteien wurden sozusagen zur Macht befohlen. Vor seinen Offizieren stellte Ludendorff am 1. Oktober 1918 die Motive klar:

«Ich habe aber S. M. gebeten, jetzt auch diejenigen Kreise an die Regierung zu bringen, denen wir es in der Hauptsache zu danken haben, daß wir so weit gekommen sind. Wir werden also diese Herren jetzt in die Ministerien einziehen sehen. Die sollen nun den Frieden schließen, der jetzt geschlossen werden muß. Sie sollen die Suppe jetzt essen, die sie uns eingebrockt haben.»[46]

Nach allem Heldenmut zum Tode nun die Zivilcourage zur Wahrheit? Das Ende eines Traums von der Weltmacht, die große Ernüchterung – oder, erst recht, der Weg in den Wahn? So lautete die geschichtliche Frage, die den Deutschen gestellt wurde, das war die Schicksalsprobe, die sie am Ausgang des Krieges erwartete. Ihr Feldherr aber hatte schon vorweg nicht bestanden; er hatte sich für den Selbstbetrug, für die Lüge entschieden.

Leopold von Ranke, der Altmeister deutscher Geschichtsschreibung, hat einmal gesagt: «Nicht Blindheit ist es, nicht Unwissenheit, was die Menschen und die Staaten verdirbt. Nicht lange bleibt ihnen verborgen, wohin die eingeschlagene Bahn sie führen wird. Aber es ist in ihnen ein Trieb, von ihrer Natur begünstigt, von der Gewohnheit verstärkt, dem sie nicht widerstehen, der sie weiter vorwärts reißt, solange sie noch einen Rest von Kraft haben.» [47]

Fünftes Kapitel
Die Novemberrepublik

Die Dolchstoßlegende

«Wir waren am Ende! Wie Siegfried unter dem hinterlistigen Speerwurf des grimmen Hagen, so stürzte unsere ermattete Front; vergebens hatte sie versucht, aus dem versiegenden Quell der heimatlichen Kraft neues Leben zu trinken.»

So formulierte Hindenburg die Dolchstoßlegende [1], wider besseres Wissen, Wort um Wort als Lüge: Er selbst und Ludendorff waren es gewesen, die im September 1918 mit ihrem Ruf nach einer parlamentarischen Regierung und nach der sofortigen Waffenruhe die Heimat überraschten, die noch standhielt; er selbst und Ludendorff sahen sich für einen kurzen Augenblick als Betrüger angeklagt: Als die Oberste Heeresleitung, um ihre Forderung des Waffenstillstands zu begründen, einen Offizier nach Berlin entsandte und dieser den Staatssekretären und Vertretern des Reichstags die militärische Lage erstmals ungeschminkt darlegte, schilderte ein Journalist die Reaktion: «Ich höre die halberstickten Aufschreie, ich bemerke hervorquellende Tränen. Erwachen aus der Narkose, Zorn, Wut, Scham, Anklage: Wir sind jahrelang von den Militärs belogen worden, und wir haben daran geglaubt wie an ein Evangelium!» [2] Die Anklage, «belogen und betrogen» worden zu sein, reichte bis zu den Konservativen.

Vom 3. Oktober datiert im übrigen ein Brief Hindenburgs an den Reichskanzler, in dem es hieß: «Die Oberste Heeresleitung bleibt auf ihrer am Sonntag, den 29. September d. J. gestellten For-

derung der sofortigen Herausgabe des Friedensangebots an unsere
Feinde bestehen. Infolge des Zusammenbruchs der mazedonischen
Front, der dadurch notwendig gewordenen Schwächung unserer
Westreserven und infolge der Unmöglichkeit, die in den Schlachten der letzten Tage eingetretenen sehr erheblichen Verluste zu er-
gänzen, besteht nach menschlichem Ermessen keine Aussicht
mehr, dem Feind den Frieden aufzuzwingen. Der Gegner seinerseits führt ständig neue frische Reserven in die Schlacht. Noch steht
das deutsche Heer festgefügt und wehrt siegreich alle Angriffe ab.
Die Lage verschärft sich aber täglich und kann die Oberste Heeresleitung zu schwerwiegenden Entschlüssen zwingen. Unter diesen
Umständen ist es geboten, den Kampf abzubrechen, um dem deutschen Volke und seinen Verbündeten nutzlose Opfer zu ersparen.
Jeder versäumte Tag kostet Tausenden von tapferen Soldaten das
Leben.»[3] Kein Wort vom Dolchstoß, nicht die Spur einer Andeu-
tung, daß die Heimat versagt habe!

Nein, der Sturz der alten Ordnung, beschönigend oder verket-
zernd eine Revolution genannt, hatte einen ganz anderen Ursprung.
Er begann mit dem Entschluß der Seekriegsleitung, Ende Oktober,
in allerletzter Stunde, die Hochseeflotte auslaufen und bis in den
Ärmelkanal vorstoßen zu lassen, um, wie es hieß, mit einer Unter-
brechung der alliierten Transporte die schwerringende Heeresfront
zu entlasten. Später haben die Admirale sich zur Schutzbehauptung
vom kalkulierten Risiko verstiegen: U-Boote sollten der anmar-
schierenden britischen Flotte auflauern, und die wäre ohnehin erst
nach Abschluß der eigenen Operationen zur Stelle gewesen.

Wer mag das im Rückblick, wer konnte es damals glauben? Entweder durften sich die Flottenverbände bloß für Stunden im Kanal
aufhalten; diese Zeitspanne verlangte den alliierten Transportschif-
fen nur eine kurze Pause im Schutz ihrer Häfen ab, ohne spürbare
Auswirkungen für die Versorgung der Front. Oder die Operation
ergab doch einen Sinn; dann entsteht die Frage, warum sie nicht
versucht wurde, als der Kampf der Heere auf des Messers Schneide
stand, zum Beispiel im August 1914, um das Übersetzen des britischen Expeditionskorps nach Frankreich zu verhindern, oder während der großen Angriffsschlacht vom März 1918.

Für die Beteiligten jedenfalls schien offensichtlich, daß es sich darum handelte, den längst zerbrochenen Traum vom deutsch-britischen Schlachtenduell nun im heroischen Endkampf und Untergang mit Ruhm und Entsetzen zu füllen, um ihn legendenträchtig zu machen. Als aber die Heeresleitung – vier Wochen früher! – ein schnelles Ende der Kampfhandlungen forderte, gehörte wie in Hindenburgs Brief zu ihren ehrenwerten Motiven, den Soldaten Blutopfer zu ersparen, für die es keine Rechtfertigung mehr gab. Wer also darf die Matrosen aburteilen, die, mit dem nahen Waffenstillstand vor Augen, nicht den Tod wählten, sondern das Leben?

Freilich, wie es im «Faust» heißt: «Das erste steht uns frei, beim zweiten sind wir Knechte.» Seit ihrer Entscheidung fürs Überleben blieb den Matrosen bloß noch, ans Ende zu bringen, was sie begannen. Denn entweder setzte sich die alte Ordnung mit Standgerichten und Erschießungskommandos durch – oder man mußte, durchs eigene Handeln, diese Ordnung stürzen.[4] Schon hatte es Massenverhaftungen und etwas später, bei Zusammenstößen mit Militärpatrouillen, Tote gegeben. So war als ein Kampf ums Überleben der Weg vorgezeichnet vom Auftakt der Meuterei am 29. Oktober bis zum Aufstand in Kiel, der binnen kurzem ins Reich übersprang wie ein Feuerfunke in morschem Gebälk. Er erreichte Berlin am 9. November 1918; am gleichen Tag verkündete Prinz Max von Baden – eigenmächtig – die Abdankung des Kaisers und übergab sein Amt als Reichskanzler an Friedrich Ebert, indessen Philipp Scheidemann die deutsche, Karl Liebknecht die sozialistische Republik ausrief.

Man gerät in Versuchung, der Geschichte eine Neigung zur Ironie, eine Begabung für den schwarzen Humor zuzusprechen – oder das, was Hegel einst als die untergründig dialektische Maulwurfsarbeit des Weltgeistes beschrieb: Ausgerechnet von jenem Lieblings- und Riesenspielzeug der Deutschen nahm der Zusammenbruch ihres Reiches seinen Ausgang, das der wilhelminischen Bürgergesellschaft eine neue und eigene Form von Macht und von Selbstbewußtsein hatte schaffen sollen.

Im Ernst aber und erst recht wird im Rückblick sichtbar, welche symbolischen Kräfte im deutschen November angelegt waren. Die

Entscheidung gegen das Nibelungen-Finale und die Wahl des Lebens statt eines sinnlos heroischen Selbstopfers: Hätten sie vielleicht zum Gründungsmythos einer Friedensrepublik aufrücken können? Vergebliche, fast abwegige Spekulation: Was tatsächlich sich entwickelte, war der Gegen-Mythos. Je weiter im Abstand, desto mehr galt der 9. November 1918 als Inbegriff der Schande und des Verrats; als «Novemberverbrecher» sah sich jeder verfemt, der nur von ferne in die Vorgänge des November verwickelt schien. Und dieser Gegen-Mythos wurde der Republik als ihre Last fürs Leben aufgebürdet.

Vor allem die Nationalsozialisten bewiesen, daß sie genau verstanden, worauf es ankam. Ihr «Marsch zur Feldherrnhalle», als Auftakt zum Sturz der Republik geplant, im Feuer der Polizei schnell und eher kläglich gescheitert, fand 1923 nicht von ungefähr am 9. November statt. Die Toten des Tages galten fortan als Märtyrer der Bewegung, und keine Fahne war ohne Berührung mit der «Blutfahne» des 9. November wirklich geweiht; seit 1933 hat man dann den Marsch zur Feldherrnhalle alljährlich mit düsterem Pomp nachinszeniert: Heldenfeier des Todes als einer deutschen Sinnerfüllung des Lebens.

Nicht zuletzt aber wurde das Pogrom, die «Reichskristallnacht» von 1938, sorgfältig auf diesen Tag hin angelegt, sozusagen als Jubiläumsfeier: Das eigene, sehr reale Verbrechen, mit seiner Brandstiftung an den jüdischen Gotteshäusern auf einen Ursprung abendländischen Geistes und Glaubens gezielt, sollte an der mythisch behaupteten Untat sich rechtfertigen – und sie tilgen.

Im Zweiten Weltkrieg hat Hitler wieder und wieder betont, daß sich ein November 1918 nie wiederholen dürfe. Und danach hat er gehandelt. Im übrigen kann man nachlesen, wie sehr er auf den Novembermythos als den Urquell seiner eigenen Berufung fixiert war:

«Während es mir um die Augen wieder schwarz ward, tastete und taumelte ich zum Schlafsaal, warf mich auf mein Lager und grub den brennenden Kopf in Decke und Kissen. – Seit dem Tage, da ich am Grabe der Mutter gestanden, hatte ich nicht mehr geweint... Nun aber konnte ich nicht mehr anders...

Elende und verkommene Verbrecher! – Je mehr ich mir in dieser Stunde über das ungeheure Ereignis klarzuwerden versuchte, um so mehr brannte mir die Scham der Empörung und der Schande in der Stirn... – Kaiser Wilhelm II. hatte als erster deutscher Kaiser den Führern des Marxismus die Hand zur Versöhnung gereicht, ohne zu ahnen, daß Schurken keine Ehre besitzen. Während sie die kaiserliche Hand noch in der ihren hielten, suchte die andere schon nach dem Dolche. – Mit dem Juden gibt es kein Paktieren, sondern nur das harte Entweder-Oder. – Ich aber beschloß, Politiker zu werden.» [5]

Anmerkungen zum Kaiseropfer

Am 10. November 1918 fuhr der Kaiser ins niederländische Exil, am 28. November unterzeichnete er seine Abdankungsurkunde; mit oder noch vor ihm stürzten alle deutschen Fürsten, die 1871 zu Schutz und Trutze einen «ewigen» Bund geschlossen hatten. Es fielen weit ehrwürdigere Dynastien als die Hohenzollern, zum Beispiel die Wettiner und die Wittelsbacher. Und nirgendwo regte sich Widerstand, fast niemanden schien es zu bekümmern, wenn man von Männern wie – ausgerechnet! – dem «Sozi» und «Sattlergesellen» Friedrich Ebert einmal absieht. [6]

Das ist ein merkwürdiger, natürlich stets registrierter, aber kaum überdachter Vorgang. Wirkt er so selbstverständlich, daß man ihn gar nicht mehr erklären muß? Seit Menschengedenken hatten die Deutschen sich in die Herrschaft ihrer Fürsten gefügt, sei es mit Seufzen oder zufrieden; der Obrigkeitsstaat und die Monarchie schienen zur Einheit gefügt. Noch Bismarck hatte geschrieben: «Die deutsche Vaterlandsliebe bedarf eines Fürsten, auf den sich ihre Anhänglichkeit konzentriert. Wenn man den Zustand fingierte, daß sämtliche deutsche Dynastien plötzlich beseitigt wären, so wäre nicht wahrscheinlich, daß das deutsche Nationalgefühl alle Deutschen in den Friktionen europäischer Politik völkerrechtlich zusammenhalten würde, auch nicht in der Form föderierter Hansestädte und Reichsdörfer. Die Deutschen würden fester geschmiedeten Nationen zur Beute fallen, wenn ihnen das Bindemittel verloren ginge, welches in dem gemeinsamen Standesgefühl der Fürsten liegt.»[7] Das wurde jetzt widerlegt, gleich doppelt: Das Verschwinden sämtlicher Dynastien brachte die Deutschen kaum aus der Fassung und die Nation hielt gleichwohl zusammen.

Nun hatte freilich Bismarck selbst zur Erosion des dynastischen Gefühls beigetragen, indem er 1866 demonstrierte, wie man Fürsten, ein König darunter aus dem uralten welfischen Herrscherhaus, mit Schwertstreich und Federstrich beiseite räumt. Immerhin reagierten viele Hannoveraner auf diesen Gewaltakt mit tiefsitzendem und lange nachwirkendem Groll.[8] Wichtiger noch war die Kaiserproklamation von Versailles; mit ihr rückten alle Landesherren in den Schatten der Bedeutungslosigkeit hinweg, je fester der Nationalstaat zusammenwuchs, desto weiter. Nicht von ungefähr galt auch Wilhelm II. seinen Zeitgenossen schlicht oder strahlenumglänzt als «der Kaiser» und kaum mehr als König von Preußen.

Dennoch bleibt ein Rätsel. Vielleicht kommt man seiner Lösung näher, wenn man erkennt, daß gerade diejenigen sich eilig distanzierten, die ihre Treue beschworen hatten. Als Wilhelm II. im Großen Hauptquartier sich an den Gedanken klammerte, zwar als Kaiser abzudanken, aber als König von Preußen an der Spitze seiner Armee zurückzukehren, erklärte ihm General Groener, seit dem 26. Oktober der Nachfolger Ludendorffs, kalt: «Das Heer wird unter seinen Führern und kommandierenden Generälen in Ruhe und Ordnung in die Heimat zurückmarschieren, aber nicht unter dem Befehl Eurer Majestät, denn es steht nicht mehr hinter Eurer Majestät!»[9] Groener war Württemberger, nicht Preuße, doch er konnte sich auf eine Umfrage bei den Kommandeuren des Feldheeres berufen, und am Tag, an dem der kaiserliche Sonderzug im Novembernebel entschwand, schloß er mit Ebert einen Pakt, um Stabilität und Ordnung vor der Revolution zu retten. Ähnlich reagierte die überwältigende Mehrheit der Staatsbeamten, im Glauben – oder glauben machend –, daß man weder einer Person noch den Parteien, vielmehr dem Staat diene.

Hinter alledem stand offensichtlich ein Kalkül oder Instinkt der Machterhaltung. Wie einerseits die Oberste Heeresleitung sehr geistesgegenwärtig erst den Zivilisten die Verantwortung für den Waffenstillstand, dann der «Heimat» die Schuld an der Niederlage zuschob, so galt es andererseits, das Symbol des alten Obrigkeitsstaates zu opfern, um dessen Substanz zu retten. Die Tatsache, daß die Monarchie sehr wohl Parteien kannte, statt wirklich über ihnen zu stehen, und daß sie den konservativen Kräften in Staat und Gesellschaft als Schutzschild gedient hatte, machte es um so dringlicher, jetzt abzuwerfen, was belastend wirkte.

Wie die Stimmung in den gehobenen Kreisen Berlins aussah, nachdem getan war, was getan werden mußte, notierte Ernst Troeltsch: «Nach banger Nacht ward das Bild aus den Morgenzeitungen klar: der Kaiser in Holland, die Revolution in den meisten Zentren siegreich, die Bundesfürsten im Abdanken begriffen. Kein Mann tot für Kaiser und Reich! Die Beamtenschaft in den Dienst der neuen Regierung getreten! Die Fortdauer aller Verpflichtungen gesichert und kein Sturm auf die Banken! – Sonntag, den 10. November, war ein wundervoller Herbsttag. Die Bürger gingen in Massen wie gewöhnlich im Grunewald spazieren. Keine eleganten Toiletten, lauter Bürger, manche wohl absichtlich einfach angezogen. Alle etwas gedämpft wie Leute, deren Schicksal irgendwo weit in der Ferne entschieden wird, aber doch beruhigt und behaglich, daß es so gut abgegangen war. Trambahnen und Untergrundbahnen gingen wie sonst, das Unterpfand dafür, daß für den unmittelbaren Lebensbedarf alles in Ordnung war. Auf allen Gesichtern stand geschrieben: Die Gehälter werden weiterbezahlt.» [10]

Zum guten Gewissen half das überlieferte Ethos: Man tat ja nur seine Pflicht, sei es mit zusammengebissenen Zähnen, von den politischen Gewalten, den Wirren des Tages unberührt. Ganz wesentlich stammt dieses Ethos aus der preußischen Erziehung, wie Sebastian Haffner sie geschildert hat: «Pflichterfüllung wurde in Preußen das erste und oberste Gebot und zugleich die ganze Rechtfertigungslehre. Ein zweites Gebot war, gegen sich selbst gefälligst nicht wehleidig zu sein; und ein drittes, schon schwächeres, sich gegen seine Mitmenschen – vielleicht nicht geradezu gut, das wäre übertrieben, aber: anständig zu verhalten. Die Pflicht gegen den Staat kam zuerst. Mit diesem Religionsersatz ließ sich leben, und sogar ordentlich und anständig leben – solange der Staat, dem man diente, ordentlich und anständig blieb. Die Grenzen und Gefahren der preußischen Pflichtreligion haben sich erst unter Hitler gezeigt.» [11]

Die Zerstörung der Monarchie oder mehr noch ihre eilfertige Opferung, aus Panik und aus Selbstgerechtigkeit trübe gemischt: Ehre trägt sie niemandem ein. Und der Kaiser selbst: Ließe sich an ihm doch nur ein Anhauch von Würde und von Einsicht erspüren, daß er unsere Sympathie wecken könnte, daß wir ihn eine tragische Gestalt nennen dürften! Denn war er nicht ein Gescheiterter, ein gebrochener Mann, längst bevor man ihn ins Exil schickte?

Seltsam ist jedenfalls, wie er den Blicken entschwindet, kaum daß seine Worte zum Kriegsbeginn verklungen sind. Keine Auftritte, keine Reden mehr, die sich einprägen, sei es im Widerspruch; ein Dahinkümmern bloß unter Hindenburgs mächtigem Schatten und – seit 1916 – unter Ludendorffs Militärdiktatur.

Aber womöglich birgt gerade dies noch einmal Bedeutung. Wilhelm II. war ja auf seine Weise ein Mann des wilhelminischen Fortschritts gewesen, als Kaiser – gegen den König von Preußen – der Repräsentant einer Bürgergesellschaft, die, wie stillos und darum verkleidungssüchtig, wie unsicher und darum auftrumpfend auch immer, doch hinausstrebte über das Enge und Überholte des alten Staates. Weil aber dessen Macht und dessen Symbole, mit der Armee vorab, prägend gewirkt hatten bis ins eigene Innerste hinein, darum gelang es nicht, eine wirkliche Emanzipation zu suchen auf dem Wege politischer Reformen, darum verlor man sich an den Versuch, der Übermacht des Alten mit einem neuen Machtinstrument zu begegnen: mit dem Schlachtflottenbau. [12] Der Krieg erwies dies als politisch verhängnisvoll und als militärisch sinnlos; wie selbstverständlich und wie seit je lag vom ersten bis zum letzten Tag das deutsche Schicksal wieder in den Händen des Heeres.

Wie also sollte der Kaiser nicht ein gescheiterter, gebrochener Mann sein, längst bevor seine Krone in den Staub rollte? Und wie sollte er begreifen, daß die Deutschen, die er repräsentierte, ihm vieles nachsahen und beinahe alles verziehen, nur dieses Scheitern nicht, das in Wahrheit ihr eigenes war?

Ein Schein von Freiheit und Gleichheit

In den unruhigen Tagen und Wochen nach dem 9. November hielten die Sozialdemokraten wenn schon nicht die Macht, dann doch zwischen Konservativen und Radikalen, zwischen Heeresleitung und Spartakusbund die Balance der Macht in ihren Händen. Es gelang ihnen weithin, die Arbeiter- und Soldatenräte mit eigenen Vertrauensleuten zu besetzen und den Rätekongreß, der am 16. Dezember 1918 zusammentrat, mit überwältigender Mehrheit auf das Ziel festzulegen, das die Partei unter Eberts Führung unbeirrbar ansteuerte: die Wahl einer verfassunggebenden Nationalversammlung.[13] Diese Wahl fand am 19. Januar 1919 statt, und ihr Ergebnis war eindeutig: Die SPD erhielt 37,9 Prozent der Stimmen, die CVP (Christliche Volkspartei – Zentrum) 19,7 Prozent, die DDP (linksliberale Deutsche Demokratische Partei) 18,5 Prozent. Zusammen waren das 76,1 Prozent und 329 von 421 Mandaten[14] – eine Dreiviertelmehrheit für die «Weimarer Koalition», wie sie bald genannt wurde, für die Verfassungsparteien der Republik. Und für eine kurze, aber historisch wichtige Zeitspanne schien es, als würden sich die Deutschen in die parlamentarische Demokratie, in eine politische Ordnung der Freiheit und Gleichheit hineinfinden.

Sogar die konservativen Kräfte fügten sich mit kaum einem Zeichen von Widerstand. Die konservative Deutschnationale Volkspartei bekannte sich in ihrem Gründungsaufruf vom 24. November 1918 zu der «nach den letzten Ereignissen allein möglichen parlamentarischen Regierungsform»[15], und der «Stahlhelm, Bund der Frontsoldaten» – der DNVP verschwistert – erklärte in seiner Satzung vom 25. Februar 1919: «Politisch steht der Bund auf demokratischer Grundlage und stellt sich rückhaltlos auf den Boden der neuen Zeit für die Regierung.»[16] Der Rektor der Universität von Berlin, Professor Reinhold Seeberg – Autor der eroberungslüsternen «Seeberg-Adresse» von 1915 –, trat im Namen seiner Hochschullehrer am 20. November 1918 mit einem Text an die Öffentlichkeit, der mit den Worten begann: «Angesichts der ungeheuren Umwälzungen, die aus dem Welt- und Massenkriege hervorge-

gangen sind, erklären die an der Universität vereinigten Geistesarbeiter, daß auch sie sich bereitwillig der provisorischen neuen
Regierung unterstellen, die endgültige Ordnung der Verhältnisse
von einer auf lauteren demokratischen Grundsätzen aufgebauten
Nationalversammlung erwarten und ihre ganze Arbeitskraft in den
Dienst der zurückgekehrten Studenten und der neu sich darbieten-
den Aufgaben der Volksbildung zu stellen bereit sind.» [17]

Geistes-«Arbeiter» auf einmal statt der Geistes-«Aristokratie»:
Welch einen Wortewechsel können Angst und Schrecken doch bewirken! Aber auch den Gesinnungswandel? Ihn allerdings gab es
nicht oder er dauerte nicht; der schöne Schein trog. Schon bei der
ersten Reichstagswahl vom 6. Juni 1920 verlor die Weimarer Koalition über ein Drittel ihres Stimmenanteils und die Mehrheit der
Mandate, die auch später nie mehr zurückgewonnen wurde. Der
linksliberalen DDP blieben statt 75 nur 39 Abgeordnete, den Sozialdemokraten 103 statt 165. Dagegen verzeichneten die inzwischen schroff antirepublikanische DNVP, die rechtsliberale DVP
und im linken Lager die Unabhängigen Sozialdemokraten starke
Gewinne; die Kommunisten zogen erstmals, allerdings noch bescheiden, mit vier Abgeordneten in den Reichstag ein.

Alarmsignale, Zeichen der Schwäche und Krisen zuhauf: Es war
freilich nicht so, wie man manchmal mehr leichtzüngig als zutreffend behauptet hat, daß die Demokratie unverteidigt und die Republik ohne Republikaner geblieben sei, so daß im glanzlosen Anfang
das schmähliche Ende schon beschlossen lag. Um Anschauung zu
schaffen, soll von einem Ereignis gesprochen werden, das die Menschen aufwühlte wie kaum ein anderes: der Mord vom 24. Juni 1922
am Reichsaußenminister, an dem deutschen Juden und deutschen
Patrioten Walther Rathenau. [18]

Eine beispiellose Hetze war vorausgegangen: «Knallt ab den
Walther Rathenau, die gottverfluchte Judensau!» Das wurde land-
auf, landab dahingegrölt. Der deutschnationale Abgeordnete Hennig gab in der Juniausgabe der «Konservativen Monatsschrift» zu
Protokoll: «Kaum hat der internationale Jude Rathenau die deutsche Ehre in seinen Fingern, so ist davon nicht mehr die Rede...
Die deutsche Ehre wird gesühnt werden. Sie aber, Herr Rathe-

nau... werden vom deutschen Volk zur Rechenschaft gezogen werden, ‹sonst hätte›, um Ihre eigenen Worte zu gebrauchen, ‹die Weltgeschichte ihren Sinn verloren›.»[19] Ein anderer Scharfmacher, vielleicht der schlimmste, war Karl Helfferich.[20]

Aber was auf das Attentat folgte, hatte wohl niemand erwartet. Harry Graf Kessler berichtet: «Draußen marschierte an diesem Sonntag (dem 25. Juni) die Arbeiterschaft. Hunderttausende zogen vom frühen Morgen bis zum späten Nachmittag unter schwarz-rot-goldenen und roten Fahnen in vier Kolonnen nebeneinander schweigend in Trauer durch die Straßen des (Berliner) Westens. Der Reichstag versammelte sich um drei Uhr. Bei Helfferichs Erscheinen erschollen Rufe: ‹Mörder, Mörder. Hinaus mit den Mördern!› Ein ungeheurer Tumult entstand, bis Helfferich verschwunden war. Wirth redete: ‹Von dem Tag an, wo wir unter den Fahnen der Republik aufrichtig diesem neuen Staatswesen dienen, wird mit Millionengeldern ein fürchterliches Gift in unser Volk geleitet. Es bedroht von Königsberg bis Konstanz eine Mordhetze unser Vaterland, dem wir unter Aufgebot aller unserer Kräfte dienen. Da schreit man es hinaus, daß das, was wir tun, ein Verbrechen am Volke wäre, es wird nach dem Staatsgerichtshof geschrien, und dann wundert man sich, wenn verblendete Buben nachher zur Mordwaffe greifen.›

Rathenaus Beisetzung fand am Dienstag, dem 27. Juni, statt. Der Sarg wurde im Sitzungssaal des Reichstages aufgebahrt. Unter einer großen schwarz-rot-goldenen Fahne stand er dort, wo sonst der Präsidentenstuhl steht. Attachés des Auswärtigen Amtes bildeten die Totenwache. In der Kaiserloge saß wachsbleich und wie zu Stein geworden Rathenaus Mutter und blickte immer nur starr hinunter auf den Sarg. Ebert hielt die Totenrede: ‹Die verruchte Tat traf nicht den Menschen Rathenau allein, sie traf Deutschland in seiner Gesamtheit.› Die Gewerkschaften hatten eine allgemeine Arbeitsruhe im ganzen Reich von Dienstag 12 Uhr bis Mittwoch früh beschlossen. Ungeheure Demonstrationszüge, wie sie Deutschland noch nicht gesehen hatte, durchzogen geordnet unter republikanischen Fahnen alle deutschen Städte. Über eine Million Menschen in Berlin, hundertfünfzigtausend in München, in Chemnitz,

hunderttausend in Hamburg, Breslau, Elberfeld, Essen. Nie hatte
Deutschland einen seiner Bürger so geehrt. Den Widerhall, den
Rathenaus Leben und Denken nicht gefunden hatte, fand jetzt sein
Tod.» [21]

Arbeiter und Bürger, Liberale und Katholiken, Sozialdemokraten und Kommunisten demonstrierten gemeinsam; ein erstaun-
liches Ereignis in der Tat, das ein Journalist beschrieb: «Der Leiter
eines der größten kapitalistischen Betriebe der Welt war getötet
worden – kommunistische Arbeiter weinten an seinem Grabe und
fluchten seinen Mördern.» [22]

Reichskanzler Wirth hatte seine Rede mit den Worten beendet:
«Da steht der Feind, der sein Gift in die Wunden eines Volkes träu-
felt. Da steht der Feind – und darüber ist kein Zweifel: dieser Feind
steht rechts.» [23] Noch am 25. Juni 1922 erließ die Reichsregierung
eine Verordnung zum Schutz der Republik, die der Reichstag drei
Tage später als Gesetz bestätigte.

Nein, es war nicht so, daß die Republik sterben mußte, wie Rathenau starb. Die Geschichte ist ein offenes Feld unseres Denkens
und Handelns, unserer Verantwortung und unserer Versäumnisse;
das Verhängnis brütet in den Menschen und nirgendwo sonst. Und
weil die Geschichte von Menschen gemacht wird statt vom blinden
Geschick, darum ist manchmal sogar die Vergebung möglich.
Kessler berichtet von Rathenaus Mutter:

«Zuerst war sie ganz Rache, wollte nur noch Helfferich schreiben, er sei der Mörder ihres Sohnes, dann sterben. Nachher aber
überwand sie sich, wie ihr Sohn sich überwunden hätte, und
schrieb an die Mutter des einen überlebenden Täters, Techow, den
folgenden Brief: ‹In namenlosem Schmerz reiche ich Ihnen, Sie
ärmste aller Frauen, die Hand. Sagen Sie Ihrem Sohn, daß ich im
Namen und Geist des Ermordeten ihm verzeihe, wie Gott ihm ver-
zeihen möge, wenn er vor der irdischen Gerechtigkeit ein volles
offenes Bekenntnis ablegt und vor der göttlichen bereut. Hätte er
meinen Sohn gekannt, den edelsten Menschen, den die Erde trug,
so hätte er eher die Mordwaffe auf sich selbst gerichtet, als auf ihn.
Mögen diese Worte Ihrer Seele Frieden geben. Mathilde Rathenau.›» [24]

Versailles, Inflation, Wirtschaftskrise:
Unzureichende Deutungen I

Warum dauerte die Besinnung nicht? Welch ein Fluch lag über der Republik, was hinderte daran, sie für die Mehrheit ihrer Bürger als Heimstatt annehmbar zu machen? Warum mißlang es den Deutschen, sich mit der Demokratie zu befreunden und aus den Prinzipien der Freiheit und Gleichheit ein neues Selbstbewußtsein zu entwickeln?

Man kann die Dolchstoßlegende beiseite lassen; zu offensichtlich stellte sie eine Schutzbehauptung der Schuldigen dar. Wenn die Lüge weithin dennoch geglaubt wurde, dann setzt dies voraus, was als Vorurteil, als Haß gegenüber den angeblichen «Novemberverbrechern» doch der Erklärung bedarf.

Weit schwerer wog das Versailler Friedensdiktat. Es belastete Deutschland mit Gebietsabtretungen – vor allem im Osten mit dem polnischen «Korridor», der Ostpreußen vom Reich trennte –, mit einseitiger Abrüstung bis zur praktischen Wehrlosigkeit, mit enormen, in ihrer Höhe zunächst gar nicht festgelegten Reparationsforderungen und nicht zuletzt mit der ehrenrührigen Behauptung einer Alleinschuld am Krieg. Weisheit hatte da gewiß nicht die Feder geführt, sondern der schlechte Ratgeber Angst, besonders im Falle Frankreichs: Im Nachbeben der Erschöpfung und des Schrekkens angesichts der mit äußerster Anstrengung gerade noch abgewehrten deutschen Übermacht war schon die Furcht vor der künftigen angelegt und daher das Bestreben, durch eine Art von Präventivkrieg, nur mit anderen als den direkt militärischen Mitteln, den Rivalen niederzuhalten. Wirklich ein Friede? Als handle er vorweg vom 20. Jahrhundert, hat der Philosoph aus Königsberg, Immanuel Kant, 1795 geschrieben: «Es soll kein Friedensschluß für einen solchen gelten, der mit dem geheimen Vorbehalt des Stoffs zu einem künftigen Krieg gemacht worden ist. Denn alsdann wäre er ja ein bloßer Waffenstillstand, Aufschub der Feindseligkeiten, nicht *Friede...*»[25]

Aber was blieb den Deutschen übrig, als sich ins Unvermeidbare zu schicken, wenn sie nicht die Fortdauer der Hungerblockade, die

Besetzung und womöglich, ja wahrscheinlich die Zerschlagung des Reiches riskieren wollten?[26] Kam nicht alles darauf an, von dem finsteren Ausgangspunkt fort mit Geduld, Augenmaß und Leidenschaft einen Weg zur Revision der Versailler Bestimmungen zu suchen? Diesen steinigen Weg sind die Staatsmänner der Republik – Rathenau, Stresemann, Brüning – gegangen, gegen die äußeren Widerstände und das Geifern ihrer inneren Feinde, und der Erfolg hat sie bestätigt: Deutschland kehrte als gleichberechtigtes Mitglied in die Völkerfamilie zurück, während die Reparationsforderungen sich erst milderten und dann erledigten, wohlgemerkt noch vor dem Sturz in die «Machtergreifung».

Nur, warum kamen diese Erfolge der Republik so wenig oder gar nicht zugute? Wie überhaupt konnte der Feind, der rechts stand, unentwegt «Versailles» schreien, wenn er Deutschlands Demokraten meinte? Die Friedensbedingungen verwiesen auf den Weltkrieg und seinen Ausgang; Schuldzuweisungen hätten darum die Verantwortlichen des Kaiserreiches, nicht die von Weimar treffen müssen. Im Grunde zeigt sich, wie bereits bei der Dolchstoßlegende, daß die Voreingenommenheit schon vorausgesetzt werden muß, die erklärt werden soll. Somit taugt der Hinweis auf das Diktat der Siegermächte zwar zur Entlastung, wenn es um den Vorwurf geht, daß die Deutschen ihre Chance zur Demokratie ungenutzt ließen, aber in der Sache, auf die es eigentlich ankommt, taugt er nicht.

Im Rückblick drängt sich sogar die Frage auf, ob der Vertrag von 1919 nicht auch Positives enthielt, das sträflich mißachtet wurde. Wenn zum Beispiel in umstrittenen Ostgebieten Volksabstimmungen stattfanden, wenn – international beaufsichtigt und zu Protokoll gebracht! – im ostpreußischen Masuren die Bevölkerung sich mit überwältigender Mehrheit zu Deutschland bekannte[27], dann begründete dies, klug genutzt, mehr Sicherheit, als Waffen sie jemals zu liefern vermochten. Aber niemand, kein Politiker und keine Partei, hat es gewagt, in den so anerkannten Grenzen die Verständigung mit Polen zu suchen. Verurteilen wir uns dazu, immerfort das Verlorene einzuklagen, statt zu halten und zu hüten, was wir haben? Inzwischen beruft man sich auf einen «Fortbestand des

Deutschen Reiches in den Grenzen von 1937» – in denen von Versailles also, die man seinerzeit als schreiendes Unrecht anprangerte und, buchstäblich ums Verrecken, nicht hinnehmen mochte...

Wenn man nun das Versailler Friedensdiktat beiseite läßt, dann scheinen bei zwei anderen Ereignissen, der Inflation und der Weltwirtschaftskrise, die Zusammenhänge offensichtlich zu sein. Die Inflation, die im Herbst 1923 ihren bizarren Höhepunkt und ihr Ende erreichte – aus einer Billion Papiermark wurde eine Rentenmark –, vernichtete alle Ersparnisse. Gewiß, mit der Währungsreform vom 15. November begann nicht bloß wirtschaftlich eine Normalisierung, wie der britische Botschafter zu Weihnachten notierte: «Das auffallendste Kennzeichen der neuen Lage ist die erstaunliche Ruhe und Besserung, die unter der Berührung des Zauberstabes der Währungsreform eingetreten ist... Die Lebensmittel sind plötzlich in Hülle und Fülle vorhanden... Die wirtschaftliche Entspannung hat eine politische Beruhigung mit sich gebracht. Von Diktatur und Putschen wird nicht mehr geredet, und selbst die äußersten Flügelparteien haben für den Augenblick aufgehört, Unruhe zu stiften.»[28]

Doch unter der Oberfläche blieb eine tiefe Verbitterung, besonders in den Mittelschichten. Sie waren seit 1914 den patriotischen Aufrufen gefolgt und hatten die Anleihen gezeichnet, durch die der Krieg ganz überwiegend finanziert wurde. Jetzt sahen sie sich enteignet; viele Menschen verarmten jäh, und fast allen war das Gespenst der «Proletarisierung» begegnet.[29] Seither – und durch ihre zweite Erfahrung zwischen 1945 und 1948 nochmals verstärkt – werden die Deutschen von Inflationsängsten heimgesucht wie wohl kaum ein anderes Volk.

Noch verheerender wirkte sich die Weltwirtschaftskrise aus, die im Oktober 1929 mit dem amerikanischen Börsenkrach begann und rasch auf Europa übergriff, ganz besonders auf Deutschland. Denn schon in der vorhergehenden Periode war die Lage so gut durchaus nicht, wie das Wort von den «guten» oder gar «goldenen» Jahren der Republik glauben macht. Das Wachstum blieb verhalten und die Arbeitslosigkeit beträchtlich; die Wirtschaft schien sich eher auf Kartellbildungen, Trusts und den Staat verlassen zu wollen als auf ihre eigene Kraft und den unternehmerischen Wagemut.[30] Sofern es Fortschritte gab, waren sie in hohem Maße aus dem Quell amerikanischer Kredite finanziert worden, der jetzt austrocknete. Die Produktion stockte, der Staat und die Städte gerieten in Finanznot und damit in einen Teufelskreis von Sparmaßnahmen und Krisenverschärfung; die Zahl der Arbeitslosen stieg von 1,6 Millionen im Oktober 1929 auf 3,2 Millionen bereits im Januar 1930, schließlich auf den Höchststand von 6,1 Millionen im Februar 1932.

Die politischen Folgen ließen sich an den Wahlergebnissen erkennen. Noch bei den Reichstagswahlen von 1928 blieben die Nationalsozialisten mit einem Stimmenanteil von 2,6 Prozent eine Splitterpartei, deren zwölf Abgeordnete im Reichstag nicht einmal Fraktionsstärke erreichten. Aber nur zweieinhalb Jahre später, bei der Septemberwahl von 1930, sprang die NSDAP auf 18,3 und dann am 31. Juli 1932 auf 37,3 Prozent; sie bildete damit die mit Abstand stärkste Partei. Gleichzeitig wuchsen die Kommunisten von 10,6 Prozent 1928 auf 14,3 Prozent im Sommer und sogar auf 16,8 Prozent im November 1932. Gemeinsam bildeten NSDAP und KPD eine negative Mehrheit; für das parlamentarische Regierungssystem gab es fortan keine Chance mehr: Die Wirtschaftskrise führte Hitler vor die Tore der Macht.[31]

Zweifel bleiben gleichwohl: Aus der wirtschaftlichen Krise folgt nicht notwendig die politische. Die Vereinigten Staaten zum Beispiel wurden von der Depression ebenso hart getroffen wie Deutschland, in mancher Hinsicht sogar härter, weil ihre Entwicklung des Sozialstaates noch kaum begonnen hatte, jedenfalls hinter der deutschen weit zurücklag. Aber die Amerikaner wählten Roosevelt und seinen «New Deal», das heißt eine Reform der Demokratie, nicht ihre Zerstörung. Wiederum wird also vorausgesetzt, was erklärt werden soll; die Weltwirtschaftskrise hat die antidemokratische Einstellung nicht geschaffen, sondern nur entflammt und dann allerdings zur verheerenden Explosion freigesetzt. Darum geht auch die schlichte Formel «Kapitalismus in der Krise gleich Faschismus» nicht auf. Ohnehin gehörte zur konservativen Revolution – genauer: zur Gegenrevolution – wie zur Hitlerbewegung der zwanziger Jahre ein antikapitalistischer Affekt: Zusammen mit Parlamentarismus und Parteiendemokratie erschien der Kapitalismus als «westlich» und wesensfremd. Und ins Reich der Legende muß verwiesen werden, daß die Großindustrie und das Großkapital Hitler gewissermaßen an die Macht finanziert hätten.[32]

Natürlich gab es einzelne Großunternehmer, wie Thyssen, die schon frühzeitig die NSDAP unterstützten. Aber die Regel war dies gerade nicht, vielmehr wurden ganz überwiegend Parteien wie die rechtsliberale DVP und die konservative DNVP bedacht, die vielleicht einen autoritären Umbau, aber nicht den radikalen, in den Konsequenzen kaum absehbaren Umsturz der politischen Ordnung anstrebten. Erst als die Nationalsozialisten sich als Massenbewegung durchgesetzt hatten und zum Machtfaktor ersten Ranges aufgerückt waren, hat sich die Wirtschaft mit ihnen arrangiert.

Ebenso läßt sich die «System»-Verdrossenheit nicht einfach aus der Inflation ableiten. Nüchtern betrachtet war diese teils noch dem Kaiserreich zuzurechnen, das mit seiner Kriegsfinanzierung durch Anleihen eine riesige Verschuldung geschaffen hatte, für die es in der Not der Niederlage keine Deckung mehr gab.[33] Zum anderen Teil erreichte die Inflation 1923 ihren Gipfel, weil die Bevölkerung des Ruhrgebiets fürs Nichtstun bezahlt, das heißt in ihrem passiven Widerstand gegen die französische Besetzung finanziell gestützt werden mußte. Dieser Widerstand war gerade von rechts, von den konservativen Kräften lautstark gefordert worden, die jedes Nachgeben, wie überhaupt die «Erfüllungspolitik», als nationalen Verrat brandmarkten. Es bedurfte des staatsmännischen Mutes eines Gustav Stresemann, um den Widerstand abzubrechen und damit eine Voraussetzung für die Gesundung des Geldwesens zu schaffen.

Verfassungssystem und Verfassungsparteien: Unzureichende Deutungen II

Wenn die äußeren Umstände sich als wenig ergiebig erweisen, um die Schwäche der Republik zu erklären, dann liegt es nahe, sich ihrer inneren Ausstattung zuzuwenden, den Institutionen und Kräften, die sie standfest machen sollten wider die Stürme der Zeit. Vor allem zwei sind es, auf die sich schon bei den Zeitgenossen und erst recht im Rückblick das Interesse und die Vorwürfe konzentrieren: die Verfassung und die Sozialdemokraten als Baumeister einer neuen Ordnung.

Das Werk der Nationalversammlung, die Weimarer Reichsverfassung vom 11. August 1919, blieb von einem seltsamen Zwiespalt geprägt. Zwar hatte sie sich für die parlamentarische Regierungsform entschieden, für Kanzler und Kabinette, die von der jeweiligen Reichstagsmehrheit getragen und abhängig sein sollten. Aber parlamentarische Mehrheitsherrschaft bedeutete Parteiendemokratie, und eben die schien den Verfassungsvätern nicht geheuer zu sein. Daher schufen sie mit dem Reichspräsidenten eine Gegenmacht, eine Art von Ersatzkaiser, den sie – direkt vom Volke gewählt, also gegen Parlament und Parteien auf eigene Weise legitimiert – für den Krisenfall mit weitgehenden Befugnissen ausstatteten. Die zentrale Passage, Artikel 48 Absatz 2, lautete: «Der Reichspräsident kann, wenn im Deutschen Reich die öffentliche Sicherheit erheblich gestört oder gefährdet wird, die zur Wiederherstellung der öffentlichen Sicherheit und Ordnung nötigen Maßnahmen treffen, erforderlichenfalls mit Hilfe der bewaffneten Macht einschreiten. Zu diesem Zwecke darf er vorübergehend die... Grundrechte ganz oder zum Teil außer Kraft setzen.» Vorweg, im Artikel 47, hieß es knapp und klar: «Der Reichspräsident hat den Oberbefehl über die gesamte Wehrmacht des Reichs.»

Ein Ersatzkaiser, von Republikanern geschaffen: Darf man den Deutschen eigentlich verübeln, daß sie nach dem Tode Friedrich Eberts am 28. Februar 1925 sogleich auf die übermächtig ragende Figur aus dem Krieg, auf den kaiserlichen Feldmarschall Paul von

Hindenburg verfielen? Will man sich über die Gedenkmünze wundern, die zur Erinnerung an seine Wahl geprägt wurde? Auf ihrer einen Seite konnte man den Ausspruch Hindenburgs lesen, der es wert schien, den Kindern und Enkeln überliefert zu werden: «Für das Vaterland beide Hände, aber nichts für die Parteien.» War das nicht schon ein Richtspruch über Parlamentarismus und Demokratie, ein Todesurteil, das vollzogen wurde, als Hindenburg am 30. Januar 1933 Adolf Hitler – dem «böhmischen Gefreiten», wie er selbst ihn verächtlich genannt hatte – das Tor zur Macht und zum Unheil entriegelte?

Derlei ist nachträglich leicht gefragt – und schon im Blick auf die Notstandsbefugnisse überaus fragwürdig. Bis 1924 hat Ebert 134 Notverordnungen erlassen; wie ohne sie die Republik ihre frühen Krisenjahre hätte überleben sollen, ist schwer zu sehen; und für die Zeit ab 1930 gilt das erst recht. Übrigens hat der greise General seinen Eid auf die Verfassung ernst genommen, zur Überraschung vieler, die ihn mit Hintergedanken auf den Schild hoben.

Haffner hat sogar gesagt: «Die Hindenburgwahl war für die Republik ein Glücksfall und gab ihr die einzige Chance, die sie je hatte. Denn mit dem Weltkriegsheros und kaiserlichen Feldmarschall an der Spitze sah die Republik für die Rechte, die sie bis dahin eisern abgelehnt hatte, plötzlich akzeptabel aus; etwas wie eine Versöhnung bahnte sich an.» [34]

Auch das mag fragwürdig sein; gehalten und geholfen hat es ohnehin nicht. Jedenfalls wäre weniger über die Verfassung zu reden als über den politischen Instinkt der Deutschen, genauer über ihre Instinktlosigkeit, die sie den Retter dort suchen ließ, wo es ihn nicht gab. Das Problem war die Macht vor- oder antidemokratischer Gefühle – und die Ohnmacht der Demokraten. Wie durften sie sich beklagen, wenn sie 1932 keinen anderen Rat mehr wußten, als den alten Mann noch einmal zur Wahl zu stellen, der schon nahe am Grabe, am Rande seiner körperlichen und geistigen Kräfte, an der Grenze seines Urteilsvermögens angelangt war? [35]

Ach, und dann die Sozialdemokraten! Sie sind gleich doppelt in Verruf geraten; galten sie «rechts» als die «Novemberverbrecher», so tönte es von «links» kaum weniger scharf: «Wer hat uns verraten? Sozialdemokraten!» Zweifel zumindest reichten bis in die eigenen Reihen:

> «Die Republik, das ist nicht viel,
> der Sozialismus bleibt das Ziel.»

Die SPD, so heißt es, hätte entschlossen handeln müssen, als das
Kaiserreich 1918 kläglich zusammenbrach und niemand bereit war,
den Obrigkeitsstaat zu verteidigen. Statt mit den alten Mächten zu
paktieren, wie Ebert mit Groener, statt den «Bluthund» zu spielen,
wie Gustav Noske, statt die Rätebewegung parlamentarisch zu
bändigen und praktisch zu zerstören, hätte man vorwärts marschieren und das wirklich Neue schaffen sollen. Vor allem hätte
man Personal und Struktur von Armee, Justiz und Verwaltung
gründlich verändern und umgestalten, die Schwerindustrie sozialisieren und den ostelbischen Großgrundbesitz durch eine Bodenreform zerschlagen müssen, um so die Zitadellen der Reaktion ein
für allemal zu schleifen.

Im deutschen November 1918 lag im übrigen begründet, daß die
traditionell herrschenden Mächte sich zwar unvermittelt einem
Schrecken vor dem Abgrund ausgeliefert und gleichsam besudelt
fühlten, weil sie auf «Sozis» setzen mußten, um sich in die erneuerte
«Ruhe und Ordnung» zu retten. Unter solchen Vorzeichen aber
schafft Schonung keine Versöhnung, sondern ein Rachegelüst, das
sich aus der tief ins Innere vergrabenen Ängstigung und Demütigung nährt. Hat sich das nicht sehr bald und sehr bitter bewiesen?

Wenn man etwa die politische Justiz der Weimarer Republik betrachtet, dann stellt sie sich als eine lange Kette der Skandale dar, als
eine geradezu systematische Rechtsbeugung und im Ergebnis als
Zerstörung des Rechts. Während man nach «links» stets überscharf
reagierte, schien man auf dem rechten Auge blind zu sein. Der damalige Heidelberger Privatdozent für Statistik Emil Julius Gumbel
hat genau gerechnet und ist dafür verfemt worden: In den vier Jahren von 1918 bis 1922 wurden 22 Morde von «links» nachgewiesen,
und es wurden 17 Täter hart verurteilt, zehn zum Tode. Bei 354
Morden von «rechts» gab es dagegen nur eine einzige strenge Bestrafung, kein Todesurteil. Die durchschnittliche Freiheitsstrafe

betrug fünfzehn Jahre für die «linken», vier Monate für die «rechten» Täter.[36] Erst recht durfte auf Gnade hoffen, wer – wie 1920 beim Kapp-Putsch in Berlin oder 1923 beim Hitler-Putsch in München – «patriotisch» der Republik nach dem Leben trachtete. Der Begriff der «Klassenjustiz» scheint hier unabweisbar; ein großer Jurist wie Gustav Radbruch hat als Reichsjustizminister sogar von einem «Kriegszustand zwischen Volk und Justiz» gesprochen.[37]

Und die Soldaten? Gegen spartakistische und kommunistische Aufstände scheuten Freikorps und Reichswehr keinen Einsatz und kein Blutvergießen, gleich ob in Berlin oder in München, in Thüringen oder im Ruhrgebiet. Doch als beim Beginn des Kapp-Putsches Reichswehrminister Noske den Chef des Truppenamtes General von Seeckt fragte, wer mit ihm bereit sei, den Aufständischen mit der Waffe entgegenzutreten, bekam er die eisige Antwort: «Truppe schießt nicht auf Truppe. Haben Sie, Herr Minister, etwa die Absicht, eine Schlacht vor dem Brandenburger Tor zu dulden zwischen Truppen, die eben erst Seite an Seite gegen den Feind gekämpft haben?... Wenn Reichswehr Reichswehr niederschlägt, dann ist alle Kameradschaft im Offizierskorps hin.»[38] Anschließend beurlaubte sich der General, bis alles vorüber war. Dem Reichspräsidenten ist es bei anderer Gelegenheit nicht viel besser ergangen. Im krisenreichen Herbst 1923 fragte Ebert: «Ich möchte wirklich nur wissen, wo steht denn eigentlich die Reichswehr?» Darauf Seeckt: «Die Reichswehr steht hinter mir.»[39]

Warum also haben die Sozialdemokraten ihre Stunde versäumt? Die Frage ist billig gestellt, aber Gegenfragen drängen sich auf: Wo sollte man republikanische Soldaten und Offiziere rekrutieren? Die eigenen Anhänger, die aus dem Krieg heimkehrten, drängten ins Zivilleben zurück, sie wollten den Frieden, nicht weiteren Kampf; was praktisch blieb, waren Desperados und Landsknechte für die Freikorps, Berufssoldaten für die Armee. Es war die schlichte Wahrheit, wenn der damalige Leutnant Julius Leber – später Reichtstagsabgeordneter der SPD und dann der Mann des Widerstandes gegen die Gewaltherrschaft – feststellte: «Die große Masse der zur Sozialdemokratischen Partei stehenden Arbeiter kam gar nicht auf den Gedanken, der jungen Revolutionsrepublik Blut und

Leben zur Verfügung zu stellen.»[40] Zwar bemühte man sich um
Freiwillige, aber über ein paar Hundertschaften kam man nicht hinaus.

Und woher die Juristen nehmen, woher Fachleute für die Verwaltung? Wie eine Bodenreform durchführen im Angesicht des
Hungers und der fortdauernden Blockade? Hätte man sich beim
Weitertreiben der Revolution nicht mit allen nur denkbaren Gegenkräften anlegen müssen, sogar mit den Partnern aus der «Weimarer
Koalition»? Wie denn hätte man gegen die Mehrheitsverhältnisse
tatsächlich handeln, wie unter solchen Umständen die fragwürdigen Bündnisse, wie eine Diktatur abwenden können? Wäre im übrigen eine Räterepublik nicht sehr rasch ihren Feinden erlegen, wie
in Bayern, so daß die Gewaltherrschaft nicht erst 1933, sondern
schon 1919 begonnen hätte? Welche Antwort war von den alliierten
Siegern auf ihre Herausforderung durch die sozialistische Revolution zu erwarten? Spricht nicht alle Erfahrung dafür, daß politische
Freiheit einzig in der parlamentarisch-demokratischen Verfassungsordnung gesichert werden kann? Warum den Sozialdemokraten und ihren Führern das Verdienst verweigern, daß sie entschlossen auf diese Verfassungsordnung zusteuerten? Darf man ihr
Handeln nur am Ende der Republik messen und es darum verurteilen?[41]

Wenn man schon Vorwürfe erhebt, müßten sie die Parteien insgesamt treffen. Sie alle waren auf die Verantwortung nicht vorbereitet, zu der sie im Angesicht der Niederlage von Ludendorff
plötzlich befohlen wurden; sie alle waren und blieben im wesentlichen die Milieuparteien aus der Vorkriegszeit, in ihren Weltanschauungen verschanzt. Keine kannte die Kunst der Kompromisse,
keine hatte pragmatisches Handeln einüben können. Die Vorurteile
gegenüber jeder Form von «Parteienherrschaft» taten ein übriges:
Sieht man vom Zentrum mit seiner zuverlässigen Gefolgschaft ab,
so machten von den Sozialdemokraten bis zu den Deutschnationalen alle Parteien die Erfahrung, daß eine Regierungsbeteiligung
sich nicht auszahlte, sondern in Wahlniederlagen mündete. Dies
stärkte die Verantwortungsscheu und ließ wenig Chancen für die
Entwicklung machtbewußter Führungsqualitäten, wie sie Max

Weber von der Parlamentarisierung erhoffte. Das Selbstbewußtsein, mit dem Otto Braun zwölf Jahre lang als «ungekrönter König» in Preußen regierte und den alten Obrigkeitsstaat in ein Bollwerk der Republik verwandelte, blieb die Ausnahme. Als beispielsweise Gustav Noske als Reichswehrminister über dem Kapp-Putsch stürzte, fand kein Sozialdemokrat sich zur Nachfolge bereit; so gab man das wichtige Amt ohne Not aus der Hand.

Hier wäre der rechte Ort, um von negativen Wirkungen zu reden, die die «Gegenverfassung» zur parlamentarischen Regierungsform im Artikel 48 mit sich brachte. Denn allzu bequem konnten sich die Parteien aus der Bürde der Macht in eine selbstgewählte Ohnmacht davonstehlen, indem sie, aufatmend, ihre Verantwortung an den Reichspräsidenten abtraten.

Aber genügt das alles, um wirklich zu erklären, was erklärt werden muß? Fällt nicht auch unser Schuldspruch allzu bequem aus? Es kennzeichnete das Klima der Republik und damit die Weite, vielmehr die Enge des Spielraums für demokratisches Handeln, daß man in linken Lagern von den Tugenden der Liberalität, der Toleranz und der Konzilianz, des Kompromisses im Grunde so wenig verstand und wissen wollte wie in den rechten Bewegungen. Man lasse einmal «Das Lied vom Kompromiß» auf sich wirken, zu dem Kurt Tucholsky aufspielte:

«Manche tanzen manchmal wohl ein Tänzchen
immer um den heißen Brei herum,
kleine Schweine mit dem Ringelschwänzchen,
Bullen mit erschrecklichem Gebrumm.
  Freundlich schaun die Schwarzen und die Roten,
  die sich früher feindlich oft bedrohten.
Jeder wartet, wer zuerst es wagt,
  bis der eine zu dem andern sagt:
    (Volles Orchester)
  ‹Schließen wir nen kleinen Kompromiß!
  Davon hat man keine Kümmernis.
  Einerseits – und andrerseits –
  so ein Ding hat manchen Reiz...
  Sein Erfolg in Deutschland ist gewiß:
  Schließen wir nen kleinen Kompromiß!›

...

> Seit November tanzt man Menuettchen,
> wo man schlagen, brennen, stürzen sollt.
> Heiter liegt der Bürger in dem Bettchen,
> die Regierung säuselt gar zu hold.
>> Sind die alten Herrn auch rot bebändert,
>> deshalb hat sich nichts bei uns geändert.
>> Kommts, daß Ebert hin nach Holland geht,
>> spricht er dort zu einer Majestät:
>>> ‹Schließen wir nen kleinen Kompromiß:
>>> Davon hat man keine Kümmernis.
>>> Einerseits – und andrerseits –
>>> So ein Ding hat manchen Reiz...›
>
> Und durch Deutschland geht ein tiefer Riß.
> Dafür gibt es keinen Kompromiß.»[42]

Ein Ästhetizismus kam wohl noch hinzu, der aus der unpolitischen, aber politisch höchst bedeutsamen Tradition «machtgeschützter Innerlichkeit» stammte: Wirkte ein italienischer «Duce» in seiner Gestik der radikalen Entschlossenheit, in seiner schwarzen Uniform nicht viel schneidiger und weit schicker als der schlappe Zivilist Friedrich Ebert, den die «Berliner Illustrirte» hämisch «entlarvte», als sie ihn in der Badehose ablichtete? Doch für die einschlägigen literarischen Porträts brauchte man nicht erst den «Völkischen Beobachter», man fand sie auch in der linken «Weltbühne».[43]

Der akademische Ungeist

Dolchstoßlegende und Friedensdiktat, Inflation und Weltwirtschaftskrise, Verfassungssystem und Parteienstruktur: Die Reihe der Stichworte ließe sich gewiß noch vermehren. Doch unsere Untersuchung besagt, daß sie weder einzeln noch in ihrer Kombination genügen, um die Lebensschwäche der Weimarer Republik, ihre Krankheit zum Tode wirklich zu verstehen. Immer wird die Macht oder Übermacht antidemokratischer Einstellungen schon vorausgesetzt; sie sind es, die der Deutung bedürfen. Bevor wir – in den folgenden Kapiteln – diese Deutung versuchen, sollen die Gedanken und Gefühle, die die Deutschen bewegten, noch an zwei ganz verschiedenartigen Beispielen anschaulich gemacht werden: an den Hochschulen und am «Mythos Berlin».

Als im November 1918 der Rektor der Universität von Berlin die von ihm vertretenen «Geistesarbeiter» in der Erwartung demokratischer Grundsätze «bereitwillig» der neuen Regierung unterstellte, schloß er seine Bekundung mit dem hoffnungsfrohen Satz: «Bleibt der Geist lebendig, dann ist nichts verloren.» Aber welcher Geist da lebendig blieb, mag ein Vorfall aus dem Jahre 1922 illustrieren. Es ging um die akademische Würdigung Gerhart Hauptmanns zu seinem 60. Geburtstag, und Harry Graf Kessler hat als Zeuge notiert:

«Das Denkwürdigste an der Feier ist das grotesk borniert Verhalten der Studenten und Professoren gewesen. Die Berliner Studentenschaft hat mit einer Mehrheit von, ich glaube, vier zu zwei feierlich beschlossen, an der Hauptmann-Feier nicht teilzunehmen, weil Gerhart Hauptmann, nachdem er sich als Republikaner bekannt hat, nicht mehr als charakterfester Deutscher anzusehen sei! Und von Sam Fischer höre ich, daß... Petersen, der die Festrede hielt, vor zwei Tagen bei ihm war, um ihn zu bitten, Ebert wieder auszuladen, da es der Universität nicht angenehm sein werde, wenn das republikanische Staatsoberhaupt bei ihr erscheine. Und als Fischer das ablehnte, hat Petersen ihn gebeten, dann doch wenigstens Löbe auszuladen, denn zwei Sozialdemokraten auf einmal sei doch etwas viel! – Am Schluß der Feier spielte d'Albert prachtvoll die ‹Appassionata›. Wonach wieder einer der Professoren, die neben mir saßen, sich auszeichnete, indem er seinem Nachbarn mißvergnügt zuflüsterte: ‹Das war natürlich eine eigene Komposition des Klavierspielers, nicht?› Beethoven scheint in der Universität Berlin ebensowenig zu Hause zu sein wie Ebert.» [44]

Bei den beiden Sozialdemokraten, die der Universität so wenig willkommen waren, handelte es sich immerhin um den Reichspräsidenten und den Präsidenten des Deutschen Reichstages, also um die höchsten Repräsentanten des Staates. Aber die Ablehnung war konsequent, wenn man sich, sei es heimlich oder ausdrücklich, zu dem Satz bekannte, den der Philosoph Max Wundt formulierte:

«Dieser Staat ist undeutsch von der Wurzel bis zum Wipfel.»[45]
Wundt hatte sich schon im Krieg als Verfechter der «deutschen
Ideen von 1914» hervorgetan, und wie im Krieg sprach er nun aus,
was die Mehrheit seiner Kollegen fühlte und dachte.

Angesichts solcher Feindseligkeit standen die wenigen Hochschullehrer, die sich zur Republik bekannten, fast von vornherein
auf verlorenem Posten. Im Beispiel: 1926 versammelte sich in Weimar eine Gruppe von Professoren, etwa sechzig, der sogenannte
Weimarer Kreis.[46] Meist handelte es sich um «Vernunftrepublika-
ner» wie die Historiker Friedrich Meinecke und Hans Delbrück.
Nur ganz wenige waren Herzensdemokraten, wie Gustav Radbruch oder der Staatsrechtslehrer Hermann Heller. Die Eröffnungsrede hielt Wilhelm Kahl, ebenfalls Staatsrechtslehrer und als
Reichstagsabgeordneter der Deutschen Volkspartei politisch aktiv.
Im Blick auf die deutschen Hochschullehrer stellte Kahl fest:

«Nicht wenige stehen dem aus dem Zusammenbruch hervorge-
gangenen Staat nicht nur mißtrauisch, sondern feindselig gegenüber und leben des ehrlichen Glaubens, dem Vaterlande am besten
dadurch zu dienen, daß sie den Staat, wie er ist, und seine Anhänger, wie sie sind, grundsätzlich bekämpfen. Erst aus den Ruinen
dieses Staates soll neues Leben erblühen.»[47]

Radbruch hat auf der gleichen Tagung sarkastischer gesprochen:
«Seit langem ist die Universität viel mehr Organ als Führerin des
Zeitgeistes... Nur zu oft war vor und während des Krieges der
Professor die Trompete, die selbst zu tönen meinte und nicht
wußte, daß und von wem sie geblasen wurde – nichts ist gutgläubi-
ger als ein Professor außerhalb seines Fachwissens! Mit den Gesten
der Führerschaft waren die Universitäten vielfach Geführte, wenn
nicht Angeführte des Zeitgeistes.»[48]

Der Weimarer Kreis wollte die Kollegen zur Anerkennung der
Republik bewegen. Doch das war schon darum schwierig und wenig überzeugend, weil die meisten Mitglieder sich selbst nur mühsam zu einer situationsbedingten Anerkennung der neuen Verhältnisse vortasteten. Kurt Sontheimer hat dies kommentiert:

«Große Gelehrte, wie Friedrich Meinecke, Wilhelm Kahl, Adolf
von Harnack, hatten sich zu ihrem Vernunftsrepublikanertum erst

schwer durchringen müssen. Sie erkannten die geschichtliche Notwendigkeit der Umwälzung, sie respektierten die Grundlagen der neuen Verfassungsordnung, aber das Ethos der Demokratie als einer freien, auf der geregelten Austragung von Gruppenkonflikten basierenden Staatsform war ihnen fast ebenso fremd wie ihren verfassungsfeindlichen Gegnern. Sie bekannten sich zur Demokratie aus Staatsraison, aus vernunftgeleiteter Erkenntnis einer, mit Meinecke zu sprechen, ‹eisernen politischen Notwendigkeit›, nicht aus innerem Impuls. Angesichts der vielen, gegenüber dem Weimarer Staat so mißtrauischen und feindseligen Kollegen war es großartig, was sie taten, und ihr politisches Verantwortungsbewußtsein bleibt zu bewundern, aber es war eben nur ein vernünftiges und angesichts der Lage fast verzweifeltes Bekenntnis zur demokratischen Staatsform, kein ursprüngliches Eintreten für die Idee der Demokratie und der Menschenrechte.»[49]

In Kahls Weimarer Eröffnungsrede lautete ein Kernsatz: «Das schlechthin Notwendige ist der Staat als solcher, nicht die Staatsform.»[50] Darin kommt, wie bereits in der Diskussion des Ersten Weltkriegs, die schiefe Ebene von den «Gemäßigten» zu den «Radikalen» hin zum Ausdruck: Der Staat steht über der Demokratie als bloßer Staatsform, und folgerichtig steht die «Staatsgesinnung» auf einem «das Parteiwesen weit zurücklassenden höheren Nenner»[51]. Man rechtfertigt die Republik – weil sie sekundär bleibt.

Sontheimer hat eine aufschlußreiche Untersuchung durchgeführt, indem er die politischen Festreden analysierte, die an den Hochschulen regelmäßig gehalten wurden. Denn «alle deutschen Universitäten begingen aufgrund eines Beschlusses des Deutschen Hochschultages den Tag der Reichsgründung in festlicher Weise», und dabei «war es üblich, daß man die Reden... solchen Kollegen anvertraute, die für eine gute deutschnationale Gesinnung bürgten. Die Reden zum 18. Januar sind denn auch in der Regel charakteristische Dokumente deutschnationaler, antiweimaristischer Staatsgesinnung und in vieler Hinsicht repräsentativ für den Geist der Universitäten.»[52]

Charakteristisch war ohnehin, daß man den Tag der Kaiserproklamation feierte und nicht den Verfassungstag der Republik – wobei es sich allerdings glücklich fügte, daß der 18. Januar ins Semester fiel, der Tag der Republik aber, der 11. August, in die Ferien. Jedenfalls bot sich eine günstige Gelegenheit zur antidemokratischen Propaganda, wie Meinecke bemerkte: «Wenn man hier aber, wie es zuweilen geschieht, nur rechtsstehende Kollegen zur Studentenschaft sprechen läßt, so kann man denken, wie das wirkt.»[53] Aber es war nicht zuweilen so, es war die Regel.

Nur kurz seien Beispiele aus den akademischen Festreden angeführt – und ein Gegenbeispiel. In Jena sagte der Kirchenhistoriker Hans Lietzmann 1924 mit deutlicher Wendung gegen die Parteiendemokratie: «Es gilt, auch in unseren Regierungen wieder Männer an die Spitze zu bringen, welche als ihre selbstverständliche Pflicht den Dienst am ganzen Volk, die überparteiliche, rein vaterländisch bestimmte und mit dem vollen Verantwortungsgefühl einer charakterfesten Persönlichkeit geleistete Arbeit erkennen.»[54] Darüber schwärmte bei der Feier 1928 in Erlangen der Althistoriker Rudolf Schulten noch hinaus: «Der Held ist etwas Wunderbares, das wir nie verstehen werden, etwas Göttliches. Um so mehr wollen wir den Helden verehren, uns an seinem Werk erbauen und auf einen neuen Helden hoffen.» Denn «mit begeistertem Volk kann der Heros alles»[55].

Das Gegenbeispiel stammt von dem Romanisten Karl Voßler. Als Rektor der Universität München nannte er bei der Feier von 1927 die Dinge unerschrocken beim Namen: «Immer in neuen Verpuppungen die alte Unvernunft: ein metaphysisches, spekulatives, romantisches, fanatisches, abstraktes und mystisches Politisieren... An zahllosen Bier- und Kaffeetischen kann man seufzen hören, wie schmutzig, wie unheilbar unsauber doch alle politischen Geschäfte seien, wie unwahr die Presse, wie falsch die Kabinette, wie gemein die Parlamente und so weiter. Man dünkt sich, indem man also jammert, zu hoch, zu geistig für die Politik. In Wahrheit ist man kleinmütig, bequem, unlustig und unfähig zum Helfen und Dienen am eigenen Volk. Wenn man noch nicht einmal zum Mitläufer taugt, dann freilich ist es schön, sich einzubilden, daß man über den Parteien steht.»[56]

Was half es? Typisch war, daß man die Reichsgründungsfeier benutzte, um ein Kontrastbild zu entrollen: «Dankbar richten sich unsere Blicke zurück auf den Tag, an dem vor 53 Jahren das neue Deutsche Reich durch die geniale Kraft Bismarcks und die Waffentaten unserer siegreichen Heere begründet worden ist. Es war eine stolze, lichte Zeit, und eine stolze und lichte Zeit folgte, als das junge Staatsgebilde sich machtvoll und groß nach außen und innen entwickelte. – Und heute? Unser Herz krampft sich zusammen! Auf Schritt und Tritt fühlen wir die Ohnmacht des Deutschen Reiches, unsagbares Elend und Finsternis herrschen in unserem Vaterlande.» [57]

Dem Rückblick schloß sich, typisch erst recht, die Wendung zur Zukunft an, der Aufruf: «Der Jugend erflehen wir, daß sie dereinst Deutschland in gleicher Größe erleben möge wie wir in unserer Kindheit, daß sie frei werde, wie wir es waren.» [58] – «Kommilitonen! Ihr habt Euer Leben noch vor Euch, in Euren Händen liegt die deutsche Zukunft. Sorget Ihr dafür, daß das Reich, das Eure Großväter begründet haben, das Eure Väter und Brüder verteidigt haben, nicht zerstört werde. Sorget Ihr dafür, daß Deutschland seinen Platz an der Sonne wieder erhalte.» [59]

Die akademische Jugend ließ es sich gesagt sein; wenn in der ersten deutschen Demokratie die Demokraten nur eine Minderheit bildeten, dann gilt das besonders für die jüngere Generation – und nochmals verschärft für die Studenten. Schon in den Anfangsjahren strömten viele den Freikorps zu, um gegen die «rote Gefahr» und gegen «das System» überhaupt zu kämpfen. Mitunter wurden ganze Kompanien, ja Bataillone fast nur aus Studenten gebildet. [60]

Republikanische Gruppen hatten kaum eine Chance; die Mehrheit der traditionellen Verbindungen, Corps und Burschenschaften setzten schlicht auf das antidemokratische Ressentiment. Ob Kapp-Putsch 1920 oder Hitler-Putsch 1923 in München: Die «Burschenschaftlichen Blätter» begleiteten jeden Ansatz zur Konterrevolution mit ihrem Beifall. Zum Hitler-Putsch etwa hieß es: «Am 9. November sind in München zwanzig deutsche Männer für Volk und Vaterland gefallen... Wir bekennen mit Stolz, daß sich in diesen Verbänden Burschenschafter befinden.» [61]

Der «Nationalsozialistische Deutsche Studentenbund» entstand

1926. Hitler erklärte ein Jahr später: «Nicht ‹bierehrliche› Stich-festigkeit, sondern politische Schlagkraft ist jetzt nötig, und die Vorstellung der heutigen Zeit wird nicht mehr befriedigt durch den ‹Studiosus› von einst, das mehr oder weniger bemooste Haupt, als vielmehr durch den Mann, dessen Beschreibung heißt: schlank wie ein Windhund, zäh wie Leder und hart wie Kruppstahl.» [62]

In den späten Krisenjahren der Republik wuchs der Anteil der Nationalsozialisten steil an: Bei den Studentenschaftswahlen des Wintersemesters 1929/30 errangen sie in Erlangen mit 51 Prozent und in Greifswald mit 53 Prozent ihre größten Erfolge. Ein Jahr später hielt Erlangen mit 76 Prozent wiederum eine Spitzenposi-tion; in Breslau gab es einen Sprung von 25,5 auf 70,9 Prozent. Auch in Berlin, Gießen, Jena und Rostock wurde die Mehrheit er-reicht. Entsprechend häuften sich die Gewaltaktionen gegen jüdi-sche oder sonst unliebsame Studenten und Professoren.

War Abwehr überhaupt noch möglich? Als der Rektor der Uni-versität Leipzig, Theodor Litt, im Herbst 1932 eine öffentliche Er-klärung gegen das Verhalten der nationalsozialistischen Studenten anregte, fielen ihm sogar Kollegen in den Arm, die alles andere als rechtsradikal eingestellt waren. So der Philosoph und Pädagoge Eduard Spranger, der über Litts Vorhaben im Rückblick berichtet hat: «Diesem Plan widersprach ich in der Diskussion, weil ich die Bewegung der nationalen Studenten noch im Kern für echt, nur in der Form für undiszipliniert hielt. Auch hätte es eine sehr schäd-liche Wirkung auf die Hochschule gehabt, wenn sie sich zu der na-tionalen Welle, die damals noch viel Gesundes mit sich führte und mit heißen Erwartungen begrüßt wurde, nur schulmeisterlich ge-äußert hätte.» [63]

Worauf die Erwartungen sich richteten, hatte Spranger schon vier Jahre zuvor beschrieben: «Gerade die Abneigung gegen das Rechenhafte in der Politik ist es, die viele Akademiker mit dem Stil unseres gegenwärtigen Staatslebens unzufrieden macht. Man möchte wieder tatbereite und der Augenblickslage gewachsene Köpfe an der Spitze des Staates sehen, nicht Doktrinäre und nicht Parteifunktionäre; vor allem aber Menschen, in denen die überindi-viduelle Wucht und Würde des Staates zum Lebenselement geworden ist, und die sich in diesem sittlichen Dienst verzehren. In dieser Hinsicht besteht überall in Deutschland eine geradezu messianische Erwartung.»[64]

In der Studentenschaft trug die Erwartung 1931 Früchte; im Sommer dieses Jahres fiel den Nationalsozialisten beim 14. Studententag mit der Mehrheit der Vorsitz zu. Damit wurde die «Machtergreifung» schon vorweggenommen: Die Studentenschaft war der erste und blieb bis 1933 der einzige nationale Verband, den die Nationalsozialisten beherrschten. Als dann 1932 der letzte Studententag vor der «Erhebung» stattfand – in einer Königsberger Kaserne –, wurde mit der Proklamation des «Führerprinzips» auch ein Stück «Gleichschaltung» vorweggenommen.

Um nochmals Sontheimer das Wort zu geben: «Die deutschen Universitäten fielen dem Nationalsozialismus relativ leicht anheim, weil ihre unkritische, bloß patriotische nationale Gesinnung fast alles legitimierte, was mit dem entschiedenen Anspruch, das Weimarer Parteiensystem zu zerstören und Deutschland wieder zu innerer und äußerer Stärke emporzuführen, auftrat. Die Institution, die sich der nüchternen und vorurteilslosen Wahrheitsforschung verschrieben hatte, wurde das Opfer ihrer antidemokratischen Vorurteile.»[65]

Dabei bleibt zu bedenken, daß dieser Institution eine Schlüsselfunktion zukam. Sie besaß das Ausbildungsmonopol für Juristen, also nicht bloß für die künftigen Staatsanwälte und Richter, sondern praktisch für die Gesamtheit der höheren Verwaltungsbeamten. Entsprechend besaß die Universität ein Ausbildungsmonopol für die Gymnasiallehrer, die in den Schulstuben als «Multiplikatoren» wirkten.

Der Mythos Berlin, die Sage von Sodom

Die Weimarer Republik war nicht nur Misere, nicht bloß dunkel, sondern auch «golden»; wie nie zuvor oder seither leuchtete aus ihrer Nacht ein Brillantfeuerwerk des Geistes. Berlin war der Ort, an dem sich das Geschehen konzentrierte.

Berlin: ein später Emporkömmling unter den Städten, weder
mit Konstantinopel, Venedig und Florenz zu vergleichen, noch mit
Amsterdam, London, Paris oder Wien. Seine weltstädtische Rolle
begann eigentlich erst im Kaiserreich, mit der wilhelminischen
Zeit. Sie erreichte ihre Höhe in den zwanziger Jahren, und im
Grunde war 1933 schon wieder alles zu Ende, von den kurzen Tagen der Olympischen Spiele 1936 vielleicht abgesehen, so sehr auch
Hitler mit seinem Baumeister Albert Speer bis weit in den Krieg
hinein über Pläne zur Welthauptstadt «Germania» brüten mochte.
Darum ist es verständlich, wenn im melancholischen Rückblick ein
«Mythos Berlin» entstanden ist, von dem die Sagen berichten wie
von Atlantis, vom Vineta der Wikinger oder von Sodom. Gab es je
ein kürzeres Glück?

Als Emporkömmling besaß Berlin kein alteingesessenes Hono-
ratiorentum, jedenfalls kein Patriziat, das bewahrend hätte wirken
können. Die Menschen stammten von überallher, aus Frankreich
zum Beispiel, aus Schlesien, Posen, Galizien. Und zum Segen der
Hauptstadt gehörte, daß Preußen seine Philosophen, Gelehrten
und Künstler, oft sogar seine Minister und Generale aus der Ferne
berief. Wenn es darum überhaupt eine Tradition gab, dann die der
Traditionslosigkeit, «die Geschichtsvergessenheit im Umgang mit
sich selbst» [66], einen ständigen Abbruch und Neuanfang von der
Architektur bis zur Neumöblierung des Stadtschlosses alle dreißig
Jahre. Aber diese Traditionslosigkeit kann man schwerlich beklagen, ohne sie als Kehrseite der Experimentierlust zu erkennen – und
als die Bedingung einer urbanen Qualität, die von der Provinz distanzierte, sei es selbstbewußt oder hochmütig: «Herr X verläßt
uns, um nach Breslau zu gehen. Als Abschiedsvorstellung setzte
man für ihn ‹Othello› an. Er spielte den Mohren so, als ob er schon
in Breslau wäre!» [67]

Die goldenen zwanziger Jahre: Nur ganz wenige Daten, Namen
und Stichworte seien genannt, um einen Eindruck von der Weltstadt Berlin zu vermitteln. [68] Am 28. November 1919 eröffnete das
Große Schauspielhaus, von Hans Poelzig auf früheren Zirkus-
gebäuden für 5000 Besucher erbaut, unter Max Reinhardts Regie
mit einer glanzvollen Aufführung der «Orestie» von Aischylos,

mit Alexander Moissi, Werner Krauss und Agnes Straub in den Hauptrollen. Nur Tage später, am 12. Dezember, folgte Leopold Jessner, seit dem Sommer Intendant des Staatlichen Schauspielhauses, mit einer skandalträchtig expressionistischen Inszenierung des «Wilhelm Tell», mit Albert Bassermann und Fritz Kortner in den Hauptrollen.[69] Für die Entwicklung des episch-politischen Theaters fiel Erwin Piscator eine Schlüsselrolle zu. Insgesamt aber spielten 40 Bühnen nebeneinander; die wichtigen, oft verwegenen Uraufführungen sind kaum zu zählen, die Liste der Autoren reicht von Brecht und Bronnen bis Werfel und Zuckmayer. Am 16. Februar 1932 wurde am Deutschen Theater, wieder mit Werner Krauss in der Hauptrolle, Gerhart Hauptmanns Tragödie «Vor Sonnenuntergang» vorgestellt; der Titel wirkt symbolträchtig wie einst – 1889 – der Beginn des Dichters mit «Vor Sonnenaufgang».

Zu den großen Schauspielerinnen gehörten Elisabeth Bergner, Tilla Durieux, Maria Orska, Helene Thimig. Es gab indessen einen gleitenden Übergang zum Kabarett, zur Revue, zu Singspiel und Operette; die Berliner liebten Claire Waldoff, Fritzi Massary, Trude Hesterberg – und dann «die drei Nelsonmädels», die so hießen, weil sie einmal im Kabarett von Rudolf Nelson zusammen aufgetreten waren: Margo Lion, Hilde Hildebrand, Marlene Dietrich.

Eine Hauptstadt der Musik war Berlin ohnehin. 1922 übernahm Wilhelm Furtwängler als Nachfolger von Arthur Nikisch die Leitung des Philharmonischen Orchesters. Aber auch Bruno Walter wäre mit seinen Konzerten zu nennen, wie die Oper mit Erich Kleiber und Otto Klemperer als den Dirigenten.

Das Kino trat hinzu. Schon seit 1919 gab es den riesigen Ufa-Palast am Zoo, und Berlin entwickelte sich zu einer Metropole zumindest des Stummfilms. 1920 wurde «Das Kabinett des Dr. Caligari» uraufgeführt, 1921 folgte Murnaus «Nosferatu, eine Symphonie des Grauens», 1922 «Dr. Mabuse, der Spieler» von Fritz Lang. 1922 eröffnete freilich auch «Fridericus Rex» eine patriotische Reihe mit Otto Gebühr als dem wiedererstandenen König. «Von Caligari bis Hitler» heißt Siegfried Kracauers kritische Analyse einer Filmepoche.[70]

Und dann die schreibende Zunft: Alfred Kerr und Alfred Polgar als die Kritiker im Wettstreit, Siegfried Jacobsohn, Herbert Ihering, Willy Haas dazu[71]; mehr als hundert Zeitungen, viele mit drei oder vier Ausgaben pro Tag[72], Theodor Wolff als der große Chefredakteur des «Berliner Tageblatts»; Zeitschriften natürlich auch[73], links die «Weltbühne», rechts «Die Tat», doch charakteristisch vor allem die kesse Mischung aus Snobismus und literarischem Anspruch, etwa im «Querschnitt»: In einer einzigen Nummer[74] mit dem Thema «Fug und Unfug des Sports» findet man unter den Autoren André Maurois, Robert Musil, Franz Kafka und Franz Werfel. Zugleich fragt der Boxer Hans Breitensträter, ob ein Sportsmann heiraten solle, der Beitrag des Schwimm- und «Tarzan»-Helden Johnny Weissmuller heißt monumental «Mein Körper», und Walther Kiaulehn entlarvt in einem Interview den Organisator des deutschen Sports, Carl Diem, ohne daß der bemerkt, was ihm geschieht. Aber gehörte die Mischung der Welten nicht zum Bild dieser Zeit wie, folgerichtig, die Halbwelt? Zählten nicht die Sechstagerennen im Sportpalast und die Autorennen auf der Avus zu den gesellschaftlichen Ereignissen für die oberen Zehntausend wie für die unteren Millionen?

Ach, Berlin: Wieviel wäre noch hinzuzufügen zum Mosaik seiner goldenen Jahre, zu erzählen zum Beispiel von Verlegern und Verlagshäusern![75] Und wie gut kann man die wehmütige Erinnerung verstehen, hundertfach bezeugt, hier im Beispiel von Willy Haas: «Berlin war das Glück meines Lebens. Ich liebte die schnelle, schlagfertige Antwort der Berlinerin über alles, die scharfe, klare Reaktion des Berliner Publikums im Theater, im Kabarett, auf der Straße, im Kaffeehaus, das Nichts-feierlich-Nehmen und doch Ernstnehmen von Dingen, die schöne, trockene, kühle und doch nicht kalte Atmosphäre, die unbeschreibliche Dynamik, die Arbeitslust, die Unternehmungslust, die Bereitschaft, schwere Schläge einzustecken – und weiterzuleben. In Berlin konnte man von allem leben, was man wirklich konnte. Wie oft habe ich gesagt: Wenn einer in Berlin von der Gedächtniskirche bis Halensee auf seinen zwei Händen spazierenginge, so fände er sofort einen, der dazu die Idee hätte, wie man das verwerten könnte, der es auch gleich finanzierte, und: man konnte dann auch davon leben. In Berlin, und fast nur in Berlin, gab es einen wirklichen Aufstieg, eine wirkliche Entfaltung der Begabung – sei sie nun klein oder groß.»[76]

Man kann verstehen, daß hier die Hoffnung ihren Ort fand, wie Heinrich Mann sie beschrieb: «Die Zukunft Deutschlands wird heute andeutungsweise vorausgelebt in Berlin. Wer Hoffnung fassen will, blicke dorthin... Die Vereinheitlichung Deutschlands wird, sicherer als durch Gesetze, durch die werbende Kraft des Zivilisationsherdes geschehen, der das zu sich selbst heranwachsende Berlin ist. Ja, Berlin wird, so wenig es sich dies träumen ließ, die geliebte Hauptstadt sein.»[77] Oder wie Carl Zuckmayer burschikoser sagte: «Berlin schmeckte nach Zukunft, und dafür nahm man den Dreck und die Kälte gern in Kauf.»[78]

Das aber war die Illusion, die Selbsttäuschung von Außenseitern. Der Gegenpol zur Weltstadt ist die Provinz, und wenn man die nicht nur räumlich versteht, sondern als Antithese, als die andere Lebensform, gar als «Spießer-Ideologie»[79] und Pharisäer-Moral, dann ergibt sich bittere Feindschaft – und, erst recht, ein Übergewicht der Provinz: ihre dumpfe, bedrückende Vormacht. Das gilt in allen Bereichen, sogar dort, wo man an einen Vorrang des Urbanen glauben möchte, bei der Produktion und beim Konsum von Literatur:

«Von den vierunddreißig deutschen Buchtiteln, die zwischen 1918 und 1933 über eine halbe Million Mal verkauft werden, sind nur drei in gewissem Sinne ‹Weimaranern› zuzurechnen: Erich Kästners ‹Emil und die Detektive›, Erich Maria Remarques ‹Im Westen nichts Neues› und Thomas Manns bereits 1901 erschienenes Werk ‹Buddenbrooks›. Das Publikum liest Hermann Löns, Walter Flex, Hans Carossa, vor allem aber Felix Graf Luckners ‹Seeteufel›, Gustav Frenssens ‹Jörn Uhl›, Werner Beumelburgs ‹Gruppe Bosemüller›, Gorch Focks ‹Seefahrt ist not!›, Hans Grimms ‹Volk ohne Raum› oder Clara Viebigs ‹Wacht am Rhein› – eine Mischung aus gemütvoller Innerlichkeit und nationalpathetischem Kriegserlebnis, stilistisch epigonal bis belanglos. Die größten Auflageerfolge haben noch immer die Abenteuerromane von Karl May, und Hedwig Courths-Mahler hat nie so viele Leser gefunden wie in dem Jahrzehnt zwischen 1918 und 1928.»[80]

Wie sich die Weltstadt in der Provinz darstellte, mag das Exempel demonstrieren: «Spuk in Berlin. Spät nachmittags auf dem Kurfürstendamm. Bars, Amüsierkneipen, Kokotten in Seide und Pelz, Negermusik aus drei Dutzend Kaffeehäusern... Die Nacht fällt ein. Hier aber wird es heller. Der Trubel wächst, Licht unzähliger Scheinwerferlampen macht die Augen, die Gesichter grell, maskenhaft, unheimlich. Alle Männer sehen aus, als könnte jeder sein: Minister, Schieber, Taschendieb, Börsianer, Bankier... Man sieht sich, kneift die Augen zusammen, denkt an den Begriff der ‹weißen Weste› und lächelt süffisant ‹Na ja›... Das ist das Gesicht des Staates von Weimar, den sich die Arbeiterschaft als Staat der ‹sozialen Demokratie› zu gestalten dachte.»[81]

Hier liegen alle die Gegensätze bereit, die die Nationalsozialisten begierig aufgriffen, um daraus ihre Waffen zu schmieden: Kultur, wie man sie versteht, gegen die Zivilisation, wie Heinrich Mann sie erträumt, Schönheit gegen Entartung und Glaube gegen Zersetzung, Natur gegen «Asphalt», Bodenständigkeit gegen das angeblich Bodenlose, Zucht gegen Unzucht, Mannhaftigkeit gegen das Weibisch-Weichliche, Marschlied und Männerchöre gegen die Negermusik, Tag gegen Nacht. Übrigens erschien der Todfeind der Metropole, der Statthalter der Provinz, bald selbst in der Stadt: Im November 1926 zog Dr. Joseph Goebbels nach Berlin, seit 1927 gab er sein NSDAP-Hetzblatt «Der Angriff» heraus.

Und noch eine Waffe lag bereit, die giftigste: «Artreinheit» gegen «Verjudung». Tatsächlich konzentrierte sich ein Drittel aller deutschen Juden in Berlin, tatsächlich war das Weimarer Brillantfeuerwerk des Geistes ohne den Beitrag der Juden zur Musik, zur Kunst und zum Theater, zur Literatur und zur Kritik, zur Presse und zum Film überhaupt nicht zu denken. Wenn Willy Haas sagt, daß es in Berlin, fast nur in Berlin, einen wirklichen Aufstieg gab, dann spricht er vor allem von den jüdischen Erfahrungen. Gottfried Benn hat den Sachverhalt auf seine Weise zum Ausdruck gebracht, wenn er schrieb: «Die überströmende Fülle von Anregungen, von artistischen, wissenschaftlichen, gesellschaftlichen

Improvisationen, die von 1918 bis 1933 Berlin neben Paris rückten, entstammte zum großen Teil der Begabung dieses Bevölkerungsanteils, seiner internationalen Beziehungen, seiner sensitiven Unruhe, vor allem seinem todsicheren Instinkt für Qualität.»[82]

Eben damit kam der Republik durchaus nicht zugute, was sie doch auszeichnete; sie war und sie blieb die Republik der Außenseiter.[83] Und der «Mythos Berlin» verwandelte sich in den Gegenmythos, in die Sage von Sodom.

Duldung zumindest als Möglichkeit, Toleranz für die Außenseiter? In den erregten Jahren des englischen Bürgerkriegs und der großen puritanischen Revolution tagte in Westminster eine fanatische – heute sagen wir: fundamentalistische – «Assembly of Divines», die in einem Sendschreiben das Parlament mahnte: «Die Toleranz würde aus diesem Königreich ein Chaos, ein Babel, ein zweites Amsterdam, ein Sodom, ein Ägypten, ein Babylon machen. Wie die Erbsünde die Ursünde ist, die den Samen und den Laich aller Sünden in sich trägt, so trägt die Toleranz alle Irrtümer und alle Übel in ihrem Schoß.»[84]

Das allerdings wurde nicht im 20. Jahrhundert gesagt, sondern lange zuvor – damals, als Deutschland im Abgrund seines Dreißigjährigen Krieges versank.

Sechstes Kapitel
Die Entscheidung

Vorbemerkung

«Unsere Hoffnung weilt bei denen, die zu früh in die elementare Zone des Feuers verschlagen wurden, als daß sie die Ideale jener geistigen Oberkellner noch zu blenden vermöchten, durch die heute das öffentliche Gesicht des Landes bestimmt wird. Nur dort, im Angesicht des Todes, war es möglich, daß die germanische Unschuld sich in den Herzen der Besten erhielt... Denn tief stieg der deutsche Mensch... in die Zone des Chaos hinab. Mag sein Kampf von dieser Oberfläche der Barbusses und Rathenaus aus als zwecklos, als ‹sinnlos› erscheinen, – was kümmert das uns? In der Tiefe des Kraters besitzt der Krieg einen Sinn, den keine Rechenkunst zu erzwingen vermag. Diesen erahnte der Jubel der Freiwilligen, in dem die Stimme des deutschen Dämons gewaltig zum Ausdruck kam, und in der sich der Überdruß an den alten Werten mit der unbewußten Sehnsucht nach einem neuen Leben verband.»

Der deutsche Dämon, dem Ernst Jünger seine Stimme leiht:[1] Wenn man ihn hört, wie überhaupt das Raunen und Reden allüberall – an den Stammtischen, in den Bierkellern der Provinz, in den Bildungsschichten, im alten und im neuen Mittelstand, bei den Agrariern, in Kasernen und Kirchen[2] –, dann spürt man ein tief verwundetes Selbstbewußtsein, Rache brütend, Untergang und Auferstehung, eine Art von Apokalypse erwartend, einer Weltenwende, der eigenen Erhebung und Erlösung entgegenfiebernd.

Rache wofür? Natürlich soll «die Schmach von Versailles» getilgt werden. Doch der äußere Feind tritt eher zurück. Vom

«Erbfeind Frankreich» ist kaum noch die Rede, jedenfalls nicht mehr mit der Gefühlsintensität früherer Zeiten; «Sedan» sinkt in die Geschichte. Ähnlich das «perfide Albion» vom August 1914; der Englandhaß verliert sich und kehrt nicht wieder, nicht einmal im Bombenhagel des Zweiten Weltkriegs. Nein: Es geht vorab um den inneren Feind, den die Barbusses [3] und Rathenaus verkörpern – oder, genauer, um die angeblich undeutschen Prinzipien, für die dieser Feind im «Novemberverbrechen» von 1918 sein Vaterland verriet: Parlamentarismus und Parteienherrschaft, Liberalität, Weltoffenheit, Demokratie, Freiheit zur Vielfalt, zum Andersdenken und Anderssein, Idee und Praxis des Pazifismus. [4] Zum Frieden aber und zur Versöhnung, wie zum demokratischen Streit, wie zur Freiheit der Vielfalt gehört die Anerkennung des anderen im Element seiner Gleichheit; einzig auf ihrem Fundament kann Wirklichkeit werden, was die Prinzipien meinen. Dagegen stellt man, als wahrhaft deutsch: Gemeinschaft, Führertum und Gefolgschaft, Herrschaft und Hierarchie, Knabenverlangen und Mannestaten zum Helden empor, den Kampf und den Krieg, die Opfer- und die Todesbereitschaft. Diese Frontstellung soll an drei Figuren anschaulich gemacht werden: an Ernst Jünger, Carl Schmitt und Adolf Hitler.

Jünger – ein Soldat, als Schriftsteller «der unbestrittene geistige Führer des neuen Nationalismus» [5]; Schmitt – der brillante Staatsrechtslehrer im «Kampf mit Weimar, Genf, Versailles» [6]; Hitler – der Virtuose der Propaganda, der die Massen mobilisiert und zu ihrem historischen Beweger aufrückt: Solche Zusammenstellung mag schockieren. Aber es geht nicht darum, Jünger und Schmitt von Hitler her zu denunzieren; Jünger hat sich ohnehin von den Nationalsozialisten nie in Dienst nehmen lassen, Schmitt zumindest in der Zeit bis 1933 nicht, von der hier die Rede ist. [7] Und wenn man in den einen Bewußtseinshöhen verkörpert findet, dann im anderen die Praxis. Im übrigen heißt es Hitler noch immer unterschätzen, wenn man nur von dem «Trommler» für irgendwelche, ihn als Marionette nützenden Mächte redet – so wie es vor ihm kapitulieren heißt, wenn man ihn satanisch mystifiziert. Es geht, dreifach exemplarisch und wechselseitig erhellend, um die deutsche Entscheidung, die die Weimarer Republik zerstört und das «Dritte Reich» möglich gemacht hat.

Der Tod als Lebensbegründung: Ernst Jünger

«Die Feuertaufe! Da war die Luft so von überströmender Männlichkeit geladen, daß man hätte weinen mögen, ohne zu wissen, warum. O Männerherzen, die das empfinden können! – O Leben du! Noch einmal, einmal noch, vielleicht das letzte! Raubbau treiben, prassen, vergeuden, das ganze Feuerwerk in tausend Sonnen und kreisenden Flammenrädern verspritzen, die gespeicherte Kraft verbrennen vorm Gang in die eisige Wüste. Hinein in die Brandung des Fleisches, tausend Gurgeln haben, dem Phallus schimmernde Tempel errichten... – Ein letztes noch: die Ekstase. Dieser Zustand des Heiligen, des großen Dichters und der großen Liebe ist auch dem großen Mute vergönnt. Da reißt Begeisterung die Männlichkeit so über sich hinaus, daß das Blut kochend gegen die Adern springt und glühend das Herz durchschäumt. Das ist ein Rausch über allen Räuschen, Entfesselung, die alle Bande sprengt. Es ist eine Raserei ohne Rücksicht und Grenzen, nur den Gewalten der Natur vergleichbar. Da ist der Mensch wie der brausende Sturm, das tosende Meer und der brüllende Donner. Dann ist er verschmolzen ins All, er rast den dunklen Toren des Todes zu wie ein Geschoß dem Ziel. Und schlagen die Wellen purpurn über ihm zusammen, so fehlt ihm längst das Bewußtsein des Überganges. Es ist, als gleite eine Woge ins flutende Meer zurück.»

Mit solchen Sätzen, fast beliebig vermehrbar, feiert Ernst Jünger den «Kampf als inneres Erlebnis».[8] Analysiert man den Text, so fällt zunächst ein erotischer Beiklang auf, sei er jugendbewegt oder männerbündisch oder beides zugleich. Sind Feuertaufe und Schlachtensturm vielleicht darum wichtig, weil, mit Schiller zu singen, nur im Felde «der Mann noch was wert» ist, weil er da mit seinesgleichen unter sich bleibt? Meint «Freiheit» die vom Weibe, im Bewußtsein, daß die kriegerische Tat, die Weihe zum Selbstopfer in einen eigenen, den höheren Rang emporhebt?

> «Der dem Tod ins Angesicht schauen kann,
> der Soldat allein ist der freie Mann.»

Das heißt den Gegner bejahen – weil man ihn braucht. Wieder Jünger: «Wenn wir aufeinanderprallen im Gewölk von Feuer und Qualm, dann werden wir eins, dann sind wir zwei Teile von einer Kraft, zu einem Körper verschmolzen. Zu einem Körper – das ist ein Gleichnis besonderer Art. Wer es versteht, der bejaht sich selbst und den Feind, der lebt im Ganzen und in den Teilen zugleich. Der kann sich eine Gottheit denken, die die bunten Fäden sich durch die Hände gleiten läßt – mit lächelndem Gesicht.»[9]

Zu einem Körper vereint: Das in der Tat ist ein Gleichnis von der besonderen Art. Kampf und Krieg gewinnen eine fundamental ästhetische und – eben damit – ihre erotische Qualität. «Nicht wofür wir kämpfen ist das Wesentliche, sondern wie wir kämpfen», lautet ein Schlüsselsatz bei Jünger.[10] Dabei geht es durchaus nicht um jungenhafte Indianer- oder um Ritterspiele, sondern ausdrücklich um den modernen, von der Technik des Vernichtens bestimmten Krieg: «Der Geist der Materialschlacht und des Grabenkampfes, der rücksichtsloser, brutaler, wilder ausgefochten wurde als je ein anderer, erzeugte Männer, wie sie die Welt bisher nie gesehen. Es war eine ganz neue Rasse, verkörperte Energie, mit höchster Wucht geladen…, Überwinder, Stahlnaturen, eingestellt auf den Kampf in seiner gräßlichsten Form… Wenn ich (sie) beobachte…, erstrahlt mir die Erkenntnis: Das ist der neue Mensch… Was hier im Kampfe als Erscheinung sich offenbart, wird morgen die Achse sein, um die das Leben schneller und schneller schwirrt. Über ihren großen Städten wird tausendfach brausende Tat sich wölben, wenn sie über die Asphalte schreiten, geschmeidige Raubtiere, von Kräften überspannt. Baumeister werden sie sein auf den zertrümmerten Fundamenten der Welt. Denn dieser Krieg ist nicht, wie viele meinen, Ende, sondern Auftakt der Gewalt. Er ist die Hammerschmiede, die die Welt in neue Grenzen und neue Gemeinschaften zerschlägt. Er ist das glühende Abendrot einer versinkenden Zeit und zugleich Morgenrot, in dem man zu neuem, größerem Kampfe rüstet.»[11]

Zum eigentlichen Feind wird dann freilich, wer – pazifistisch – den ästhetisch-erotischen Selbstwert des Krieges verneint. Und zum Feind wird auch, wer noch um inhaltliche Ziele oder um Gut und Böse im ethischen Sinne kämpft. Er ist der moralisierende Bürger, er macht den Kampf «unrein» und «gemein», weil er es ablehnt, sich mit dem zu verschmelzen, in dem er ein anderes – oder gar kein Wertprinzip wirksam findet. Er verzerrt den Krieg zum Bürger-Krieg. Im Gefolge seines Bruders hat Friedrich Georg Jünger den Sachverhalt beschrieben:

«Die Reinheit des heroischen Denkens läßt sich daran abmessen, in welchem Grade es vermeidet, den Krieg als sittliches Phänomen darzustellen. Das humanitäre Denken, das im Ethischen seine letzte Bestimmung und Instanz sieht, wird zu einer solchen Bemühung immer wieder abgedrängt. Das Ergebnis muß negativ bleiben, denn der Krieg ist kein sittliches Phänomen; es gibt keine ethische Kategorie, in der er untergebracht werden könnte. Eben deshalb bleibt alle moralische Argumentation so gewichtlos und unfruchtbar; es ist in ihr kein Fortkommen. Was aber den Krieg für den humanitären Geist richtet, der mangelnde Bezug auf das an sich Sittliche, das macht ihn für das heroische Bewußtsein, welches in ihm sein Element und Schicksal ehrt, erst bedeutsam. – Der geborene Krieger läßt sich auf humanitäre Perspektiven gar nicht ein; er kann es nicht, weil er von der Schicksalhaftigkeit des Krieges ganz und gar durchdrungen ist. Er weiß sich in eine notwendige Aufgabe eingeordnet, und er erfüllt sie, unbekümmert um alle Meinungen und Formeln, die an diese Aufgabe herangetragen werden. Die theoretische Formulierung, die der Einzelne für sein Verhältnis zum Kriege findet, läßt ihn gleichgültig; um so mehr nimmt er Anteil an der lebendigen Weise, in der der Einzelne sich mit ihm als einem Faktum abfindet. Hier ist der Maßstab, der Gültigkeit besitzt: die Haltung des Menschen in der Schlacht, die das Urverhältnis einer schicksalhaft gerichteten Ordnung ist.»[12] Und mit Genugtuung läßt sich feststellen, daß dieses heroische Ideal im Begriff steht, sich durchzusetzen: «Was erlebt wird, das ist der vollkommene Zusammenbruch des Individualismus, es ist der absolute Bankrott des humanitären Denkens.»[13]

Ernst Jünger weiß, daß er sich mit seiner Haltung von der europäischen, genauer: von der westeuropäischen Tradition abwendet. Aber was verkörpert diese Tradition, wenn nicht das Fremde und

Verhaßte, das Undeutsche? «Deutschland verlor den Krieg, indem es stärkeren Anteil am westlichen Raum, indem es die Zivilisation, die Freiheit und den Frieden im Sinne des Barbusse gewann. Aber wie konnte man ein anderes Ergebnis erwarten, da man doch selbst beteuert hatte, an diesen Werten Anteil zu haben und um keinen Preis gewagt hätte, den Kampf zu führen außerhalb ‹jener Mauer, die Europa umschnürt›. Das geheime Urmeter der Zivilisation wird in Paris aufbewahrt, und wer es anerkennt, der wird gemessen, anstatt daß er die Maße gibt... Der Deutsche hat den Krieg geführt mit dem für ihn allzu billigen Ehrgeiz, ein guter Europäer zu sein. Da aber so Europa gegen Europa Krieg führte – wer anders als Europa konnte Sieger sein? Dennoch ist dieses Europa, dessen Oberfläche nunmehr planetarische Ausdehnung gewann, sehr dünn geworden, sehr Politur, – seinem räumlichen Gewinn entspringt ein Verlust an Überzeugungskraft. Bei uns heißt, an seinen Werten noch teilnehmen, ein Reaktionär, ein Mensch von gestern, ein Mensch des 19. Jahrhunderts sein.»[14]

Man hört das Echo der «Ideen von 1914», die Proklamation eines «Sonderwegs» im Kampf gegen «1789». Aber diese Ideen werden jetzt ins Radikale, ins Absolute getrieben. Denn was war, hat versagt; der alte, scheinbar so starke Staat ist schmählich zerbrochen. Vom zwiespältigen Bürgerbewußtsein der wilhelminischen Zeit, sogar oder gerade im Ressentiment und im Renegatentum an die westliche Zivilisation noch gebunden, bleibt einzig der Selbsthaß: «Wir werden nirgends stehen, wo nicht die Stichflamme uns Bahn geschlagen, wo nicht der Flammenwerfer die große Säuberung durch das Nichts vollzogen hat. Weil wir die echten, wahren und unerbittlichen Feinde des Bürgers sind, macht uns seine Verwesung Spaß. Wir aber sind keine Bürger. Wir sind Söhne von Kriegen und Bürgerkriegen, und erst wenn dies alles, dieses Schauspiel der im Leeren kreisenden Kreise, hinweggefegt ist, wird sich das entfalten können, was noch an Natur, an Elementarem, an echter Wildheit, an Fähigkeit zu wirklicher Zeugung mit Blut und Samen in uns steckt. Dann erst wird die Möglichkeit neuer Formen gegeben sein.»[15]

In Wahrheit handelt es sich bei Jünger und allen, die mit ihm sind,

natürlich um Bürgersöhne. Doch der Selbsthaß macht die Selbstzerstörung zur Wollust: «Eines der besten Mittel zur Vorbereitung
eines neuen und kühneren Lebens besteht in der Vernichtung der
Wertungen des losgelösten und selbstherrlich gewordenen Geistes, in der Zerstörung der Erziehungsarbeit, die das bürgerliche
Zeitalter am Menschen geleistet hat... Die beste Antwort auf den
Hochverrat des Geistes gegen das Leben ist der Hochverrat des
Geistes gegen den Geist; und es gehört zu den hohen und grausa-
men Genüssen unserer Zeit, an dieser Sprengarbeit beteiligt zu
sein.»[16]

Woher aber stammt eigentlich die Triebkraft zur Selbstzerstörung? Nicolaus Sombart sieht sie im männerbündischen Element
angelegt[17], und in der Tat gehört es sehr eigentümlich zur preußisch-deutschen Geschichte. Schon der große und dauerhaft prägende Erzieher zum Preußentum, der «Soldatenkönig» Friedrich
Wilhelm I., fühlt sich einzig im rein männlichen Dunstkreis wirklich wohl, im «Tabakkollegium», aus dem die Frauen verbannt
sind, wie später aus Friedrichs berühmter Tafelrunde von Sans-
souci. Es bildet gleichsam das Gegenstück zum französischen
Salon, in dessen Mittelpunkt stets eine schöne und kluge Frau steht,
und es zeigt ein Grundmuster, das in Kasinos, studentischen Verbindungen, Stammtischrunden unendlich wiederkehrt, als Varia-
tion erkennbar bis zu den Nordlandreisen Wilhelms II., zu den
Lagerfeuern der Jugendbewegung oder zum Kreis um Stefan
George.[18]

Die eigentliche Liebe Friedrich Wilhelms I. gilt den Soldaten, besonders seiner Garde der «langen Kerls», für die der kleingewach-
sene Pfennigfuchser Unsummen ausgibt – und die er heimlich
Mann für Mann eigenhändig porträtiert. Er bekennt: «Das schön-
ste Mädchen, das man mir verschaffte, wäre mir gleichgültig. Aber
Soldaten, das ist meine Schwäche, damit kann man sich so weit
bringen, wie man will.» Der schreckensvolle Kampf des Vaters mit
seinem Sohn wird wesentlich darum geführt, den Thronerben vom
verderblichen Einfluß der Mutter und Schwester, überhaupt vom
Weibisch-Weichlichen, von der Faszination durchs Französische
loszureißen und aus dem kleinen Fritz einen großen Soldaten zu

machen.[19] Bedeutsam ist im übrigen, wie in Bildern und Betrachtungen zur preußisch-deutschen Geschichte diese männlich-soldatischen Episoden stets betont und verherrlicht worden sind, während zum Beispiel das galante Zwischenspiel Friedrich Wilhelms II. als unpreußisch erscheint, als Zeit der Dekadenz, auf die bei Jena und Auerstedt die Schicksalsstrafe folgt.[20]

Zum Vergleich: Eigentlich überall sonst gibt es die symbolhaft wichtige, nicht selten sogar beherrschende Rolle des Weiblichen. Um von Frankreich nicht erst zu reden: In Österreich überstrahlt Maria Theresia alle männlichen Herrscher; «Mütterchen» Rußland umfängt seine bedrängten Kinder und kennt große Zarinnen; sogar im protestantischen England gibt es die Königinnen, die ihr Zeitalter repräsentieren, so daß es nach ihnen benannt wird als das elisabethanische oder das viktorianische. Polen wahrt seine Identität in der inbrünstigen Zuwendung zu seiner Schutzheiligen, der Schwarzen Madonna von Tschenstochau. Noch im Zweiten Weltkrieg, als die Deutschen ihrem Führer Adolf Hitler bedingungslosen Gehorsam schwören, beginnt der Eid der polnischen Untergrundarmee mit den Worten: «Vor Gott, dem Allmächtigen, vor der heiligen Jungfrau Maria, der Königin der Krone Polens, lege ich meine Hand auf dieses heilige Kreuz, Symbol des Märtyrertums und der Erlösung...» Hat das Unglück Polens in der neueren Geschichte ganz in der Tiefe womöglich damit zu tun, daß sich eine Nation den rein männlichen Idolen der Macht hartnäckig verweigert?

Wohlgemerkt, gegen die lauernden Mißverständnisse: Beim männerbündischen Element in der deutschen Geschichte geht es nicht um die sexuelle Triebrichtung des einzelnen, auch wenn zur Sache das wütende Verdrängen, Verfemen und Verfolgen der Homosexualität gehört.[21] Weit wichtiger ist indessen, daß neben dem einen Element zwei andere nicht übersehen werden dürfen, die sich auf das männerbündische keineswegs reduzieren lassen.

Erstens geht es um Wehr und Waffen. Der «Soldatenkönig» heißt nicht von ungefähr so. Durch ihn entsteht das Instrument, mit dem sein Sohn das armselig zerrissene Preußen zur Großmacht emporkämpft und selbst zum Großen aufrückt. Hier entwickelt sich jener

Vorrang der Uniform vor dem Bürgerrock, des Gehorsams vor dem Mitgefühl, eben des Militärischen vor dem Zivilen, nach dem Ansehen womöglich noch mehr als nach dem Einfluß, der den Spötter Mirabeau sagen läßt: Preußen sei in einer Kanonenkugel ausgebrütet worden. Das einmal geschaffene Muster erbt sich fort und fort, in die Gloriole der Reichsgründung wie in die Legende des Ersten Weltkriegs hinein: «Im Felde unbesiegt!» Zur Schmach von «Versailles», zum Makel der Weimarer Republik gehört die militärische Ohnmacht. Allein schon als der vielverwundete, ordensgeschmückte Frontoffizier scheint Ernst Jünger legitimiert, von deutscher Auferstehung zu künden. Oder, negativ: Carl von Ossietzky zieht als Pazifist abgründigen Haß auf sich; er wird – noch während der Republik – wegen Landesverrats verurteilt, weil er von den geheimen, den vertragswidrigen Rüstungen der Reichswehr zu sprechen wagt. Aber wie denn anders, wenn man den Kampf zum Lebenssinn, die Haltung in der Schlacht zum Maßstab des Menschen verklärt?

Zweitens kommt es auf den Idealismus des Selbstopfers im Dienst für das Höhere und Höchste an, sei dies der Staat, das Volk, die Gemeinschaft oder was immer. Nicht das Lebensglück zählt, sondern die Pflichterfüllung. Auch dafür hat der Soldatenkönig das Muster geschaffen; in seinem Zeichen steht der Kampf mit dem Thronerben – und der Sieg des Vaters über den Sohn. Was wiegt dagegen der persönliche Preis, den Friedrich zahlen muß, die unerbittlich wachsende Einsamkeit, am Ende die Menschenverachtung, der bloß noch Hunde als Gefährten bleiben?

Unsere Kathedrale der Pflichterfüllung, über einer Schädelstätte des Glücks aufgetürmt: Es ist des Nachdenkens wert, daß noch zu Lebzeiten des großen Königs, 1776, fern im Westen der Gegenentwurf seine Gestalt finden wird, der dazu bestimmt ist, Epoche zu machen: «pursuit of happiness», das Streben nach Glück als ein dem Menschen eingeborenes und unveräußerliches Recht.

Ernst Jünger allerdings hat wiederum dazu die Gegenparole gefunden: «Jede Haltung», sagt er 1932, «der ein wirkliches Verhältnis zur Macht gegeben ist, läßt sich auch daran erkennen, daß sie den Menschen nicht als Ziel, sondern als Mittel... begreift. Der

Mensch entfaltet seine höchste Kraft, entfaltet Herrschaft überall dort, wo er im Dienste steht. Es ist das Geheimnis der echten Befehlssprache, daß sie nicht Versprechungen macht, sondern Forderungen stellt. *Das tiefste Glück des Menschen besteht darin, daß er geopfert wird,* und die höchste Befehlskunst darin, Ziele zu zeigen, die des Opfers würdig sind.»[22] Das erwies sich keineswegs als Wahn, sondern als eine deutsche Wahrheit – oder wenn es denn Wahn war, als der schreckensvoll wirksame.

Die politische Bedeutung von Entwurf und Gegenentwurf kann man kaum hoch genug einschätzen. «Leben, Freiheit und das Streben nach Glück» als Menschen- und Bürgerrechte begründen Demokratie, wie die Proklamationen von 1789. Denn daran, was sie für Verwirklichung und Sicherung dieser Rechte tun, sind Regierungen jederzeit kritisch zu messen, und den Maßstab setzt nach seinem eigenen Lebensentwurf der einzelne, das Individuum.[23] Wenn es dagegen um Pflichterfüllung und Opferbereitschaft im Dienste des Großen und Ganzen, des Höheren geht, dann sind Herrschaft und Hierarchie mit straffer Führung nicht nur möglich, sondern notwendig, weil es auf die Kampfbereitschaft, die Schlagkraft des Ganzen ankommt. Diesen Maßstab aber setzt, wer im Kampf seine Führungsqualitäten beweist. In solchem Sinne hatte schon Max Wundt völlig zutreffend den Gegensatz zwischen deutschem und demokratischem Geist damit erklärt, daß es einen grundsätzlichen, nicht mit Redensarten zu verkleisternden Unterschied ausmache, ob man dem einzelnen oder dem Staat einen ursprünglichen Wert zuschreibe – und daß, wenn das zweite zutreffe, die «Persönlichkeit» herrschen müsse, nicht die Vielzahl.[24]

Im Gegensatz der politischen Auffassungen ist immer schon, sei es unausdrücklich, eine Sichtweise auf die Natur des Menschen, die anthropologische Begründung mitenthalten. Eine ehrwürdige Tradition versteht den Menschen als fehlbares, christlich gesprochen als sündhaftes Wesen, das sich aus eigener Kraft nicht zu erlösen vermag. Im 17. Jahrhundert hat der englische Philosoph Thomas Hobbes, der Autor des «Leviathan», dieses Verständnis ins Weltliche gewendet. Er erklärt den Menschen für durch und durch egoistisch; im «natürlichen», in der menschlichen Natur angelegten Zustand herrscht darum ein Krieg aller gegen alle: Homo homini lupus, der Mensch ist dem Menschen ein Wolf. Dieser Zustand erweist sich als unerträglich; er muß zu totaler Unsicherheit und zum allgemeinen Ruin führen. Aber gerade der Egoismus zeigt, als aufgeklärtes Überlebensinteresse, den Weg zur Rettung: zur Gründung eines Gemeinwesens, des Staates. Denn der Staat, wieder christlich ausgedrückt als der Sünde Sold, setzt und sanktioniert mit seiner überlegenen Macht Regeln des Zusammenlebens, die die wölfischen Neigungen zähmen.[25] Immanuel Kant hat diesen Gedanken aufgenommen, wenn er in seiner Lehre vom Frieden sagt, das Problem der Staatseinrichtung sei, so hart wie es auch klinge, selbst für ein Volk von Teufeln auflösbar – wenn sie nur Verstand hätten.[26]

Die Frage bleibt allerdings, ob sich die Menschen denn wirklich und zuverlässig stets als verständige Teufel verhalten. Das Vertrackte an ihnen ist offensichtlich, daß sie bisweilen eher den unverständigen Engeln gleichen: Wesen, denen das Überleben nicht alles ist und die für Anschauungen, für Ideale streiten, von denen sie glauben, daß ohne sie das Leben nicht lebenswert sei und daß es sich lohne, für ihre Verteidigung oder Durchsetzung zu kämpfen und zu sterben. Dafür spricht aus allen Epochen der Geschichte das Zeugnis der Märtyrer, der Soldaten, Revolutionäre und Widerstandskämpfer, der Rächer verlorener Ehre – und die Gloriole, die sie umgibt.

Der Anwalt des Kampfes und des Selbstopfers nimmt die Partei der unverständigen Engel, und in den Gegensatzkonstruktionen von «deutschem Geist» und «Westeuropa», von «Helden» und «Händlern», von Soldaten und Demokraten ist unentwegt vom eigenen Idealismus die Rede, der polemisch und mit der Gebärde der Verachtung gegen den Egoismus der «anderen» ins Treffen geführt wird. Ausgeblendet bleibt freilich, daß nicht nur die Ruhmestaten, sondern auch die Schrecken der Geschichte mit den Flammenschwertern der unverständigen Engel zu tun haben. Wer bereit ist, für eine Idee zu sterben, der ist auch oder erst recht bereit, die zu töten, die der Idee widerstreiten. So scheiden sich abgründig und auf Leben und Tod die Kinder des Lichts von den Kindern der Finsternis, und die Absolutsetzung des eigenen Ideals, sei es nun Glaube oder Wahn, panzert die Vernichtung des Feindes mit dem guten Gewissen.

Es lohnt sich, hier an ein Buch zu erinnern, das zur Ideengeschichte der Weimarer Republik zentral dazugehört und nach dem Zeugnis sogar kritischer Beobachter «einschlug wie ein Blitz»: an Martin Heideggers «Sein und Zeit».[27] Von Ernst Jünger her betrachtet liest es sich wie eine philosophische Grundlegung. Und so schwierig oder «tief» die Sprache und Gedankenführung des Autors sein mögen, so entschieden er sich später von jeder anthropologischen oder gar politischen Deutung distanziert hat, für die deutschen Leser der zwanziger und dreißiger Jahre lagen die Zeitbezüge klar zutage; die Wirkung des Werkes hing ohnehin an ihnen.[28]

Es geht vorab um radikale Kritik: «Das Selbst des alltäglichen Daseins ist das Man-selbst, das wir von dem eigentlichen, d. h. eigens ergriffenen Selbst unterscheiden... Abständigkeit, Durchschnittlichkeit, Einebnung kennzeichnen als Seinsweisen das Man als das, was wir als ‹die Öffentlichkeit› kennen. Sie regelt zunächst alle Welt- und Daseinsauslegung und behält in allem Recht. Und das nicht auf Grund eines ausgezeichneten und primären Seinsverhältnisses zu den ‹Dingen›, nicht weil sie über eine ausdrücklich zugeeignete Durchsichtigkeit des Daseins verfügt, sondern auf Grund des Nichteingehens ‹auf die Sachen›, weil sie unempfindlich ist gegen alle Unterschiede des Niveaus und der Echtheit. Die Öffentlichkeit verdunkelt alles und gibt so das Verdeckte als das Bekannte und jedem Zugängliche aus. – Das Man ist überall dabei, doch so, daß es sich auch immer schon davongeschlichen hat, wo das Dasein auf Entscheidung drängt. Weil das Man jedoch alles Urteilen und Entscheiden vorgibt, nimmt es dem jeweiligen Dasein die Verantwortlichkeit ab. Das Man kann es sich gleichsam leisten, daß ‹man› sich ständig auf es beruft. Es kann am leichtesten alles verantworten, weil keiner es ist, der für etwas einzustehen braucht. Das ‹Man› war es immer, und doch kann gesagt werden, ‹keiner› ist es gewesen. In der Alltäglichkeit des Daseins wird das meiste durch das, von dem wir sagen müssen, keiner war es.»[29]

Was allerdings, außer der Sprache, unterscheidet diese Kritik vom durchschnittlichen Maulen wider die Republik, vom Wust der Vorurteile, mit denen «man» gegen Parlamentarismus, Parteiensystem und demokratische Öffentlichkeit zu Felde zog, was vom Gerede selbsternannter Eliten über «die Massen»?

Bei Heidegger bleibt nur eine Instanz, die die Macht des «Man» zu brechen vermag, diese einzige: der Tod. Über weite Strecken und gerade in zentralen Passagen liest sich «Sein und Zeit» wie die bekannte Bußpredigt: Herr, lehre uns erkennen, daß wir sterben müssen. Nur spricht kein Mönch oder Priester, kein Savonarola mehr im Namen des Herrn und des Kreuzes, sondern der da redet, ist der Tod selbst: als Unheimlichkeit und Angst, als Gewissensanruf. Und das «Dasein» inszeniert sein eigenes Ostergeschehen: Im «Vorlaufen» zum Tod als dem «ausgezeichneten Bevorstand» zerbricht es als das uneigentliche, um aufzuerstehen als das eigentliche, als die Entschlossenheit zum Selbst-Sein.

Fragt man nach dem Wozu, nach Inhalt und Ziel dieser Auferstehung zur Entschlossenheit, so gibt es keine Antwort. Vielmehr, schärfer: Die Frage selbst muß abgewiesen werden; sie stammt noch aus der Uneigentlichkeit des «Man», das sich vom In-der-Welt-Sein irgendwelche Maßstäbe vorgeben läßt. Biblisch ausgedrückt: «Was hülfe es dem Menschen, wenn er die ganze Welt gewönne und nähme doch Schaden an seiner Seele?» Der Tod erweist als unwesentlich, was die Welt bietet; die Befreiung vom Unwesentlichen als das Wesentliche festzuhalten, macht gerade den Sinn der Entschlossenheit aus. Wohl heißt es, daß das Dasein in der Geschichte einen «Helden» wählt. Aber diese Wahl kennt als Kriterium wiederum nur die unbeirrbar abweisende Entschlossenheit, die das Eigentliche des Selbst-Seins begründen soll.[30]

Was derart sonderbar klingt, wird in seiner Bedeutung sichtbar im Rückblick auf Ernst Jünger: «Nicht wofür wir kämpfen ist das Wesentliche, sondern wie wir kämpfen», hieß es bei ihm. Der Kampf als Lebenssinn, die Haltung des Menschen in der Schlacht gewinnen ihren Wert und ihre Würde eben nicht aus materiellen Zielen, nicht einmal aus Sieg oder Niederlage, sondern aus der Möglichkeit des Sterbens, aus dem Tod als dem ausgezeichneten

Bevorstand, der alles als nichtig erweist, was im Bürgeralltag Bedeutung besaß. In solcher Perspektive wird einerseits verstehbar, daß es das tiefste Glück des Menschen sein soll, geopfert zu werden, wie es sich andererseits als folgerichtig erweist, wenn Heidegger in seiner Rektoratsrede von 1933 die Indienstnahme des einzelnen feiert – und als Herrlichkeit und Größe des deutschen Aufbruchs, daß er Freiheit auf ihre «Wahrheit» zurückbringt, eben auf den Dienst, näher bestimmt als die Trinität von Arbeits-, Wehr- und Wissensdienst.[31]

Wenn man nun die verschiedenen Motive im Werk Ernst Jüngers zusammenfaßt – das männerbündische, das soldatische, den Idealismus des Selbstopfers –, dann zeigt sich ein innerer Zusammenhang, das Begründungsgefüge: Der Eros des Bundes rechtfertigt sich am Soldaten, wie der Soldat sich am Krieg, der ihn losreißt von Heimat und Herd, vom Weibe hinweg und zum Helden hinauf; der Held gewinnt seine Würde, seine Selbstachtung aus dem Sein zum Tode als einem letzten, dem sinnstiftenden Maßstab. Solche Art von Selbstachtung hat freilich zur Kehrseite die Verachtung, vielfältig sogar: des weiblichen Beharrens beim Leben und bei der Sanftheit, des Glücks, der Zivilkultur und des Rechts, das sie verteidigt, des banausischen Bürgers und seines geschäftigen Alltags, all der Dinge, um die «man» sich sorgt, der Diskussion und des Kompromisses statt des Entweder-Oder, der individuellen Freiheit, die respektiert werden möchte, der «Masse» erst recht, die begehrt, daß ihre Vielheit gezählt, daß nach ihrer Mehrheit entschieden werde. Und so fort und fort – oder kurz und in allem: Zu dieser elitären Selbstachtung gehört die Verachtung der Gleichheit.

Die Gestimmtheit und Spannung, um die es geht, hat niemand so eindringlich beschworen wie Rainer Maria Rilke in seiner 1922 vollendeten Dritten Duineser Elegie; sie leuchtet tief in die Abgründe einer Epoche hinein und sei in Teilen zitiert:

«Eines ist, die Geliebte zu singen. Ein anderes, wehe,
jenen verborgenen schuldigen Fluß-Gott des Bluts.
Den sie von weitem erkennt, ihren Jüngling, was weiß er
selbst von dem Herren der Lust, der aus dem Einsamen oft,
ehe das Mädchen noch linderte, oft auch als wäre sie nicht,
ach, von welchem Unkenntlichen triefend, das Gotthaupt
aufhob, aufrufend die Nacht zu unendlichem Aufruhr.
. . .
Mutter, *du* machtest ihn klein, du warsts, die ihn anfing:
dir war er neu, du beugtest über die neuen
Augen die freundliche Welt und wehrtest der fremden.
Wo, ach, hin sind die Jahre, da du ihm einfach
mit der schlanken Gestalt wallendes Chaos vertratst?
. . .
Und er selbst, wie er lag, der Erleichterte, unter
schläfernden Lidern deiner leichten Gestaltung
Süße lösend in den gekosteten Vorschlaf –:
schien ein Gehüteter . . . Aber *innen*: wer wehrte,
hinderte innen in ihm die Fluten der Herkunft?
. . .
          Wie er sich hingab –. Liebte.
Liebte sein Inneres, seines Inneren Wildnis,
diesen Urwald in ihm, auf dessen stummem Gestürztsein
lichtgrün sein Herz stand . . .
                    Liebend
stieg er hinab in das ältere Blut, in die Schluchten,
wo das Furchtbare lag, noch satt von den Vätern. Und jedes
Schreckliche kannte ihn, blinzelte, war wie verständigt.
Ja, das Entsetzliche lächelte . . . Selten
hast du so zärtlich gelächelt, Mutter. Wie sollte
er es nicht lieben, da es ihm lächelte . . .
                    O Mädchen,
dies: das wir liebten *in* uns, nicht Eines, ein Künftiges,
                                        sondern
das zahllos Brauende; nicht ein einzelnes Kind,
sondern die Väter, die wie Trümmer Gebirgs
uns im Grunde beruhn; sondern das trockene Flußbett
einstiger Mütter –; sondern die ganze
lautlose Landschaft unter dem wolkigen oder
reinen Verhängnis –: *dies* kam dir, Mädchen, zuvor . . .»

Im politischen Grunde geht es, einmal mehr, um jenes Selbstbewußtsein, das als die deutsche Kriegsideologie am Hegelschen Modell von Herrschaft und Knechtschaft schon beschrieben wurde. Aber dieses Selbstbewußtsein stellt sich jetzt ungleich erregter, radikaler dar – verständlich genug: Der Krieg endete in der Niederlage, nicht die deutschen «Ideen von 1914», sondern die von 1789 erwiesen sich als siegreich, und wenn schon nicht die Armeen des Feindes das Land besetzten, dann – schlimmer – seine Prinzipien. Darum muß sich das erschütterte Selbstbewußtsein durch seine Verhärtung retten, darum überspielt Aggression den geheimen Zweifel, das halbe Eingeständnis, auf «verlorenem Posten» zu stehen.[32] Keine Bedenken, Rücksichten, Halbheiten sind mehr erlaubt, alle Verankerungen müssen gesprengt werden, die Deutschland bisher noch an die europäische Zivilisation fesselten; nur so kann das «Novemberverbrechen» von 1918 getilgt, die Niederlage in einen Triumph zurückverwandelt werden.

Hier liegt zutage, was die Weimarer Republik so sehr belastete und am Ende scheitern ließ. In der Perspektive des Herrenbewußtseins begann sie als Verrat, und sie blieb der Verrat am deutschen Wesen; ihre Anerkennung hätte einen Bewußtseinsumbau vom Elitären fort zum Egalitären hinüber notwendig gemacht; man hätte zugeben müssen, daß die unerhörten Anstrengungen und Opfer des Krieges für nichts, für ein Truggebilde erbracht worden waren und daß der Feind nicht bloß mit stärkeren Bataillonen, Fabriken und Rohstoffreserven, sondern mit seinen Idealen gesiegt hatte. War das überhaupt zu leisten? Ein Stück Verständnis zumindest scheint angebracht: Welch eines Maßes an Zivilcourage zu neuen Lebensordnungen und Einstellungen hätte es bedurft, statt des Mutes der Verzweiflung – und, unterstützend, welch glücklicher statt der widrigen Umstände!

Im Jahre 1932 hat Ernst Jünger seine Anschauungen in dem Buch «Der Arbeiter» zusammengefaßt. Dem Titel entgegen ist vom wirklichen Arbeiter mit seinen Sorgen und Nöten freilich nicht die Rede, sondern von seiner idealen «Gestalt».[33] Es handelt sich um eine Vision, um die Utopie, wie bei der «Brave New World» von Aldous Huxley, die im gleichen Jahr erscheint. Tatsächlich gibt es

Ähnlichkeiten; hier wie dort geht es um die vollendete Technokratie und mit ihr um die unerbittliche Einordnung des einzelnen in eine eherne Hierarchie. Aber Jünger bejaht, was Huxley als ein Bild des Schreckens entwirft, und sein Grundgedanke ist einfach:

In der modernen Welt wird der Krieg zur Rüstungsfrage – und genau damit total; die Grenzen von «Front» und «Heimat» verwischen sich; in den Materialschlachten wird der Soldat zum «Tagelöhner des Todes» [34] und jeder Arbeiter oder Ingenieur zum Soldaten, dessen Leistungen unmittelbar militärische Bedeutung gewinnen. Kein Vorbehalt ist mehr erlaubt, nichts Privates bleibt, einzig die Dynamik: «Die Aufgabe der totalen Mobilmachung ist die Verwandlung des Lebens in Energie, wie sie sich in Wirtschaft, Technik und Verkehr im Schwirren der Räder, oder auf dem Schlachtfeld als Feuer und Bewegung offenbart.» [35]

Die totale Mobilmachung erfordert totale Planung, umgesetzt in Anordnung und Ausführung, in Befehl und Gehorsam: «Dem Ersatz der Verfassung durch den Arbeitsplan entspricht eine Art der Humanität, die sich nicht darauf beschränkt, dem Menschen verfassungsmäßige Rechte zuzubilligen, sondern die sein Leben autoritativ zu verändern weiß.» [36] Oder mit einem anerkennenden Seitenblick auf die Sowjetunion: «Es gibt Länder, in denen man wegen Werkssabotage erschossen werden kann wie ein Soldat, der seinen Posten verläßt, und in denen man seit fünfzehn Jahren die Lebensmittel rationiert wie in einer belagerten Stadt.» [37] Ohnehin «gehen Aufgaben nicht mehr aus der Diskussion der Meinungen, sondern aus dem Entwurfe des Arbeitspensums hervor. Die Einheit einer Arbeit, die weder der Masse noch dem Individuum angehört, wird durch den Plan in einer Weise zur Anschauung gebracht, deren Ergebnis wie auf Uhren abzulesen ist. Es ist also ebenso kontrollierbar, ob ein Pensum erreicht worden ist, wie es unkontrollierbar ist, ob ein Advokat die liberalen Phrasen auch wirklich einlöst, mit denen er die öffentliche Meinung gewann.» [38]

Alle Fluchtburgen der Individualität müssen zerstört werden, denn «in dem Grade, in dem sich die Individualität auflöst, verringert sich der Widerstand, den der Einzelne seiner Mobilmachung entgegenzustellen vermag» [39]. Um die künftige Elite gegen den

«Zugriff der liberalen Intelligenz immun zu machen»[40], muß auch die traditionelle Kultur zerstört werden: «Je weniger Bildung im üblichen Sinne diese Schicht besitzt, um so besser wird es sein. Leider hat uns das Zeitalter der allgemeinen Bildung einer tüchtigen Reserve von Analphabeten beraubt.»[41]

Mit der Bildung, der Individualität und der Privatheit schafft die technokratische Utopie zugleich die Öffentlichkeit als Forum der Diskussion ab; es gibt für sie so wenig mehr einen legitimen Ort, wie für Parteien und Parlamente, wie für Politik überhaupt als den Raum, in dem Interessen und Anschauungen sich in ihrer Auseinandersetzung entfalten; unversehens kehrt der unpolitische Untertan mit Gesten des Radikalen, in der Uniformierung des Kämpfers zurück, und alle Unterschiede verschwimmen: «Je zynischer, spartanischer, preußischer oder bolschewistischer... das Leben geführt wird, desto besser wird es sein.»[42]

Preußisch oder bolschewistisch: Es kommt am Ende aufs gleiche hinaus. Doch eines scheint gewiß, dialektisch: Im Weltenkampf der Zukunft wird der deutsche Nationalismus siegen, sofern er, von seiner Niederlage beflügelt, alle Rücksichten hinter sich läßt und jeden Widerstand gegen die totale Mobilmachung zermalmt, in dem die liberalen Demokratien unrettbar gefangen bleiben, weil sie siegreich waren.

Vielleicht könnte man auch sagen: Politik und Moral werden durch eine besondere Form von Ästhetik ersetzt. Wie es auf das «Wie» des Kampfes ankommt statt auf das Ziel, auf die «Haltung» in der Schlacht und nicht auf deren Ausgang, so entsteht das Bild der endlich und endgültig gebändigten Massen, zu Kolonnen und Blöcken formiert; ihr Aufmarsch zur exakt geplanten Bewegung, im Gegenüber von Führer und Gefolgschaft, bringt die Macht und nichts als die Macht triumphal zur Darstellung. Es ist dies die *faschistische* Ästhetik, wie man sie noch heute in den Filmberichten Leni Riefenstahls vom «Sieg des Glaubens» und vom «Triumph des Willens» mit Entsetzen bewundern kann.[43]

Freund oder Feind: Carl Schmitt

Carl Schmitt ist der vielleicht bekannteste, jedenfalls der am meisten umstrittene deutsche Jurist des 20. Jahrhunderts. Er gehörte zu den brillanten Erscheinungen der Weimarer Republik und zu ihren Todfeinden; wenn die liberale, parlamentarisch verfaßte Demokratie nicht bloß von dumpfer Wut, sondern mit geistiger Schärfe herausgefordert worden ist, dann durch ihn. Seine Eröffnungen sind mit Recht berühmt:

«Die eigentliche politische Unterscheidung ist die Unterscheidung von Freund und Feind. Sie gibt menschlichen Handlungen ihren politischen Sinn; auf sie führen schließlich alle politischen Handlungen und Motive zurück. Sie ermöglicht infolgedessen auch eine Begriffsbestimmung im Sinne eines kennzeichnenden Merkmals, eines Kriteriums. Insofern sie nicht aus anderen Merkmalen ableitbar ist, entspricht sie für das Politische den relativ selbständigen Merkmalen anderer Gegensätze: Gut und Böse im Moralischen, Schön und Häßlich im Ästhetischen, Nützlich und Schädlich im Ökonomischen... Die Unterscheidung von Freund und Feind bezeichnet die äußerste Intensität einer Verbindung oder Trennung. Sie kann theoretisch und praktisch bestehen, ohne daß gleichzeitig alle jene moralischen, ästhetischen, ökonomischen oder sonstigen Unterscheidungen zur Anwendung kommen müßten. Der politische Feind braucht nicht politisch böse, er braucht nicht ästhetisch häßlich zu sein; er muß nicht als ökonomischer Konkurrent auftreten, und es kann vielleicht sogar vorteilhaft oder rentabel scheinen, mit ihm Geschäfte zu machen. Er bleibt aber *Anderer*, ein *Fremder*.»[44]

Entweder – oder, Freund oder Feind: Wer etwas anderes vorbringt, beschwichtigt und verschleiert, übt Betrug oder Selbstbetrug; er verleugnet den Schicksalscharakter der Politik. Denn «die Worte Freund und Feind sind hier in ihrem konkreten, existentiellen Sinn zu nehmen, nicht als symbolische oder allegorische Redensarten, nicht vermischt oder abgeschwächt durch wirtschaftliche, moralische oder andere Vorstellungen, am wenigsten in einem privat-individualistischen Sinne psychologisch als Ausdruck privater Gefühle und Neigungen. Sie sind geistiger Art, wie alle Existenz des Menschen, aber keine ‹normativen› und keine ‹rein geistigen› Gegensätze.»[45]

Das zeigt sich, wo das Freund-Feind-Verhältnis zum Äußersten gelangt, in die Grenzsituation, in der es um alles oder nichts, um Leben und Tod geht: «Zum Begriff des Feindes gehört die im Bereich des Realen liegende Eventualität eines bewaffneten Kampfes, das bedeutet hier eines Krieges... Der Krieg folgt aus der Feindschaft, denn diese ist seinsmäßige Negierung eines anderen Seins.» Daher «ist auch heute noch der Krieg der ‹Ernstfall›. Man kann sagen, daß hier, wie auch sonst, gerade der Ausnahmefall eine besonders entscheidende Bedeutung hat und den Kern der Dinge enthüllt. Denn erst im Krieg zeigt sich die äußerste Gruppierung nach Freund und Feind. Von dieser äußersten Möglichkeit her gewinnt das Leben der Menschen seine spezifisch politische Spannung.»[46]

So seltsam wie wichtig ist dabei, daß das Freund-Feind-Verhältnis von inhaltlichen, ethischen oder sonstwie allgemeinen Begründungen strikt geschieden wird: «Der Krieg, die Todesbereitschaft kämpfender Menschen, die physische Tötung von anderen Menschen, die auf der Seite des Feindes stehen, das alles hat keinen normativen, sondern nur einen existentiellen Sinn, und zwar in der Realität einer Situation des wirklichen Kampfes gegen einen wirklichen Feind, nicht in irgendwelchen Idealen, Programmen oder Normativitäten.»[47] Oder noch schärfer und knapper: «Ein Krieg hat seinen Sinn nicht darin, daß er für Ideale oder Rechtsnormen, sondern darin, daß er gegen einen wirklichen Feind geführt wird.»[48]

Das kann man kraß gegensätzlich auslegen. Einerseits kann man sagen: Was düster klingt, hat den paradoxen und positiven Hintersinn, einen Konflikt zwar keineswegs harmlos zu machen, aber ihn sozusagen zivilisiert zu erhalten und vor der Entartung ins Unmenschliche zu bewahren. Schmitt selbst hat darauf hingewiesen, daß ein Krieg – und vielleicht mehr noch: ein Bürgerkrieg – gerade dann ins Bösartige gerät, wenn er hochmoralisch ums angeblich Gute, um das Absolute, für die Ideale einer gerechten und rechtgläubigen Gesellschaft geführt wird. Daher haben sich die religiösen Kämpfe des 17. Jahrhunderts und die weltanschaulichen unseres

Zeitalters als besonders inhuman erwiesen, im Gegensatz zum 18. und 19. Jahrhundert, als in Europa die Kriege weitgehend ohne moralischen Ballast als reine Machtfragen ausgetragen wurden.

Andererseits kann man sagen: Hier wird schon im voraus der Gewalt ein Freispruch geliefert, das reine Gewissen in der Abkoppelung von Recht und Moral. Wenn, zum Beispiel, die Juden zu «Fremden» und zum Feind erklärt werden – woran Schmitt in den dreißiger Jahren auf seine Weise mitgewirkt hat –, wenn man ihnen den «Krieg» erklärt und den Holocaust entfesselt, dem Millionen Menschen zum Opfer fallen, dann ist daran nicht einmal nachträglich etwas auszusetzen, es sei denn als Kritik eines taktischen Fehlers. Es handelte sich eben um die «seinsmäßige Negierung eines anderen Seins».

In der Zerrissenheit der Weimarer Republik, in einer Situation des latenten Bürgerkrieges stand jedoch anderes im Vordergrund. Carl Schmitt redet ja nicht nur vom Feind, wie die nachträgliche Empörung über ihn, sondern sein Begriff des Politischen meint die Doppelseitigkeit: Freund und Feind. Mehr noch: Die Feindschaft stellt im Grunde eine Funktion der «Freundschaft» dar; durch die Abgrenzung nach außen wird – wie im August 1914 – die Einheit nach innen, ein «Wir», die Identität geschaffen und gesichert.

Kommt es darauf nicht an, gehört das womöglich zur conditio humana, zum Menschen als Menschen? Zu den ältesten Spuren der Geschichte zählen die Zeichen des Zugehörigseins, des Sich-Feststellens, und zu den verbreiteten, wenn nicht universalen Zeichen gehört der Totemismus: Menschen identifizieren sich mit der Sicherheit, der Schnellkraft, der bewunderten Stärke des Tieres – eines Bären oder Löwen, des Adlers –, ja, indem sie das Tier ins Bild bringen, als das Tier sich verkleiden, es im Tanz verkörpern, «sind» sie Bären, Löwen, Adler. Diese Verkörperung ermöglicht die Gruppenbildung, die Entwicklung eines Gemeinschafts- und Selbstbewußtseins: «Wir» sind die Adler, unterschieden von Bären oder Löwen. Wie Arnold Gehlen gesagt hat: «Das handgreifliche Sich-Verkleiden und anschauliche Sich-Gleichsetzen mit einem Tier... war im prähistorischen Stadium des sich erst entwickelnden Selbstbewußtseins die einzige Möglichkeit, das Bewußtsein einer scharf definierten, *vereinseitigten* Gruppenzugehörigkeit zu erzeugen – und festzuhalten.»[49]

Wir mögen uns über derlei «Primitives» weit erhaben dünken, aber Vorsicht bleibt geboten. Nicht von ungefähr führen nicht bloß Freund und Feind im Fußballstadion, sondern die Nationen ihre Feldzeichen und die Tiere im Wappen, werden Fahnen geschwungen und verbrannt, markieren Hakenkreuz, Hammer und Sichel oder der Halbmond «uns» und «die anderen». Wichtiger als diese eher triviale Tatsache sollte daher die Frage sein, wofür die Symbole eigentlich stehen, welche Ideale, Anschauungen und Programme sie meinen. Das Eigentümliche bei Schmitt ist, daß schon die Frage nicht mehr zugelassen oder als Illusion entlarvt werden soll: Das «existentielle» Verhältnis von Freund und Feind kennt keine «normative» Orientierung. Wie aber soll es dann bestimmt werden?

Die knappe und klare Antwort heißt: durch die souveräne Entscheidung oder, im Fremdwort, durch die Dezision; daher, als Kennzeichen dieser Auffassung, der Begriff des Dezisionismus. Wo immer man auf Normen zurückgreift, die man für notwendig und allgemein hält – Traditionen des Naturrechts, Proklamationen von Menschen- und Bürgerrechten wie die von 1789, Entwürfe der guten und gerechten Gesellschaft wie im Marxismus –, da kann es die wirkliche Entscheidung gar nicht mehr geben, weil man sie sich schon im voraus hat abnehmen lassen. Darum muß man sich aus all dem Normativen wie aus Fesseln befreien. Einer der Kernsätze von Carl Schmitt lautet: «Die Entscheidung ist, normativ gesehen, aus dem Nichts geboren.»[50]

Von der Normalität jeder Norm aus gesehen zeigt sich diese Entscheidung als Ausnahme, und konsequent konstruiert Schmitt von der «Grenzsituation» des Normalen her, aus dieser Ausnahme: «Die Ausnahme ist interessanter als der Normalfall. Das Normale beweist nichts, die Ausnahme beweist alles; sie bestätigt nicht nur die Regel, die Regel lebt überhaupt nur von der Ausnahme. In der Ausnahme durchbricht die Kraft des wirklichen Lebens die Kruste einer in Wiederholung erstarrten Mechanik.»[51] Schmitt versucht sogar, den Vorrang der Ausnahme durch den theologischen Vergleich zu begründen.[52]

Wenn aber auf die Frage nach dem Ursprung der Entscheidung keine Antwort bleibt als: das Nichts! – dann stellt sich um so dringender die weitere Frage: *Wer* eigentlich entscheidet? Verfassungsrechtlich und politisch zielt diese Frage auf die Souveränität, auf den Ursprung aller Macht in einem Gemeinwesen. *Nicht* souverän ist, wer auf Grund einer Norm handelt, wie der Verwaltungsbeamte oder der Richter. Wer dagegen in der Ausnahmesituation handelt und dazu noch feststellt, daß sie eingetreten ist, der zeigt sich als Souverän, weil nichts ihn bindet. In einer seiner brillanten Kurzformeln sagt Schmitt: «Souverän ist, wer über den Ausnahmezustand entscheidet.»[53]

Kommentierend heißt es dazu: «In seiner absoluten Gestalt ist der Ausnahmezustand dann eingetreten, wenn die Situation erst geschaffen werden muß, in der Rechtssätze gelten können... Der Souverän schafft und garantiert die Situation als Ganzes in ihrer Totalität. Er hat das Monopol der letzten Entscheidung. Darin liegt das Wesen der staatlichen Souveränität, die also richtigerweise nicht als Zwangs- oder Herrschaftsmonopol, sondern als Entscheidungsmonopol juristisch zu definieren ist. – Der Ausnahmezustand offenbart das Wesen der staatlichen Autorität am klarsten. Hier sondert sich die Entscheidung von der Rechtsnorm und – um es paradox zu formulieren – die Autorität beweist, daß sie, um Recht zu schaffen, nicht Recht zu haben braucht.»[54]

Mit dem Recht schwindet die Chance zur Objektivität: «Konflikte können weder durch eine im voraus getroffene generelle Normierung, noch durch den Spruch eines ‹unbeteiligten› und deshalb ‹unparteiischen› Dritten entschieden werden... Seine ‹Objektivität› ist entweder nur eine politische Verschleierung oder aber die völlige, alles wesentliche verfehlende Beziehungslosigkeit.»[55] Eine konkrete Lebens- und Herrschaftsordnung kann sich im Grunde nur rechtfertigen durch die Entschiedenheit «an sich», durch die Autorität, die von ihr ausstrahlt und mit der sie sich durchsetzt. Als schlechthin «klassisch» zitiert Schmitt die Formel, die schon im 17. Jahrhundert Thomas Hobbes geprägt hat: Autoritas, non veritas facit legem – Autorität, nicht Wahrheit schafft das Gesetz.[56]

Man mag das irrational nennen, aber man muß sich vor Augen führen, daß Schmitts Konstruktion in sich völlig rational bleibt – und daß sie sehr nüchtern, um nicht zu sagen kaltblütig ihrem Ziel zustrebt: Sie will eine Begründung für die *Diktatur* liefern, der Schmitt schon früh, 1921, eine großangelegte und höchst gelehrte Untersuchung gewidmet hat.[57]

Denn der Ausnahmezustand, der den Angel- und Ausgangspunkt bildet, der Fall der äußersten Gefährdung einer Staatsordnung, der rechtlich auf keine Weise mehr bewältigt werden kann, ist unvermeidbar die Sache der durch keine Gesetzesnorm mehr gebundenen Entscheidung. Es schlägt dann – wie man in der Diskussion der Notstandsgesetze in der Bundesrepublik gesagt hat – die «Stunde der Exekutive» und ihrer Maßnahmen.[58] Unerschrocken bis ans Ende gedacht, heißt das: Es schlägt die Stunde der Diktatur, sei es sogar mit der Absicht, die Normalität wiederherzustellen. In Schmitts Worten: «Abstrakt gesprochen, wäre das Problem der Diktatur das in der allgemeinen Rechtslehre noch wenig systematisch behandelte Problem der konkreten Ausnahme.»[59] In der Umkehrung heißt das natürlich, daß mit der Ausnahme, im Ausnahmezustand die Diktatur auf den Plan tritt.

Doch das ist nicht alles, die Konsequenzen führen weiter. Daß es in der Ausnahmesituation, in äußerster Gefahr zur Diktatur, also zur Durchbrechung der rechtsstaatlichen Normalordnung kommen kann, wird ja kaum zu bestreiten sein; seit der Antike liefert die Geschichte zahllose Beispiele. Das Besondere an Schmitts Begründungsgang liegt allerdings darin, daß – sobald man die Teile zum Ganzen fügt – im Ergebnis die Diktatur mit dem Politischen überhaupt gleichgesetzt wird: Dessen Inbegriff ist das Freund-Feind-Verhältnis, das nicht aus Normen abgeleitet, sondern nur durch die souveräne Entscheidung bestimmt werden kann. Die Entscheidung ist «normativ gesehen aus dem Nichts geboren», sie ist die Ausnahme schlechthin; das normative Nichts des Ausnahmezustandes erfordert die Diktatur. Folglich wird die Diktatur, sie allein, dem Wesen des Politischen wirklich gerecht.

Es würde für Schmitt nur wenig bedeuten, wenn man ihm entgegenhielte, daß sein Entwurf der Verfassungswirklichkeit von

Weimar schwerlich entsprochen hat, nicht einmal der Versuch, Diktaturbefugnisse des Reichspräsidenten aus dem Artikel 48 zu begründen.[60] «Um so schlimmer für die Wirklichkeit!» müßte die Antwort wohl heißen. Denn die Weimarer Verfassung war ihrem Geiste nach eine bürgerlich-liberale, der Liberalismus aber «hat in einem für ihn typischen Dilemma von Geist und Ökonomik den Feind von der Geschäftsseite her in einen bloßen Konkurrenten, von der Geistseite her in einen bloßen Diskussionsgegner aufzulösen versucht».[61]

Nach einem über Jahrhunderte fortschreitenden Prozeß der Neutralisierungen und Entpolitisierungen kann, ja darf die Rekonstruktion des Politischen der Oberfläche der Erscheinungen nicht mehr entsprechen, weil die sich von der tieferen Wahrheit abgründig geschieden haben. Nicht auf das billige Einverständnis mit der Tagessituation kommt es an, sondern auf die Rückeroberung des Politischen überhaupt: «Politisches Denken und politischer Instinkt bewähren sich... theoretisch und praktisch an der Fähigkeit, Freund und Feind zu unterscheiden. Die Höhepunkte großer Politik sind zugleich die Augenblicke, in denen der Feind in konkreter Deutlichkeit als Feind erblickt wird.»[62]

Bewundernd greift Schmitt auf die großen Staatstheoretiker der Gegenrevolution zurück, auf Bonald, de Maistre, vor allem auf Donoso Cortés: «Was ihre gegenrevolutionäre Staatsphilosophie auszeichnet, ist das Bewußtsein, daß die Zeit eine Entscheidung verlangt, und mit einer Energie, die sich zwischen den beiden Revolutionen von 1789 und 1848 zum äußersten Extrem steigert, tritt der Begriff der Entscheidung in den Mittelpunkt ihres Denkens.»[63] Das typische Bild bei Cortés ist das einer blutigen Schlacht, des letzten Gefechts, das zwischen Katholizismus und atheistischem Sozialismus entbrannt ist. «Es liegt, nach Cortés, im Wesen des bürgerlichen Liberalismus, sich in diesem Kampf nicht zu entscheiden, sondern zu versuchen, statt dessen eine Diskussion anzuknüpfen. Die Bourgeoisie definiert er geradezu als eine ‹diskutierende Klasse›, una clasa discutidora. Damit ist sie gerichtet, denn darin liegt, daß sie der Entscheidung ausweichen will.»[64] Aber «jener Liberalismus mit seinen Inkonsequenzen und

Kompromissen lebt für Donoso nur in dem kurzen Interim, in dem es möglich ist, auf die Frage: Christus oder Barabbas? mit einem Vertagungsantrag oder der Einsetzung einer Untersuchungskommission zu antworten.»[65]

Welch ein Beispiel! Besagt es nicht, daß man im Entweder-Oder kurzen Prozeß machen und mit Pilatus dem Geschrei der Menge, dem angeblich «gesunden Volksempfinden» nachgeben soll? «Kreuzige, kreuzige ihn»: Lynchjustiz statt Recht? Wäre es nicht doch vernünftiger und gerechter, tatsächlich eine Untersuchungskommission einzusetzen – oder ein ordentliches Gerichtsverfahren in Gang zu bringen, mit Revisionsmöglichkeiten Schritt um Schritt durch alle Instanzen hindurch?

Bei Schmitt erscheint so etwas als verächtlich und als unpolitisch, «weil es gerade in den wichtigsten Dingen wichtiger ist, daß entschieden werde, als wie entschieden wird»[66]. Wie aber «der Liberalismus in jeder politischen Einzelheit diskutiert und transigiert, so möchte er auch die politische Wahrheit in eine Diskussion auflösen. Sein Wesen ist Verhandeln, abwartende Halbheit, mit der Hoffnung, die definitive Auseinandersetzung, die blutige Entscheidungsschlacht könnte in eine parlamentarische Debatte verwandelt werden und ließe sich durch ewige Diskussion ewig suspendieren. – Diktatur ist der Gegensatz zur Diskussion. Es gehört zum Dezisionismus der Geistesart von Cortés, immer den extremen Fall, das Jüngste Gericht zu erwarten.»[67]

In Cortés spiegelt sich natürlich Schmitt selbst; zu seiner Geistesart gehört erst recht, vom Extrem auszugehen. Werte der Mitte und Vermittlung lehnt er ab. Und das Gespräch, das Diskursprinzip, das die Vermittlung will und das – politisch zur Institution gemacht im Parlament – auf den Kompromiß zielt, wird von ihm radikal verworfen. Sein Buch «Die geistesgeschichtliche Lage des heutigen Parlamentarismus», zuerst 1923, stellt ein klassisches Werk des Antiparlamentarismus dar. Es liefert Argumente, Schlagworte, Vorurteile, die Gegnern des parlamentarischen Systems auch unter ganz anderen Vorzeichen hochwillkommen sind. Mit Genugtuung jedoch glaubt Schmitt feststellen zu können, daß das parlamentarische Prinzip zu einer «leeren Formalität» herabgesunken sei und daß die erhabene Idee eines «government by discussion», der Regierung durch Gespräch – die er demagogisch mit dem Parlamentarismus gleichsetzt – zur Lächerlichkeit verkommen und «verschimmelt» sei.[68] Wenn aber die Diskussion erst einmal abgewirtschaftet hat, dann kann ihr «Gegensatz», die Diktatur, auf den Plan treten.

Mit dem parlamentarischen Prinzip soll allerdings nicht die Demokratie verworfen werden. Die landläufige Vorstellung, daß beides zusammengehört, versucht Schmitt als liberales Vorurteil zu entlarven. Er will sogar den Nachweis führen, daß die wahre Demokratie nicht nur zum Parlamentarismus, sondern auch zum Prinzip der Gleichheit in einem strikten Gegensatz steht. «Die Gleichheit aller Menschen als Menschen ist nicht Demokratie, sondern eine bestimmte Art Liberalismus, nicht Staatsform, sondern individualistisch-humanitäre Moral und Weltanschauung.»[69] Andererseits wird die Demokratie mit Diktatur und Cäsarenherrschaft, mit Faschismus und Bolschewismus ausdrücklich in Verbindung gebracht, mit allen radikalen Regimen, die «den Willen des Volkes bilden und eine Homogenität schaffen»[70]. Denn auf diese Willenseinheit kommt es an, auf jene «Freundschaft», die in ihrem Feindbild Konturen gewinnt. Das geheime Wahlrecht dagegen, das die Wähler angeblich «privatisiert», erscheint als undemokratisch.

«Volk ist ein Begriff des öffentlichen Rechts. Volk existiert nur in einer Sphäre der Publizität. Die einstimmige Meinung von 100 Millionen Privatleuten ist weder Wille des Volkes, noch öffentliche Meinung. Der Wille des Volkes kann durch Zuruf, durch acclamatio, durch selbstverständliches unwidersprochenes Dasein ebensogut oder noch besser demokratisch geäußert werden als durch den statistischen Apparat, den man seit einem halben Jahrhundert mit einer so minutiösen Sorgfalt entwickelt hat. Je stärker die Kraft des demokratischen Gefühls, um so sicherer die Erkenntnis, daß Demokratie etwas anderes ist als ein Registriersystem geheimer Abstimmungen. Vor einer, nicht nur im technischen, sondern auch im vitalen Sinne unmittelbaren Demokratie erscheint das aus liberalen Gedankengängen entstandene Parlament als eine künstliche Maschinerie, während diktatorische und cäsaristische Maßnahmen nicht nur von der acclamatio des Volkes getragen, sondern auch unmittelbare Äußerungen demokratischer Kraft und Substanz sein können.»[71]

Wie freilich der Zuruf, die acclamatio von hundert Millionen Menschen praktisch aussehen soll, bleibt ein Geheimnis, das sich einzig in den Jubel-Aufmärschen, den sorgfältig organisierten Kundgebungen und den sogenannten Volksabstimmungen der Gewaltherrschaft auflöst. Aber soviel man Schmitt auch vorwerfen mag: Daß er verschwiegen habe, was er meinte, gehört schwerlich dazu. «Es liegt in der Natur der Sache, daß Plebiszite nur augenblicksweise und intermittierend veranstaltet werden können... Das Volk kann nur Ja und Nein sagen; es kann nicht beraten, deliberieren oder diskutieren; es kann nicht regieren und nicht verwalten; es kann auch nicht normieren, sondern nur auf eine ihm vorgelegte Frage mit Ja oder Nein antworten... Infolge dieser Abhängigkeit von der Fragestellung setzen alle plebiszitären Methoden eine Regierung voraus, die nicht nur Geschäfte besorgt, sondern auch Autorität hat, die plebiszitären Fragestellungen im richtigen Augenblick richtig vorzunehmen. Die Frage kann nur von oben gestellt werden, die Antwort nur von unten kommen. Auch hier bewährt sich die Formel des großen Verfassungskonstrukteurs Sieyès: Autorität von oben, Vertrauen von unten.»[72]

Ein Volk, das nicht beraten und nicht diskutieren und keine Fragen stellen kann, auch nicht durch seine Stellvertreter im Parlament, das darum weder auf die Regierungsbildung noch auf die Gesetzgebung Einfluß hat, sondern in allem vom Belieben der herrschenden Eliten oder des Führers abhängig ist: Soll das die wahre Demokratie sein? Zweifel scheinen angebracht, nicht allerdings am Feingefühl des Autors für die kommenden Dinge: Seine Sätze stammen aus der Spätphase der verwunschenen Republik, aus dem Jahre 1932.

Wenn man aber die Veröffentlichungen Carl Schmitts in der Zeit der Republik, im «Kampf gegen Weimar – Genf – Versailles» überblickt, dann handelt es sich nur um die Konsequenz. Wer die

Diktatur rechtfertigen will, muß die Zerstörung demokratischer Rechte, am Ende des Rechts überhaupt in Kauf nehmen. Im Grunde konsequent ist es darum auch, wenn der Lehrer des Rechts schließlich – im Sommer 1934 – die Mordserie des Gewaltregimes als den «Schutz des Rechts» feiert.[73]

Auffällig ist im übrigen die genaue Übereinstimmung mit Ernst Jünger. Wie dieser die Haltung im Kampf, den Tod in der Schlacht zum Maßstab des Lebens erhebt, so Schmitt die «existentielle» Auseinandersetzung von Freund und Feind zum Maßstab einer «großen» Politik. Dafür wird dort das Individuum preisgegeben, hier sein Recht; hier wie dort bleibt, von der bürgerlichen Normalität und Normativität aus betrachtet, bloß das Nichts. Und wenn in der Mobilmachung an sich, im Machtkampf als Selbstzweck es laut Jünger das tiefste Glück des Menschen sein soll, geopfert zu werden, dann paßt dazu der Satz von Schmitt: «Das Beste auf der Welt ist ein Befehl!»[74]

Diese Selbstzerstörung und ihre Folgen hat im Jahre 1930 Hermann Heller als der demokratische Gegenspieler Carl Schmitts warnend beschrieben: «Von großer Bedeutung ist es, die neofeudale Kraftpose und den Schrei nach dem starken Mann als den Ausdruck einer Verzweiflungsstimmung des Bürgers zu erkennen. Erschreckt durch das Avancieren der Arbeitermassen, glaubt er nicht nur seine eigenen politischen und ökonomischen Herrschaftsansprüche bedroht, sondern sieht zugleich das Ende der gesamten europäischen Kultur nahe... Es ist durchaus folgerichtig, daß der Verfasser von ‹Untergang des Abendlandes› zugleich der repräsentativste Vertreter jener Gewalt- und Geniereligion, sowie des Diktaturgedankens ist... Begreiflich, daß diesem verzweifelten Bürger nur die Hoffnung auf den starken Mann übrig bleibt, die Hoffnung auf den Menschen vom ‹zäsarischen Schlage›, der mit seiner ‹ganz persönlichen Gewalt› ihm alle Entscheidungen abnimmt; denn so ist es die Ordnung ‹aller ausgehenden Kulturen›. Der Herrenmensch macht sich also über die Bedeutung der Diktatur keine Illusionen; er weiß, daß die Diktatur Deformierung jeder politischen Form bedeutet, daß *Diktatur nur die politische Erscheinungsform der gesellschaftlichen Anarchie* ist.»[75]

«Indem das Bürgertum aber Rechtsstaat, Demokratie und Parlamentarismus konventionelle Lügen nennt, straft es sich selbst Lügen. Durch seinen neofeudalen Gesetzeshaß gerät es nicht nur in einen Selbstwiderspruch mit seinem eigensten geistigen Sein, sondern verneint auch die Existenzbedingungen seines gesellschaftlichen Lebens. Ohne die Gewißheit der gesetzmäßigen Freiheit der Meinungsäußerung, der Freiheit des Religionsbekenntnisses, der Wissenschaft, Kunst und Presse, ohne die rechtsstaatlichen Sicherungen gegen willkürliche Verhaftungen und gegen willkürliche Verurteilungen durch diktatorisch abhängige Richter, ohne das Prinzip der Gesetzmäßigkeit der Verwaltung kann das Bürgertum weder geistig noch ökonomisch leben. Ein Bürgertum, das durch die Renaissance hindurch gegangen ist, kann nicht, ohne Selbstmord zu begehen, sich vom Diktator sein Fühlen, Wollen und Denken vorschreiben... lassen.»[76]

Doch genau um diese absonderliche Erscheinung eines politischen Selbstmordes geht es. Und so wichtig und wahr in jeder Einzelheit sein mag, was Heller sagt, so wenig reicht es aus, um den Vorgang zu erklären. Nüchtern gerechnet bestand zur Panik ohnehin wenig Anlaß. Das Avancieren der Arbeitermassen fand nicht statt, wenn man von einigen, insgesamt strikt begrenzten sozialpolitischen Errungenschaften absieht[77]; es blieb Traum oder Alptraum. Außerdem hat im Rahmen des Parlamentarismus eine sozialistische Machtübernahme und Umwälzung niemals gedroht; seit den Wahlen zur Nationalversammlung im Januar 1919 schlossen die Mehrheitsverhältnisse sie eindeutig aus, und für alle nachfolgenden Wahlen gilt das erst recht. Die Macht der außerparlamentarischen Institutionen von der Reichswehr, der Justiz und Verwaltung bis zu den Kirchen, die konservative Orientierung fast aller Verbände, die Verfassungstreue der Sozialdemokraten und der Gewerkschaften kamen hinzu: Eine wirkliche Gefahr drohte keineswegs von «links», sondern stets nur von rechts. Warum also hätte etwas anderes als Ruhe die erste Bürgerpflicht sein sollen?

Nein: Das Unheil stammte nicht von außen, sondern von innen, aus dem Bürgertum selbst. Was immer es für sein Selbstbewußtsein einst bedeutet haben mochte, durch Renaissance, Humanismus und Reformation hindurchgegangen zu sein, das war in der Zeit der Religionskämpfe, vor allem durch die Katastrophe des Dreißigjährigen Krieges wieder verschüttet worden. Und diese Katastrophe wirkte weiter; auch an der Aufklärung hat das deutsche Bürgertum nur am Rande, mit einer schmalen Bildungsschicht teilgenommen. Im Grunde kam es zu sich selbst erst im Zeitalter der Romantik.[78] Politisch aber war nach dem Scheitern der Revolution von 1848, nach der preußischen Reichsgründung von 1871 die Wendung zum Geniekult des «starken Mannes», den man in Bismarck verkörpert sah, schon vor 1918 weitgehend vollzogen.

So führt jeder Deutungsversuch wieder an den einen, den wirklich zentralen Sachverhalt heran: Die Niederlage von 1918 und der Zusammenbruch des alten Obrigkeitsstaates demonstrieren das Versagen von Herrschaft und Hierarchie; die «machtgeschützte Innerlichkeit» steht plötzlich nackt da, des Kaisers alter Kleider, der Macht und ihres Ansehens, beraubt. Die «Massen» aber rükken in dem Sinne vor, daß die Republik, das parlamentarische «System» die politische Gleichheit zum Fundament hat.[79] Die Verzweiflung, die Angst und die Aggression, der Haß und der Selbsthaß, das Glück des Selbstopfers, der Kult der Gewalt und der Schrei nach dem Retter, dem Helden und dem Führer – sie meinen die Konterrevolution zur Ungleichheit, nun mit jener Radikalität, die eine Wiederholung des «Novemberverbrechens» von 1918 ausschließen soll[80], die Wiederherstellung einer Ordnung, in der das herrschaftlich-untertänige Selbstbewußtsein als das sicher geborgene end-gültig Ruhe finden kann.

Führer und Gefolgschaft: Adolf Hitler

Der Mann namens Hitler wurde außerhalb Bayerns einer weiteren Öffentlichkeit erst bekannt, als er schon wieder verschwand. Die Art seines Abgangs hat gewiß dazu beigetragen, ihn nicht ernst zu nehmen: eine verkrachte Existenz offenbar, ein Soldat, der wie so viele ins geordnete Friedensleben nicht zurückfand, und nun also, am 8. und 9. November 1923, der Urheber einer gescheiterten «Erhebung», besser gesagt einer schnell, wenngleich blutig beendeten Münchener Bierkellerposse, gar nicht zu vergleichen mit dem Kapp-Putsch dreieinhalb Jahre zuvor, der die Republik bis in die Grundfesten erbeben ließ. «Der ‹Nationalsozialismus› hat – das richtet ihn für alle Zeiten – beim ersten Schritt aus der Volksversammlung mit ihren billigen Triumphen in die Wirklichkeit und zur Tat versagt», urteilte die «Frankfurter Zeitung» am Tage danach, am 10. November; ihr «Führer» sei eine «typische Nachkriegserscheinung», die sich in wirrköpfigen Phrasen erschöpfe.

Ohnehin war für die Mehrheit der Bürger anderes wichtiger: Die Inflation befand sich in ihrem bizarren Endstadium. Der Währungsreform aber folgte Beruhigung; seitdem, so schien es, hatten jene untereinander vielfach zerstrittenen «Völkischen» keine Chance mehr, zu denen die Nationalsozialistische Deutsche Arbeiterpartei – abgekürzt NSDAP – gehörte. Von ihren immerhin noch 6,5 Prozent Stimmenanteil bei den Reichstagswahlen vom Mai 1924 blieben sieben Monate später bloß 3 und 1928 sogar nur 2,6 Prozent.

Daß der Putschist unverdient milde Richter fand, die ihm nur fünf Jahre einer ehrenvollen Festungshaft zudiktierten, daß er nach neun Monaten in Landsberg schon wieder begnadigt und auch nicht ausgewiesen wurde, obwohl er doch Österreicher war, mochte zwar gegen eine Justiz zeugen, die auf ihrem rechten Auge blind blieb. Aber warum sich über einen Gescheiterten erregen? Im März 1925 sprach die linke «Weltbühne» ihr eigenes Urteil: «Wie es eigentlich kam, daß die völkische Bewegung in Deutschland so schnell und lautlos zusammenbrach, ist nur zu verstehen, wenn man weiß, daß die ganze Bewegung, der zur Zeit ihrer höchsten Blüte, Anfang November 1923, immerhin einige Millionen Menschen folgten, in Wirklichkeit nur von etwa zehn Männern gemacht worden war, die ihrem Charakter, ihren Fähigkeiten, ihrer Abstammung und Erziehung nach zu verschieden waren, um länger als ein paar Monate hindurch – und auch die nur mit Ach und Krach – gemeinsam zu führen… Der Patient ist verstorben. Die trauernden Hinterbliebenen liegen sich wegen des Testaments in den Haaren. Sie werden sich nimmer einigen.»[81]

Dabei dürfte der Hergelaufene aus Braunau nach Charakter, Fähigkeiten und Erziehung wohl noch nicht einmal unter die ersten der zehn völkischen Führer gerechnet worden sein, und als er beim österreichischen Generalkonsulat vorsprach, um seine Entlassung aus der Staatsbürgerschaft zu beantragen, die er wegen der Möglichkeit einer Abschiebung fürchtete, berichtete der Herr Konsul nach Wien, Hitler sei «ein Phantast, der ihm gemachten Einwendungen sofort ausweicht» und sich «in gewisse Ideen verrannt hat, von denen er nicht abzubringen ist. Sein Ideal wäre ein Deutschland, das als Volk etwa so organisiert wäre wie eine Armee.»[82] Kurzum, zu Hitlers Geschichte, zu den Bedingungen seines Erfolges gehört, daß man ihn unterschätzte[83] – und zum unbändigen Haß, der ihn trieb: das Rachegelüst, es denen einmal heimzuzahlen, die ihn als lächerlich, als Spottfigur abtaten.[84]

Ja, Rache, dieser Vergeltungsdrang aus der Tiefe eines beschädigten, gekränkten, des abgründig verstörten Selbstbewußtseins: Unversehens bricht er in den Reden des längst allmächtigen Diktators, des Führers und Reichskanzlers wieder hervor, im Gebrüll, daß seinen Feinden – symbolisiert durch die Juden – das Lachen schon noch vergehen werde.[85] Und präzise als die verkörperte Rache eines kranken Selbstbewußtseins findet der Agitator Gehör. Es zu heilen im Triumph der eigenen Macht, in der Demütigung und Vernichtung jeder anderen: Das und nichts sonst ist das wahre Heilsversprechen; darin liegt das ganze Geheimnis jener unheimlichen Kraft, die eine fanatische Gefolgschaft an ihren Führer bindet.[86]

In den Landsberger Monaten schrieb Hitler mit der Hilfe von Rudolf Heß an seinem Buch «Mein Kampf». Es teilte mit dem Autor das Schicksal, kaum ernstgenommen zu werden. Sein schwülstig schlechtes Deutsch, seine primitive Rassenlehre und sein wüster Antisemitismus schreckten ab; es handelte sich um den «ungelesensten Bestseller der Weltliteratur»[87]. Dabei gilt: «Selten oder vielleicht tatsächlich nie in der Geschichte hat ein Herrscher, ehe er zur Macht kam, so genau wie Adolf Hitler schriftlich entworfen, was er danach tat.»[88]

Später, im Dritten Reich, machte das Buch seine eigene Karriere. Wie der Führer zum Erlöser emporstilisiert wurde – sinnfällig bereits im alltäglichen «deutschen Gruß»: «Heil Hitler!» –, so war «Mein Kampf» gewissermaßen als die neue Hausbibel gedacht. Bei Hochzeiten überreichte der Standesbeamte dem glücklichen jungen Paar feierlich ein Familienexemplar, und wer bei der halb noch konservativen Wehrmacht zu «drei Tagen Bau», zum Arrest verurteilt wurde, der durfte wählen, welche Lektüre er zu seiner Läuterung in die Zelle mitnehmen wollte: entweder die Bibel oder «Mein Kampf».

Weil er das beschädigte Selbstbewußtsein vollendet verkörperte, wußte Hitler instinktsicher genau, worauf es wirklich ankam. In dem Buch, das die Gebildeten unter seinen Verächtern nicht lasen oder nicht ernst nahmen, verhöhnte er den Glauben, «daß eine politische Bewegung, die nur aus Kreisen der ‹Intelligenz› gebildet wird, schon aus diesem Grunde wertvoller sei und mehr Anspruch, ja selbst mehr Wahrscheinlichkeit besitze, an die Regierung zu gelangen als eine ungebildete Masse. Man begriff nie, daß die Stärke einer politischen Partei keineswegs in einer möglichst großen und selbständigen Geistigkeit ihrer Mitglieder liegt, als vielmehr im disziplinierten Gehorsam, mit dem ihre Mitglieder der geistigen Führung Gefolgschaft leisten.»[89]

Das wird in Variationen ständig wiederholt: «An wen hat sich die Propaganda zu wenden? An die wissenschaftliche Intelligenz oder an die weniger gebildete Masse? Sie hat sich ewig nur an die Masse zu richten!» Denn «jede Propaganda hat volkstümlich zu sein und ihr geistiges Niveau einzustellen nach der Aufnahmefähigkeit des Beschränktesten unter denen, an die sie sich zu richten gedenkt. Damit wird ihre geistige Höhe um so tiefer zu stellen sein, je größer die zu erfassende Masse der Menschen sein soll. Handelt es sich aber, wie bei der Propaganda für die Durchhaltung eines Krieges, darum, ein ganzes Volk in ihren Wirkungsbereich zu ziehen, so kann die Vorsicht bei der Vermeidung zu hoher geistiger Voraussetzungen gar nicht groß genug sein.»[90]

«Versteht man aber die Notwendigkeit der Einstellung der Werbekunst der Propaganda auf die breite Masse, so ergibt sich weiter schon daraus folgende Lehre: Es ist falsch, der Propaganda die Vielseitigkeit etwa des wissenschaftlichen Unterrichts geben zu wollen. – Die Aufnahmefähigkeit der großen Masse ist nur sehr beschränkt, das Verständnis klein, dafür jedoch die Vergeßlichkeit groß. Aus diesen Tatsachen heraus hat sich jede wirkungsvolle Propaganda auf nur sehr wenige Punkte zu beschränken und diese schlagwortartig so lange zu verwerten, bis auch bestimmt der Letzte unter einem solchen Worte das Gewollte sich vorzustellen vermag. Sowie man diesen Grundsatz opfert und vielseitig werden will, wird man die Wirkung zum Zerflattern bringen, da die Menge den gebotenen Stoff weder zu verdauen noch zu behalten vermag. Damit aber wird das Ergebnis wieder abgeschwächt und endlich aufgehoben.»[91]

Die geistreiche Vielseitigkeit muß noch aus einem anderen Grunde unbedingt vermieden werden: Sie taugt nicht zur Mobilmachung des Rachegelüsts, das die strikte Polarisierung voraussetzt. «Überhaupt besteht die Kunst aller wahrhaft großen Volksführer zu allen Zeiten in erster Linie mit darin, die Aufmerksamkeit eines Volkes nicht zu zersplittern, sondern immer auf einen einzigen Gegner zu konzentrieren. Je einheitlicher dieser Einsatz des Kampfwillens eines Volkes stattfindet, um so größer wird die magnetische Anziehungskraft einer Bewegung sein, und um so gewaltiger die Wucht des Stoßes. Es gehört zur Genialität eines großen Führers, selbst auseinanderliegende Gegner immer als nur zu einer Kategorie gehörend erscheinen zu lassen, weil die Erkenntnis verschiedener Feinde bei schwächlichen und unsicheren Charakteren nur zu leicht zum Anfang des Zweifels am eigenen Rechte führt. – Sobald die schwankende Menge sich im Kampfe gegen zu viele Feinde sieht, wird sich sofort die Objektivität einstellen und die Frage aufwerfen, ob wirklich alle anderen unrecht haben und nur das eigene Volk oder die eigene Bewegung allein sich im Rechte befinde? – Damit aber kommt auch schon die erste Lähmung der eigenen Kraft. Daher muß eine Vielzahl von innerlich verschiedenen Gegnern immer zusammengefaßt werden, so daß in der Einsicht der Masse der eigenen Anhänger der Kampf nur gegen einen Feind allein geführt wird. Dies stärkt den

Glauben an das eigene Recht und steigert die Erbitterung gegen den Angreifer auf dasselbe.»[92]

Nach solchen Grundsätzen hat sich wiederum die Propaganda zu richten. In der Abkehr vom deutschen «Objektivitätsfimmel»[93] muß man «die allererste Voraussetzung jeder propagandistischen Tätigkeit überhaupt» begreifen: «nämlich die grundsätzlich subjektiv einseitige Stellungnahme derselben zu jeder von ihr bearbeiteten Frage... Sie hat nicht objektiv auch die Wahrheit, soweit sie den anderen günstig ist, zu erforschen...»[94] Aber «alle Genialität der Aufmachung der Propaganda wird zu keinem Erfolge führen, wenn nicht ein fundamentaler Grundsatz immer gleich scharf berücksichtigt wird. Sie hat sich auf wenig zu beschränken und dieses ewig zu wiederholen.»[95]

Pure Subjektivität und ewige Wiederholung ergeben freilich, zusammengenommen und konsequent durchgehalten, eine von der Realität mehr und mehr entfernte «Welt als Wille und Vorstellung»[96], eine Welt des Wahns oder der Mythen, die nicht ohne Rückwirkung auf ihre Urheber bleiben kann. Unwillkürlich erinnert man sich an Mussolinis berühmte, immer wieder zitierte Worte am Vorabend des Marsches auf Rom: «Wir haben unseren Mythos geschaffen. Der Mythos ist ein Glaube, ein edler Enthusiasmus. Es ist nicht notwendig, daß er eine Wirklichkeit sei...»[97]

Hitler hat vermutlich Carl Schmitts gelehrte Schriften nie gelesen. Doch als hätte er es getan, liefert er zur Theorie die Praxis, zum Freund-Feind-Verhältnis die Anweisung, wie es hergestellt werden kann. Und wie bei Schmitt jede Normativität und Objektivität zugunsten der rein subjektiven, «aus dem Nichts» geborenen Entscheidung abgewertet wird, so bei Hitler. Worauf es zunächst ankommt, ist kein sachlich bestimmtes Ziel, sondern – um Heideggers Begriff zu verwenden – die Herstellung der *Entschlossenheit*, die im Kampf um die Macht zur «Wucht des Stoßes» taugt. In der Sprache der Propaganda wird diese Haltung durch Zusätze wie «unbeugsam», «unbeirrbar», «graniten» und – ganz besonders – «fanatisch» noch bekräftigt; in seiner «Führer»-Rolle erscheint Hitler als der virtuose Entschlossenheits-Darsteller, bis hin zu Wirklichkeit und eben damit zum Wahn der Selbstüberzeugung, daß Erfolg und Mißerfolg, Sieg oder Untergang nicht von objektiven Gegebenheiten, sondern nur vom Maß des Entschlossen-Seins abhängen.[98]

Wie bei Jünger gewinnt im übrigen der Kampf einen Eigenwert: «Die Bewegung hat grundsätzlich ihre Mitglieder so zu erziehen, daß sie im Kampfe nicht etwas lästig Aufgezwungenes, sondern das selbst Erstrebte erblicken. Sie haben die Feindschaft der Gegner mithin nicht zu fürchten, sondern als Voraussetzung zur eigenen Daseinsberechtigung zu empfinden. Sie haben den Haß der Feinde unseres Volkstums und unserer Weltanschauung und seine Äußerungen nicht zu scheuen, sondern zu ersehnen.»[99]

Was nun in liberaler oder gelehrter Sicht den Demagogen richtet, was ihn als wirrköpfig, primitiv und lächerlich erscheinen läßt, das gerade macht sein Genie aus.[100] Zynisch genau, gewissermaßen als ein Seeleningenieur der Verführung, läßt er die Mechanik des Vorurteils und der Aggression erkennen. Und der Text trifft den Sachverhalt, sofern mit den «wahrhaft großen Volksführern zu allen Zeiten» die Fanatiker und Vernichter, die Kreuzzugsprediger, Hexenverbrenner und Ketzerverfolger gemeint sind. Sie haben stets nach dem gleichen Rezept gearbeitet, unter welchen Vorzeichen und Fahnen auch immer.

Aber der Text spricht ebenso wahr, wenn man ihn in der Gegenrichtung liest. Sobald die Differenzierung beginnt, sobald Vielfalt an die Stelle des einfältigen Freund-Feind-Schemas tritt, gerät das Vorurteil in Gefahr; die Objektivität, das abwägende Urteil bekommt eine Chance; die Gier nach Gewalt fällt in sich zusammen, als hätte es sie nie gegeben. Wenn wir wissen und sogar beherzigen, daß die Dinge komplizierter liegen, als wir auf den ersten Blick glauben möchten, daß die Verhältnisse sich dem Schema von Schwarz und Weiß, dem Entweder-Oder nicht fügen und daß die Menschen irgendwo zwischen den Kindern des Lichts und den Kindern der Finsternis angesiedelt sind, dann haben wir schon damit begonnen, das Gegenmittel zur Gewalt zu entwickeln. Im Kontrastverfahren ließe sich aus Hitlers Sätzen ein Grundprogramm für die politische Bildung, für Bildung überhaupt ableiten.

Es versteht sich, daß die Konzentration auf einen Gegner dazu bestimmt ist, den eigenen Absolutheitsanspruch zu begründen. «Politische Parteien sind zu Kompromissen geneigt, Weltanschauungen niemals. Politische Parteien rechnen selbst mit Gegenspielern, Weltanschauungen proklamieren ihre Unfehlbarkeit.»[101] In diesem Sinne soll die NSDAP gerade nicht Partei sein, sondern Bewegung. Doch der Inhalt ihrer Weltanschauung ist im Grunde der Kampf selber mit der Macht an sich als dem Ziel; ohnehin kommt es entscheidend auf das Wie, auf die «Haltung» an: «Die Zukunft einer Bewegung wird bedingt durch den Fanatismus, ja die Unduldsamkeit, mit der ihre Anhänger sie als die allein richtige vertreten.»[102] Der Friede bleibt ein Traum, jedenfalls als Verständigung zwischen Partnern gleichen Ranges und Rechts. Denkbar scheint als Endziel einzig «ein Friede, gestützt nicht durch die Palmwedel tränenreicher pazifistischer Klageweiber, sondern begründet durch das siegreiche Schwert eines die Welt in den Dienst einer höheren Kultur nehmenden Herrenvolkes»[103].

Hitler will bei den Sozialdemokraten erfahren haben, was den Fanatismus ausmacht. Aber seine Folgerungen treffen die eigene Praxis, in der schon die Propaganda als ein Kampf um Herrschaft und Unterwerfung angelegt ist: «Die Psyche der breiten Masse ist nicht empfänglich für alles Halbe und Schwache. – Gleich dem Weibe, dessen seelisches Empfinden weniger durch Gründe abstrakter Vernunft bestimmt wird, als durch solche einer undefinierbaren, gefühlsmäßigen Sehnsucht nach ergänzender Kraft, und das sich deshalb lieber dem Starken beugt, als den Schwächling beherrscht, liebt auch die Masse den Herrscher mehr als den Bittenden, und fühlt sich im Innern mehr befriedigt durch eine Lehre, die keine andere neben sich duldet, als durch die Genehmigung liberaler Freiheit; sie weiß mit ihr auch meist nur wenig anzufangen und fühlt sich sogar leicht verlassen. Die Unverschämtheit ihrer geistigen Terrorisierung kommt ihr ebensowenig zum Bewußtsein, wie die empörende Mißhandlung ihrer menschlichen Freiheit, ahnt sie doch den inneren Irrsinn der Lehre in keiner Weise. So sieht sie nur die rücksichtslose Kraft und Brutalität ihrer zielbewußten Äußerungen, der sie sich endlich immer beugt.»[104]

Führertum und Gefolgschaft als erotisches Gewaltverhältnis, als Sadomasochismus: Das ist nicht absurd; es ist die Wahrheit eines Selbstbewußtseins von Herrschaft und Knechtschaft, das vom Knecht her, als Bedingung seiner Identifikation und seines Selbstopfers, dem Herrn gerade nicht die Mäßigung oder die Duldsamkeit, sondern die Darstellung unumschränkter Macht abverlangt. Was wir vor Filmdokumenten von Hitlers Auftritten und Reden kopfschüttelnd bestaunen und kaum mehr begreifen, im gesicherten Abstand, im Wissen vom Ende der Herrschaft in der totalen Niederlage, das ist präzise dieses erotische Gewaltverhältnis von Führer und Gefolgschaft – und nichts außerdem.

In «Mein Kampf» werden die Bedingungen zur Herstellung der Gewalt genau geschildert, bis in die Einzelheiten und Äußerlichkeiten hinein. Schon die Tageszeit erweist sich als wichtig; Hitler berichtet vom Mißerfolg einer Vormittagsveranstaltung: «Ich glaubte nicht schlechter gesprochen zu haben als sonst; allein die Wirkung schien gleich Null zu sein. Völlig unbefriedigt, wenn auch um eine Erfahrung reicher geworden, verließ ich die Versammlung... Morgens und selbst tagsüber scheinen die willensmäßigen Kräfte der Menschen sich noch in höchster Energie gegen den Versuch der Aufzwingung eines fremden Willens und einer fremden Meinung zu sträuben. Abends dagegen unterliegen sie leichter der beherrschenden Kraft eines stärkeren Wollens. Denn wahrlich stellt jede solche Versammlung einen Ringkampf zweier entgegengesetzter Kräfte dar. Der überragenden Redekunst einer beherrschenden Apostelnatur wird es nun leichter gelingen, Menschen dem neuen Wollen zu gewinnen, die selbst bereits eine Schwächung ihrer Widerstandskraft in natürlichster Weise erfahren haben, als solche, die noch im Vollbesitz ihrer geistigen und willensmäßigen Spannkraft sind.»[105]

Neben der Zeit haben die Zahlen Bedeutung: «Die Massenversammlung ist auch schon deshalb notwendig, weil in ihr der einzelne, der sich zunächst als werdender Anhänger einer jungen Bewegung vereinsamt fühlt und leicht der Angst verfällt, allein zu sein, zum erstenmal das Bild einer größeren Gemeinschaft erhält, was bei den meisten Menschen kräftigend und ermutigend wirkt... Wenn er aus seiner kleinen Arbeitsstätte oder aus dem großen Betrieb, in dem er sich recht klein fühlt, zum ersten Male in die Massenversammlung hineintritt und nun Tausende und Tausende von Menschen gleicher Gesinnung um sich hat, wenn er als Suchender in die gewaltige Wirkung des suggestiven Rausches und der Begeisterung von drei- bis viertausend anderen mitgerissen wird, wenn der sichtbare Erfolg und die Zustimmung von Tausenden ihm die Richtigkeit der neuen Lehre bestätigen und zum erstenmal den Zweifel an der Wahrheit seiner bisherigen Überzeugung erwecken – dann unterliegt er selbst dem zauberhaften Einfluß dessen, was wir mit dem Wort Massensuggestion bezeichnen. Das Wollen, die Sehnsucht, aber auch die Kraft von Tausenden akkumuliert sich in jedem einzelnen. Der Mann, der zweifelnd und schwankend eine solche Versammlung betritt, verläßt sie innerlich gefestigt; er ist zum Glied einer Gemeinschaft geworden.»[106]

Natürlich ist es mit einer «rein geistigen» Gewalt nicht getan. «Nicht minder verständlich wurde mir die Bedeutung des körperlichen Terrors dem einzelnen, der Masse gegenüber. – Auch hier genaue Berechnung der psychologischen Wirkung. – Der Terror auf der Arbeitsstätte, in der Fabrik, im Versammlungslokal und anläßlich der Massenkundgebung wird immer von Erfolg begleitet sein, solange nicht ein gleich großer Terror entgegentritt.»[107] Mit dem Zwang zum Gegenterror wird die eigene Gewaltorganisation – die SA – begründet und ihr Einsatz dramatisch dargestellt.[108] Ausführlich und unmißverständlich schildert Hitler dann die politische Organisation der Bewegung und des künftigen Staates. Sie steht auf dem Gegenpol zum «System», das die Weimarer Republik als das undeutsche übernahm: «Die Demokratie des heutigen Westens ist der Vorläufer des Marxismus, der ohne sie gar nicht denkbar wäre... In ihrer äußeren Ausdrucksform, dem Parlamentarismus, schuf sie sich noch eine ‹Spottgeburt aus Dreck und Feuer›, bei der mir nur leider das ‹Feuer› im Augenblick ausgebrannt zu sein scheint.»[109]

Haupteinwand ist «das ersichtliche Fehlen jeder Verantwortlichkeit einer einzelnen Person. – Das Parlament faßt irgendeinen

Beschluß, dessen Folgen noch so verheerend sein mögen – niemand trägt dafür eine Verantwortung, niemand kann je zur Rechenschaft gezogen werden. Denn heißt dies etwa Verantwortung übernehmen, wenn nach einem Zusammenbruch sondergleichen die schuldige Regierung zurücktritt? Oder die Koalition sich ändert, ja das Parlament sich auflöst? – Kann denn überhaupt eine schwankende Mehrheit von Menschen jemals verantwortlich gemacht werden? – Ist denn nicht der Gedanke jeder Verantwortlichkeit an die Person gebunden?»[110]

Dazu der Kontrast: «Die Bewegung vertritt im kleinsten wie im größten den Grundsatz der unbedingten Führerautorität, gepaart mit höchster Verantwortung. – Die praktischen Folgen dieses Grundsatzes sind nachstehende: Der erste Vorsitzende einer Ortsgruppe wird durch den nächsthöheren Führer eingesetzt... Sämtliche Ausschüsse unterstehen ihm und nicht er umgekehrt einem Ausschuß. Abstimmungs-Ausschüsse gibt es nicht, sondern nur Arbeits-Ausschüsse... Der gleiche Grundsatz gilt für die nächsthöhere Organisation, den Bezirk, den Kreis oder den Gau. Immer wird der Führer von oben eingesetzt und gleichzeitig mit unbeschränkter Vollmacht und Autorität bekleidet... Der Grundsatz, der das preußische Heer seinerzeit zum wundervollsten Instrument des deutschen Volkes machte, hat im übertragenen Sinne dereinst der Grundsatz des Aufbaues unserer ganzen Staatsauffassung zu sein: Autorität jedes Führers nach unten und Verantwortlichkeit nach oben.»[111]

Wie Carl Schmitt, so will übrigens Hitler die Demokratie nicht mit dem parlamentarischen System gleichsetzen. Ihm «steht gegenüber die wahrhaftige germanische Demokratie der freien Wahl des Führers, mit dessen Verpflichtung zur vollen Übernahme aller Verantwortung für sein Tun und Lassen, ... der dann mit Vermögen und Leben für seine Entscheidung einzustehen hat. – Wenn man mit dem Einwand kommen wird, daß unter solchen Voraussetzungen sich schwerlich jemand bereit finden dürfte, seine Person einer so riskanten Aufgabe zu widmen, so muß darauf nur eines geantwortet werden:

Gott sei gedankt, darin liegt ja eben der Sinn einer germanischen Demokratie, daß nicht der nächstbeste unwürdige Streber und moralische Drückeberger auf Umwegen zur Regierung seiner Volksgenossen kommt, sondern daß schon durch die Größe der zur übernehmenden Verantwortung Nichtskönner und Schwächlinge abgeschreckt werden. – Sollte sich aber dennoch einmal ein solcher Bursche einzustehlen versuchen, dann kann man ihn leichter finden und rücksichtslos anfahren: Hinweg, feiger Lump! Ziehe den Fuß zurück, du beschmutzest die Stufen; denn der Vorderaufgang in das Pantheon der Geschichte ist nicht für Schleicher da, sondern für Helden!»[112]

Es bleibt freilich die Frage, wie die «freie Wahl» der obersten Autorität, des Führers schlechthin, eigentlich aussehen soll. Sie kann wohl nur als eine darwinistisch (miß-)verstandene Auslese im unerbittlichen «Kampf ums Dasein» gedeutet werden. Und erst recht ist die Frage, wie dieser Führer praktisch kontrolliert, wie zur Verantwortung gezogen werden soll, da er doch alle Macht und Befehlsgewalt auf sich vereint. In «Mein Kampf» heißt es einmal: «Eine Diplomatie hat dafür zu sorgen, daß ein Volk nicht heroisch zugrundegeht, sondern praktisch erhalten wird. Jeder Weg, der hierzu führt, ist dann zweckmäßig, und sein Nichtbegehen muß als pflichtvergessenes Verbrechen bezeichnet werden.»[113] Von diesem Maßstab her hat die Geschichte schließlich ihr Urteil gesprochen.

Aber vermutlich muß man die deutsche Faszination durch das Führerprinzip noch ganz anders erklären. Denn in Wahrheit entlastet es von politischer und moralischer Verantwortung; strikt bis ans Ende gedacht, schafft es sie aus der Welt. Die herrschaftliche Hierachie legt dem einzelnen als Verantwortung von «unten» nach «oben» nur auf, im Sinne bedingungslosen Gehorsams und strikter Befehlsausführung seine Pflicht zu tun.[114] Mag geschehen, was da wolle: Niemand «sündigt», keiner muß sein Gewissen beschweren. So gesehen konnten sogar die sich auf Befehl, Gehorsam und Pflichterfüllung berufen, die die Mordmaschine des Holocaust bedienten. Darauf haben sie sich berufen.

Wer bleibt, ist der eine, der in Wahrheit einzige Führer, Adolf Hitler. Das im Rückblick so rätselhafte Maß oder Unmaß der Begeisterung, Verehrung, Hingabe, Heiligung, das Millionen von Menschen ihm entgegenbrachten – und wahrlich nicht bloß anbefohlen: Es hat in seinem Kern, in seiner vorbewußten Tiefe damit zu tun, daß «der Führer» alle Last der Verantwortung auf sich zu nehmen versprach. Er bot den Deutschen die vollendete Entlastung an; er wirkte buchstäblich als ihr weltlicher Erlöser.

Hier ist auch der Ort, um noch einmal an jenes Selbstopfer zu erinnern, das laut Jünger das tiefste Glück des Menschen ausmachen soll, wenn es in der Hingabe an eine «würdige» Aufgabe anbefohlen wird. Man darf wohl bezweifeln, ob dabei die Todesbereitschaft als nicht bloß geistige, sondern auch physische Selbstvernichtung stets zum Nennwert gemeint ist; in der Regel dürfte sie eher als Stilisierung zu verstehen sein, als die sorgsam inszenierte «Entschlossenheit» zu heldischer «Haltung». Wenn es sich jedoch um den Verzicht auf die Eigenverantwortung handelt, dann erweist sich das Selbstopfer als ebenso real wie gleich doppelt gewinnträchtig.

Einerseits befreit das «Führerprinzip» von der Last der modernen Zivilisation und von der Zumutung des demokratischen «Systems», selbst urteilen, entscheiden, handeln und sogar Konflikte bestehen zu müssen. Andererseits gewinnt der einzelne neues Selbstbewußtsein; Gehorsamsbereitschaft und Pflichterfüllung, zum «Idealismus» übergoldet, der sich im Wortsinne als Selbstlosigkeit darstellt, lassen die absolute Unterwerfung als das Einswerden mit der absoluten Macht erscheinen, als Identität mit dem Großen und Ganzen. So gesehen zeigt sich zum Beispiel die Parole von der «Volksgemeinschaft» nicht nur als Phrase, die den Fortbestand der Klassen übertüncht, sondern sie erweist sich als handfest ertragreich. Im übrigen feiert die machtgeschützte Innerlichkeit unerwartete Auferstehung; so paradox wie folgerichtig triumphiert die Bürgerlichkeit privatistisch ausgerechnet in dem Augenblick, in dem sie als öffentliche Ordnung zerstört wird. Von dieser Paradoxie wird im folgenden Kapitel noch zu reden sein.

Hitler sagt vom Idealismus: «Wir verstehen darunter nur die Aufopferungsfähigkeit des einzelnen für die Gemeinschaft, für seine Mitmenschen... Da aber wahrer Idealismus nichts weiter ist als die Unterordnung des Interesses und des Lebens unter die Gesamtheit, dies aber wieder die Voraussetzung für die Bildung organisatorischer Formen jeder Art darstellt, entspricht er im innersten Grunde dem letzten Wollen der Natur. Er allein führt die Menschen zur freiwilligen Anerkennung des Vorrechtes der Kraft und der Stärke und läßt ihn so zu einem Stäubchen jener Ordnung werden, die das ganze Universum formt und bildet.»[115]

Der Führer und seine Gefolgschaft: Weit besser als die klugen Gegner kannte der Mann, der ganz von unten kam, sein Angebot zur Entlastung und zur «Wiedergeburt», das er den Deutschen unterbreitete. Um es tatsächlich wirksam zu machen, bedurfte es allerdings noch des äußeren Anstoßes, einer ins schier Unerträgliche wachsenden Belastung. Sie kam mit der Weltwirtschaftskrise.

Der erste Band von «Mein Kampf» schließt mit einem Bericht von der ersten großen Massenveranstaltung im Jahre 1920:

«Als sich nach fast vier Stunden der Raum zu leeren begann und die Masse sich Kopf an Kopf wie ein langsamer Strom dem Ausgang zuwälzte, zuschob und zudrängte, da wußte ich, daß nun die Grundsätze einer Bewegung in das deutsche Volk hinauswanderten, die nicht mehr zum Vergessen zu bringen waren.

Ein Feuer war entzündet, aus dessen Glut dereinst das Schwert kommen muß, das dem germanischen Siegfried die Freiheit, der deutschen Nation das Leben wiedergewinnen soll.

Und neben der kommenden Erhebung fühlte ich die Göttin der unerbittlichen Rache schreiten für die Meineidstat des 9. November 1918.

So leerte sich langsam der Saal.

Die Bewegung nahm ihren Lauf.»[116]

Siebentes Kapitel
Im Dritten Reich

Volksgemeinschaft und Modernisierung

«Für mich war es ausschlaggebend: Ich wollte einen anderen Weg gehen als den konservativen, den mir die Elterntradition vorschrieb. Im Munde meiner Eltern hatte das Wort ‹sozial› oder ‹sozialistisch› einen verächtlichen Klang. Sie sprachen es aus, wenn sie sich darüber entrüsteten, daß die bucklige Hausschneiderin so anmaßend war, sich politisch betätigen zu wollen... Keine Parole hat mich je so fasziniert wie die von der Volksgemeinschaft. Ich habe sie zum erstenmal aus dem Mund der verkrüppelten und verhärmten Schneiderin gehört, und am Abend des 30. Januar bekam sie einen magischen Glanz. Die Art dieser ersten Begegnung bestimmte über ihren Inhalt. Ich empfand, daß sie nur im Kampf gegen die Standesvorurteile der Schicht verwirklicht werden konnte, aus der ich kam, und daß sie vor allem den Schwachen Schutz und Recht gewähren mußte. Was mich an dieses phantastische Wunschbild band, war die Hoffnung, es könnte ein Zustand herbeigeführt werden, in dem die Menschen aller Schichten miteinander leben würden wie Geschwister.»

Ein Wunschbild in der Tat, ein Traum, der seinen eigenen Alptraum bereits mit sich führt. Die Autorin selbst, Melita Maschmann, die im Rückblick erklären möchte, wie sie als junger Mensch in den Nationalsozialismus hineingeriet [1], hätte es sogar in den Zeiten ihrer höchsten Begeisterung vermutlich als fatal empfunden, sich von Hinz und Kunz ohne weiteres familiär anrempeln lassen zu müssen. Gehört nicht zum Menschen als Menschen, daß er die Distanz ebenso braucht wie die Nähe und Geborgenheit? [2]

Zumindest gehört zu Europa, zur Entwicklung der westlichen Zivilisation, was Jacob Burckhardt in berühmten Sätzen als zentralen Vorgang der Renaissance bezeichnet hat: «Im Mittelalter lagen die beiden Seiten des Bewußtseins – nach der Welt hin und nach dem Inneren des Menschen selbst – wie unter einem gemeinsamen Schleier, träumend oder halbwach. Der Schleier war gewoben aus Glauben, Kindesbefangenheit und Wahn; durch ihn hindurchgesehen erschienen Welt und Geschichte wundersam gefärbt, der Mensch aber erkannte sich nur als Rasse, Volk, Partei, Korporation, Familie oder sonst in irgendeiner Form des Allgemeinen. In Italien zuerst verweht dieser Schleier in die Lüfte; es entsteht eine objektive Betrachtung und Behandlung des Staates und der sämtlichen Dinge dieser Welt überhaupt; daneben aber erhebt sich mit voller Wucht das Subjektive; der Mensch wird geistiges Individuum und erkennt sich als solches.»[3]

Die Entdeckung des Individuums als der ersten und eigentlichen Realität: Das ist ein unerhörter Vorgang, etwas wie Sündenfall und Vertreibung aus dem Garten Eden auf einer zweiten Stufe. Historisch Neues kommt damit in die Welt, zwiespältig genug; immer drohen seither Vereinzelung und Vereinsamung, immer wird die moderne Entwicklung vom Schatten der Melancholie[4], stets von einer Sehnsucht nach rückwärts und von den Utopien begleitet, die Ersatzparadiese versprechen, menschengemacht. Aber gehört es nicht zum Wesen aller Entdeckungen, daß sie sich nie mehr zurücknehmen lassen? Was würde aus der Begeisterung für die Gemeinschaft ohne die individuellen Regungen, seien es Hoffnungen oder Ängste, die sie nähren? Macht nicht dies das Dilemma konservativer «Revolutionen» aus, in denen ihr Scheitern schon beschlossen liegt, daß sie als Gegen-Bewegungen von ihrem Gegner bestimmt sind?[5] Wird am Ende womöglich die todessüchtige Destruktivität darum so mächtig, weil tatsächlich nur die Selbst-Vernichtung ans Ziel führen kann?

Fragen über Fragen, zu denen sich gleich noch eine gesellt: War die nationalsozialistische Parole von der Volksgemeinschaft nicht ein Schwindel durch und durch, weil sie die Unterschiede der Schichten, die Gegensätze der Klassen keineswegs antastete, vielmehr bloß verhüllte, daß es in Wahrheit um deren Verteidigung oder Wiederherstellung, um die Disziplinierung und Unterwerfung der «Massen» ging?

Die Entlarvung allein führt freilich nicht weit; wer sich ihr anvertraut, verfällt noch im Rückblick jener Unterschätzung, die den «Phantasten» Hitler begleitet und seiner Bewegung wie seiner Herrschaft ein schnelles Scheitern vorausgesagt hat. Was aber am 30. Januar 1933 wirklich begann, war die rasche und nachhaltig erfolgreiche Durchsetzung des Führerstaates. Etwas seltsam Mürbes und Morsches haftete an den Institutionen, Parteien und Verbänden der Republik, und Resignation weit mehr als der Wille zum Widerstand kennzeichnete ihre Repräsentanten. Binnen Monaten waren sie sämtlich verschwunden, und dieser Prozeß ihrer Aus- oder Gleichschaltung wurde nicht etwa von abnehmender, sondern von wachsender Zustimmung begleitet.

Natürlich spielte das Allzumenschliche seine Rolle, der schiere Opportunismus; für die Heerscharen derer, die eilig ihren Beitritt zur NSDAP erklärten, bürgerte sich bald der Begriff der «Märzgefallenen» ein. Bemerkenswert bleibt, daß der Einsatz brutaler Gewalt keine Reaktionen auslöste, es sei denn das Einverständnis und nicht selten den Jubel, solange nur «die anderen» betroffen waren, vorab die Kommunisten. Hermann Göring konnte öffentlich erklären: «Volksgenossen, meine Maßnahmen werden nicht angekränkelt sein durch irgendwelche juristische Bedenken. Meine Maßnahmen werden nicht angekränkelt sein durch irgendwelche Bürokratie. Hier habe ich keine Gerechtigkeit zu üben, hier habe ich nur zu vernichten und auszurotten, weiter nichts!... Solch einen Kampf führe ich nicht mit polizeilichen Mitteln. Das mag ein bürgerlicher Staat getan haben, Gewiß, ich werde die staatlichen und polizeilichen Machtmittel bis zum äußersten auch dazu benutzen, meine Herren Kommunisten, damit Sie hier nicht falsche Schlüsse ziehen, aber den Todeskampf, mit dem ich Euch die Faust in den Nacken setze, führe ich mit denen da unten, das sind die Braunhemden.»[6]

Ein seltsames, ein fatales Schauspiel: Willkür und Gewalt öffentlich angekündigt und erkennbar in die Tat umgesetzt! Gleichwohl herrschte das Einverständnis, weil die Konflikte, die Bürgerkriegsszenen aus dem Straßenbild verschwanden.

Der Vorgang wiederholte sich im Sommer 1934 bei der «Röhm-Affäre», jener großen und ganz unverhohlenen Mordserie, der nicht nur SA-Führer zum Opfer fielen. Die Reichswehr bekundete ihr Wohlgefallen und opferte samt zwei Generälen ihre Ehre, weil sie sich von der Konkurrenz der «braunen Bataillone» befreit sah; wenige Wochen später, nach dem Tode Hindenburgs am 2. August, schwor sie – auf eigene Initiative! – Adolf Hitler den «unbedingten Gehorsam»[7]. Die Bevölkerung aber reagierte, wie die Berichte aus der Provinz bewiesen, eindeutig und fast einmütig positiv, weil wiederum «Ruhe und Ordnung» über das letzte, rabaukenhaft undisziplinierte Bürgerkriegselement zu triumphieren schienen, das aus der «Systemzeit» noch überdauert hatte: «Die Art (!) der Liquidierung der Röhmrevolte hat die Sympathien, die der Führer beim Volk genießt, ganz besonders erhöht. Unumwunden wird zugegeben, daß der Führer jederzeit ohne Rücksicht auf Rang und Stand der Schuldigen bereit ist, das zu tun, was zum Wohle des Volkes nötig ist.»[8]

Das brutale «Durchgreifen», die Gewalt bis zum Mord als Zeichen der Gerechtigkeit und sogar der Rechtssicherheit, bloß weil «Ruhe und Ordnung» hergestellt werden: wahrlich ein durchgehendes Denkmuster. Wie tief es wurzelte, ließ sich noch lange nach 1945 immer wieder am Raunen und Reden erkennen, wenn es etwa bei «Halbstarken»-Krawallen der fünfziger Jahre und bei anderen Signalen der Unordnung hieß, daß es so etwas «unter Hitler» oder «damals» nicht gegeben habe. Als positive Erinnerung konnte wohl nur der «Bau der Autobahnen» hiermit konkurrieren.

Übrigens traf die Unterscheidung zwischen dem Führer und seiner Gefolgschaft weithin auch die NSDAP. Das immer wachsende Heer der politischen Leiter und Amtswalter, der Gau-, Kreis-, Ortsgruppenleiter, der Blockwarte und so fort[9] genoß wenig Ansehen. Oft aus dem Bierkellerdunst der «Alten Kämpfer» rekrutiert, oft unfähig und überfordert, korrupt und zusehends verfettet, wurden diese Kleindespoten der regionalen und lokalen Ebene mehr belächelt, gefürchtet und verachtet als respektiert; vordergründig auf die Litzen an ihren braunen Uniformen anspielend, sprach man von den «Goldfasanen». Aber das System selbst und erst recht der Mann an seiner Spitze blieben unangetastet: «Wenn das der Führer wüßte!» hieß es, nur halb ironisch, wenn man wieder einmal über die lästig nahe Wichtigtuerei und Willkür seufzte. Im Kriege gesellte sich die Erwartung hinzu, daß man nach dem Sieg – also im Triumph des Regimes – mit der Bonzenherrschaft schon «aufräumen» werde.

Wenn man nun fragt, worauf die Zustimmung oder Begeisterung eigentlich beruhte, die die Weimarer Republik so rasch und derart gründlich versinken ließ, daß sie nirgendwo mehr zurückersehnt wurde, nicht einmal in den Plänen des Widerstandes, dann ist vorab auf die wirtschaftliche Erholung zu verweisen. Die Machtergreifung erfolgte zum denkbar günstigen Zeitpunkt, nicht auf der Höhe, sondern im Abklingen der Weltwirtschaftskrise. Die massive öffentliche Arbeitsbeschaffung, sei es um den Preis rasch wachsender Staatsverschuldung – der Lehrbuchweisheit des John Maynard Keynes schon vorweg [10], im genauen Gegensatz zur Sparpolitik Brünings –, später und stets massiver die Aufrüstung [11] bewirkten einen stetigen Rückgang der Arbeitslosigkeit: von 29,9 Prozent im Jahre 1932 auf 1,9 Prozent 1938 oder von 5,6 Millionen auf einen Restbestand von wenigen Hunderttausend. Dabei gab es noch einen massiven Zugang aus den «Reservearmeen» sowohl der Landwirtschaft, deren Beschäftigungszahl von 1933 bis 1939 um 1,4 Millionen sank, als auch der Frauen mit einem Anstieg ihrer Berufsarbeit um 1,3 Millionen – allen Parolen von «Blut und Boden» und von der Familien- und Mutterrolle der Frau zum Hohn. Im internationalen Vergleich nimmt sich die Vorkriegsbilanz des Dritten Reiches noch eindrucksvoller aus: In den westlichen Industriestaaten verlief die wirtschaftliche Erholung wenig kraftvoll und wurde ab 1937 schon wieder von der Rezession bedroht. Daher betrug die Arbeitslosigkeit von 1938 in Großbritannien 12,9 und in den Vereinigten Staaten sogar 26,4 Prozent, nach 22,1 und 34 Prozent 1932.

Gewiß, nach der Zerschlagung der Gewerkschaften bewirkte ein rigoroses Einfrieren der Löhne, daß die Realeinkommen erst 1937 wieder den Stand von 1928/29 erreichten, und dies auch nur, weil die durchschnittliche Wochenarbeitszeit von 41,5 auf 46,1 Stunden anstieg. Doch jede Kritik, die hier ansetzen möchte, verkennt den zentralen Sachverhalt: Das Gefühl allgemeiner Bedrohung, des Ausgeliefertseins an ein ungewisses Schicksal, wandelte sich zum Vertrauen, daß die materielle Existenz gesichert sei. Auf seiner Grundlage konnte die «Deutsche Arbeitsfront» durchaus erfolgreich mit ihren «Gemeinschafts»-Parolen werben und Neues, noch nie Gekanntes in Aussicht stellen. «Der deutsche Arbeiter reist», hieß eine der Parolen. Daß das wirkte, deutet die Umdichtung des populären Schlagers von der «kleinen Möwe» an:

> «Kraft durch Freude fährt nach Helgoland,
> jeder Volksgenosse muß mal an die See!
> Drei Mark achtzig, ja das macht sich –
> und den Rest bezahlt die NSDAP.»

Zwar handelte es sich noch längst nicht um den Massentourismus unserer Tage, und auf den «KdF»-Schiffen mochten in Wahrheit weit mehr Angestellte und Funktionäre als Arbeiter zu finden sein. Aber es wurde doch ein Ausblick auf die Zukunft eröffnet – ähnlich wie mit dem Versprechen des «KdF-Wagens» für weniger als tausend Mark ein Ausblick auf die motorisierte Mobilität. Hier wie in so vielen anderen Bereichen wirkte die nationalsozialistische Politik als ein großangelegtes Experiment zur Widerlegung und Umkehrung des marxistischen Lehrsatzes, wonach das Sein das Bewußtsein bestimmt.

Vielleicht könnte man auch sagen: Die nationalsozialistische Bewegung und Herrschaft enthielt eine Dynamik zur Modernität; vielleicht liegt darin das Geheimnis ihrer Anziehungskraft und Überlegenheit gegenüber den «Weimarer» Verhältnissen wesentlich begründet. Bei Melita Maschmann ist von Schichten, konservativen Traditionen und Standesvorurteilen die Rede; analysiert man den Text, so meint das Bekenntnis zur Volksgemeinschaft offenbar das Niederreißen von Milieuschranken, die als beengend erscheinen. Und eben darin steckt die Dynamik zur Modernität.

Das Problem des deutschen Nationalstaates war es seit je, daß er gesellschaftlich bodenlos blieb: Im Kontrast zur proklamierten

Einheit stand die Vielfalt der Milieus, die scharfe Grenzlinien zog. Zwar die Kleinstaaterei mochte seit Bismarcks Gründung überwunden sein, aber die Klein-Vergesellschaftung war es keineswegs. Das Verbandswesen und nicht zuletzt die Parteien – im Grunde als die zu politischen Konfessionen organisierten Milieus – spiegelten den Sachverhalt. Schon am wilhelminischen Beispiel ist dieses Problem sichtbar geworden: [12] Zur nationalen Einheit führte einzig der Sprung aus der Zivilgesellschaft heraus zum Machtstaat im Glanz seiner siegreichen Waffen. Daher der «Sedantag» als Symbol, daher der Jubel vom August 1914, der die kämpfende «Gemeinschaft», sie allein, als die eigentliche, die wahrhaft deutsche Existenzform auswies. Doch der Jubel verhallte; die Verbände und Parteien der Weimarer Republik fielen ins Hergebrachte zurück. In mancher Hinsicht trat sogar noch krasser zutage, was einmal war; die Reichswehr etwa stellte sich – wegen der Beschränkung auf ein Hunderttausend-Mann-Heer – geschlossener als konservative Milieuorganisation dar, mit einem höheren Adelsanteil im Offizierskorps als die preußische Armee von 1914.

Eben damit aber traten die alten Probleme neu und ungleich verschärft zutage. Einerseits gab es die Bindemittel eines militärisch geprägten Machtstaates nicht mehr, und für die Republik konnte der «siegreiche Krieg» kein «soziales Ideal» sein. Andererseits hatte der Krieg für Millionen von Menschen die Milieubindungen zerbrochen, in die sie nach 1918 nicht mehr zurückfanden. Die Umstände der Nachkriegszeit – die Inflation und dann und vor allem die Weltwirtschaftskrise – wirkten im gleichen Sinne; sie ließen die Sturmflut der Milieulosen ständig weiter anschwellen. Hier, in einem schneidenden und immer weniger tragbar scheinenden Kontrast, findet man jenes «Sein», das das deutsche Bewußtsein entscheidend bestimmte, hier die Realbedingungen für die ideologischen Konstruktionen eines Ernst Jünger oder Carl Schmitt.

Hier genau setzte auch die nationalsozialistische Massenbewegung an; was Adolf Hitler als Person verkörperte, was er als «Partei» organisierte und zum deutschen Ideal stilisierte, war die vollendete Milieulosigkeit. Dahin drängte die «Volksgemeinschaft», auf sie zielte die Gleich- und Ausschaltung aller herkömmlichen

Milieu-Verbände, zu ihr hin sollten die Hitlerjugend, der Reichs-arbeitsdienst und alle die anderen Massenorganisationen erziehen. Und in diesem Sinne wirkte der Nationalsozialismus tatsächlich revolutionär; kaum zufällig wurde im übrigen die nationale «Erhe-bung» von 1933 immer wieder zurückbezogen auf den August 1914 – wie in den Worten Robert Leys, als er vom Verständnis der Volksgemeinschaft in seiner Deutschen Arbeitsfront sprach: «Die deutsche Revolution hat in jenen Augusttagen 1914 ihren Anfang genommen. Dort in den Gräben des Westens und des Ostens fand dieses Volk wieder zusammen, die Granaten und Minen fragten nicht danach, ob einer hoch oder niedrig geboren, ob jemand reich oder arm war, welcher Konfession und welchem Stande er ange-hörte, sondern hier war jene gewaltige Probe auf den Sinn und Geist der Gemeinschaft.»[13]

Um noch einmal zum Text von Melita Maschmann zurückzu-kehren: Auch ein Generationenkonflikt wird in ihm erkennbar. Er gehört zur Sache, denn ganz natürlich haben junge Menschen die traditionellen Schranken weit stärker als beengend erlebt als die ältere Generation, die noch wie selbstverständlich in ihnen aufge-wachsen war. Daher spricht die Autorin mit ihrer begeisterten Hin-gabe an die Volksgemeinschaft für große Teile ihrer Generation, ganz besonders aus dem bürgerlich-konservativen Milieu, das sie andeutet, und besonders konsequent ist sie später hauptberuflich Jugend- und Arbeitsdienstführerin geworden. Dabei ließ sich die eigene Begeisterung «idealistisch» deuten, weil sie den Verzicht auf «Standes»-Privilegien einschloß, und so gesehen meinte der Idea-lismus durchaus nicht das Böse, weder den Krieg noch gar Ausch-witz, sondern das Wegsprengen der alten Beschränktheiten, auch oder gerade der moralistischen. Freilich bot die «Volksgemein-schaft» für den zerstörten Milieu-Moralismus keinen Ersatz, bloß das Führerprinzip von Befehl und Gehorsam, nur den Dienst, die Pflichterfüllung und Opferbereitschaft.

Betrachtet man die NSDAP der «Kampfzeit», so stellt sie sich tatsächlich als eine Jugendbewegung dar, und dieser Umstand hat ihr Profil weit stärker bestimmt als die sehr gemischte Herkunft ihrer Anhänger: «1930 waren 36,8 Prozent der Mitglieder und

26,2 Prozent der Führungsgruppe der NSDAP 30 Jahre und jünger. Nicht weniger als 43 Prozent der zwischen 1930 und 1933 neu in die Partei eingetretenen Mitglieder waren zwischen 18 und 30 Jahre, immerhin noch 27 Prozent zwischen 30 und 40 Jahre alt. In der SPD beispielsweise gehörten kaum halb so viele Mitglieder diesen Altersgruppen an. Im Vergleich zur SPD und erst recht zu den bürgerlichen Parteien war die NSDAP eine Jugendpartei. Auch in den nationalsozialistischen Parlamentsfraktionen hatten die Jungen ein großes Übergewicht. In dem am 14. September 1930 gewählten Reichstag waren nur rund 10 Prozent der SPD-Abgeordneten unter 40 Jahre, bei der NSDAP-Fraktion waren es, genau wie bei der KPD, rund 60 Prozent.»[14]

«Macht Platz, ihr Alten!» forderte der «Reichsorganisationsleiter» Gregor Strasser.[15] Im Jahre der Machtergreifung feierte Adolf Hitler seinen 44., Hermann Göring den 40., Joseph Goebbels den 36. Geburtstag. Heinrich Himmler und Martin Bormann gehörten zum Jahrgang 1900. Noch «Twens» waren Baldur von Schirach und Albert Speer, waren Organisatoren und Exekutoren des SS-Staates wie Reinhard Heydrich, Ernst Kaltenbrunner, Otto Ohlendorf, Walter Schellenberg, Adolf Eichmann. Ähnlich überall: Gerade 30 Prozent der Kreisleiter hatten – nach dem Stande vom 31. Dezember 1934 – das vierzigste Lebensjahr hinter sich.

Der Charakter einer Jugendbewegung mit ihrer Opposition gegen das «System» der Alten und Etablierten mußte sich allerdings verlieren, nachdem man am Ziel war und selbst zu den Etablierten gehörte. Als 1936 die Hitler-Jugend zur Staats- und Pflichtorganisation für alle Zehn- bis Achtzehnjährigen erklärt wurde, betonte ihr Führer, Baldur von Schirach: «Der Gegensatz der Generationen ist heute überwunden. Und das ist gut so, denn Jugendbewegungen haben nur insoweit Daseinsberechtigung, als sie fähig sind, ihre Tätigkeit für den Staat und damit für alle Generationen positiv zu gestalten: Sie sind nicht daseinsberechtigt als Organisation unreifer, oppositioneller Kräfte gegen die Führung ihrer völkischen Gemeinschaft.»[16] Das dämpfte freilich die Begeisterung, und in dem Maße, in dem der Dienst in der Hitler-Jugend zur Routine, zum Drill, schließlich zur vormilitärischen Ausbildung verkam, wuchsen die Reibungsverluste, keimte neue, gegen das jetzt herrschende System gerichtete Opposition – bis hin zum Widerstand.[17]

An der Bedeutung der Jugend während der «Kampfzeit» ändert das nichts. Zur Legende gehört dagegen, daß Hitler von den Frauen zur Macht getragen worden sei. Nicht bloß unter den Mitgliedern, sondern auch unter den Wählern blieben sie bis 1933 deutlich unterrepräsentiert. Doch das ist verständlich und folgerichtig; länger und weit stärker als die Männer band ihre Erziehung und der ihnen zugewiesene Lebensraum Frauen ans ererbte Milieu. Wenn sie sich allerdings engagierten, taten sie es oft mit besonderem Nachdruck; wie Melita Maschmann fanden sie eine Chance, sich im politischen Dienst aus ihren Fesseln zu befreien.

Gegen den Ruf zur Heimkehr entfaltete so der Nationalsozialismus eine paradoxe Wirkung: «Der Totalitätsanspruch, mit dem die Erziehung zur ‹rassenbewußten› und ‹erbgesunden› deutschen Frau und Mutter bis in den letzten Winkel des Reiches getragen wurde, führte die Mädchen aus der traditionellen Enge ihrer Erfahrungs- und Wertewelt von Haushalt, Familie, Kirche und Schule, deren Bewahrung gegen alle ‹zersetzenden Kräfte› des Marxismus die Nationalsozialisten propagiert hatten. Nun verbrachten sie ihre Freizeit außer Haus, unter jugendlicher Führung und in Formen, die nicht selten traditionellen Moralvorstellungen widersprachen. In der Provinz kam schon der Mädchensport und das Tragen von Sportkleidung einem revolutionären Anspruch der Moderne gleich.»[18]

Ohnehin reichten die Widersprüche zwischen Propaganda und Wirklichkeit nicht sehr tief; bei der Verklärung der Mutterschaft, samt Ehestandsdarlehen und Mutterkreuzen, ging es im Grunde doch nur um eine Steigerung der Geburtenrate. Ähnlich meinte «Blut und Boden» durchaus keine erneuerte Bindung an die alten Milieus, sondern im Gegenteil deren Einebnung zugunsten der völkischen «Artgleichheit». Und jene «Heimat», die man so oft und mit so viel Betonung feierte, war nicht die konkrete, vielgestaltige, von Region zu Region unterschiedliche, nicht die Wirklichkeit, die aus Gerüchen, Bildern, Empfindungen von seiner Kindheit her dem Menschen zuwächst, sondern eine Schlagetot-

Parole im Kampf gegen «Asphalt» und «Wurzellosigkeit», gegen Urbanität und Weltoffenheit.

Zugleich wird verständlich, warum der Kapitalismus unangetastet blieb, dem doch, wie dem Marxismus, eine «zersetzende» Wirkung zugeschrieben wurde. Denn was er wirklich zersetzte, hatte bereits das «Kommunistische Manifest» präzise beschrieben: «Alle festen, eingerosteten Verhältnisse mit ihrem Gefolge von altehrwürdigen Vorstellungen und Anschauungen werden aufgelöst, alle neugebildeten veralten, ehe sie verknöchern können. Alles Ständische und Stehende verdampft, alles Heilige wird entweiht, und die Menschen sind endlich gezwungen, ihre Lebensstellung, ihre gegenseitigen Beziehungen mit nüchternen Augen anzusehen.» Wie denn sonst sollte die totale Mobilmachung, wie die Rüstung zum Krieg durchgesetzt werden?

Volksgemeinschaft und Modernisierung: Der Zusammenhang läßt ein Motiv der Hoffnung und der Begeisterung erkennen, mit der Millionen von Menschen, besonders aus der jungen Generation, dem Nationalsozialismus zuströmten. Er zeigt zugleich die Verblendung jener konservativen Kräfte, die dem Wahn erlagen, Hitler für ihre Zwecke «engagieren» zu können. In der Gegenperspektive macht er verständlich, warum die Verteidiger der Republik im Rückblick so seltsam farblos, so wenig mitreißend wirken: kein Volkstribun von Format weit und breit. Zwar mochten die noch intakten Milieubindungen, vor allem die katholischen und die sozialdemokratisch-gewerkschaftlichen der Industriegebiete, gegen die nationalsozialistische Versuchung in hohem Maße immunisieren; die Wahlergebnisse weisen dies aus bis zum März 1933. Aber es handelte sich um Bindungen nach rückwärts, nicht um ein Ausgreifen in die Zukunft.

Die Doppelmenschen

Im Jahre 1938 hat Hitler, vom Jubel umbrandet, die Erziehung zur Volksgemeinschaft beschrieben: «Diese Jugend, die lernt ja nichts anderes als deutsch denken, deutsch handeln, und wenn diese Knaben und diese Mädchen mit ihren zehn Jahren in unsere Organisation hineinkommen und dort zum ersten Mal eine frische Luft bekommen und fühlen, dann kommen sie vier Jahre später vom Jungvolk in die Hitler-Jugend, und dort behalten wir sie wieder vier Jahre. Und dann geben wir sie erst recht nicht zurück in die Hände unserer alten Klassen- und Standeserzeuger, sondern dann nehmen wir sie sofort in die Partei, in die Arbeitsfront, in die SA oder SS, in das NSKK und so weiter. Und wenn sie dort zwei oder anderthalb Jahre sind und noch nicht ganze Nationalsozialisten geworden sein sollten, dann kommen sie in den Arbeitsdienst und werden dort wieder sechs und sieben Monate geschliffen, alles mit einem Symbol, dem deutschen Spaten. Und was dann nach sechs oder sieben Monaten noch an Klassenbewußtsein oder Standesdünkel da oder da noch vorhanden sein sollte, das übernimmt dann die Wehrmacht zur weiteren Behandlung auf zwei Jahre, und wenn sie nach zwei, drei oder vier Jahren zurückkehren, dann nehmen wir sie, damit sie auf keinen Fall rückfällig werden, sofort wieder in die SA, SS und so weiter, und sie werden nicht mehr frei ihr ganzes Leben.»[19]

Dreister und drastischer, unverhüllter konnte kaum gesagt werden, was eine totale oder totalitäre Herrschaft bedeutet. Wochenschauen und Propagandafilme lieferten die entsprechenden Bilder: jedes Haus unter der Hakenkreuzfahne, Massenaufmärsche und «Heil!»-Gewoge, die Volksgenossen vor dem Volksempfänger versammelt, gläubigen Gesichts, um den Führer zu hören. Die Deutschen, die jungen zumal, uniformierten sich. Sie exerzierten, sie sangen:

«Es zittern die morschen Knochen
der Welt vor dem großen Krieg.
Wir haben den Schrecken gebrochen,
für uns war's ein großer Sieg.
Wir werden weitermarschieren,

wenn alles in Scherben fällt,
denn heute gehört uns Deutschland
und morgen die ganze Welt.»[20]

Die Schlußfolgerung lag nahe, viele Beobachter haben sie gezogen wie weithin dann die Sieger von 1945: daß die im Nationalsozialismus aufgewachsene Generation eine vielleicht für immer «verlorene» sein werde.

Doch was die Reden beschworen und die Bilder zeigten, war eine halbierte Wahrheit. Der Alltag des Dritten Reiches sah anders, alltäglicher und normaler aus. Ohnehin erzog die Wehrmacht militärisch, kaum nationalsozialistisch; die Massenorganisation der SA fristete seit 1934 ein Schattendasein, wobei ihre «Kameradschafts»-Abende hauptsächlich den Bierkonsum hoben; Hitlerjunge war man – soweit der Dienst denn stattfand – am Mittwoch- und Samstagnachmittag für zwei oder drei Stunden.[21] Im Hauptteil ihrer Zeit lebten die weitaus meisten Deutschen ein ziviles Dasein wie je, dankbar für «Ruhe und Ordnung», für den Zugewinn an materieller Sicherheit. Sie arbeiteten, verliebten sich und zankten, gründeten Familien, feierten mit ihnen Weihnachten und kein «Jul»-Fest, spielten Skat oder Fußball, sie bewirtschafteten ihren Schrebergarten oder fuhren ins Grüne, gingen ins Kino und in die Konzerte, besuchten die Gottesdienste oder blieben ihnen fern, wie sie es gewohnt waren. In den Universitäten kehrten nach den Turbulenzen des Anfangs die Studenten zum Studium zurück; in den Schulen überwog – außerhalb der Feierstunden – das Hergebrachte. Man lernte das kleine und das große Einmaleins, Vokabeln und Schillers «Lied von der Glocke»; das Englische rückte zur ersten Fremdsprache auf – und die lateinische Schrift vor die deutsche.

Man muß diese zivile Normalität besonders betonen, weil sie in der Rückschau so leicht verschwimmt und entschwindet; die historischen Darstellungen ebenso wie die gesammelten Erfahrungsberichte und die Memoiren konzentrieren sich, sehr verständlich, auf das Außer-Ordentliche, die politischen Ereignisse, aufs Bedrohtsein oder das begeisterte Mitmachen, auf Widerstand und Verfolgung. Aber von dieser Bedrohtheit und von der Verfolgung hat die Mehrheit der Deutschen in den «guten» Jahren des Regimes kaum etwas verspürt; im Winter 1936/37 war die Zahl der Häftlinge in den Konzentrationslagern – von denen nur ein Teil zu den «Politischen» gehörte –, auf unter zehntausend gesunken.

Das Regime selbst hat auf seine Weise die Halbierung des eigenen Anspruchs oder, anders ausgedrückt, die Verdoppelung des Daseins zu zwei voneinander geschiedenen Bereichen nicht nur hingenommen, sondern in mancher Hinsicht sogar gefördert. Exemplarisch läßt sich das am Filmwesen des Dritten Reiches ablesen, einem wichtigen, wenn nicht – neben dem Rundfunk – dem wichtigsten Instrument zur Massenbeeinflussung, dem der Propagandaminister Dr. Goebbels seine besondere Aufmerksamkeit widmete. Politische Filme blieben vom «SA-Mann Brand» über «Jud Süß» bis «Kolberg» die Ausnahme. «Wir legen an sich keinen gesteigerten Wert darauf, daß unsere SA über die Bühne und über die Leinwand marschiert. Ihr Gebiet ist die Straße», stellte der Minister fest.[22]

In der Tat: Wer ins Kino ging, sah Propaganda in der Wochenschau, oft auch im beigeordneten «Kultur»-Film. Aber er kam wegen des Spielfilms; «Quax der Bruchpilot» war ihm lieber als der «Hitlerjunge Quex», und er wollte sein Lieblings-Liebespaar Lilian Harvey und Willy Fritsch wiedersehen. Im Krieg hießen die großen Kinoerfolge «Es war eine rauschende Ballnacht» (1939), «Mutterliebe» (1940), «Wunschkonzert» (1941), «Frauen sind doch bessere Diplomaten» (1942), «Die große Liebe» (1943), «Der weiße Traum» (1944). Das wirklich Verblüffende an den typischen Unterhaltungsfilmen des Dritten Reiches ist, daß sie die Existenz des Regimes so folgerichtig und vollständig ausblenden, als habe es eine nationalsozialistische Bewegung und ihre «Machtergreifung» nie gegeben. Kein Parteiabzeichen, keine braune Uniform, kein Hakenkreuz weit und breit, sondern eine bürgerliche, meist gehobene Gesellschaft samt Frack und Abendkleid; nie ein «deutscher Gruß», dafür der formvollendete Handkuß. Und wenn Uniformen überhaupt auftauchen, dann möglichst operettenhaft weit hergeholt, etwa aus der österreichisch-ungarischen Zeit vor 1914.

Ähnlich überall. Ein politisches Theater von Bedeutung, das dem «linken» der Weimarer Republik nur von ferne vergleichbar wäre, hat man gar nicht erst versucht. Der Spielplan der Berliner Bühnen einer beliebigen Woche – vom 30. Januar bis zum 5. Februar 1940[23] – bot in den Opernhäusern Mozart und Wagner, dazu «La Traviata», «Carmen», «Aida». Auf den Sprechbühnen konnte man «Pygmalion», «Othello», «Maß für Maß», «Götz von Berlichingen» sehen, besonders aber: «Der Maulkorb», «Der müde Theodor», «Drei alte Schachteln», «Bob macht sich gesund». Die Operette zeigte: «Die Fledermaus» und «Der Graf von Luxemburg», ein KdF-Kindertheater: «Das tapfere Schneiderlein».

Zu den Bucherfolgen gehörten «Die Majorin» (1934) und «Das einfache Leben» (1939) von Ernst Wiechert, «Der Großtyrann und das Gericht» (1935) von Werner Bergengruen, «Der Vater» (1937) von Jochen Klepper, «Das Reich der Dämonen» (1941) von Frank Thieß: Bücher der Besinnung, des Rückzugs, der Idylle oder der mehr oder minder deutlichen Distanzierung und verschlüsselten Kritik[24], wie auch «Auf den Marmorklippen» (1939) von Ernst Jünger. Zu den ausländischen Erfolgsautoren gehörten Margaret Mitchell mit «Vom Winde verweht» (deutsch 1937), Antoine de Saint-Exupéry mit «Wind, Sand und Sterne» (1939) und Ernest Hemingway mit «Wem die Stunde schlägt» (1940).

Das Beharren bei ziviler Normalität sehr weit in den Krieg hinein, für das die Spielpläne der Theater und Kinos demonstrierten, kommt kaum von ungefähr. Das Regime, Hitler vorab, von den Alpträumen des November 1918 geplagt, nahm Rücksichten. Darum fand jene vielberedete totale Mobilmachung, für die der Führerstaat wie geschaffen schien, jedenfalls bis zur Kriegswende gar nicht statt, im markanten Gegensatz zum demokratischen England. Die Zahl der berufstätigen Frauen sank von 1939 bis 1941 sogar um eine halbe Million, unter anderem wegen einer großzügigen Familienversorgung der zur Wehrmacht einberufenen Männer. Wie groß die Reserven noch waren, zeigt die Tatsache, daß trotz der wachsenden Bombenangriffe die Rüstungsproduktion unter der energischen Leitung Albert Speers von 1942 bis 1944 ums Dreifache emporschnellte.[25]

Wohlgemerkt: Es geht nicht darum, die Realität des Dritten Reiches hinwegzuerklären, so als sei sie harmlos und beinahe gemütlich gewesen. Ganz im Gegenteil geht es darum, das Unbegreifliche begreifbar zu machen und zu erkennen, wie die Barbarei möglich wurde. Was das wilhelminische Ideal der machtgeschützten Innerlichkeit als ein Nebeneinander von Privatheit und Gehorsam vorbereitete, vollendet sich nun: Der «idealtypische» Deutsche führt zwischen 1933 und 1945 ein Doppelleben, er ist eine gespaltene Persönlichkeit; eben die Menschen, die als biedere Bürger in ihrer unpolitischen Normalexistenz ruhen, sind zugleich diejenigen, die sich uniformieren und marschieren, am Willen zur Macht berauscht und ihm hörig, Untertanen, die zur Macht aufrücken und Machtmenschen als Untertanen.[26] Daß das Regime beides bedient, das Bürgerbedürfnis nach Ruhe, Ordnung und Sicherheit ebenso wie das Herren- und Heldenbewußtsein, das erst macht das Ganze seiner Anziehungskraft aus.

Zum Doppelmenschen gehört das doppelte Gewissen. Im einen bleiben die Maßstäbe der Moral, der Bildung, der Zivilität, die europäischen und die christlichen Traditionen wie je. Im anderen regiert der Dienst, ein «Idealismus» der Pflichterfüllung, was immer sie sein mag, ohne Rück-Sicht auf sich und auf andere. Im Extremfall, vielmehr in der geraden Konsequenz gelangt man zur Figur eines Rudolf Höß, des Kommandanten von Auschwitz, der die Massenvernichtung ebenso vorbildlich organisiert, wie er nach Feierabend mit seiner Frau und seinen fünf Kindern ein vorbildliches Familienleben führt, tierliebend dazu.[27] Aber das Prinzip gilt im Mitlaufen und Mittun, im Dabeisein und Wegschauen vielmillionenfach.

Zwischen dem einen und dem anderen Gewissen baut sich eine Scheidewand auf, aus Berührungsängsten stabilisiert. Denn jeder Übergriff hätte auf der einen Seite die Schuld- oder Schamgefühle wecken müssen, indessen die andere von Schwäche und Versagen, vom «inneren Schweinehund», von Feigheit vor dem Feind redete. In diesem Sinne hat der Schriftsteller Felix Hartlaub in einem Brief, den er unter dem Eindruck der «Reichskristallnacht» verfaßte, von der «Unberührbarkeit» gesprochen, die er sich im Laufe der Zeit zulegte und die «etwas ziemlich Bestialisches» an sich habe.[28] In der Tat, sie war das Bestialische – oder doch die Bedingung seiner Möglichkeit.

Die «Reichskristallnacht», das Novemberpogrom von 1938, wird hier nicht zufällig erwähnt; sie liefert eine praktische Probe. Alle Berichte besagen, daß es außer den zur Aktion Befohlenen kaum jemanden gab, der sich beteiligte. Die Menschen reagierten mit Schweigen, bedrückt und betroffen. Ob allerdings Mitgefühl, Mitleiden mit den Verfolgten im Spiel war, ist die Frage; auch Empörung wurde nicht laut, und heimliche Hilfe blieb die Ausnahme. Darum liegt die Vermutung zumindest nahe, daß es im Betroffensein in erster Linie um die eigene Existenz ging: Brandstiftung, Verwüstung und Plünderung, noch dazu offiziell als «spontan» erklärt, widersprachen der Bürgermoral von Ruhe und Ordnung. Wenn man überdies nicht umhin konnte, Zeuge zu sein, gerieten die Doppelexistenz und die Doppelmoral in Gefahr. Insofern bildet die Reaktion von 1938 ein konsequentes Gegenstück zur Zustimmung, die die Mordserie vom Sommer 1934 gefunden hatte: Daran nahm man nur wahr, daß das Rabaukentum gestraft und die Unordnung beendet wurde. Das Regime hat auf seine Weise die Konsequenz gezogen, indem fortan die Verfolgung bürokratisch geregelt ablief und niemand zusehen mußte, der nicht zusehen wollte.

Nach 1945 haben Sieger die Besiegten, seit 1968 Söhne die Väter peinlich befragt: Was habt ihr gewußt, seid ihr nicht Zeugen gewesen? Legte keiner die Listen an, war jeder verreist, als die Verfemten aus den Häusern geholt und fortgetrieben wurden? Fuhren Geisterzüge ohne Personal die Opfer hinweg? Hat man die Vernichtungsbefehle im Osten unterdrückt statt verlesen, fanden die Massentötungen in Niemandsländern statt? Seid ihr taubstumm gewesen, haben nicht sonst die Gerüchte, die Erzählungen aus dem Hörensagen sich in Windeseile verbreitet?

Doch auf sonderbare Weise verfehlten solche Fragen ihr Ziel. Sie betrafen jene andere Seite der deutschen Doppelexistenz, die in den Schatten der Geschichte versunken war – mehr noch: die sich aufgelöst hatte, als sei sie nie gewesen. Auf vielen Feldern hat im übrigen die Psychologie die Fähigkeit des Menschen zum Verdrängen erkundet, wie die Kommunikationsforschung die Tatsache, daß Nachrichten nur angenommen werden, wenn sie bestätigen und verstärken, was man wissen möchte und ohnehin schon zu wissen meint. Oder wie man in «Jenseits von Gut und Böse» bei Nietzsche nachlesen kann: «‹Das habe ich getan›, sagt mein Gedächtnis. ‹Das kann ich nicht getan haben› – sagt mein Stolz und bleibt unerbittlich. Endlich – gibt das Gedächtnis nach.»

Der Doppelstaat und das Beispiel der Wehrmacht

Der gespaltene Charakter kennzeichnete nicht nur die Menschen, sondern das System insgesamt. Ernst Fraenkel hat in einer frühen und wichtigen Untersuchung vom Doppelstaat gesprochen[29]; aus seiner umfangreichen Dokumentation der Rechtsprechung und des Unrechts entwickelte er die Unterscheidung zwischen dem Normenstaat und dem Maßnahmenstaat.

Das Unternehmen, das ein anderes aufkauft oder Konkurs anmeldet, die Stadtverwaltung, die einen Bebauungsplan beschließt und ihren Haushalt verabschiedet, das Finanzamt, das Steuern erhebt, der Schutzmann, der den Verkehr regelt, der Bürger, der sein Testament aufsetzt, sich scheiden läßt, den Nachbarn wegen ruhestörenden Lärms verklagt: Sie alle bewegen sich im Rahmen des überlieferten Rechts, und die Gerichte arbeiten und urteilen im wesentlichen so, wie sie es immer schon taten, nach den Normen des Bürgerlichen Gesetzbuches, des Verwaltungsrechts oder des Strafgesetzbuches, soweit Vergehen nicht als politisch bedeutsam eingestuft werden. Kurz: Im Zivil- und Alltagsleben regiert der Normenstaat.

Der Maßnahmenstaat dagegen ist der eigentlich politische und der herrschende, der Gegenspieler des Rechtsstaates. Sein oberstes Gesetz ist der Befehl – nicht bloß der Führerbefehl Adolf Hitlers, sondern der Befehl überhaupt, den jeder erlassen kann, sobald er mit Uniform und Funktion ein Stück Macht ergattert hat. Als Recht gilt, was dieser Macht nützt. Die Maßnahme regiert, sie wird angeordnet und durchgeführt. Folgerichtig wird nach Willkür nicht nur gehandelt, wenn es um Sachen, sondern auch oder gerade, wenn es um Menschen geht. Es wird verhaftet, gefoltert, ins

Konzentrationslager verschleppt, getötet, denn im Maßnahmenstaat löst sich die Polizeigewalt aus der Kontrolle des Rechts. Weil
einerseits die SS unter Heinrich Himmlers zielbewußter Führung
die Polizeigewalt als ihren Monopolbesitz an sich bringt, entwik-
kelt sich der SS-Staat zum heimlich-unheimlichen Gewaltzen-
trum des Dritten Reiches.[30] Indem andererseits die Juden Schritt
um Schritt aus dem Normenstaat ausgegrenzt und völlig dem
Maßnahmenstaat ausgeliefert werden, sind sie die exemplarischen
Opfer.[31]

Es versteht sich, daß zwischen dem Normen- und dem Maßnahmenstaat Spannungen auftraten und Grenzkonflikte beinahe alltäglich waren. Im Zweifelsfall siegte der Maßnahmenstaat; je tiefer in
den Krieg hinein, der Katastrophe entgegen, desto heilloser wu-
cherten seine Befugnisse. Daß der «Reichsführer-SS» 1943 zum Innenminister aufrückte und nach dem Attentat vom 20. Juli 1944 als
Befehlshaber des Ersatzheeres sogar eine zentrale Wehrmacht-
funktion übernahm, markiert nur den Sachverhalt.

Ohnehin kennzeichneten zunehmende Deformationen auch den
Normenstaat, teils durch die Auslese und Anpassung der Richter
und Verwaltungsbeamten, teils durch das Vordringen unbestimm-
ter «Gemeinwohl»-Begriffe, die dem Belieben ihrer Auslegung
weite Spielräume eröffneten. Dennoch blieb und galt insgesamt der
Gegensatz, bis ins Makabre hinein: Oft genug ist es vorgekommen,
daß der Richter, der im Strafverfahren ein – an traditionellen Maßstäben gemessen – unmäßig hartes Urteil fällte, eben dadurch dem
Angeklagten das Leben rettete, sei es gewollt oder ungewollt.
Denn selbst im Zuchthaus unterstand der Gefangene noch einem
«normalen» Strafvollzug. Der Freigesprochene dagegen konnte
sofort wieder verhaftet und dann in ein Lager abtransportiert werden, in dem die Normen nicht mehr aus dem Leben, sondern aus
dem Tod stammten.

Man kann den Sachverhalt noch unter einem anderen Gesichtspunkt beschreiben. Im Maßnahmenstaat regierte die Willkür des
Führers und seiner Gefolgsleute, der großen und kleinen Machthaber – das heißt, entgegen dem Anspruch und ersten Augenschein,
nicht die Ordnung, sondern die Unordnung, eine Art von autoritä-

rer Anarchie. Von keiner Verfassung oder selbst nur Geschäftsordnung gebändigt, rangen die Amtswalter und Organisationen miteinander um Zuständigkeiten, Einfluß und Ansehen. Zwar gab es – theoretisch – noch eine Reichsregierung, praktisch aber löste sie sich mehr und mehr auf. Kabinettssitzungen unter Vorsitz des Reichskanzlers wurden immer seltener, die späteste fand am 9. Dezember 1937 statt, die überhaupt letzte Ministerbesprechung am 5. Februar 1938. Hitler bevorzugte die Einzelgespräche und die Anordnungen von Fall zu Fall – gemäß dem Prinzip, das Sebastian Haffner beschrieben hat:

«Nur so konnte er sich selbst die unbeschränkte Handlungsfreiheit nach allen Seiten sichern, die er haben wollte. Denn er hatte das vollkommen richtige Gefühl, daß jede verfassungsmäßige Ordnung die Macht auch des mächtigsten Verfassungsorgans einschränkt: Mindestens stößt sich auch der mächtigste Mann eines Verfassungsstaates an Zuständigkeiten, er kann nicht allen alles befehlen; und mindestens ist dafür gesorgt, daß es auch ohne ihn weitergehen kann. Beides aber wollte Hitler nicht, und deswegen schaffte er jede Verfassung ersatzlos ab. Er wollte nicht der erste Diener eines Staates sein, sondern Der Führer – ein absoluter Herr; und er erkannte richtig, daß absolute Herrschaft nicht in einem intakten Staatswesen möglich ist, sondern nur in einem gebändigten Chaos. Deswegen ersetzte er von Anfang an den Staat durch ein Chaos – und man muß ihm zugestehen, daß er es, solange er lebte, zu bändigen verstand.»[32]

Das gebändigte Chaos als Bedingung absoluter Macht: Dies in der Tat ist die *raison* des Maßnahmenstaates. Es sei im übrigen an Carl Schmitts Bestimmung der Diktatur aus dem Ausnahmezustand erinnert, in der die Entscheidung über Freund und Feind, normativ gesehen, «aus dem Nichts geboren» wird – und an Hermann Hellers Vorhersage, daß die Diktatur die politische Erscheinungsform der Anarchie sei.[33]

Gleichzeitig allerdings braucht jede Macht, auch und gerade die absolute, Machtinstrumente, die, um leistungsfähig zu sein, ihrer eigenen Ordnung und Regelhaftigkeit bedürfen. Ernst Fraenkel hat den Fortbestand des Normenstaates vor allem als Rücksichtnahme

auf die kapitalistische Wirtschaft gedeutet. Daran ist wahr, daß unternehmerischer Wagemut und wirtschaftliche Effektivität um so
dringender auf rechtlich gesicherte Rahmenbedingungen angewiesen sind, je dynamischer sie sich entfalten sollen. Historisch betrachtet ist die Entwicklung des modernen Rechtsstaates nicht bloß
der Bürgerbegeisterung für Menschen- und Verfassungsrechte zu
verdanken, sondern mindestens ebenso den Wirtschaftsinteressen.
Neben und mit dem Rechtsstaat wird außerdem der Verwaltungs-
staat wichtig, eine berechenbare, zuverlässig und diensttüchtig
arbeitende Bürokratie. Die Beibehaltung des Normenstaates in
Recht und Verwaltung ist daher nicht aus einer Rücksichtnahme
des Regimes auf Kapitalinteressen abzuleiten, sondern aus seinem
elementaren Interesse, aus den Funktionsbedingungen seiner eigenen Machtentfaltung – und nicht zuletzt natürlich aus der wirtschaftlichen Mobilmachung für den Krieg.

Doch im Dritten Reich ging es nicht bloß um Wirtschaft und
Verwaltung. Für die Entfaltung von Macht, für den Kampf um
«Lebensraum» und die Träume von Herrschaft kam einem anderen
Instrument die zentrale, schlechthin überragende Bedeutung zu:
der Wehrmacht. Auch sie mußte daher in ihren Funktionsbedingungen respektiert, in ihrer relativen Selbständigkeit anerkannt
werden. Hitlers Entscheidung von 1934 für die Reichswehr und
gegen die SA wurde gewiß von der Furcht vor der einzig verbleibenden Kraft diktiert, die ihm gefährlich werden konnte. Sie hatte
aber ebenso mit der Einsicht zu tun, daß nicht die «braunen Bataillone», sondern einzig die militärischen Fachleute das Mittel für
seine Kriegs- und Eroberungspläne zu liefern vermochten.

Hinzu kam das geradezu mythische Ansehen der Armee. Daß ihr
für das Wohl und Wehe des Staates und der Nation eine Schlüssel-
und Schicksalsrolle zustehe, das war in borussisch-deutscher Perspektive eine Selbstverständlichkeit, eine Art von Glaubensbekenntnis, an das zu rühren beinahe Gotteslästerung, jedenfalls
Frevel bedeutete: Was denn sonst lehrte die Geschichte seit den
glorreichen Tagen, da der große Friedrich das kleine Preußen zu
einer Macht von europäischem Rang emporkämpfte und sie gegen
beinahe ganz Europa behauptete, was der Fall und Wiederaufstieg

in der napoleonischen Zeit, was die Begründung des Bismarckreiches durch «Blut und Eisen»? Und was der Weltkrieg, was sein Ausgang 1918? Gehörte nicht zur «Schmach von Versailles», die es zu tilgen galt, die Beschränkung auf das Hunderttausend-Mann-Heer? Die Wiederaufrüstung seit 1933, die Wiedereinführung der allgemeinen Wehrpflicht im März 1935 und die Wiederherstellung der «Wehrhoheit» im Rheinland konnten daher mit nahezu allgemeiner Zustimmung rechnen. Wer unter den Deutschen – Gegner des Nationalsozialismus eingeschlossen – hat nicht zumindest einen Anflug von Stolz verspürt, als am 20. April 1939, zu Hitlers 50. Geburtstag, die erneuerte Wehrmacht im alten Glanz, aber mit modernsten Waffen vor ihrem Obersten Befehlshaber paradierte?

Zur Modernität dieser Wehrmacht trugen die prägenden Erfahrungen des Jahres 1918 entscheidend bei. Sie besagten zunächst, daß sich das Deutsche Reich auf einen Stellungs- und Abnutzungskrieg nie wieder einlassen durfte, in dem keine Tapferkeit den mitteleuropäischen Mangel an Menschen- und Rohstoffreserven auszugleichen vermochte. Anders als die französische Armee, die sich als Sieger fühlte, brauchte man daher eine rasch raumgreifende, die schnelle Entscheidung sichernde Angriffswaffe; man fand sie in der zu eigenen Großverbänden organisierten Panzertruppe, die dann, durch Luftstreitkräfte unterstützt, das Bild der «Blitz»-Feldzüge und Siege von 1939 bis 1941 tatsächlich geprägt hat. Dabei ist durchaus nicht verschwiegen worden, worum es sich handeln würde: «Achtung! Panzer» hieß eine Schrift, die der «Vater» der neuen Waffe, Heinz Guderian, 1937 veröffentlichte.

Zweitens hatte man erfahren, daß eine moderne Wehrmacht auf den politischen Flankenschutz, auf eine gesicherte Massenloyalität und im Kriegsfalle auf eine zuverlässige Mobilmachung der Gesamtnation angewiesen war. Warum also nicht auf Hitler setzen, wenn er genau dies nicht bloß versprach, sondern tatsächlich lieferte? Gegen die fragwürdigen Züge des Regimes, die man durchaus wahrnahm, fühlte man sich doppelt gesichert: einerseits durch das eigene, traditionsmächtige Elitebewußtsein, andererseits durch die Tatsache, daß niemand gegen Funktionsbedingungen, also gegen die Eigengesetzlichkeit der Wehrmacht verstoßen durfte, ohne ihre Schlagkraft zu schädigen, auf die es doch ankam. Es gab – so schien es – eine Reinheit oder sozusagen eine exterritoriale Form von Technizität, die jede «Verschmutzung» von vornherein abwies.

Übrigens besaß sogar dieses «Reinheits»- oder Exterritorialitäts-Verständnis bereits eine Tradition, die weit zurückreichte. «Das Heer, das ist jetzt unser Vaterland, denn hier allein sind die unreinen, gärenden Elemente, die alles in Frage stellen, noch nicht eingedrungen» – schrieb im Revolutionsjahr 1848 Albrecht von Roon, der spätere Kriegsminister.[34] Und schon aus dem 18. Jahrhundert stammte das – wohl fälschlich Mirabeau zugeschriebene – Bonmot, daß Preußen nicht ein Land sei, daß eine Armee habe, sondern eine Armee, die über ein Land verfüge, «in welchem sie gleichsam nur einquartiert steht». Nach 1918 hat dann die Reichswehr geradezu demonstrativ jenes Selbstverständnis eines puren Machtinstrumentes entwickelt, das allein dem Staat oder der Nation «an sich» zu dienen bestimmt sei, nicht einer Partei oder Weltanschauung. Folgerichtig haben nach 1933 viele, mit Gottfried Benn zu reden, ihren Eintritt in die Armee als eine «aristokratische Form der Emigration» gedeutet.

Sogar nach 1945 hat dieses Selbstverständnis noch eine Fortsetzung gefunden und das Bild der Deutschen vom Zweiten Weltkrieg weithin geprägt. Hitler, so ist zu hören, habe sich an die Spielregeln der Funktionenteilung zwischen Wehrmacht und Politik nicht gehalten und die Niederlagen verschuldet, indem er, dilettantisch, die militärische Führung an sich riß, die den Fachleuten zustand. «Verlorene Siege» heißt, in diesem Sinne bezeichnend, der Rechenschaftsbericht des wohl bedeutendsten Strategen, des Feldmarschalls Erich von Manstein. Vor allem aber habe der deutsche Soldat wie stets in der Geschichte seinem Vaterland gedient, seine Pflicht getan und ritterlich gekämpft – so wie es in seinem letzten Teil der letzte Wehrmachtsbericht vom 9. Mai 1945 beschwor:

«Seit Mitternacht schweigen nun an allen Fronten die Waffen. Auf Befehl des Großadmirals hat die Wehrmacht den aussichtslos gewordenen Kampf eingestellt. Damit ist das fast sechsjährige heldenhafte Ringen zu Ende. Es hat uns große Siege aber auch schwere

Niederlagen gebracht. Die deutsche Wehrmacht ist am Ende einer gewaltigen Übermacht ehrenvoll unterlegen. – Der deutsche Soldat hat, getreu seinem Eid, im höchsten Einsatz für sein Volk für immer Unvergeßliches geleistet. Die Heimat hat ihn bis zuletzt mit allen Kräften unter schwersten Opfern unterstützt. – Die einmalige Leistung von Front und Heimat wird in einem späteren gerechten Urteil der Geschichte ihre endgültige Würdigung finden. – Den Leistungen und Opfern der deutschen Soldaten zu Lande, zu Wasser und in der Luft wird auch der Gegner die Achtung nicht versagen. Jeder Soldat kann deshalb die Waffe aufrecht und stolz aus der Hand legen und in den schwersten Stunden unserer Geschichte tapfer und zuversichtlich an die Arbeit gehen für das ewige Leben unseres Volkes.»

Ähnlich stellen es seither zahllose populäre Veröffentlichungen dar, von den «Landser»-Heften bis zu opulenten Bildbänden, die jede Bahnhofsbuchhandlung feilhält. Das Ungeheuerliche, das gleichwohl geschah, haben offenbar Hitler und seine Schergen allein zu verantworten, etwa Einsatzkommandos und Sondereinheiten der Polizei und SS: Die Verbrecher – das waren «die anderen».

In seinem Buch «Die unsichtbare Flagge», das vom Krieg in Rußland erzählt und schnell zum Bestseller wurde, berichtet Peter Bamm: «In Nikolajew wurden die russischen Bürger, die jüdischen Glaubens waren, von einem Kommando der Anderen registriert, zusammengetrieben, ermordet und in einem Panzergraben verscharrt. Wir hörten davon durch Gerüchte, die wir zuerst nicht glauben wollten, aber schließlich glauben mußten. Ein Offizier vom Stabe des Armeeführers hatte die Szene photographiert... Zweifellos war die Empörung über die Massaker in der Armee allgemein. Jedermann empfand es als eine Schande, daß die Anderen die von tapferen Soldaten erkämpften Siege der Armee für ihre Ziele ausnutzen durften... Eine heftige Reaktion der ganzen kämpfenden Truppe gegen das Verbrechen hätte die Massaker nicht verhindert, sondern nur dazu geführt, daß sie heimlicher vorgenommen worden wären.»[35]

In dem Buch von beinahe 400 Seiten ist dies die eine Szene, in der

eine Art von Mitverschulden immerhin angedeutet wird und nicht
bloß vom Dienen unter der unsichtbaren Flagge der Ritterlichkeit,
sondern von der Illusion die Rede ist, sich «aristokratisch» und un-
befleckt abseits halten zu können.[36]

Illusion in der Tat. Zunächst einmal gilt, daß die Abgrenzung der
Armee, ihre «Reinerhaltung» als Heimstätte besonderer Art, als
unpolitischer Staat im Staate stets nur gegenüber «linken», zur Demokratisierung hindrängenden Kräften wirksam gewesen ist, nie
nach «rechts» – wie schon bei Roon in der Revolution von 1848,
wie für die Reichswehr in der Weimarer Republik. Woher denn
sonst – auf eigene Initiative! – der Treueschwur auf Hitler, kaum
daß Hindenburg tot war? Die Funktionselite der Wehrmacht
mochte manche Methoden des «Aufräumens» und «Ordnungs-
schaffens» mißbilligen und sie nur zu gern den «anderen» überlassen. Aber sie teilte die Auffassung, daß eine Ordnung ihren Namen
nur verdiene, wenn sie auf Herrschaft und Unterordnung, auf Befehl und Gehorsam gegründet werde. Und nur zu willig ließ sie
sich davon überzeugen – sofern es des Überzeugens überhaupt bedurfte –, daß einer wiedererstandenen Großmacht der Anspruch
auf «Lebensraum» jenseits der Grenzen zustehe, die die Sieger von
1918 diktiert hatten.

Im Krieg mag es eine Sehnsucht nach «Reinheit» durchaus gegeben haben. Kaum zufällig ist zum einzig populären Heerführer Erwin Rommel geworden, als er fernab in Afrika einem ritterlichen
Gegner einen ritterlichen Kampf lieferte, einen sozusagen zivilisierten Krieg der guten alten Art ohne Auswirkungen auf die Zivilbevölkerung. (Die Menschen, die in Libyen heute ein Staatsvolk bilden, sind wohl erst später eingewandert.) Aber verrät nicht gerade
diese Popularität, im Kontrast, eine Ahnung vom anderen, eigentlichen und unheimlichen Krieg: dem im Osten?

Hitler jedenfalls hat seine Befehlshaber nicht im Zweifel darüber
gelassen, daß er den Feldzug gegen die Sowjetunion als einen Un-
terwerfungs- und Vernichtungskampf außerhalb der Regeln des
herkömmlichen Kriegsrechts zu führen gedachte. Die einschlägigen Befehle sind formuliert, weitergegeben, verlesen – und durchgeführt worden. Inzwischen gibt es ein überwältigendes Material,

das die tiefe Verwicklung der Wehrmacht in das verbrecherische Handeln der angeblich «anderen» belegt.[37]

Doch selbst wenn man hiervon einmal absieht, stellt sich ein weiteres und das wirklich zentrale Problem: Die Funktionenteilung des Doppelstaates zwischen der technischen Instrumentalität der überkommenen Verwaltung, der Wirtschaft und vor allem eben der Wehrmacht auf der einen, der politischen Gewalt auf der anderen Seite hat nicht nur die Führung dem «Führer» überlassen, sondern sie hat die unerhörte Machtentfaltung des Dritten Reiches überhaupt erst ermöglicht. (Insofern laufen die Klagen über «verlorene Siege» im Ergebnis darauf hinaus, daß eine besser eingehaltene Arbeitsteilung zwischen dem «Dilettanten» und seinen militärischen Fachleuten der Gewaltherrschaft eine Chance zum Erfolg hätte eröffnen können.)

Willkür und Gewalt allein wären ein böser Spuk geblieben, ein Fieberanfall des Wahns wie der Hitlerkult und die Massenbegeisterung. Aber daß die politische Gewalt eine arbeitsteilige Verbindung zur überkommenen Tüchtigkeit der Verwaltung, zur Leistungskraft der Industrie, zur Tapferkeit der Soldaten und zur Präzision der Generalstabsplanung suchte, fand und befestigte, das widerlegte alle Hoffnungen auf einen schnellen und kläglichen Fall des «böhmischen Gefreiten». Das hat Europa und am Ende auch die Deutschen Millionen von Opfern gekostet. Das machte eine Weltanstrengung nötig, sie zu besiegen. Und in den Augen der Welt ist die Gewalt des Dritten Reiches unter den Waffen, in den Stiefeln der Wehrmacht durch Europa marschiert.

Für die Deutschen selbst stellt es indessen den Kern ihres Problems und ihres historischen Verhängnisses dar, daß sie der Doppelmoral des Doppelstaates erlegen waren, der Gehorsam und Pflichterfüllung zum alleinigen Maßstab ihres öffentlichen Dienstes erhob. Diese Absolutsetzung sekundärer Tugenden[38] hat sie blind gemacht gegenüber den Zielen, für die sie sich in Dienst nehmen ließen, und diese Verblendung hat auch über die Rolle der Wehrmacht im Dritten Reich entschieden. Darum gilt, was Gordon A. Craig im Schlußwort seiner Geschichte der preußisch-deutschen Armee gesagt hat:

«Bis zum allerletzten Ende zeigten die Befehlshaber der deutschen Armeen die technische Virtuosität und den physischen Mut, der seit der Wiedererhebung nach Jena und Auerstedt für das preußische Offizierskorps stets charakteristisch gewesen waren. Aber was die meisten von ihnen in diesen letzten verzweifelten Jahren nicht zeigten, war das, was sie auch nicht gezeigt hatten, als Hitler 1933 an der Schwelle zum Kanzleramt stand, was sie nicht gezeigt hatten, als er im Juni 1934 seine Mordbuben auf das Volk losließ, was sie nicht gezeigt hatten, als Schleicher ermordet und Fritsch degradiert wurde: nämlich eine Spur jenes moralischen Mutes, jener geistigen Unabhängigkeit, jener tiefen Vaterlandsliebe, die so große Soldaten der Vergangenheit wie Scharnhorst, Boyen und Gneisenau ausgezeichnet hatten. Ohne diese Eigenschaften waren ihre anderen Befähigungen wertlos und sie selbst machtlos, um die Katastrophe abzuwenden, die in so hohem Maße das Ergebnis ihres mangelnden politischen Verantwortungsgefühls gewesen ist.»[39]

Überlegungen zum Widerstand

Die Geschichte des Widerstandes im Dritten Reich ließe sich weithin als eine Geschichte aus Milieus schreiben: Es gab den proletarisch-sozialistischen, den christlichen in seinen katholischen und protestantischen Prägungen, den konservativen, preußisch-aristokratischen und soldatischen Widerstand. Und eigentlich nur von diesen Milieus her führte er übers Flüstern und Murren, über die persönliche Distanziertheit hinaus.[40].

Die Frontstellung ist verständlich. Ideologie und Praxis der «Volksgemeinschaft», die Weltanschauung und alle Mobilisierungsstrategien des Dritten Reiches zielten auf die Einebnung, auf eine massive Zerstörung oder schleichende Auflösung der traditionellen Milieus. Nicht nur ihre Organisationen wurden verboten, zerschlagen oder unterworfen, sondern der Angriff galt dem Kern des Hergebrachten, des Glaubens und der Lebensform. Gleichzeitig aber boten die Milieus, gerade indem sie angegriffen wurden, dem einzelnen Zuflucht und Rückhalt, Verstecke und Verbindungen, praktische Solidarität und innere Stärkung.

Wenn zum Beispiel die Nationalsozialisten unmittelbar nach der «Machtergreifung» mit Hilfe der «Deutschen Christen» von innen her eine Eroberung der evangelischen Kirchen, ihre «Gleichschaltung» zur Abart einer innerweltlichen, völkischen Heilsverkündigung versuchten, dann wurden die wirklichen Christen zur Verteidigung des Glaubens herausgefordert. Die Bekennende Kirche entstand, deren Rüstzeug – die Theologische Erklärung der Barmer Bekenntnissynode vom 29. bis 31. Mai 1934 – Karl Barth mit reformatorischem Pathos formulierte. Es lohnt, sich die Abwehrthesen ins Gedächtnis zu rufen:

«Wir verwerfen die falsche Lehre, als könne und müsse die Kirche als Quelle ihrer Verkündigung außer und neben diesem einen Wort Gottes auch noch andere Ereignisse und Mächte, Gestalten und Wahrheiten als Gottes Offenbarung anerkennen. – Wir verwerfen die falsche Lehre, als gebe es Bereiche unseres Lebens, in denen wir nicht Jesus Christus, sondern anderen Herren zu eigen wären, Bereiche, in denen wir nicht der Rechtfertigung und Heiligung durch ihn bedürfen. – Wir verwerfen die falsche Lehre, als dürfe die Kirche die Gestalt ihrer Botschaft und ihrer Ordnung ihrem Belieben oder dem Wechsel der jeweils herrschenden weltanschaulichen und politischen Überzeugungen überlassen. – Wir verwerfen die falsche Lehre, als könne und dürfe sich die Kirche abseits von diesem Dienst besondere, mit Herrschaftsbefugnissen ausgestattete Führer geben oder geben lassen. – Wir verwerfen die falsche Lehre, als solle und könne sich die Kirche über ihren besonderen Auftrag hinaus staatliche Art, staatliche Aufgaben und staatliche Würde aneignen und damit selbst zu einem Organ des Staates werden. – Wir verwerfen die falsche Lehre, als könne die Kirche in menschlicher Selbstherrlichkeit das Wort und Werk des Herrn in den Dienst irgendwelcher eigenmächtig gewählter Wünsche, Zwecke und Pläne stellen.»[41]

Zwar mochten die eigenen, durchweg konservativen und staatskirchlichen Traditionen sich im Lichte dieser Bekenntnisthesen recht sonderbar ausnehmen, und im Alltag des Kirchenkampfes mochte oft genug das Allzumenschliche, das Verzagen und Stummbleiben, das Bemühen um Kompromiß und Beschwichtigung die Oberhand gewinnen. Die Machthaber ihrerseits konnten (1935) Karl Barth von seinem Lehrstuhl in Bonn vertreiben und zum Rückzug nach Basel zwingen; sie konnten (1937) Martin Niemöller, wie viele andere, verhaften und ins Konzentrationslager sperren. Doch die Herausforderung des Glaubens hatte eine Bruderschaft des Bekennens aktiviert, die sich nicht mehr auflösen ließ und aus der dann, wie Dietrich Bonhoeffer, Männer des Widerstandes auch im engeren politischen Sinne hervorgegangen sind.

Je fester und dichter im übrigen ein Milieu noch gefügt war, desto größer die Möglichkeit, den Widerstand wirksam zu machen. Wieder im Beispiel: Im Sommer 1941 hielt der Bischof von Münster, Clemens August Graf von Galen, seine berühmten Predigten gegen die «Vernichtung unwerten Lebens», die nationalsozialistischen «Euthanasie»-Aktionen. Ihre Höhe erreichten die Predigten am 3. August mit der Anklage, daß von Staats wegen gemordet werde. Diese Kanzelreden riefen ein gewaltiges Echo hervor; vielhundert- oder tausendfach abgeschrieben und weitergegeben, gelangten sie in Briefen auch an die Soldaten an der Front – und sogar nach England, von wo aus sie dann in Rundfunksendungen und Flugblättern zurückkehrten.[42]

Himmler forderte Galens Verhaftung, und Bormann schlug vor, «daß wir in diesem Falle die einzige Maßnahme ergreifen, die sowohl propagandistisch wie strafrechtlich angemessen ist, nämlich den Bischof von Münster zu erhängen»[43]. Goebbels jedoch setzte sich mit der Warnung durch, daß man dann für die Dauer des Krieges das Münsterland, ja ganz Westfalen abzuschreiben habe. So schützte das durch und durch katholische Milieu seinen Oberhirten, und die Machthaber sahen sich gezwungen, ihre Vernichtungsaktionen zumindest in der bisher praktizierten Form abzubrechen. Hitler selbst mußte sein Rachegelüst vertagen. Erst nach dem Krieg, erklärte er den Vertrauten im Führerhauptquartier, werde mit Galen «auf Heller und Pfennig abgerechnet»[44].

Bei der Abrechnung mit den Feinden von links hatte es solch

einer Vertagung nicht bedurft. Gleich nach der «Machtergreifung» waren vorab die Kommunisten, dann die Sozialdemokraten und die Gewerkschaften brutal angegriffen, ihre Führer und Funktionäre verhaftet, verschleppt, zur Flucht ins Exil gezwungen, ermordet worden. Dennoch bot das proletarische Milieu im Gewirr der Hinterhöfe, in Arbeitersiedlungen und Fabriken noch lange und immer neu Möglichkeiten zum Widerstand: für das Verstecken von Menschen und Material, für die Weitergabe von Nachrichten oder für Flugblattaktionen, mitunter sogar für Streik und Sabotage. Im Kampf mit der ebenso gnadenlos wie professionell operierenden Staatsgewalt forderten die in der Regel primitiven Organisationsformen und oft dilettantischen Aktionen schwere Opfer; auf einen Umsturz der Verhältnisse aus eigener Kraft durfte man ohnedies nicht hoffen.

Aber noch der Triumph der Gewalt schärfte das Bewußtsein oder weckte es wieder, mit «denen da oben», den braunen Bonzen und ihrer Form von «Volksgemeinschaft» nichts zu tun zu haben. Bemerkenswert genug hat es in der Spätzeit des Regimes einen Widerstand junger Arbeiter gegeben, der kaum gewürdigt worden ist, weil er spontan und anarchisch aus dem Milieu hervorwuchs, statt sich an die alten, später zurückkehrenden Parteien und Organisationen zu erinnern oder gar zu binden, die ihn dann zum eigenen Ruhm und zur Rechtfertigung hätten reklamieren können. In vielen Industriestädten dehnten sich zwischen Schloten und Kriegsruinen die Reviere, in denen es nach Anbruch der Dunkelheit wenig ratsam war, sich in Hitler-Jugend- oder sonstigen Hakenkreuzuniformen sehen zu lassen.[45]

Zu niemandes Verklärung taugte auch der Einzelgänger aus dem Arbeitermilieu, der es unternahm, durch sein Attentat die deutsche Katastrophe zu verhindern: Johann Georg Elser. Man kann den schlichten und verschlossenen Mann im landläufigen Sinne kaum gebildet nennen; nicht einmal Zeitungen las er regelmäßig und Bücher schon gar nicht. Bis 1933 war er Mitglied in seiner Gewerkschaft und im Roten Frontkämpferbund; er wählte die KPD. Doch er kannte keine Programme und besuchte nur wenige Versammlungen; ihm genügte, daß Kommunisten sich für die Arbeiter einsetzten. Was Elser bewegte, gab er im Verhör durch die Geheime Staatspolizei zu Protokoll:

«Nach meiner Ansicht haben sich die Verhältnisse in der Arbeiterschaft nach der nationalen Revolution in verschiedener Hinsicht verschlechtert. So zum Beispiel habe ich festgestellt, daß die Löhne niedriger und die Abzüge höher wurden... Ferner steht die Arbeiterschaft seit der nationalen Revolution unter einem gewissen Zwang. Der Arbeiter kann zum Beispiel seinen Arbeitsplatz nicht mehr wechseln, wie er will, er ist heute durch die HJ nicht mehr Herr seiner Kinder und auch in religiöser Hinsicht kann er sich nicht mehr so frei betätigen.»[46] Und dann und vor allem: «Ich war bereits voriges Jahr um diese Zeit der Überzeugung, daß es bei dem Münchener Abkommen (vom 29. September 1938) nicht bleibt, daß Deutschland anderen Ländern gegenüber noch weitere Forderungen stellen und sich andere Länder einverleiben wird und daß deshalb ein Krieg unvermeidlich ist.»[47]

Offenbar reicht schlichte Einsicht manchmal weiter als alle Torenklugheit der Staatsmänner. Und falls viele Deutsche ahnten, was Elser wußte, beruhigten sie sich oder resignierten: Was kann man schon tun? Der schwäbische Grübler und Tüftler indessen besaß handwerkliche Fähigkeiten; ohne Vorbild und Anleitung entwarf er eine perfekte Höllenmaschine und baute sie bei wochenlang dauernder Nachtarbeit in den Pfeiler des Münchener Bürgerbräukellers ein, vor dem Hitler zum Gedenken an den «Marsch auf die Feldherrnhalle» alljährlich zu seinen «alten Kämpfern» sprach.

Nur ein lächerlich anmutender Umstand verhinderte den Erfolg des Anschlags vom 8. November 1939: schlechtes Wetter. Die Maschine zum Rückflug nach Berlin konnte nicht starten, und der Sonderzug des Führers blieb in die Fahrpläne eingebunden. So redete Hitler früher und kürzer als sonst; ohne das übliche Beisammensein verließ er eilig den Schauplatz, an dem die Bombe zehn Minuten später explodierte und ein Blutbad anrichtete. Bei seinem Verhör erklärte Elser: «Wenn ich gefragt werde, ob ich die von mir begangene Tat als Sünde im Sinne der protestantischen Lehre betrachte, so möchte ich sagen, ‹im tieferen Sinne, nein!›...

Ich wollte ja auch durch meine Tat ein noch größeres Blutvergießen verhindern.»[48]

Im konservativen, besonders im militärischen Milieu gab es Voraussetzungen für den Widerstand gleich doppelt. Einerseits war die Armee ein Machtinstrument, im Grunde das einzige, das Hitler in den Arm fallen und der Gewaltherrschaft ein Ende setzen konnte. Andererseits herrschte oder glomm jedenfalls in Teilen der Armee noch immer ein preußisches Traditionsbewußtsein, ein Gefühl der Zusammengehörigkeit, um nicht zu sagen ein Standesgeist.[49] Insgeheim – und im eigenen Kreis oft genug lauthals – verachtete man die neuen Machthaber als die hergelaufenen Emporkömmlinge, als Gesindel; mit «denen» wollte man nichts oder doch so wenig wie möglich zu tun haben. Daher konnten sich die Verschwörer relativ frei bewegen, viele Verbindungen knüpfen und ihre Pläne entwickeln, ohne entdeckt oder gar verraten zu werden.

Der Sachverhalt zeigte sich gerade dort, wo man eigentlich von schmählichem Versagen sprechen muß. Immer wieder wurden Generale, Befehlshaber aller Art, Feldmarschälle angesprochen, um sie zum Handeln zu bewegen. Immer wieder entzogen sie sich, sei es aus ihrer Auffassung von Pflichterfüllung, sei es aus Opportunismus oder Feigheit, oft wohl in einer Mischung aus alledem. Doch stets haben sie zugehört, stets es hingenommen, Mitwisser zu werden – und stets geschwiegen.

Eben diesen Sachverhalt beschreibt man freilich nur aus anderer Perspektive, wenn man an die abgründige Verstrickung der Wehrmacht in die Gewaltherrschaft erinnert. Im «Doppelstaat» des Dritten Reiches waren ja nicht nur die Machthaber auf die Leistungsfähigkeit der Wirtschaft, der Bürokratie und ganz besonders der Wehrmacht angewiesen, sondern es gab ein Wechselverhältnis. Ohne die «Machtergreifung» kein Ende der angeblich ehr- und jedenfalls wehrlosen Republik, die man zum Teufel wünschte, ohne Hitler nicht der rasche Wiederaufstieg Deutschlands zur Großmacht, ohne die Aufrüstung und ohne den Krieg nicht die steilen Karrieren vom Leutnant zum Oberst, vom Oberst bis zum Feldmarschall, samt Orden und Eichenlaub. Und

wie denn einem gegen alle Vorhersagen von Erfolg zu Erfolg ei-
lenden, wie dem triumphierenden und von der Massenbegeisterung getragenen Hitler sich in den Weg stellen? Wie dann, seit der
Kriegswende, in Erwartung der Niederlage und harter Friedensbedingungen, eine neue Legende von «Verrat» und «Dolchstoß»
riskieren? Henning von Tresckow, für Jahre Herz, Hirn und Hand
des militärischen Widerstandes, dazu selbst ein Attentäter[50], der
so nahe ans Ziel gelangte wie Johann Georg Elser, hat im Dezember 1941 einem Mitverschworenen das Dilemma so bitter wie
nüchtern beschrieben:

«Ich wünschte, ich könnte dem deutschen Volk einen Film vorführen: Deutschland bei Kriegsende. Dann würde vielleicht das
Volk voller Schrecken erkennen, auf was wir lossteuern. Dann
würde das Volk ganz sicher meiner Ansicht sein, daß der Oberste
Kriegsherr eher heute als morgen abgelöst werden und verschwinden müßte. Da wir aber diesen Film nicht vorführen können, wird das deutsche Volk, wann immer wir Hitler beseitigen,
totensicher eine Dolchstoßlegende erschaffen. Und wenn wir
noch so milde Friedensbedingungen aushandelten – immer würde
es heißen: Wenn ihr den geliebten Führer nicht in dem entscheidenden Augenblick kurz vor dem Endsieg umgebracht hättet,
wäre es niemals zu solchen Bedingungen gekommen.»[51]

Hier zeigt sich – und das gilt überall, nicht nur für die Soldaten –, daß zu den Bedingungen des Milieus noch etwas hinzutre-
ten mußte, das eigentlich Entscheidende: ein Mut zur Moral, eine
Genauigkeit des Gewissens über jede Opportunität hinaus. Wenn
die typische Erscheinung des Dritten Reiches der Doppelmensch
mit dem Doppelgewissen war, dann kennzeichnete es die Frauen
und Männer des Widerstandes – untypisch, als Sache der wenigen
statt der großen Zahl –, daß sie diese Verdoppelung überwan-
den oder gar nicht erst zuließen. Um beim Beispiel zu bleiben:
Tresckow hatte anfangs – wie auch Stauffenberg, wie viele andere –
im Banne Hitlers gestanden. Der Bruch bahnte sich für ihn mit
der Mordserie vom Sommer 1934 an; er vollendete sich mit dem
Judenpogrom vom November 1938. Die Last des Gewissens, das
ein Ausweichen nicht mehr erlaubt, hat Albrecht Haushofer –

schon verhaftet, im Angesicht des Todes – in seinem Sonett
«Schuld» beschrieben:

> «Ich trage leicht an dem, was das Gericht
> mir Schuld benennen wird: an Plan und Sorgen.
> Verbrecher wär ich, hätt ich für das Morgen
> des Volkes nicht geplant aus eigner Pflicht.
>
> Doch schuldig bin ich anders als ihr denkt,
> ich mußte früher meine Pflicht erkennen,
> ich mußte schärfer Unheil Unheil nennen –
> mein Urteil hab ich viel zu lang gelenkt...
>
> Ich klage mich in meinem Herzen an:
> Ich habe mein Gewissen lang betrogen,
> ich hab mich selbst und andere belogen –
>
> ich kannte früh des Jammers ganze Bahn –
> ich hab gewarnt – nicht hart genug und klar!
> Und heute weiß ich, was ich schuldig war...»[52]

Aus heutiger Sicht mögen sich die Pläne des Widerstandes für den
Neubeginn in der Regel entweder banal oder illusionär rückwärts
gewandt, manchmal fast gespenstisch irreal ausnehmen[53] – durchaus verständlich: Sie spiegeln das Milieu, aus dem sie stammten.
Aber kam es darauf wirklich und zentral an? Als nach dem Mißlin-
gen aller früheren Anschläge und nach der Landung der Alliierten
in der Normandie im Sommer 1944 die Frage entstand, ob der Versuch des Umsturzes überhaupt noch einen Sinn habe, hat Tresckow
entschieden: «Das Attentat muß erfolgen, coûte que coûte. Sollte es
nicht gelingen, so muß trotzdem in Berlin gehandelt werden. Denn
es kommt nicht mehr auf den praktischen Zweck an, sondern darauf, daß die deutsche Widerstandsbewegung vor der Welt und vor
der Geschichte den entscheidenden Wurf gewagt hat. Alles andere
ist daneben gleichgültig.»[54]

Als dann Stauffenberg am 20. Juli gescheitert war und Tresckow
den Tod wählte, sagte er seinem Vertrauten Fabian von Schlabrendorff zum Abschied: «Jetzt wird die ganze Welt über uns herfallen
und uns beschimpfen. Aber ich bin nach wie vor der felsenfesten
Überzeugung, daß wir recht gehandelt haben. Ich halte Hitler nicht
nur für den Erzfeind Deutschlands, sondern auch für den Erzfeind

der Welt. Wenn ich in wenigen Stunden vor den Richterstuhl Gottes treten werde, um Rechenschaft abzulegen über mein Tun und Unterlassen, so glaube ich mit gutem Gewissen das vertreten zu können, was ich im Kampf gegen Hitler getan habe. Wenn einst Gott Abraham verheißen hat, er werde Sodom nicht verderben, wenn auch nur zehn Gerechte darin seien, so hoffe ich, daß Gott auch Deutschland um unsertwillen nicht vernichten wird. Niemand von uns kann über seinen Tod Klage führen. Wer in unseren Kreis eingetreten ist, hat damit das Nessushemd angezogen. Der sittliche Wert eines Menschen beginnt erst dort, wo er bereit ist, für seine Überzeugung sein Leben hinzugeben.»[54]

Achtes Kapitel
Das Heilsverbrechen

Die Dialektik des Guten

«Die deutsche Revolution wird darum nicht milder und sanfter ausfallen, weil ihr die Kantsche Kritik, der Fichtesche Transzendentalidealismus oder gar die Naturphilosophie vorausging. Durch diese Doktrinen haben sich revolutionäre Kräfte entwickelt, die nur des Tages harren, wo sie hervorbrechen und die Welt mit Entsetzen und Bewunderung erfüllen können. Es werden Kantianer *zum Vorschein kommen, die auch in der Erscheinungswelt von keiner Pietät etwas wissen wollen und erbarmungslos, mit Schwert und Beil, den Boden unseres europäischen Lebens durchwühlen, um auch die letzten Wurzeln der Vergangenheit auszurotten. Es werden bewaffnete* Fichteaner *auf den Schauplatz treten, die in ihrem Willensfanatismus weder durch Furcht noch durch Eigennutz zu bändigen sind; denn sie leben im Geist, sie trotzen der Materie, gleich den ersten Christen, die man ebenfalls weder durch leibliche Qualen noch durch leibliche Genüsse bezwingen konnte; ja, solche Transzendentalidealisten wären bei einer gesellschaftlichen Umwälzung sogar noch unbeugsamer als die ersten Christen, da diese die irdische Marter ertrugen, um dadurch zur himmlischen Seligkeit zu gelangen, der Transzendentalidealist aber die Marter selbst für eitel Schein hält und unerreichbar ist in der Verschanzung des eigenen Gedankens. Doch noch schrecklicher als alles wären Naturphilosophen, die handelnd eingriffen in die deutsche Revolution und sich mit dem Zerstörungswerk selbst identifizieren würden. Denn wenn die Hand des* Kantianers *stark und sicher zuschlägt, weil sein Herz von keiner traditionellen Ehrfurcht bewegt wird; wenn der* Fichteaner *mutvoll jeder*

Gefahr trotzt, weil sie für ihn in der Realität gar nicht existiert: so wird der Naturphilosoph dadurch furchtbar sein, daß er mit den ursprünglichen Gewalten der Natur in Verbindung tritt, daß er die dämonischen Kräfte des altgermanischen Pantheismus beschwören kann und daß in ihm jene Kampflust erwacht, die wir bei den alten Deutschen finden und die nicht kämpft, um zu zerstören noch um zu siegen, sondern bloß, um zu kämpfen. Das Christentum – und das ist sein schönstes Verdienst – hat jene brutale germanische Kampflust einigermaßen besänftigt, konnte sie jedoch nicht zerstören, und wenn einst der zähmende Talisman, das Kreuz, zerbricht, dann rasselt wieder empor die Wildheit der alten Kämpfer, die unsinnige Berserkerwut, wovon die nordischen Dichter soviel singen und sagen. Jener Talisman ist morsch, und kommen wird der Tag, wo er kläglich zusammenbricht. Die alten steinernen Götter erheben sich dann aus dem verschollenen Schutt und reiben sich den tausendjährigen Staub aus den Augen, und Thor mit dem Riesenhammer springt endlich empor und zerschlägt die gotischen Dome...

Lächelt nicht über den Phantasten, der im Reiche der Erscheinungen dieselbe Revolution erwartet, die im Gebiete des Geistes stattgefunden. Der Gedanke selbst geht der Tat voraus wie der Blitz dem Donner. Der deutsche Donner ist freilich auch ein Deutscher und ist nicht sehr gelenkig und kommt etwas langsam herangerollt; aber kommen wird er, und wenn ihr es einst krachen hört, wie es noch niemals in der Weltgeschichte gekracht hat, so wißt: der deutsche Donner hat endlich sein Ziel erreicht. Bei diesem Geräusche werden die Adler aus der Luft tot niederfallen, und die Löwen in der fernsten Wüste Afrikas werden die Schwänze einkneifen und sich in ihren königlichen Höhlen verkriechen. Es wird ein Stück aufgeführt werden in Deutschland, wogegen die französische Revolution nur wie eine harmlose Idylle erscheinen möchte.»

Ein seltsamer und ein alter Text: Heinrich Heine schrieb ihn vor mehr als anderthalb Jahrhunderten, 1835, am Ende seiner Abhandlung «Zur Geschichte der Religion und Philosophie in Deutschland».[1] Ein prophetischer Text dazu: Im Blick auf das, was im

20. Jahrhundert, im Herzen Europas, in Deutschland möglich wurde, mutet er unheimlich an.

Dabei handelt es sich um einen Sachverhalt, der sich – seinem Prinzip nach – keineswegs auf Deutschland beschränkt. Zur Geschichte der Neuzeit, zur europäischen Weltbemächtigung, zu den Ideen des Fortschritts und der Aufklärung gehört, daß der Mensch sich aus dem Bann des Überlieferten und Geheiligten löst, daß er sich gleichsam umwendet, der Zukunft entgegen. Zugunsten des Neuen und Besseren, das man entdecken und erreichen möchte, wird abgebrochen oder dem Verfall preisgegeben, was einmal war. Das gilt praktisch, vorab ökonomisch: Als einen Sturm der «schöpferischen Zerstörung» hat Schumpeter den Kapitalismus beschrieben[2], und was er bedeutet, hat im «Kommunistischen Manifest» Karl Marx ausgemalt. Aber dieser Sturm bläst ebenso oder vielmehr den materiellen Mächten vorweg als ein geistiger Orkan: von Newton zu Einstein, von Galilei zu Darwin, von Descartes zu Wittgenstein, von Vico zu Hegel und von Hegel zu Nietzsche, von Montaigne zu Freud. Schließlich, aber nicht zuletzt geht es um die Unordnung oder Ordnung des Menschlichen in Politik und Gesellschaft; die Französische Revolution markiert bloß jene dramatische Wendung vom Vergangenen zur Zukunft; das unvordenklich gültige aristokratische Prinzip und die Macht des Königtums erscheinen auf einmal als das Morsche, das den Tod verdient, mit Hegel zu reden, als «das alte Gerüste des Unrechts», das in einem «herrlichen Sonnenaufgang» fallen soll und fällt.

Wo freilich Lüge durch Wahrheit, Erkünsteltes durch Natur, Unrecht durch Recht, Böses durch das Gute ersetzt, gar Unheil ins Heil verwandelt werden soll, da ist bereits die Gewalt nicht mehr fern. Unaufhaltsam entsteht eine Dialektik des Guten, je weiter zum Absoluten hinauf, desto deutlicher: Wenn es darum geht, die Welt zu erretten, den Menschen vom Unheil zum Heil und in den neuen Garten Eden zu geleiten, dann nimmt sich die Zerstörung alter Gerüste wie die Tat zur Erlösung aus. Dann entsteht eine Ermächtigung zum Handeln mit allen Mitteln und um jeden Preis; dann panzert sich die Vernichtung mit dem guten Gewissen. «Der Terror», hat Robespierre gesagt, «ist nichts anderes als das schlagfertige, unerbittliche, unbeugsame Recht, er ist somit eine Emanation der Tugend; er ist weniger ein besonderes Prinzip als ein Produkt des allgemeinen Prinzips der Demokratie, das auf die dringendsten Anliegen des Vaterlandes angewandt wird.»[3]

Es gibt zwei Kräfte, um die Gewalt zu mäßigen und die Vernichtung in den Umbau des Bestehenden, in den Wandel Schritt um Schritt zu sänftigen. Die eine gründet, wie schon Heine andeutet, in der christlichen Überlieferung. Denn der Glaube bestreitet die Fähigkeit des Menschen zu seiner Selbstheiligung; er sagt, daß zum irdischen Dasein das wesenhaft Unvollkommene, die Sünde gehört, so daß in dieser Welt das absolut Gute, das Heil schlechthin niemals erreicht werden kann. Was hier uns bleibt, ist nur die Besserung im Unvollkommenen, eine bescheidene, immer vorläufige Stabilisierung vielleicht, zur Zukunft hin offen, ohne Endziel und Erlösung. Im Zuge der neuzeitlichen Entwicklung entsteht damit eine Neigung und Fähigkeit zu nüchternem Denken und pragmatischem Handeln, zur Reform als einem politischen Prinzip. In diesem Sinne hat Eduard Heimann – als religiöser Sozialist ein Weggefährte Paul Tillichs – gesagt: «Reformfähigkeit haben die Menschen aus ihrer christlichen Erziehung gelernt; es gibt sie nirgends sonst in der Welt. Ein gutes englisches Gebet lautet: Herr, reformiere deine Welt, beginnend mit mir.»[4] Und es ist kein Zufall, daß genau dort, wo der Glaube eine für die moderne Entwicklung prägende Bedeutung bekam und bewahrte – im niederländischen Calvinismus, im anglo-amerikanischen Nonkonformismus –, politische Kulturen des pragmatischen Handelns, der Mäßigung, der Liberalität und Toleranz entstanden sind.

Der Französischen Revolution vorweg, als deren ideologischer Gegenspieler er dann auftrat, hat Edmund Burke beschrieben, worauf es ankommt: «Eine gemäßigte Reform ist dauerhaft und schließt ein Prinzip des Wachstums ein. Wann immer wir verbessern, sollten wir Raum für weitere Verbesserungen lassen. Wir sollten uns umblicken und prüfen, um festzustellen, was wir bewirkt haben. Dann können wir mit Zuversicht fortfahren, weil wir es mit Klugheit tun. Bei überhasteten Reformen dagegen, bei dem, was man mit mehr Eifer als Überlegung ‹ganze Arbeit› nennt, ist alles meist so unausgereift, schroff und unverdaut, so sehr mit Unüberlegtheit und Ungerechtigkeit vermischt..., daß die gleichen Leute, die eben noch die größten Eiferer waren, bald abscheulich finden, was sie angerichtet haben. Dann ruft man das gerade aus der Welt geschaffte Übel aus dem Exil zurück, um es als Korrektur der Korrektur einzusetzen; das Übel selbst gewinnt die Glaubwürdigkeit einer Reform; das Ideal guter Politik gerät als Utopie unerfahrener Hitzköpfe in Mißkredit. So werden schließlich die Übel unheilbar, nicht aus sich selbst, sondern wegen der falschen und gewaltsamen Heilmittel.» [5]

Doch solche Form von Klugheit setzt den Glauben an die zum Wesen gehörende Unvollkommenheit der Welt und des Menschen voraus; wo man von Sonnenaufgängen über irdischen Paradiesen träumt, wo es ums Ganze geht, das ganze Arbeit verlangt, um Untergang oder Erlösung, ums absolut Böse und Gute, da beginnt schon wieder die Dialektik des Guten. Da erscheint die Weltklugheit, wie die Liberalität, die Toleranz und die Mäßigung, als Hochverrat und Feigheit vor dem Feind, als Spuk aus der Finsternis, wider die die Kinder des Lichts zum Endkampf antreten, opferbereit ihren Idealen verschworen.

Das zweite Mittel gegen Gewalt und Zerstörung heißt schlicht: Erfahrung. Wem die öffentlichen Angelegenheiten vertraut sind, wer mit Fragen des Rechts und der Verwaltung, mit den wirtschaftlichen Bedingungen, mit Interessen und Anschauungen alltäglich zu tun hat, der weiß, wie kompliziert die Verhältnisse sind und daß sie sich mit dem einen großen Schlag schwerlich entwirren lassen. Er weiß auch, wie zäh die Menschen an ihren Gewohnheiten hängen, wie schwer es ist, sie zu ändern. Zwar das Außergewöhnliche mag sie den Blicken entziehen, doch mit dem Alltag kehren sie zurück – wie es bei Kant heißt: «Durch eine Revolution wird vielleicht wohl ein Abfall von persönlichem Despotism und gewinnsüchtiger oder herrschsüchtiger Bedrückung, aber niemals wahre Reform der Denkungsart zustande kommen; sondern neue Vorurteile werden, eben sowohl als die alten, zum Leitbande des gedankenlosen großen Haufens dienen.» [6]

Was dagegen der Mangel an Erfahrung bewirkt, hat Tocqueville am Beispiel der Französischen Revolution nachgewiesen. Die Aufklärer haben sie literarisch vorbereitet. «Und gerade die Lage dieser Schriftsteller ließ sie in Fragen der Regierung an allgemeinen und abstrakten Theorien Geschmack finden und diesen blindlings vertrauen. Bei der fast gänzlichen Entfernung von der Praxis, in der sie lebten, konnte keine Erfahrung die stürmische Hitze ihres Naturells mäßigen; nichts machte sie auf die Hindernisse aufmerksam, die das tatsächlich Bestehende selbst den wünschenswertesten Reformen bereiten konnte; sie hatten keinen Begriff von den Gefahren, welche stets auch die notwendigsten Revolutionen begleiten... Eben deshalb wurden sie viel kühner in ihren Neuerungen, verliebter in allgemeine Ideen und Systeme, viel entschiedenere Verächter alter Weisheit und vertrauten ihrer individuellen Vernunft noch mehr, als man es gewöhnlich bei den Autoren erlebt, die spekulative Bücher über Politik schreiben.» [7]

Doch auch den Beamten fehlte politische Erfahrung: «Viele waren zwar in ihrem Beruf sehr geschickte Männer; sie waren mit allen Spezialitäten der Verwaltung ihrer Zeit gründlich vertraut; was aber die große Wissenschaft der Regierung anlangt, die ja die allgemeine Bewegung der Gesellschaft begreifen, was im Geist der Massen vorgeht, beurteilen und dessen Folgen voraussehen lehrt, so waren sie darin ganz ebenso unerfahren wie das Volk selbst. In der Tat, nur das Walten freier Institutionen kann die Staatsmänner in diesem wesentlichen Teil ihrer Kunst unterrichten.» [8]

Man fühlt sich an die Klage Max Webers über ein Deutschland erinnert, das so vorzüglich verwaltet und so dilettantisch regiert wurde. Aber hierzulande hat der Mangel an Erfahrung eben noch viel länger gedauert als in Frankreich. Die Schwäche des Bürgertums, die Übermacht und die Leistungskraft des Obrigkeitsstaates blockierten die Entwicklung freiheitlicher Institutionen. Einzig die Reform des Freiherrn vom Stein hat in den Städten Selbstverwaltung ermöglicht und eine, freilich nur schmale Pforte zur Praxis geöffnet. Vielleicht ist die Städteordnung von 1808 gerade darum stets gefeiert und in ihrer Bedeutung wohl auch überschätzt worden, weil sie nicht die Regel für das politische Leben insgesamt setzte, sondern einen Ausnahmebereich schuf. Immerhin sind aus dieser Schule der Erfahrung Männer des Widerstandes und des Neubeginns hervorgegangen, wie Carl-Friedrich Goerdeler, wie Konrad Adenauer und Ernst Reuter.

Wenn man den Deutschen die Neigung nachsagt, alles, was sie beschäftigt, gedankenschwer in Systeme zu bringen – und vor allem: zur Weltanschauung zu machen, dann ist diese Eigenschaft nicht einem besonderen, nicht weiter erklärbaren und unveränderlichen Nationalcharakter zuzuschreiben, sondern den Bedingungen ihrer Geschichte, ihrem Abgeschnittensein von politischer Praxis und Erfahrung Jahrhunderte hindurch. Bismarcks Reichsgründung schuf keine Abhilfe; Regierung und Verwaltung auf der einen, Parteien und Parlamente auf der anderen Seite blieben getrennt. Mit der zunehmenden «Verjunkerung der Bourgeoisie», der Einpassung des Bürgers in den Obrigkeitsstaat gelangte man überdies dazu, die Not zur Tugend zu stilisieren, so wie Thomas Mann sie als die «machtgeschützte Innerlichkeit» auf den Begriff gebracht und in seinen «Betrachtungen eines Unpolitischen» verklärt hat. Zugleich und zwangsläufig wuchs die Bereitschaft, ja der Drang, sich dem einen und großen Mann, dem politischen Genie, dem von der Vorsehung erkorenen Führer anzuvertrauen.

Doch solchen Konsequenzen weit voraus, als Ausdruck wie als Kompensation der blockierten Praxis, entstand eine theoretische Tiefenschärfe, eine philosophische Radikalität, die einen beispiellosen Abbruch geistiger Traditionen bewirkte. Dieser Abbruch betraf, unter anderem, das klassische Naturrecht – und zumal den Glauben: als Religionskritik im allgemeinen und als Bibelkritik im besonderen bei Ludwig Feuerbach, David Friedrich Strauß, Bruno Bauer und anderen.[9] Karl Marx, selbst zum Theoretiker einer blockierten und eben darum revolutionär entworfenen Praxis bestimmt, hat in seiner «Deutschen Ideologie» den Sachverhalt sarkastisch kommentiert:

«Wie deutsche Ideologen melden, hat Deutschland in den letzten Jahren eine Umwälzung ohne Gleichen durchgemacht. Der Verwesungsprozeß des Hegelschen Systems, der mit Strauß begann, hat sich zu seiner Weltgärung entwickelt, in welche alle ‹Mächte der Vergangenheit› hineingerissen sind. In dem allgemeinen Chaos haben sich gewaltige Reiche gebildet, um alsbald wieder unterzugehen, sind Heroen momentan aufgetaucht, um von kühneren und mächtigeren Nebenbuhlern wieder in die Finsternis zurückgeschleudert zu werden. Es war eine Revolution, wogegen die französische ein Kinderspiel ist, ein Weltkampf, vor dem die Kämpfe der Diadochen kleinlich erscheinen. Die Prinzipien verdrängten, die Gedankenhelden überstürzten einander mit unerhörter Hast, und in den wenigen Jahren 1842–1845 wurde in Deutschland mehr aufgeräumt als sonst in drei Jahrhunderten. – Alles dies soll sich im reinen Gedanken zugetragen haben.»[10]

Auf der Suche nach dem innerweltlichen Heil

Zum Verhältnis oder vielmehr Mißverhältnis von Theorie und Praxis tritt ein zweiter wichtiger Umstand noch hinzu, der sich aus der Konfessionsgeschichte ergibt. Reformation und Gegenreformation teilen Deutschland in zwei Heerlager – und ruinieren es im Dreißigjährigen Krieg. Für die neuere geistige Entwicklung aber, wie für die politische, die nicht von Österreich, sondern über Brandenburg-Preußen zum Nationalstaat führt, gewinnt das protestantische Lager, genauer das Luthertum, entscheidende Bedeutung.

«Wie kriege ich einen gnädigen Gott?» hieß Luthers Frage, die im Andrang der Schuldgefühle, der Gewissensängste so mächtig wurde, daß ihr die Heiligen als Nothelfer und die geheiligten Institutionen der Kirche als Mittler nicht mehr genügten. Mit unerhörter Wucht stellte die reformatorische Frage und das Ringen um Antwort den Menschen, jeden für sich, unmittelbar vor Gott. Es läßt sich absehen, welche Beschwernisse dem einzelnen damit zufielen, in welche Dunkelheiten des Selbstzweifels und Schluchten des Grübelns er geraten konnte – aber auch: welche geistigen Energien bei der inständigen Suche nach Wegen zum Heil geweckt wurden.

Die reformatorische Kirche indessen vermochte die einmal freigesetzten Energien je länger desto weniger zu binden. Im Kampf ums Überleben, von den Mächten der Gegenreformation bedroht,

suchte und fand sie Zuflucht beim Fürstenstaat. Nicht bloß ein
Bündnis entstand damit, sondern die Organisation als Staatskirche,
als die andere, geistliche Form von Obrigkeit – mit allen, wohl
unabwendbaren Folgen von der beamteten Verwaltung bis zur or-
thodoxen Erstarrung des Glaubens.

Für den Ausbruch aus der Erstarrung boten sich kraß gegensätzliche Möglichkeiten an. Die eine führte zur Bruderschaft der Frommen, die im inneren Abstand zur Amtskirche, als «die Stillen im
Lande», gleichwohl ihren Glauben sehr aktiv in die persönlich gelebte, besonders in die pädagogische und soziale Verantwortung
umsetzten. Im Raum von der Oberlausitz bis an den Niederrhein
und von Pommern bis nach Württemberg, in der Zeit vom 17. bis
ins 19. Jahrhundert, in manchen Auswirkungen bis zur Gegenwart [11] trifft man auf die pietistischen Erweckungsbewegungen, in
denen diese Möglichkeit ihren vielgestaltigen Ausdruck fand.

In der Gegenrichtung konnten die Zwingburgen des Glaubens
angegriffen, erstürmt und zerstört werden, als seien sie tatsächlich
Gefängnisse, wenn nicht des Leibes, dann des Geistes und der
Seele. Heilssuche noch immer oder erst recht, aber aus der Kirche
heraus, von ihren Bindungen fort: Dramatisch, mit allen ihren An-
sprüchen an die Schuldgefühle und Gewissensängste, geriet damit
die Transzendenz ins Diesseits hinüber, und der Tod Gottes verwandelte sich nicht länger in die Auferstehung Christi, sondern zur
Verklärung der Welt. Direkt in ihr, in der Geschichte, sollte von
nun an das Heilsgeschehen offenbar und eine neue Art von Gnaden-
stand erreichbar werden, indem man die Erlösung der Menschheit
von der Sünde, aus dem Unheil erkämpfte. In der nationalen Wendung des 19. Jahrhunderts wurde dafür der eigenen Nation eine besondere Mission zugesprochen.

Bald nach 1933, im erzwungenen Exil, im Nachdenken über die
Wege und Irrwege deutschen Geistes, hat Helmuth Plessner den
Sachverhalt beschrieben:

«Die zwangsstaatskirchliche Organisation des lutherischen Protestantismus hat die Entbindung religiöser Energien zwar nicht
hindern können, jedoch ihre konfessionelle Entfaltung in der freien
Öffentlichkeit außerhalb der eigentlichen Kirche gehemmt... Sie

verweigert durch ihren Abstand vom einzelnen, das heißt durch ihr
offiziell staatliches Garantiertsein und somit ihren bürokratischen
Charakter dem Glied der Gemeinde die Rolle, welche es in einer
Freikirche spielen kann. Sie schwächt in ihm das Bewußtsein der
Mitverantwortung für den Bestand der Kirche und nimmt ihm damit indirekt auch alle die Möglichkeiten religiöser Betätigung,
welche die holländischen und angelsächsischen Freikirchen zu Mit-
telpunkten öffentlichen Interesses und zu Schulungszentren für
jede Art von geistiger und politischer Diskussion werden ließ. Infolgedessen bewirkt das Faktum der zwangsmäßigen Sammlung
der Evangelischen in einer Staatskirche die Abdrängung sehr vieler
Interessen, die bei freier Betätigungsmöglichkeit und angezogen
von der Würde der Mitverantwortung religiös im Gesichtskreis der
Konfession gebunden worden wären. Es befördert die Abwanderung und Ableitung dieser Interessen... in weltliche Bezirke. Da
der Protestant an sich durch seinen Glauben auf diese Bezirke
als Felder religiöser Tätigkeit und Bewährung verwiesen ist, be-
kommt die Verweltlichung des ganzen Lebens selber einen religiösen Antrieb und ein religiöses, wenn auch konfessionell nicht
gebundenes Gepräge, mit Erwartungen, Hoffnungen, Fragen auf-
geladen, welche die Kirche nicht erfüllt. So hat der Bestand einer
Staatskirche lutherischer Prägung... nicht nur in der Richtung der
Verweltlichung allgemein gewirkt, sondern eine spezifisch lu-
therisch-religiöse Weltlichkeit und Weltfrömmigkeit ins Leben gerufen, die in der deutschen politischen und weltanschaulichen Ideologie Gestalt gewinnt.» [12]

Es handelt sich also nicht um Säkularisierung im üblichen Sinne,
nicht um eine Verweltlichung der Welt, sondern um die Verlagerung des Glaubens ins Irdische hinein. Darum ist es kein Zufall, daß
die Romantik weit stärker als die Aufklärung zur deutschen Epoche
geworden ist. Sie belud und überfrachtete die Natur und alles
Menschliche – von der Sprache, der Bildung und Kunst, der Musik
über Familie und Heimat bis zum Volk und zum Vaterland – mit
den Gefühlsmächten und Heilserwartungen, die als entlaufenes Luthertum aus dem christlichen Glauben stammten.

Solange dieser Glaube regierte, verbot er es, Heil und Heimat im

Diesseits anzusiedeln. «Wir haben hier keine bleibende Stadt, sondern die zukünftige suchen wir», heißt es in der Bibel. Und wenn einst Paul Gerhardt, der große Liederdichter, sein Abendlied «Nun ruhen alle Wälder» oder den Lobgesang des Sommers anstimmte, dann darf man das nicht romantisch und modern mißverstehen. Denn, so Gerhardt:

«Ich bin ein Gast auf Erden
und hab hier keinen Stand;
der Himmel soll mir werden,
da ist mein Vaterland.»

Im gleichen Lied wird uns eingeschärft, daß wir nur auf Abruf «in einem fremden Zelt» leben, auf der Wanderschaft zur Heimat, die wir «dort oben» beim Vater finden.[13] Weltfrömmigkeit hingegen setzt den Glaubenswandel voraus.

Es ist erst recht kein Zufall, daß die Denker und Dichter, die den Glaubenswandel bewirkten oder doch markierten, fast durchweg vom lutherischen Erbe geprägt waren. Hegel und Schelling kamen – wie Hölderlin, wie David Friedrich Strauß – aus der württembergischen Pflanzstätte für Theologen, aus dem Tübinger Stift; Fichte hatte seinen Weg als Theologiestudent begonnen, Nietzsche war Pfarrerssohn. Die Bedeutung des evangelischen Pfarrhauses für die neuere deutsche Ideen- und Gefühlsgeschichte wird man kaum hoch genug veranschlagen können.[14]

Stammt indessen nicht auch die deutsche, die weltfromme Dialektik aus dieser Wurzel, aus der Heilserwartung, wie sie sich mit dem Ostergeschehen, mit Kreuzestod und Auferstehung verbindet? In seinen Vorlesungen über «die Grundzüge des gegenwärtigen Zeitalters», 1804 bis 1805 zu Berlin gehalten, hat Fichte «das gesamte Erdenleben durch seinen Endzweck begriffen» und in fünf «Grundepochen» eingeteilt. Im «Stand der Unschuld» beginnt das Menschengeschlecht seinen Weg durch die Geschichte. Es folgt der «Stand der anhebenden Sünde» und dann, als das gegenwärtige Zeitalter, «der Stand der vollendeten Sündhaftigkeit». Wo aber Gefahr ist, wächst das Rettende, wie mit der Sünde das Gnadenverlangen, wie nur aus dem Elend die gute Gesellschaft, wie aus Niederlagen der Sieg und aus dem Tod das Leben. Es wird der «Stand der anhebenden Rechtfertigung» folgen, die – end-gültig – in die «vollendete Rechtfertigung und Heiligung» mündet.

«Der gesamte Weg aber, den zufolge dieser Aufzählung die Menschheit hienieden macht, ist nichts anderes, als ein Zurückgehen zu dem Punkte, auf welchem sie gleich anfangs stand, als die Rückkehr zu seinem Ursprunge. Nur soll die Menschheit diesen Weg auf ihren eigenen Füßen gehen; mit eigener Kraft soll sie sich wieder zu dem machen, was sie ohne alles ihr Zutun gewesen... Im Paradiese des Rechttuns und Rechtseins ohne Wissen, Mühe und Kunst, erwacht die Menschheit zum Leben. Kaum hat sie Mut gewonnen, eigenes Leben zu wagen, so kommt der Engel mit dem feurigen Schwerte des Zwanges zum Rechtsein, und treibt sie aus dem Sitze ihrer Unschuld und ihres Friedens. Unstet und flüchtig durchirrt sie nun die leere Wüste, kaum sich getrauend, den Fuß irgendwo festzusetzen, in Angst, daß jeder Boden unter ihrem Fußtritt versinke. Kühner geworden durch die Not, baut sie sich endlich dürftig an, und reutet im Schweiße ihres Angesichts die Dornen und Disteln der Verwilderung aus dem Boden, um die geliebte Frucht des Erkenntnisses zu erziehen. Vom Genusse derselben werden ihr die Augen aufgetan, und die Hände stark, und sie erbauet sich selber ihr Paradies nach dem Vorbilde des verlorenen; der Baum der Erkenntnis erwächst ihr, sie streckt aus ihre Hand nach der Frucht, und ißt, und lebt in Ewigkeit.»[15]

Die Sprache der Bilder braucht keinen Kommentar – nur diesen vielleicht, noch einmal von Heinrich Heine: «Die deutsche Philosophie ist eine wichtige, das ganze Menschengeschlecht betreffende Angelegenheit, und erst die spätesten Enkel werden darüber entscheiden können, ob wir dafür zu tadeln oder zu loben sind, daß wir erst unsere Philosophie und hernach unsere Revolution ausarbeiteten. Mich dünkt, ein methodisches Volk wie wir mußte mit der Reformation beginnen, konnte erst hierauf sich mit der Philosophie beschäftigen und durfte nur nach deren Vollendung zur politischen Revolution übergehen.»[16]

Wenn es allerdings darum geht, daß sich die Menschheit ihre Heimkehr zum Heil aus eigener Kraft erkämpft, dann haben auch Menschen die Dornen und Disteln gesät, die es zu reuten gilt. Viel-

mehr, genauer: Es *sind* Menschen, als Menschheitsfeinde erkennbar. Und wenn nichts Geringeres auf dem Spiel steht als die vollendete Rechtfertigung und Heiligung, die Erlösung schlechthin,
dann lohnt sich ihre Vernichtung. Es lohnt sich, methodisch zum
Endzweck: das Menschheitsverbrechen.

Freilich braucht jede Tat ihren Täter und das Unerhörte den Aus-
erkorenen. Unter dem Eindruck der napoleonischen Eroberung
findet ihn Fichte in der Nation; die Menschheitsmission zum innerweltlichen Heil wird dem «Urvolk» anvertraut – den Deutschen.

Juden und Deutsche

Theoretische Radikalität und ethischer Rigorismus, mit Sehnsüch-
ten nach dem innerweltlichen Heil gepaart: ein wahrlich explosives
Gemisch. Aber wie wird es wirksam? Und warum dann das, was
tatsächlich geschah? Warum Auschwitz?

Nur mit Scheu, mit Zögern und Zagen nähert man sich dem
Unsäglichen. Wie soll man reden von dem, was im 20. Jahrhundert
und im Herzen Europas, in Deutschland und durch Deutsche getan
wurde: von der Judenvernichtung, vom millionenfachen Töten der
Männer, der Frauen und der Kinder, vom kaltblütig befohlenen,
bürokratisch durchorganisierten, als Pflichterfüllung gehorsamst
vollzogenen Mord? Und wie denn nicht reden, wenn Schweigen
schon Fluch bedeutet, weil es wie Beihilfe dröhnt? Wie das Uner-
klärbare erklären?

Natürlich bietet sich das Stichwort an: Antisemitismus; mit
den Untersuchungen zum Thema ließe sich eine Bibliothek füllen.
Pogrome fanden in der Neuzeit wie im Mittelalter statt, aus Vorurteilen, Schuldzuweisungen, Beutegier trübe gemischt. Die Kirche,
gerade sie, speicherte und nährte den Antisemitismus; Luther begründete ihn neu.

In Brandenburg-Preußen, für seine Toleranz gerühmt, hat der
Große Kurfürst zwar die aus Wien und Niederösterreich vertriebenen Juden aufgenommen.[17] Aber was änderte sich wirklich, etwa
bei Friedrich dem Großen? «Text und Geist des Generaljudenregle-

ments von 1750 – Mirabeau nannte es ‹würdig eines Kannibalen› –
waren noch ganz mittelalterlich orientiert. Die Toleranz war nur
innerchristlich gemeint.» [18] Die Emanzipation der Juden erfolgte
mit dem Reformedikt des Staatskanzlers Hardenberg vom
11. März 1812 – von schrillen Klagen darüber begleitet, daß «das
ehrliche, brandenburgische Preußen ein neumodischer Judenstaat
werden solle». [19] Die Restaurationszeit brachte neue Beschränkungen; erst 1869 ließ sich eine volle Gleichstellung durchsetzen – dem
Rechtsprinzip nach, schwerlich in der Praxis; der jüdische Staatsbe-
amte war und blieb eine Ausnahme, der jüdische Gardeoffizier ein
Widerspruch in sich. [20]

Inzwischen hatte der «moderne» Antisemitismus bereits begonnen. Zu seinen Wegbereitern gehörte Paul de Lagarde, der die Juden zum «Ungeziefer» erklärte und schrieb: «Mit Trichinen und
Bazillen wird nicht verhandelt, Trichinen und Bazillen werden
auch nicht erzogen, sie werden so rasch und so gründlich wie möglich vernichtet.» [21] Demagogen nutzten den Antisemitismus für
ihre Zwecke, zum Beispiel der Hofprediger Adolf Stoecker, um die
Arbeiterbewegung von ihren Zielen abzulenken, oder Heinrich
von Treitschke. Dessen Einfluß und den Wandel der Anschauungen im Bürgertum hat Heinrich Claß – von 1908 bis 1939 Vorsit-
zender des Alldeutschen Verbandes – in seinen Erinnerungen geschildert:

«Ein Schatten fiel für beide Eltern auf mein Berliner Erlebnis:
meine Ablehnung des Judentums. Man muß bedenken, daß drei
Worte über dem Denken und Trachten von Häusern wie dem unse-
rigen standen – drei Fremdworte: Patriotismus, Toleranz, Humanität. Das waren die politischen und menschlichen Ideale jener beiden Geschlechterfolgen, die ganz unter liberalen Einflüssen standen
und auf die Gleichberechtigung aller Staatsangehörigen schwuren.
Wir Jungen waren fortgeschritten: wir waren national schlechthin;
wir wollten von Toleranz nichts wissen, wenn sie Volks- und
Staatsfeinde schonte... Das trug ich den Eltern vor, und meinem
gütigen Vater sagte ich: Er habe mich zu Treitschke geschickt und
nun habe ich von dem großen Mann gelernt, was dieser sich erst
unter schweren Kämpfen habe erarbeiten müssen. Da sei nichts zu

machen, er müsse sich damit abfinden, daß ich auf Treitschkes Erkenntnisse schwöre.» [22]

Ließe sich indessen nicht auch eine Gegenbilanz eröffnen? Lagarde erwies sich als Außenseiter, Treitschke fand Widerspruch [23], Stoecker scheiterte. Preußen und das Bismarckreich waren Rechtsstaaten von Rang, die Verfolgungen nicht zuließen. Insgesamt nahm der Antisemitismus in den Jahren vor dem Ersten Weltkrieg eher ab als zu. Eberhard Jäckel hat den Sachverhalt zusammengefaßt:

«Nichts schien nach 1945 selbstverständlicher, als die nationalsozialistische Judenverfolgung auf einen besonders ausgeprägten Antisemitismus zurückzuführen. Die Historiker suchten nach Belegen und fanden sie. Inzwischen haben neuere und auch vergleichende Forschungen das Bild relativiert. Gewiß gab es in der wirtschaftlichen Depression nach der Reichsgründung, besonders zwischen 1878 und 1887, antisemitische Bewegungen und Parteien. Doch erfuhren sie zwischen 1903 und 1914 einen Niedergang und waren am Vorabend des Ersten Weltkrieges fast verschwunden. Der Grundsatz der gesetzlichen Gleichberechtigung der Juden war trotz mancher gesellschaftlichen Diskriminierung zu keiner Zeit ernsthaft gefährdet worden. In Deutschland gab es keine Pogrome wie in Rußland, keine Affäre wie die um Dreyfus in Frankreich, und auch der österreichische Antisemitismus schien ausgeprägter als der deutsche. – Der amerikanische Historiker George L. Mosse hat 1975 diesen Befund einmal mit einer zugespitzten Hypothese zu verdeutlichen versucht. Wenn man, so sagte er, Leuten im Jahre 1914 erzählt hätte, daß innerhalb einer Generation die meisten europäischen Juden ermordet sein würden, wäre ihre Antwort höchstwahrscheinlich gewesen: Die Franzosen sind zu jedem Verbrechen fähig. Man könnte sich auch vorstellen, daß die Leute die Russen, die Polen oder die Österreicher verdächtigt hätten. Die Deutschen wären ihnen wohl zuletzt eingefallen.» [24]

Aber haben nicht der Krieg und besonders die Niederlage von 1918, zum «Novemberverbrechen» erklärt und als «Dolchstoß» gedeutet, die entscheidende Wende eingeleitet? In der Tat gab es

im Ersten Weltkrieg eine judenfeindliche Agitation – obwohl von
den positiven Zeichen überlagert[25] –, und zum Repertoire fast jeder Hetze wider die Republik gehörte, sie als «verjudet» hinzustellen; als symbolische Akte wurden von 1923 bis 1932 125 Fried-
hofsschändungen und 48 Anschläge auf Synagogen registriert.[26]

Solche Zahlen kann man freilich, je nach dem Standpunkt, gegensätzlich auslegen, und neuere Untersuchungen haben das Bild
von den Weimarer Verhältnissen relativiert.[27] Die nationalsozialistische Bewegung, in die der radikale Antisemitismus «völki-
scher» Prediger und Gruppen eingegangen war, blieb bis zum
Ausbruch der Weltwirtschaftskrise von einer Massenbasis weit
entfernt. Der Historiker Felix Gilbert – 1905 in eine der führenden
jüdischen Familien Berlins hineingeboren, 1933 erst nach England, dann in die Vereinigten Staaten emigriert, also gewiß kein
Kronzeuge der Beschwichtigung – hat im Rückblick gesagt:

«Es gab eine Welle des Antisemitismus in den frühen zwanziger
Jahren, in der Zeit der Ermordung Rathenaus, und dann natürlich
in den Jahren, bevor die Nationalsozialisten an die Macht kamen.
Sicherlich gab es im katholischen Bayern einen unverhohlenen
Antisemitismus, und auch der verdeckte Antisemitismus in akademischen Kreisen war nicht zu leugnen. Ich bezweifle aber, daß
der Antisemitismus während der zwanziger Jahre sehr an Stärke
gewann und gewalttätiger wurde.»[28]

Zweifel scheinen sogar angebracht beim Mord an Walther Rathenau. Galt er in erster Linie dem Juden – oder nicht vielmehr,
wie der Anschlag auf Erzberger, dem Repräsentanten der Republik und «Erfüllungspolitiker»? Diese zweite Deutung stand bei
den Trauerkundgebungen deutlich im Vordergrund. Nochmals
Felix Gilbert: «Für den Mord an Rathenau hat man in erster Linie
den Antisemitismus verantwortlich gemacht; meiner Ansicht
nach ist diese Interpretation von dem geprägt, was zehn Jahre später in Deutschland geschah. Zur Zeit des Mordes jedenfalls sahen
wir im Antisemitismus nicht das entscheidende Motiv.»[29]

Daß seit 1933 der Antisemitismus in der Masse der Bevölkerung drastisch zugenommen hat, läßt sich kaum feststellen.[30] Der
Boykott jüdischer Geschäfte vom 1. April 1933 war kein Erfolg

und wurde nie wiederholt. Noch weniger taugt die «Reichskristallnacht» zum Beleg, von der Erich Kästner als Augenzeuge berichtet:

«Als ich am 10. November 1938, morgens gegen drei Uhr, in
einem Taxi den Berliner Tauentzien hinauffuhr, hörte ich zu beiden Seiten der Straße Glas klirren. Es klang, als würden Dutzende
von Waggons voller Glas umgekippt. Ich blickte aus dem Taxi
und sah, links wie rechts, vor etwa jedem fünften Haus einen
Mann stehen, der, mächtig ausholend, mit einer langen Eisen-
stange ein Schaufenster einschlug. War das besorgt, schritt er gemessen zum nächsten Laden und widmete sich, mit gelassener
Kraft, dessen noch intakten Scheiben. – Außer diesen Männern,
die schwarze Breeches, Reitstiefel und Ziviljacketts trugen, war
weit und breit kein Mensch zu entdecken. Das Taxi bog in den
Kurfürstendamm ein. Auch hier standen in regelmäßigen Abstän-
den Männer und schlugen mit langen Stangen ‹jüdische› Schaufenster ein. Jeder schien etwa fünf bis zehn Häuser als Pensum zu
haben. Glaskaskaden stürzten berstend aufs Pflaster. Es klang, als
bestünde die ganze Stadt aus nichts wie krachendem Glas. Es war
eine Fahrt wie quer durch den Traum eines Wahnsinnigen. – Zwischen Uhland- und Knesebeckstraße ließ ich halten, öffnete die
Wagentür und setzte gerade den rechten Fuß auf die Erde, als sich
ein Mann vom nächsten Baum löste und leise und energisch zu
mir sagte: ‹Nicht aussteigen! Auf der Stelle weiterfahren!› Es war
ein Mann in Hut und Mantel. ‹Na hören Sie mal›, begann ich, ‹ich
werde doch wohl noch...› ‹Nein›, unterbrach er drohend. ‹Aussteigen ist verboten! Machen Sie, daß Sie sofort weiterkommen!›
Er stieß mich in den Wagen zurück, gab dem Chauffeur einen
Wink, schlug die Tür zu, und der Chauffeur gehorchte. Weiter
ging es durch die gespenstische ‹Nacht der Scherben›. An der Wil-
mersdorfer Straße ließ ich wieder halten. Wieder kam ein Mann in
Zivil leise auf uns zu. ‹Polizei! Weiterfahren! Wird's bald?› – Am
Nachmittag stand in den Blättern, daß die kochende Volksseele,
infolge der behördlichen Geduld mit den jüdischen Geschäften,
spontan zur Selbsthilfe gegriffen habe.»[31]

Wenn die Breitenwirkung des Antisemitismus wenig hergibt,

liegt es um so näher, den Mann an der Spitze zur Verantwortung
zu ziehen. Hitler trug, heißt es bei Haffner, seinen Judenhaß «von
Anfang an wie einen angeborenen Buckel mit sich herum», und
dabei handelte es sich um eine osteuropäische Mißbildung. «In
Westeuropa und auch in Deutschland war Antisemitismus um die
Jahrhundertwende im Abflauen, Assimilation und Integration der
Juden erwünscht und in vollem Gange. Aber in Ost- und Südosteuropa, wo die zahlreichen Juden freiwillig oder unfreiwillig als
abgesondertes Volk im Volke existierten, war der Antisemitismus
endemisch und mörderisch, nicht auf Assimilation und Integration gerichtet, sondern auf Wegschaffen und Ausrotten. Und nach
Wien, in dessen drittem Bezirk ja nach Metternichs bekanntem
Wort der Balkan beginnt, reichte dieser mörderische, den Juden
keinen Ausweg gönnende Antisemitismus tief hinein, dort
schnappte ihn der junge Hitler auf.» [32]

Ein wenig klingt das freilich, als sei der Asylant aus Wien
Österreichs späte «Rache für Sadowa» gewesen, der das unglück-
liche Groß-Preußen samt seinen Juden zum Opfer fiel. Und die
Beweisnot bleibt beträchtlich. Mit Nachdruck und mit Recht hat
Rudolph Binion darauf hingewiesen, daß Hitlers Schlüsselerlebnis
der deutsche Zusammenbruch vom November 1918 war. [33] Ob er
vorher überhaupt politische Interessen entwickelte, scheint frag-
lich; jedenfalls fehlen die Belege. [34] Das früheste Dokument ist ein
Brief vom 16. September 1919, in dem es heißt: «Der Antisemitismus aus rein gefühlsmäßigen Gründen wird seinen letzten Ausdruck finden in der Form von Pogromen. Der Antisemitismus der
Vernunft jedoch muß führen zur planmäßigen gesetzlichen Be-
kämpfung und Beseitigung der Vorrechte der Juden... Sein letztes Ziel aber muß unverrückbar die Entfernung der Juden überhaupt sein.» [35]

Von da an allerdings zieht sich der Judenhaß durch Hitlers Reden und Taten bis ans Ende. Als sei der Untergang ein Triumph,
erklärte er am 2. April 1945, man werde «dem Nationalsozialismus ewig dafür dankbar sein, daß ich die Juden aus Deutschland
und Mitteleuropa ausgerottet habe». [36] Und dann, im testamenta-
rischen Schlußwort vom 29. April 1945, seinem letzten Satz: «Vor

allem verpflichte ich die Führung der Nation und die Gefolgschaft zur peinlichen Einhaltung der Rassegesetze und zum unbarmherzigen Widerstand gegen den Weltvergifter aller Völker, das internationale Judentum.»[37]

Aber liefert nicht bereits die frühe Unterscheidung einen Hinweis darauf, daß es um mehr und um anderes ging als ein gigantisch gesteigertes Pogrom? Reicht es aus, den «Antisemitismus der Vernunft» als persönliche Verrücktheit, als den Fieberwahn eines einzelnen zu erklären? Hat Hitler nicht hinreichend bewiesen, wie genau er die eigenen Gefühle zu kontrollieren und zum Zusammenklang mit anderen zu manipulieren verstand, um sie – kalt berechnet – zum Zweck der Massenmobilisierung einzusetzen? Wie denn sonst wäre er «der Führer» geworden? Was im übrigen und insgesamt bei den Vorstufen wie bei der Durchführung der «Endlösung» das Grauen weckt, was Auschwitz ins Gedächtnis der Völker eingebrannt hat, ist gerade das Fehlen der Wut, ist die rein geschäftsmäßige Menschenvernichtung.

Als These formuliert, zu der die Vorüberlegungen dieses Kapitels, dieses Buches insgesamt hinleiten: Es ging um die deutsche Revolution, die sich als Konterrevolution zur Ungleichheit erwies. Die Juden waren im Grunde gar nicht oder nur indirekt gemeint; sie eigneten sich jedoch zum Symbol und als Opfer aus mehreren Gründen.

Erstens waren sie, so lange als die Ungleichen behandelt und ins Getto gebannt, wie keine andere Gruppe Nutznießer der Aufklärung und der Revolution von 1789 gewesen. Auf die Proklamation von Freiheit und Gleichheit folgte in Frankreich die Judenemanzipation als Werk der Nationalversammlung schon 1790/91. Deutschland vollzog im 19. Jahrhundert die westliche Entwicklung bloß nach; von daher datierte eine staunenswerte Dynamik. Vielleicht nie, meint Fritz Stern in seiner Studie über Bismarck und Bleichröder, ist eine Minderheit so schnell und so erfolgreich aufgestiegen wie die deutschen Juden.[38] Und jeder neue Schub zu mehr Freiheit und Gleichheit, indem er traditionelle Barrieren niederlegte, ließ die Bedeutung der Juden in Wirtschaft, Gesellschaft und Kultur eindrucksvoller hervortreten; der Umbruch von 1918, der Übergang zur Republik lieferte ein Beispiel. Als kriminalistische Folgerung bot sich an, daß die ersten unter den Nutznießern auch als die Täter oder Anstifter zur Tat, zumindest als Hauptverdächtige zu gelten hatten.

Zweitens konnte man an die alten Vorurteile anknüpfen. Der Antisemitismus mochte in Deutschland so stark oder so schwach sein wie er wollte, er garantierte jedenfalls, daß nur wenige unter den «Ariern» sich betroffen fühlten und wissen wollten, wohin eigentlich vom ersten Schritt der Absonderung an der Weg der Juden führen würde.

Drittens stellten die Juden eine – übrigens entgegen allen Behauptungen schrumpfende – Minderheit dar[39]; wer über sie herfiel, ging kein Risiko ein. Gleichzeitig aber ließ sich von einer Weltgefahr faseln, der man heroisch entgegentrat, an zwei Fronten sogar. Denn einerseits waren viele Geschäftsleute und Bankiers Juden; also handelte es sich um die internationale Macht der Plutokratie. Andererseits war Karl Marx Jude, wie auch namhafte Führer oder Theoretiker der Arbeiterbewegung in Deutschland und – bis zu Stalins Säuberungen – der Bolschewiki in der Sowjetunion es waren; also bekämpfte man die finstere Gewalt des Marxismus und Kommunismus.

Damit ließ sich – viertens – dem Propagandaprinzip genügen, das Hitler in «Mein Kampf» formuliert hatte, wonach «eine Vielzahl von innerlich verschiedenen Gegnern immer zusammengefaßt werden (muß), so daß in der Einsicht der Masse der eigenen Anhänger der Kampf nur gegen einen Feind allein geführt wird». Man konnte glauben und glauben machen, daß hinter wechselnden Masken immer nur diese eine und einzige Welt-Macht sich verbarg: das Judentum als der Feind schlechthin.

Läßt man den Wahn und die Propaganda beiseite, so geht es im Kern um ein großes gesellschaftliches und politisches Problem, das keineswegs nur die Juden betraf. Ausgang aus der Unmündigkeit, aus der Vormundschaft des Obrigkeitsstaates, politische Selbstbestimmung als die parlamentarisch verfaßte, Freiheit: Das war, neben der Einheit der Nation, das Thema der Bürgerbewegung, die in der Revolution von 1848 ihren Höhe- und Wendepunkt erreichte. Insofern stellte sich in der jüdischen Frage, zugespitzt nur, zugleich eine, nein: *die* deutsche dar – und eine gemeinsame Möglichkeit. Der jüdische Kaufmannssohn und Arzt aus Königsberg, Johann Jacoby (1805–1877), entschiedener Demokrat, ein «Linker» in der Frankfurter Nationalversammlung und ein früher Anwalt der Arbeiterbewegung, hat den Sachverhalt schon 1837 präzise beschrieben:

«Wie ich selbst Jude und Deutscher *zugleich* bin, so kann *in mir* der Jude nicht frei werden ohne den Deutschen und der Deutsche nicht ohne den Juden; wie ich mich selbst nicht trennen kann, ebensowenig vermag ich in mir die Freiheit des einen von der des anderen zu trennen... Wir schmachten alle insgesamt in einem großen Gefängnisse; Ihr dürft darin fessellos umhergehen, während schwere Ketten mich und meine Glaubensgenossen an dem Boden festhalten, und was uns am meisten kränkt, viele von euch spotten noch über unser Unglück und freuen sich, daß es noch ärgere Sklaven gibt als sie.» Die Freiheit aber ist unteilbar: «Nur wir *alle* zusammen erlangen sie, oder *keiner* von uns: Denn ein und derselbe Feind und aus gleicher Ursache hält uns gefangen, und allein nur die *Zerstörung* des Gefängnisses kann uns zum Ziel führen.» [40]

Diese Gemeinsamkeit, um nicht zu sagen Schicksalsgemeinschaft, begründete für die Juden ein Gefühl der Zugehörigkeit wie vielleicht nirgendwo sonst; wenn man von einer deutsch-jüdischen «Symbiose» gesprochen hat, wenn jüdischer Geist den deutschen einzigartig befruchtet und beflügelt hat, dann findet man hier die Wurzeln. Weil das deutsche Bürgertum sich seine politische Freiheit und sein eigenes Selbstbewußtsein erst noch erkämpfen mußte, wäre sein Erfolg mit dem der Judenemanzipation, mit der verwirklichten Gleichheit tatsächlich zusammengefallen.

Natürlich gab es auch unter Juden die verängstigt Borniertigen und die Chauvinisten; insgesamt aber galt, was Erich von Kahler, im Rückblick bereits, 1936 gesagt hat: «In Deutschland... war das Judentum mit seinem Schwergewicht auf der linken Seite, vom Liberalismus bis zum revolutionären Sozialismus, in Deutschland

drang es auf das Welthafte, auf das Gemeinmenschliche gegen den
verengenden Rückzug in reine, selbstgenügsame Nationalität, die
hier eben nicht natürlichen Ausdruck, sondern trotzig selbstge-
wollte Reaktion bedeutet hat.» [41]

Unter ungleichen Partnern geht es um eine Schicksalsgemeinschaft auf Leben und Tod freilich nur für den Schwächeren. Dem
Stärkeren bleibt die Alternative, die der Text von Jacoby andeutet:
Um der eigenen Begünstigung willen kann er sich mit Vormündern und Aufsehern solidarisieren. Dann allerdings ist der Preis
des Selbstverrats ein Verrat am Partner, und je mehr der in Gefahr
gerät, desto heftiger muß man ihn verleugnen. Es ist die alte, immer neue Geschichte, die schon die Bibel erzählt:

«Petrus aber saß draußen im Hof; und es trat zu ihm eine Magd
und sprach: Und du warst auch mit dem Jesus aus Galiläa. – Er
leugnete aber vor ihnen allen und sprach: Ich weiß nicht, was du
sagst. – Als er aber zur Tür hinausging, sah ihn eine andere und
sprach zu denen, die da waren: Dieser war auch mit Jesus von Nazareth. – Und er leugnete abermals und schwur dazu: Ich kenne
den Menschen nicht. – Und über eine kleine Weile traten hinzu,
die da standen, und sprachen zu Petrus: Wahrlich, du bist auch
einer von denen, deine Sprache verrät dich. – Da hob er an, sich zu
verfluchen und zu schwören: Ich kenne den Menschen nicht. Und
alsbald krähte der Hahn.»

Ganz unbiblisch handelt es sich um die Geschichte des deutschen Bürgertums seit der Reichsgründung, um den Mißerfolg
seiner Emanzipation, der Rechtfertigung im Verleugnen fordert;
es ist kein Zufall, das der Prototyp des Bürgerrenegaten, Heinrich
von Treitschke, zu einem Wortführer des neueren Antisemitismus
aufrückte. Zwar haben Linksliberale, Intellektuelle und die Arbeiterbewegung weiterhin für die politische Mündigkeit gekämpft
und auf ihre Verwirklichung in der Republik gehofft. Aber genau
hiergegen richtete sich mit ihrer ganzen Wut und mit voller Wucht
die Konterrevolution. Indem dann in der «Erhebung» von 1933
die Juden zum Feind schlechthin erklärt wurden, ging es in Wahrheit darum, die *deutsche* Möglichkeit zur Freiheit und Gleichheit
ein für allemal zu vernichten; eben darum brachte die Verfemung,

Vertreibung und Ausrottung der Juden eine einzigartige Selbstzerstörung jenes Geistes mit sich, den Immanuel Kant einst als Aufklärung, als den Mut zum eigenen Denken, als den Ausgang des Menschen aus seiner selbstverschuldeten Unmündigkeit beschrieb.

Blickt man zurück auf das deutsche Jahrhundertdrama, so fügt sich eines ins andere: Das Scheitern der bürgerlichen Emanzipation bedingt die Um- und Neugründung des Selbstverständnisses und Selbstbewußtseins zur Herrschaft und Unterwerfung, zur Ungleichheit als dem tragenden Prinzip. Daraus folgen der Selbstverrat und der Selbsthaß, umgedeutet in den Idealismus des Selbstopfers, der den Tod verklärt, als sei er ein Lebenssinn. Solch ein Lebenssinn aber verlangt das Töten als die andere Form der Selbstzerstörung, als das Äußerste im Freund-Feind-Verhältnis, das sich als ein Verhältnis zu sich selbst erweist, als die Kainstat am Bruder. Doch nur das Paradies rechtfertigt die Hölle. Darum darf es um nichts Geringeres gehen als um das innerweltliche Heil, um die menschheitliche Erlösung. Darum nimmt man – als Mission – das Heilsverbrechen auf sich. Es gilt dem anderen Ich, eben dem Bruder, in dem sich die verratene und verleugnete eigene Möglichkeit zum Symbol verdichtet.

Hannah Arendt hat, am exemplarischen Fall, von der Banalität des Bösen gesprochen:[42] Was Eichmann tat, war nichts als sein Dienst, zu dem er befohlen wurde. Aber gerade in dieser Banalität verbirgt sich das Unerhörte; im puren Befehlsempfänger ist schon vorweg das Menschenopfer vollzogen, dem er dann seinen Diensteifer widmet. Es meint die Erlösung von der Last des Menschen, Verantwortung zu tragen, eine Heimkehr in jene Unmündigkeit, die vom Guten und vom Bösen gar nicht mehr weiß, weil ihr Schuld nur sein kann, nicht zu gehorchen.

In der Selbstzerstörung wird noch einmal die Gemeinsamkeit sichtbar, die eine Hoffnung, ein Versprechen, eine historische Chance gewesen war. Denn als am 10. Mai 1933 die Scheiterhaufen flammten, um Bücher zu verbrennen, rief man die Autoren beim Namen. Und nicht Juden und Deutsche wurden dabei geschieden, sondern der verurteilte Geist von der triumphierenden Gewalt:

1. RUFER: «Gegen Klassenkampf und Materialismus, für Volksgemeinschaft und idealistische Lebenshaltung! Ich übergebe dem Feuer die Schriften von Marx und Kautsky.»

2. RUFER: «Gegen Dekadenz und moralischen Verfall! Für Zucht und Sitte in Familie und Staat! Ich übergebe dem Feuer die Schriften von Heinrich Mann, Ernst Glaeser und Erich Kästner.»

3. RUFER: «Gegen Gesinnungslumperei und politischen Verrat, für Hingabe an Volk und Staat! Ich übergebe dem Feuer die Schriften von Friedrich Wilhelm Foerster.»

4. RUFER: «Gegen seelenzerfasernde Überschätzung des Trieblebens, für den Adel der menschlichen Seele! Ich übergebe dem Feuer die Schriften des Sigmund Freud.»

5. RUFER: «Gegen Verfälschung unserer Geschichte und Herabwürdigung ihrer großen Gestalten, für Ehrfurcht vor unserer Vergangenheit! Ich übergebe dem Feuer die Schriften von Emil Ludwig und Werner Hegemann.»

6. RUFER: «Gegen volksfremden Journalismus demokratisch-jüdischer Prägung, für verantwortungsvolle Mitarbeit am Werk des nationalen Aufbaus! Ich übergebe dem Feuer die Schriften von Theodor Wolff und Georg Bernhard.»

7. RUFER: «Gegen literarischen Verrat am Soldaten des Weltkrieges, für Erziehung des Volkes im Geist der Wehrhaftigkeit! Ich übergebe dem Feuer die Schriften von Erich Maria Remarque.»

8. RUFER: «Gegen dünkelhafte Verhunzung der deutschen Sprache, für Pflege des kostbarsten Gutes unseres Volkes! Ich übergebe dem Feuer die Schriften von Alfred Kerr.»

9. RUFER: «Gegen Frechheit und Anmaßung, für Achtung und Ehrfurcht vor dem unsterblichen deutschen Volksgeist! Verschlinge, Flamme, auch die Schriften der Tucholsky und Ossietzky!» [43]

Die Endlösung

«Was sind denn das für Ungetüme?» fragt jemand, Wisente betrachtend, am Wildgatter in der Schorfheide seinen Nachbarn. Und der, ein Berliner, gibt Auskunft: «Det sind Jörings olle Jermanen.»

Eine bezeichnende Geschichte: Wie kein anderer Teil der nationalsozialistischen Weltanschauung war die Rassenlehre sozusagen schon zu Lebzeiten dem Gelächter, dem Hohn preisgegeben. Was machte am «Schrumpfgermanen» Goebbels die nordische Erscheinung aus? Was am Führer höchstselbst? Warum durften ausgerechnet SS-Führer Globcnik, Skorzeny, Wisliceny heißen, oder wie konnte man die Slawen für minderwertig erklären, da doch halb Deutschland slawischen Ursprungs und «Blutes» war? In welch eine Frontstellung – mit Italienern und Japanern, gegen Niederländer und Norweger, Briten, Amerikaner, Kanadier – geriet der großgermanische Rassekrieg?

Doch der Wahn hatte Methode, und der Hohn übersah die Funktion: Es ging um die Stoßrichtung der deutschen Konterrevolution, um die Wiederherstellung und vorab um eine Begründung der Ungleichheit. Es gibt sie nur, wenn der Wert oder Unwert, der Charakter und das Schicksal des einzelnen schon biologisch vorbestimmt sind. Mit dieser Vorbestimmung wird die epochale Entdeckung Europas widerrufen: des Individuums als der ersten und eigentlichen Realität. Der einzelne verliert seine Freiheit, aber er wird auch von der Verantwortung entlastet, sein Leben selber zu leiten. Er kehrt heim zum übergeordneten Ganzen – und zu dem, der sie verkörpert, vom Schicksal selbst, von der «Vorsehung» auserkoren, Führer zu sein. So erhalten Herrschaft und Hierarchie ein neues Fundament, während zugleich die Begründung für allgemeine Menschen- und Bürgerrechte hinfällig wird, wie für die demokratische Ordnung, die auf ihnen sich aufbaut.

Übrigens darf man nicht übersehen, daß die Rassenlehre nur radikalisierte und zur vollen Konsequenz entwickelte, was in der deutschen Ideologie, zum Beispiel in den «Ideen von 1914», in ihrer Frontstellung gegen «den Westen» angelegt war. «Zwischen dem deutschen und dem demokratischen Geist gibt es keine Vermittlung. Ob man dem einzelnen allein ursprünglichen Wert zuschreibt und nach seinen Wünschen den Staat sich einrichten läßt oder ob man dem Staat einen ursprünglichen, über alle Einzelwerte erhabenen Eigenwert und Eigensinn zuschreibt, das sind grundsätzliche Verschiedenheiten der Auffassung, die man nicht mit Redensarten und demagogischen Künsten verkleistern soll.» So hatte der Philosoph Max Wundt die Alternative formuliert und folgerichtig gefordert, es solle «die Persönlichkeit herrschen, nicht die vielen».[44] Später, schon im Dritten Reich, hat ein anderer Gelehrter die deutsche Ideologie ausgemalt:

«In den Gesichtern der Großväter erkennen wir das eigene Gesicht. Sind hundert Generationen so viel mehr als drei? Vor dem ewigen Willen des Bluts ist der Unterschied klein. Der Bauer hinter dem gegenwärtigen Pflug, der Soldat unter dem modernen Stahlhelm ist Holz vom Stamme der Ostfahrer, der Völkerwanderer und des Teutoburger Waldes. In den Gesichtern der Kinder erwacht, neu aufgerüttelt, die eigene Art. Ihr Aufbruch war das alte, ihr Aufbruch ist das neue Reich. Ein dichtgeflochtenes, wurzelhaftes Leben, eins mit vielen, breitet sich durch den Raum der Jahrtausende. Die Zeit ist beinahe nur das Kleid seiner Allgegenwart. Durch die Namen und Gestalten, die die geschriebene Geschichte erfüllen, fließt es nur hindurch, wird in ihnen geläutert und veredelt, erscheint manchmal in einer symbolischen Figur, die dann ein Meister als Bild in irgendeinem Dom festhält, doch ins Namenlose zurücksinkend, bleibt es zum Unendlichen bereit. – Aufgeklärte Jahrhunderte, die in ihren eigenen Fortschritt verschossen sind, trennen sich von ihm ab, mit dem Erfolg, daß sie verdorren. Aber wie klein erscheinen sie, wie klein erscheint sogar ihr Zusammenbruch bereits den Enkeln! Groß sind nur die Zeiten, deren Sinnen und Trachten an das zeitlose Wesen angeschlossen ist. In ihnen erwacht, abseits aller Forschung, ein Wissen um die Macht der Wurzeln. Doch vor allem die Wurzeln selbst erwachen zu einem neuen Frühling. Sie geben wieder unmittelbare Geschichte aus sich her. Das unbekannte Volk steht auf und sagt ein politisches Ja. Aus den alten Säften wächst, noch einmal, eine Epoche, die Sinn hat.

Ihre Irrtümer wiegen leicht. Ihre Erschütterungen sind produktiv. Ihr Umsturz ist, so hart er zugreift, ohne Willkür. Zukunft liegt über dem Heute, weil er eine Wandlung des Ewigen ist. Die Menschen glauben, schreiten aus, blicken vorwärts, und zwischen ihnen reitet, ungesehen, der Reiter aus Bamberg.»

Der Autor, Hans Freyer[45], war kein Vertreter einer primitiven Rassenlehre und angeblich überhaupt kein Nationalsozialist[46], allerdings ein Anwalt der «Revolution von rechts».[47] Um so nachdrücklicher demonstriert er die Kontinuität deutscher Ideologie, den gleitenden und konsequenten Übergang von einer Spielart zur anderen.

Denn wahrlich nicht von ungefähr entrollt der Text mit seinen Gleichnissen von den Wurzeln und vom Holze die unfreiwillig komischen Bilder einer völkischen Forstwirtschaft. Wenn es auf die unmittelbare, unbedingte und unauflösliche Festlegung des einzelnen auf das übergeordnete Ganze ankommt – heiße dieses nun Volk, Staat, Gemeinschaft, Rasse oder wie immer –, wenn zugleich zur conditio humana, zum Menschen als Menschen die Möglichkeit der Distanzierung, des «Neinsagenkönnens», eine Brechung des Direkten, die vermittelte Unmittelbarkeit gehört[48], dann kann die absolute Festlegung einzig erreicht und begründet werden, wenn man das Menschliche aufs Untermenschliche, eben das Biologische zurückführt. Nur dort erscheint die ewige Wiederkehr des Gleichen – und mit ihr die verewigte Ungleichheit – als das herrschende Prinzip; erst dort ist der einzelne Mensch nichts mehr für sich, hat keinen Eigenwert, sondern Bedeutung bloß als der Träger seiner ererbten Substanz. Er kann daher bedenkenlos, vielmehr zu seinem Lebenssinn verklärt geopfert werden für das, was man jeweils für die Substanz hält – indessen «die anderen», die an der Substanz keinen Anteil haben, nicht einmal des Opfers würdig sind, sondern der Unterwerfung oder bloß noch der Vernichtung.

Genau dies meinte die Rassenideologie, wie Hitler sie auslegte. Auf dem einen Pol steht die Bereitschaft zum Selbstopfer: «Dieser Aufopferungswille zum Einsatz der persönlichen Arbeit und, wenn nötig, des eigenen Lebens für andere ist am stärksten beim Arier ausgebildet. Der Arier ist nicht in seinen geistigen Eigenschaften an sich am größten, sondern im Ausmaße der Bereitwilligkeit, alle Fähigkeiten in den Dienst der Gemeinschaft zu stellen. Der Selbsterhaltungstrieb hat bei ihm die edelste Form erreicht, indem er das eigene Ich dem Leben der Gesamtheit willig unterordnet und, wenn die Stunde es erfordert, auch zum Opfer bringt.»[49]

Auf dem Gegenpol stehen die Juden; sie verkörpern den puren Egoismus; sie sind daher die «Parasiten» jeder Gemeinschaft, die sie unaufhaltsam «zersetzen» und am Ende zerstören.[50]

Wenn man das Schema vor seinem historischen Hintergrund betrachtet, dann wird seine symbolische Bedeutung sofort erkennbar. Die Anklage des «Egoismus» zielt auf die Individualität und in ihrem Sinne auf den Vorrang des Menschen vor den Institutionen, wie er sich seit Beginn der Neuzeit mit Bürgergesellschaft und Kapitalwirtschaft, mit dem Lebensgefühl der Renaissance, mit Reformation, Humanismus und Aufklärung, mit der Proklamation von Freiheit und Gleichheit in der Französischen Revolution, mit Rechtsstaat und Demokratie in Europa entwickelt hat. Die Juden rücken zum Feindsymbol der Konterrevolution auf, weil ihre Emanzipation eine exemplarische Frucht dieser Entwicklung darstellt.

Indem es sich um ein Symbol handelt, kommt es nicht darauf an, daß es die Realität direkt und unverzerrt abbildet; in einem tieferen Sinne wird dennoch getroffen, was gemeint ist. «Der Jude» ist eben nur die eine und faßbare Figur, auf die sich alle Ängste und Aggressionen des beschädigten Selbstbewußtseins bündeln lassen; mit der Judenvernichtung soll, symbolisch, der Sündenfall der Moderne ausgelöscht, die Last der Vereinzelung getilgt und alles Unheil der neueren Geschichte ins über-menschliche, herrschaftlich befestigte Heil zurückverwandelt werden. So zielt die «Endlösung der Judenfrage» tatsächlich auf Erlösung; sie ist: das Heilsverbrechen – und nichts außerdem.

Allerdings darf man nicht übersehen, daß in Hitlers Weltanschauung neben oder noch vor dem Judenhaß das außenpolitische Programm einen zentralen Platz einnimmt: Es geht um den Gewinn von «Lebensraum» im Osten, und seine Voraussetzung ist der Krieg.[51]

Auch hier scheint zunächst das Mißverhältnis zur Realität offensichtlich zu sein. Im Zuge der modernen Entwicklung gründet sich die materielle Sicherung einer Bevölkerung, wie überhaupt der wirtschaftliche Erfolg, immer weniger auf die Größe des Gebiets, immer eindeutiger auf die Qualität des Wissens und Könnens. Voraussetzungen dafür bietet eher eine Verdichtung im Raum, die durch weitreichende Handelsbeziehungen ergänzt wird. Historisch läßt sich das schon an der Entwicklung der europäischen Städtekultur erkennen, an Beispielen wie Augsburg und Nürnberg, an Florenz, Venedig oder Genua, dann an Flandern, den Niederlanden, schließlich an England oder dem Ruhrgebiet. Nach 1945 bestätigen die Bundesrepublik und Japan den Sachverhalt nur einmal mehr, so wie heute Südkorea, Taiwan, Hongkong oder Singapur es tun. Die deutschen Beengungsgefühle und die Gier nach «Lebensraum» demonstrieren daher die Fixiertheit auf vor- und antimoderne Leitbilder.

Wenn man indessen die Revolution wider die Moderne zum Ausgangspunkt nimmt, dann erweist sich Hitlers Weltanschauung, wie sein Handeln, als folgerichtig. Die symbolische Tat, so wichtig sie sein mag, genügt noch nicht; wirkliche Herrschaft braucht die wirkliche Unterwerfung, die Millionenmasse von Sklaven – und dies um so dringender, je mehr denen, die sich als die Herren fühlen sollen, selbst die Ein- und Unterordnung, die Unterwerfung abgefordert wird. Darum war Hitlers eigentlicher Krieg der im Osten, der nach dem polnischen Vorspiel als das «Unternehmen Barbarossa» am 22. Juni 1941 mit dem Überfall auf die Sowjetunion begann; darum wurde dieser Krieg von vornherein ganz anders geplant und geführt als der im Westen. Und es gehört zur Sache, daß Eroberung und «Endlösung» Hand in Hand gingen; der kämpfenden Wehrmacht folgte die «Truppe des Weltanschauungskrieges» auf dem Fuße, deren Auftrag Vernichtung hieß.[52]

Ihre Heilssuche im Widerruf der Moderne, ihre Entscheidung für die Konterrevolution und ihre Hingabe an den Mann, der sie verkörperte, führten die Deutschen an diese Schicksalsscheide heran; von hier an blieb bloß der Sturz in den Abgrund. Denn Europa hatte – mit dem Anteil der Deutschen und als Möglichkeit auch für sie – nicht nur die Welt der Moderne geschaffen, sondern es hatte deren Auszweigungen zu den Weltmächten der Demokratie in den Vereinigten Staaten von Amerika und des Sozialismus in der Sowjetunion möglich gemacht. Wie sollten die Deutschen das Unmögliche vollbringen, wie im Kampf gegen die Welt und die Weltmächte der Moderne bestehen, so staunenswert und erschreckend ihre Leistungen sein mochten?

Nicht 1945, sondern 1835 hat Alexis de Tocqueville die Revolution der Moderne und als ihren Kern die unaufhaltsame Durchsetzung der Gleichheit analysiert; am Maßstab dieser Entwicklung hat er die Zukunftsfähigkeit der Völker abgelesen und seine Schlußfolgerung gezogen: «Es gibt heute auf Erden zwei große Völker, die, von verschiedenen Punkten ausgehend, zum selben Ziel vorzurücken scheinen: die Russen und die Anglo-Amerikaner. Beide sind im Verborgenen groß geworden, und während die Aufmerksamkeit der Menschen anderswo gefesselt war, sind sie plötzlich in die vorderste Reihe der Nationen getreten, und die Welt hat fast zur gleichen Stunde von ihrer Geburt wie von ihrer Größe gehört. Alle anderen Völker scheinen ungefähr die Grenzen erreicht zu haben, die ihnen die Natur gezogen hat, und scheinen sie nur noch bewahren zu sollen. Rußland aber und Amerika wachsen; alle anderen stehen still oder kommen nur mit Mühe voran; sie aber schreiten leicht und rasch auf einer Bahn, deren Ende das Auge noch nicht zu erkennen vermag... Ihr Ausgangspunkt ist verschieden, und verschieden ist ihr Weg; und doch, nach einem geheimen Plan der Vorsehung scheint jeder von ihnen berufen, dereinst die Geschicke der halben Erde zu lenken.» [53]

Im Grunde ihres Herzens hätten wohl viele der Deutschen – vermutlich die Mehrheit –, statt das Unmögliche zu versuchen, es gerne beim Möglichen belassen: in Ruhe und Ordnung gesichert, von der Bürde des Politischen im Führerstaat entlastet, vom Abglanz der Macht in ihrem Selbstbewußtsein erhoben zu sein. Ihnen genügte das Symbol statt der Tat; sie wollten nicht wissen, was den Juden geschah, und bedrückt, nicht begeistert zogen sie in den Krieg, beklommen erst recht zum Entscheidungskampf im

Osten, als ahnten sie die Rache bereits, die zu ihnen zurückbranden würde. [54]

Aber wäre Adolf Hitler denn wirklich ihr Führer geworden, hätten sie ihn erkoren und umjubelt, hätte er überzeugend gewirkt, wenn er nicht meinte, was er sagte? Kann die Erlösung aus Menschenhand, die Heimkehr ins Paradies je anders erreicht werden als durch das Urverbrechen, die Zerstörung des Menschen? Die Wahrheit und nichts als die Wahrheit der deutschen Revolution hat Hitlers Statthalter des Todes, Heinrich Himmler, beschworen:

«Ich will hier vor Ihnen auch ein ganz schweres Kapitel erwähnen. Unter uns soll es einmal ganz offen ausgesprochen sein, und trotzdem werden wir in der Öffentlichkeit nie darüber reden... Ich meine jetzt die Judenevakuierung, die Ausrottung des jüdischen Volkes. Es gehört zu den Dingen, die man leicht ausspricht. ‹Das jüdische Volk wird ausgerottet›, sagt ein jeder Parteigenosse, ‹ganz klar, steht in unserem Programm, Ausschaltung der Juden, Ausrottung, machen wir.› Und dann kommen sie alle an, die braven achtzig Millionen Deutschen, und jeder hat seinen anständigen Juden. Es ist ja klar, die anderen sind Schweine, aber dieser eine ist ein prima Jude. Von allen, die so reden, hat keiner zugesehen, keiner es durchgestanden. Von Euch werden die meisten wissen, was es heißt, wenn hundert Leichen beisammen liegen, wenn fünfhundert daliegen oder wenn tausend daliegen. Dies durchgehalten zu haben und dabei – abgesehen von Ausnahmen menschlicher Schwäche – anständig geblieben zu sein, das hat uns hart gemacht. Dies ist ein niemals geschriebenes und niemals zu schreibendes Ruhmesblatt unserer Geschichte.» [55]

DRITTER TEIL

DIE DEUTSCHEN SEIT 1945

Neuntes Kapitel
Die Rückkehr des Bürgers

Überleben statt Trauer

«In den letzten dreißig Wochen
zog ich sehr durch Wald und Feld.
Und mein Hemd ist so durchbrochen,
daß man's kaum für möglich hält.
Ich trag Schuhe ohne Sohlen,
und der Rucksack ist mein Schrank.
Meine Möbel hab'n die Polen
und mein Geld die Dresdner Bank.
Ohne Heimat und Verwandte,
und die Stiefel ohne Glanz, –
ja, das wär nun der bekannte
Untergang des Abendlands!

Ich trag Schuhe ohne Sohlen.
Durch die Hosen pfeift der Wind.
Doch mich soll der Teufel holen,
wenn ich nicht nach Hause find.
In den Fenstern, die im Finstern
lagen, zwinkert wieder Licht.
Freilich nicht in allen Häusern.
Nein, in allen wirklich nicht...
Tausend Jahre sind vergangen
samt der Schnurrbart-Majestät.
Und nun heißt's: Von vorn anfangen!
Vorwärts marsch! Sonst wird's zu spät!»

Ausschnitte aus dem «Marschlied 1945», von Erich Kästner geschrieben, von Ursula Herking in der Münchener «Schaubude» gesungen.[1] Wenn ein Abend feucht und fröhlich fortgeschritten war,
sangen die Deutschen wohl auch, ungewohnt selbstironisch:

> «Der Führer hat gesagt, wir sollen Sieger sein;
> zur Siegesfeier laden wir den Stalin ein.
> Doch leider kam die ganze Sache umgekehrt:
> Der Stalin hat gesiegt! Ist das nicht unerhört?»

Und dann, als es schon wieder einen Karneval gab: «Wir sind die
Eingeborenen von Trizonesien...»

Etwas sonderbar Ungebrochenes, beinahe Verwegenes klingt da
überall an – und sehr wenig oder gar nichts von Verzweiflung und
Zerknirschung. Aber wie denn anders? Der Krieg, die Vernichtung
und das allgegenwärtige Sterben waren vorüber; man hatte über-
lebt und «ja den Kopf noch fest auf dem Hals», wie das Marschlied
1945 in seinem Refrain sagte – Anspielung auf die Hinrichtungs-
orgien der untergehenden Gewaltherrschaft, vom Berliner Witz
kommentiert: «Eh' det ick mir die Rübe abhacken lasse, jlobe ick
an'n Endsieg!» Dagegen hatte man, jedenfalls von Westen her, den
Einmarsch der Sieger mehr und mehr herbeigesehnt. Jetzt lohnte es
sich wieder, das Überleben zu organisieren, schwierig genug. Sehr
viele Menschen haben sich vor dem Kriegsende umgebracht, besonders im Osten, im Schrecken vor den Rachegelüsten der Roten
Armee, nur wenige danach, sofern man von den Verdammten, den
Himmler und Göring absieht.

Die Nachkriegshaltung ist später analysiert und auf den Begriff
gebracht worden als die Unfähigkeit zu trauern.[2] Aber um wen
wohl hätten die Deutschen weinen sollen, etwa um den «Führer»,
der ihnen so plötzlich abhanden gekommen war?[3] Hitler hatte ver-
sprochen – und dies tatsächlich gehalten –, daß sich ein «November
1918» nicht wiederholen werde; alle, wirklich alle, hatten jetzt mit-
erlebt, was das bedeutete. Die Endphase des Krieges, etwa vom
20. Juli 1944 an gerechnet, forderte mehr Opfer, als die Jahre zuvor[4], um von Hab und Gut, von den brennenden Dörfern und
Städten, von Würzburg und Dresden, von Flucht und Vertreibung,
von Ostpreußen, Pommern und Schlesien nicht erst zu reden. Das

Regime hatte sich widerlegt, wie nur es selbst sich widerlegen konnte: Überall war man Zeuge gewesen, wie die Parteifunktionäre Durchhalteparolen ausgaben, wie sie mit Greisen und Halbwüchsigen eine absurde Verteidigung organisierten, den Treckbefehl verzögerten, bis es zu spät war – um dann zu verschwinden, als hätte es sie nie gegeben. Sie waren, wie die «Führer» selbst, ihrer Verantwortung schmählich entlaufen.

Diese Verantwortung fiel nun auf die Hinterbliebenen zurück; sie wurde den Besiegten von den Siegern als Schuld zugerechnet, als Rechenschaft abgefordert. Genau damit aber fühlten die Deutschen sich von den Machthabern des als «tausendjährig» angekündigten Dritten Reiches um ihre Leistungsbereitschaft, ihre Treue im Dienst geprellt, um die Begeisterung, die Hingabe betrogen. Denn daß sie von der Last jeder politischen Verantwortung ein für allemal entbunden sein sollten, das eben meinte doch die große Verheißung, der sie gefolgt waren.

So löste sich der Bann des Dritten Reiches fast über Nacht. Kein Widerstand gegen die Besatzung, kein Partisanenkampf, keine «Werwölfe» weit und breit. Über den «Verrat» der Deutschen klagte bereits der Propagandaminister Dr. Goebbels in seiner letzten Ansprache vor Mitarbeitern am 21. April 1945: «Was fange ich mit dem Volk an, dessen Männer nicht einmal mehr kämpfen, wenn ihre Frauen vergewaltigt werden!?... Im Osten läuft es davon, im Westen hindert es die Soldaten am Kampf und empfängt den Feind mit weißen Fahnen.»[5]

Nur wenig später, im August, schrieb der neue Landrat des fränkischen Gunzenhausen, einer alten Hochburg der NSDAP, in seinem Lagebericht: «Obwohl der Krieg erst seit einigen Monaten beendet ist, wird vom Nationalsozialismus fast nicht mehr, und wenn, dann im nachteiligen Sinne gesprochen. Bei Leuten, die in ihren Heimen Zeichen des nationalsozialistischen Staates in jeglicher Form zeigten, ist keine Spur davon zu sehen.»[6] Der Hohn, daß außer Hitler offenbar niemand Nationalsozialist gewesen war, verfehlte indessen sein Ziel – oder traf es auf vertrackte Weise: Einzig dem Führer hatte man «unbedingten Gehorsam» geschworen und nur ihm wirklich vertraut.

Als hätte es ihn nie gegeben, zerfiel und verschwand damit auch
der eine, in die Gewaltherrschaft eingebundene Teil des Doppelmenschen mit der Doppelmoral. Was als der allein Überlebende
blieb, war sein anderer Teil: der Privat- und Zivilbürger, der keinen
Anlaß sah, sich etwas vorzuwerfen, weil er – mit Himmler zu reden: «abgesehen von Ausnahmen menschlicher Schwäche» – sich
an Ordnung und Anstand, an die überlieferten Regeln der Moral
stets gehalten hatte. Wer war denn – privat – ein Dieb oder ein
Mörder gewesen, wer hatte nicht für die Familie gelebt und gesorgt, nicht selten sogar – persönlich – dem Nachbarn, dem Bekannten geholfen, wenn der in Bedrängnis geriet? So zumindest ist
es bei den alliierten Verhören, vor Spruchkammern, in Justizver-
fahren vieltausendfach bezeugt worden. Gewiß extrem, aber
durchaus exemplarisch kann man den Fall eines Mannes nennen,
dessen Befragung Hannah Arendt zitiert:

FRAGE: Habt Ihr im Lager Leute getötet?
ANTWORT: Ja.
FRAGE: Habt Ihr sie mit Gas vergiftet?
ANTWORT: Ja.
FRAGE: Habt Ihr sie lebendig begraben?
ANTWORT: Das kam manchmal vor.
FRAGE: Wurden die Opfer aus ganz Europa aufgegriffen?
ANTWORT: Das nehme ich an.
FRAGE: Haben Sie persönlich geholfen, Leute zu töten?
ANTWORT: Durchaus nicht. Ich war nur Zahlmeister im Lager.
FRAGE: Was dachten Sie denn bei diesen Vorgängen?
ANTWORT: Zuerst war es schlimm, aber wir gewöhnten uns daran.
FRAGE: Wissen Sie, daß die Russen Sie aufhängen werden?
ANTWORT (in Tränen ausbrechend): Warum sollten sie das? Was
    habe ich denn getan?

Hannah Arendt kommentiert: «Er hat in der Tat nichts getan – er
hat nur Befehle ausgeführt. Und seit wann war es ein Verbrechen,
Befehle auszuführen? Seit wann war es eine Tugend zu rebellieren?
Seit wann konnte man nur ehrlich sein, wenn man in den sicheren
Tod ging? Was also hat er getan?»[7]

Von außen betrachtet oder, was praktisch aufs gleiche hinausläuft, im Rückblick der Nachgeborenen mag sich das alles so abscheulich und unbegreifbar ausnehmen, als handle es sich um die Gruselgeschichte von Dr. Jekyll und Mr. Hyde, die Robert Louis Stevenson und nach ihm das Kino wieder und wieder erzählt hat. Doch das gespaltene Bewußtsein bildet tatsächlich den Ausgangspunkt – und den Schlüssel zum Verstehen: Was geht einen überlebenden Jekyll der verstorbene Hyde noch an? Die Zuweisung von Schuld, gar von Kollektivschuld, glitt darum an den Deutschen ab; 1951 erschien «Der Fragebogen» von Ernst von Salomon, der den amerikanischen Versuch, jedermann auf den Prüfstand zu bringen, sofern er ein Amt oder bloß einen Studienplatz begehrte, ironisch überlegen abwies; der große Erfolg des Buches darf als Symptom gelten.

Dabei wäre es falsch, von einer prinzipiellen Verstocktheit zu reden; in gewissem Sinne ist das Gegenteil richtig. Man sah und hörte das Entsetzliche, das die Alliierten entdeckten, als sie in Auschwitz, Dachau, Buchenwald, Bergen-Belsen einrückten. Engagierte Zeitschriften, wie die «Frankfurter» und die «Nordwestdeutschen Hefte», «Die Brücke», «Die Wandlung», «Die Gegenwart», «Der Ruf» hatten ihre große Stunde, die Zeitungen und der Rundfunk leisteten ihren Beitrag, und auch ein Buch wie «Der SS-Staat» von Eugen Kogon, schon 1946 erschienen, wurde zum Bestseller. Gerade die Wucht der Eindrücke machte es freilich um so wichtiger, jede Zumutung eigener Verantwortung aus dem Bewußtsein zu weisen. Um es zugespitzt zu formulieren: Die Distanzierung der Überlebenden von ihrem anderen, nun widrig verwesenden Ich stellt die besondere, ganz und gar ungeplante – und die eigentliche Form der deutschen Entnazifizierung dar.

Will man die Nachkriegshaltung der Deutschen verstehen, so muß man noch anderes bedenken, das Elementare: Der Kampf ums Überleben forderte fast alle Energien. Die Zuteilung von Lebensmitteln sank zeitweise – mit Schwankungen und Unterschieden von Zone zu Zone – auf kaum die Hälfte dessen, was für die einigermaßen ausreichende Ernährung notwendig gewesen wäre, und Ende 1946 standen für vierzehn Millionen Haushalte nur acht Millionen Wohnungen zur Verfügung, viele davon so stark beschädigt, daß man sie in normalen Zeiten sofort gesperrt oder abgerissen hätte. Aber die Zeiten waren nicht normal. 1946 lebten in den westlichen Besatzungszonen 20,8 Millionen Männer und 25,7 Millionen Frauen; in der sowjetischen Zone sah es ähnlich aus. Dabei konzentrierte sich der Frauenüberschuß natürlich auf die jüngeren und mittleren, vom Krieg besonders betroffenen Jahrgänge, zu denen bei den Männern noch die gehörten, denen man in den Lazaretten ihre Arbeitsfähigkeit wie die Gliedmaßen amputiert hatte. Die Rückkehr der Kriegsgefangenen konnte das Mißverhältnis allenfalls mildern; 1950 betrug es 23,7 zu 27,1 Millionen. Das heißt: Im Kampf ums Überleben fiel den Frauen die Hauptlast zu, übrigens im schrillen Kontrast zu der Tatsache, daß ein alliierter Kontrollratsbeschluß das traditionelle, partriarchalische Familienrecht wieder in Kraft setzte, das dem Mann die «eheliche Gewalt», die Verfügung über Kinder und Vermögen zusprach.

Eine grimmige Wirklichkeit: Schon das «normale» Einkaufen forderte Ausdauer beim oft stundenlangen und dennoch am Ende nicht selten vergeblichen «Schlangestehen». Von Arbeit und Beruf hieß es bitter, daß man sie sich im Grunde nicht leisten könne, weil der Tageslohn nicht mehr erbrachte als den Gegenwert von ein bis zwei Zigaretten; «Chesterfield» und «Lucky Strike» bildeten die eigentliche Währung. Weit bessere Resultate ließen sich, Spürsinn und Kaltblütigkeit vorausgesetzt, auf dem schwarzen Markt erzielen, von Besatzung und Behörden bei vielfältig eigenen Verwicklungen halbherzig bekämpft. Irgendwie war freilich jedermann verwickelt, weil man nirgendwo sonst bekam, was man unbedingt benötigte, sei es einen Kochtopf, das Paar Schuhe, die zusätzliche Fettration oder endlich einmal wieder frisches Obst.[8] Hart ans Tauschen und Handeln grenzte das «Organisieren», zum Beispiel einer Kiepe mit Kohlen vom Güterwagen herab, für das sich im Rheinland der Begriff «fringsen» einbürgerte, weil der Kölner Kardinal Joseph Frings erklärt hatte, man könne nicht von Diebstahl und von Sünde sprechen, wenn es ums Überleben ginge.

Den Schrecken des Winters hat der Hamburger Schriftsteller Hans-Erich Nossack Ende 1945 beschrieben: «Vor allem ist da aber die Kälte, die Gedanken verwirren sich darüber... Die meisten Menschen laufen mit geschwollenen Fingern und offenen Wunden herum, und es lähmt alle Tätigkeit... Von acht bis drei Uhr halte ich im Geschäft aus, erst ab drei Uhr gehn die Verkehrsmittel wieder, – bin dann aber auch so erfroren, zumal ich nur zwei Scheiben trocknes Brot mitnehmen kann, daß ich kaum mehr gehn kann. Und dann beginnt ein harter Kampf um die U-Bahn. Inzwischen hat meine Frau morgens Stunden gegeben, eilt mittags eine Stunde weit, um das Essen aus der Volksküche zu holen, worauf wir mangels Gas, Elektrizität und Kochgelegenheit angewiesen sind, obwohl die meisten Lebensmittelkarten dabei draufgehn... Zwischen fünf und sechs Uhr versuche ich zu schlafen, um einen Vorhang vor den bisherigen Tag zu ziehen und die fehlenden Kalorien gleichzeitig zu ersetzen. Später nehmen wir noch etwas Teeartiges oder einen kleinen Imbiß zu uns und sitzen uns dann... arbeitend bei 15-Watt-Kerzen gegenüber. Ich selbst sitze meist in Decken gehüllt bis ein Uhr auf, um dann erfroren ins Bett zu kriechen.» [9] Dazu bleibt nur anzumerken, daß der erste Nachkriegswinter sich im Vergleich zum folgenden noch als gnädig milde erwies.

Zum Abenteuer besonderer Art geriet das Reisen. An die wenigen, hoffnungslos überfüllten Züge mit zweifelhaften Abfahrts- und Ankunftszeiten geklammert oder als «Anhalter» auf Lastwagen, die mit ihren Holzgasgeneratoren mühsam dahinkeuchten, schien die halbe Bevölkerung ständig unterwegs zu sein – und gewiß nicht zum Spaß, sondern auf der Suche nach Angehörigen oder zum «Hamstern», in der Hoffnung, irgendwo draußen auf dem Lande den Bettvorleger gegen Kartoffeln einzutauschen – und die dann durch alle Kontrollen hindurch auch nach Hause zu schaffen. Mancher wurde unter solchen Umständen gar zum Berufsreisenden: mit Glühbirnen von Hamburg nach Cuxhaven, von dort mit Heringen nach Kassel, von Kassel nach Chemnitz mit Zigaretten und mit Damenstrümpfen von Chemnitz zurück nach Hamburg.

Bei alledem schienen sich die Konturen einer besonderen Form von Klassengesellschaft abzuzeichnen. Wer auf dem Lande über Haus und Hof, in der Stadt über einen Handwerksbetrieb, Handelswaren und das «Vitamin B» – Beziehungen – verfügte, der litt keinen Mangel; er konnte im Gegenteil die Zwangslage der anderen für sich nutzen. Noch vor dem «Zusammenbruch», aber das Künftige bereits vorwegnehmend, hat Erich Kästner den Sachverhalt beschrieben: «Textilkaufleuten verwehrt das Schicksal, Not zu leiden. Da hilft kein Sträuben. Man trägt ihnen, nach Einbruch der Dunkelheit, das Notwendige samt dem Überflüssigen korbweise ins Haus. Man drängt ihnen auf, was es nicht gibt. Bei Nacht kommen nicht nur die Diebe, sondern auch die Lieferanten. Sie bringen Butter, Kaffee und Kognak, weiße Semmeln und Würste, Sekt und Wein und Schweinebraten, und sie brächten den Kreisleiter der NSDAP, wenn er eßbar wäre. Karl honoriert so viel Mannesmut und Hilfsbereitschaft mit Kostüm- und Anzugstoffen...» [10]

Zur Gegenklasse gehörten ehemalige Soldaten und sonstige Heimkehrer ohne Heim, wie Wolfgang Borchert sie zeichnete: «Ein Mann kommt nach Deutschland. Er war lange weg, der Mann. Sehr lange. Vielleicht zu lange. Und er kommt ganz anders wieder, als er wegging. Äußerlich ist er ein naher Verwandter jener Gebilde, die auf den Feldern stehen, um die Vögel (und abends manchmal auch die Menschen) zu erschrecken. Innerlich – auch. Er hat tausend Tage draußen in der Kälte gewartet. Und als Eintrittsgeld mußte er mit seiner Kniescheibe bezahlen.» Aber viele gibt es, «die nach Hause kommen und die dann doch nicht nach Hause kommen, weil für sie kein Zuhause mehr da ist. Und ihr Zuhause ist dann draußen vor der Tür. Ihr Deutschland ist draußen, nachts im Regen, auf der Straße. Das ist ihr Deutschland.» [11]

Weiter gehörten zur Gegenklasse die Ausgebombten und dann und vor allem die Flüchtlinge und Vertriebenen aus dem Osten, die meist nur gerettet hatten, was sie auf dem Leibe und als «Reisende mit Traglasten» mit sich führten: etwa 5,6 Millionen im Gebiet der westlichen Besatzungszonen schon 1946. Ihre Zahl wuchs ständig; die Volkszählung von 1950 weist sie für die Bundesrepublik mit 9,3 Millionen gegenüber 38,2 Millionen Einheimischen aus, für die DDR mit 4,5 gegen 14 Millionen.

In seiner Deutung der Nachkriegszeit hat Helmut Schelsky der Familie eine zentrale Rolle zugewiesen. [12] Im Kampf ums Dasein erwies sie sich nicht nur als die einzig verbliebene Solidargemeinschaft, sondern sie gewährte dem einzelnen die Geborgenheit und Bestätigung, die er sonst nirgends mehr finden konnte. Für den Privatbürger als den Überlebenden des Dritten Reiches war sie ohnehin die sozusagen natürliche Fluchtburg; nur in ihr war man vor Schuldzuweisungen sicher, weil diese die anderen, inzwischen zerfallenen Ämter und Verantwortlichkeiten betrafen. So verstärkte die öffentliche Debatte noch die Tendenz zum Rückzug: Politisches Engagement hatte sich als Laster, zumindest als Risiko erwiesen, die pure Privatheit hingegen als Tugend und Rückversicherung; diese Erfahrung machte das «Ohne mich!» charakteristisch – zynischer formuliert und als Kennzeichen der Zeit den Wahlspruch: «Jeder für sich, Gott für uns alle.» Mit Recht hat Schelsky auch darauf hingewiesen, daß es sich um einen Gegensatz zu der nach 1918 typischen Einstellung handelte: «Damals befreite sich der einzelne von einer als drückend empfundenen Gruppenbevormundung, letzten Endes auf Grund der unbewußten Sicherheit des Verhaltens, die ihm gerade diese enge Gruppenbildung vermittelt hatte; heute bemüht sich und kämpft der einzelne um den Bestand dieser personalen Gruppenbindungen, gerade weil er sie gefährdet sieht und in ihr die letzte Grundlage der sozialen Zuflucht und Sicherheit für sich empfindet und erkennt.» [13]

Zu solcher Entwicklung trugen die Frauen höchst merkwürdig bei. Sie hatten die Kinder, die Familien im Feuersturm der Luftangriffe, durch die Schrecken der Flucht, im Chaos des Zusammenbruchs und Neubeginns mit allen ihren Kräften bewahrt; das Überleben im Untergang war in erster Linie ihr Werk. [14] Sie hatten damit zugleich eine Unabhängigkeit und ein Selbstbewußtsein gewonnen wie nie zuvor. Doch bewußt oder unbewußt schoben sie den zerbrochen heimkehrenden Männern, um sie wieder aufzurichten, die traditionelle Rolle des Oberhauptes, des Ernährers und Beschützers zu. Es mochte sich zunächst um eine Form von Samariterdienst, eine Art von Notlüge handeln, die im krassen Mißverhältnis zu den Realitäten stand. Aber erfolgreiche Inszenierungen entwickeln ihre Eigengewalt: Im Schauspiel der heilen, um nicht zu sagen geheiligten Familie verfestigte sich die alte, im Grunde längst überholte Verteilung der Geschlechterrollen zur herrschenden

Norm, und die faktische Kraft des Normativen ließ die patriarchalische Ordnung neu erstehen, die im Dunstkreis eines konservativen Moralismus als Verweigerung der Chancengleichheit auf die
Frauen zurückschlug.

Was als Notlüge begann, erwies sich am Ende als Lebenslüge
einer Epoche. Denn in Wahrheit war die Welt der Familie alles andere als heil. Viele Ehen zerbrachen an der jahrelangen Trennung
der Partner und an den veränderten Verhältnissen; durch die Nachkriegszeit rollte eine Scheidungswelle, die 1948 ihren Höhepunkt
erreichte. Noch 1950 lebten etwa 40 Prozent der westdeutschen
Bevölkerung in unvollständigen Familien, und im gleichen Jahr
wurden 9,5 Prozent aller Kinder unehelich geboren. Ohnehin
zwang das Mißverhältnis der Zahlen Millionen von Frauen dazu,
ihr Leben jenseits der Konventionen einzurichten, ständig von der
Mißbilligung, ja Verfemung bedroht, wenn sie sich zum Beispiel
mit Besatzungssoldaten «einließen».

Die Skizze der Nachkriegsverhältnisse bliebe unvollständig ohne
einen Blick auf die junge Generation. Viele haben sie «verloren»
geglaubt, weil es sich um die Kinder des Dritten Reiches handelte.
Tatsächlich haben Sechzehn- bis Siebzehnjährige noch mit Hingabe
gekämpft, viele ihr Leben verloren, als alte «Landser» längst die
Gewehre und Panzerfäuste ins Korn warfen.[15] Doch um so ein-
schneidender wirkte die Ent-Täuschung. Daß im Idealismus des
Selbstopfers Worte unversehens zu Taten, vielmehr zu Untaten ge-
rinnen, daß der Rausch einer – und jeder – Weltanschauung gerade-
wegs in die Katastrophe mündet, daß man darum der Versuchung
des Absoluten, in welcher Gestalt auch immer, nie, nie wieder
nachgeben dürfe: Das erwies sich als die elementare und dauerhaft
prägende Erfahrung. Helmut Schelsky hat den passenden Begriff
gefunden: die skeptische Generation.[16]

Schaut man zurück auf den notorischen Idealismus früherer Jugendbewegungen seit den Tagen des Wartburgfestes im Jahre 1817,
auf die Weltfrömmigkeit des entlaufenen Luthertums, auf die grü-
belnde oder begeisterte Heilssuche im Diesseits, so möchte man
meinen, daß mit der Skepsis als Überlebenserfahrung und Grundhaltung etwas Neues, um nicht zu sagen etwas «Undeutsches» un-

ter den Deutschen aufgetaucht ist. Dazu würde sich fügen, daß in den Nachkriegsjahren zum erstenmal eine Jugendkultur entstand, die von der Hinwendung zum Westen, von der Faszination durch Amerika geprägt war. Wenn jede Generation ihren eigenen Rhythmus, ihre Art von Musikalität findet, in der sie sich erkennt, um später und sogar altersgrau beim Wiederhören sentimental zu erschauern, dann war es für die Nachkriegsjugend jener neue Sound – und als «Sound» ein charakteristisch neuer Begriff –, der sich mit Namen wie Glenn Miller verband: Präzision der Lässigkeit.[17]

Natürlich kam Handfestes mit ins Spiel, eine Sehnsucht nach dem materiellen Aufstieg und Wohlstand, wie ihn – am deutschen Elend gemessen – Amerika traumhaft verkörperte. Wo man noch zu Fuß oder bestenfalls mit dem Fahrrad unterwegs war, da stellte sich etwas wie Ehrfurcht ein, wenn die Straßenkreuzer aus Detroit katzenleise vorüberglitten. Vor allem aber verkörperte Amerika: Freiheit und Weite. The American Dream, der amerikanische Traum, ist auf diese Weise unter Deutschen nachgeträumt worden – bis hin, schon hart am Erwachen, zur Begeisterung für die Jugendgestalt des amerikanischen Präsidenten John F. Kennedy.

Freiheit und Weite: In den Informationszentren der Amerikaner und Briten bot sich die Welt als Lesestoff dar, wie als Schauspiel auf den dürftig hergerichteten Brettern. Der geistige Hunger war womöglich noch größer als der leibliche.[18] Von der Theaterkonjunktur berichtete Friedrich Luft im Februar 1946 aus Berlin:

«Gestern hatte ich Gelegenheit, einmal im Wagen durch die ganze Breite der Stadt zu fahren. Es war gespenstisch. Man ist an die Trümmer seiner Umwelt, seines Weges zur Arbeit, seines Bezirkes gewöhnt. Aber da wurde mir einmal bewußt, wie wenig von Berlin noch da ist... Ich fuhr an einer Litfaßsäule vorbei, die beklebt war mit unzähligen Ankündigungen von Theatern, Opern, Konzerten. Ich sah nachher im Inseratenteil der Zeitung: an fast 200 Stellen wird Theater gespielt. Tatsächlich. Überall. In allen Bezirken. Täglich finden mindestens ein halbes Dutzend Konzerte statt. In allen Bezirken. Zwei Opernhäuser spielen beständig – welche Stadt der Welt hat das noch? Ob da nicht eine ungesunde Hausse in Kunst ausgebrochen ist – ob es nicht nötig ist, Handfestes zu tun –

ob der Drang vor die Bühnen und in die Lichtspielhäuser nicht etwas Leichtfertiges und Frivoles an sich hat? Nein, Kunst ist kein Sonntagsspaß und kein Schnörkel am Alltag, kein Nippes auf dem Vertiko. Kunst ist notwendig, gerade jetzt in der Not.» [19]

Erst recht gab es eine Hochkonjunktur des Kabaretts, so daß Erich Kästner schon im August 1945 notierte: «Wenn sich alle Pläne dieser Wochen verwirklichten, gäbe es bald mehr Kabaretts als unzerstörte Häuser.» [20]

Wann aber würde man aus der Trümmerwelt hinausreisen, wann, buchstäblich, die Welt erfahren dürfen? Man hoffte auf Europa, man brach zur Sternfahrt nach Straßburg auf – und nicht bloß, weil das nationale Unternehmen in Konkurs gegangen war. «Don't fence me in», «Sperr mich nicht ein», hieß einer der Lieblingsschlager der Nachkriegsjugend.

D-Mark und Goldmedaillen

«Das kapitalistische Wirtschaftssystem ist den staatlichen und sozialen Lebensinteressen des deutschen Volkes nicht gerecht geworden.» Darum ist eine Neuordnung notwendig: «Inhalt und Ziel dieser sozialen und wirtschaftlichen Neuordnung kann nicht mehr das kapitalistische Gewinn- und Machtstreben, sondern nur das Wohlergehen unseres Volkes sein... Kohle ist das entscheidende Produkt der gesamten deutschen Volkswirtschaft. Wir fordern die Vergesellschaftung der Bergwerke... Auch bei der eisenschaffenden Industrie ist der Weg der Vergesellschaftung zu beschreiten.»

Kein kommunistischer Agitator ist hier am Werk, und nicht Sozialdemokraten entwerfen, was sie dann doch nicht durchsetzen, sondern es handelt sich um Schlüsselsätze aus dem Ahlener Programm der Christlich Demokratischen Union, kurz CDU, vom Februar 1947. Aber wie bald dann vorbei und dahin: Für eine Dreiviertelmehrheit der Deutschen, die Bevölkerung der westlichen Besatzungszonen, erfolgte die entscheidende Weichenstellung mit der Währungsreform vom 20. Juni 1948. Auf ihrer Grundlage riß der parteilose Ludwig Erhard so rasch und so gründlich wie möglich die alten Gerüste des Zwanges nieder und brachte auf den Weg, unbeirrt von allem Wehe-Geschrei, was er die «soziale Marktwirtschaft» nannte – ohne Verbrämung ausgedrückt: einen Kapitalismus, den der Sozialstaat gegen seine gesellschaftlichen und politischen Risiken abschirmt. Damit begann ein von niemandem erwarteter, fast märchenhafter Aufstieg zum Wohlstand, jenes «Wunder», das dann die Bundesrepublik Deutschland zum wirtschaftlichen Riesen erstarken ließ.

Zahlen zum Beleg: Das Bruttosozialprodukt wuchs zwischen 1950 und 1985 von knapp 100 auf 1845 Milliarden DM, in konstanten Preisen immerhin um das Fünffache, in der Investitionsgüterindustrie sogar um das Achtfache; in der Aufstiegsepoche zwischen 1950 und 1960 betrug das durchschnittliche Wirtschaftswachstum 8,6 Prozent pro Jahr. Die Zahl der Beschäftigten stieg in diesem Zeitraum (ohne das Saarland und Westberlin) von 20 auf fast 27 Millionen, die Arbeitslosigkeit sank von 1580000 auf 235000, in der Quote von 10,4 auf 1,2 Prozent.

Die Ausfuhren beliefen sich 1950 auf 8,4, 1985 auf 537 Milliarden DM; in der Handelsbilanz ergab sich daraus 1950 noch ein Defizit von 3 Milliarden, 1985 ein Überschuß von 112,6 Milliarden; als Anteil am Sozialprodukt stieg die Ausfuhr von 8,5 auf 29,1 Prozent. Inzwischen hat sich daraus eine besondere Form von Weltmeisterschaft ergeben: 1988 lag der Export der Bundesrepublik mit 323 Milliarden Dollar knapp vor den Vereinigten Staaten mit 322, weit vor Japan mit 265 Milliarden – und dies gegenüber der in Japan ums Doppelte, in den Vereinigten Staaten ums Vierfache größeren Bevölkerung.

Einen Teil ihrer Überschüsse legten die Bundesbürger in einer anderen Art von Weltmeisterschaft an: Als Auslandsreisende gaben sie 1987 42 Milliarden aus. Mußten sie aber seit 1949 4,20 DM und seit 1961 4 DM für einen Dollar ausgeben, so 1978 weniger als 2 DM; ähnlich 1989 nach vorübergehendem Wiederanstieg des Dollarkurses. Im Verhältnis zu anderen Währungen gewann die D-Mark entsprechend und zum Teil noch stärker an Wert.

Neben dem Scheckheft rückte das Auto zum wichtigsten Instrument der Mobilität – und zum Statussymbol auf; 1950 besaßen 12,

1984 412 von 1000 Bundesbürgern ein Auto, Kleinkind und Greis eingerechnet. Und wenn, nach einem bekannten Lied, die Straßen zunächst von «Einsamkeitsgefühlen» geplagt wurden, dann sind diese längst den Völlebeschwerden gewichen. 1947 rollten über jeden Autobahnabschnitt im Durchschnitt 1400 Autos pro Tag, 1986 dagegen 33 731 – sofern sie nicht im Stau standen, sogar dabei rekordverdächtig: «180 Kilometer», hieß eine Verkehrs- oder, genauer, Nicht-mehr-Verkehrsmeldung vom Sommer 1989. Was Wunder bei solch atemberaubender Entwicklung, daß schon in den fünfziger Jahren die pampigen Sprüche aufkamen: «Da redet man immer vom sogenannten Zusammenbruch. Aber wenn ich so durch Europa fahre, wen treffe ich? Reiche Deutsche und ausgepowerte Engländer.»

Im statistischen Durchschnitt verfügten Arbeiter 1986 über ein Brutto-Jahreseinkommen von 39 638, Angestellte über 50 747 DM. Setzt man das Brutto-Wocheneinkommen des Industriearbeiters für 1980 gleich 100, so hatte die Kennziffer von 1950 bei nominal 11,4, real bei 28,6 gelegen, und das wachsende Einkommen verband sich mit wachsender Freizeit. Über einen etwas längeren Zeitraum betrachtet nimmt sich die Entwicklung geradezu dramatisch aus: Von 1978 um 60 Jahre in die Epoche bis 1918 zurückgerechnet hat sich die Arbeitszeit – aus Wochen-, Jahres- und Lebensarbeitszeit zusammengesetzt – auf 45,7 Prozent mehr als halbiert. Seit 1978 hat sich unter dem Druck der Arbeitslosigkeit der Kampf um weitere Arbeitszeitverkürzungen noch verstärkt; die ersten Schritte zum «Einstieg in die 35-Stunden-Woche» sind inzwischen getan.

Wichtiger als ein Wust von Zahlen ist freilich die Frage, welche Kräfte die Entwicklung eigentlich bestimmten – und welche nicht. Als nicht haltbar erweist sich die Behauptung, daß das amerikanische Programm zum europäischen Wiederaufbau, populär als Marshallplan bekannt, den Ausschlag gegeben habe. Gewiß waren die etwa 1,5 Milliarden Dollar, die nach Westdeutschland flossen, in einer kritischen Phase sehr willkommen, aber die Bundesrepublik stand als Empfängerland erst an vierter Stelle. Frankreich zum Beispiel erhielt mit 2,7 Milliarden weit mehr, Großbritannien sogar 3,1 Milliarden, ohne daß dort eine entsprechende Dynamik ausgelöst wurde. Bedeutsamer als die materielle Wirkung war darum wahrscheinlich die psychologische: Die Besiegten erfuhren, daß die Sieger ihnen wieder auf die Beine helfen wollten.

Als zwar reizvoll, aber kaum zutreffend erweist sich auch die Meinung, daß die radikale Zerstörung der deutschen Industrie durch Bombenkrieg und Demontagen einen radikalen Neuaufbau erzwang und damit der Bundesrepublik einen Modernitätsvorsprung verschaffte.[21] In Wahrheit sind die Produktionsanlagen im Zuge der Rüstungsanstrengungen zielstrebig ausgebaut und im Bombenhagel nur zu einem geringen Teil zerstört worden. «Die vorhandenen Kapazitäten, die ein relativ hohes technisches Niveau besaßen, konnten durch Reparaturinvestitionen schnell wieder funktionsfähig gemacht werden. Der Kapitalstock – der technische Bestand an Gebäuden, Fahrzeugen, Maschinen und sonstigen Anlagen – war bis Kriegsende im späteren Gebiet der Westzonen um gut 20 Prozent gegenüber 1936 gewachsen. Trotz Demontagen und Reparationen ergab sich 1948 gegenüber 1936 ein Kapitalstockzuwachs von gut 10 Prozent.»[22]

Vor allem jedoch – und tatsächlich ausschlaggebend – stand das menschliche Kapital zur Verfügung: qualifizierte Facharbeiter, Werkmeister, Techniker und Ingenieure, Kaufleute und Unternehmer. Durch den Millionenzustrom der Vertriebenen und der Flüchtlinge, auch aus der sowjetischen Zone und bis zum Mauerbau 1961 aus der DDR, wuchs dieses menschliche Kapital ständig: 1950 gehörten 3,8 von 21,6 Millionen Erwerbstätigen zu diesen Zuwanderern aus dem Osten, 1960 5,85 von 25 Millionen.

Vielleicht ist die Situation der Vertriebenen und Flüchtlinge exemplarisch zu nennen. Das wird deutlich, wenn man sich noch einmal an den Wendepunkt der Währungsreform erinnert. Am Tag danach füllten sich die Schaufenster mit Waren, von denen man schwerlich hätte glauben mögen, daß es sie überhaupt gab. Fachleute haben später erklärt, daß das allgemeine, das schamlose Zurückhalten des Angebots, das Horten für diese Stunde Null, eine Voraussetzung für den Erfolg der Währungsreform bildete. Denn nur weil es für das neue Geld etwas zu kaufen gab, bewies es seinen Wert. Vermutlich reden die Fachleute wahr. Andere haben erklärt,

daß immerhin für einen Tag alle Deutschen einander gleich gewesen seien: Jeder verfügte über vierzig D-Mark «Kopfgeld».

Den Betroffenen allerdings schmeckte die Wahrheit sehr bitter.
Denn jetzt erst schieden sich unmißverständlich die Sachwertbesit-
zer von den Habenichtsen. Und besonders die Flüchtlinge, unter
oft schlimmen Bedingungen in den meist ländlichen Auffanggebie-
ten Schleswig-Holsteins, Niedersachsens oder Bayerns massiert, in
denen es Arbeit kaum gab, befanden sich in einer verzweifelten
Lage. Zwar bot das «Gesetz zur Behebung dringender sozialer
Notstände», das «Soforthilfe»-Gesetz vom 8. August 1949, erste
Ansätze zur Linderung. Aber die eigentliche Gesetzgebung zum
Lastenausgleich folgte erst 1952 – und brauchte für ihre Abwick-
lung nicht Jahre, sondern Jahrzehnte. So wichtig, ja beispielhaft
oder vielmehr beispiellos diese Gesetzgebung im übrigen sein
mochte, man darf nicht vergessen, daß sie in ihrem finanziellen
Kern auf sogenannten «Einheitswerten» beruhte, die schon zur
Zeit ihrer Festsetzung in den dreißiger Jahren nicht realistisch ge-
wesen waren und alle späteren Realwertsteigerungen außer Betracht ließen. Nüchtern gerechnet haben daher die Einheimischen
Bruchteile ihres Vermögens abgegeben und die Vertriebenen nur
Bruchteile zurückerhalten.[23]

Und doch und zugleich datiert vom Stichtag der Währungsreform der Beginn eines einzigartigen Aufstiegs. Arbeit lohnte sich
wieder: Dies war das Herzstück des sozialen Tatbestandes. Die
Heimatvertriebenen und Flüchtlinge erwiesen sich wie keine andere Gruppe als anpassungsfähig und leistungsbereit – und als mobil; um jeden Preis wollten sie ihrer drohenden Deklassierung ent-
kommen. Erst als Rinnsal, dann als ständig schwellender Strom
begann eine neue Wanderungsbewegung: sei es ins Ruhr- oder ins
Rhein-Main-Gebiet, sei es nach Württemberg, überall dorthin, wo
sich in den urbanen und industriellen Ballungsräumen Chancen boten. Das westdeutsche «Wunder», das in historisch ganz kurzer
Zeit ein besiegtes und vom Elend gezeichnetes Land in die wirtschaftliche Großmacht Bundesrepublik verwandelt hat, wäre ohne
diesen Zustrom einmalig leistungsbereiter Menschen schwerlich
denkbar gewesen.

Im Rückblick zeichnet sich ein fast schon paradox zu nennendes Ergebnis ab. Einerseits sind die Vertriebenen nicht bloß Lastenträger geblieben, sondern weit eher auf- als abgestiegen. Denn in ihrer Mehrheit waren sie ja nicht Rittergutsbesitzer oder Fabrikanten gewesen, sondern sie entstammten zumeist kargen und wenig aussichtsreichen Verhältnissen. Der Schock der Vertreibung aber setzte die ungeahnten Energien frei, die dann – vor allem in der Generationenfolge – den Aufstieg bewirkten. Betrachtet man andererseits typische Problembereiche im Schatten des «Wirtschaftswunders» – zum Beispiel die Zonenrandgebiete, die Küstenregionen, die Landwirtschaft in Mittelgebirgslagen –, so konzentrieren sich dort die Alteingesessenen und eben nicht die Vertriebenen und Flüchtlinge, die diese Gebiete längst verließen.

Übrigens haben unter den Elendsbedingungen der ersten Nachkriegszeit nicht wenige Beobachter innerhalb Deutschlands, aber auch des Auslandes, vom Millionenzustrom aus dem Osten die Anhäufung von sozialem Sprengstoff und eine politische Radikalisierung befürchtet, womöglich im kommunistischen Sinne. Manche haben sogar unterstellt, daß ebendies ein Hintersinn der von Stalin bewirkten Westverschiebung Polens und damit der Massenvertreibung sein könnte. Doch nichts davon wurde wahr; gerade ihre Schreckenserlebnisse im Osten machten die Vertriebenen zu einem uneinnehmbaren Bollwerk gegen den Kommunismus; sie raubten diesem jede Chance, sich wie in der Spätphase der Weimarer Republik zur Massenbewegung zu organisieren und eine politische Polarisierung zu bewirken.

Dabei war ein Protestpotential durchaus vorhanden, und die Bitterkeit der von der Währungsreform markierten Situation hat es in Bewegung gebracht. Sobald die alliierten Verbote fielen, entstand der Bund oder Block der «Heimatvertriebenen und Entrechteten». Bei den Landtagswahlen in Schleswig-Holstein vom Juni 1950 erreichte er aus dem Nichts heraus 23,4 Prozent der Stimmen. Auch in Bayern, Baden-Württemberg, Hessen und Niedersachsen gewann der BHE Einfluß; in den zweiten, 1953 gewählten Bundestag zog er mit immerhin 27 Abgeordneten ein. Sehr bald jedoch bewiesen die Paradoxien der Währungsreform ihre unwiderstehliche

Wirkung; die damit eingeleitete liberale Wirtschaftspolitik ließ je länger je mehr die große neue Volkspartei triumphieren, für die Ludwig Erhard das deutsche «Wunder» verkörperte.

Aber sollte man die Situation der Vertriebenen und Flüchtlinge nicht tatsächlich exemplarisch nennen? Sofern man von den Männern und Frauen des wirklichen Widerstandes, den Überlebenden der Verfolgung und den Heimkehrern aus dem Exil absieht, befanden sich in gewisser Weise, vorab politisch-moralisch, alle Deutschen in der Lage von Deklassierten. Sie waren, wie sie in ihrem Karnevalslied sangen, «die Eingeborenen von Trizonesien», von denen ihre Kolonialherren glaubten, sie von der Barbarei zur Zivilisiertheit erst noch umerziehen zu müssen. Doch die Konzentration auf Arbeit und Leistung bot einen Ausweg, weil sie mit den Fragen der Vergangenheit nichts zu tun hatte und gegen ihren Andrang gleichsam immunisierte.

Der materielle Erfolg bot also nicht bloß für sich schon ein lockendes Ziel – im direkten wie im übertragenen Sinne als die Möglichkeit, endlich wieder satt zu werden –, sondern er erwies sich als die Chance, ein neues Selbstbewußtsein zu entwickeln. Arbeit ersetzte die Trauerarbeit, um den Sachverhalt auf seine Kurzformel zu bringen. Damit paßte die Weichenstellung der Währungsreform psychologisch genau zu der Haltung, die sich in den Überlebenden des Dritten Reiches, im Privatsein deutscher Bürger bereits vorbereitete. Wer sich jetzt anstrengte und vorankam, der «war wieder wer», der entwickelte eine eigene Art von Rechtfertigung und Moral; er durfte sich sagen, daß er es für seine Familie tat – und für die Kinder, damit sie es einmal «besser» haben sollten. Das Ergebnis hat Rudolf von Thadden, pointiert zwar, aber im Kern zutreffend beschrieben:

«Es gehört zu den charakteristischen Merkmalen der deutschen Nachkriegsentwicklung, und zwar in beiden Teilen Deutschlands, daß technische und wirtschaftliche Leistung in der Skala der Werte wieder weit obenan stehen. Bis in den Sport hinein gelten die Bundesrepublik und die DDR in der internationalen Öffentlichkeit als die Staaten, in denen andere Werte als Leistungssteigerung und technische Modernität vergleichsweise ein Schattendasein führen.

Zwar erheben beide deutsche Staaten den Anspruch, mit ihrem Leistungswillen für übergeordnete Ziele zu stehen, faktisch entwickelt sich jedoch ein Selbstverständnis der Deutschen, das fast ausschließlich vom Stolz auf technische und wirtschaftliche Werte bestimmt wird. D-Mark und Goldmedaillen bilden den Kern des deutschen Nationalbewußtseins.» [24]

Die DDR fordert die Leistungsbereitschaft ihrer Bürger freilich auf ganz andere Art als die Bundesrepublik. Gewiß mit ihren eigenen Inhalten und Zielen, formal jedoch im fast fugenlosen Anschluß ans Überlieferte, appellierte sie an die hergebrachten Tugenden, an Opferbereitschaft und Gemeinschaftssinn, an Hingabe und Begeisterung im Dienste einer weltlichen Heilslehre, an Vertrauen von unten für die Autorität von oben; in neuen Kleidern stellte sie sich als der alte, durch und durch bürokratische Obrigkeitsstaat dar. Genau damit aber geriet die DDR in einen Widerspruch zu der Disposition ihrer Bürger, denen unter den Händen zerbrochen war und historisch verurteilt schien, was nun wiederum die Zukunft sein sollte. Die antifaschistische Stoßrichtung half dagegen kaum, denn nicht auf die Inhalte, sondern auf die Formen kam es an. Die Katastrophenerfahrung sagte den Menschen – und je mehr man ihnen das Inhumane des Dritten Reiches vor Augen stellte, desto eindringlicher –, daß Idealismus und Opferbereitschaft als solche unter jedem Vorzeichen mißbraucht werden und ins Unheil münden; die Skepsis als Prinzip verweigerte sich den Unterscheidungen von Fahnen und Feldzeichen.

In Berlin trat der Widerspruch dramatisch zutage. Die SED, als die beherrschende Staatspartei der sowjetischen Zone und später der DDR, erlitt schon bei den Wahlen vom Oktober 1946 eine schwere Niederlage [25], und in der Folgezeit bewiesen die Bürger der Stadt zum Erstaunen, schließlich zur Bewunderung der Welt, daß sie zu Opfern bereit waren, um ihre so teuer erkaufte Freiheit zur Skepsis gegen jede neue Zwangsideologie des idealistischen Opfersinns zu verteidigen. Fast möchte man von einer Tragödie sprechen: Wie keine andere Gruppe hatten die deutschen Kommunisten im Kampf gegen die nationalsozialistische Gewaltherrschaft dem Terror getrotzt, Verfolgungen auf sich genommen und einen

hohen Blutzoll erbracht. Aber ihr Triumph, der Sturz ihres Todfein-
des schlug auf sie selbst zurück, weil 1945 die Bereitschaft zum
Glauben und zur Hingabe an politische Heilslehren überhaupt ein-
stürzte.

Zwangsläufig geriet die DDR in den Sog der Bundesrepublik;
wenn es schon keine freien Wahlen gab, dann doch die «Abstimmung mit den Füßen». Hunderttausende entschieden sich Jahr um
Jahr für den Weg in den Westen, zwischen 1950 und 1961 insgesamt
3,1 Millionen, sofern man die nach der Flucht erst geborenen Kinder
mitrechnet, ohne sie etwa 2,6 bis 2,7 Millionen. Insgesamt
schrumpfte die Bevölkerung der DDR zwischen 1949 und 1961 von
18,4 auf 17,1 Millionen, während sie in der Bundesrepublik von 49,2
auf 56,2 Millionen wuchs. Dabei handelte es sich bei den Flüchtlingen aus dem «Arbeiter-und-Bauern»-Staat überwiegend um jüngere, gut ausgebildete Menschen, die zum wirtschaftlichen Aufschwung der Bundesrepublik wesentlich beitrugen, indessen die
DDR durch ihre Ausbildungsleistungen diesen Aufschwung noch
mitfinanzierte. Das wachsende Wohlstandsgefälle wirkte dann wiederum als Sog. So gesehen war die Abriegelung der DDR durch den
Berliner Mauerbau vom 13. August 1961 ein Gewaltakt der Verzweiflung, eine Notoperation, um das Ausbluten zu verhindern.

Im Thaddenschen Text taucht neben der D-Mark ein zweites
Stichwort auf: Goldmedaillen. Und wenn man fragt, wann sich
nach 1945 wieder so etwas wie Nationalstolz bemerkbar machte,
dann fällt einem die Fußballweltmeisterschaft ein, der glorreiche
Tag von Bern am 4. Juli 1954. Auferstanden aus Archiven, klingt die
Stimme des Reporters, als stamme sie direkt von den Sieges- und
Sondermeldungen des Krieges ab: «Aus, aus, aus! Aus! ... Das Spiel
ist aus! ... Deutschland ist Weltmeister, schlägt Ungarn ...» Als danach die Nationalhymne gespielt wird, singt die aus der Bundesrepublik angereiste Menge der Zuschauer mit – nicht «Einigkeit und
Recht und Freiheit», sondern: «Deutschland, Deutschland über
alles, über alles in der Welt!»

Sportliche Spitzenleistungen erweisen sich als seltsam zwielichtig. Einerseits stellen sie im jeweiligen Regelwerk, mit Punktetabel-
len, Zentimetern oder Bruchteilen von Sekunden vermessen, nichts

dar als sich selbst. Wie alles Meßbare und Technische, wie Maschinengewehre und Penicillin, sind sie weltweit übertragbar und systemneutral; es gibt keinen nationalsozialistischen, kommunistischen oder kapitalistischen Weitsprung, aber für jeden verständlich den Traumflug des Bob Beamon bei den Olympischen Spielen von Mexiko 1968: Er sprang weiter als je ein Mensch zuvor oder seither. Solch eine Neutralität oder Technizität entlastet zugleich die Zuschauer, die sich ihrer Begeisterung hingeben, sie macht ihre Identifikation zum «Wir» unverdächtig. Andererseits ist es gerade die strenge Vergleichbarkeit und Systemneutralität, die sportliche Erfolge so unerhört prestigeträchtig werden läßt und dazu einlädt, sie politisch zu nutzen: «Wir» leisten eben mehr, wir sind «besser» als alle anderen.

Für die DDR ist dieser Gesichtspunkt noch viel wichtiger geworden als für die Bundesrepublik. Immer von der Nichtidentifikation ihrer Bürger und von geheimer Unsicherheit, von Minderwertigkeitskomplexen bedroht, immer hinter der Bundesrepublik im wirtschaftlichen Wettbewerb mit Abstand nur zweiter Sieger, fand sie im Sport zumindest eine Ersatzsymbolik. «Wir sind der Ansicht, daß ein Spitzensportler für unseren Arbeiter- und Bauernstaat mehr leistet und dessen Ansehen mehr hebt, wenn er sich mit der Hilfe der Förderung durch Partei und Staat auf hohe sportliche Leistungen vorbereiten kann, als wenn er an seinem Arbeitsplatz einer von vielen ist.» Dieser Satz von Walter Ulbricht[26] zeigt das Prinzip, und seine konsequente Befolgung ließ die DDR weit vor der Bundesrepublik, doch neben den Vereinigten Staaten und der Sowjetunion zur dritten olympischen Weltmacht aufrükken – trotz ihrer vergleichsweise winzigen Bevölkerungsbasis von nur 17 Millionen Menschen.

Spitzenleistungen und eine allgemeine Leistungsdynamik setzen die Konkurrenz als System voraus. Denn nur sie erzwingt das unerbittliche «Vorwärts», das schon Karl Marx im «Kommunistischen Manifest» geschildert hat. Im «ersten sozialistischen Staat auf deutschem Boden» aber konnte die Konkurrenz als ein gesellschaftliches und politisches Prinzip schwerlich anerkannt werden, ohne den einmal geschaffenen Monopolismus und Zentralismus der

Macht in Gefahr zu bringen. Er hätte seine Rechtfertigung verloren, den Anspruch darauf, das historisch und ethisch «fortschrittliche», überlegene System zu sein. Zwangsläufig folgte daraus ein unschlüssig tastendes Hin und Her von Reformversuchen, die bald ermutigt, bald abgewürgt wurden, ohne daß ein wirklicher Wandel eintrat. Es konnte sich wohl auch nichts Grundlegendes ändern, ohne an die Fundamente zu rühren.

Um so größere Bedeutung wuchs dem Symbolbereich Sport zu. In ihm wurde das Konkurrenzverhalten nicht bloß als ein notwendiges Übel bis auf weiteres hingenommen, sondern ohne Vorbehalt bejaht, eingeübt, demonstriert. Und genau dieses Stück Systemwidrigkeit machte ihn so bedeutsam und attraktiv – für die Athleten, die Bürger und das Regime gleichermaßen. Für die Athleten: Sie durften Konkurrenz erleben, ausleben, ohne ins Zwielicht zu geraten, und sie gewannen mit dem sportlichen Erfolg einen Status, der sonst gar nicht oder nur schwer erreichbar gewesen wäre, unter anderem Reiseprivilegien. Für die Bürger: Es gab ein «Wir», eine Identifikationsmöglichkeit, die das Selbstbewußtsein ansprach und stärkte, ohne daß damit eine politisch-ideologische Identifikation und Belastung verbunden sein mußte. Für das Regime: Nach innen konnte es das «Wir», die Identifikation mindestens zum Teil für sich verbuchen, weil es die Erfolge durch planmäßige Sportförderung erst möglich machte. Nach außen konnte man mit dem Erfolg Weltniveau oder sogar Überlegenheit demonstrieren, ohne die politisch-gesellschaftliche Ordnung anzutasten. Für alle Beteiligten brachte so die partielle Systemwidrigkeit des Spitzensports ein Stück Systementlastung mit sich.

Für die Bürger der Bundesrepublik gab es indessen wenig Anlaß, sich erhaben zu dünken. Seit der Entscheidung, die ihnen die Währungsreform von 1948 vorgab, haben sie sich durch die Konzentration auf wirtschaftliche Leistungen und materiellen Erfolg ihre eigene Form von Entlastung geschaffen. Weit stärker, als man zugeben mochte und als es auf den ersten Blick erkennbar war, symbolisierten daher über die Grenzen hinweg D-Mark und Goldmedaillen eine nationale Gemeinschaft, einen Kern des neudeutschen Selbstbewußtseins.

Die Befreiung vom Reich

Es gibt, so scheint es, Gebilde aus Menschenhand, Staatsgründungen darunter, auf denen von Anbeginn ein Fluch lastet. Die Götter wenden sich ab und überlassen ihren Platz den niederen Dämonen. Das Reich von 1871, der deutsche Nationalstaat gehörte zu diesen Gebilden. Nur kurz, kaum ein Dreivierteljahrhundert, dauerte sein Weg durch die Geschichte, und er mündete in die Katastrophe, von Tod und Zerstörung gesäumt.

Genau betrachtet handelte es sich um ein doppelten Verhängnis. Zu groß und zu leistungsmächtig war das neudeutsche Reich, um sich ins europäische Gleichgewicht noch zuverlässig zu fügen, zu beschränkt jedoch, um wirklich Weltmacht zu werden: das war des Fluches einer Teil. Und der Versuch, das Selbstbewußtsein einer Nation auf Herrschaft und Hierarchie statt auf Freiheit und Gleichheit, also im Gegenentwurf zur europäischen Zivilisation zu begründen: das war sein anderer Teil.

Es weist Bismarcks Rang als Staatsmann aus, daß er die Gefahr erkannte. So brutal er deutschen Bürgersinn mit der Macht vermählte und den Kampf gegen «Reichsfeinde» oder «vaterlandslose Gesellen» als Prinzip des Regierens demonstrierte, so dringend suchte er dennoch nach dem europäischen Ausgleich. Davon war nach 1890 nicht mehr die Rede, und man muß zugeben, daß die Nachfolger sich als konsequent erwiesen, wo Bismarck die Kraft zum Selbstwiderspruch aufgebracht und sich daran verzehrt hatte. Als dann der erste «Griff nach der Weltmacht» mißlungen war, tastete die Republik, halbherzig zwar, nach Europa zurück. Aber im eigenen Land scheiterte sie vor einem Wall aus Haß, an der Entschlossenheit zur Konterrevolution. Von da an blieb bloß noch der Gang in den Abgrund.

In solcher Perspektive erübrigt sich die Frage, ob die bedingungslose Kapitulation Zusammenbruch oder Befreiung bedeutete. Sie war Befreiung, weil der Fluch des Reiches zerbrach. Als seien die Götter versöhnt, erwies sich die zweite deutsche Republik so sehr als ein Glückskind, wie Unheil die erste verfolgt hatte. Später ist oft eingewandt worden, daß die Blütenträume des Neubeginns nicht reiften, sondern verwelkten; es habe sich weithin um «Restauration» statt um die notwendige Revolution gehandelt. Doch diese Auffassung übersieht, sehr unhistorisch, daß ein Volk niemals bei «Null» anfangen kann. Und wie denn und mit wem eine Umwälzung durchsetzen, wenn die Menschen ums Überleben kämpfen, wie an Besatzungsmächten vorbei, die erst einmal Gehorsam, Unterordnung und strikte politische Enthaltsamkeit verlangten?

Man übersieht auch, unhistorisch erst recht, die wesentlichen Veränderungen, die sich tatsächlich vollzogen haben. Die traditionellen, preußisch-konservativen Machteliten verloren ihre wirtschaftliche Basis und ihren Einfluß. Der Schwerpunkt des Politischen verlagerte sich von Osten nach Westen; erstmals seit sehr langer Zeit fiel dem katholischen Deutschland eine Führungsrolle zu. Die Macht des Militärs zerbrach; seit der Wiederbewaffnung konnte sich die Bundeswehr im technischen Sinne zwar weit schlagkräftiger entwickeln als die Reichswehr der Weimarer Republik es je hatte sein dürfen, aber zu einem Staat im Staate ist sie nie wieder geworden. Sogar das Ansehen der Uniform verschwand, das einst so charakteristisch gewesen war; man trägt sie zum Dienst und nirgendwo sonst. Die Deutschen haben sich zu überzeugten Zivilisten gemausert.

Wichtige Veränderungen ergaben sich beim Aufbau der Parteien, vorab bei der CDU. Was immer das hohe C, das Christliche als «Grundwert» [27], feiertäglich bedeuten mochte, die Union erwies sich als eine sehr nüchtern am Erfolg orientierte Massen- oder «Volks»-Partei. Der Erfolg schuf ein Muster: Die Sozialdemokraten bekamen ihre Chance erst, als sie den Wandel nachvollzogen. Ähnlich die Verbände, vom Deutschen Gewerkschaftsbund bis zum Deutschen Sportbund: überall ging es um die schlagkräftige Massenorganisation, überall verlor die «Weltanschauung» ihre Bedeutung. Man könnte von einem nachhaltigen Modernisierungsschub sprechen. Er stammte freilich nicht aus dem Nichts, sondern aus dem Bedeutungsverlust der traditionellen Milieus, den die nationalsozialistische «Volksgemeinschaft» angebahnt, den der Krieg und die Kriegsfolgen – zum Beispiel die Flüchtlingsströme – noch entscheidend verstärkt hatten.

Weitere und wesentliche Neuerungen brachte die Verfassung, das Bonner Grundgesetz. Artikel 1 beginnt mit den Worten: «Die Würde des Menschen ist unantastbar. Sie zu achten und zu schützen ist Verpflichtung aller staatlichen Gewalt.» Das klingt pathetisch und ist auch pathetisch gemeint. Unmißverständlich wird der herrschaftliche Vorrang des Staates oder der Gemeinschaft vor dem Individuum – samt dessen Pflicht zum Selbstopfer – widerrufen, der die Ideologien des Deutschseins so lange und so fatal bestimmt hatte; die Freiheit, die Gleichheit und damit die Selbstverantwortung des einzelnen rücken ins Zentrum. Was sie bedeuten, sagt ein Katalog der Grundrechte, von denen es heißt, daß keines «in seinem Wesensgehalt angetastet» werden darf. Geschieht es dennoch, so sind die Grundrechte einklagbar, und zu ihrem Hüter ist das Bundesverfassungsgericht bestellt.[28]

Die Verfassungsväter[29] waren im übrigen gebrannte Kinder; die Erfahrung des Scheiterns, das Gespenst von «Weimar» bestimmte ihre Einstellung. Daher wollten sie einerseits der Staatsgewalt Schranken setzen, andererseits Parlament und Regierung so weit wie nur möglich stabilisieren und insgesamt die Demokratie «wehrhaft» gestalten.[30] Nicht Zuversicht, sondern Skepsis prägte die Arbeit an der Verfassung, und nicht die Unfehlbarkeit des Volkes, auf die sich dann stets die Tyrannen berufen, sondern die Fehlbarkeit des Menschen bildete ihr Maß. Die Mitglieder des Parlamentarischen Rates näherten sich damit sehr stark jener Haltung, die einst die amerikanischen Verfassungsväter geleitet – und so erfolgreich gemacht hatte.[31]

Neu war schließlich und vor allem, daß die Bundesrepublik Deutschland, wie historisch verspätet auch immer, sich als ein bürgerliches Gemeinwesen darstellte. Kaum zufällig verkörperte der Ziehvater der Republik, Konrad Adenauer, genau dies: ohne Wenn und Aber den durch und durch selbstbewußten Bürger. Ähnlich, wenngleich auf seine eigene, sehr gebildete Weise, repräsentierte der erste Bundespräsident Theodor Heuß eine Welt des Bürgers. Einst hatte Theodor Mommsen geklagt, daß Deutschland ihm die Möglichkeit verstelle, Bürger zu sein; jetzt wurde es möglich.

Der Rückkehr des Bürgers entsprach, folgerichtig, der Heim-

weg nach Europa. Nicht mehr die Gegensatzkonstruktion von
«deutschem Geist» und «Westeuropa» sollte fortan bestimmend
sein, sondern die innere und äußere Zugehörigkeit zum Westen. Wie
wohl nichts sonst war dies für Adenauer eine wirkliche Herzenssa-
che, besonders die Aussöhnung mit Frankreich als der Bürgerrepu-
blik par excellence. Der böse Zuruf in nächtlicher Parlamentsdebatte
«Kanzler der Alliierten!» verfehlte so, wie Kurt Schumacher ihn
meinte, gewiß sein Ziel; mit Nachdruck und mit List vertrat Adenauer die deutschen Interessen, wie er sie verstand. Richtig aber war,
daß die Einbindung in den Westen dem Kanzler tatsächlich wichtiger schien als jede Form von nationalem Eigensinn. Das Ergebnis
hat später einmal ein Niederländer umschrieben: «Ihr Deutschen
klagt immer darüber, daß 1945 ‹der Osten› so weit vorgedrungen ist,
bis an die Elbe und die Werra. Für uns sieht es anders aus: Die Grenze
Westeuropas ist um ein paar hundert Kilometer – von Aachen bis
Helmstedt – nach Osten vorverlegt worden.»

Zum Erfolg trugen die inneren Bedingungen ebenso bei wie die
äußeren Umstände. Zu den inneren Bedingungen gehörte, daß die
Überlebenden des Dritten Reiches mit Biedersinn und Fleiß Bürger
sein wollten – und nichts außerdem. Adenauer nutzte diese Einstellung ohne Skrupel; es scherte ihn wenig, welche Leichen die Leute in
ihren Vorgärten oder Kellern vergraben hatten. Sofern Hans Globke
das Kanzleramt meisterlich organisierte, blieb seine Mitwirkung am
Kommentar zu den Nürnberger Rassegesetzen von 1935 vergeben
und vergessen. Doch wenn dies für viele höchst anstößig sein
mochte, dann haben es gewiß noch mehr Menschen als Signal verstanden, daß sie im neuen Staat nicht verfemt, sondern willkommen
sein würden. Gleichzeitig hat Adenauer die Bürgerängste vor «den
Sowjets» mobilisiert, als Wahlkämpfer andeutend, daß alle Wege der
Sozialdemokraten – als der Nicht-Bürger – letztlich «nach Moskau»
führten, behauptend sogar, daß ein Sieg der SPD den «Untergang
Deutschlands» bedeute. Der Erfolg zumindest sprach für sich: Bei
den Wahlen zum dritten Bundestag 1957 errang die CDU/CSU mit
50,2 Prozent der Stimmen und 270 von 497 Mandaten die absolute
Mehrheit. Ein solches Ergebnis hat es nie zuvor oder seither gegeben.[32]

Auch der Stil des Regierens, Adenauers strenges und patriarchalisches, um nicht zu sagen autoritäres Regiment, mag im Rückblick anstößig wirken. Hat diese «Kanzlerdemokratie» die demokratische Erziehung der Deutschen gefördert oder behindert? Die Antwort muß wahrscheinlich heißen, daß sie jedenfalls für eine erste Etappe durchaus angemessen war, weil sie die gebrannten Kinder eines und jedes politischen Engagements nicht überforderte; kaum mehr wurde ihnen abverlangt, als der Gang zur Wahlurne. Übrigens darf man nicht vergessen, daß die väterlich oder großväterlich Respekt heischenden, in den Wechselwinden der Zeit gehärteten Charaktere damals fast zur Führungsregel gehörten, keineswegs bloß im konservativen Lager; man denke an sozialdemokratische Stadt- und Landes-«Fürsten» wie Wilhelm Kaisen in Bremen, Max Brauer in Hamburg, Hinrich Kopf in Niedersachsen, Georg August Zinn in Hessen.

Eigentlich also paßte alles zusammen: die Verlagerung der politischen Gewichte und der Umbau der Eliten, die Neuorganisation der Parteien und Verbände, eine aus bitteren Erfahrungen gewachsene Verfassung, die in der Praxis ihre Probe bestand, Adenauers selbstbewußte Kanzlerschaft und der wirtschaftliche Aufstieg, den Ludwig Erhard verkörperte, der Sieg der Skepsis über den Drang zur Weltanschauung, die Rückkehr des Bürgers und der Heimweg nach Europa.

Zu diesen inneren Voraussetzungen gesellten sich die äußeren Umstände. Für die Besiegten und Unterworfenen konnten sie nur besser werden, und die Zwietracht der Sieger beschleunigte den Wandel. Sogar die Krisen halfen voran. In den harten Monaten der sowjetischen Blockade beeindruckte die Standhaftigkeit der Berliner Bevölkerung, die in Ernst Reuter ihren idealen Repräsentanten fand, die Regierungen und die öffentliche Meinung des Westens. Nur drei Jahre nach der bedingungslosen Kapitulation bereitete sich damit ein Vertrauen vor, das dann der Bundesrepublik schon zugute kam. Ähnlich machte der Krieg in Korea das Undenkbare denkbar: eine deutsche Wiederbewaffnung. Adenauers virtuose Leistung bestand im übrigen darin, daß er Schritt um Schritt, jeweils mit Augenmaß das Mögliche abschätzend, insgesamt aber zielbewußt, von Widerständen und Rückschlägen unbeirrt, seinen jungen Staat als gleichberechtigten Partner in die westeuropäischen Bindungen und ins atlantische Bündnis einfügte.

Den Preis zahlten freilich die Deutschen in der «Ostzone» – wie ihr Staat noch lange nach seiner Gründung in der Bundesrepublik genannt wurde, so als könne man mit dem Namen die Realität aus dem Felde schlagen.[33] Ohne Selbsttäuschung nüchtern gerechnet, hätte man stets wissen müssen und wissen können, daß entweder die Einordnung der Bundesrepublik in den Westen oder – vielleicht – die Einheit der Nation erreichbar war, aber nicht beides zugleich. Doch von Anfang an ist ebendies verleugnet und verdrängt worden, mit Adenauer vorweg.[34]

Sofern man dem kalt kalkulierenden Kanzler nicht unterstellt, daß er einer phantastischen Fehleinschätzung der Weltmacht Sowjetunion unterlag, hat er haarsträubend gemogelt, wenn er wieder und wieder erklärte, daß die feste und sogar militärisch untermauerte Verankerung der Bundesrepublik im Westen eher früher als spät die Wiedervereinigung herbeizwingen werde. Es war gewiß so, daß einer Mehrheit der Bürger die teuer erkaufte Freiheit und Sicherheit ohnehin wichtiger war, als die Suche nach Einheit mit sehr ungewissem Ausgang.[35] Und wahrscheinlich war es so, daß Verhandlungen mit der Sowjetunion über den Preis der Einheit nach nirgendwo geführt hätten, vom mangelnden Einverständnis der Westmächte ganz abgesehen. Aber diese Probe ist nie gemacht worden, und als Gewißheit bleibt nur, daß der Bürgerkanzler und seine Bürger den Weg, den sie mit guten Gründen einschlugen, im Schatten entweder einer Illusion oder der Lüge betraten.

Die Deutschen in der
Deutschen Demokratischen Republik

Was eigentlich sollten die Deutschen in der DDR tun, sofern sie nicht flüchteten, die «Brüder und Schwestern», denen westliche Sonntagsredner anbiedernd und herablassend bescheinigten, wie menschlich nahe man ihnen sei?[36] Das Scheitern des Aufstandes vom 17. Juni 1953 am sowjetischen Eingreifen und erst recht der Mauerbau vom 13. August 1961 machten unmißverständlich klar, daß sie sich anzupassen und mit ihrem Staat einzurichten hatten, so gut sie es vermochten. Dieser Staat wollte nicht ein Gemeinwesen für Bürger sein, sondern Arbeiter- und Bauernstaat, wobei er freilich die Bauern ins Kollektiv und die Arbeiter in Organisationsformen drängte, die eine eigene Interessenvertretung nicht mehr zuließen. In der Praxis stellte er sich als fürsorglich-gestrenge Obrigkeit dar, die ererbte Tugenden einforderte: Gehorsam, Pflichterfüllung, Leistungsbereitschaft. Sogar das Opfer war wieder gefragt, wenn schon nicht des Lebens, dann doch der Freizeit für Sonderschichten zur vorfristigen Planerfüllung, zum Ruhme des nächsten Parteitags.

Obrigkeit: Über diesen Begriff wurde – im Westen – 1959 ein heftiger Streit ausgetragen. Der preußisch-konservative Berliner Bischof Otto Dibelius löste ihn aus, als er erklärte: «Obrigkeit – das ist ein schönes Wort. In dem Wort ist Seele und Gemüt. Es ist etwas von väterlicher Autorität darin – wie denn auch Martin Luther nicht müde wurde, die Parallele zu ziehen zwischen der väterlichen Autorität und der Obrigkeit. Die Obrigkeit findet man vor, wenn man zur Welt kommt. Man kann sie sich nicht machen, ebensowenig wie man sich seinen Vater selber machen kann. Sie steht da, von Gott gesetzt. Sie mag von guten oder schlechten Menschen dargestellt werden, von Christen oder Türken – sie ist da, und wir müssen uns ihr willig beugen. Und dahinter steht, durch alles hindurchscheinend, Gottes Wille. ‹Wilhelm, von Gottes Gnaden, König von Preußen, Kurfürst von Brandenburg...› Das ist Obrigkeit!... Es ist kein Zufall, daß das Wort praktisch aus unserer Sprache verschwunden ist... Das Wort ist verschwunden, weil die Sache verschwunden ist. Und zwar ist sie seit dem Tage verschwunden, an dem man eine Staatsordnung aufgerichtet hat, die sich auf Parteien aufbaut... Um es ganz konkret zu sagen: Der Regierende Bürgermeister von Berlin, wenn er zu einer anderen Partei gehört als ich, kann für mich nicht in dem Sinne Autorität sein, wie es für Martin Luther der Kanzler Brück war und der Kurfürst, der hinter seinem Kanzler stand.» [37]

Obwohl Dibelius diese Konsequenz keineswegs ziehen wollte, gehörte es zur Ironie der Sache, daß seine Bestimmung zur DDR durchaus paßte. Denn sie kannte zwar eine beherrschende Staatspartei, aber keinen Parteienstaat, und niemandem mutete sie zu, sich in die Opposition zu wählen.[38] Der Obrigkeitscharakter des SED-Staates ist vielleicht dadurch lange verschleiert worden, daß man das preußische Erbe mit einem Bann belegte, wie schon der Alliierte Kontrollrat, der in seinem Gesetz Nr. 46 vom 23. Februar 1947 Preußen für aufgelöst erklärte, «weil der preußische Staat seit jeher Träger des Militarismus und der Reaktion in Deutschland» gewesen sei. Zudem eignete sich Walter Ulbricht zur Figur des Landesvaters zunächst wohl wenig; übrigens war er, als Sachse, seinem rheinländischen Gegenspieler Adenauer im antipreußischen Affekt verbunden.

Seither, obwohl verspätet, hat sich das Bild verändert. Einen Markstein des Wandels bildete die Biographie «Friedrich II. von Preußen» von Ingrid Mittenzwei, die 1979 erschien. Worauf es ankommt, sagte die Autorin am Ende ihres Buches:

«Preußen ist ein Teil unserer Vergangenheit. Geht man durch einige Städte der DDR, vor allem durch Berlin oder Potsdam, kann man auf Schritt und Tritt steinernen Zeugen unserer preußischen Geschichte begegnen. Sie sind nur ein Zeichen dafür, daß uns unsichtbare Fäden mit dem Gestern verbinden. Freilich wird man sich diesem Teil unserer Geschichte immer kritisch nähern müssen. Die revolutionäre deutsche Arbeiterklasse ist groß geworden und hat ihre unverwechselbaren Züge im Kampf gegen die reaktionären junkerlich-bourgeoisen Kräfte des preußisch-deutschen Militärstaates angenommen. Darüber aber sollte man nicht vergessen, daß Preußen zu keiner Zeit mit der herrschenden

Klasse identisch war. Und selbst die Herrschenden gilt es differenziert zu werten...» [39]

Nur um einen Schritt weiter, und man hob den reitenden Friedrich wieder auf seinen Denkmalssockel am angestammten Platz «Unter den Linden»; der Staatsratsvorsitzende Erich Honecker hat bei dieser Gelegenheit wie selbstverständlich von Friedrich dem Großen gesprochen. Ähnlich wandelte sich das Bild von der Offiziersverschwörung des 20. Juli 1944, und die Nationale Volksarmee griff schon relativ früh und unbefangen auf Preußisches zurück, nicht bloß mit Uniform und Parademarsch. Hierzu diente die Betonung «fortschrittlicher Momente», besonders in der Zeit der Heeresreformen nach 1807; als hohe Auszeichnung wurde ein «Scharnhorst-Orden» verliehen. Außerdem konnte man an die russisch-preußische Waffenbrüderschaft im Kampf gegen Napoleon erinnern, symbolisiert durch die Konvention von Tauroggen vom 30. Dezember 1812. Gleichzeitig wurde auch Luther neu und differenziert bewertet. Galt er anfangs nur als der «Bauernschlächter», gegen den man den Rebellen Thomas Münzer aufbot, so gab das Luther-Gedenkjahr 1983 Anlaß zu Feiern, für die Erich Honecker die Schirmherrschaft übernahm.

Alles in allem ist die DDR als Obrigkeitsstaat und «rotes Preußen» im Appell an die ererbten Tugenden durchaus nicht erfolglos geblieben, trotz der besonderen Belastungen, die sie tragen mußte; im Vergleich mit anderen sozialistischen Staaten errang sie sogar eine Spitzenposition. Doch paradox genug hat sie damit manch traditionelle Züge des Deutschseins weit stärker bewahrt als die Bundesrepublik. Das galt bis ins äußere Erscheinungsbild hinein: Was hier die Betonpisten und Blechlawinen, die Banken, Supermärkte und Imbißpaläste längst begruben, konnte man dort noch finden, wenn man abseits der Industriezentren auf den alten Chausseen durch die Dörfer und Kleinstädte fuhr. Nicht selten stellte sich darum bei Besuchern aus dem Westen ein Nostalgieeffekt ein; als seien die Uhren des Lebens angehalten, entdeckten sie Heimat:

«Als mein Freund kürzlich
wieder nach Weimar fuhr,
bat ich ihn,
mir den Baum zu fotografieren,
auf dem wir als Kinder
Burgen gebaut hatten.
Er brachte mir
eine Fotografie mit,
darauf waren Kinder zu sehen,
die auf unserem Baum
eine Burg bauten.» [40]

Wenn nun die DDR zum Obrigkeitsstaat wurde wie einst Preußen
– und wie dieses kein Nationalstaat –, dann unterschied sie sich von
ihrem Erblasser doch in einem zentralen Punkt: Sie verwaltete eine
Weltanschauung. Das klassische, friderizianische Preußen war sozusagen der Staat an sich; was es seinen Untertanen abforderte, hat
Immanuel Kant – rühmend – in den Satz gefaßt: «Räsoniert, so viel
ihr wollt, und worüber ihr wollt; nur gehorcht!» [41] Die DDR dagegen hütete die Wahrheit, den Auftrag der Geschichte zum sozialistischen Fortschritt. Daher hatte dem Prinzip nach die Staatspartei
«immer recht», während die Bürger sich irren konnten, wie sie sich
im Dritten Reich geirrt hatten und in der kapitalistischen Bundesrepublik immer noch irrten. Folgerichtig mußten die Bürger zur
Wahrheit erst erzogen werden und sie wieder und wieder bekennen.

Genau hier freilich begann ein folgenschweres Dilemma. Auf der
einen Seite durfte die DDR ihren Monopolanspruch auf Verwaltung der geschichtlichen Wahrheit nicht aufgeben, ohne sich selbst
in Gefahr zu bringen. Weil sie weder die Nation verkörperte [42] noch
als Wohlstandsunternehmen mit der Bundesrepublik zu konkurrieren vermochte, besaß sie keine andere Rechtfertigung. Auf der
anderen Seite wurde damit den Bürgern nicht bloß ein äußerer,
sondern auch ein innerer Zwang zugemutet, dem sie sich zwar an-
paßten, aber zugleich nach Kräften entzogen, indem sie ein Zwie-
denken, eine Art von Lebensspaltung entwickelten. Kaum aus ihren Werk- und Feiertagspflichten entlassen, kehrten sie ins Private
zurück und schalteten das West-Fernsehen ein [43]; gewissermaßen als

Daseinskrönung erschien die Verfügung über eine «Datsche», das Wochenendhaus und Sommerasyl irgendwo im Abseits.

Günter Gaus hat beziehungsreich von der «Nischengesellschaft» gesprochen und auf ihre Entlastungsfunktion hingewiesen: «Der Kummer der gläubigen Genossen der SED... hat als Kern die für sie traurige, bittere Einsicht, daß ein Nischenbewohner vom neuen Menschen weit entfernt ist. In der privaten Höhle wohnt der... alte Adam mit seiner Sippschaft, der schlau genug ist, gerade soviel von Partei und Staat verlangtes, genehmigtes Engagement zu demonstrieren, daß ihm der Rückzug ins Private offensteht. Das Arrangement zwischen ihm und dem Regime ist, wie könnte es anders sein, ein stillschweigendes. Ich denke, daß sicherheitsbewußte, illusionslose Genossen die allgemeine Druckminderung, die sich vom Nischendasein auf die Öffentlichkeit überträgt, nützlich finden.» [44]

Insgesamt hat der alte Adam sich nicht nur behauptet, sondern in einem zähen und listenreichen Ringen seine Höhle ausgebaut und befestigt. Die Zeiten, in denen man ihm etwa das Zuschauen beim «Klassenfeind» verbieten und die nach Westen gerichteten Antennen vom Dach reißen wollte, liegen schon weit zurück. Konflikte drohten freilich überall dort, wo das Persönliche und das Öffentliche sich mischten, wie – unvermeidbar – in der Kunst und besonders in der Literatur. Erst recht galt das, wenn jemand gegen den «real existierenden» einen «utopischen» Sozialismus «mit dem menschlichen Antlitz» einklagte, wie Robert Havemann es tat. [45] Und schwerlich freute es die Obrigkeit, wenn Wolf Biermann als «Frage und Antwort und Frage» ihr vorsang:

> «Es heißt: Man kann nicht mitten im Fluß
> die Pferde wechseln
> Gut. Aber die alten sind schon ertrunken
>
> Du sagst: Das Eingeständnis unserer Fehler
> nütze dem Feind
> Gut. Aber wem nützt unsere Lüge?
>
> Viele sagen: Auf die Dauer ist der Sozialismus
> gar nicht vermeidbar.
> Gut. Aber wer setzt ihn durch?» [46]

In eine besondere Form von Nischenexistenz gerieten die Kirchen, aus vielen ihrer angestammten Bereiche verdrängt. Als zum Beispiel 1955 der staatliche Feldzug für die betont atheistische Jugendweihe begann, nahmen 17,7 Prozent aller Vierzehnjährigen an ihr teil. Aber schon 1960 waren daraus 87,8 und 1983 über 98 Prozent geworden. In dem Maße jedoch, in dem sich die Kirchen aus der bloßen Gegnerschaft lösten und im Sozialismus einrichteten, gewannen sie neue Funktionen. Denn weil ihre Nische stets mehr bedeutete als pure Privatheit, bot sie auch oder gerade jungen Menschen eine Zuflucht und die Möglichkeit, sich kritisch zu engagieren, sei es für den Frieden, für die Bewahrung der Natur oder am Ende gar gegen die Obrigkeit.

Indessen darf man nicht übersehen, daß das Verhältnis zwischen dem Staat und seinen Bürgern nicht nur von der Abgrenzung und vom Konflikt bestimmt wurde. Es gab weite und wesentliche Bereiche der Übereinstimmung. Große Anstrengungen im Bildungswesen, um einerseits Chancengleichheit herzustellen, andererseits Talente zu fördern, sind vielen Menschen zugute gekommen, nicht zuletzt den Frauen. Die olympische Weltmacht DDR, von der die Rede war, zeigte sich in erster Linie als Frauenmacht, und sie zeigte symbolträchtig, was für viele Bereiche und Berufe galt, von den politischen Spitzenfunktionen einmal abgesehen.

Auch die geruhsamere Lebensart, im Kontrast zur westlichen Hektik, die Tatsache, daß weniger Konkurrenz ein geringeres Maß an Daseinshärte fordert, und die umfassende Existenzsicherung – zum Beispiel gegen Arbeitslosigkeit – wurden positiv, als Errungenschaften gedeutet. Vielleicht sollte man insgesamt von Ambivalenz sprechen. Jeder seufzte unter dem vormundschaftlichen Eifer der Obrigkeit, unter einer wieder und wieder anstößigen Gängelung. Aber die Garantie von Ruhe und Ordnung gehörte wie die Entlastung von politischer Verantwortung zu den deutschen Traditionen, die in der DDR weit stärker als in der Bundesrepublik bewahrt wurden.

Schließlich und nicht zuletzt zeigten sich die Partei und die Mehrheit der Menschen zu einem Charakter von Kleinbürgerlichkeit verbunden. Die frühe und fast vollständige Abwanderung ehemaliger Eliten hat dazu ebenso beigetragen wie jenes sozialistische «Kulturerbe», das in seinem Kern den Nachvollzug bürgerlicher, manchmal möchte man meinen: spätviktorianischer Kultur- und Moralvorstellungen bedeutete. Immer erst abwehrend und westliche Dekadenz denunzierend, dann mit Beschränkungen und nicht selten mit Schikanen, durchweg um Jahre verzögert, hat die DDR neue Entwicklungen der Kunst oder der Jugendkultur, ihrer Formen von Musik oder formloser Kleidung eher widerwillig als willig zugelassen. Und man darf durchaus unterstellen, daß dieser Konservatismus Staat und Gesellschaft – ohnehin von Senioren geführt – häufiger geeint als entzweit hat.

Geruhsamkeit und Enge, Behagen und Bürokratie, Fleiß und Verantwortungsscheu: zwischen solchen Polen siedelt das Kleinbürgertum; mit ihnen erwies sich die Deutsche Demokratische Republik – wie die Bundesrepublik, nur eben ins Kleinere, Umgrenzte gebannt – als eine Spielart des bürgerlichen Gemeinwesens, anheimelnd und abstoßend zugleich.

Dennoch blieb ein Problem, ein grundlegender Widerspruch. Auf der einen Seite war die DDR als Bürgerstaat auf Gleichheit gegründet worden und mit seinem Bemühen um Chancengleichheit herangewachsen. Auf der anderen Seite handelte es sich um den Obrigkeitsstaat mit seinem Monopolanspruch auf Wahrheit und Macht, um Herrschaft und Hierarchie also – und damit um die Ungleichheit als Prinzip. Wie aber ein Bürgerstaat Mündigkeit fordert, so ein Obrigkeitsstaat die Vormundschaft. Solch ein Gegensatz versagte es dem Staat, vertrauenswürdig, selbstbewußt und auf die Dauer leistungstüchtig zu werden. Und an diesem Gegensatz rieben sich die Bürger wund, bis sie entweder resignierten oder ihr Heil in der Flucht suchten, sobald sich eine Gelegenheit dazu bot.

Womöglich noch schlimmer verhielt es sich für die Obrigkeit selbst. Die Männer der Macht stammten durchweg von «unten», aus kleinen Verhältnissen; sie bildeten eine Elite der ersten Generation. Irgendwann in ihrer Jugend hatten sie sich dem Marxismus-Leninismus gläubig anvertraut und damit einen ehrenvoll harten Weg gewählt; sie waren verfemt und verfolgt worden, sie hatten

dem Faschismus widerstanden und nicht selten schwere Opfer erbracht. Der Aufbau des «ersten sozialistischen Staates auf deutschem Boden» war ihr Werk und eigentlich ihr sehr persönlicher
Triumph – der ihnen, kaum merklich zunächst, dennoch unter den
Händen wieder zerrann.

Denn wer mochte einerseits einer Lehre noch glauben, die im
Duell mit dem Klassenfeind an ihrem eigenen Probierstein – der
Entfaltung der Produktivkräfte – so offensichtlich Schiffbruch erlitt?[47] Und wie konnte man andererseits den Schiffbruch eingeste-
hen, wenn damit die eigene Lebensleistung in ihrem Kern getroffen und womöglich zerstört wurde, als sei sie ein Irrtum gewesen?
In demokratischen Systemen werden Regierungen, die scheitern,
durch die Opposition abgelöst; dem Obrigkeitsstaat indessen fehlen alle Vorkehrungen für das Scheitern, das doch nur menschlich
ist.

Insgesamt galt: Weil der Widerspruch des Systems bis ins Prinzipielle der Institutionen wie der Überzeugungen reichte, war ihm mit
Veränderungen im Detail, etwa mit behutsamen Reiseerleich-
terungen, schwerlich beizukommen; sie weckten im Gegenteil Erwartungen, die sich dann doch wieder und um so bitterer enttäuscht sahen. Daher blieb die DDR nicht bloß in ihrer Wirtschaftsentwicklung, sondern auch oder erst recht beim Abbau autoritärer
Strukturen hinter der Bundesrepublik immer weiter zurück; mit
der westdeutschen Entwicklung seit 1968 verglichen, von der im
folgenden Kapitel gesprochen werden soll, zeigte sie sich als er-
starrtes System.

Wie also, wenn durch sozialistische «Bruder»- und Nachbarlän-
der ein Sturmwind des Wandels blies? Wie, wenn anderswo – in
Ungarn zum Beispiel – sich Grenzen öffneten? Unversehens erwies
es sich dann, daß die Starrheit des Systems nicht nur eine Abriegelung durch die Berliner Mauer, sondern auch die «Lager»-Solidari-
tät voraussetzte. Ihr Zerfall machte eine Massenflucht überwiegend
junger, gut ausgebildeter und leistungstüchtiger Menschen möglich.

Aber es handelte sich nicht bloß um einen Aderlaß, so fatal er sein
mochte; die Reformkräfte wurden keineswegs geschwächt, son-

dern im Gegenteil entscheidend gestärkt. Denn sobald es eine Alternative gab, konnte sich fast über Nacht ein neues Selbstbewußtsein entwickeln. Der Ruf «Wir bleiben hier!» klang darum nicht wie Resignation, sondern als Ultimatum. Er fordert ein Ende der Entmündigung, Mitsprache, Freiheit, Reformen.

So gelangte der «erste sozialistische Staat», der zugleich wohl der letzte Obrigkeitsstaat auf deutschem Boden war, an eine Grenze und Wendemarke seiner inzwischen vierzigjährigen Geschichte. Vieles schien auf einmal denkbar, was bisher als undenkbar angesehen wurde. Und womöglich galt das nicht nur für die Deutsche Demokratische Republik, sondern für Deutschland und die Deutschen überhaupt.

Zehntes Kapitel
Der Aufbruch und die Ängste

Das Ende der Nachkriegszeit

«‹Hau ab Staat!› steht an mancher Hauswand in Kreuzberg. Knapp und präzise. Eine Erweiterung von ‹Hau ab KOB!› Denn der Staat, das sind zuerst mal die Bullen. Erweitert sind es alle, die einen nicht in Ruhe lassen: das Arbeitsamt, die Sozial-Typen, die Politiker, der Mann von der Sanierungsstelle, Chefs, Lehrer, die Leute, die dich komisch ankucken, das Fernsehen, der BVG-Kontrolletti, die Versicherung, manchmal sogar die Eltern.

Der Staat ist überall. Der Staat ist das, was ist, und daß es so bleibt. Der Staat sind AKWs, Schmidt-Schnauze, Raketen und Krieg, das Gelaber der Politiker, die dich vollquatschen, wendig, immer einen Spruch mehr drauf. Und dabei wollen sie nur ihre Posten behalten, wollen dich unter Kontrolle haben – ihre glatte, perfekte Macht.

Der Staat ist Deutschland: eng, verbiestert, spießig, arbeitswütig und immer alles in Ordnung. Ihre Ordnung. Die Ordnung, in der du nie was zu sagen hast, die Straßenverkehrsordnung, die freiheitlich demokratische Grundordnung.

Der Staat ist der Knast. Der große und der kleine. Wenn du lebst, wie du willst, kommst du früher oder später in den Knast: ‹Landfriedensbruch oder so ähnlich› heißt das, kriminelle Vereinigung, Hausfriedensbruch, Nötigung, Körperverletzung, Sachbeschädigung, Stromdiebstahl, Inanspruchnahme öffentlichen Straßenlandes ohne Sondergenehmigung. ‹Achtung, Achtung, hier spricht die Polizei. Bitte, verlassen Sie den Platz, dies ist die erste Aufforderung!› Der Staat sind die Sirenen und Blaulichter in der Nacht.

Der Staat ist Mitte 40, glatt rasiert, vollkommen verständnislos, barsch und korrekt. Im Kampfanzug, morgens um sieben, steht er plötzlich in deinem Haus. Sie führen dich ab, fotografieren dich, geben deinen Namen über ‹Monopol› an die Zentrale, durchsuchen das Haus und machen fiese Sprüche, wie schmutzig es hier ist.

Der Staat ist praktisch immer der Stärkere. Sie planen und machen, ohne daß du durchblickst, ziehen ihr Ding durch, völlig stur. Was sie wollen, ist undeutlich, fern und fremd. Sie sind auf jeden Fall auf einem üblen Trip: die Schweine!

Sie lassen unsere Genossen im Knast krepieren, haben Integrations- und Befriedungspläne, um uns hinterher aufs Kreuz zu legen; entweder mit List oder mit Gewalt.

Der Staat ist ein Zivi, der dich bespitzelt. Er sieht fast genauso aus wie du, und plötzlich zieht er die Knarre und seine Hundemarke und nimmt dich fest.

Der Staat funktioniert. Wie eine Maschine, ein Apparat, ein Computer. Hinter den glatten Glas- und Betonfassaden, mit Diplomatenköfferchen oder Funkgerät: du bist registriert.

Der Staat sind die Scheiß-Spielregeln.

Der Staat ist allgegenwärtig, übermächtig. Aber man kann ihn ärgern: wie den Lehrer. Er hat zwar die Macht, aber gerade deshalb ist er angreifbar. Wenn wir ihm ein Schnippchen schlagen, ihn verarschen, lächerlich machen, uns ihm verweigern.

‹Ihr habt die Macht, doch wir haben die Nacht!› steht am Eingang einer besetzten Kneipe.»

Der Text stammt aus der «Szene» junger Hausbesetzer 1981.[1] Analysiert man ihn, so taucht hinter seinem Witz die ernste und altbekannte, eine sehr deutsche Figur auf: jener Übervater, der Herr dieser Welt, den Thomas Mann als Kind sich einst als den «General Dr. von Staat» vorstellte. Nur die Vorzeichen haben gewechselt: Wo Ehrfurcht war, herrscht jetzt Haß. Eine seltsame Form des Überdauerns.

Am Anfang allen Aufruhrs stand die Studentenbewegung des Jahres 68; erstes Angriffsziel bildeten die akademischen Institutionen, besonders die Professoren. Neben Mißständen in den Hochschulen gab es andere, viele Anlässe: als Vorspiel schon 1967 die Demonstration gegen den Schah von Persien und die Polizeikugel, die Benno Ohnesorg tötete; die große Koalition in Bonn und ihre Notstandsgesetze, die den Staat auf neue – oder womöglich ganz traditionelle Art «wehrhaft» machen sollten; das Zerbrechen des Nachkriegsidols Amerika am Krieg, in den Reisfeldern und im Dschungel von Vietnam; die zündenden Vorbilder vom kalifornischen Berkeley bis Paris.

Wer dabei war, wer Rudi Dutschke noch gekannt hat, denkt inzwischen mit Wehmut zurück an die Träume vom anderen, freieren Leben. Sehr rasch freilich zerfiel die Bewegung wieder, bis zur Gewalt, zum Terrorismus als dem einen, zur zynisch karrierebewußten Anpassung ans Bestehende als dem anderen Extrem. Es zerfiel auch das theoretische Gerüst, aus Versatzstücken der «Frankfurter Schule», den Lehren von Herbert Marcuse und Wilhelm Reich oder orthodox marxistisch mehr hastig und enthusiastisch als solide gezimmert. Doch dieser Zerfall streute vielfältig Samen aus fürs manchmal anrührend, nicht selten bizarr Erblühende: «Seid realistisch, fordert das Unmögliche!» Manchmal schien es sich um eine Form von Indianerspiel zu handeln, manchmal um blutigen Ernst.[2] Vor allem entstanden neue Bewegungen: Ausstieg aus dem Leistungs-«Terror» – zu einem «Tunix»-Kongreß strömten Tausende junger Leute zusammen[3] –, die Frauenbewegung – vielleicht die beharrlichste und folgenreichste von allen –, die Friedensbewegung in ihrem Kampf gegen die «Nach»-Rüstung, die Bewegung gegen den «Atomstaat» und Großprojekte wie die «Startbahn West» in Frankfurt, die ökologische Protestbewegung gegen das Waldsterben und überhaupt die Naturzerstörung; dies alles versuchten dann die Grünen zu bündeln, halb selbst als Bewegung und halb als Partei.

Hinter den so rasch, nicht selten sprunghaft wechselnden Themen, Redeweisen und Parolen, in der Flucht der Erscheinungen wurde dennoch Kontinuität sichtbar. Zunächst handelte es sich im

Kern um Jugendbewegungen. «Trau keinem über dreißig!» hieß ein frühes Schlagwort. Sofern man Ältere überhaupt noch beachtete, gehörten sie eher zu den Großvätern als zu den Vätern: Gustav Heinemann, Heinrich Albertz, Heinrich Böll, Robert Jungk – um nur ein paar Namen zu nennen. Dazu paßte, daß viele, die jung nicht mehr waren, sich anbiederten, indem sie eilig die Schlipse abbanden, die Haartracht wie die Sprache wechselten, vom «Sie» zum «Du» übergingen, doch stets in Gefahr, schon im vierten Lebensjahrzehnt so leise wie unerbittlich gefragt zu werden: «Na, Opa, was willst du denn hier?»

Ohnehin gründet in der Betonung des Jungseins eine besondere, selbstverschuldete Problematik des Älterwerdens – und der Anschein von Diskontinuität. So mußten zum Beispiel gegen die theoretische Rüstungsschwere der allmählich ergrauenden «Achtundsechziger» die nachfolgenden «Generationen» ihre Theorieferne, ihre Gefühle und die «Spontaneität» in Stellung bringen. Aus dem immer neu ansetzenden Jungsein folgte im übrigen eine notorische Wirkungsschwäche; «ein starkes langsames Bohren von harten Brettern mit Leidenschaft und Augenmaß zugleich», wie Max Weber es einst gefordert hatte[4], war kaum zu erwarten. Hingegen hatte die Kraft der Frauenbewegung damit zu tun, daß für sie nicht die Generationensprünge, sondern die uralten, zäh überdauernden Probleme des Frau-Seins in einer von Männern geprägten Gesellschaft wichtig waren.

Zur Kontinuität und zum Kern der Bewegung gehörte auch die Herkunft. Ganz überwiegend handelte es sich nicht um Randgruppen, sondern um die Kinder der Wohlstandsgesellschaft, meist mit höherer, oft akademischer Bildung; sofern man in den Beruf übertrat, führte er mit hoher Wahrscheinlichkeit in den öffentlichen Dienst, besonders zur Lehrtätigkeit oder Sozialarbeit.[5] Dieses Gesellschafts- und Bildungsprofil ließ sogar eine historisch zu nennende Kontinuität aufscheinen: Schon die Jugendbewegung der Jahrhundertwende und bereits die Burschenschaftsbewegung in der ersten Hälfte des 19. Jahrhunderts sahen ähnlich aus. Nur die Zahlenverhältnisse haben sich verändert; der Wohlstand und die frei verfügbare Zeit, die Bildungschancen und die Dienstleistungen reichen viel weiter als je zuvor. Daher sind aus wenigen viele, aus Eliten Massen geworden.[6]

Wirkungsschwäche als Stichwort: Die konkreten Ziele wurden nur selten erreicht. Bei vervielfachter «Gremienarbeit», die allen Beteiligten Zeit und Nerven kostet, regierte in den Hochschulen weithin die Unregierbarkeit, so daß die reale Entscheidungsmacht sich massiver denn je zur Ministerialbürokratie verlagerte. Die «Startbahn West» wurde gebaut, die Raketen-Nachrüstung vollzogen; fast alle besetzten Häuser hat früher oder später die Polizei wieder geräumt. Aus dem Erschrecken der Bürger, ihrer Entrüstung über das Ungewohnte ließ sich konservatives Kapital schlagen und eine «Tendenzwende» bereiten, die jedenfalls als Regierungswechsel 1982 zum Ziel führte.

Und doch und zugleich hat sich seit 1968 ein Wandel der Einstellungen und Verhaltensweisen durchgesetzt, wie er nachhaltiger kaum zu denken ist. Wer vor 1968 davon sprach, daß Demokratie eine Streitkultur meine, in der die gegensätzlichen Interessen und Anschauungen zum Zuge kommen, wer gar einer «Konfliktpädagogik» das Wort redete, konnte der Empörung sicher sein. Ruhe war die erste Bürgerpflicht, Harmonie das Ziel; lange genug und bezeichnend hieß das Schulfach, das politische Bildung vermitteln sollte, «Gemeinschaftskunde», und Schulbücher trugen so schöne Titel wie «Du bist Glied in einer Kette», «Miteinander – Füreinander», «Einer für alle – alle für einen».[7]

Das hat sich gründlich geändert. Demonstrationen sind alltäglich geworden, Bürgerinitiativen haben sich wie Buschfeuer ausgebreitet; kein Straßenbau und kaum eine Industrieansiedlung kann ohne langwierige, oft heftige Auseinandersetzungen überhaupt noch durchgesetzt werden. Wenn «Demokratiewerte» sich daran messen lassen, daß die Menschen sich kratzbürstig ins politische Getriebe mischen und vor keiner Form von Obrigkeit in Ehrfurcht erstarren, dann sind mit ihren Jugendbewegungen vorweg die Deutschen in der Bundesrepublik immer entschiedener, mit ständig wachsenden Mehrheiten tatsächlich Demokraten geworden. In einer großangelegten, die Ergebnisse der Sozial- und Meinungsforschung systematisch auswertenden Untersuchung haben Martin und Sylvia Greiffenhagen dies nachgewiesen, und im internationalen Vergleich glaubten sie zeigen zu können, daß in der Bundesrepublik eine politische Kultur entsteht, «die sich in kurzer Zeit nicht mehr von den alten Demokratien Europas und Nordamerikas unterscheiden wird».[8]

Womöglich noch drastischer haben sich die Normen des Alltags verändert – oder aufgelöst nach dem Motto: Erlaubt ist, was gefällt. Daß junge Leute sich früh aus den Elternhäusern verabschieden, um miteinander Neues zu proben, daß «Lebensgefährte» und «Lebensgefährtin» einen Trauschein nicht mehr brauchen, um akzeptiert zu werden, daß «Schwule» und «Lesben» sich sehen lassen und organisieren können, daß man sich den Teufel um den Papst oder sonst jemanden schert, wenn er die hergebrachte Moral predigt, daß man chinesisch, vietnamesisch, italienisch, griechisch, türkisch oder wer weiß wie kocht und ißt, bloß kaum mehr «gutbürgerlich», daß man die Haare kurz oder lang, gebleicht oder gefärbt tragen darf, wie man mag: Dies alles wirkt heute so selbstverständlich, wie es historisch neu und eigentlich doch ganz unerhört ist.

Vielleicht sollte man von den kurzatmig wechselnden Themen der jeweiligen Bewegungen überhaupt nicht so viel Aufhebens machen. Im Rückblick jedenfalls scheint es, als seien sie oft nur Anlässe gewesen, um Protest und «Widerstand» zu aktivieren. Die eigentliche Stoßrichtung galt dem Überkommenen, dem, was Autorität war oder als solche sich gab, in wessen Namen und in welchen Verkleidungen auch immer: Professoren und Lehrer, die Eltern und die Männer, das «Establishment», Gesetze, Anweisungen, die «Scheiß-Spielregeln», Parteien, die Polizei und der Staat. Zwar als Wortprägung barbarisch, aber als Kennzeichen einer Einstellung präzise, machte seit 1968 ein Begriff Karriere: das «Hinterfragen». Was in dem Anspruch auf Geltung, in der «Charaktermaske» der Autorität sich berge – nämlich als ihr offenes Geheimnis etwas Lächerliches und Abscheuliches zugleich –, das eben sollte hinterfragt werden.

In diesem Sinne wirkte vorab der Faschismusverdacht, der sich mit der Wende von 1968 fast epidemisch entwickelte. Drängte das verstockte Schweigen der Väter nicht die Folgerung geradezu auf, daß er zutraf? Gewiß, die eilfertig in Umlauf gebrachten Theorien mochten mehr vom Eifer und von der Entrüstung bestimmt als von Kenntnissen beschwert sein. Doch sie leisteten, worauf es ankam: das Bestehende erst einmal unter Anklage zu stellen und in den Rechtfertigungszwang zu versetzen, in dem seine Autorität wie von selbst zerfiel. Und tatsächlich ist es gelungen, eine Diskussion über das Vergangene zu entfesseln, wie es sie jedenfalls in dieser Breite und Intensität zuvor nicht gegeben hatte.[9]

Es ist manchmal und mit einem Anflug von Recht gesagt worden, daß es sich um einen «nachträglichen Ungehorsam» handelte, der zum «Widerstand» um so preiswerter stilisiert werden konnte, je weniger er von den damit Herausgeforderten noch geleistet wurde. Odo Marquard zum Beispiel hat, von Freud ausgehend, den Sachverhalt so beschrieben:

«Freud nutzte – insbesondere in ‹Totem und Tabu› auch für die Theorie des Gewissens – den Begriff des ‹nachträglichen Gehorsams›: die Söhne in der ‹Urhorde›, die den Vater ermordet hatten, ‹widerriefen ihre Tat, indem sie die Tötung des Vaterersatzes für unerlaubt erklärten und verzichteten auf deren Früchte, indem sie sich den freigewordenen Frauen versagten›; die ‹Totemreligion› war – wie dann auch das Gewissen – ‹aus dem Schuldbewußtsein der Söhne hervorgegangen als Versuch, die Gefühle zu beschwichtigen und den beleidigten Vater durch den nachträglichen Gehorsam zu versöhnen›. Der erfolgreiche Aufstand gegen den Vater wurde nachträglich ersetzt durch den Respekt vor dem, was an des Vaters Stelle trat. In der Bundesrepublik – meine ich – vollzog sich... just das Gegenteil: die in der Nationalsozialistenzeit zwischen 1933 und 1945 weitgehend ausgebliebene Revolte gegen den Diktator wurde stellvertretend nachgeholt durch den Aufstand gegen das, was nach 1945 an die Stelle der Diktatur getreten war: darum wurden nun die ‹Totems› gerade geschlachtet und aufgegessen und die ‹Tabus› gerade gebrochen: nach der materiellen Freßwelle kam so die ideologische. Es entstand ein frei flottierender quasimoralischer Revoltierbedarf auf der Suche nach Gelegenheiten sich zu entladen; er richtete sich – zufolge der Nachträglichkeit –

okkasionell und unwählerisch gegen das, was jetzt da war: gegen
Verhältnisse der Bundesrepublik, also demokratische, liberale, be-
wahrenswerte Verhältnisse.» [10]

Doch eine andere Sichtweise wäre immerhin denkbar. Wenn,
mit Kant zu reden, der Ausgang des Menschen aus seiner selbstverschuldeten Unmündigkeit einen Akt der Entschließung und des
Mutes voraussetzt, die Vormünder fortzujagen, die die Oberaufsicht «gütigst auf sich genommen haben» [11], dann muß dieser Akt,
um über den Augenblick der Tat hinweg gültig zu werden, auch
symbolische und sogar mythische Bedeutung bekommen. In diesem Sinne gehört zum Ursprung der Eidgenossenschaft in der
Schweiz die Saga vom Mord am Statthalter-Tyrannen, zu den Niederlanden der Befreiungskampf gegen Habsburg-Spanien, zu England die «große» Revolution mit der Hinrichtung, die «glorreiche»
mit der Vertreibung des Königs, zu Frankreich die Revolution von
1789 und wiederum die Hinrichtung des Königs, zu Amerika die
Unabhängigkeitserklärung mit ihrer Anklagelitanei wider den König und der Unabhängigkeitskrieg. In Deutschland hat es Vergleichbares jedenfalls bis 1989 nie gegeben; was 1918 geschah,
wurde nicht angenommen, sondern zum Verrat erklärt und 1933
rückgängig gemacht; 1945 gelang die Befreiung nicht aus eigener
Kraft, sondern als deren Zusammenbruch.

Könnte es mithin nicht sein, daß mit dem nachträglichen Ungehorsam ein deutscher Nachholbedarf zumindest symbolisch ge-
stillt wurde? Dafür würde neben anderem sprechen, daß die offizielle Republik in den Fragen ihrer symbolischen Darstellung stets
so einfallsarm und kraftlos geblieben ist, wie die Protestbewegun-
gen sich als phantasievoll erwiesen, angefangen bei jenem schon
legendären akademischen Festakt, bei dem die Amtsketten- und
Würdenträger sich jäh abgestempelt sahen: «Unter den Talaren –
Muff von tausend Jahren!» [12]

Im Grunde müßte man noch um einen Schritt weitergehen. Es ist
verständlich, daß die Etablierten durchweg nur die Negation wahr-
nahmen, die im Angriff auf ihre Autorität angelegt war, und daß sie
den Zug zur «Unregierbarkeit», die Mühsal und Unzuverlässigkeit
von Entscheidungsprozessen beklagten, bei denen die vielen statt

der wenigen mitreden wollten. Allenfalls beruhigten sie sich mit der Versicherung, daß die Gewalt der Tatsachen die Aufrührer schon Mores lehren und sie selbst wieder ins Recht setzen werde – wie Ernst Forsthoff gesagt hatte: «Der Dilettantismus, mit dem in Bürgervereinen die großen Fragen der Wirtschafts- und Sozialpolitik behandelt zu werden pflegen und auch nur behandelt werden können, ist rührend und steril zugleich. Wenn die Staatsbürger je länger je weniger daran Gefallen finden, so darf man daraus folgern, daß sie inzwischen gelernt haben, die Grenzen ihrer Zuständigkeiten zu erkennen. Sie verhalten sich systemgerecht, wenn sie sich demagogischer Verführung zur Unsachlichkeit verschließen.» [13]

Das klingt wie aus alter, längst versunkener Zeit – und stammt auch aus ihr, aus dem Jahre 1964; inzwischen haben offenbar immer mehr Bürger verlernt, was sie lernen sollten. Natürlich kann man es rührend und steril nennen, wenn etwa die Grünen ihre Abgeordneten «rotieren» lassen und alle wichtigen Entscheidungen an die «Basis» binden wollten, um das «eherne Gesetz der Oligarchie» [14] außer Kraft zu setzen, dem sie dennoch tributpflichtig werden.

Aber hinter jeder Negation und hinter den Utopien, die der Wirklichkeit nicht standhielten, steckte etwas Wesentliches und Positives: ein Wille, eine Stoßrichtung zur Gleichheit. Alle Bewegungen, alle Einstellungs- und Verhaltensänderungen seit 1968 haben hiermit zu tun, aber vorab ist wieder die Frauenbewegung zu nennen. Bei den Grünen hat sie sich durchgesetzt, und es zeichnet sich ab, daß die anderen Parteien folgen müssen, sei es mit Seufzen, wenn sie künftig Erfolg haben möchten.

Der Wille zur Gleichheit: Im Rückblick auf das deutsche Jahrhundertdrama kann man ihn gar nicht wichtig genug nehmen. Er signalisiert eine historische Wende, nicht bloß als Abkehr vom Alten, sondern als Neubeginn zugleich. Dabei scheint schwerlich vorstellbar, daß eine Umkehr, eine Wende nach rückwärts noch einmal möglich sein sollte. Bei einem Anflug von Optimismus und Pathos läge es nahe zu sagen: 1968 kam der Nachkrieg ans Ende, der die Deutschen in den Schatten ihrer Geschichte bannte, sei es im Verdrängen und Vergessen. Seither geht es um die Zukunft.

Anmerkungen zum Generationenkonflikt

Wollte man die Auseinandersetzungen, die 1968 begannen, mit einem Begriff kennzeichnen, so wäre von Generationenkonflikten zu sprechen. Gewiß, man muß nicht erst Freud oder Carl Gustav Jung bemühen, um zu wissen, daß an diesen Konflikten etwas Uraltes, Archetypisches haftet. Neu scheint indessen, daß sie die bestimmenden wurden, bis tief ins Gesellschaftliche und Politische, bis in die Ideale, die Verhaltensmuster, die Alltagsprobleme hinein.

Blickt man allerdings in die deutsche Geschichte seit 1890 zurück, so ließen sich zumindest Vorstufen erkennen. Vom Jugendcharakter der nationalsozialistischen Bewegung war die Rede: «Macht Platz, ihr Alten!» lautete eine Kampfparole. Ähnliches sagten fast alle Vertreter der «konservativen Revolution», als ließen sich aus dem Jungsein Machtansprüche begründen, sogar nach außen. «Das Recht der jungen Völker» hieß ein Buch von Arthur Moeller van den Bruck.[15] Noch früher, schon um die Jahrhundertwende entstand die Jugendbewegung, auf der Suche nach «Gemeinschaft», im Kampf wider die Bürger-Väter.

Und wie war das eigentlich, als Max Weber 1895 vom Fluch über seiner Generation, vom harten Schicksal des politischen Epigonentums sprach – und die Einigung Deutschlands für sinnlos erklärte, «wenn sie der Abschluß und nicht der Ausgangspunkt einer deutschen Weltmachtpolitik sein sollte»?[16] Begann nicht, verdeckt zwar, der deutsche «Griff nach der Weltmacht» als ein Aufstand der wilhelminischen Generation gegen die Gründerväter, vom bitteren Konflikt zwischen Wilhelm II. und Bismarck bloß verkörpert? Die Jugendbewegungen seit 1968 hätten sich dann sozusagen am anderen Ende des deutschen Dramas angesiedelt, indem sie die Väter wegen ihrer «Machtbesessenheit» verklagten.

Aber wahrscheinlich muß man die Perspektive noch weiter fassen; vielleicht zeigt sich am deutschen Beispiel nur exemplarisch eine allgemeine Entwicklung, die von der Beschleunigung des historischen Wandels bestimmt wird. Vormoderne Ständeordnungen waren ihrer Idee nach auf die Dauer angelegt; tatsächlich veränderten sich die Lebensverhältnisse kaum oder nur so langfristig und unmerklich, daß die Veränderbarkeit selbst nicht bewußt wurde. Konflikte wurden um Machtpositionen innerhalb der bestehenden Ordnungen ausgefochten.

Mit der industriellen Revolution treten dagegen die Klassen und Klassenkonflikte ins Blickfeld, wie Marx sie zeichnet, auf den Wandel angelegt: «Die Philosophen haben die Welt nur verschieden *interpretiert*; es kömmt darauf an, sie zu *verändern*.»[17] Doch aufs Verändern kommt es erst an, seit es *möglich* wurde. Allerdings war die zeitliche Dimension des Veränderns derart groß, in Jahrhundertbegriffen angelegt, daß Generationenprofile noch keine Rolle spielten.

Inzwischen ist aus dem gemächlich fließenden Wandel ein reißender Strom geworden. Die landwirtschaftlichen Produktionsverhältnisse wurden seit 1945 nachhaltiger revolutioniert, als vordem in Jahrhunderten oder Jahrtausenden. Wenn man einer jungen Hausfrau vom Waschtag der Großmutter erzählt, kommt ihr das gruselig märchenhaft vor; der Großmutter aber hätte man sagen können, daß es zehn oder hundert Generationen früher nicht wesentlich anders aussah. Und so fort und überall; Erfahrungen veralten immer rascher, die Lernfähigkeit triumphiert; vierzehnjährige «Hacker» lehren vierzigjährige Hüter von Datenbanken das Fürchten.

Ist es also nicht naheliegend, fast natürlich, daß Generationenkonflikte zum zentralen Mittel der Auseinandersetzungen aufrücken? «Die Geschichte aller *bisherigen* Gesellschaft ist die Geschichte von Klassenkämpfen», heißt es am Anfang des «Kommunistischen Manifests» mit drastischer Übertreibung. Die entsprechende, jetzt angemessene Zuspitzung müßte womöglich lauten: «Die Geschichte aller *zukünftigen* Gesellschaft ist die Geschichte von Generationenkonflikten.»

Mit der Beschleunigung des Wandels geht eine Verlagerung vom Objektiven zum Subjektiven Hand in Hand. Vormoderne Verhältnisse wurden im Grunde gar nicht von Menschen «gemacht», sondern von den Institutionen bestimmt, durch die die einzelnen wie die Glieder einer Kette jeweils auf ihre Zeit nur hindurchrückten. Auf der zweiten Stufe, in Marx' Klassenkonzeption spielen das Objektive der Klassenlage und das Subjektive des Klassenbewußtseins eine gleich gewichtige Rolle. Im modernen Generationenkonflikt jedoch *entscheiden* die subjektiven Einstellungen und Verhaltensweisen; aus den einstigen Königsdramen, in denen um schicksalhaft vorgegebene Positionen gefochten wurde, sind Psychodramen des «Ich» und des «Wir» geworden, in denen Selbstinszenierungen die Positionen und die Schicksale überhaupt erst erschaffen.

Stillschweigend freilich zählt damit die Auflösung des Objektiven schon zu den Vorbedingungen, an denen exemplarisch Deutsches erkennbar wird. Im Geistigen gehört zu diesen Vorbedingungen die Zerstörung europäischer Traditionen durch die philosophische Radikalität, die Heine schaudern ließ und die Marx als ein revolutionäres «Aufräumen» ironisierte. Politisch sind die Kontinuitätsbrüche von 1918, 1933 und 1945 wichtig; gesellschaftlich kommt es auf ein Niederlegen von Milieu- und Klassenschranken an, wie der Nationalsozialismus es vorbereitete, der Krieg und der Nachkrieg es vollendete; wirtschaftlich muß ein Wohlstandsniveau erreicht sein, das die Möglichkeit, in objektive Existenznot zu geraten, weit und immer weiter entfernt.

Eine zwiespältige Bilanz

Wenn die Wende der Nachkriegszeit sich als Generationenkonflikt darstellt, dann muß sie vom Umbau oder Umbruch des Selbstbewußtseins nicht nur begleitet, sondern bestimmt worden sein. Tatsächlich ist es nicht schwer, den Anlaß zu erkennen: 1968 trat eine Generation hervor, für die der Aufstieg aus dem Elend kaum noch etwas bedeutete, weil die dafür erbrachte Anstrengung nicht mehr die ihre war. Sie fand das Ergebnis, den Wohlstand fertig vor. Die Älteren mochten die Welt kaum noch begreifen und den Undank beklagen: Hatten sie nicht gearbeitet, auf so vieles verzichtet und sich verschlissen, damit die Kinder es einmal besser haben sollten? Allerdings, und im materiellen Sinne traf das weitgehend zu. Doch in einem anderen Sinne erwiesen sich «D-Mark und Goldmedail-

len», die Leistungen und Erfolge des Aufbaus als sehr vergängliche
Güter, von Motten und vom Rost im Nu zerfressen. Sie taugten für
den Augenblick, sie trugen den, der die Leistungen erbrachte und
Siege erkämpfte, aber als Fundamente des Selbstbewußtseins ließen sie sich nicht vererben. Wie einst für Max Weber zeigte sich das
Epigonentum als ein hartes Schicksal, und darum bietet jede «jeu-
nesse dorée», jedes Dasein der Erben im Wohlstand oder gar Über-
fluß ein zwiespältiges Schauspiel, im Kontrast zum äußerlich leichten Leben eine Unsicherheit von innen, eine geheime Unrast und
Angst, manchmal bis an oder über den Rand des Verzweifelns[18] –
und fast immer mit dem Stolz, dem Ingrimm, dem Wehleid, nicht
verstanden zu sein:

> «Sag Adio,
> nimm Dein Päckchen
> und geh.
> Irgendwo bist Du willkommen,
> wirst Du nicht nur hingenommen.
> Und Dein Abschied tut nur einmal weh.
> Papa weiß,
> wann ein Fußballspiel beginnt,
> Mama,
> wann König Gustav sich rasiert.
> Doch bei ihrem eignen Kind
> sind sie taub und blind.
> Drum sag Adio,
> nimm Dein Päckchen und geh.
> Irgendwo bist Du willkommen,
> wirst Du nicht nur hingenommen.
> Und Dein Abschied tut nur einmal weh.»[19]

Wenn man also unterstellt, daß es im Generationenwechsel darauf
ankam, ein neues und eigenes Selbstbewußtsein zu entwickeln,
dann wird vieles verständlich, was sonst unverständlich bliebe. Im
ersten Schritt mußte es darum gehen, sich vom Epigonentum zu
befreien, das im Aufbauerfolg der Nachkriegszeit als der Anspruch, dankbar zu sein, so massiv und bedrückend angelegt war.
Dazu taugte der gewissermaßen flächendeckende Faschismusverdacht oder später der Nachweis, daß der Triumph des Fortschritts
und Wohlstands mit massiver Naturzerstörung teuer, zu teuer er-

kauft worden war. Wo das Positive sich kaum bestreiten ließ, etwa bei der Verfassungsordnung, half der Hinweis auf eine Kluft zwischen Anspruch und Wirklichkeit. Das Grundgesetz galt es «unerfüllt», als sei es eine Programmschrift, die Demokratie als «bloß formal». Hinter ihrer Fassade von Freiheit barg sich die Restauration, so daß man mit der wahren Demokratie «erst anfangen» mußte, wie eine Wendung in Willy Brandts Regierungserklärung von 1969 verkündete.[20]

Ebenso wird die doppelte Paradoxie verständlich, daß der Protest gegen die Wohlstandsgesellschaft in deren Mitte und nicht etwa bei Randgruppen, bei den tatsächlich Benachteiligten begann – und daß gleichwohl die Kinder des Wohlstands sich als die Opfer, zumindest als die Stellvertreter der Elenden und Entrechteten «in den Metropolen der Macht» stilisierten. Als Befreiungsbewegung kämpfte man, sozusagen, den Krieg von Vietnam oder Nicaragua an der vordersten Front.[21] Viel Romantik kam da ins Spiel, auch Überheblichkeit: «Sie wissen gar nichts, aber alles besser», konnte man 1968 in Prag seufzen hören, wenn junge Leute aus Berlin oder Frankfurt anreisten, um die tschechischen Genossen über den wahren Sozialismus zu belehren. Auf der Habenseite wäre dagegen das hohe Maß an Engagement und Sensibilität zu verbuchen, das zum Beispiel Kriegsdienstverweigerer – und nicht nur sie – bei ihrem Einsatz für behinderte, kranke und alte Menschen bewiesen.

Ist aber auch der zweite Schritt schon gelungen, nach der Befreiung vom alten der Aufbau eines neuen Selbstbewußtseins? Es hat nicht den Anschein. Ein starkes Selbstwertgefühl sollte sich durch Gelassenheit auszeichnen, doch davon war wenig zu spüren, viel hingegen von Angst, von depressiver Gestimmtheit, von Hysterie, als sei die Apokalypse, der Untergang nahe. «Fluchtweg» hieß ein Gedicht von Ludwig Fels:

> «Einen Sommer lang gehn
> durch Heide und über Gebirg
> sich vom Wegrand ernähren
> segeln durch wogendes Getreide
> immer den Vögeln nach und den Sonnen

bevor sie ausgerottet sind.
Man muß erfahren haben
welche Welt vergeht.»[22]

In urbanen Gefilden mochte es verwegener klingen: «Gestern standen wir noch am Rande des Abgrundes. Heute sind wir um einen
Schritt weiter», hieß um 1980 eine Frankfurter Losung.[23] Aber
selbst frivole Gebärden können den Ernst, die Angst kaum verber-
gen.

Um Abstand zu gewinnen, mag es angebracht sein, hier einen
Beobachter von außen zu zitieren, den Freund und Kenner der
Deutschen von Rang, Graf Ferraris: «Die Bundesrepublik
Deutschland, ein so ungemein erfolgreicher Staat und eine so stabile Gesellschaft, hat doch allen Grund zur Zufriedenheit, im großen und ganzen wesentlich geringere Probleme zu haben als die
meisten Länder, selbst im fortgeschrittenen Teil Europas. Aber
warum muß dann jedes Problem, jedes Ereignis, jeder Aufzug der
Komödie des Lebens mit derartigen Reaktionen aufgenommen
werden, die wirklich an Hysterie grenzen? Man könnte fast meinen, die Deutschen hätten eine unwiderstehliche Neigung, das Einfachste nicht nur kompliziert zu machen, sondern auch in jedem
Geschehen eine Ursache oder beinahe einen moralischen Zwang
(einen kategorischen Imperativ!) zur Hysterie zu sehen... Es war
für mich als Botschafter nicht immer leicht, in den Berichten nach
Rom die deutsche Atmosphäre wiederzugeben und sie verständlich
und plausibel zu machen, wenn überall, in Gesprächen und Zeitungen, die Rede davon war, daß die bevorstehende Wahl, ob nun
Landes- oder Gemeindewahl, eine Schicksals- oder Richtungswahl
sein müßte oder könnte, die weitgehende Auswirkungen auf die
ganze Republik haben würde... Italien ist, im guten und im schlechten Sinne des Wortes und des Inhaltes, eine große und bunte Thea-
terbühne, auf der sich die vielen Tragödien in sarkastistische oder
humorvolle Komödien verwandeln... In Deutschland dagegen ra-
dikalisiert sich jedes Geschehen sofort bis zum Drama oder sogar bis
zum Psychodrama, wo sich die Hysterie zu Hause fühlt.»[24]

Die Neigung zur Hysterie mag viele Ursachen haben. Zu ihnen
könnte gehören, daß insgeheim die verachteten Väter sich weiter

als mächtig erweisen. In Träumen, Alpträumen kehren sie zurück: «Ja, ich wußte genau, daß ich Hitler war, bis zum Gürtel, daß ich da nicht herauskommen würde, daß es ein Kampf auf Leben und Tod ist, der mein Leben verseucht, seine gottverdammte Existenz hat sich an meine geklebt wie Napalm, und wenn ich auch eigentlich ganz andere Sachen vorhabe, die Gräber der Inka zu sehen und am Fuße des Himalaya sitzend den Morgen zu erwarten, und ‹Ich tue nichts und das Volk wandelt sich von selbst›, ich muß versuchen, die brennende Flamme zu löschen, aber es ist gar nicht Hitler, ist mein Vater, ist meine Kindheit, ist meine Erfahrung, BIN ICH...»[25]

Vom Standpunkt der skeptischen Zwischengeneration nahm sich ohnehin vieles, was so flammend neu sein wollte, sonderbar bekannt und alt aus: Seit der Jahrhundertwende gab es wieder und wieder diese Bilder von Jugendbewegungen, immer statt der Nüchternheit in ihrem idealistischen Überschwang, herausgesungen und rhythmisch gitarrenbegleitet, immer schon die Verachtung der Väter und des Bürgerseins, aus dem man doch stammte, stets den Drang in den Haß, der dann sich als Selbsthaß erwies. Und unentwegt «Gemeinschaft» statt Gesellschaft; vom Text, mit dem Melita Maschmann ihre Begeisterung 1933 schildert (siehe S. 198), müßte man aus der «Volksgemeinschaft» nur das Volk streichen, um ihn aktuell zu machen.

Eine zwiespältige Bilanz ergibt sich nicht zuletzt im Blick auf den Wandel politischer Einstellungen. Für die Nachkriegsgeneration kam es darauf an, daß «die Schornsteine wieder rauchten», um Wohlstand zu schaffen; als die Sozialdemokraten im Wahlkampf 1961 einen «blauen Himmel über der Ruhr» proklamierten, ernteten sie bloß Heiterkeit – oder Schelte fürs «unseriöse» Thema. Wenn dies sich verändert hat, wenn seit den siebziger Jahren die Folgekosten des Fortschritts mehr und mehr ins Bewußtsein rückten und fast niemand mehr den technokratischen Schwüren traut, «alles im Griff» zu haben, dann ist das wesentlich ein Verdienst der neuen Bewegungen, die seit dem Generationenwechsel von 1968 entstanden. Und wie wohl hätte etwas erreicht werden können, ohne mitunter die Spielregeln von Mehrheit und Minderheit geringzuachten, um auch gegen das parlamentarisch Entschiedene Widerstand zu üben? Die Natur hat keine «Lobby», die wie Steuersenkungen oder Lohnerhöhungen in der Vertretung und Durchsetzung materieller Interessen angelegt ist; darum konnte wohl nur das idealistische Engagement mit neuen Methoden ihr beispringen.

Indessen ist in solchem Engagement stets eine Versuchung angelegt, die eigene Position ins moralisch Absolute zu steigern und als den Gemeinwillen schlechthin auszugeben, um so den Andersdenkenden zu disqualifizieren, der auf Mehrheiten pocht, und den «Widerstand» gegen ihn mit gutem Gewissen zu panzern. Man überdenke die Konsequenz des folgenden Zitats, das der Debatte über die «Nachrüstung» entstammt:

«Was aber besagen Mehrheiten – in der Perzeption von Minderheiten – schon angesichts einer ‹drohenden Selbstvernichtung›? Was ist das, was apathische, ignorante ‹Akklamationsmehrheiten› und ihre Repräsentanten in solcher Situation tun, anderes als ‹Parteinahme für den Tod, die Vernichtung, ohne daß ihnen das voll bewußt (wäre)›? Vermag in solcher Situation der Hinweis auf Mehrheitsverhältnisse wirkliche Legitimität zu begründen, oder hat er nicht allenfalls arithmetischen und statistischen Wert für die Vertreter eines (überholten) quantitativen Demokratieverständnisses?»[26]

Derlei Äußerungen gab und gibt es vielfach. Aber Apathie und Ignoranz dort, ein Monopolanspruch auf Wahrheit und Einsicht hier: Das läuft, so steht zu fürchten, nicht bloß auf den Abschied von einem überholten Demokratieverständnis hinaus, auf den Machtanspruch einer ausgerechnet im Namen von «Basis»-Bewegungen selbsternannten Elite, sondern auf den Abschied von der liberalen Demokratie überhaupt. Das Freund-Feind-Denken kehrt zurück[27] – und auf vertrackte Weise, nur gleichsam in seiner Umstülpung, das alte Obrigkeitssyndrom: Die eigene Position wird als die einzig legitime und einzig noch rettende dargestellt, jede abweichende hingegen mit «Untergangs»-Ängsten besetzt.

Ähnlich steht es mit der verächtlichen Behauptung, die demokratischen Spielregeln seien «bloß formal». Ist nicht genau das ihr Vorzug, hängt an der Formalität nicht die Chance der Minderheiten? Nur wo die Befugnis der Mehrheit tatsächlich «formal» bleibt, darf man sagen: Jene Entscheidung war unsinnig, dieses Gesetz falsch; wir werden für die Revision des Falschen und Unsinnigen kämpfen. Wer dagegen von Inhalten her, zu weihevollen «Anliegen» stilisiert, bei jeder Gelegenheit einen Gewissensnotstand ausruft, um Widerstand zu entflammen, der handelt höchst leichtfertig. Für wen denn, wenn nicht für die Minderheiten und zum Schutz der Schwachen, sind die Spielregeln wichtig? Wer die Macht hat, ist auf formgerechte Verfahren nicht angewiesen; er kann, wenn es zum Äußersten kommt, diktieren, was geschehen soll. In ihrem eigenen Interesse müßten darum Minderheiten pingelig sein; wer etwa das Demonstrationsrecht gewalttätig mißbraucht oder die Gewalt mit seinem «Verständnis» begleitet, darf sich eigentlich nicht wundern und kaum noch beklagen, wenn dann im Gegenzug die Neigung mächtig wird, dieses Recht zu verkürzen.

Natürlich gibt es letzte, existenzbestimmende Fragen, die sich weder «bloß formal» noch durch Mehrheiten entscheiden lassen. Man kann nicht darüber abstimmen, ob es Gott gibt oder nicht gibt, um daraus praktische Konsequenzen für die Ordnung des Gemeinwesens abzuleiten. Wer es dennoch versucht, riskiert den religiösen, modern ausgedrückt den weltanschaulichen Bürgerkrieg, an dessen Ende die Diktatur des Siegers triumphiert. Mehrheitsentscheidungen erfordern deshalb in einem strikten Sinne Zurückhaltung: Sie müssen auf «vorletzte», praktische Fragen beschränkt werden. Diese Einsicht gehört zu den in Deutschland erst so verspätet und mit so großen Opfern durchgesetzten Errungenschaften der Toleranz, die Demokratie möglich machen; soll sie einer neuen Neigung zum Fundamentalismus geopfert werden?

Das Problem einer Grenzziehung zwischen vorletzten und letzten, mehrheitsfähigen und nicht mehrheitsfähigen Fragen bleibt gewiß heikel und wird sich nie endgültig auflösen lassen; wenn Grenzen in schwierigem Gelände abgesteckt werden müssen, liegt der Streit über ihren Verlauf selten fern. Zum Kampf um die Kernenergie hat Iring Fetscher gesagt: «Es sollte klar sein, daß in dieser Frage der Hinweis auf formaldemokratische Verfahren nicht mehr ausreicht, um Legitimitätsüberzeugungen zu begründen. Genauso wenig, wie sich religiöse Minderheiten im 17. Jahrhundert – in England und den Niederlanden – durch Mehrheitsbeschlüsse von ihren Glaubensüberzeugungen abbringen ließen, lassen sich heute Gegner der Nukleartechnologie... davon überzeugen, daß wir ‹in die Steinzeit› zurückfallen, wenn wir auf diese technologische Möglichkeit verzichten, und daß sie sich aus diesem Grunde dem Mehrheitsvotum beugen müssen.»[28]

Aber welche Alternative gibt es zum Mehrheitsvotum, wenn nicht den Bürgerkrieg? Fetscher selbst macht auf einen historischen Unterschied aufmerksam: Anders als aus den religiösen Streitfragen des 17. Jahrhunderts kann sich der Staat aus Konflikten über die technologischen Möglichkeiten nicht «herausziehen», weil der Ausbau der Kernenergie ebenso wie ein Ausstieg praktische Folgen hat, über die politisch entschieden werden muß. Sollte ebendies nicht als Hinweis darauf verstanden werden, daß es durchaus noch um vorletzte, praktische Fragen geht? Erliegen wir womöglich, einmal mehr, unserer ererbten Neigung, alles ins Weltanschauliche, Quasireligiöse, in die Weltfrömmigkeit und eben damit ins Apokalyptische zu übersteigern? Steckt dahinter etwa der alte, der immer neu wuchernde Wunsch, uns in Gesinnungs-Festungen zu verschanzen, um uns das wirklich Politische, die Zweifel am Verantwortbaren und die Last des Entscheidenmüssens in einer offenen Situation, unter Bedingungen der Ungewißheit zu ersparen? Angesichts der bitteren Erfahrungen unserer neueren Geschichte sollte zumindest als Maxime gelten – und nicht nur für Parteien –, was Adolf Arndt schon vor Jahrzehnten formuliert hat:

«Ich bitte, es als das Herzstück meines Versuchs, als den beschwörenden Zuruf meiner Ausführungen aufzufassen, wenn ich jetzt sage: Die Unmenschlichkeit bricht aus, sobald im Vorletzten, wie es jeder politischen Partei als Ort gebührt, eine letzte Wahrheit vom Menschen zum Maßstab für mitmenschliche Gemeinschaft erhoben wird.»[29]

Auf der Suche nach der verlorenen Identität

Blickt man zurück auf die westdeutschen Entwicklungen seit 1968, so bieten die Bürger der Bundesrepublik trotz all ihren Wohlstandes ein seltsam widersprüchliches Bild. Im Grunde ihres Herzens möchten sie es wohl gerne gemütlich haben; eine Sehnsucht nach der Idylle verbindet sogar die Generationen, sei es mit unterschiedlichen – oder mit ähnlichen Vorstellungen; am Ende sind sich der Schrebergartenverein und die Landkommune, die ein alternatives Leben erprobt, gar nicht so fern. Aber auf vertrackte Weise mißlingt das gute Leben, und die Mißgelauntheit regiert. Mit jedem Ferienbeginn setzt eine Massenflucht ein. «Bloß raus hier!» scheint die Parole zu sein, als biete einzig die Ferne noch Heil; kaum von ungefähr sind die Bundesbürger nicht nur Weltmeister des Exports, sondern auch des Verreisens geworden.[30]

Ähnlich auf politischem Felde; eine Sehnsucht nach Harmonie bestimmt weithin die Einstellungen, besonders in den Außenbeziehungen. Man setzt auf Ausgleich und Kompromiß, auf Abwehr der Risiken, auf Entspannung. Eine «harte» Politik, wie sie zum Beispiel in England Frau Thatcher nach innen und außen betreibt, eine Politik, die Konflikte nicht scheut oder geradezu herausfordert, scheint kaum mehr vorstellbar. Die Art, wie die Briten auf die argentinische Besetzung der Falklandinseln antworteten, wurde hierzulande fassungslos registriert. Daß Soldaten der Bundeswehr jemals außerhalb der NATO, daß sie überhaupt eingesetzt werden könnten, mag man sich gar nicht erst oder nur mit Schaudern vorstellen. Bereits ihre Verwendung im Rahmen einer Friedenstruppe der Vereinten Nationen stößt auf hartnäckigen Widerstand.

Hans-Peter Schwarz hat diese Einstellung scharf kritisiert und von einem Pendelschlag von Extrem zu Extrem, von der «Machtbesessenheit» zur «Machtvergessenheit» gesprochen.[31] Er selbst nennt allerdings Gründe. Erstens geht es um Wirtschaftsinteressen: Die Abhängigkeit vom Export verlangt nicht Risiko und Konflikt, sondern störungsfreie Außenbeziehungen. Jeder Kaufmann, jedes Industrieunternehmen erfährt das täglich und verbreitet die Kunde; die Gewerkschaften, auf Sicherung der Arbeitsplätze bedacht, stimmen von Herzen zu. Alle Situationen geraten daher zum Alptraum, die ein Entweder-Oder, eine eindeutige Entscheidung fordern könnten, etwa für Israel und gegen die arabischen Länder oder umgekehrt.

Zweitens hat die Bundesrepublik als ein Paria begonnen. Wenn sie international Spielraum und Geltung gewann, dann in Verbundsystemen: der NATO, der europäischen Gemeinschaft und so fort. Daß es vorteilhaft ist, sich in solchen Verbundsystemen zu bewegen, gehört zu den prägenden Erfahrungen der Nachkriegszeit, die wie konditionierte Reflexe fort und fort wirken. Im Verbund jedoch bestimmt der Kompromiß, die Einigung aufs Unverbindliche, eben eine «sanfte» Politik das Verhalten.

Warum also nicht? Alles in allem hat sich diese Politik bisher als erfolgreich erwiesen, den Warnungen zum Hohn. Dennoch muß es ein Problem geben: Woher sonst die Neigung zur Hysterie, die depressive Gestimmtheit, um nicht zu sagen die Katastrophengläubigkeit? Als These formuliert: Sobald die Sanftheit nicht mehr als pragmatisches Mittel eingesetzt, vielmehr zum Prinzip erhoben und die Harmonie zum Endziel proklamiert wird, verfängt man sich im Widerspruch. Dieser Widerspruch kennzeichnet weithin die Bewegungen, die seit 1968 die Nachkriegsszenerie so nachhaltig verändert haben.

Auf der einen Seite geht es im «nachträglichen Ungehorsam» wie im aktuellen «Widerstand», in der Autoritätsverweigerung gegenüber den «Vätern» – einschließlich des Über-Vaters, des «Generals Dr. von Staat» – um die Wendung zur Gleichheit; eben damit geht es auch um «mehr Demokratie», um Bürgerbeteiligung, um die Einmischung, ums politische Engagement. Andererseits und zugleich gibt es die Sehnsucht nach der Idylle – und damit ein Fortwandern ins Unpolitische.[32] So sucht man zwar den Konflikt, aber eine wirkliche «Streitkultur» entsteht doch nicht, weil es im Grunde ums «letzte Gefecht» geht: darum, die Anlässe zum Konflikt endgültig aus der Welt zu schaffen.[33]

Politik bedeutet, daß fehlbare Menschen in einer unvollkommenen Ordnung, im Widerstreit der Interessen und Anschauungen, im Gewirr von Machtchancen und Ohnmacht dennoch selbstbewußt handeln, daß sie auf eine offene Zukunft hin, unter Bedingungen der Ungewißheit Verantwortung übernehmen und Entscheidungen treffen. Nur mühsam, vielleicht um ein paar Schritte kommen sie zur Lösung ihrer Probleme voran, indessen schon neue sich türmen.[34] Doch damit sich abzufinden scheint immer noch schwer. Seit den Utopien der Studentenbewegung ging statt der Skepsis in wechselnden Gestalten wieder die Hoffnung um, daß man das Einfache, Eindeutige und Endgültige finden könne, den neuen Menschen in der anderen Gesellschaft, die schöne Gemeinschaft des «Seins» statt des schnöden «Habens»[35], einen wahren Gemeinwillen. Hoffnung war auch, daß Frauen die Vormacht der Männer und mit ihr die Gewalt aus der Welt bringen würden oder daß aus der Ethik der Bergpredigt der Friede herbeizuschaffen sei.[36]

Stets aber lauert, mit der unvermeidbaren Enttäuschung, hinter dem utopischen «Prinzip Hoffnung» eine sehr reale Verzweiflung; von ihr her führen die Wege entweder zum Haß und zu der Gewalt, die zu überwinden man angetreten war, oder eben zum depressiven Gestimmtsein, zu den Untergangsängsten, die sich dann Fluchtwege bahnen, sei es in die zynische Äußerlichkeit, sei es wehleidig nach innen. Und unvermeidbar wächst aus jeder zur Verzweiflung umgeschlagenen Utopie das «Frustriertsein», die Entfremdung von den politischen Institutionen, vom parlamentarischen System und von den Parteien. Eine Folge kann sein, daß man sich wieder den simplen Lösungen und der autoritären Führung anvertraut; so gesehen war der Erfolg einer rechtskonservativen Bewegung, wie er neuerdings den «Republikanern» zuteil wurde, nur konsequent und im Grunde längst überfällig.

Genau betrachtet handelt es sich nicht um ein neues, sondern um ein altes, das notorisch deutsche Problem: Je mächtiger die Sehnsucht nach Harmonie, desto bitterer die Konflikte.[37] Jeder Andersdenkende wird zum Störenfried; seine Ausgrenzung, die Feinderklärung folgt auf dem Fuße. Und je lauter das ganz persönliche Engagement gefordert, je drängender ein gefühlsbetontes «Sich-Einbringen» zum Maßstab der «Glaubwürdigkeit» erhoben wird, desto schneller und schwärender geraten Sachdifferenzen zu

Wunden. Denn eigentlich läßt sich nicht einmal mehr reden, wo man alles «persönlich» nimmt, es sei denn einander nach dem Munde. Ein fataler Zirkel: Die Sehnsucht nach Harmonie und Gemeinschaft, nach Brüderlichkeit oder Schwesternschaft verschärft die Konflikte bis ins Unerträgliche, und das Unerträgliche steigert wiederum den Drang zur Idylle. Was sonst soll dann das Ergebnis sein als die Hysterien, die Psychodramen – und die Projektionen des Hasses auf angeblich Schuldige?

Wohlgemerkt, es geht nicht darum, die positiven Entwicklungen zu verleugnen, von denen die Rede war; sondern darum, die Mißverhältnisse und die Stimmungslagen zu erklären, die nicht nur ausländischen Beobachtern Rätsel aufgeben. Erst recht geht es nicht darum, die Bewegungen abzuurteilen, die seit 1968 entstanden sind; es war nicht ihr Vergehen, sondern ihr Verdienst, daß sie – sei es im «nachträglichen» Ungehorsam – die herrschaftliche Begründung des Selbstbewußtseins, die Identifikation mit vormundschaftlicher Autorität so energisch aufkündigten.

Aber wie läßt sich seitdem, in einer «vaterlosen» Gesellschaft, noch Identität herstellen? Das ist die Frage – und vielleicht war es bis 1989 weit mehr der Kern unserer «deutschen Frage», als die feiertäglich beschworene Wiedervereinigung. Kaum von ungefähr ist «Identität» zu einem Dauerthema für Tagungen, Aufsätze und Bücher geworden.[38]

Die kritischen Bewegungen haben geglaubt, es überspringen zu können: Mit der Vertreibung der Vormünder sollte Gleichheit hergestellt, mit der Gleichheit die Harmonie erreicht werden. Doch das war die Illusion, vor der schon Hegel gewarnt hat, als er im Blick auf die Jugendbewegung seiner Zeit verächtlich vom «Brei des Herzens, der Freundschaft und Begeisterung» sprach.[39] Und nicht zuletzt diese Illusion hat gleichsam hinterrücks jene deutschen Traditionen wieder mächtig gemacht, von denen man sich freikämpfen wollte.

Identität meint doch die besondere, Profil und Konturen zeichnende Gestalt unseres Daseins, durch die wir – im Wechselverhältnis zu anderen und in der Abgrenzung von ihnen – im Wortsinne feststellen, wer wir sind. Ohne diese Identität kein Selbstbewußt-

sein, ohne Selbst- und damit auch Fremdbewußtsein keine Identität. Aufs Unterscheiden kommt es an; nur in der Konturierung
gegen andere gewinnen wir unser «Ich» oder «Wir», das sonst
verloren wäre und allenfalls negativ, als das Verlorensein, als die
dann nur zu berechtigte Untergangsangst fühlbar bliebe. Aus dieser Untergangsangst aber, aus Verlorensein und Verzweiflung
wächst die Bereitschaft, sich mit der Macht zu identifizieren und
für sie sich zu opfern, sofern sie nur, als Gewalt, die Identität im
Freund-Feind-Verhältnis wiederherstellt. Eine recht verstandene
Gleichheit bedeutet dagegen, daß die Partner einander bestätigen
und stärken, nicht obwohl, sondern weil sie sich unterscheiden.

In der modernen Gesellschaft erweist sich die Identität des einzelnen durchweg als komplex und vieldimensional. Schicksalsbe-
stimmungen spielen eine Rolle, wie das Geschlecht und die Gene-
rationszugehörigkeit, die Heimat und Herkunft, die Sprache[40],
unter Umständen die chronische Krankheit – und Lebensverhältnisse, bei denen es mehr oder minder Wahlchancen gibt: die Familie und der Freundeskreis, der Beruf, der gelebte Glaube, das
politische Engagement, manchmal die besonderen Neigungen,
Leidenschaften oder Begabungen. Jede dieser Dimensionen oder
«Rollen» eröffnet Möglichkeiten, wie sie zugleich Grenzen setzt.
Jede mutet uns ihre besonderen Normen und Verhaltensmuster
zu, fordert uns – und formt eben damit unsere Identität.

Nur, natürlich: Es handelt sich um Teilidentitäten. Keine ist für
sich das Ganze. Und Konflikte entstehen, widerstreitende Anforderungen, oft schon zum Zeitbudget her. Wie kann man Beruf
und Familie vereinbaren? Für Frauen zumal ist das die Frage, die
sie gegen die traditionellen Zumutungen rebellieren läßt. Aus der
Komplexität mag man sich manchmal ins «einfache Leben» fort-
träumen und bleibt doch in ihrem Bann. Aber wie wir mit den
Spannungen umgehen, sie in uns ausbalancieren, das ist unsere Sache. Das schafft uns Freiheit und Verantwortung, damit entsteht
unser Charakter, unsere Biographie und mit ihr eine Gesamtiden-
tität, die sich aus den Teilidentitäten aufbaut und gleichwohl mehr
ist als die Summe ihrer Teile. Wenn wir die komplexe Identität als
eine Bedingung unserer Freiheit und Selbstverantwortung ver-

standen und praktisch ergriffen haben, können wir sie als das Fundament unseres Selbstbewußtseins statt als Quelle der Angst erfahren.

Das zeigen auch Gegenproben. Unter modernen Bedingungen bedeutet die Einfalt, die sozusagen alles auf eine Karte setzt, nicht etwa Stärke, sondern erstarrte Schwäche und im Ergebnis Verkrüppelung. Wer zum Beispiel total in seiner Berufsrolle aufgeht, an ihr festklebt wie die Fliege am Leim, wer im Straßenverkehr, im Freundeskreis, Familie und Nachbarschaft sich benimmt, als sei er sogar dort «immer im Dienst» als Beamter und Oberlehrer, der wird rasch zur Karikatur seiner selbst und sich wie anderen zur Last.

Entsprechendes gilt politisch. Wer alles auf eine, angeblich absolute Zugehörigkeit und Zielsetzung ausrichtet, denkt und handelt totalitär. Zur Freiheit gehört die Vielfalt möglicher Perspektiven, die Legitimität unterschiedlicher Standpunkte. Darum bezeichnet es ein pathologisches Verhältnis, wenn «Gemeinschaften» sich radikal isolieren und alle sonstigen Bindungen für nichts erachten, wie das an manchen Sekten oder, extrem, an «terroristischen Vereinigungen» erkennbar wird, gleich, wie idealistisch sie sich geben, und gleich auch, ob es sich um winzige Minderheiten wie die RAF oder um überwältigende Mehrheiten handelt, wie im Reich Adolf Hitlers.

Dagegen stellt die komplexe Identität im doppelten Sinne eine Lebensversicherung dar. Einerseits wird unser Leben vielleicht beschädigt, aber nicht zerstört, wenn viele Pfeiler es tragen und einer davon einmal wegbricht. Andererseits schützt die Vielfalt von Zugehörigkeiten und die Komplexität ihrer Normen vor der Gefahr, in einer einzigen und absoluten Bindung und in der völligen Abschottung, die sie schafft, einem mörderischen Entweder-Oder, also dem Freund-Feind-Verhältnis zu verfallen. Die Vielfalt relativiert; sie entwickelt als Moral und als Praxis eine Form von Gewaltenteilung.

Das heißt zugleich: Die komplexe Identität macht es möglich, den Kampf der Interessen und Anschauungen ohne Gewalt auszutragen. Es geht nicht ums Ganze, sondern um einen Lebensbereich neben anderen. Während man im einen streitet, bleibt man im anderen verbunden. Darum erweisen sich Siege und Niederlagen als begrenzt. Darum wird es möglich, den Streit zu beenden und Versöhnung zu suchen; stets gibt es noch Reservate der Übereinkunft, gewissermaßen Reservearmeen für den Frieden, indessen das radikale Freund-Feind-Verhältnis sie so rücksichtslos aufbraucht, daß man ohne Ausweg in die Alternative von Triumph und Vernichtung gerät.[41] Komplexe Identität bildet folgerichtig eine Voraussetzung dafür, Tugenden zu entwickeln und einzuüben, wie die zukunftsoffene Gesellschaft und ein demokratisches Gemeinwesen sie brauchen: Mäßigung, Kompromißbereitschaft, Toleranz.

Freilich hat alles seinen Preis. Die Komplexität taugt schlecht zum heroischen oder tragischen Charakter, für den es immerfort auf alles oder nichts, auf Sieg oder Untergang ankommt. «Einseitigkeit macht schneidig für den Zweck», sagte der preußische Kriegsminister Albrecht von Roon, als er die Kadettenerziehung verteidigte.[42] Vielseitigkeit setzt dagegen voraus, daß man zur Anpassung fähig ist, boshaft ausgedrückt zu einem: «Hier stehe ich – ich kann auch anders!» Die Gefahr zumindest ist eine Zerstreuung des Ich in die Vielfalt wechselnder «Rollen» und Anforderungen hinaus, ist der «außengeleitete» Charakter, den David Riesman dargestellt hat.[43]

Riesman berief sich auf Tocqueville, der schon im Jahre 1840 – als spreche er prophetisch von neudeutschen oder Bonner Verhältnissen – geschrieben hatte: «Ich gestehe, daß ich für die demokratischen Gesellschaften weit weniger die Kühnheit als die Mittelmäßigkeit des Begehrens scheue; wie mir scheint, ist am meisten zu fürchten, daß inmitten der unaufhörlichen kleinen Beschäftigungen... der Ehrgeiz seinen Schwung und seine Größe einbüßt; daß die menschlichen Leidenschaften sich dabei gleichzeitig beruhigen und erniedrigen, so daß die Gangart der Gesellschaft mit jedem Tag träger und weniger hochstrebend wird.»[44] Aber wenn man zwischen dem tragischen und dem demokratischen Charakter wählen muß, sollte man sich fragen, wo die größeren Gefahren lauern.

In unserer politischen Rhetorik schien allerdings das Tragische noch immer seinen Platz zu behaupten, dann besonders, wenn es um die nationale Identität ging. Denn in deutschen Diskussionen tauchte wieder und wieder das Dilemma des Entweder-Oder auf. Entweder war man ganz und gar, vordergründig sogar selbstsicher bloß noch Bundesbürger und setzte dann das Deutsche kurzweg mit der Bundesrepublik gleich, wie etwa im sportlichen Sprachgebrauch: Deutschland spielte gegen die DDR. Dann wurden uns die gesamtdeutsche Verantwortung und der Verfassungsauftrag des Grundgesetzes sozusagen als schlechtes Gewissen angemahnt. Oder man erklärte «Deutschland als Ganzes» zum historischen Maß und die Bundesrepublik zum bloßen Provisorium und Notquartier; dann geriet die Identifikation mit ihr in Beweisnot. Und um einen Schritt weiter tauchten dann unversehens die Träume von einem Deutschland – oder vielleicht «Mitteleuropa» – wieder auf, das sich aus allen Verflechtungen löst und seine Eigen-Art, was immer sie sein mag, gegen Ost und West durchsetzt. Aber gewinnt man die Zukunft, wenn man sich aus den Erfahrungen der Geschichte und den Spannungen der Gegenwart verabschiedet, als gäbe es sie nicht?[45]

Wo man dagegen statt des Entweder-Oder das Sowohl-Als-auch zur Richtschnur nimmt, entspricht das nicht nur einer theoretischen Konstruktion, sondern den Realitäten. Die Bundesrepublik war unser Staat politischer Freiheitssicherung, der als solcher Identifikation, einen Verfassungspatriotismus[46], eine kritische Solidarität ermöglichte und Verteidigung gebot. Er hatte wenig gemein mit den politischen Verhältnissen in der DDR, wie sie sich bisher darstellten, viel aber mit westlichen Ländern wie Frankreich, Großbritannien, den Vereinigten Staaten. Mit der DDR dagegen verbanden Gemeinsamkeiten der Geschichte, der Sprache, der Literatur und Kultur. Die Gemeinsamkeiten wurden, sei es konkurrierend, sofort sichtbar, wenn es um Kulturelles und Historisches von Rang ging, mochte es sich um Preußen oder um Martin Luther handeln. Mit anderen Ländern wiederum, mit Frankreich oder mit Polen verbindet uns spezifisch Europäisches.

So könnte man fortfahren: Immer geht es um Vielfalt, sowohl

unterhalb der staatlichen oder nationalen Ebene wie über sie hinaus. Wir erfahren uns als Bürger einer Gemeinde, einer Region, eines Bundeslandes, engagieren uns als Mitglieder einer Bürgerinitiative, eines Friedensforums, eines Interessenverbandes. Wir schwören auf eine Partei oder bleiben nörgelnde Wechselwähler. Konfessionelle, berufliche, manchmal sehr persönliche Gesichtspunkte, besondere Erfahrungen, Enttäuschungen, Hoffnungen kommen politisch ins Spiel. Wir waren Bundesbürger, sind Deutsche, Europäer, womöglich sogar Weltbürger, alles auf einmal, alles im Gemenge, manchmal im Handgemenge mit- und nebeneinander. Es führt nicht weiter, sondern zum wahnhaften Realitätsverlust, wenn man die Komplexität des Politischen zu einer einzigen, angeblich schicksalhaft vorgegebenen und alles bestimmenden Einheit zusammenschmelzen läßt, der dann Ansprüche aufgebürdet werden, die sie nicht tragen kann.

Übrigens würden wir mit der Anerkennung der Komplexität gerade im deutschen Falle die geschichtliche Kontinuität nicht etwa abbrechen, sondern im Gegenteil neu knüpfen. Die Überwältigung durch den Nationalismus ist eine Episode geblieben, die in die Katastrophe mündete. Einst war man selbstverständlich und selbstbewußt Preuße oder Sachse, Hannoveraner, Bayer oder Württemberger – und ebenso selbstverständlich und selbstbewußt zugleich Deutscher und Europäer. Das Verhängnis, nicht das Heil, begann mit dem Komplexitätsverlust.[47] Und wenn wir uns der Zukunft zuwenden, dann ist sie als europäische Einigung nicht einmal vorstellbar ohne die komplexe Identität.

Womöglich könnten wir am Ausgang unseres wechselvollen Jahrhunderts in die europäische Zukunft sogar eine teuer erkaufte deutsche Erfahrung einbringen: die Erfahrung des Scheiterns an innerweltlichem Heil. Wir wissen oder könnten doch wissen, welche Abgründe des Unmenschlichen im Menschen aufgerührt werden, der auf das eine und einzige, auf die Endlösung setzt. Indem wir das Wissen bewahren, könnte es vielleicht auch gelingen, unsere Ängste wenn nicht zu bannen, dann sie fruchtbar zu machen zur Behutsamkeit, zur Geduld und am Ende zum Mut auf der Strecke Weges nach vorn, die uns noch bestimmt ist.

Elftes Kapitel
Ein Ende, ein Anfang –
Die Deutschen 1989–1990

Eine deutsche Revolution

«Freunde! Mitbürger!
Es ist, als habe einer die Fenster aufgestoßen nach all den Jahren der
Stagnation, der geistigen, wirtschaftlichen, politischen, den Jahren
von Dumpfheit und Mief, von Phrasengewäsch und bürokratischer
Willkür, von amtlicher Blindheit und Taubheit. – Welche Wandlung:
Vor noch nicht vier Wochen die schöngezimmerte Tribüne hier um die
Ecke mit dem Vorbeimarsch, dem bestellten, vor den Erhabenen – und
heute Ihr, die Ihr Euch aus eigenem freien Willen versammelt habt für
Freiheit und Demokratie und für einen Sozialismus, der des Namens
wert ist. In der Zeit, die hoffentlich jetzt zu Ende ist, wie oft kamen
da die Menschen zu mir mit ihren Klagen: dem war Unrecht gesche-
hen und der war unterdrückt und geschurigelt worden, und allesamt
waren sie frustriert. Und ich sagte: So tut doch etwas! – Und sie
sagten resigniert: Wir können doch nichts tun. – Und das ging so, in
dieser Republik, bis es nicht mehr ging. Bis sich so viel Unbilligkeit
angehäuft hatte und soviel Unmut im Leben der Menschen, daß ein
Teil von ihnen weglief, die andern aber, die Mehrzahl, erklärten, und
zwar auf der Straße, öffentlich: Schluß! Ändern! Wir sind das Volk!
– Einer schrieb mir, und der Mann hat recht: Wir haben in diesen
letzten Wochen unsere Sprachlosigkeit überwunden und sind jetzt da-
bei, den aufrechten Gang zu erlernen. Und das, Freunde, in Deutsch-
land, wo bisher sämtliche Revolutionen danebengegangen und die
Leute immer gekuscht haben, unter dem Kaiser, unter den Nazis und
später auch. – Aber sprechen, frei sprechen, gehen, aufrecht gehen,
das ist nicht genug. Laßt uns auch lernen, zu regieren. Die Macht

gehört nicht in die Hände eines einzelnen oder ein paar weniger oder eines Apparats oder einer Partei. Alle müssen teilhaben an dieser Macht, und wer immer sie ausübt und wo immer, muß unterworfen sein der Kontrolle der Bürger, denn Macht korrumpiert, und absolute Macht, das können wir heute noch sehen, korrumpiert absolut. – Der Sozialismus, nicht der Stalinsche, der richtige, den wir endlich erbauen wollen zu unserem Nutzen und zum Nutzen ganz Deutschlands, ist nicht denkbar ohne Demokratie. Demokratie aber, ein griechisches Wort, heißt Herrschaft des Volkes. – Freunde! Mitbürger! Übernehmt die Herrschaft!»

Stefan Heym, Berlin, Alexanderplatz, 4. November 1989[1]

«Unter Patriotismus wird häufig nur die Aufgelegtheit zu außerordentlichen Aufopferungen und Handlungen verstanden. Wesentlich aber ist er die Gesinnung, welche in dem gewöhnlichen Zustande und Lebensverhältnisse das Gemeinwesen für die substantielle Grundlage und Zweck zu wissen gewohnt ist. Dieses bei dem gewöhnlichen Lebensgange sich in allen Verhältnissen bewährende Bewußtsein ist es dann, aus dem sich auch die Aufgelegtheit zu außergewöhnlicher Anstrengung begründet. Wie aber die Menschen häufig lieber großmütig als rechtlich sind, so überreden sie sich leicht, jenen außerordentlichen Patriotismus zu besitzen, um sich diese wahrhafte Gesinnung zu ersparen oder ihren Mangel zu entschuldigen.»

Georg Wilhelm Friedrich Hegel[2]

Am Nachmittag des 9. November 1989 landeten zwei Maschinen der Bundesluftwaffe in Warschau; für den Bundeskanzler Helmut Kohl begann ein auf sechs Tage berechneter Staatsbesuch und – wie er im Fluge dem beinahe kompaniestarken Gefolge erklärte – eine seiner heikelsten Missionen. Die Schwierigkeit ließ sich allerdings absehen: Wie konnte der Kanzler bei den polnischen Partnern die Vorbehalte und das Mißtrauen zerstreuen, wenn er selbst nicht bereit war, ohne Vorbehalt für die Zukunft über die Grenzfrage zu sprechen? Würde die im Gefolge repräsentierte Macht deutscher Wirtschaft als Argument genügen?

Aber nach Stunden schon sah alles anders aus. In Berlin war am

Abend die Mauer geöffnet worden; der Kanzler eilte fort, um zur Stelle zu sein. Im deutschen Pressezentrum herrschte unter hartgesottenen Journalisten und Fotoreportern Verwirrung. Manche schienen der Verzweiflung nahe; sie hatten geglaubt, am rechten Ort zu sein, der nun sich als der falsche erwies. Einige warfen sich in Taxis, um von Warschau nach Berlin zu gelangen. Wieder nur Stunden später flogen auch die Vertreter der deutschen Wirtschaft heim. Hier indessen, an Bord ihrer Luftwaffenmaschine, herrschte nicht Verwirrung, sondern Ausgelassenheit, fast als sei man eine Schulklasse, der der Lehrer abhanden kam. Worum es sich handelte, sprach einer dieser wichtigen Männer unverblümt aus: «Zum Teufel mit den Polen, jetzt schlägt *unsere* Stunde.»[3]

Eine außerordentliche, eine *deutsche* Stunde in der Tat: bewegende Bilder, Tränen der Freude überall, Fremde einander in den Armen liegend, ein Hauch von Brüderlichkeit, wie wohl seit dem August 1914 nicht mehr – und «Wahnsinn» das Wort dieser Stunde. Wohl mit Recht erklärte in der Nacht vom 9. zum 10. November der Regierende Bürgermeister von Berlin das deutsche Volk zum glücklichsten auf der Welt.

Eine deutsche *Revolution* dazu: Wenn Menschen, die sich als «das Volk» proklamierten, friedvoll und diszipliniert ihren Weg in die Freiheit erstritten, dann brachten sie nicht bloß Grenzbefestigungen und Mauern zum Einsturz, sondern den Obrigkeitsstaat, der in vier Jahrzehnten seine Machtinstrumente zur Überwachung und Unterdrückung jeden Widerstandes bis zur Perfektion entwickelt hatte. Zugleich wurden die selbsternannten Vormünder fortgejagt, die das Gewaltmonopol des Staates so lange, so unerbittlich und selbstgerecht beschlagnahmt hielten, als sei es das ihre.

Natürlich wäre dies nicht möglich gewesen ohne den Mann in Moskau, Michail Gorbatschow, dessen Vorstellung oder zumindest Wirkung von «Glasnost» es nahelegt, mit Marx zu reden: «Man muß den wirklichen Druck noch drückender machen, indem man ihm das Bewußtsein des Drucks hinzufügt, die Schmach noch schmachvoller, indem man sie publiziert... Man muß diese versteinerten Verhältnisse dadurch zum Tanzen bringen, daß man ihnen ihre eigene Melodie vorsingt!»[4] Ebenso wichtig war das Beispiel der Polen, war der Mut der Ungarn, ihre Grenze zu öffnen. Als sie es taten, verlor die Berliner Mauer ihre schier mythische Macht, weil sie sich von nun an umgehen ließ. Der Ruf der Demonstranten von Leipzig oder Dresden «Wir bleiben hier!» gründete darum auf einem anderen, dem unausgesprochenen: Wir könnten auch gehen. Als Bewußtseinsschranke war die Mauer schon zerbrochen, bevor sie tatsächlich fiel; alles schien wieder möglich.

Des Eigenen blieb gleichwohl genug. In den kritischen Tagen um den 7. Oktober, als sich zum 40. Geburtstag der DDR erstarrte alte Männer auf dem bereits wankenden Boden noch einmal darstellten und feiern ließen, um im Ritual die Dauer ihrer Herrschaft zu beschwören, in diesen Tagen konnte niemand wissen, was geschehen und ob am Ausgang nicht die blutige Unterdrückung stehen würde. Von einer «Heldenstadt Leipzig» zu reden, mag abwegig wirken; etwas weit Wichtigeres als Heldentum war gefordert und wurde bewiesen, etwas in der deutschen Geschichte so Seltenes: Zivilcourage.

Ohnehin trug diese Revolution ihre unverwechselbaren Züge. Wenn immerfort die Mahnung zu hören war, Ordnung und Disziplin, Ruhe und Besonnenheit zu wahren, als seien es die ersten Bürgerpflichten, wenn überall der Stolz spürbar wurde, daß dies in hohem Maße gelang, dann fühlt man sich zwar an den Hohn Lenins erinnert, die Deutschen würden, wenn sie Revolution machen und einen Bahnhof erstürmen sollten, sich erst einmal anstellen, um Bahnsteigkarten zu kaufen. Aber erwiesen sich Disziplin und Besonnenheit diesmal nicht als Bedingungen des Erfolges?

Zum Besonderen gehörte nicht zuletzt die protestantische Prägung. In einer durchweg «gleichgeschalteten» Gesellschaft bildete die Kirche die einzig verbliebene unabhängige Institution. Darum boten Kirchenräume und Gemeindesäle eine Stätte der Zuflucht; hier und nur hier konnten die Menschen zusammenkommen, um im Miteinander Kraft zu finden.[5] Daher spielten Pastoren in fast all den politischen Gruppierungen, die sich bildeten, eine verblüffend wichtige Rolle. Daher wirkte vieles auch eigentümlich vorpolitisch: Bei Bekenntnis und Bewegung wäre man, sofern die Ent-

wicklung es erlaubt hätte, im Grunde weit lieber geblieben, als sich
auf Parteien, auf ihren alltäglichen Streit und ihre «niederen» Inter-
essenformationen einzulassen. So paradox wie folgerichtig, so genau im christlichen Bruderdienst wie im subtilen Triumph erwies
sich am Ende eine kirchliche Einrichtung sogar als die einzige, der
noch genug Unabhängigkeit und Autorität verblieben war, um
dem gestürzten, inzwischen verfolgten Staatsratsvorsitzenden
Erich Honecker Asyl zu gewähren. Welche Folgen es für das künftige Selbstverständnis der Kirche und für ihre Stellung in der Gesellschaft haben wird, daß sie – gewollt oder ungewollt, gleichviel –
eine revolutionäre Funktion übernahm, läßt sich noch gar nicht absehen. Das Staunenswerte des Vorgangs wird deutlich, wenn man
sich daran erinnert, daß es sich um die alten Kerngebiete des
Luthertums handelt, in denen Jahrhunderte hindurch als Tugend
gepredigt worden war, der Obrigkeit untertan zu sein, in wem und
wie immer sie sich darstelle.[6]

Blickt man zurück auf die neuere deutsche Geschichte, so ist die
Bedeutung des Vorgangs kaum hoch genug einzuschätzen. An den
Wendemarken dieser Geschichte hatten stets die Triumphe des
Machtstaates gestanden; das gilt für den Ausgang der Revolution
von 1848 ebenso wie für die Reichsgründung von 1871 und für die
«nationale Erhebung» von 1933. Und mühsam blieb es, Niederlagen zu feiern, wie im Gedenken an das gescheiterte Attentat auf
Hitler am 20. Juli 1944 oder an den Arbeiteraufstand in der DDR
am 17. Juni 1953. Allenfalls die Standhaftigkeit der Berliner Bevölkerung während der sowjetischen Blockade 1948/49 wäre positiv
zu nennen. Sie hat zwar dem Ansehen der Deutschen wesentlich
aufgeholfen, aber die eigentlichen Akteure blieben dennoch die Alliierten – wie in der Vorgeschichte der Bundesrepublik insgesamt.
So gesehen, bestimmte noch den Weg in die Freiheit eine Form von
Vormundschaft.

Wie schon einmal erwähnt wurde, gehört zur Geschichte fast
aller westlicher Völker, sei es als Mythos, der dramatische Aufbruch, durch den sich fortan das Selbstbewußtsein, die nationale
Identität begründet. Das gilt von der Tell- und Winkelried-Saga
der Eidgenossen über den Freiheitskampf der Niederlande gegen

Habsburg-Spanien bis zur «glorreichen» Revolution in England und zur großen in Frankreich, bis zur Unabhängigkeitserklärung der Vereinigten Staaten. Wie jede junge Generation sich von den Eltern verabschieden, von den Vätern losreißen muß, um ihr eigenes Leben zu führen, so setzt wahrscheinlich auch das politische Mündigwerden voraus, daß man einmal einen König geköpft oder vertrieben und allen selbsternannten Vormündern den Gehorsam aufgekündigt haben muß.

Zwar Kant hat gesagt: «Durch eine Revolution wird vielleicht wohl ein Abfall von persönlichem Despotism und gewinnsüchtiger oder herrschsüchtiger Bedrückung, aber niemals wahre Reform der Denkungsart zustande kommen; sondern neue Vorurteile werden, eben sowohl als die alten, zum Leitbande des gedankenlosen großen Haufens dienen.» Dieser Satz, 1784 geschrieben[7], nimmt eine bittere, seither wieder und wieder belegte Erfahrung vorweg. Und doch bleibt der Gründungsakt wichtig; die Erklärung der Menschen- und Bürgerrechte von 1789 und ihre epochale Wirkung werden weder durch die nachfolgende Schreckens- oder die Generalsherrschaft widerlegt noch durch die handfesten Wirtschaftsinteressen, die von Anfang die Französische Revolution nicht bloß begleiteten, sondern auch trugen.[8]

In solcher Perspektive betrachtet, steht der zweite Versuch der Deutschen, einen Nationalstaat zu schaffen, unter ganz anderen Vorzeichen als der erste. Bismarcks Reichsgründung stellte eine preußische «Flucht nach vorn» zum neuen, nationalen Staat mit dem Ziel dar, den alten zu retten; die Zerstörung des bürgerlichen Freiheitsbewußtseins bildete – mit den verheerenden Folgen, die ein Kernthema dieses Buches sind – die Konsequenz ihres Erfolges. Der 9. November 1989 dagegen könnte, als Symbol verstanden, die Freiheit der Deutschen begründen – und dies um so besser und fester, wenn dabei die Erinnerung an die frühere Symbolik des Tages, an das angebliche «Novemberverbrechen» von 1918 und an das reale der «Reichskristallnacht» von 1938 nicht verdrängt, sondern aufgehoben würde.

Der exemplarische Fall

Im September 1987 besuchte der Staatsratsvorsitzende der Deutschen Demokratischen Republik und Generalsekretär der SED
Erich Honecker die Bundesrepublik Deutschland, nach allen Regeln des Protokolls geehrt, der Repräsentant eines anerkannten
und, wie es schien, solide gefügten, in den Grenzen des östlichen
Weltlagers sogar wirtschaftlich erfolgreichen Staates. «Mit den Ergebnissen dieses historischen Besuchs bieten sich für die Entwicklung und gute Nachbarschaft zwischen der sozialistischen DDR
und der kapitalistischen BRD weite Perspektiven», schrieb das
SED-Zentralorgan «Neues Deutschland». Westliche Kommentare
wählten bloß andere Worte, um ähnliches zu sagen. Wäre
Honecker auf dem Rückflug nach Berlin einem Herzschlag erlegen, wie würde das Urteil über ihn heute wohl lauten?[9]

Niemand hat an den schnellen und vollständigen Verfall eines
Regimes glauben mögen, das mit der Öffnung der Grenzen schlag-
artig seinen Ruin enthüllte: veraltete, vielfach schrottreife Indu-
strieanlagen, verrottete Städte, die aus vergifteten Gewässern und
verpesteter Luft bereitete Umweltkatastrophe, kaum mehr taugli-
che Verkehrs- und Telefonnetze – um nur das Materielle zu nennen.
Wie aber läßt sich die Blindheit erklären, die die Männer der Macht
von Siegen des Sozialismus noch träumen ließ, als für Sehende
längst die Ausweglosigkeit, die Niederlage hätte erkennbar sein
müssen? Es handelt sich um einen exemplarischen Fall, der seine
eigene Betrachtung verdient.

Erklärbar wird er freilich nur, wenn man einen altehrwürdigen,
fast vergessenen Begriff von Blindheit und Sehkraft, von Torheit
und Klugheit zu Rate zieht. Von ihm redet die Bibel, etwa in dem
Gleichnis von den törichten und den klugen Jungfrauen oder am
Ende der Bergpredigt: «Wer diese meine Rede hört und tut sie
nicht, der ist einem törichten Manne gleich, der sein Haus auf Sand
baute. Da nun ein Platzregen fiel und kamen die Wasser und wehten
die Winde und stießen an das Haus, da fiel es und tat einen großen
Fall.»[10]

Die Torheit, so zeigen die Gleichnisse, wird offenbar bei jenen, die sich gegen das Wahre und Wirkliche, Wirkende verschließen – daß sich das dann seinerseits verschließt und die Toren zu Fall bringt. Dabei gibt es eine spezifische Torheit der Macht: Sie macht dumm, weil sie in gewissem Sinne das Lernen ersetzt. Der Mächtige muß sich nicht anpassen; er zwingt die anderen zur Anpassung. Er formt die Verhältnisse so, wie er sie haben will. Nur der kleine Mann braucht die Schlauheit des Schwejk zum Überleben wie das tägliche Brot.

Der Mächtige hört auch schlecht. Was er hört, sind vor allem die Stimmen der Schmeichler. Und die haben, um ihre Stellung nahe am Thronsessel zu halten, ein Interesse daran, alle Warner als böswillig, als «Flaumacher» zu verdächtigen. «Schwarzsehen dulde ich nicht!» hieß ein kaiserlich wilhelminischer Kernspruch der Dummheit. Allenfalls der Hofnarr darf noch die Wahrheit sagen. Aber moderne Regime verbannen ihn, weil sie der Selbstheiligung verfallen und darum den Witz nicht mehr ertragen.[11] Tauchen doch einmal Schwierigkeiten und Widerstände auf, so liegt es nahe, ihnen mit den Mitteln zu begegnen, die man ohnehin schon hat: mit der Macht, die dazu drängt, sie weiter zu konzentrieren, zu straffen und zu steigern.

Hinzu tritt eine Wechselwirkung von Hochmut und Angst. Unwillkürlich hält sich der Mächtige für kompetenter, weiser und besser als andere. Er ist auserwählt. Wie sonst wäre er zu seiner Macht gekommen? Doch dieser Hochmut blockiert wiederum das Lernen[12], und hinter ihm birgt sich die untergründige, vorbewußte Angst vor dem Verlust der Macht. Sie weckt eine Gier nach der Aggression, um zu zerschmettern, was angst macht. Und weil es der Macht so leicht fällt, die Ohnmächtigen zu demütigen und zu zerbrechen, wächst nochmals der Hochmut, der seinerseits jede Verfolgung und Unterdrückung mit dem guten Gewissen ausstattet. In solchem fatalen Zirkel schwindet der Sinn für die Realitäten; die Fehleinschätzung der Wirklichkeit treibt zur Borniertheit und bis in den Wahn.

Im Rückblick stellt sich das SED-Regime in der DDR als ein Musterbeispiel fallsüchtiger Verblendung dar. Bürokratisch und zentralistisch war es sorgfältig von «oben» nach «unten» durchorganisiert; alle wesentlichen Entscheidungen monopolisierte der kleine Kreis an der Spitze, das Politbüro. Wahlen, bei denen es nichts zu wählen gab, dienten bloß der Bestätigung; daher fehlten alle Möglichkeiten eines legitimen Machtwechsels, der die Männer der Macht vor ihrer Vergreisung im Amt hätte bewahren können. Hinzu trat das ideologische Monopol, die Selbstbestätigung in der Gewißheit, als rechtgläubige Marxisten-Leninisten über Wahrheit und Zielbestimmung der Geschichte zu gebieten: «Den Sozialismus in seinem Lauf / hält weder Ochs noch Esel auf», wie Erich Honecker noch kurz vor dem Fall dozierte.[13]

Man hat gesagt, daß mit dem Bau der Berliner Mauer der 13. August 1961 «zum heimlichen Gründungstag der DDR» geworden sei.[14] Jedenfalls gelang damit ihre vordergründige Konsolidierung, weil von diesem Tag an die Bürger ihre fehlende Wahlfreiheit nicht mehr durch eine «Abstimmung mit den Füßen» ersetzen konnten. Doch damit hatte das Regime sich nicht nur auf Gedeih und Verderben an die Standfestigkeit seines eigenen Bauwerks gebunden, sondern es hatte auch alle Türen verriegelt, durch die hindurch mit der Zugluft von Freiheit und Konkurrenz noch eine Wirklichkeitskontrolle möglich gewesen wäre. «Im Schatten des antifaschistischen Schutzwalls ließ sich's gut träumen, daß das sozialistische Leben in der DDR heil sei und in Ordnung; die da die Partei und den Staat führten, verschlossen Augen und Ohren gegenüber den Gedanken und Gefühlen der Menschen im Lande und beharrten auf ihren verfehlten Methoden und Schlagworten.»[15]

Nicht zuletzt galt das für die Wirtschaft. Wenn Schumpeter gesagt hat, daß sie ein «Nährboden der Logik» sei und «für jenes erstaunliche Ding, die Tatsache» unsere Augen öffne[16], dann wird stillschweigend eine Spielart von Marktmechanismus, ein offenes System von Angebot und Nachfrage, von Bedürfnis und Befriedigung schon vorausgesetzt. In der rigorosen Abschottung gab es dies gerade nicht mehr; immer perfekter entwickelte sich ein künstliches, in sich geschlossenes System weniger der Plan- als vielmehr der Kommandowirtschaft mit weithin willkürlichen Produkten und Preisen. Was dieses System neben dem realen Mangel vor allem produzierte, war seine eigene Form von Hirngespinsten: die in der Rückmeldung von «unten» nach «oben» von Stufe zu Stufe als Erfüllung oder Übererfüllung des Plans frisierten Zahlen, die zum Erfolg und zum Fortschritt gaukelten, was in Wahrheit den Niedergang bedeutete.

Dem entsprach der organisierte Massenjubel, den die Machthaber allein noch zu hören bekamen, wo immer sie sich zur Schau stellten. Und der Abschottung nach außen entsprach die nach innen, wie sie im Prominenten-Getto von Wandlitz zum Symbol geworden ist. [17] Doch wahrlich nicht ein Kleinbürger-«Luxus», über den die Kleinbürger sich empören, sondern die Verblendung als System hat den exemplarischen Fall bewirkt.

«Man hat oft mit Staunen die seltsame Verblendung betrachtet, mit der die höheren Klassen im alten Staat selbst zu ihrem Untergang beigetragen haben; allein, wie hätten sie sich aufklären sollen? Freie Institutionen sind für die vornehmen Staatsbürger zur Erkenntnis ihrer Gefahren nicht weniger notwendig als für die geringsten zur Sicherung ihrer Rechte. Seit mehr als einem Jahrhundert, nachdem die letzten Spuren des öffentlichen Lebens bei uns verschwunden waren, hatte den an der Erhaltung der alten Verfassung am meisten interessierten Leuten keine Erschütterung und kein Geräusch den Zerfall dieses uralten Gebäudes angekündigt. Da sich äußerlich nichts verändert hatte, bildeten sie sich ein, es wäre alles beim alten geblieben.»

Das sagte einst Alexis de Tocqueville in seiner tiefgründigen Untersuchung zur Vorgeschichte der Französischen Revolution [18], und er fuhr fort: «Man darf sich nicht wundern, daß der Adel und das Bürgertum, seit so langer Zeit von allem öffentlichen Leben ausgeschlossen, diese außerordentliche Unerfahrenheit zeigten, aber in Erstaunen setzen muß, daß auch die, welche die Geschäfte leiteten, die Minister, die Magistrate, die Intendanten, fast ebensowenig Voraussicht bewiesen. Viele waren zwar in ihrem Beruf sehr geschickte Männer; sie waren mit allen Spezialitäten der öffentlichen Verwaltung ihrer Zeit gründlich vertraut; was aber die große Wissenschaft der Regierung anlangt, die ja die allgemeine Bewegung der Gesellschaft begreifen, was im Geist der Massen vorgeht, beurteilen und dessen Folgen voraussehen lehrt, so waren sie darin ganz ebenso unerfahren wie das Volk selbst. In der Tat, nur das Walten freier Institutionen kann die Staatsmänner in diesem wesentlichen Teil ihrer Kunst unterrichten.»

Wenn man liest, was der große Franzose einsichtig machen wollte, bleibt beinahe nur noch eine melancholische Betrachtung über die menschliche Fähigkeit oder vielmehr Unfähigkeit, aus der Geschichte zu lernen. Die Machthaber der Gewaltregime zumindest haben allenfalls eine düstere Vorahnung, ein halbes Bewußtsein der Hinfälligkeit gewonnen. Aber die Konsequenz ihrer Ängste war nur ein Wuchern der Überwachungsapparate, die stets perfektere Formation von «Staatssicherheit». Im Grunde freilich handelt es sich sogar dabei um das Uralte; schon Aristoteles beschrieb, wie die Tyrannen Späher und Horcher aussenden: «So bringt man es dahin, daß die Bürger aus Furcht vor solchen Leuten sich nicht so leicht frei aussprechen und nicht verborgen bleiben, wenn sie es tun.»[19] Doch um sich selbst zu rechtfertigen, produziert zugleich die «Staatssicherheit» – wie jeder Machtapparat – das Objekt seiner Arbeit: den Staatsfeind. So gebiert Furcht die Gefürchteten, und die Angst gerinnt zum System.

Der alte Adam

Macht vermag vieles, sofern sie nur zureichend über Panzer, Polizeispitzel und dazu noch über eine Ideologie verfügt, die zur Rechtfertigung taugt. Sie kann nach ihrem Gutdünken enteignen oder zuteilen und die überkommenen Verhältnisse umstürzen, bis kaum mehr ein Stein auf dem anderen bleibt; sie kann einer neuen, dem Anspruch nach besseren Form von Wirtschaft und Gesellschaft, von Glauben, Erziehung und Arbeitsorganisation zustreben. Nur eines mißlingt der Macht: den alten Adam abzuschaffen und einen neuen Menschen nach ihrem Bilde zu formen.

Dies allerdings wäre die Voraussetzung für ein Gelingen der sozialistischen wie jeder Utopie. «Das Zusammenfallen des Änderns der Umstände und der menschlichen Tätigkeit oder Selbstveränderung kann nur als revolutionäre Praxis gefaßt und rationell verstanden werden», heißt es bei Marx.[20] Das bedeutet, positiv gewendet, daß mit der Praxis des Veränderns, mit einer neuen Gesellschaft auch der neue Mensch entstehen soll und entstehen wird. Doch ebendies hat sich als die Illusion erwiesen, je weiter vom Enthusiasmus des revolutionären Anfangs hinweg wieder in die Niederungen von Normalität und Alltäglichkeit hinein, desto eindeutiger.

Zwar mag die Oberfläche der Erscheinungen weithin den Erwartungen entsprechen. Wo keine Wahl bleibt, paßt die Mehrheit sich an, und solche Anpassung mag sogar vom Äußeren bis ins Innere, bis zu den Überzeugungen vordringen. Denn sehr mühsam ist es, über die Jahre oder Jahrzehnte hin im bewußten Zwiespalt zu verharren, und ein Heroismus konsequenter Verweigerung bleibt stets den wenigen vorbehalten.

Um so wirksamer aber, weil den Blicken verborgen, behauptet sich der alte Adam, der hartnäckig das Seine sucht. Gegen die idealistische Opferbereitschaft, die ihm abgefordert wird, baut er an privaten Fluchtburgen mit vielerlei Kammern und Auswegen, gegen den Aktivismus stellt er die Frage nach dem Nutzen, also im Mantel des Mitmachens das träge Beharren, gegen Engagement den Überdruß und die Gleichgültigkeit. Und gegen den alltäglichen Mangel knüpft er ein Netz von Beziehungen, das im heimlichen Geben und Nehmen Vorteile verspricht. So gerät unversehens – im Handeln wie im Denken, in allen Schattierungen des Verhaltens und der Verhältnisse – die Korruption zum System, und zwar nicht bloß bei den Privilegierten und Mächtigen, sondern auch oder gerade bei der Masse der Ohnmächtigen. Den Termiten gleich, die unsichtbar ein Haus zerfressen, unterhöhlen die «adamitischen» Menschen[21] den stolzen Aufbau der Utopie, bis der geringste Anstoß genügt, damit er zu Staub zerfällt.

Damit wird nichts gegen die Möglichkeit des heroischen Handelns und des idealistischen Selbstopfers gesagt. Märtyrer widerstehen der Folter und dem Tod, um den Glauben zu bezeugen, Eltern stürzen ins Flammeninferno, um ihr Kind zu retten – wie Völker in den Krieg, das Vaterland zu verteidigen. Doch immer geht es um die Ausnahmesituation, nicht um die Norm des Verhaltens. Das Unerhörte und alle Schrecken in der Geschichte des 20. Jahrhunderts haben im Kern damit zu tun, daß und in welchem Maße sich Menschen – die Deutschen vorab – dazu zu überreden vermochten, die Ausnahme als Norm, die Todesbereitschaft zur Lebensbegründung anzunehmen. Davon kündeten, auf ihre Weise bis zum Äußersten konsequent, die Konstruktionen Carl Schmitts und Ernst Jüngers, Heideggers und Hitlers; dies programmierte, als Umsetzung in die Praxis, die Gewaltherrschaft seit 1933 auf ihre Rechtfertigung durch den Krieg und am Ende auf das Menschheitsverbrechen, das jeden Rückweg in die Normalität verriegelte, es sei denn durch die Katastrophe hindurch.

In solcher Perspektive zeigt nun die Umwälzung unserer Tage ihre ärgerlichen – und ihre sehr menschlichen, jene adamitischen Züge, die seit Anbeginn schon die Bundesrepublik gekennzeichnet und so erfolgreich gemacht haben, auch im Sinne eines Maßstabs und Magneten nach Osten hin. Der Ruf nach Veränderung und Freiheit in der DDR meinte eben nicht nur ein Mündigwerden der Bürger, und nur für die Minderheit meinte er das durch die Erneuerung bewahrte Gemeinwesen eines besseren, endlich humanen Sozialismus. Für die Mehrheit malte er vor allem Handfestes: die Freiheit zum Reisen, zur eigenen Entscheidung über Ausbildung und Beruf, zu lohnender Arbeit, zum Konsum und zum Wohlstand. Nur kurzfristig hat die Begeisterung des Aufbruchs überdeckt, «daß zwar Hunderttausende durch Flucht und Protest die Reformen erzwangen, Millionen aber die Öffnung der Grenzen auf der Stelle dazu benutzten, sich zu den Schaufenstern des deutschen Westens in Bewegung zu setzen, freiwillig, ohne Strapazen zu scheuen, in beeindruckender Euphorie».[22]

Daraus erklärt sich vieles, zunächst die Tatsache, daß der Strom der Übersiedler aus der DDR in die Bundesrepublik seit dem 9. November 1989 nicht etwa versiegte, sondern anschwoll. Der Drang zum Wohlstand kennt so wenig wie die Not ein Gebot oder die Geduld; er stürzt nur seinem eigenen Gefälle nach. Er hat die Hoffnungen auf eine behutsame Entwicklung, alle Pläne einer «Konföderation» zweier deutscher Staaten hinfällig gemacht und den Politikern sein Gesetz des Handelns, eine nicht selten abenteuerlich anmutende Hast zur Einheit aufgezwungen, vorab zur Wirtschafts- und Währungsunion. Denn die DDR sah sich von ihrem Ausbluten ebenso bedroht wie die Bundesrepublik von ihrer sozialen Überlastung.

Bloß folgerichtig triumphierten bei den Wahlen vom 18. März 1990 die Parteien mit den «Einig Vaterland»-Parolen – vom Spott zu «Eilig Vaterland» umgemünzt –, indessen die Einzelpersonen, Gruppen und Bewegungen, die noch von der Bewahrung oder Durchsetzung sozialistischer Errungenschaften, von den Idealen einer solidarischen Gesellschaft geträumt hatten, sich jäh in die Randstellung abgedrängt sahen.[23] Der Sturz der Idole zog den der Ideale nach sich: Was wog da noch das Verdienst der Idealisten um die deutsche Revolution?

Die Enttäuschung, die folgte, mag verständlich sein, vielleicht sogar eine Bitterkeit, mit der die Begeisterung zur Beschimpfung umschlug: «Aus dem Volk, das nach Jahrzehnten Unterwürfigkeit und Flucht sich aufgerafft und sein Schicksal in die eigenen Hände genommen hatte und das soeben noch, edlen Blicks, einer verheißungsvollen Zukunft zuzustreben schien, wurde eine Horde von Wütigen, die, Rücken an Bauch gedrängt, Hertie und Bilka zustrebten auf der Jagd nach dem glitzernden Tinnef. Welche Gesichter, da sie, mit kannibalischer Lust, in den Grabbeltischen, von den westlichen Krämern ihnen absichtsvoll in den Weg plaziert, wühlten; und welche geduldige Demut vorher, da sie, ordentlich und folgsam, wie's ihnen beigebracht worden war zu Hause, Schlange standen um das Almosen, das mit List und psychologischer Tücke Begrüßungsgeld geheißen war von den Strategen des Kalten Krieges.»[24]

So der Autor Stefan Heym, nur einen Monat nach seinem hymnischen Aufruf auf dem Alexanderplatz. Die Bitterkeit ist ihm heimgezahlt worden, etwa von seiner Kollegin Monika Maron: «Heym denunziert sich in diesen Sätzen selbst, indem er seinen idealischen Anspruch als das erkennen läßt, was er ist: die Arroganz des Satten, der sich vor den Tischmanieren eines Ausgehungerten ekelt. Wäre Heym ein Einzelfall, könnte ich diese Entgleisung ertragen und darüber schweigen. Aber Heym ist kein Einzelfall. Er wagt in seinem patriarchalischen Selbstverständnis und geschützt durch seine achtenswerte Biographie nur einen besonders harschen Ton... Was die Dichter – und mit ihnen viele Intellektuelle – wollten, teilten sie der Öffentlichkeit in ihrem erschrockenen Aufruf ‹Für unser Land› mit. Unter der Überschrift ‹Entweder – oder› riefen sie den moralischen Notstand aus, der die DDR ihren ärgsten Feinden, der Deutschen Bank und Daimler-Benz, ausliefern würde, sollte sie ihre Eigenständigkeit und damit, scheinbar gesetzmäßig, ihre antifaschistischen und humanistischen Ideale nicht bewahren können.[25] – Grob und schwülstig wurde der alte Teufel an die alte Wand gemalt. Um was zu retten? Schon wieder einmal den Sozialismus, diesmal den wahren. Wer dabei nicht mittun wollte, gehörte zu den Ausverkäufern des Guten schlechthin um den Preis des Bösen schlechthin... – Jetzt, da die dünne Decke der Notgemeinschaft zerrissen ist, zeigt sich der tiefe Abgrund zwischen dem Volk und den Intellektuellen. – Drängen die einen auf eine schnelle und praktische Verbesserung ihres Lebens, kämpfen die anderen um den Erhalt ihrer Utopie, was an sich kein Unglück wäre, würde die Utopie – und zwar nur um ihres Bestands willen – das bessere Leben der anderen nicht bewußt opfern und 16 Millionen Menschen auch für die Zukunft zum Objekt einer Idee degradieren.»[26]

Ein tiefer, um nicht zu sagen abgründiger, in Deutschland notorischer Zwiespalt zeichnet sich damit ab. «Auf die Schriftsteller kann sich ein neuer Nationalismus nicht stützen», heißt es im Vorwort zu einem Sammelband.[27] Ausnahmen[28] bestätigen nur die Regel: «Das Wort Deutschland kommt schwer über meine Lippen, es verursacht ein pelziges Gefühl im Mund.»[29] «Die Bezeichnung erweist sich als eine Art Gefäß, das mit Widersprüchlichkeiten, alten und neuen, vollgestopft ist. Untrennbar vermengt Heinrich Heine und Heinrich Himmler, Weimar und Buchenwald, grandiose Meisterwerke der Kunst und zugleich der Tod als Meister aus Deutschland. Reich an Künstlern, reicher an Verdrängungskünstlern. Ein Land immer noch, in dem den Einwohnern eine Kunst ganz gewiß fehlt: die Lebenskunst.»[30] Womöglich am genauesten trifft das Eingeständnis: «Ich war nicht darauf vorbereitet, ein Deutscher zu sein.»[31]

Den Schriftstellern traten die Intellektuellen insgesamt zur Seite – und jene verlorenen Kräfte, die den Aufbruch in der DDR bewirkt haben. Sie alle waren auf die Einheit nicht vorbereitet. «Die Wiedervereinigung ist für uns kein Thema. Wir finden dieses CDU-Gedudel von den Schwestern und Brüdern im Osten nervend und widerlich. Als Verursacher von zwei Weltkriegen sollten die Deutschen die nationale Trommel in der Rumpelkammer stehenlassen, die Nachkriegsgrenzen endlich anerkennen und den Heimatvertriebenenverbänden den Status der Gemeinnützigkeit entziehen, damit dieses künstliche Trachtengetümmel endlich aufhört.» So konnte man es – im Herbst 1989 – bei einem Mitbegründer des «Neuen Forums» nachlesen.[32] Eine paradoxe Einheitsfront wider die eilige Einigung entstand; in ihr fand man die zur «Partei des demokratischen Sozialismus» gewandelte oder umgekleidete SED hart neben der Vielfalt von Gruppen, die das SED-Regime zu Fall brachten.

Gegen die Minderheit hat sich indessen die Mehrheit an den Wahlurnen, also mit einem Recht durchgesetzt, gegen das es keine Berufung gibt. Und in gewisser Weise wiederholt sich, jetzt für die Menschen in der DDR, was schon die Nachkriegsanfänge der Bundesrepublik kennzeichnete: die Konzentration aufs Materielle, aufs Tüchtig- und Erfolgreichsein, aufs eigene bessere Leben statt auf eine andere und bessere Ordnung der Gesellschaft. Heute wie damals spielt gewiß auch die Entlastung von den bedrängenden moralischen Fragen nach dem eigenen Verhalten, nach dem geduckten oder begeisterten Mitmachen im gestrigen, nun zerbrochenen Staat eine Rolle. Heute wie damals ist das Ergebnis eine Entfremdung der Intellektuellen und ihrer Ideale vom Bestehenden, schnöde Triumphierenden, des «Geistes» von der «Macht», mitsamt dem Vorwurf, daß im «CDU-Staat» die «Restauration» gesiegt habe[33], das Alte statt des Neuen.

In einem genauen und noch tieferen Sinne, als er zumeist gemeint ist, trifft dieser Vorwurf durchaus zu. Denn im Ruinenfeld der Idole, auf einer Schädelstätte der Utopien ist es am Ende und zum Neubeginn der alte Adam, der triumphiert. Er war es, der mit seiner zähen Selbstbehauptung ein Regime, das immer nur Opfer ein-

forderte, ebenso scheitern ließ wie die Hoffnung auf eine in der
«Konföderation» mit der Bundesrepublik gewandelte und bewahrte DDR. Er ist es gewesen, der die Einheit als einen Anschluß
an den westlichen Konsumstandard zum Ziel hatte und darum so
drängend wie hartnäckig nach Wirtschaftschancen und Währung,
nach dem Wert seines Sparkontos, seiner Rente fragte.

Das Bild, daß dieser alte Adam bietet, mag zum Erhabenen
kaum taugen oder sogar derart abstoßend wirken, wie Stefan
Heym es zeichnete. Immerhin sollte man überdenken, ob hier nicht
Sicherungen angelegt sind, die gerade die Deutschen sich selbst und
ihren Nachbarn so lange verweigert haben. Wer den Wohlstand
sucht statt des Abenteuers, wer um die eigenen, nüchtern kalkulierten Interessen statt um Ideale kämpft, um höhere Kaufkraft statt
ums innerweltliche Heil, von dem ist auch kein Heilsverbrechen
mehr zu fürchten. In solcher Sicht stellt die adamitische Revolution
unserer Tage das genaue Gegenteil jener anderen Revolution des
deutschen Jahrhunderts dar, von der schon Heinrich Heine wußte,
daß sie die Welt mit Bewunderung und Entsetzen erfüllen würde.

Die deutschen Ungewißheiten

«Wieder einmal sieht es so aus, als werde vernunftbestimmtes Nationalbewußtsein von diffusem Nationalgefühl überschwemmt;
beklommen bis verschreckt nehmen unsere Nachbarn den rücksichtslos herbeigeredeten Einheitswillen der Deutschen zur Kenntnis... Vereinigung hätte Verluste zur Folge, die nicht auszugleichen wären: denn nichts bliebe den Bürgern des anderen, nunmehr
vereinnahmten Staates von ihrer leidvollen, zum Schluß beispiellos
erkämpften Identität; ihre Geschichte unterläge dem dumpfen Einheitsgebot. Nichts wäre gewonnen außer einer beängstigenden
Machtfülle, gebläht vom Gelüst nach mehr und noch mehr Macht.»

Mit solchen Sätzen stritt Günter Grass wider den Drang zur Einheit.[34] Er wollte die DDR in einer deutschen «Konföderation» ei-
genständig erhalten wissen, und er formulierte Befürchtungen, die
gewiß nicht nur ihn plagen. Eine pausbäckig forsche Anschlußpoli-

tik, die sich über die Erinnerungen und Ängste der Völker ringsum
robust hinwegsetzt oder sie allenfalls noch widerwillig zur Kenntnis nimmt, scheint diese Befürchtungen zu bestätigen. Wer gar auf
das Raunen und Reden an Stammtischen hört, meint manchmal
eine Art, vielmehr Unart von neuwilhelminischem Hurrapatriotismus zu spüren, beinahe so, als habe man nun «doch gesiegt», wenn
schon nicht mit Kanonen vor Moskau, dann doch mit der wunder-
tätig Mauern sprengenden Macht der D-Mark vor dem Brandenburger Tor.

Das Problem war freilich, daß sich aus dem Bankrott des «ersten
sozialistischen Staates auf deutschem Boden», der sich im Fall seines «antifaschistischen Schutzwalls» offenbarte, nichts mehr retten
ließ. Auf die Frage, was denn die DDR in eine wie immer geartete
Zweisamkeit der beiden deutschen Staaten einbringen könne, ant-
wortete Grass: «Etwas, was vielleicht jedem aufgefallen ist, der
mehrmals in der DDR gewesen ist, etwas, das uns hier fehlt: ein
langsameres Lebenstempo, entsprechend mehr Zeit für Gespräche.
Eine interne Nischengesellschaft... ist da entstanden, etwas Bie-
dermeierliches wie zu Metternichs Zeiten. Etwas, von dem ich
nicht weiß, ob es mit der Öffnung zur Straße und zur Demokratie
hin nicht schon wieder vorbei ist.»[35]

Damit allerdings wurde die Bankrotterklärung bloß anders formuliert. «Viel Gefühl, wenig Bewußtsein» heißt der Titel des Textes. Aber schlägt nicht ausgerechnet hier ein dumpfes Gefühl wider
das Bewußtsein aus? Wie kann man ein Biedermeier unter strenger
Vormundschaft erhalten wollen, das in einen Gegensatz zur demokratischen Freiheit gerät, wie die «Nischengesellschaft», die doch
eine Flucht ins Unpolitische bezeichnet?[36] Handelt es sich nicht, in
einer späten Spielart, um unsere machtgeschützte Innerlichkeit, die
indessen das Wechselverhältnis zwischen dem Obrigkeitsstaat und
seinen Untertanen stets schon voraussetzt?

Oder womöglich noch schlimmer: Geht es um die heimlich-un-
heimliche Rettung des deutschen Wesens und Sonderwegs vor
einer westlichen Formation von Gesellschaft? An Elemente der
«Gemeinschaft», von denen seit Tönnies’ Kontrastkonstruktion
und den Tagen der Jugendbewegung eine fatale Faszination aus-

strahlte, bis sie in die nationalsozialistische «Volksgemeinschaft» eingingen[37], an diese Gemeinschaft wird man unwillkürlich erinnert, wenn von den sozialistischen Errungenschaften oder Lebensformen die Rede ist, die es wert sein sollten, bewahrt zu werden: menschliche Nähe und Wärme, Geborgenheit oder ähnliches. Nur eine Grenze hat sich offenbar verschoben: Da die Bundesrepublik bereits unrettbar an die westliche «Ellenbogen»-Gesellschaft verloren ist, mußte eben die Gemeinschaft – oder zumindest die Utopie – in einer anderen, der wahrhaft deutschen Republik bewahrt bleiben.

Man kann verstehen, daß DDR-Autoren nach Auswegen suchten. «Alles umsonst» – neben Werken der gestürzten Größen im Schaufenster einer Buchhandlung statt der Preisschilder zu lesen –: Das ist schwer zu ertragen. Man kann die Bitterkeit nach vierzig Jahren der Mühsal verstehen, auch die Resignation.

> «Vielleicht
> Fragt man uns
> Später
> Nach diesem Herbst
> Als auf den Straßen
> Bevor der Winter nahte
> Die Zukunft gewann
> Ach wir
> Die wir dann
> Im Gegenlicht die Augen schließen
> Wie werden wir müde sein.»[38]

Doch nirgendwo findet man Gebrauchswerte, die zum Standhalten taugen, bloß das Gutgemeinte: «Die neue soziale Gesellschaft muß vor allem den Allgemeinnutz vor den Eigennutz setzen.»[39] «frauen sind die wirklichen produktivkräfte der neuen zeit.»[40] «Ich stelle mir Gegenstände und Verfahren vor, die nicht über mich herrschen, die vielseitig sind im Gebrauch und stabil, die sich leicht pflegen und weitgehend selbst reparieren lassen, die nicht verführen, täuschen, prangen und drohen.»[41] «Alle Macht den Räten, wenn sie vernünftig handeln. Die DDR, die auf ihre Weise das Jahr '68 nachholt, sollte uns jene alte Parole in die Feder diktieren: Die Phantasie an die Macht!»[42] Die Liste solcher Äußerungen könnte man beinahe beliebig verlängern. Aber was ließ sich mit Wunschdenken gegen die nationale Rhetorik und gegen die handfeste Praxis der Wiedervereiniger ausrichten?[43]

Nein, auf solchen Wegen war kein Fortkommen. Sie führten ins Abseits, und sie lenkten von den wirklich wichtigen Fragen ab. Dabei geht es nicht bloß um die schwierigen wirtschaftlichen, sozialen, rechtlichen oder auch militärisch-politischen Probleme[44], die sich beim Zusammenwachsen von Staaten bisher so unterschiedlicher Ordnung und Zugehörigkeit stellen. In weiterer Perspektive geht es vor allem um die Identität, an die Grass oder Heym mit Recht erinnern: Wie eigentlich soll eine neue Einheit der Nation im Selbstverständnis und Selbstbewußtsein der Deutschen begründet werden? Was bleibt vom Stolz der Menschen in der DDR, das Volk zu sein, das seine selbsternannten Vormünder fortjagte, wenn sie danach als die schäbig heruntergekommenen, die verarmten Verwandten dastehen – und behandelt werden! –, zu denen der reiche Bruder im Westen sich gnädig herabläßt, um sie in seinen Wohlstand hinüberzuretten?[45] Wirkte es nicht wie ein Symbol, als im Vorfeld der Wahlen vom 18. März der in seiner Fülle prangende Bundeskanzler dem schmalschultrigen Ministerpräsidenten der DDR Hans Modrow eine kalte Abfuhr erteilte – sofern der nicht anbot, was sich von Unterwerfung oder Kapitulation kaum noch unterscheiden ließ? Soll also der zweite deutsche Nationalstaat, wie das Bismarckreich, nur mit anderen, zeitgemäßen Mitteln, sein Richtfest nach einer Art von «Sedan» feiern?

Gewiß mag gerade eine drohende Demütigung den Leistungswillen entzünden und aus der Härte des Umbruchs ein materieller Erfolg, eine neue Form von «Wirtschaftswunder» wachsen; in mancher Hinsicht ist die Situation der Menschen in der DDR der der Deklassierten, besonders der Flüchtlinge und Vertriebenen in den Westzonen und dann in der Bundesrepublik nach der Währungsreform von 1948 zu vergleichen, als sich aus Arbeit und Entbehrung der Erfolg entwickelte – und aus dem Erfolg ein neues Selbstbewußtsein. Aber jede Demütigung hinterläßt schwärende Wunden. Und wie im vorhergehenden Kapitel schon zu zeigen war, trägt das pure Erfolgsbewußtsein nur sich selbst. Seiner Natur gemäß taugt es wenig zum Standhalten in der Krise, sondern es weckt mit den Untergangsängsten die hysterischen Reaktionen. Vor allem läßt es sich nicht vererben; es provoziert in der nachfolgenden Generation den Aufruhr der Söhne und Töchter wider die Väter.

Gegen die Mißverständnisse sei wiederholt und betont: Das Streben nach Wohlstand ist sehr menschlich, und außer den selbsternannten Vormündern muß es niemanden verdrießen. Es genügt bloß nicht, um ein Gemeinwesen zu begründen. Der D-Mark-Nationalismus, seiner eigenen Dürftigkeit halb bewußt, drängt darum dazu, Unsicherheiten mit Gefühlen und Phrasen zu übertünchen. Und einen Schritt weiter tauchen dann hinter Ängsten die Aggressionen auf: Wie die Bundesrepublik sich lange genug von den Feindbildern des Kalten Krieges bestimmen ließ, so könnte sich nach dem Abriß der Berliner Mauer eine neue aufbauen, unsichtbar zwar, aber um so wirksamer aus Verachtung und Haß gegen diejenigen gefügt, die den neuen Reichtum mit Zumutungen ihrer Armut überschatten.

In diesem Sinne brodelt auch oder gerade in der bisherigen DDR Schlimmes empor. Das SED-Regime hatte so getan, als sei es nach 1945 gewissermaßen bei sich selbst als Mitsieger einmarschiert und garantiere seither als Statthalterei des Antifaschismus die Humanität und die Völkerfreundschaft. Doch damit hat der vormundschaftliche Staat sich und seinen Untertanen die selbstkritische Auseinandersetzung erspart, um nicht zu sagen blockiert, die in der Bundesrepublik immerhin versucht worden ist, sei es im Streit der Meinungen, in allen Beschwichtigungen noch so unvollkommen und halbherzig.

Der Fall des Regimes legt nun einen Mangel an Aufklärung offen, eine stalinistisch verformte Seelenverfassung[46], nicht zuletzt eine aus Ängsten und Aggressionen gespeiste Fremdenfeindlichkeit, wie sie zum Beispiel in antipolnischen Vorurteilen handfeste Formen annimmt. So heißt, was als ökonomische Misere im eigenen Land selbstverständlich dem «System» zugerechnet wird, im Blick auf den Nachbarn ebenso selbstverständlich und als Eigenheit des Nationalcharakters: «polnische Wirtschaft». Aus ihr stammen dann die Wirtschaftsasylanten, vor denen man – und nicht bloß in der DDR – den eigenen Besitzstand wegschließt, als handle es sich um Diebsgesindel.

Muß man befürchten, daß sich im künftigen Deutschland die Überheblichkeiten aus der Bundesrepublik mit solchen Aggressionen aus der DDR fatal vereinigen könnten? Oder darf man hoffen, daß sich gegen die Gefahren des unsicher auftrumpfenden Nationalismus ein selbstbewußter Patriotismus der Freiheit und Gleichheit durchsetzen und durchhalten läßt – ein Patriotismus, der es nicht aus-, sondern einschließt, in der Verbundenheit der Werte als Deutscher zugleich Europäer und Weltbürger zu sein? Das ist die Frage.

Unwillkürlich wird man an die Entdeckung Heinrich Heines erinnert, daß es zu Metternichs Zeiten, in den Bewegungen des Vormärz «im Heere der deutschen Revolution eigentlich nur zwei grundverschiedene Parteien gab, die keiner Transaktion fähig und heimlich dem blutigsten Hader entgegenzürnten. Welche von beiden schien die überwiegende? Die Wissenden unter den Liberalen verhehlten einander nicht, daß ihre Partei, welche den Grundsätzen der französischen Freiheitslehre huldigte, zwar an Zahl die stärkere, aber an Glaubenseifer und Hülfsmitteln die schwächere sei. In der Tat, jene regenerierten Deutschtümler bildeten zwar die Minorität, aber ihr Fanatismus, welcher mehr religiöser Art, überflügelte leicht einen Fanatismus, den nur die Vernunft ausgebrütet hat; ferner stehen ihnen jene mächtigen Formeln zu Gebot, womit man den rohen Pöbel beschwört, die Worte ‹Vaterland, Deutschland, Glauben der Väter› usw. elektrisieren die unklaren Volksmassen noch immer weit sicherer als die Worte ‹Menschheit, Weltbürgertum, Vernunft der Söhne, Wahrheit...!› Ich will hiermit andeuten, daß jene Repräsentanten der Nationalität im deutschen Boden weit tiefer wurzeln als die Repräsentanten des Kosmopolitismus und daß letztere im Kampfe mit jenen wahrscheinlich den kürzeren ziehen, wenn sie ihnen nicht schleunigst zuvorkommen...»[47]

Für die Gegenwart hat Jürgen Habermas von einem ähnlichen Zwiespalt gesprochen: «Was wird aus der Identität der Deutschen? Lenken die wirtschaftlichen Probleme den Einigungsprozeß in nüchterne Bahnen? Oder wird die D-Mark libidinös besetzt und in

einer Weise emotional aufgewertet, daß eine Art wirtschaftsnatio-
nale Gesinnung das republikanische Bewußtsein überwältigt? Die
Frage ist offen.»[48]

Sie bleibt offen, und höchst voreilig wäre es, sie zu beantworten.
Wenn die zurückliegenden Monate etwas gelehrt haben, dann doch
wohl, wie das Unerwartete zum Ereignis wird und alle Vorhersagen blamiert. «Incertitudes allemandes» hieß das Buch, das der
Franzose Pierre Viénot 1931 veröffentlichte.[49] Deutsche Ungewißheiten: Ein Jahr nach dem 9. November 1989, zum Ausgang eines
dramatischen Jahrhunderts und inmitten eines hoffnungsvollen
Neubeginns scheint der Titel noch immer aktuell zu sein.

Die europäische Vernunft und das deutsche Drama
Ein Epilog

Nur selten ist ein Staatsmann inständiger umjubelt worden als Neville Chamberlain bei seiner Friedensmission vom September 1938. Und kaum einen hat die Geschichte dann schneidender widerlegt, kaum einen haben ihre Berichterstatter so bitter getadelt. Dabei tat der britische Premierminister im Grunde doch nur, was nach den in Jahrhunderten entwickelten Regeln der Staatsraison vernünftig schien. Zu Chamberlains Tragik gehörte, daß für seinen Gegenspieler diese Regeln und Maßstäbe europäischer Vernunft keine Geltung besaßen. Hitler war überhaupt kein Mann des Staates, und die eigene, triumphal wiederhergestellte Großmacht interessierte ihn bloß als ein Mittel zum Zweck. Er war der Erwählte der «Vorsehung», der Führer zum innerweltlichen Heil. Dieses Heil aber, die deutsche Mission und Erlösung, meinte die Zerstörung Europas und seiner Vernunft.

Die Frage ist, ob damit nicht auch die Regeln und Maßstäbe europäischer Geschichtsbetrachtung zerstört wurden. Einer ihrer Begründer und Meister, Leopold von Ranke, hat gesagt, daß jede Epoche unmittelbar zu Gott sei. Im Angesicht von Auschwitz fällt es schwer, das noch zu glauben. Eher möchte man meinen, hier sei sie des Teufels.

Natürlich kannte man menschliche Gründe und Abgründe. «Die Eitelkeit an sich», heißt es bei Bismarck, «ist eine Hypothek, welche von der Leistungsfähigkeit des Mannes, auf dem sie lastet, in Abzug gebracht werden muß, um den Reinertrag darzustellen, der als brauchbares Ergebnis seiner Begabung übrig bleibt.»[1] In diesem

Sinne haben Historiker immer gerechnet, nicht allein mit der Eitelkeit, sondern mit Ehrgeiz, Anmaßung und Irrtum, mit Beutegier
und Rachsucht, Fanatismus und Grausamkeit, kurz mit der Fehlbarkeit des Menschen, vom einzelnen bis zu den Völkern. Indem
man bilanzierte, lernte man Geschichte verstehen, sozusagen als die
Summe ihrer Kursabweichungen von den Maßstäben jener Vernunft, die schon Machiavelli und Thomas Hobbes oder – ökonomisch – Mandeville und Adam Smith als das aufgeklärte, das wohl-
verstandene Eigeninteresse gedeutet hatten. In seinem Sinne ließ
sich die Staatsraison begründen und, wie Kant drastisch gesagt hat,
das Problem der Staaterrichtung «selbst für ein Volk von Teufeln»
auflösen – «wenn sie nur Verstand haben».[2]

Ausdrücklich und mehr noch stillschweigend wurde unterstellt,
daß seine Natur den Menschen zu solcher Verständigkeit be-
stimme. Aufklärung allerdings sollte dazu helfen, das Eigeninteresse weitsichtig zu machen, um den puren Egoismus ins «Grundgesetz der reinen praktischen Vernunft», in den kategorischen
Imperativ unter Gleichgestellten zu verwandeln: «Handle so, daß
die Maxime deines Willens jederzeit zugleich als Prinzip einer allgemeinen Gesetzgebung gelten könne.»[3] Nicht nur moralische Läuterung sollte damit möglich werden, sondern die Beschränkung,
am Ende vielleicht eine Beseitigung der Mißweisungen, die aus den
Leidenschaften stammten. Der Fortschrittsglaube unterstellte diese
Möglichkeit; eine pessimistische oder tragische Sicht der Geschichte wies sie zurück. Doch gleichviel: Das «Paradigma», der
Bezugsrahmen blieb gewahrt.

Daß in der conditio humana auch ganz anderes angelegt sein
mochte, daß also die Maße und Regeln der europäischen Vernunft
keineswegs natürlich, vielmehr selbst historisch, ein von vielen Bedingungen abhängiges Kunstwerk und darum zerstörbar sein
könnten, das schien bei allen Relativierungen, zu denen gerade der
europäische Geist sich als fähig erwies, praktisch doch ohne Be-
lang.[4] Nur gelegentlich und nur am Rande klingt eine Ahnung von
Unheil an, zum Beispiel bei Tocqueville, wenn er schrieb: «Ich
scheue mich nicht zu sagen, daß mir die Lehre vom wohlverstandenen Interesse von allen philosophischen Theorien die zu sein

scheint, die den Bedürfnissen des heutigen Menschen am meisten entspricht – und daß ich sie für die wirksamste Sicherung des Menschen gegen sich selbst halte.»[5]

Das Unerhörte an dem deutschen Drama des 20. Jahrhunderts ist nun, daß es die europäischen Maße und Deutungsregeln tatsächlich sprengt. Zumindest im Ansatz und zumindest im Rückblick erkennbar gilt das schon für den wilhelminischen Schlachtflottenbau und den ersten «Griff nach der Weltmacht». Was da geschieht, läßt sich mit dem wohlverstandenen Interesse selbst dann nicht in Einklang bringen, wenn man noch so krasse Abweichungen durch Torheit, Führungsschwäche oder wodurch immer unterstellt.[6] Es gilt aber erst recht, wenn vom Selbstopfer als dem Lebenssinn, von der Zerstörung der Weimarer Republik durch die Konterrevolution, von der Einstimmung auf Rechtlosigkeit und Gewalt im Führerprinzip, vom Krieg im Osten, von der Judenvernichtung die Rede sein soll. Unter dem Gesichtspunkt der Staatsraison und sogar der Machtpolitik, wie sie Jahrhunderte hindurch üblich war, handelt es sich um den schieren Wahn.[7]

Um den Wahn zu erklären, bieten sich, so scheint es, vor allem zwei Möglichkeiten an. Die eine führt freilich zur Mystifikation und damit zur Kapitulation der Vernunft. Man spricht vom «Dämon» Hitler oder vom deutschen «Verhängnis» – und rettet sich im übrigen in die Schuldzuweisungen, sei es an den Volkscharakter der Deutschen – von dessen Fatalität vor dem Ausgang des 19. Jahrhunderts allerdings nie jemand etwas bemerkt hatte – oder an den Kapitalismus – als ob es den in anderen, westlichen Ländern nicht ebenso gegeben habe, ohne zum Faschismus zu führen.

Auch der Begriff des «Totalitarismus» setzt voraus, was erklärt werden müßte. In ihrer Studie über die «Elemente und Ursprünge totaler Herrschaft» meint Hannah Arendt das Unheil schon in dem Bürgerstaat entdecken zu können, den Thomas Hobbes darstellt. Die praktischen Folgen aus dessen theoretischer Einsicht seien jedoch erst im 20. Jahrhundert gezogen worden. «Dieser segensreiche Mangel an Konsequenz war zu einem großen Teil der lebendigen Stärke der abendländischen Tradition geschuldet, die Hobbes' logischer Scharfsinn um dreihundert Jahre zu früh pulverisiert hatte.» Das letzte Geheimnis der Macht, die totalitäre Gewalt, «hat die bürgerliche Gesellschaft zu ihrem und unserer aller Heile weder je erkannt, noch, wenn es ihr von den Machtanbetern präsentiert wurde, je wirklich akzeptiert. Dies war der Sinn ihrer so außerordentlich vernünftigen und segensreichen Heuchelei, der erst ihr Sprößling, der Mob, ein Ende bereitete.»[8]

Waren also die Deutschen bloß aufrichtiger als andere? Und wie, mit Verlaub, soll man verstehen, daß die hartnäckige «Heuchelei» in den «klassischen» Ländern bürgerlich-liberaler Prägung bis heute allen Entlarvungen getrotzt hat?

Die zweite Möglichkeit besteht darin, das deutsche Drama doch noch unter die überkommenen Deutungsmuster zu fügen. Aber kann das gelingen, muß es nicht zum Verharmlosen und Beschwichtigen führen, so als sei das Unerhörte nur ein Grenzfall des Vernünftigen gewesen? Um genau diese Frage ging es im «Historikerstreit» der achtziger Jahre.[9] Bei Ernst Nolte zum Beispiel scheint es sich in der Epoche des Faschismus um ein europäisches Duell zu handeln, das zwischen Bürgertum und Bolschewismus ausgefochten wird, wobei unter den besonderen deutschen Bedingungen der Schrecken vor dem Schrecken, die Angst vor dem «asiatischen» Abgrund die eigene abgründige Tat gezeugt hat.[10] Aber die historische Deutung gerät selbst ins Unhistorische; es wird verdrängt und unerklärbar, daß die Frontstellung sich vorab gegen die bürgerlichen Demokratien des Westens und ihre Ideale richtete und daß der Sturm der Konterrevolution, die völkisch-faschistische Bewegung sich gegen den «Verrat» der Weimarer Republik erhob, der eine Hinwendung zum Westen, nicht eine Preisgabe an den Osten war.

Dabei bleiben moralische Vorwürfe seltsam steril; mit mehr oder minder Recht können die Angeklagten darauf verweisen, daß sie gar nicht beschwichtigen, vielmehr im altmeisterlichen Sinne bloß sagen wollten, «wie es eigentlich gewesen».[11] Bei Nolte zumal handelt es sich um den konsequenten, fast möchte man sagen um einen heroisch-verzweifelten Versuch, vom traditionellen Bezugsrahmen zu retten, was zu retten ist. Das Scheitern dieses Versuchs aber belegt exemplarisch die Untauglichkeit des Objekts; das deutsche Drama ist mit den alten Instrumenten nicht mehr zu fassen.

Wohlgemerkt, gegen die Mißverständnisse: Nichts spricht gegen die überlieferte, handwerkliche Arbeit am Detail, alles für sie. Wie Hindenburg dazu gebracht wurde, Hitler zum Reichskanzler zu ernennen, wer den Reichtstagsbrand gelegt hat und wer nicht: diese und Tausende anderer Fragen darf man nicht den Sterndeutern und Scharlatanen überlassen; sie müssen nach den hergebrachten Kunstregeln beantwortet werden. Erst die Deutung des Ganzen mündet ins Weglose:

> «Uns überfüllts. Wir ordnens. Es zerfällt.
> Wir ordnens wieder und zerfallen selbst.»[12]

Was folgt, ist die Frage nach der conditio humana, nach den Bedingungen des Unmenschlichen, die in der menschlichen Natur angelegt sind. Einen wichtigen Hinweis hat schon Karl Popper geliefert, als er vom «strain of civilization», vom Lastcharakter der modernen Zivilisation und ihrer offenen Gesellschaft sprach.[13] Der Mensch ist, mit Nietzsche zu reden, das nicht fest-gestellte Tier, dem seine Natur verschweigt, was er tun soll. In jeder offenen Situation muß er selbst entscheiden. Unter bestimmten historischen Umständen kann dies zu Ratlosigkeit und Angst, zu einer Überlastung führen, der er nicht gewachsen ist und die ihn zu Panikreaktionen, zur Flucht vor der eigenen Freiheit[14], zur Suche nach entlastender, rettender Autorität verführt.

Genau hier setzt der anthropologische Entwurf Arnold Gehlens an. Er entstand im Dritten Reich, und bemerkenswert genug hat Gehlen ihn nach 1945 nicht nur festgehalten, sondern sogar noch verdeutlicht und verschärft. Man kann ihn als die begründende Theorie eines Zeitalters lesen. Weil sie sagt, worauf es ankommt, sei sie hier knapp skizziert.

Als das welt- und verhaltensoffene, «reizüberflutete» Wesen vermag sich der Mensch nicht natürlich, sondern nur künstlich zu stabilisieren, und das ist die Aufgabe überpersönlicher Institutionen. «Sie haben angesichts der unwahrscheinlichen Plastizität, Formbarkeit und Versehrbarkeit eines Wesens, das jeder Impuls außerhalb der Bindungen sehr leicht deformiert, eine geradezu fundamentale Bedeutung. Alle Stabilität bis in das Herz der Antriebe hinein, jede Dauer und Kontinuität des Höheren im Menschen hängt zuletzt von ihnen ab. Daß der Mensch ein geschichtliches Wesen ist, hat umgekehrt die Folge, daß er sich von den historisch gewachsenen Wirklichkeiten konsumieren lassen muß, und das sind wieder die Institutionen: der Staat, die Familie, die wirtschaftlichen, rechtlichen Gewalten usw.»[15]

Institutionen befreien vom individuellen Entscheidungs- und Verantwortungsdruck: «Die allen Institutionen wesenseigene Entlastungsfunktion von der subjektiven Motivation und von dauernden Improvisationen fallweise zu vertretender Entschlüsse ist eine der großartigsten Kultureigenschaften, denn diese Stabilisierung geht... bis in das Herz unserer geistigen Positionen.»[16]

Doch die Institutionen «greifen» nur in dem Maße, in dem der Mensch sich ihnen verpflichtet, unterwirft und in ihrem Dienst sich opfert – sich «konsumieren» läßt, wie Gehlen sagt. «Selbstzucht, Erziehung, Züchtung als In-Form-Kommen und In-Form-Bleiben gehört zu den Existenzbedingungen eines nicht festgestellten Wesens. Sofern der Mensch auf sich selbst gestellt eine solche Aufgabe auch verpassen kann, ist er das gefährdete oder ‹riskierte› Wesen, mit einer konstitutionellen Chance zu verunglücken.»[17] Und erst recht gilt: «Wenn Institutionen im Geschiebe der Zeiten in Verfall geraten, abbröckeln oder bewußt zerstört werden, fällt diese Verhaltenssicherheit, man wird mit Entscheidungszumutungen gerade da überlastet, wo alles selbstverständlich sein sollte.»[18]

In solcher Perspektive stellt sich die europäische Zivilisationsentwicklung als Verfallsgeschichte mit verheerenden Folgen dar. «Überall schießen die ‹Ideen› hervor, mit denen sich nichts anfangen läßt, als sie zu diskutieren... Diese Intellektualisierung und Subjektivierung einer vom Handeln abgefilterten Kultur ist das welthistorisch Neue, das ist die Luft, in der wir atmen, wer das nicht sieht, muß es nicht sehen wollen.»[19] Zugleich handelt es sich um ein Zeitalter der Vermassung, in dem «die ausschweifendste Zufälligkeit der Subjektivität Anspruch auf öffentliche Geltung und Beachtung erhebt – und das erfolgreich... Wenn Verpöbelung und Proletarisierung um sich greifen, dann in derselben Landschaft, in der die Gewächse von der mimosenhaften Sensibilität gedeihen wie die Bilder Klees.»[20] Es triumphiert ein egalitärer und «gnadenloser Humanitarismus» samt «Weltfremdheit, Urteilsdünkel und Daseinsgefräßigkeit», denn «beim Zusammenbruch der gründenden Einrichtungen verlieren die geistigen Synthesen ihren Halt, sie zersetzen sich und werden als Narrheiten und Farcen des ‹Inneren Gewoges› (Benn) abgefackelt».[21] Das ist nicht zuletzt die Folge des Gleichheitsprinzips, das die auf Herrschaft, Pflicht und Dienst angelegten Institutionen zerstört. Wer nämlich «jeden Menschen schlechthin in seiner bloßen Menschlichkeit akzeptiert und ihm schon in dieser Daseinsqualität den höchsten Wertrang zuspricht, kann die Ausbreitung dieses Akzeptierens nicht mehr begrenzen, denn auf dieser Bahn gibt es keinen Halt.»[22]

Was der Verzweiflung bleibt, ist die Macht an sich, gleich welchen Vorzeichens, sofern sie nur das libertäre Belieben beendet und Herrschaft wiederherstellt. Der Triumph der «Führer»-Gewalt wäre dann als Akt der Notwehr, als eine Katastrophenreaktion zu deuten, die auf den Einsturz der Institutionen antwortet. Gehlen selbst hat am Ende, so verblüffend wie folgerichtig, die Beendigung des «Prager Frühlings» durch den sowjetischen Einmarsch im August 1968 als ein Ereignis von Rang gewürdigt.[23]

Wichtiger ist indessen die Frage nach dem Ursprung des Unheils. Sie findet eindeutige Antwort: Aufklärung. Denn die «ist, kurz gesagt, die Emanzipation des Geistes von den Institutionen».[24] Aufklärung im weitesten, prinzipiellen Sinne entstand als historische Möglichkeit mit dem Monotheismus. Er hat die Welt entgöttert und entgeistert und damit überhaupt erst zum «Diesseits», zur «Welt» gemacht, aus der die Transzendenzen verschwunden sind, wie mit ihnen die Tabus, die einst die Institutionen schützend, heiligend gesichert haben. In Gehlens Worten: «Eine weitere Folge des Monotheismus war die, daß die Institutionen seither ihre theogonische, göttererzeugende Kraft verloren haben. Institutionen waren ursprünglich Transzendenzen ins Diesseits im Vollsinne.»[25] Erst seit der mosaischen Durchsetzung des Monotheismus wird darum der Geist von den Institutionen unterscheidbar und emanzipierbar, erst seitdem läßt sich grundsätzlich kritisieren und «hinterfragen», verändern und vernichten, was ist.

Oder mehr noch: Der eine und eifersüchtige Gott, der keine anderen Götter neben sich duldet, begründet die Kritik, wie sie dann im Prophetentum des Alten Testaments die Bühne betritt. Der Gott Israels und Davids schafft gleichsam den archimedischen Punkt, von dem aus sich die Welt, die Ordnung ehrwürdiger Institutionen aus den Angeln heben läßt.

So fügt sich eines zum anderen: Der wirkliche Wert, die Aufgabe und der Lebenssinn des Menschen, wie alle seine Kulturleistungen, bestehen darin, daß er sich im Dienste herrscherlicher und geheiligter Institutionen opfert, sich «konsumieren» läßt. Jede Ablösung von den Institutionen setzt die libertären, egalitären und humanitären Tendenzen in Gang, die unaufhaltsam der Entartung und dem Verfall, dem Untergang der Kultur zutreiben. Der Ursprung des Unheils ist als die Möglichkeit von Aufklärung im jüdischen Monotheismus angelegt. Und Rettung bietet nur noch eine die Zerstörung zerstörende Gewalt.

Punkt um Punkt zeigt sich damit Gehlens Theorie als Bestätigung jener Entscheidungs- und Entschlossenheits-Ideologie der zwanziger Jahre, die wir in Beispielen dargestellt haben – auch oder gerade in der Form, die sie in Hitlers «Mein Kampf» annimmt. Es liegt wenig an Etikettierungen, aber wenn man in diesem Zusammenhang vom Faschismus spricht, dann hat Arnold Gehlen in seinem Werk eine, nein: *die* faschistische Theorie entworfen und vollendet, auf dem allerhöchsten Reflexionsniveau, das sie überhaupt zu erreichen vermag.

Ihr Verdienst ist es, daß sie aus der conditio humana, aus den Bedingungen des Menschseins Möglichkeiten des Unmenschlichen, die Antriebe zur Vernichtung der europäischen Vernunft erklärbar macht. Der Wahn aber, dem sie zugleich verfällt, hat mit einer historischen Verblendung zu tun: Die Chance zu *freiheitlichen* Institutionen, wie sie in westlichen Demokratien entstanden, bleibt völlig außer Betracht. Damit enthüllt sich diese Theorie als eine Sonderform von Ideologie, die das deutsche Drama gleichsam nachinszeniert. Um noch einmal die Stichworte zu geben:

Die Schwäche des Bürgertums und die Übermacht eines hochorganisierten, leistungstüchtigen Obrigkeitsstaates, der zur eigentlichen Triebkraft deutscher Modernisierung wurde, blockierten die Entwicklung einer offenen Gesellschaft und demokratischer Institutionen. Oder, wie Norbert Elias gezeigt hat: Nicht Selbst-, sondern Fremddisziplinierung prägte hierzulande den Prozeß der Zivilisation.[26] Je eindeutiger er als der technisch-industrielle gelang, desto mehr mußte die offene Gesellschaft als Herausforderung und Bedrohung erscheinen. Die «Ideen von 1914» in ihrer Frontstellung gegen «den Westen» und gegen «1789» sind ein Ausdruck des Sachverhalts. Der jähe Zusammenbruch des alten Staates, der im Sinne Gehlens tatsächlich die deutsche «Transzendenz ins Diesseits» gewesen war, mußte daher Panik auslösen, und die deutsche Konterrevolution hatte zum Ziel, eine radikal entlastende diesseitige Transzendenz zurückzuerobern.

Entlastung vom Druck des Entscheidenmüssens in der Identifikation mit dem einzig noch Verantwortlichen: dies erschien als das Heil, dies und nichts sonst war das große Führerversprechen. Doch es konnte endgültig, als Erlösung nur verwirklicht werden mit einer doppelten, symbolisch ebenso wie real vollzogenen Vernichtung der zur Offenheit angelegten, aus ihr die Maße der Vernunft und des Unvernünftigen bestimmenden Zivilisation.

Es heißt den gleichen Sachverhalt anders bezeichnen, wenn man vom Selbst-Bewußtsein spricht. Denn es gehört zum Menschen, daß er seine Existenz nicht bloß «ist», sondern auch «hat», gewissermaßen als der Zuschauer seiner selbst. Das Sein und das Haben zeigen sich zu einer Struktur verschränkt; Helmuth Plessner hat sie als «exzentrische Positionalität» beschrieben.[27] Aus ihr erst ergeben sich alle Möglichkeiten des Menschseins – und seine Probleme: das Dasein als das eigene, angeeignete führen, nach seinem Woher und Wohin fragen, den Tod kennen und dem Leben einen Sinn zusprechen zu müssen.

Zum Selbstbewußtsein gehört Fremdbewußtsein; im Spiegel des Du erfährt sich das Ich, wird von ihm bestätigt und gefestigt – oder entstellt und zerbrochen. Solcher Abhängigkeit vom anderen entspringen Liebe und Solidarität, Hingabe und Identifikation – oder der Haß und die Aggression. Mit einer Nuance im Wort und in der Sache kann man vom Selbstwertgefühl reden und sagen: «Das

Selbstwertgefühl ist der Kern jeder Persönlichkeit. Für sein intaktes Selbstwertgefühl – und nur dafür – lebt der Mensch; dafür arbeitet er, müht sich, leidet, kämpft – und stirbt notfalls auch dafür.»[28] Oder er zerschlägt den Spiegel, er mordet; die Urgeschichte des gekränkten Selbstbewußtseins erzählt davon:

«Es begab sich aber nach etlicher Zeit, daß Kain dem Herrn Opfer brachte von den Früchten seines Feldes; und Abel brachte auch von den Erstlingen seiner Herde und von ihrem Fett. Und der Herr sah gnädig an Abel und sein Opfer; aber Kain und sein Opfer sah er nicht gnädig an. Da ergrimmte Kain sehr, und seine Gebärde verstellte sich... Und es begab sich, da sie auf dem Felde waren, erhob sich Kain wider seinen Bruder Abel und schlug ihn tot.»

Wie beim einzelnen, so bei den Völkern: «Demütigt ein Volk, und ihr werdet in ihm einen militanten Nationalismus wecken, dem kein Preis zu hoch erscheint für die Wiederherstellung seines Selbstwertgefühls, der ‹nationalen Ehre› oder wie immer die Umschreibung lauten mag. Versprecht einem Volk die Steigerung seines Selbstwertgefühls bis ins Übermenschliche, bis zum Himmel hinan, und ihr werdet von ihm sowohl übermenschliche Leistungen wie übermenschliche Leiden fordern können! ... Das Hauptmotiv aller Befreiungsbewegungen ist die Wiederherstellung der Selbstachtung, des Selbstbewußtseins und des Selbstwertgefühls.»[29]

Aber zwei Möglichkeiten stehen gegeneinander. Selbstbewußtsein kann sich im Verhältnis von Herrschaft und Knechtschaft entwickeln, wie es schon Hegel deutete[30], oder als Gleichheit. Es charakterisiert Gehlens Anthropologie als die Ideologie eines Zeitalters, daß sie positiv nur von Herrschaft und Knechtschaft weiß, von der Unterwerfung des Individuums unter die Über-Macht der Institutionen und vom Selbstopfer in ihrem Dienst; alles, was Gleichheit signalisiert, kommt dagegen negativ, als Auflösung und Untergang in den erstarrten Blick.

In diesem Buch wurde beschrieben, wie die deutsche Konterrevolution auf die Wiederherstellung des herrschaftlichen, auf die Vernichtung des durch Gleichheit begründeten Selbstbewußtseins zielte. Sogar von Befreiung war die Rede, als die Freiheit zerstört wurde; 1933 feierte man die «nationale Erhebung», als befinde man sich im Jahre 1813, im Kampf gegen die napoleonische Gewalt. Doch das Joch, das jetzt zerbrochen werden sollte, war das Gleichheitsprinzip – die große Errungenschaft des modernen Europa. Darum sprengte diese deutsche Erhebung alle Maße und Regeln europäischer Vernunft, darum erscheint sie in deren Perspektive als Wahn und als Weg in die Selbstzerstörung. Dennoch wird sie erklärbar als die Verzweiflungstat zur Rettung und Wiederherstellung eines herrschaftlich begründeten Selbstbewußtseins, als Befreiung von der Last des Menschen, entscheiden zu müssen und Verantwortung zu tragen.

Am Ende, seit ihrem Scheitern, haben die Deutschen nach Europa zurückgefunden. Aber ihr Ausbruch hat schreckliche Opfer gefordert, für die es keine Heimkehr mehr gibt. Nur die Erinnerung bleibt – und die Warnung zugleich: Niemand, nicht einmal unsere Natur gibt uns Garantien ins Leben; wir selbst müssen es führen, vielleicht auf ein Ziel hin, um das es sich lohnt, ungewiß gleichviel, ob wir je es erreichen oder an den Abgrund geraten.

Anmerkungen und Dokumente

Vorwort

1 Max Weber, Der Nationalstaat und die Volkswirtschaftspolitik, abgedruckt in: Gesammelte Politische Schriften, 2. Auflage Tübingen 1958, S. 21 und 23.

2 Dem alten Wort vom «Platz an der Sonne» wuchsen neudeutsche Flügel, nachdem Bernhard von Bülow, der Staatssekretär des Auswärtigen Amtes und spätere Reichskanzler, am 6. Dezember 1897 im Reichstag gesagt hatte: «Wir wollen niemand in den Schatten stellen, aber wir verlangen auch unseren Platz an der Sonne.» Anlaß war der Wettlauf der Großmächte um Stützpunkte in Ostasien.

3 Adolf Wilbrandt, «Im neuen Jahrhundert», zitiert nach: Der Barde – Die schönsten historischen Gedichte von den Anfängen deutscher Geschichte bis zur Gegenwart, herausgegeben von Walther Eggert Windegg, München o. J., S. 366. (Das Vorwort ist «zu Weihnachten des Kriegsjahres 1915» datiert.) – Wilbrandt, 1837–1911, war von 1859 bis 1861 Leiter der Süddeutschen Zeitung, von 1881 bis 1887 Direktor des Wiener Burgtheaters, ein vielseitiger und vielschreibender Autor. Für seine patriotischen Verdienste wurde er 1884 geadelt.

4 Siehe dazu: Fritz Fischer, Der Griff nach der Weltmacht – Die Kriegszielpolitik des kaiserlichen Deutschland 1914/18, Düsseldorf 1961.

5 Rudolf von Thadden, Berührung zwischen Vergangenheit und Zukunft, in: Politik und Kultur, 5. Jahrgang 1978, Heft 3, S. 63.

Erstes Kapitel: Vom Fortschritt und vom Frieden

1 Siehe «Reden des Kaisers» – Ansprachen, Predigten und Trinksprüche
   Wilhelms II., herausgegeben von Ernst Johann, München 1966,
   S. 57f. Zur weiteren Dokumentation kaiserlicher Reden: Johannes
   Penzler (Herausgeber), Die Reden Kaiser Wilhelms II., 4 Bände,
   Leipzig 1897–1913, Band 4 herausgegeben von Bogdan Krieger.
   In seiner Einleitung zum ersten Band schreibt Penzler: «Die Reden des
   Kaisers geben ein getreues Bild seines Wesens. Man vergegenwärtige
   sich, daß er fast immer unvorbereitet spricht, und halte damit zusam-
   men den reichen Inhalt und die oft wahrhaft künstlerische Form seiner
   Reden, die nicht selten einen hohen Grad edelster Rhetorik erreichen.
   Sie bezeugen die hohe Auffassung von seinem Herrscherberuf, sein
   strenges, echt hohenzollernsches Pflichtgefühl, seine Treue gegen die
   verbündeten Fürsten, die Liebe zu seinem Volk, die Teilnahme für alle
   Notleidenden und heiligen Zorn gegen alles Unedle und Unwahre
   und Ungetreue. Daher mag noch so viel über die Person des Kaiser
   geschrieben werden, nichts vermag ihn uns so wahr darzustellen, wie
   seine eigenen Reden.»
   Dieser letzte Satz ist freilich vor allem im entlarvenden Sinne wahr;
   mit Recht schrieb die Mutter des Kaisers an die Großmutter, die Königin Viktoria: «Wenn ich den Schatten eines Einflusses hätte, würde ich
   Wilhelm anflehen, keine öffentlichen Reden mehr zu halten, denn sie
   sind zu schrecklich.» (Nach Virginia Cowles, Wilhelm der Kaiser,
   Frankfurt a. M. 1965, S. 148.) Als kritische Analyse eines Zeitgenossen ist hervorzuheben: Ludwig Thoma, Die Reden Kaiser Wilhelms II. und andere zeitkritische Stücke, München 1965.

2 Immer wieder hat der Kaiser das eigene Arbeitsethos betont, so in
   einer Rede in Kassel am 28. August 1903: «Die ernsthaften, unablässi-
   gen Vorbereitungen, die Ich in Meinen Studien auf dem Gymnasium
   und unter der Leitung des Geheimrats Hinzpeter hier vornehmen
   konnte, haben Mich befähigt, die Arbeitslast auf die Schultern zu nehmen, die von Tag zu Tag in wachsender Bürde zunimmt. Und wenn
   schon damals Meine Lehrer, überzeugt von der hohen Aufgabe, die
   ihnen übergeben war, alles daransetzten, jede Stunde und jede Minute
   auszunutzen, um Mich für den kommenden Beruf vorzubereiten, so
   glaube Ich doch, daß niemand von ihnen sich darüber hat klar sein
   können, welch ungeheure Arbeitslast und welche niederdrückende
   Verantwortlichkeit demjenigen aufgebürdet ist, der für 58 Millionen
   Deutsche verantwortlich ist. – Jedenfalls bereue Ich keinen Augenblick die Mir damals schwer vorkommenden Zeiten, und Ich kann

wohl sagen, daß die Arbeit und das Leben in der Arbeit Mir zur zweiten Natur geworden sind.» (Die Reden Kaiser Wilhelms II., herausgegeben von Penzler, Band III, S. 182 f.)

In Wahrheit war der Kaiser fast ständig unstet unterwegs, wie auf der Flucht vor geregelter Arbeit, so daß der Hofmarschall Zedlitz-Trützschler klagte: «Neun Monate reisen, nur die Wintermonate zu Hause! Wo aber bleibt auch da bei fortgesetzter Geselligkeit Zeit für ruhige Sammlung und ernste Arbeit?» (Robert Graf Zedlitz-Trützschler, Zwölf Jahre am deutschen Kaiserhof – Aufzeichnungen, Stuttgart, Berlin, Leipzig 1923, S. 230.) Reisen und Reden, Jagden – nach einer Mitteilung an die Presse vom 31. Oktober 1902 erlegte Wilhelm II. bis zu diesem Zeitpunkt 47443 Stücke Wild –, die Hoffeste und geselligen Veranstaltungen aller Art: «Ich habe keine Zeit zum Regieren», erfand dafür der Berliner Witz die treffende Formel.

3 Allein für die ersten zwölf Regierungsjahre bis zur Jahrhundertwende hat man 406 offizielle Reden gezählt. Das Forsche wollte der Kaiser selbst betont sehen: «Meine Nachfolger sollen einmal wissen, daß ich forsch war», sagte er zum Reichskanzler, dem Fürsten Bülow, als der einen Redetext vor der Freigabe für die Presse zu glätten versuchte. (Vgl. Alfred Graf von Waldersee, Denkwürdigkeiten, herausgegeben von H. O. Meisner, Band I, Stuttgart 1922, S. 570.) Und bitter beklagte er sich nach einer Ansprache auf der Marienburg: «Meine Rede war der alten Hochmeister würdig... Sie aber lassen mich reden, als ob ich der Lehrer der Geschichte an einer höheren Töchterschule wäre.»

4 Otto Braun oder Preußens demokratische Sendung, Frankfurt a. M., Berlin, Wien 1977, S. 31. – Schulze nennt Ebert, Erzberger, Rathenau, Stresemann und fährt fort: «Was wäre gewesen, wenn einer von ihnen in verantwortlicher Stellung die Jahre des Niedergangs und des schließlichen Schweigens erlebt hätte? Wäre die Geschichte anders verlaufen oder wäre ihr Name ebenso wie der Brauns aus unserer Erinnerung verdrängt? Oder, umgekehrt: Was wäre gewesen, wenn Braun früher gestorben wäre, etwa vor den Preußenwahlen im Jahre 1932? Wir können es uns ausmalen: Es gäbe eine Braun-Legende, etwa dahingehend, Braun würde das Unheil verhindert haben, er hätte die Republik gestützt und verteidigt, wie er es seit dem Beginn der Weimarer Zeit getan hatte; eine Braun-Biographie wäre überflüssig, es gäbe ihrer bereits genug. Gedankenexperimente dieser Art sind nützlich; sie verdeutlichen uns die Schwierigkeit, historische Alternativen zu durchdenken, aber auch die Ungerechtigkeiten und die Zufälligkeiten, die am Nachruhm großer Namen mitwirken.»

5 Das «Recht der jungen Völker» gegen die angeblich alten oder gar absterbenden ist nicht zuletzt im Angesicht der Niederlage und im Kampf um den Wiederaufstieg proklamiert worden. Siehe Arthur Moeller van den Bruck, Das Recht der jungen Völker, München 1919, und unter gleichem Titel seine Sammlung politischer Aufsätze, Berlin 1932, herausgegeben von Hans Schwarz.

6 Der Roman «Volk ohne Raum» erschien 1928 und 1930 in zwei Bänden, gerade zur rechten Zeit, um dem anschwellenden Nationalsozialismus ein Stichwort zu liefern. Grimm dachte allerdings an afrikanische Kolonien, nicht an «Lebensraum» im europäischen Osten.

7 Manifest der Kommunistischen Partei, abgedruckt u. a. in: Karl Marx, Die Frühschriften, herausgegeben von Siegfried Landshut, Stuttgart 1953, S. 530 und 528.

8 Der Osnabrücker Staatsmann und Schriftsteller Justus Möser (1720 bis 1794) schreibt in seinen «Patriotischen Phantasien»: «Es ist ferner gewiß, daß die Zünfte und Gilden ungemein dadurch gelitten haben, daß sie nach dem jüngern Reichsabschiede alle von irgendeinem Pfalzgrafen ehrlich gemachte Hurkinder und beinahe alle Geschöpfe, die nur zwei Beine und keine Federn haben, als zunftfähig erkennen müssen. Nach der seit einiger Zeit Mode gewordenen Menschenliebe, und vielleicht auch nach unserer Religion, nach welcher Gott keinen Unterschied macht unter den Menschen vom Mutterleibe geboren, mag es mit dieser Verordnung gut genug sein. Aber ein rechtschaffener Polizeigrund läßt sich davon nicht angeben... Der Grundsatz der neuern Gesetzgeber, daß man die Hurerei minder schimpflich machen müsse, um den Kindermord zu verhüten, ist falsch und unzureichend. Der alte: daß man den äußersten Schimpf draufsetzen müsse um die Ehre zu befördern, ist weit dauerhafter und nach den feinsten philosophischen Grundsätzen angelegt.» (2. Teil, Ausgabe Leipzig 1871, S. 50 f.) Wir mögen das für barbarisch halten, aber Möser erkennt sehr klar, daß die traditionelle Gesellschaftsordnung nur verteidigt und bewahrt werden kann, wenn die Bevölkerungszahl einigermaßen stabil gehalten wird.

9 Freiligrath (1810 bis 1876), hat sein Gedicht «Die Auswanderer» bereits 1832 geschrieben, und Generationen von Schulkindern haben es dann auswendig gelernt. Es beginnt mit der Strophe:

> «Ich kann den Blick nicht von euch wenden;
> ich muß euch anschaun immerdar:
> Wie reicht ihr mit geschäft'gen Händen
> Dem Schiffer eure Habe dar!»

Im Anschluß an die zitierten Strophen heißt es am Ende:

«Der Bootsmann winkt! – Zieht hin in Frieden!
Gott schütz' euch, Mann und Weib und Greis!
Sei Freude eurer Brust beschieden
und euren Feldern Reis und Mais!»

10 Politische Motive erkennt man am Anschwellen der Auswanderungs-
zahlen nach der verlorenen Revolution von 1848 und – unter dem
Eindruck von Bismarcks Sozialistenverfolgung – zu Beginn der achtziger Jahre.

Religiöse Motive ergaben sich unter anderem, als König Friedrich
Wilhelm III. im Jahre 1817 in den acht altpreußischen Provinzen den
Zusammenschluß der Reformierten und Lutheraner zur «Evangelischen Kirche der Altpreußischen Union» verordnete. Standhafte Alt-
lutheraner, die von ihrem hergebrachten Bekenntnisstand nicht lassen
wollten, versuchten sich dieser Zwangsunion zu entziehen; in Einzel-
fällen wanderten ganze Gemeinden mit ihren Pfarrern aus.

11 Die Wechselwirkung von Bevölkerungsdruck und Wirtschaftswachstum ist noch wenig untersucht worden. Einerseits scheint die industrielle Entwicklung geradezu vorauszusetzen, daß eine aus den traditionellen Verhältnissen herausgebrochene Überschußbevölkerung
vorhanden ist, der harte Arbeitsbedingungen und niedrige Löhne zugemutet werden können. Die erste industrielle Revolution in England
liefert ein Beispiel; sie findet vor dem Hintergrund eines durch rigo-
rose «Einhegungen» freigesetzten Agrarproletariats statt. Deutschland liefert im 19. Jahrhundert – und in gewissem Sinne noch einmal
nach 1945 – mit der großen Wanderungsbewegung von Osten nach
Westen ein weiteres Beispiel; in den Vereinigten Staaten übernimmt
die Masseneinwanderung eine entsprechende Funktion. Das relative
Zurückbleiben Frankreichs im 19. Jahrhundert könnte dagegen mit
dem fehlenden Bevölkerungsdruck im Zusammenhang stehen. Auch
die Chance, sich von diesem Druck durch Kolonien zu entlasten,
scheint eher hemmend zu wirken. Andererseits darf der Druck ein
gewisses Maß wahrscheinlich nicht übersteigen, weil er sonst in einen
fatalen Zirkel von Chaos, Gewalt und Kapitalflucht mündet, wie ge-
genwärtig in so vielen Ländern der «Dritten Welt» mit ihrer Bevölkerungsexplosion, für die es nicht mehr – wie einst für Europa – das
Überdruckventil der Auswanderung gibt.

12 Die Kohleproduktion Großbritanniens betrug im Jahre 1912 265 Millionen Tonnen. Deutschland führte trotz seiner rasch wachsenden Ei-
genproduktion in steigendem Maße englische Kohle ein: 1896 1,7 und
1911 9,3 Millionen Tonnen. Das waren 3,4 beziehungsweise 6,7 Prozent des Eigenverbrauchs. Für die Textilindustrie gibt die Zahl der

Baumwollspindeln Aufschluß; im Jahre 1912 wurden für Großbritannien über 55 Millionen, für die Vereinigten Staaten knapp 30 Millionen und für Deutschland 10,6 Millionen gezählt.

13 Zur näheren Darstellung siehe vom Verfasser: Friedrich II. der Große – ein Lebensbild, Bergisch Gladbach 1987, S. 10 ff. – In dem dramatischen Konflikt zwischen Vater und Sohn, Friedrich Wilhelm I. und Friedrich II., wird das erzieherische Ringen um das preußische Modell wie in einem Brennspiegel anschaulich. Daß Friedrich II. schließlich die Pflichterfüllung und den Dienst am Staate verinnerlicht und beispielhaft verkörpert hat, bedeutet den Triumph der preußischen Erziehung, die dann – bezeichnend – im Rückblick als ein Ausdruck preußisch-deutscher Wesensart verherrlicht worden ist. Bezeichnend wirkt erst recht, daß der bittere Preis – die Aufopferung persönlichen Lebensglücks – in der Regel entweder kaum genannt oder wiederum ins Triumphale preußisch-deutscher Wesensbestimmung umgedeutet worden ist.

14 Für diesen Zusammenhang von religiöser Einstellung und Wirtschaftsentwicklung siehe die längst klassische Untersuchung von Max Weber: Die protestantische Ethik und der Geist des Kapitalismus, in: Gesammelte Aufsätze zur Religionssoziologie, 5. Auflage Tübingen 1963, Band 1 (zuerst 1904/05). Aus nachfolgenden Forschungen sei hervorgehoben: Richard H. Tawney, Religion and the Rise of Capitalism, 1926, deutsch: Religon und Frühkapitalismus, Bern 1946.

15 Die qualitätsorientierte handwerkliche Tradition steht freilich in einem Spannungsverhältnis zur möglichst preiswerten, standardisierten Massenproduktion und, damit im Zusammenhang, mit dem Bestreben, die Arbeit in einfachste Vollzüge zu zerlegen, die auch «Ungelernte» beinahe sofort ausführen können. Diese Art von Produktion konnte in den Vereinigten Staaten weit früher und ungehemmter durchgesetzt werden als in Deutschland, weil dort vergleichbare Handwerkstraditionen kaum eine Rolle spielten.
Für die gegenüber den Vereinigten Staaten nachholende Entwicklung waren in Deutschland die beiden Weltkriege wichtig. Denn im Zeichen einer zunehmend angespannten Rüstungssituation erzwangen sie einerseits die standardisierte Massenproduktion und andererseits die Ersetzung männlicher Fachkräfte durch ungelernte oder kurzfristig angelernte Frauen – dies in einem Maße, das zuvor nur die Textilindustrie gekannt hatte.

16 Aus der Wiener Perspektive hat ein großer Gelehrter den Sachverhalt anschaulich geschildert: «Österreich verstand es zu begreifen, daß

seine Ebenbürtigkeit mit Deutschland nicht bloß auf seiner Industrie, auf seinen Schulen, auf seiner Presse, auf seiner Armee, auf seiner großen Geschichte, sondern auf der Ebenbürtigkeit seiner Universitäten mit den deutschen beruhe, und daß ein Zurückbleiben auf diesem Punkte ein Zurückbleiben auf allen bedinge. Da war es, wo Österreich mit seiner ganzen vollen Kraft das deutsche Universitätswesen bei sich aufnahm; und diese deutsche Ordnung unserer Universitäten ist wahrlich nicht das letzte Blatt in dem großen Buche voll Achtung und Furcht, voll Neid und Liebe gewesen, das von der Geschichte Österreichs und Deutschlands redet! Denn so groß war die Kraft dieser Errungenschaft, daß nicht ein Jahrzehnt vorüberging, und die Universitäten Österreichs standen mit ihrem vollen Kraftbewußtsein neben jenen deutschen, auf die das deutsche Volk so stolz war, als eine glänzendste Zierde seiner Geltung in Europa.» (Lorenz von Stein, Lehrfreiheit, Wissenschaft und Collegiengeld, Wien 1875, S. 15.)

17 Siehe zur Literatur: Reinhard Lüdicke, Die preußischen Kultusminister und ihre Beamten im ersten Jahrhundert des Ministeriums, 1817–1917, Stuttgart und Berlin 1918; Arnold Sachse, Friedrich Althoff und sein Werk, Berlin 1928.

Die Selbstherrlichkeit der Berufungspolitik wird an der Geschichte deutlich, die Ernst von Hippel erzählt: «Unsere Rostocker Zeit endete damit, daß Vater zu Althoff, dem damals fast allmächtigen Leiter der Hochschulabteilung im preußischen Kultusministerium, nach Berlin gerufen wurde. Die Unterhaltung dort verlief nach dem Bericht meines Vaters in der Hauptsache so: ‹Da ist der Lehrstuhl in A. frei› – erwartungsvolle Pause – ‹und da kommt der B. hin›. ‹Und dann ist da ein Lehrstuhl in C. frei› – wiederum Pause – ‹und da kommt der D. hin›. ‹Und dann ist da ein Lehrstuhl in Göttingen frei› – längere Pause – ‹und da kommen Sie hin›. – Die freudige Überraschung meines Vaters war um so größer, als er an Göttingen gar nicht gedacht hatte, während er wußte, daß er an den anderen Stellen in Frage stand.» (Meine Kindheit im Kaiserlichen Deutschland, Meisenheim/Glan 1975, S. 14.)

18 Der Kaiser selbst hat eine Episode im Kampf mit konservativen Kräften geschildert: «Unter dem Eindruck der Leistungen der Technischen Hochschulen und solcher Männer wie Slaby, Intze u. a. beschloß ich, den Hochschulen dieselbe Berechtigung der Vertretung im Herrenhause zu verleihen, wie die Universitäten sie besaßen. Allein die Universitäten erhoben beim Kultusminister energischen Einspruch dagegen; es folgte ein heftiger Kampf gegen den klassisch-wissenschaftlichen Gelehrtenstolz, bis ich durch einen Erlaß meinen

Willen durchsetzte.» (Wilhelm II., Ereignisse und Gestalten aus den Jahren 1878–1918, Leipzig und Berlin 1922, S. 164.)

19 Reden des Kaisers – Ansprachen, Predigten und Trinksprüche Wilhelms II., herausgegeben von Ernst Johann, München 1966, S. 84 f.

20 Siehe Lothar Burchardt, Wissenschaftspolitik im Wilhelminischen Deutschland – Vorgeschichte, Gründung und Aufbau der Kaiser Wilhelm-Gesellschaft zur Förderung der Wissenschaften, Göttingen 1975.

21 Reden des Kaisers, a. a. O., S. 122 f. – Der Hofmarschall Robert Graf Zedlitz-Trützschler beschreibt die kaiserliche Begeisterung für alles Neue: «Immer von neuem muß man staunen, welch ungewöhnliches Interesse der Kaiser für viele moderne Anforderungen und Fortschritte hat. Heute sind es die Radiumstrahlen, morgen die Ausgrabungen in Babylonien, dann wieder die freie und voraussetzungslose wissenschaftliche Forschung, und schließlich auch ganz besonders die Entwicklung der Maschinentechnik. Mit dem Übergang von der Kolbenmaschine zur Turbine und eventuell zum Automobil beschäftigt er sich auf das allereingehendste. Alle auf diesen Gebieten sich vollziehenden Fortschritte werden sowohl in der Literatur und, soweit dies möglich, auch in der Praxis auf das sorgfältigste verfolgt, und Männer, die mit diesen Fortschritten in Beziehung stehen, werden, wenn irgend möglich, zu persönlicher Erklärung und Bekanntschaft herangezogen.» (Zwölf Jahre am deutschen Kaiserhof, Aufzeichnungen, Stuttgart, Berlin, Leipzig 1923, S. 60 f.)

22 Karl Helfferich (1872–1924) war seit 1908 im Vorstand der Deutschen Bank, während des Krieges in hohen Staatsämtern und nach dem Krieg ein Wortführer der Rechtsopposition gegen die «Erfüllungspolitik» Erzbergers und Rathenaus. Im Jahre 1913 veröffentlichte er tatsächlich eine Art von Festrede, ein Jubiläumsbuch, in dem mit Stolz und Zuversicht der Fortschritt beschrieben wurde: «Die Rückschau auf dem Weg, den unser Volk durchwandert hat, mag dazu beitragen, das deutsche Selbstvertrauen auf die Höhe der deutschen Volkskraft zu bringen.» (Deutschlands Volkswohlstand 1888–1913, 6. Auflage Berlin 1915, S. 124.)

23 Der Begriff «Lebensraum» und die entsprechenden Forderungen tauchen seit der Reichsgründung von 1871 zunehmend in der deutschen Publizistik auf.

24 Im Jahre 1912 leben in den Kolonien des Reiches insgesamt 22 386 deutsche Zivilpersonen, mehr als die Hälfte davon in Südwest-Afrika.

25 Der wichtigste Abnehmer deutscher Exporte ist im Jahre 1912 Großbritannien mit 13,0 Prozent. Es folgen Österreich-Ungarn mit 11,6,

die Vereinigten Staaten mit 7,8, Frankreich mit 7,7, Rußland mit 7,6, die Niederlande mit 6,8, die Schweiz mit 5,8, Belgien mit 5,5, Italien mit 4,5, Dänemark mit 2,8 Prozent.

26 Daß nicht wirtschaftliche, sondern ganz andere Tatsachen die politischen Spannungen verursachten, zeigt der rasche Aufstieg der Vereinigten Staaten zur führenden Industrie- und Handelsmacht. Im Verhältnis zu Großbritannien ist es darüber nie zu den Spannungen gekommen, die die englisch-deutschen Beziehungen zunehmend belasteten. Aber nicht der Handel hat den in Deutschland beschworenen «Handelsneid» der Briten erzeugt, sondern die Hochrüstung zur See, von der man behauptete, daß sie zum Schutz des Handels unerläßlich sei. Michael Stürmer hat dazu gesagt:
«Aber die deutsche Weltpolitik zielte längst auf mehr als auf Parität mit den Briten. Die hätte man haben können, die deutsche Flotte brauchte bis 1902 noch nicht sehr ernst genommen zu werden, im Handel waren beide Länder einander ihre besten Kunden, es gab in Übersee keine umstrittenen Gebiete. Die Kapitalverflechtung zwischen Firmen beider Länder nahm zu, deutsche und englische Exporteure fanden oft die Kartellbildung bequemer als die Konkurrenz. Zur Sicherung des Handels, der Reeder Ballin hat das oft gesagt, bedurfte man der Schlachtflotte nicht. Eher war sie eine Gefährdung wachsender Auslandsinteressen.» (Das ruhelose Reich – Deutschland 1866–1918, 2. Auflage Berlin 1983, S. 326.)

Zweites Kapitel: Gesellschaft ohne Selbstbewußtsein

1 Harry Graf Kessler, Aus den Tagebüchern 1918–1937, München 1965, S. 34.

2 Wie der Hofmarschall berichtet, nahm Wilhelm II. seine Stellung als Ehrenkommandeur ausländischer Regimenter weit ernster, als sie gemeint war: «Er wollte beispielsweise eines Tages ganz ohne Vorbereitung und ohne daß jemand darum wußte, nach Rußland fahren, sein russisches Regiment völlig überraschend alarmieren und auf diese Weise inspizieren. Es kostete große Mühe, ihn von diesem Vorhaben abzuhalten. Mit seinem englischen Regiment hat er die Beziehungen in einer Weise unterhalten, daß dies den Engländern unbequem wurde und sie dieses Regiment, das bisher das Vorrecht hatte, außer im Kriegsfalle, immer im Vereinigten Königreich in Garnison zu stehen, nach Indien schickten. Der Kaiser selbst hat das sehr empfunden, er hat mehrfach geäußert, daß er das geradezu als eine persönliche Krän-

kung ansehe. Der Gedanke aber, daß er den Engländern mit diesem seinem Regiment unbequem geworden ist, kommt ihm gar nicht, oder er hält ihn für so unberechtigt, daß er ihn gar niemals gelten läßt.» (Robert Graf Zedlitz-Trützschler, Zwölf Jahre am deutschen Kaiserhof, Aufzeichnungen, Stuttgart, Berlin, Leipzig 1923, S. 89.)

3 Die friderizianische Kostümierung kommt auch in der Neigung zum Ausdruck, Akten mit Randglossen im Stile des Vorbildes zu versehen: «Ins Personal bin ich resolviert, mir nicht hineinreden zu lassen.» Oder: «Das mögen sich meine minstres ad notam nehmen...» (Lydia Franke, Die Randbemerkungen Wilhelms II. in den Akten der Auswärtigen Politik als historische und psychologische Quelle, Straßburg 1934, S. 29.)

Bismarck hat diese kaiserliche Manie kommentiert: «Die Gewohnheit Friedrichs des Großen, in die Ressorts seiner Minister und Behörden... einzugreifen, schwebt S. M. zeitweise als Muster vor. Die Neigung zu Randbemerkungen in dessen Stile, verfügender oder kritisierender Natur, war während meiner Amtszeit so lebhaft, daß dienstliche Unbequemlichkeit daraus entstand, weil der drastische Inhalt und Ausdruck dazu nötigte, die betreffenden Aktenstücke streng zu sekretieren. Vorstellungen, welche ich darüber an S. M. richtete, fanden keine gnädige Aufnahme, hatten indessen doch die Folge, daß die Marginalien nicht mehr auf den Rand unentbehrlicher Aktenstücke geschrieben, sondern denselben angeklebt wurden.» (In: Bismarck, Die gesammelten Werke, 15 Bände, Berlin 1924 ff., hier Band 15, Erinnerung und Gedanke, herausgegeben von Gerhard Ritter und Rudolf Stadelmann, 1932, S. 544 f.)

4 Zedlitz-Trützschler, a. a. O., S. 89.

5 Drastische Beispiele der Taktlosigkeit findet man bei John C. G. Röhl, Kaiser, Hof und Staat – Wilhelm II. und die deutsche Politik, München 1987, S. 17 ff. – Zum Stilwandel von Wilhelm I. zu Wilhelm II. ist eine ergiebige Quelle: Das Tagebuch der Baronin Spitzemberg geb. Freiin von Varnbüler – Aufzeichnungen aus der Hofgesellschaft des Hohenzollernreiches, herausgegeben von Rudolf Vierhaus, 4. Auflage Göttingen 1976.

6 Der «Charaktermajor» meinte die Beförderung eines Offiziers, der es in seiner aktiven Laufbahn nur zum Hauptmann gebracht hatte, mit seiner Verabschiedung. – Zur Schilderung der Vorgänge vor der Kaiserproklamation von Versailles durch Bismarck siehe seine «Gedanken und Erinnerungen», Kapitel 23, Abschnitt 4.

In einem Brief an seine Frau erzählt der Reichsgründer mit der Eleganz und der Drastik, die ihn als Sprachkünstler auszeichnet: «Diese Kaiser-

geburt war eine schwere. Könige haben in solchen Zeiten ihre wunder-
lichen Gelüste, wie Frauen, bevor sie der Welt hergeben, was sie doch
nicht behalten können. Ich hatte als Accoucheur mehrmals das drin-
gende Bedürfnis, eine Bombe zu sein und zu platzen, daß der ganze Bau
in Trümmer gegangen wäre.» (Brief vom 21. 1. 1871, in: Bismarck,
Die gesammelten Werke, 15 Bände, Berlin 1924 ff., hier Band 13,
S. 1389.)

7 «Wenn die Majestät über ihn kommt, weissagt er», hat aus anderem
Anlaß Bismarck über seinen Kaiser gesagt, und das war nicht nur
ironisch gemeint. (Zitiert nach: Elard von Oldenburg-Januschau,
Erinnerungen, Leipzig 1936, S. 50.)

8 Gesammelte Schriften, Band 5, Berlin 1897, S. 333.

9 Der Sohn des Rabbiners – Ein Weg von Berlin nach Jerusalem, Berlin
1985, S. 16f.

10 A. a. O., S. 17.

10a Der Traum des Dazugehörens, der Alptraum, ausgeschlossen zu bleiben – und die Schuldzuweisung für das eine wie das andere: Niemand
hat dies so eindringlich geschildert wie Franz Kafka in seinen Haupt-
werken «Das Schloß» und «Der Prozeß». – Als ein anderes Schlüssel-
werk der Epoche, obgleich Torso geblieben, wäre «Der Mann ohne
Eigenschaften» von Robert Musil zu nennen, mit der Beschwörung
Walther Rathenaus als einer der Schlüsselfiguren.

«Die Welt der Sicherheit» heißt das Eingangskapitel in «Die Welt von
Gestern – Erinnerungen eines Europäers» von Stefan Zweig. «Dieses
Gefühl der Sicherheit war der erstrebenswerteste Besitz von Millionen,
das gemeinsame Lebensideal. Nur mit dieser Sicherheit galt das Leben
als lebenswert, und immer weitere Kreise begehrten ihren Teil an diesem kostbaren Gut.» (Taschenbuchausgabe Frankfurt a. M. 1970,
S. 15.) Läßt sich aber solch ein Lebensideal überhaupt vorstellen ohne
die wenigstens vorbewußt übermächtigen Ängste vor dem Bodenlo-
sen, ohne einen Abgrund von Unsicherheit?

11 Mit Recht nennt Michael Stürmer den Dreißigjährigen Krieg «die existentielle Katastrophe des neuzeitlichen Deutschland, ohne deren Begreifen die ganze nachfolgende deutsche Geschichte keinen Sinn ergibt». (Das ruhelose Reich – Deutschland 1866–1918, Berlin 1983,
S. 407.)

Die geistigen Konsequenzen des deutschen Bürgerruins, das «Verpassen» der für die Formierung bürgerlichen Selbstbewußtseins in Westeuropa zentralen Epoche, hat Helmuth Plessner grundlegend dargestellt: Die verspätete Nation, Stuttgart 1959; siehe besonders die
Kapitel 3, 4 und 5. – Der Sachverhalt wird vor allem anschaulich im

Kontrast; man lese etwa das an Plessner geschulte und am Vergleich mit Deutschland orientierte Buch von Ernest Zahn: Das unbekannte Holland – Ratsherren, Rebellen und Reformatoren, Berlin 1984.

12 Grundlinien der Philosophie des Rechts, § 297.

13 Stein – eine politische Biographie, 3. Auflage Stuttgart 1958, S. 125 und 267.

14 Siehe zum Thema: Hartmut John, Das Reserveoffizierkorps im Deutschen Kaiserreich 1890–1914. Ein sozialgeschichtlicher Beitrag zur Untersuchung der gesellschaftlichen Militarisierung im Wilhelminischen Deutschland, Frankfurt a. M. 1981.

15 Heinrich August Winkler (mit weiteren Literaturhinweisen), Bürgerliche Emanzipation und nationale Einigung, in: Probleme der Reichsgründungszeit 1848–1879, herausgegeben von Helmut Böhme, Köln, Berlin 1968, S. 226 ff., hier S. 237.

15a Mommsen hat sein «Politisches Testament» als Zweiundachtzigjähriger 1899 verfaßt; siehe dazu Dolf Sternberger, «Ich wünschte, ein Bürger zu sein» – Neun Versuche über den Staat, Frankfurt a. M. 1967, S. 10 ff. Erstveröffentlichung des Textes von Mommsen in «Die Wandlung», 3. Jahrgang 1948, Heft 1, S. 69 ff.

Die sonderbare Verschiebung der Maßstäbe sogar im Großbürgertum hat der Publizist Bernhard Guttmann beschrieben: «Verglichen mit dem Reichtum und der realen Macht der rheinisch-westfälischen Industrieherren nahm sich jetzt der Adel in Brandenburg und Pommern kümmerlich aus. Aber Kohle und Stahl bezogen von Roggen und Zuckerrübe die Maßstäbe der Vornehmheit und politischen Korrektheit. Sich dem freiheitlichen Gedanken zuliebe Richtungen anzuschließen, die ihren Söhnen den Eintritt in das Offizierkorps der Reserve und ihren Töchtern das Tanzen mit Leutnants verwehrt hätte, waren die großen Bürgerlichen nicht geneigt.» (Schattenriß einer Generation, 1888–1919, Stuttgart 1950, S. 41 f.)

Noch viel schärfer, mit der Bitterkeit des Außenseiters, hat Walther Rathenau geurteilt: «Schmachvoll war die Haltung des Großbürgertums, das, durch Beziehungen und Vergünstigungen preiswert bestochen, seinen Vorteil im Ankriechen an die herrschende Schicht und in der Lobpreisung des Bestehenden suchte. Die geistige Verräterei des Großbürgertums, das seine Abkunft und Verantwortung verleugnete, das um den Preis des Reserveleutnants, des Korpsstudenten, des Regierungsassessors, des Adelsprädikats, des Herrenhaussitzes und des Kommerzienrats die Quellen der Demokratie nicht nur verstopfte, sondern vergiftete, das feil, feig und feist und durch sein Werkzeug, die nationalliberale Partei, das Schicksal

Deutschlands zugunsten der Reaktion entscheiden ließ: diese Verräterei hat Deutschland zerstört, hat die Monarchie zerstört und uns vor allen Völkern verächtlich gemacht.» (Der Kaiser – Eine Betrachtung, Berlin 1919, S. 11.)

16 Sedantag, in: Sebastian Haffner, Im Schatten der Geschichte – Historisch-politische Variationen aus zwanzig Jahren, Stuttgart 1985, S. 65. Im Anschluß an den zitierten Text heißt es:

«Alle Jahre wieder wurde die große Schlacht im Geiste noch einmal siegreich durchgekämpft, immer wieder brachen die französischen Kavallerieattacken im deutschen Musketenfeuer zusammen, immer wieder übergab der französische Kaiser als gebrochener Mann, dem es nicht vergönnt war, an der Spitze seiner Truppen zu fallen, dem Preußenkönig seinen Degen. Jeder trug im Kopf die triumphalen Bilder, die damals zu Hunderttausenden in Deutschlands guten Stuben hingen: König Wilhelm, der Heldengreis, inmitten seiner Paladine auf der Höhe von Frésnois; Moltke bei den Kapitulationsverhandlungen, den Handrücken lässig auf der Generalstabskarte, auf die die französischen Unterhändler wie auf ein Todesurteil starrten; der gigantische Bismarck neben dem häßlichen Zwerg Napoléon auf der schütteren Holzbank vor dem Weberhäuschen in Domchérie – alle diese Szenen des Triumphs Jahr für Jahr aufs neue nachzuschmecken, das war ein wirkliches Fest. Von den Hochgefühlen patriotischen Selbstgenusses, mit denen das gefeiert wurde, macht man sich heute kaum noch eine Vorstellung.»

17 Der Dichter und badische Revolutionär von 1848 Georg Herwegh schrieb 1871 – inzwischen schon als krasser Außenseiter – das bemerkenswerte Gedicht «Epilog zum Krieg»:

> «Germania, der Sieg ist dein!
> Die Fahnen wehn, die Glocken klingen,
> Elsaß ist dein und Lotharingen;
> Du sprichst: ‹Jetzt muß der Bau gelingen,
> Bald holen wir den letzten Stein.›
>
> Gestützt auf deines Schwerters Knauf,
> Lobst du in frommen Telegrammen
> Den Herrn, von dem die Herren stammen,
> Und aus Zerstörung, Tod und Flammen
> Steigt heiß dein Dank zum Himmel auf.
>
> Nach vierundzwanzig Schlachten liegt
> Der Feind am Boden, überwunden;
> Bis in die Stadt voll Blut und Wunden,

Die keinen Retterarm gefunden,
Brichst du die Bahn – du hast gesiegt!

Schwarz, weiß und rot! Um ein Panier
Vereinigt stehen Süd und Norden;
Du bist im ruhmgekrönten Morden
Das erste Land der Welt geworden:
Germania, mir graut vor dir!

Mir graut vor dir, ich glaube fast,
Daß du, im argen Wahn versunken,
Mit falscher Größe suchst zu prunken,
Und daß du, gottesgnadentrunken,
Das Menschenrecht vergessen hast.

Schon lenkt ein Kaiser dich am Zaum,
Ein strammer, strenger Zügelhalter.
Hofbarden singen dir die Psalter
Dem auferstandnen Mittelalter,
Und 89 wird ein Traum.

Ein Traum! Du sahst, wie Frankreich fiel,
Durch einen Cäsar, sahst die Sühne
Vollzogen auf der Schreckensbühne –
Deutschland, gedeihe, wachse, grüne
Geläutert durch dies Trauerspiel!»

18 Politische Ethik und Christentum, Göttingen 1904, S. 6. – Auf den
Wandel der Auffassungen und auf einen weiteren, höchst einflußreichen Erzieher weist Troeltsch hin, wenn er sagt:
«Die Auffassung von Staat und Gesellschaft steht heute im Zeichen des
Realismus. Ethische und kulturelle Ziele des Staates, wie sie die von
Kant, Fichte und Hegel erzogene Generation verehrte, gelten als doktrinäre Kunstwerke der Studierstube oder als abstrakte Prinzipienreiterei... Die Geheimnisse der Politik sind die Geheimnisse der Kunst,
Macht zu bilden, zu befestigen, auszubreiten, gegen drohende Veränderungen zu schützen, aber nicht die Geheimnisse einer Staatstheorie
oder politischen Ethik... Wie hat uns als jungen Studenten seiner Zeit
das Herz geklopft, wenn uns Heinrich v. Treitschke mit seiner glühenden Rhetorik so den Staat beschrieb und die ethischen und juristischen
Doktrinäre des Staatsbegriffes mit wenig wählerischem Spotte übergoß. Mit einer Art Wollust der Entsagung haben wir auf die dem jugendlichen Sinn so nahe liegenden theoretischen und ethischen Ideale

verzichtet, und mit dem nicht minder jugendlichen Bedürfnis, irgend etwas gründlich zu verachten, haben wir in unseren Gesprächen seinen Spott noch zu überbieten gesucht.» (A. a. O., S. 5.)

Noch härter urteilt unter den Eindrücken seiner Berliner Studentenzeit 1887 der junge Max Weber: «Und wäre bei meinen Altersgenossen nicht an sich schon die Anbetung der militärischen und sonstigen Rücksichtslosigkeit, die Kultur des sogenannten ‹Realismus› und die banausische Mißachtung aller derjenigen Bestrebungen, welche ihr Ziel ohne Appell an die schlechten Seiten der Menschen, insbesondere die Roheit, zu erreichen hoffen, zeitgemäß, so würden die zahllosen, oft schroffen Einseitigkeiten, die Leidenschaftlichkeit des Kampfes gegen andere Meinungen und die durch den mächtigen Eindruck des Erfolgs hervorgerufene Vorliebe für das, was man heute Realpolitik nennt, nicht das einzige sein, was sie aus den Treitschkeschen Kollegien mitnehmen.» (Zitiert nach Golo Mann, Max Weber als Politiker, in: Zwölf Versuche, Frankfurt a. M. 1973, S. 33.) Es ist der bekannte Vorgang: Schon vorhandene Vorurteile werden durch eine selektive Wahrnehmungsweise noch verstärkt. Aber Treitschke machte es seinen Hörern und Lesern wahrlich nicht schwer, sich im Sinne ihrer Vorurteile bestätigt zu fühlen.

19 Der Mechanismus des Renegatentums läßt sich bei Treitschke bis in die Biographie zurückverfolgen. Er stammte aus einer sächsischen, traditionell antipreußischen Offiziersfamilie; 1866 aber trat er für die Annexion Sachsens durch Preußen ein, was zum Bruch mit dem Elternhaus führte. – Zur Wirkung von Treitschke siehe die Zeugnisse von Troeltsch und Weber in der vorigen Anmerkung, ferner die Erinnerungen von Heinrich Claß, unten S. 246f.

20 Theodor W. Adorno, Else Frenkel-Brunswik, Daniel J. Levinson, R. Nevitt Sanford: The Authoritarian Personality, New York 1969.

21 Politik-Vorlesungen, herausgegeben von Max Cornicelius, 2 Bände, Leipzig 1897 und 1898. Hier: Band I, S. 50f.

22 A. a. O., Band I., S. 143.

23 Alexis de Tocqueville, Über die Demokratie in Nordamerika, zwei Bände, Leipzig 1836, neuere deutsche Ausgabe Stuttgart 1959; dort auch (Band I, S. XVII–LXVII): Theodor Eschenburg, Tocquevilles Wirkung in Deutschland.

24 Von den vaterlandslosen Proletariern spricht bereits Wilhelm Heinrich Riehl, der einflußreiche Publizist und Begründer der Volkskunde, 1851 in seinem Buch «Die bürgerliche Gesellschaft» (Stuttgart 1851).

25 Zitiert nach: Wolfgang Kaschuba, Arbeiterbewegung – Heimat – Identität, in: Tübinger Korrespondenzblatt, herausgegeben im Auftrag der

Tübinger Vereinigung für Volkskunde e. V., Nr. 20, Juni 1979, S. 14 f.
– Johann Jacoby, 1805–1877, ein «Linker» von 1848, wurde bei Ausbruch des Krieges von 1870 als Sprecher der internationalistischen Opposition verhaftet; die Brockhaus Enzyklopädie (Band 9, 1970) stellt ihn vor als «Sohn eines jüd. Kaufmanns, Fanatiker der demokratischen Bestrebungen».

26 Als neueste Biographien seien genannt: Werner Jung, August Bebel – deutscher Patriot und internationaler Sozialist, 2. Auflage Pfaffenweiler 1988; Brigitte Seebacher-Brandt, Bebel – Künder und Kärrner im Kaiserreich, Bonn 1988. Von Bebel selbst ist zu nennen: «Aus meinem Leben», herausgegeben von W. G. Oschilewski, Bonn 1986.

27 «Der Untertan», als erster Teil des Romans «Das Kaiserreich» gedacht, erschien 1918, nachdem der Vorabdruck wegen des Kriegsbeginns 1914 unterbrochen worden war; eine russische Ausgabe gab es bereits 1915. «Der Kopf» als zweiter Teil folgte 1925.
Wie sehr gerade die auf internationale Verständigung angelegte Haltung der Sozialdemokraten Anstoß erregte, bezeugt der junge Bertrand Russell 1895 in einem Brief aus Berlin: «Das Seltsame ist, daß selbst die kultiviertesten und intelligentesten Gegner der Sozialdemokratie deren Internationalismus als äußerst verrucht betrachten.» (Ronald W. Clark, The Life of Bertrand Russell, London 1975, S. 65.)

28 Philipp Eulenburgs Politische Korrespondenz, herausgegeben von John C. G. Röhl, 3 Bände, Boppard am Rhein 1976–1983, hier Band III, Nr. 1399 (Eulenburg an Bülow, 21. Juli 1899).

29 Zedlitz-Trützschler, a. a. O., S. 75.

30 Ansprache zum Sedantag am 2. September 1895, siehe: Reden des Kaisers, herausgegeben von Ernst Johann, München 1966, S. 67. Der Kaiser brachte hier einen Trinkspruch auf seine Garden aus, an die sich also der Ruf zum Kampf richtete. Bei einer Rekrutenvereidigung der Garderegimenter in Potsdam hatte der Kaiser schon am 23. November 1891 gesagt: «Denkt daran, daß die deutsche Armee gerüstet sein muß gegen den inneren Feind sowohl als gegen den äußeren. Mehr denn je hebt der Unglaube und Mißmut sein Haupt im Vaterlande empor, und es kann vorkommen, daß ihr eure eignen Verwandten und Brüder niederschießen und -stechen müßt. Dann besiegelt die Treue mit Aufopferung eures Herzblutes.»
Verschiedene Fassungen dieser Ansprache sind überliefert. In einer anderen heißt es: «Ihr habt Mir Treue geschworen, und das – Kinder Meiner Garde – heißt, ihr seid jetzt Meine Soldaten, ihr habt euch Mir mit Leib und Seele ergeben; es gibt für euch nur einen Feind,

und der ist Mein Feind. Bei den jetzigen sozialistischen Umtrieben kann es vorkommen, daß Ich euch befehle, eure eignen Verwandten, Brüder, ja Eltern niederzuschießen – was ja Gott verhüten möge –, aber auch dann müßt ihr Meine Befehle ohne Murren befolgen.» (Beide Fassungen in: Reden des Kaisers, a. a. O., S. 56.)

31 Zur Anschauung nur zwei Beispiele, beliebig vermehrbar: «Der 25. November 1895 sah die ganze politische Polizei Berlins samt Hilfsmannschaften vom frühen Morgen an auf den Beinen, überall Haussuchungen vorzunehmen, wo man hoffen konnte, Material für strafbare Verbindungen innerhalb der Sozialdemokratie aufzutreiben. Auf dem Büro des Parteivorstands, in der Redaktion des ‹Vorwärts›, in den Privatwohnungen der Abgeordneten Bebel und Singer sowie bei fast sämtlichen Parteigenossen, die in der Berliner Parteibewegung ein Vertrauensamt innehatten, bei den Vorstandsmitgliedern der Wahlvereine, bei den Mitgliedern der Lokalkommission, der Preß-kommission, der Agitationskommission und selbstverständlich bei den Vertrauenspersonen der Partei wurde gehaussucht. Wer nach dem Anlaß zur Haussuchung fragte, erhielt den Bescheid, es handle sich um den Nachweis, daß die Paragraphen 8 und 14 des Vereinsgesetzes vom 11. März 1850 verletzt worden seien, und was nur irgend darauf aussah, als könne es einen solchen Nachweis unterstützen, wie Kassenbücher der Wahlvereine, Abrechnungstabellen von Sammlungen für irgendwelche Zwecke, Sammellisten, Notizbücher, Sammelbons sowie in vielen Fällen auch Privatbriefe wurde beschlagnahmt. Wo man nicht gründlich genug gesucht zu haben glaubte, ward einige Tage später noch eine Nachhaussuchung gehalten.» (Eduard Bernstein, Die Geschichte der Berliner Arbeiterbewegung – Ein Kapitel zur Geschichte der deutschen Sozialdemokratie, Dritter Teil: Fünfzehn Jahre Berliner Arbeiterbewegung unter dem gemeinen Recht, Berlin 1910, S. 80 f.)

Der Privatdozent der Physik Leo Arons (1860–1919) war der Sozialdemokratie beigetreten. Seine Ernennung zum Professor scheiterte am Einspruch des Kultusministeriums, das 1899 von der Fakultät die Erklärung forderte, Arons habe mit seiner politischen Betätigung gegen die Berufsehre verstoßen. Als die Fakultät dies zurückwies, beschloß der Preußische Landtag ein Gesetz zum Schutze (!) der Privatdozenten, «Lex Arons» genannt, mit dem Arons die Lehrbefugnis entzogen wurde. (Siehe zu Arons: Franz Osterroth, Biographisches Lexikon des Sozialismus, Band I, Hannover 1960.)

32 Zitiert nach Wolfgang Emmerich (Herausgeber), Proletarische Lebensläufe – Autobiographische Dokumente zur Entstehung der

Zweiten Kultur in Deutschland, Band 1: Anfänge bis 1914, Reinbek
1974, S. 288 f.

33 Joseph A. Schumpeter, Kapitalismus, Sozialismus und Demokratie,
2. Auflage Bern 1950, S. 21.

34 Siehe Thomas Meyer, Bernsteins konstruktiver Sozialismus – Eduard
Bernsteins Beitrag zur Theorie des Sozialismus, Berlin und Bonn–Bad
Godesberg 1977, S. 83.

35 Bernsteins Hauptwerk, das den Sturm der Entrüstung auslöste, erschien 1899: «Die Voraussetzungen des Sozialismus und die Aufgaben
der Sozialdemokratie». (Eine Neuausgabe Reinbek 1969. Siehe auch:
Bernstein, Texte zum Revisionismus, Bonn-Bad Godesberg 1977.)
Bernstein hatte lange im englischen Exil gelebt und dort Anregungen
des pragmatischen «Fabier»-Sozialismus aufgenommen. Siehe dazu:
Helmut Hirsch, Der «Fabier» Eduard Bernstein – Zur Entwicklungs-
geschichte des evolutionären Sozialismus, Berlin und Bonn–Bad Godesberg 1977. Siehe auch die vorige und die nachfolgende Anmerkung.

36 Zitiert nach: Helga Grebing, Der Revisionismus – Von Bernstein bis
zum «Prager Frühling», München 1977, S. 36.

37 Bertrand Russell, Die deutsche Sozialdemokratie, herausgegeben von
Achim von Borries, Berlin und Bonn 1978, S. 178 f.

38 Die Literatur zur Jugendbewegung läßt sich kaum noch überblicken;
nur wenige Titel seien hier genannt: Hans Blüher, Wandervogel, Geschichte einer Jugendbewegung, 2 Bände, 4. Auflage Prien 1919;
Howard Becker, Vom Barette schwankt die Feder – Geschichte der
deutschen Jugendbewegung, Wiesbaden 1949; Die deutsche Jugendbewegung – Quellenschriften, herausgegeben von Werner Kindt, 3
Bände, Düsseldorf und Köln 1963–1974; Jakob Müller, Die Jugendbewegung als deutsche Hauptrichtung neukonservativer Reform, Zürich 1971; Werner Klose, Lebensformen deutscher Jugend – Vom Wandervogel zur Popgeneration, München und Wien 1970; Mit uns zieht
die neue Zeit, herausgegeben von Thomas Koebner, Rolf-Peter Janz
und Frank Trommler, Frankfurt a. M. 1985; Walter Laqueur, Die deutsche Jugendbewegung – Eine historische Studie, Köln 1978; Otto Neu-
loh, Wilhelm Zilius: Die Wandervögel – Eine empirisch-soziologische
Untersuchung der frühen deutschen Jugendbewegung, Göttingen
1982; Julius Groß, Bilder aus dem Wandervogel-Leben – Die bürgerliche Jugendbewegung in Fotos von Julius Groß, herausgegeben von
Winfried Mogge, Köln 1986 (Edition Archiv der deutschen Jugendbewegung, Band I); Joachim H. Knoll, Jugendbewegung – Phänomene,
Eindrücke, Prägungen, Opladen 1988; Der Zupfgeigenhansl, herausgegeben von Hans Breuer unter Mitwirkung vieler Wandervögel,

München 1988 (zuerst 1908, das «klassische» Liederbuch der Jugendbewegung).

39 Die Welt von Gestern – Erinnerungen eines Europäers, Frankfurt
a. M. 1970, S. 49 ff.

40 Ein eher biederer Betrachter – Theobald Ziegler in seinem vielgelese-
nen Buch «Der deutsche Student» – hat gesagt: «Der deutsche Student –
es hängt das mit dem Wesen der deutschen Universitäten überhaupt
zusammen, die die konservativste Institution sind im ganzen Deutschen Reich – der deutsche Student ist trotz aller Jugend und alles
Freiheitsgefühls vielfach rückständig und reaktionär und darum den
Anforderungen und Aufgaben einer neuen Zeit zu wenig gewachsen.»
(Der deutsche Student, 11. und 12. Auflage Berlin 1912, S. 139.) An
eine neue Zeit dachten immerhin die jugendbewegten Studenten, die
1907 unter dem Namen «Deutsche Akademische Freischar» einen
«Kampfbund zur Reform des deutschen Studententums» gründeten.
Harry Proß sagt über diese Studenten: «Auch sie waren exklusiv, auch
sie keck und anmaßend, aber doch weit und breit das Vernünftigste,
was deutsche studentische Geselligkeit für lange Zeit zustande
brachte.» (Studenten, Verbindungen, Politik, in: Vor und nach Hitler –
Zur deutschen Sozialpathologie, Olten und Freiburg i. Br. 1962, S. 63.)
Ein Hauptredner auf dem Hohen Meißner, Gustav Wyneken, sagte
in seiner Festansprache: «Rettet euch Deutschland, denn die *Welt* hat
Deutschland nötig; rettet es als die blänkste und schärfste Waffe des
Weltgeistes.» Wyneken legte ein Bekenntnis zu Nietzsche, zum «heroischen Lebenslauf» ab, warnte jedoch vor «Schwertgerassel» und
mahnte zur Gewissensschärfe. Eine Jugend sei gefordert, «die, durch
den Trubel der Parteien und den Staub der Kämpfe des Tages hindurch, unentwegt ihren Blick auf das Höchste richtet». Die Rede
schloß mit dem Ruf: «Freiheit, Deutschheit, Jugendlichkeit!» – Der
Wortlaut der Rede bei Kindt, Quellenschriften Band 2, a. a. O.,
S. 491 ff. Siehe im übrigen: Winfried Mogge und Jürgen Reulecke
(Herausgeber), Hoher Meißner 1913 – Der Erste Freideutsche Ju-
gendtag in Dokumenten, Deutungen und Bildern, Köln 1988.

41 Wie für viele andere Entwicklungen – etwa des Theaters – gilt für die
Reformpädagogik, daß sie ihre eigentliche Wirkung erst in den
zwanziger Jahren entfaltet. Aber fast alle Ansätze und Ideen stammen schon aus der Vorkriegszeit. Anreger der Reformpädagogik
waren unter anderen: Paul Geheeb, Ludwig Gurlitt, Georg Ker-
schensteiner, Alfred Lichtwark, Hermann Lietz, Berthold Otto, Rudolf Steiner. Wichtige Anstöße kamen auch vom Ausland, so von
John Dewey, Maria Montessori, Ellen Key.

42 Siehe Ulrich Linse (Herausgeber), Zurück, o Mensch, zur Mutter
Erde – Landkommunen in Deutschland 1890–1933, München 1983.

43 Versuche einer Philosophie des Lebens, in: Vom Umsturz der Werte –
Der Abhandlungen und Aufsätze zweite durchgesehene Auflage, Leip-
zig 1919, Band II, S. 189. Die Aufsätze stammen aus den Jahren 1912 bis
1914. – Natürlich handelt es sich hier um Schelers eigene Position;
Namen wie Nietzsche, Bergson, Dilthey machen klar, daß der Begriff
«Lebensphilosophie» höchst Unterschiedliches überdeckt.

44 Die Karikaturen des monokelbewehrten Gardeschnösels stammen
durchweg aus der wilhelminischen Zeit, meist auch die «Zitzewitze»,
nach der Art: «Jesus von Nazareth – uralter Adel, leider nich jedient!»
– «Herr Hauptmann, es war ein schöner Abend, es wurde Beethoven
gespielt.» «Na und? Wat jewonnen?» – Zur Ehrenrettung sei gesagt,
daß, wie die guten Judenwitze von Juden, so die «Zitzewitze» vielfach
aus der Selbstverspottung stammen. So auch, daß jemand unter seinen Kameraden «der Bücherwurm» genannt wurde – weil er sich eine
Probenummer der Zeitschrift «Wild und Hund» hatte kommen lassen.

45 Siehe zur Darstellung und Dokumentation: Corona Hepp, Avantgarde – Moderne Kunst, Kulturkritik und Reformbewegungen nach
der Jahrhundertwende, München 1987.
Zur Entwicklung des Kabaretts in der wilhelminischen Zeit: Volker
Kühne (Herausgeber), Donnerwetter – tadellos, Kabarett zur Kaiserzeit 1900–1918, Weinheim, Berlin 1987. Als Fortsetzung vom gleichen Herausgeber: Hoppla, wir beben – Kabarett einer gewissen
Republik 1918–1933, Weinheim 1988; Deutschlands Erwachen – Kabarett unter dem Hakenkreuz, Weinheim 1989.

46 Reden des Kaisers – Ansprachen, Predigten und Trinksprüche Wilhelms II., herausgegeben von Ernst Johann, München 1966, S. 102.
Zwischen den zitierten Passagen heißt es:
«Mit dem viel mißbrauchten Worte ‹Freiheit› und unter seiner Flagge
verfällt man gar der Grenzenlosigkeit, Schrankenlosigkeit, Selbst-
überhebung. Wer sich aber von dem Gesetz der Schönheit und dem
Gefühl für Ästhetik und Harmonie, die jedes Menschen Brust fühlt,
ob er sie auch nicht ausdrücken kann, loslöst und in Gedanken in einer
besonderen Richtung, einer bestimmten Lösung mehr technischer
Art die Hauptsache erblickt, der versündigt sich an den Urquellen der
Kunst. – Aber noch mehr: Die Kunst soll mithelfen, erzieherisch auf
das Volk einzuwirken, sie soll auch den unteren Ständen nach harter
Mühe und Arbeit die Möglichkeit geben, sich an den Idealen wieder
aufzurichten. Uns, dem deutschen Volk, sind die großen Ideale zu

dauernden Gütern geworden, während sie anderen Völkern mehr oder weniger verlorengegangen sind. Es bleibt nur das deutsche Volk übrig, das an erster Stelle berufen ist, diese großen Ideen zu hüten, zu pflegen, fortzusetzen, und zu diesen Idealen gehört, daß wir den arbeitenden, sich abmühenden Klassen die Möglichkeit geben, sich an dem Schönen zu erheben und sich aus ihren sonstigen Gedankenkreisen heraus- und emporzuarbeiten.»

47 Zur kaiserlichen Kunstauffassung, wie sie an der «Siegesallee» sich darstellte, nahm in der eher konservativen Zeitschrift «Der Kunstwart» der Herausgeber Ferdinand Avenarius im ersten Novemberheft 1901 Stellung: «Stimmen, die dagegen sprachen, Stimmen, die auch das Unkünstlerische der ganzen Anlage zeigten, wurden nicht gehört. Und so ward mit der Siegesallee wiederum nicht Kunst als Lebensvermittlerin gebildet, sondern Dekoration und Scheinkunst zu einem politischen Zweck, zur Verherrlichung der Dynastie, und zwar ohne Auswahl unter ihren Gliedern, ohne Rücksicht darauf, ob der einzelne einer Verherrlichung oder der Vergessenheit im Volke wert war.»

Etwas später schrieb Graf Ernst zu Reventlow: «Die Siegesallee endlich predigt den künstlerischen Byzantinismus ebenso laut wie die Auffassung des Kaisers vom Fürsten und seinen Handlangern. Sie ist ein vollkommener Ausdruck des Byzantinismus, nicht nur weil sie die Bedeutung einer langen Reihe von Fürsten, von wenigen abgesehen, in einer Weise hervorhebt, die der Geschichte widerspricht, nein, hauptsächlich ist es die Uniformität der Auffassung und Durchführung, das sklavische Befolgen der kaiserlichen Auffassung. Bei einem einzigen Denkmal fällt das nicht so sehr auf, eine so große Ansammlung aber macht dies Gefühl zu dem für den Eindruck Bestimmenden.» (Kaiser Wilhelm II. und die Byzantiner, München 1906, S. 166 f.)

Im Rückblick auf die Kaiserrede heißt es bei Adolf Behne: «Hatte man bis dahin auf Seiten der Künstler den Kaiser auf seine Weise selig werden lassen, ohne den Bekundungen seines persönlichen Geschmackes besondere Aufmerksamkeit zu schenken, so fühlte man sich jetzt beleidigt, absichtlich gekränkt von einem Fürsten, der offenbar niemals die Gelegenheit sich wirklich an Ort und Stelle zu informieren genommen hatte, auf das ungerechteste verspottet. Die Berliner Sezession brachte für ihre nächste Ausstellung ein Plakat, auf dem ein blasses, kränkliches Mädchen aus einem Rinnstein Rosen pflückt, während ein aufgeputztes, schön frisiertes Mädchen, einen verdorrten Blumentopf in den Händen, verächtlich auf ihr Tun herabblickt.» (Der Kaiser und die Kunst, in: Die Tat, 5. Jahrgang, Heft 6, September 1913.)

48 Manche Oppositionsblätter, besonders sozialdemokratische, beschäf-

tigten einen eigenen «Sitz»-Redakteur, der nicht zum Schreiben, sondern zum Absitzen der Strafen engagiert war und daher «verant-wortlich» zeichnete. – Frank Wedekind, seit 1896 Mitarbeiter des «Simplicissimus», saß 1899–1900 in Festungshaft. Er hatte sich über die Palästinareise des Kaisers lustig gemacht, in einer Hymne, deren letzte beiden Strophen lauteten:

> «So sei uns denn noch einmal hochwillkommen
> Und laß Dir unsere tiefste Ehrfurcht weihn,
> Der Du die Schmach vom Heil'gen Land genommen,
> Von Dir bisher noch nicht besucht zu sein.
> Mit Stolz erfüllst Du Millionen Christen;
> Wie wird von nun an Golgatha sich brüsten,
> Das einst vernahm das letzte Wort vom Kreuz
> Und nun das erste Deinerseits.
>
> Der Menschheit Durst nach Taten läßt sich stillen,
> Doch nach Bewundrung ist ihr Durst enorm.
> Der Du ihr beide Durste zu erfüllen
> Vermagst, sei's in der Tropenuniform,
> Sei es in Seemannstracht, im Purpurkleide,
> Im Rokokokostüm aus starrer Seide,
> Sei es im Jagdrock oder Sportgewand,
> Willkommen, teurer Fürst, im Heil'gen Land!»

(Simplicissimus 3, Oktober 1898; siehe die Faksimile-Ausgabe Ber-lin 1972, S. 54f.)

49 Siehe Hans Bürger-Prinz und Annemarie Segelke, Julius Langbehn der Rembrandtdeutsche. Pathopsychologische Studie, Leipzig 1940.

50 Fritz Stern, Kulturpessimismus als politische Gefahr – Eine Analyse nationaler Ideologie in Deutschland, München 1986, S. 150 f. – Au-ßer Langbehn gilt Sterns eindringliche Studie Paul de Lagarde und Arthur Moeller van den Bruck. – Von Langbehn seien neben «Rem-brandt als Erzieher» noch genannt: Der Geist des Ganzen von Julius Langbehn, dem Rembrandtdeutschen, herausgegeben von Momme Nissen, Freiburg i. Br. 1930; Deutsches Denken – Gedrucktes und Ungedrucktes vom Rembrandtdeutschen. Ein Seherbuch, Stuttgart 1933.

51 Stern, a. a. O., S. 192.

52 Stern, a. a. O., S. 210, hat mit Recht darauf hingewiesen, daß Nietz-sche bis 1890 praktisch unbekannt blieb und erst seitdem als überra-gender Denker entdeckt wurde. – Zum «Aristokratischen» als einem Schlüsselbegriff der Epoche siehe Hepp, a. a. O., S. 69 ff.

53 Wie ein roter Faden durchzieht diese Anmaßung besonders das re-
präsentative Werk von Friedrich Wolters, Stefan George und die
Blätter für die Kunst – Deutsche Geistesgeschichte seit 1890, Berlin
1930. Der Superlativ des Selbstlobs, auf den das ganze Buch ge-
stimmt ist, stellt an den heutigen Leser überhaupt arge Anforderungen. Siehe aber auch: Edgar Salin, Um Stefan George, Godesberg
1948, S. 262.

54 Zitiert nach Wolters, a. a. O., S. 75.

55 Das Gedicht trägt den Titel «Geheimes Deutschland». Zitiert nach:
Deutschland Deutschland – Politische Gedichte vom Vormärz bis
zur Gegenwart, herausgegeben von Helmut Lamprecht, Bremen
1969, S. 344 ff.

56 Wolters, a. a. O., S. 41, 561, 549.

57 Jahrbuch für die geistige Bewegung, herausgegeben von Friedrich
Gundolf und Friedrich Wolters, III, S. VIII, Berlin 1912. Es erschienen von 1910 bis 1912 insgesamt drei Jahrbücher. – Am Ende des
letzten Jahrbuchs (S. 151) ruft Wolters die Jugend dazu auf, die toten
bürgerlichen Ideale zu verlassen, um sich in Liebe und Hingebung
dem «heldisch-herrscherlichen» Menschen anzuschließen.
Die Kulturkatastrophe, die aus der «Amerikawelt» droht, wird allenthalben beschworen, nicht nur im George-Kreis. In einem Brief
an Witold Hulewicz (mit dem Briefstempel vom 13. 11. 1925)
schreibt Rainer Maria Rilke: «Noch für unsere Großeltern war ein
‹Haus›, ein ‹Brunnen›, ein ihnen vertrauter Turm, ja ihr eigenes
Kleid, ihr Mantel: unendlich mehr, unendlich vertraulicher; fast jedes
Ding ein Gefäß, in dem sie Menschliches vorfanden und Menschliches hinzusparten. Nun drängen, von Amerika her, leere, gleich-
gültige Dinge herüber, Schein-Dinge, Lebens-Attrappen... Ein
Haus, im amerikanischen Verstande, ein amerikanischer Apfel oder
eine dortige Rebe, hat nichts gemein mit dem Haus, der Frucht, der
Traube, in die die Hoffnung und Nachdenklichkeit unserer Vorväter
eingegangen war... Die belebten, die erlebten, die uns mitwissen-
den Dinge gehen zur Neige und können nicht mehr ersetzt werden.
Wir sind vielleicht die Letzten, die noch solche Dinge gekannt haben.»

58 Eines der Hauptwerke von Ludwig Klages trägt den bezeichnenden
Titel «Der Geist als Widersacher der Seele» (3 Bände, Leipzig 1929,
4. Auflage 1960). Siehe von Klages auch: Vom kosmogonischen
Eros, Jena 1922, 6. Auflage 1963.

59 Siehe dazu Robert Boehringer, Mein Bild von Stefan George, München und Düsseldorf 1951, S. 107 und 109. – Gegen Mißverständ-

nisse sei betont, daß George 1933 im Exil gestorben ist. Einer seiner letzten Lieblingsschüler war Claus Graf Schenk von Stauffenberg, der Mann des Widerstandes und Attentäter gegen Hitler vom 20. Juli 1944.

60 Rudolf von Thadden, Berührung zwischen Vergangenheit und Zukunft, in: Politik und Kultur, 5. Jahrgang 1978, Heft 3, S. 61.

61 Die gesamte Rangordnung bei John C. G. Röhl, Kaiser, Hof und Staat – Wilhelm II. und die deutsche Politik, München 1987, S. 95 ff. – Es versteht sich, daß die Rangordnung rein männlich bestimmt war; die «courfähigen verheirateten Damen» rangierten nach ihren Männern.

Höchst lesenswert ist noch heute der «Gothaische Genealogische Hofkalender», für 1914 im 150. Jahrgang. Er zeigt eine Welt vor dem Untergang, er enthält: Genealogie der europäischen Regenten, der deutschen Standesherren, nicht souveräner fürstlicher Häuser in Europa, ein Verzeichnis der obersten Zivil- und Militärbehörden in den wichtigsten Staaten der Welt, einschließlich der diplomatischen Vertreter, sowie statistische Nachrichten über diese Staaten; Verzeichnis der regierenden Fürsten, Regenten und Staatsoberhäupter; Verzeichnis der regierenden Fürsten a) nach der Zeit des Regierungsantritts, b) nach dem Lebensalter am 1. November 1913; Geburtstage, Feiertage, Verzeichnis von Orden und etliches mehr.

62 Schon in seiner Freiburger Antrittsrede von 1895 sagte Weber: «Die Erlangung ökonomischer Macht ist es zu allen Zeiten gewesen, welche bei einer Klasse die Vorstellung ihrer Anwartschaft auf die politische Leistung entstehen ließ. Gefährlich und auf die Dauer mit dem Interesse der Nation unvereinbar ist es, wenn eine ökonomisch sinkende Klasse die politische Herrschaft in der Hand hält. Aber gefährlicher noch ist es, wenn Klassen, zu denen hin sich die ökonomische Herrschaft bewegt, politisch noch nicht reif sind zur Leitung des Staates. Beides bedroht Deutschland zur Zeit und ist in Wahrheit der Schlüssel für die derzeitigen Gefahren unserer Lage.» (Der Nationalstaat und die Volkswirtschaftspolitik, in: Gesammelte Politische Schriften, herausgegeben von Johannes Winckelmann, 2. Auflage Tübingen 1958, S. 19.)

Mit der ökonomisch sinkenden Schicht ist natürlich der Adel gemeint, vor allem der preußische. Darum schreibt, bei all seiner Zuneigung, Theodor Fontane: «Preußen – und mittelbar ganz Deutschland – krankt an unseren Ost-Elbiern. Über unsren Adel muß hinweggegangen werden; man kann ihn besuchen wie das ägyptische Museum und sich vor Ramses und Amenophis verneigen, aber das

Land ihm zu Liebe regieren, in dem Wahn: dieser Adel sei das Land, – das ist unser Unglück und solange dieser Zustand fortbesteht, ist an eine Fortentwicklung deutscher Macht und deutschen Ansehns nach außen hin nicht zu denken. Worin unser Kaiser die Säule sieht, das sind nur tönerne Füße. Wir brauchen einen ganz andren Unterbau.» (Briefe an Georg Friedländer, herausgegeben von Kurt Schreinert, Heidelberg 1954, S. 309 f.) Weil aber dieser Unterbau nicht so war, wie er seiner ökonomischen Bedeutung nach hätte sein sollen, setzte der späte Fontane eher auf die Arbeiterbewegung als auf das Bürgertum.

63 Gesellschaft und Demokratie in Deutschland, München 1965, S. 59 ff.

64 Bei allen Unterschieden im einzelnen könnte man auch in Japan vom Industriefeudalismus als einem Modell der nachholenden Entwicklung sprechen. Das Lehrbuchwidrige des industriefeudalistischen Fortschritts wirkt doppelt anstößig, wenn man es mit dem sozialistischen Entwicklungsmodell und seinen Krisenerscheinungen vergleicht.

65 Weimar – Deutschland 1917–1933, Berlin 1982, S. 62.

66 Gemeinschaft und Gesellschaft – Grundbegriffe der reinen Soziologie, 6. und 7. Auflage Berlin 1926, S. 3, 5, 39.

67 Die Zeilen stammen aus dem Gedicht «Der Wilde» von Johann Gottfried Seume (1763–1810), das ähnlich eindrucksvoll beginnt:

> «Ein Kanadier, der noch Europens
> übertünchte Höflichkeit nicht kannte,
> und ein Herz, wie Gott es ihm gegeben,
> von Kultur noch frei, im Busen fühlte...»

68 Die Seele im technischen Zeitalter – Sozialpsychologische Probleme in der industriellen Gesellschaft, Hamburg 1957.
Zur eingehenden soziologischen Kritik an Tönnies: René König, Die Begriffe Gemeinschaft und Gesellschaft bei Tönnies, in: Kölner Zeitschrift für Soziologie und Sozialpsychologie, 7. Jahrgang 1955, Heft 3, S. 348–420. – Eine zu den anthropologischen Fundamenten vordringende Kritik hat Helmuth Plessner schon 1924 versucht, freilich vergeblich gegen den Zeitgeist ankämpfend: Grenzen der Gemeinschaft – Eine Kritik des sozialen Radikalismus, Bonn 1972, ferner in: Gesammelte Schriften Band V, Frankfurt a. M. 1981.
Zur Ehrenrettung von Tönnies (gestorben 1936) sei gesagt, daß er zwar dem Irrtum, aber nicht dem Wahn erlegen ist. Er wollte eine Beschreibung liefern; der Revolution nach rückwärts hat er nie das

Wort geredet, schon gar nicht der nationalsozialistischen Parole von der «Volksgemeinschaft». Zu einem abgewogenen Urteil kommt Plessner in seinem «Nachwort zu Ferdinand Tönnies», in: Kölner Zeitschrift, a. a. O., S. 341 ff.

69 Haben oder Sein – Die seelischen Grundlagen einer neuen Gesellschaft, Stuttgart 1976.

70 Idee zu einer allgemeinen Geschichte in weltbürgerlicher Absicht, zuerst 1784, Vierter Satz.

71 Siehe Norbert Elias, Über den Prozeß der Zivilisation – Soziogenetische und psychogenetische Untersuchungen, 2 Bände, 2. Auflage Bern 1969. In Band I, S. 7 ff., zeigt Elias die Entwicklung des Gegensatzpaares «Zivilisation» und «Kultur».

72 Sämtliche Werke, herausgegeben von Edgar Gross, Nymphenburger Ausgabe, München 1959/60, Band XVII, S. 173 ff.

Drittes Kapitel: Schiff ohne Steuer

1 Siehe zu Eulenburg: John C. G. Röhl, Kaiser, Hof und Staat – Wilhelm II. und die deutsche Politik, München 1987, S. 35 ff.: Graf Philipp zu Eulenburg – des Kaisers bester Freund. Siehe von Röhl auch: Philipp Eulenburgs politische Korrespondenz, 3 Bände, Boppard am Rhein 1976–1983.

2 Paul Laband, Das Staatsrecht des Deutschen Reiches, Band I, Tübingen 1876, S. 87 f. – Laband war ein Hauptvertreter des positivistischen, von allen Prinzipien politischer Ethik abgelösten Staatsrechts, das in den zwanziger Jahren mit der «Reinen Rechtslehre» Hans Kelsens seinen ebenso scharfsinnigen wie problematischen Höhepunkt erreichte. «Recht ist, was Gesetz ist. Gesetz ist, was in einem formgerechten Verfahren erlassen ist» – so lautete eine Kernformel des Labandschen Positivismus.

3 Otto Hammann, seinerzeit Pressechef des Auswärtigen Amtes, hat den Sachverhalt drastisch geschildert: «Im Laufe der Zeit war das Dreiklassenwahlrecht zum preußischen Abgeordnetenhause zu einem Monstrum von Widersinnigkeiten und Absurditäten entartet, besonders in den Großstädten... Es kam vor, daß der höchste Beamte des Reiches in der dritten Wählerklasse zu wählen hatte, weil er in einem Urbezirk wohnte, wo die Steuerleistung weniger Multimillionäre die Bildung der drei Abteilungen entscheidend beeinflußte. In dem einen Bezirk gab es sogenannte Einer- und Zweierabteilungen, in denen nur ein oder zwei schwerreiche Wähler vorhanden waren, in dem andern

waren arme Leute mit einer Steuerleistung von wenigen Mark Wähler erster Klasse.» (Otto Hammann, Bilder aus der letzten Kaiserzeit, Berlin 1922, S. 41.)

4 «Im Verhältnis des Reiches zu den Einzelstaaten, das schon durch fortlaufende Kämpfe um die Steuerhoheit dauernd affiziert wurde, machte sich die Anomalie zwischen der ausgesprochen konservativen Richtung der preußischen Politik und der liberalen Führung der Reichsgeschäfte immer schwerer und nachteiliger fühlbar. Zugleich bewegte der Drang nach durchgreifender Erhöhung des parlamentarischen Anteils an den Regierungsaufgaben mehr und mehr die Gemüter. In Preußen war ein der Parlamentarisierung ähnlicher Zustand in dem Anspruch der Konservativen auf entscheidende und die Linke so gut wie exkludierende Beeinflussung der Regierung praktisch beinahe verwirklicht. Im Reiche aber, wo der Gedanke von der unbefriedigten Linken scharf vertreten wurde, stiftete er doch mehr Unruhe, als daß er bei dem Mangel jeder auch nur äußerlich geschlossenen, geschweige denn innerlich homogenen Parteimehrheit praktisch erreichbare Ziele aufgedeckt hätte... So lebten die großen politischen Gegensätze unausgetragen fort und bohrten sich um so tiefer ein... Die Regierung, wie jede unparlamentarische, zu einer Politik der Diagonale gezwungene Regierung, war von beiden Seiten dem Feuer ausgesetzt... Die vielgeschmähte mittlere Linie wurde von Sachen und Menschen erzwungen.» (Theobald von Bethmann Hollweg, Betrachtungen zum Weltkriege, Band I, Berlin 1919, S. 96ff.)

5 Der Helgoland-Sansibar-Vertrag des Jahres 1890, den Bismarck noch einleitete und mit dem, wie man meinte, Deutschland «einen Hosenknopf für eine Hose, eine Badewanne für drei Königreiche» eintauschte, gab Anlaß zur Gründung des scharf rechtsgerichteten, nationalistisch-imperialistischen, nach der «Weltmacht» gierenden «Alldeutschen Verbandes». Der im Sachsenwald grollende Altkanzler ließ sich zu seinem achtzigsten Geburtstag am 1. April 1895 die Ehrenmitgliedschaft des Verbandes aufnötigen, obwohl dessen Ideologie seiner eigenen Politik nüchterner Friedenssicherung völlig entgegengesetzt war.

6 Siehe Reinhart Koselleck, Preußen zwischen Reform und Revolution – Allgemeines Landrecht, Verwaltung und soziale Bewegung von 1791–1848, Stuttgart 1967, S. 393.

7 Reichstagsrede vom 15. Dezember 1881; vgl. Albert von Puttkamer, Staatsminister von Puttkamer – Ein Stück preußischer Vergangenheit 1828–1900, Leipzig 1928, S. 149. – Erschreckend wirkt nicht zuletzt

die politische Indienstnahme der Monarchie, zu deren Überlebens-
bedingungen doch nun wirklich gehören sollte, über den Parteien
zu stehen. – Puttkamers Entlassung zählte zu den wenigen eigenen Amtshandlungen des liberalen Neunundneunzig-Tage-Kaisers
Friedrich III.

In den Richtlinien des preußischen Staatsministeriums für die
Reichstagswahlen von 1898 hieß es: «Die Regierung stützt sich vor-
zugsweise auf die Konservativen, Freikonservativen und Nationalliberalen... Das Zusammengehen der staatserhaltenden Elemente ist
überall kräftig zu fördern, insbesondere bei Stichwahlen... Die Disziplin der Beamten, namentlich auch inbetreff ihres politischen Verhaltens, ist streng zu handhaben; insbesondere ist nicht zu dulden,
daß Administrativbeamte, besonders politische Beamte, die Politik
der Regierung öffentlich bekämpfen und gegen dieselbe agitieren.
Man muß sich nicht scheuen, vorkommendenfalls solche Beamten
zur Disposition zu stellen. Auch Lehrern gegenüber, welche eine
feindselige Haltung gegenüber der Regierung öffentlich einnehmen,
namentlich die Freisinnige Volkspartei unterstützen, ist von den zu
Gebote stehende Mitteln entschiedener Gebrauch zu machen.» (Zitiert nach: Hans-Jürgen Puhle, Agrarische Interessenpolitik und
preußischer Konservatismus im wilhelminischen Reich 1893–1914,
Hannover 1967, S. 329 ff.)

8 Ernst Troeltsch, Politische Ethik und Christentum, Göttingen 1904,
   S. 6. – Zum Zitat in seinem größeren Zusammenhang siehe Seite 42
   und die Anmerkung dazu.

9 Das Leben des Feldmarschalls Hermann von Boyen, Band I
   1814–1848, Stuttgart 1899, S. 511 f.

10 Im Rückblick will es wohl scheinen, als sei Friedrich der Große
   stets die deutsche Heldenfigur schlechthin gewesen, schon seit dem
   Schlachtenruhm von Roßbach und Leuthen, als alle Welt – wie
   Goethe bezeugt – wenn schon nicht preußisch, dann doch «frit-
   zisch» gesinnt war. Aber der Schein trügt. Als der König starb, war
   man in den Bildungs- und Beamtenkreisen Berlins nicht betroffen,
   sondern erleichtert; die Reformen nach 1807 trugen betont antifri-
   derizianische Züge, und bei Vorkämpfern des Patriotismus wie
   Ernst Moritz Arndt wird gegenüber dem einstigen «Despotismus»
   geradezu Haß spürbar. Die borussisch-deutsche Glorifizierung ist
   also jüngeren Datums; sie setzt eigentlich erst um die Mitte des
   19. Jahrhunderts ein und verstärkt sich dann immer mehr. Siehe
   zum Thema vom Verfasser: Friedrich der Große – Ein Lebensbild,
   Bergisch Gladbach 1987, S. 135 ff.; Ferner: Friedrich II., König von

Preußen – Die Wandlungen eines Geschichtsbildes, herausgegeben von der Niedersächsischen Landeszentrale für Politische Bildung, Hannover 1986.

11 Nach: Denkwürdigkeiten von Heinrich und Amalie Beguelin aus den Jahren 1807–1813, herausgegeben von Adolf Ernst, Berlin 1892, S. 43.

12 Beamtenherrschaft und politisches Führertum, in: Parlament und Regierung im neugeordneten Deutschland (Mai 1918); abgedruckt in: Gesammelte Politische Schriften, herausgegeben von Johannes Winckelmann, 2. Auflage Tübingen 1958, S. 339 und 322.

13 A. a. O., S. 322f.

14 Der folgende Text von Alexis de Tocqueville enthält eine tiefe Wahrheit auch oder gerade dann, wenn man in ihm den Begriff «Religion» durch «Monarchie» ersetzt: «Wenn sich die Religion mit politischen Mächten verbindet, kann sie nur ein Bündnis eingehen, das sie belastet. Sie bedarf ihrer Hilfe zum Leben nicht, und ihnen dienend kann sie untergehen.» Denn «in die bitteren Leidenschaften dieser Welt verstrickt, wird sie manchmal gezwungen, Verbündete zu verteidigen, die eher aus Nützlichkeit als aus Liebe zu ihr stehen; und sie muß Menschen als Gegner zurückweisen, die sie oft noch lieben, obwohl sie die Verbündeten der Religion bekämpfen. Die Religion kann sich daher an der weltlichen Macht der Regierenden nicht beteiligen, ohne etwas vom Haß auf sich zu ziehen, den diese erregen... Will sich die Religion aber auf die weltlichen Wünsche stützen, so wird sie fast ebenso zerbrechlich wie alle irdischen Mächte. Ist sie allein, so kann sie auf Unsterblichkeit hoffen; mit unbeständigen Mächten verkettet, erduldet sie deren Schicksal, und oft stürzt sie mit den Eintagsleidenschaften, von denen jene getragen werden.» Dies gilt um so eindeutiger, je weiter die moderne Entwicklung voranschreitet, «denn die Zeiten nahen, da die Macht von Hand zu Hand geht». (Über die Demokratie in Nordamerika, Band 1, Ausgabe Stuttgart 1959, S. 344f.)

15 Solche Vorstellungen sind nicht bloß Produkte eines nachträglichen Klügerseins; sie sind in der wilhelminischen Zeit durchaus entwickelt worden. Man denke etwa an Friedrich Naumanns vielgelesenes Buch «Demokratie und Kaisertum», das in Berlin-Schöneberg im Jahre 1900 erschien.

16 Das berühmte Wort stammt aus einer Rede, die Bismarck am 30. September 1862 vor der Budgetkommission des preußischen Abgeordnetenhauses hielt. Auf dieses Wort kam Bismarck in der Sitzung des Abgeordnetenhauses vom 28. Januar 1886 noch einmal zu-

rück, als er sagte: «Ich kann nichts dafür, daß ich damals mißverstanden worden bin. Es handelte sich um militärische Fragen, und ich hatte gesagt: Legt eine möglichst starke militärische Kraft, mit anderen Worten möglichst viel Blut und Eisen in die Hand des Königs von Preußen, dann wird er die Politik machen können, die Ihr wünscht; mit Reden und Schützenfesten und Liedern macht sie sich nicht, sie macht sich nur durch Blut und Eisen.»

17 Dieser Gesichtspunkt hat Max Weber vielfach und intensiv beschäftigt. Er wünschte darum die parlamentarische Demokratie keineswegs als Herzensdemokrat herbei, sondern als kühl kalkuliertes Mittel zum Zweck, Führertum möglich zu machen. Siehe von Weber besonders: Parlament und Regierung im neugeordneten Deutschland, in: Gesammelte Politische Schriften, herausgegeben von Johannes Winckelmann, 2. Auflage Tübingen 1958, S. 294 ff.

Einleitend spricht Weber von Bismarcks politischer Erziehung, die darin bestand, Parlament, Parteien und insgesamt die Deutschen nicht etwa an die Macht, sondern im Gegenteil an die Machtlosigkeit zu gewöhnen. Damit hinterließ er die Nation tief unter dem vorher schon erreichten Stand, «vor allem eine Nation ohne allen und jeden politischen Willen, gewohnt, daß der große Staatsmann an ihrer Spitze für sie die Politik schon besorgen werde... Eine politische Tradition dagegen hinterließ der große Staatsmann überhaupt nicht. Innerlich selbständige Köpfe und vollends Charaktere hatte er weder herangezogen, noch auch nur ertragen.» Gewöhnung an die Machtlosigkeit bedeutete zugleich «ein Parlament mit tief herabgedrücktem geistigen Niveau». (A. a. O., S. 307 f.)

18 Helmuth Plessner in: Soziologie und moderne Gesellschaft – Verhandlungen des Vierzehnten Deutschen Soziologentages, Stuttgart 1959, S. 14.

Was für Sozialdemokraten, durch ihre Verfemung und Verfolgung nur bestätigt, die marxistische Dogmatik leistete, erbrachte für das Zentrum die Katholizität. Eine Darstellung aus dem Jahre 1913 macht dies anschaulich: «Die Stärke des Zentrums liegt in seinem Zusammenhalt. Nicht der Zugang eines halben oder eines ganzen Dutzend Andersgläubiger wird es stark und mächtig machen, sondern der innere Zusammenhalt, der allein durch das gemeinsame Bekenntnis zu den katholischen Grundsätzen geschaffen ist und durch dieses allein für die Zukunft erhalten werden kann. In keiner Partei sind die einzelnen Stände so gleichmäßig vertreten, wie in der Zentrumspartei. Zu ihr rechnet sich das ganze katholische Volk in allen seinen Schichten, der katholische Adel, Arbeiter, Bürger, Industrielle, Mittelständler und der Bauer. Sie alle haben ihre eigenen wirtschaftlichen Interessen und gehen vielfach auch in ihrer politischen Auffassung auseinander... Wenn trotzdem bisher alle soziale und politische Verstimmung über manche Parteitaktik überwunden und niedergehalten ist, dann ist dies allein dem einigenden Band jenes gemeinsamen Bekenntnisses zu danken. Dieses Bekenntnis bildet das Ferment im Innern und ist nach außen hin der Magnet für die Hunderttausende von Katholiken, die jetzt noch abseits der Partei stehen, nicht aus Feindseligkeit, sondern aus Lauheit, und die niemals durch die verschwommene Idee des Gemeinsam-christlichen, wohl aber durch das feste Programm der katholischen Grundsätze angezogen und gewonnen werden können.» (Hermann Roeren, Zentrum und Kölner Richtung, Trier 1913, S. 50f.)

19 Siehe das Zentrums-Zitat in der vorhergehenden Anmerkung! Wie wichtig die Mobilisierung des eigenen Milieu-Potentials war, zeigt die Wahlbeteiligung. Sie lag 1871 erst bei 50,7 Prozent, überschritt 1887 erstmals die 70-Prozent-Marke und erreichte 1912 84,5 Prozent.

20 Wie es in konservativen Bezirken des Ostens zuging, hat Hellmut von Gerlach in seinen Erinnerungen erzählt: «Die Wahlen waren damals in den meisten ostelbischen Wahlkreisen die Angelegenheit einer kleinen Adelsclique. Wenn der Wahltag herannahte, versammelte der älteste Landrat unseres Wahlkreises die führenden Junker bei sich. Ein paar bürgerliche Konzessionsschulzen von erprobter Junkerfrommheit wurden gütigst als Statisten zugezogen; so etwa ein Superintendent, ein Kreisphysikus, ein Gymnasialdirektor. En petite comité einigte man sich über den Kandidaten, der entweder von Kessel, von Ravenstein oder von Nitzschwitz oder Graf Carmer hieß, aber jedenfalls adelig war. Der Erkorene hielt in den drei Kreisstädten seine Kandidatenrede vor einem geladenen Publikum von Honoratioren. Öffentliche Wahlversammlungen galten als unberechtigte Konzessionen an den Zeitgeist... Am besten, außer mit sich selber, kamen die konservativen Großgrundbesitzer mit ihren Landarbeitern aus. Die Landarbeiter parierten damals noch willenlos, waren Stimmvieh in des Wortes verwegenster Bedeutung. Daß bei der öffentlichen Landtagswahl keine einzige ihrer Stimmen danebenging, ist selbstverständlich. Aber auch bei den Reichstagswahlen klappte es tadellos. Da saß der gnädige Herr als Wahlvorsteher obenan, und in der Mittagspause wurden die Arbeiter, direkt vom Feld

weg, vom Inspektor und Vogt in das Wahllokal geführt. Draußen
bekam jeder seinen ‹richtigen› Wahlzettel in die Hand gedrückt. Keiner traute sich, ihn unter der Kontrolle des gnädigen Herrn und seiner Adjutanten gegen einen anderen umzutauschen.» (Von Rechts
nach Links, herausgegeben von Emil Ludwig, Zürich 1937, S. 32ff.)
Zur Erläuterung: Nach der Wahlordnung des Kaiserreichs verteilten
die Parteien Wahlscheine mit den Namen ihrer Kandidaten, die man
nur abgeben mußte. – Zu Gerlachs Geschichte paßt der einst vieler-
zählte Witz: Einer der Gutsarbeiter öffnet nun doch den Umschlag,
den man ihm in die Hand gedrückt hat, um zu sehen, was darin ist.
Aber der Inspektor springt herbei, schlägt mit dem Krückstock zu
und brüllt: «Jeheime Wahl, du Schwein!»

21 Vielleicht läßt sich der Sachverhalt noch einmal an der Literatur anschaulich machen, auf einem ihrer Nebenschauplätze: Keine klassische Figur des Kriminalromans ist in Deutschland zu Hause. Sie
kann es nicht sein, weil hier die allgemeine Vertrautheit mit Rollen
fehlt, an denen das Verwirrspiel ansetzen muß. Was einen amerikanischen Sheriff, den französischen Kleinbürger oder den englischen
Gentleman ausmacht, glaubt jeder zu wissen. Um so größer ist dann
das Vergnügen, wenn der Gentleman sich zielsicher durch die Ver-
wandtschaft mordet, weil «Adel verpflichtet». Hierzulande aber
liegt der Reiz nicht im Spiel mit dem Bekannten, sondern in der Entdeckung des Unbekannten. Thomas Manns lübischer Senator,
Ludwig Thomas oberbayerische Bauern und Theodor Fontanes
märkische Aristokraten sind füreinander Exoten; auf den Flügeln der
Literatur reisen wir ins fremde Milieu, als liege es am Kongo oder
hinter dem Himalaya. In mancher Hinsicht scheint dies bis heute zu
gelten: Was soll der Kriminalautor mit einem Düsseldorfer Mode-
macher oder Göttinger Professor anfangen? Wenn doch einmal eine
Erfolgsfigur entsteht, wird sie folgerichtig nicht im heimischen Bergisch Gladbach, sondern in Manhattan angesiedelt.

22 Wegen ihrer hemmungslosen Agitation gerieten die «Alldeutschen»
oft mit der Regierung in Konflikt. Als Rechtfertigung charakteristisch ist die Erklärung, die am 21. Februar 1904 auf einer Vorstands-
sitzung verabschiedet wurde: «Der Verband sei weder in der Vergangenheit eine prinzipielle Oppositionspartei gewesen, noch solle er es
in Zukunft sein. Er sei überhaupt keine Partei, sondern stehe über
den Parteien... Er habe bisher stets die Regierung, wo sie im Sinne
seiner Bestrebungen vorgegangen sei, wärmstens unterstützt... Das
Idealverhältnis zwischen dem Alldeutschen Verband und der Regierung wäre dies, daß sich die Regierung das Vorwärtsdrängen des

Verbandes sowohl den Parteien des Inlands wie dem Auslande gegenüber für ihre Zwecke nutzbar mache... In vielen Fragen, wie in der Flottenfrage, der Polenfrage, stehe die Regierung heute auf dem Standpunkte, den der Verband vor zehn Jahren in schärfster Opposition gegen die Regierung verfochten habe... Im deutschen Volke sei noch viel Freiheitssinn vorhanden, auch Neigung zur Kritik, die der Alldeutsche Verband in fruchtbare Bahnen lenke. Das deutsche Volk habe darunter gelitten, daß seit Jahren seitens der Parteien aus taktischen Gründen nicht offene Kritik geübt worden sei. Über der Taktik stehe die politische Wahrhaftigkeit. Realpolitik sei nicht die Politik, die nur das durchsetzen wolle, was, ohne irgendwo Anstoß zu erregen, durchgesetzt werden könne. Das, was für die dauernde gesunde Entwicklung notwendig ist, müsse auch nötigenfalls im Kampfe erstrebt und durchgesetzt werden. In diesem Sinne habe sich der Alldeutsche Verband bisher betätigt, und dies möge auch für die Zukunft die Richtschnur für seine Tätigkeit sein.» (Alldeutsche Blätter, Jahrgang 1904, Nr. 8)

23 Der Flottenverein lancierte Zeitungsartikel, ließ Broschüren schreiben und verteilen, bot Redner an, um den Schlachtflottenbau zu propagieren. Tirpitz, seit 1897 der zuständige Staatssekretär, der im Reichsmarineamt ein eigenes Nachrichtenbüro eingerichtet hatte, unterstützte den Flottenverein ebenso diskret wie die interessierte Industrie. Mit Vorliebe aber wurden «überparteiliche» Schreiber und Redner eingesetzt, zum Beispiel Professoren, die sich in großer Zahl zur Verfügung stellten. Siehe dazu: Wolfgang Marienfeld, Wissenschaft und Schlachtflottenbau in Deutschland 1897–1906, Beiheft 2 der Marine-Rundschau, Berlin, Frankfurt a. M. 1957; Wilhelm Deist, Flottenpolitik und Flottenpropaganda – Das Nachrichtenbureau des Reichsmarineamtes 1897–1914, Stuttgart 1976. Noch immer ist wichtig: Eckart Kehr, Schlachtflottenbau und Parteipolitik 1894–1901. Versuch eines Querschnittes durch die innenpolitischen, sozialen und ideologischen Voraussetzungen des deutschen Imperialismus, Berlin 1930.

24 Siehe zum Thema Hans-Jürgen Puhle, Agrarische Interessenpolitik und preußischer Konservatismus im wilhelminischen Reich 1893–1914, Hannover 1967; derselbe, Von der Agrarkrise zum Präfaschismus – Thesen zum Stellenwert der agrarischen Interessenverbände in der deutschen Politik am Ende des 19. Jahrhunderts, Wiesbaden 1972; Jens Flemming, Landwirtschaftliche Interessen und Demokratie – Ländliche Gesellschaft, Agrarverbände und Staat 1890–1925, Bonn 1978.

25 The Influence of Sea Power upon History, 1660–1783, Boston 1890. Es

folgten rasch weitere wichtige Werke; siehe als zusammenfassende
Darstellung, bearbeitet von Gustav-Adolf Wolter (Herausgeber):
Mahan, Der Einfluß der Seemacht auf die Geschichte 1660–1812,
Herford 1967. Eine erste Übersetzung wurde von Tirpitz' Reichsma-
rineamt veranlaßt, das zur Kampagne für das Flottengesetz von 1898
mindestens 2000 Exemplare verteilen ließ.

26 Aus der Fülle der Literatur sei als ein Standardwerk genannt: Volker
R. Berghahn, Der Tirpitzplan – Genesis und Verfall einer innenpolitischen Krisenstrategie unter Wilhelm II., Düsseldorf 1971. Um Anschauung von den Flotten zu gewinnen, wie sie bis 1914 herangewachsen waren, erweist sich als nützlich das «Taschenbuch der Kriegsflot-
ten», XV. Jahrgang 1914, herausgegeben von Bruno Weyer, Reprint
München 1978. Als Selbstdarstellung aufschlußreich: Alfred von Tirpitz, Erinnerungen, Leipzig 1920; zum Vergleich: Lothar Persius, Die
Tirpitz-Legende, Berlin 1918.

27 Jürg Meyer, Die Propaganda der deutschen Flottenbewegung,
1897–1900, Bern 1967, S. 137 und 26.

28 Die sieben Todsünden des deutschen Reiches, Hamburg 1965, Neuauflage Bergisch Gladbach 1981.

29 Das ruhelose Reich, 2. Auflage Berlin 1983, S. 320.

30 Zitiert nach Berghahn, a. a. O., S. 224.

30a Berghahn sagt zutreffend: «Bei Tirpitz spitzte sich alles auf ein einzi-
ges militärisches Ereignis zu, die ‹durchgeschlagene rangierte Hoch-
seeschlacht›, an deren Ende Sieg oder Niederlage stand. Was zuvor
oder danach geschah, war allein durch Beginn und Ausgang dieses
Treffens bestimmt. Alternativen gab es nicht...» (A. a. O., S. 185)

31 Naval Strategy, compared and contrasted with the principles of mili-
tary operations on land, Boston 1891, S. 166.

32 Dies gilt im doppelten, seltsam gegenläufigen Sinne. Während die Land-
schlacht sich über Tage, manchmal Wochen hinzieht, so daß bei relativ
langsamen Bewegungen den Befehlshabern relativ viel Zeit bleibt, um
Entschlüsse zu fassen, läßt die Gefechtsgeschwindigkeit zur See hierfür
nur Sekunden oder allenfalls Minuten. Andererseits kann der Feldzug zu
Lande binnen Wochen ans Ziel kommen, während der Seekrieg einen
viel längeren Atem erfordert. Daher hätte im Ersten Weltkrieg die
Behauptung, die Gegenblockade des unbeschränkten U-Boot-Krieges
werde England «binnen sechs Monaten» niederringen, allein schon
wegen der knappen Zeitangabe mißtrauisch stimmen müssen.

33 Zur englischen Gegenrüstung seit dem Amtsantritt Fishers als Erster
Seelord: Arthur Jacob Marder, From the Dreadnought to Scapa Flow,
Band 1: The Road to War 1904–1914, London 1961.

34 Die Interessen werden sichtbar, wenn auch problematisch verallgemeinert, in einem Brief, den der Präsident des «Deutschen Flottenvereins, Otto Fürst zu Salm-Horstmar, am 3. 12. 1901 an Tirpitz richtete. Es hieß darin: «Von Herren verschiedener Parteirichtungen bin ich gebeten worden, eine Bewegung einzuleiten, welche dahin geht, den Reichstag zu veranlassen, an die Regierung die Bitte zu richten, angesichts der schlechten Konjunktur und der ungünstigen Geschäftslage von Handel und Industrie und der damit verbundenen Arbeitslosigkeit vieler Tausender von Arbeitern den auf einen längeren Zeitraum verteilten Bau von Kriegsschiffen in möglichst beschleunigtem Tempo herbeizuführen. – Dadurch, daß der Bau der durch die letzte Marine-Vorlage bewilligten Schiffe so beschleunigt würde, wie es die deutschen Werften überhaupt leisten könnten, würden viele Industriezweige neue Aufträge erhalten, wodurch nicht nur diese über Wasser gehalten, sondern auch in den Stand gesetzt würden, ihre Arbeiter zu beschäftigen und bereits entlassene wieder einzustellen. Einer der wichtigsten Faktoren, die hier zur Sprache kommen, wäre aber der, daß durch den Auftrag neuer Kriegsschiffe und die dadurch herbeigeführte Belebung von Handel und Industrie die betreffenden Börsen-Kurse steigen, viele Werte gerettet und eine Konsolidierung des Marktes eintreten würde.» (Zitiert nach Eckart Kehr, Der Primat der Innenpolitik, herausgegeben von Hans-Ulrich Wehler, Berlin 1965, S. 146 f.)

35 Siehe zum Seeoffizierkorps Holger H. Herwig, The German Naval Officer Corps – A social and political history, 1890–1918, London 1973.

36 Es ergab sich, hat Heinrich Mann 1919 im Rückblick gesagt, das «Bürgertum des Reiches einem nie und nirgends erhörten Gewaltkult, der übersinnlichen Gewißheit, die letzte Entscheidung der menschlichen Dinge, eines seelenlosen Menschenmechanismus, vollzögen nur Kanonen, die Maschinen der nationalen Industrie errängen ihren endgültigen Erfolg dank der militärischen Maschinen, und die Schlußbilanz einer siegenden Wirtschaft ziehe der Krieg… Das ‹Alldeutschtum› ist herangewachsen an der Flotte, diesen Maschinen bürgerlicher Herkunft, für die Produktion von ‹Weltmacht›. Das ‹Alldeutschtum› war eine Ausgeburt der Beziehungen des Bürgers zur Gewalt.» (Macht und Mensch – Essays, Frankfurt a. M. 1989, S. 184 f.)

37 Um die tragische Zerrissenheit verkürzt, hat Heinrich Mann diese eine Seite der Kaiserrolle bitter bezeichnet: «Da jagte er durch das Land, der Bürgerkaiser, mit seinen siebzig Uniformen, und stachelte

seinen Untertan an, noch tüchtiger zu sein... Womit immer er sich befaßte, was er gerade vorführte und empfahl: Erfolg! Erfolg, höchste Bürgertugend! Alles verstehen wollen, aber nichts wirklich können und lieben, überall gewesen und schon wieder zurück sein, an nichts hängen, haltlos und unsachlich bis zum Grauen sein, ein Schein sein, eine Bühnenlarve – und dort, wo das Herz sitzt, nichts haben als die Anbetung des Erfolges, sei es bei durchgedrungenen Künstlern oder amerikanischen Milliardären, die unbedingte Anbetung jedes Erfolges, der sich in Geld ausdrückt: so und nicht anders mußte der Mann aussehen, der in solchem Reich die Norm war und allen ihr erhöhtes Bild bot. So und nicht anders war er. Er ist von den Seinen bewundert worden, wie selten die menschliche Eigenliebe sich selbst bewunderte. Er war ihr Abgott.» (A. a. O., S. 188)

38 Harry Graf Kessler, Curriculum vitae, in: Gesichter und Zeiten – Erinnerungen, Frankfurt a. M. 1988, S. 325.

39 Der Untergang des Abendlandes, Einleitung zum Ersten Band, Wien 1918, zitiert nach der 48. bis 52. Auflage, München 1923, S. 56.

Viertes Kapitel: Krieg

1 Adolf Hitler, Mein Kampf, 190./194. Auflage München 1936, S. 176 und 177.

2 Reden des Kaisers, herausgegeben von Ernst Johann, München 1966, S. 125 f.; Privattelegramm der «Frankfurter Zeitung» vom 1. August 1914. Die Umformulierung folgte in einer Ansprache im Anschluß an die Thronrede vom 2. August.

3 Siehe Wilhelm Pressel, Die Kriegspredigt 1914–1918 in der evangelischen Kirche Deutschlands, Göttingen 1967. – Die Neigung zum abgründig Blasphemischen kommt in dem «Vaterunser 1914» von Mirko Jelusich zum Ausdruck:

«Vater unser, der Du bist im Himmel,
aus Not und Tod und Schlachtengetümmel
heben zum Schwur wir empor die Hand:
Wir sind nicht schuld an dem Weltenbrand!
Geheiliget werde Dein Name,
wo Frieden herrscht; uns gönnen sie's nicht!
Siehe, ringsum des Hasses Samen
ist aufgeschossen wie Giftkraut zum Licht:
Es ist kein Kampf von gleich zu gleich!
Zu uns komme Dein Reich,

und Deine helfende Nähe
schütze das Recht gegen falsche List!
Dein Wille geschehe,
auf daß sie alle es inne werden,
daß eine strafende Macht noch ist
wie im Himmel, also auch auf Erden!
Gedenke des Schreckens, der uns bedroht,
und gib uns unser tägliches Brot,
gib uns den Mut, der uns aufrecht hält,
und das Vertrauen auf Deine Huld,
wenn alles um uns in Trümmer fällt,
und vergib uns unsere Schuld,
sofern wir solche begangen hätten,
als auch wir vergeben unsern Schuldigern:
Wir kämpfen ja nur um der Heimat Stätten,
die sie mit Feuer und Mord versehrn!
In Versuchung führe uns nicht,
daß unsere Heere werden zu Horden
und statt zu halten strenges Gericht,
es jenen gleich tun im Sengen und Morden,
sondern vom Übel uns erlöse!
Ein Wort von Dir, so erliegt das Böse,
denn Dein ist das Reich!
So gib uns den Willen zum Schwertesstreich
und gib uns das eherne Herz und die Kraft,
die bis zum Ende den Nacken strafft,
und schenk uns den Sieg und die Herrlichkeit;
wir ziehn in den Kampf, zum Letzten bereit
in Deinem heiligsten Namen.
Amen.»

(Aus: «Kriegsgedichte für Feldgrau und Marineblau», Berlin o. J.;
siehe im übrigen: Deutschland Deutschland – Politische Gedichte
vom Vormärz bis zur Gegenwart, herausgegeben von Helmut Lamprecht, Bremen 1969, S. 276 ff.)

4 Siehe zu den anderthalb Millionen Klaus Vondung, Deutsche Apokalypse 1914, in: Klaus Vondung (Herausgeber), Das wilhelminische
Bildungsbürgertum – Zur Sozialgeschichte seiner Ideen, Göttingen
1976, S. 154. – Siehe zum Thema auch: Thomas Anz und Joseph Vogl
(Herausgeber), Die Dichter und der Krieg – Deutsche Lyrik
1914–1918, München, Wien 1982. In einem etwas weiteren Sinne

sind zu nennen: Eckart Koester, Literatur und Weltkriegsideologie –
Positionen und Begründungszusammenhänge des publizistischen
Engagements deutscher Schriftsteller im Ersten Weltkrieg, Kron-
berg / Ts. 1977; Hans Weigel, Walter Lukan, Max D. Peyfuss, Jeder
Schuß ein Ruß – jeder Stoß ein Franzos. Literarische und graphische
Kriegspropaganda in Deutschland und Österreich 1914–1918, Wien
1983.

Als ein Gegenbeispiel sei das Gedicht «Die Wortemacher des Krieges»
von Franz Werfel zitiert:

> «Erhabene Zeit! Des Geistes Haus zerschossen
> mit spitzem Jammer in die Lüfte sticht.
> Doch aus den Rinnen, Ritzen, Kellern, Gossen
> befreit und jauchzend das Geziefer bricht.
>
> Das Einzige, wofür wir einig lebten,
> das Brudertum in uns, das tiefe Fest,
> wenn wir vor tausend Himmeln niederbebten,
> ist nun der Raub für eine Rattenpest.
>
> Die Tröpfe lallen, und die Streber krächzen,
> und nennen Mannheit ihren alten Kot.
> Daß nur die fetten Weiber ihnen lechzen,
> wölbt sich die Ordensbrust ins Morgenrot.
>
> Die Dummheit hat sich der Gewalt geliehen,
> die Bestie darf hassen, und sie singt.
> Ach, der Geruch der Lüge ist gediehen,
> daß er den Duft des Blutes überstinkt.
>
> Das alte Lied! Die Unschuld muß verbluten,
> indes die Frechheit einen Sinn erschwitzt.
> Und eh nicht die Gerichts-Posaunen tuten,
> ist nur Verzweiflung, was der Mensch besitzt.»

(Franz Werfel, 1914, in: Einander, Auflage München 1923; siehe auch:
Deutschland Deutschland..., a. a. O., S. 281.)

5 In den drei Kriegen von 1864, 1866 und 1870/71 betrug die Gesamtzahl der deutschen Gefallenen 33351; siehe Gaston Bodart, Losses of
Life in Modern Wars, Oxford 1916, S. 56, 61, 148. Auf die ungeheuren Verluste im Zeitalter der Weltkriege war man also überhaupt nicht
vorbereitet.

6 Der Kampf als inneres Erlebnis, Berlin 1922, S. 116.

7 Kaiserreich und Republik, 1919, in: Macht und Mensch – Essays,
Frankfurt a. M. 1989, S. 182f.

8 Die Deutschen auf dem Wege zur einigen und freien Nation, 1915, abgedruckt in: Aufrufe und Reden deutscher Professoren im Ersten Weltkrieg, herausgegeben von Klaus Böhme, Stuttgart 1975, S. 105.

9 Das Wesen des Völkerrechts und die clausula rebus sic stantibus, Tübingen 1911, S. 146.

10 Michael Stürmer, Das ruhelose Reich – Deutschland 1866–1918, 2. Auflage Berlin 1983, S. 91.

11 Ernst Jünger, Die totale Mobilmachung, in: Krieg und Krieger, herausgegeben v. E. Jünger, Berlin 1930, S. 29.

12 Hermann Thimmermann, Der Sturm auf Langemarck, 8. Auflage München 1941, S. 6.

13 A. a. O., S. 99 f.

14 Adolf Hitler, Mein Kampf, 190./194. Auflage, München 1936, S. 181.

15 Die Stimmungslage des Buches wird an der folgenden Passage deutlich: «Sind wir nicht immerdar Wanderer zwischen beiden Welten gewesen, Geselle? Waren wir nicht Freunde, weil dies unser Leben war? Was hängst du nun so schwer an der schönen Erde, seit sie mein Grab ist, und trägst an ihr wie an einer Last und Fessel? Du mußt hier wie dort daheim sein, oder du bist es nirgends... Weißt du nichts von der ewigen Jugend des Todes? Das alternde Leben soll sich nach Gottes Willen an der ewigen Jugend des Todes verjüngen. Das ist der Sinn und das Rätsel des Todes. Weißt du das nicht?» (Der Wanderer zwischen beiden Welten, 9. Auflage München 1918, S. 102 f.)
Aber der Tod als verjüngender Lebenssinn kennt nur einen angemessenen Ort – das Schlachtfeld: «An diese seltsame dunkle Stunde wurde ich erinnert, als ich vor Weihnachten die Mutter des gefallenen Freundes in der Heimat besuchte. Nach einer Weile des Schweigens fragte sie mich leise: ‹Hat Ernst vor seinem Tode einen Sturmangriff mitgemacht?› Ich nickte mit dem Kopfe. ‹Ja, bei Warthi.› Da schloß sie die Augen und lehnte sich im Stuhl zurück. ‹Das war sein großer Wunsch›, sagte sie langsam, als freue sie sich im Schmerze einer Erfüllung. Eine Mutter muß wohl um den tiefsten Wunsch ihres Kindes wissen. Und das muß ein tiefer Wunsch gewesen sein, um dessen Erfüllung sie noch nach seinem Tode bangt. O ihr Mütter, ihr deutschen Mütter! –– Wißt ihr nun, ihr, die ihr diesen Tag nacherlebt habt, von dem ich redete, was es heißt, Wanderer sein zwischen beiden Welten?» (A. a. O., S. 53)
«Der Wanderer zwischen beiden Welten» als Kultbuch seiner Zeit; in der Brockhaus Enzyklopädie von 1968 heißt es dazu: «Das Buch fand als Ausdruck einer idealistisch denkenden Jugend weite Verbreitung.

In seinen Gedichten feierte Flex den Opfertod mit Steigerung ins Religiöse.»

16 Rainer Maria Rilke schrieb den lyrisch-melodramatischen «Cornet»,
mit dem er populär wurde, 1899; Überarbeitungen erfolgten 1904
und 1906.

Sozusagen im Vorfeld des Langemarck-Gefühls entstand Rudolf
Alexander Schröders «Deutscher Schwur», als «Deutsches Lied» in
der Berliner «Täglichen Rundschau» am 21. 8. 1914 zuerst veröffentlicht. Seine Schlußpassage lautet:

> «Bei den Sternen steht,
> was wir schwören;
> der die Sterne lenkt,
> wird uns hören.
> Eh der Fremde dir
> deine Krone raubt,
> Deutschland, fallen wir
> Haupt bei Haupt.
> Heilig Vaterland,
> heb zur Stunde
> kühn dein Angesicht
> in die Runde.
> Sieh uns all entbrannt
> Sohn bei Söhnen stehen:
> Du sollst bleiben, Land!
> Wir vergehn.»

In seiner Untersuchung «Über politische Lyrik im 20. Jahrhundert»
(Göttingen 1965) hat Albrecht Schöne kritisch kommentiert: «Erst werden wir fallen, dann wird er (der Feind) dir die Krone rauben. Und so
geschieht es ja auch. Wider den Willen des Autors sagt der Vers die Wahrheit. Nur geschieht es nicht ‹Haupt bei Haupt›; das Sterben, das hier ins
Feierlich-Würdige verharmlost wird, trifft in Wahrheit nicht mehr das
enthusiastische ‹Wir›, sondern grauenvoll und schrecklich jeden einzelnen. Unbeschadet aller subjektiven Aufrichtigkeit des Autors, erweist
sein Lied sich als trügerisches, ja verlogenes Machwerk.» – Das Lied, von
Heinrich Spitta vertont, gehörte schon vor, aber besonders nach 1933 ins
Repertoire nationaler Weihestunden.

17 Vergleiche dazu German Werth, Verdun – Die Schlacht und der Mythos, Bergisch Gladbach 1979.

18 Zitiert nach Karl Barth, Eine Schweizer Stimme 1938–1945, Zolli-
kon-Zürich 1945, S. 342.

19 Heinrich von Treitschkes deutsche Sendung, in: Der Panther,
  5, 1917, S. 437. – Da im folgenden nur wenige Beispiele zitiert werden,
  sei verwiesen auf die Materialsammlung von Klaus Böhme, Aufrufe
  und Reden deutscher Professoren im Ersten Weltkrieg, Stuttgart
  1975; siehe ferner: Klaus Schwabe, Wissenschaft und Kriegsmoral –
  Die deutschen Hochschullehrer und die politischen Grundlagen des
  Ersten Weltkriegs, Göttingen 1969; Hermann Lübbe, Die philosophischen Ideen von 1914, in: Politische Philosophie in Deutschland,
  Basel 1963, S. 173 ff. – Aus den zeitgenössischen Sammlungen seien
  genannt: Deutsche Reden in schwerer Zeit, 3 Bände, Berlin 1915 ff.
  (Hier kommt vor allem das «geistige Leibregiment der Hohenzollern» zu Wort, die Professorenschaft der Universität von Berlin); Die
  deutsche Freiheit – 5 Vorträge, herausgegeben vom Bund deutscher
  Künstler und Gelehrter, Gotha 1917; Deutschland und der Weltkrieg,
  herausgegeben von Otto Hintze, Friedrich Meinecke, Hermann
  Oncken und Hermann Schumacher, Leipzig 1916. – Einen besonderen Rang nimmt ein: Ernst Troeltsch, Deutscher Geist und Westeuropa, (postum herausgegeben) Tübingen 1925. Troeltsch geht zwar
  auch von einem Gegensatz aus, aber nachdenklich und selbstkritisch
  differenzierend. Zeitzeugnisse und Dokumente einsichtigen Wandels
  weit jenseits des Üblichen sind dann Troeltschs «Spektator-Briefe»,
  Aufsätze über die deutsche Revolution und die Weltpolitik 1918/22,
  herausgegeben von Hans Baron, Tübingen 1924.
20 Deutsche Staatsauffassung, in: Deutschlands Erneuerung, H. 2, 1918,
  S. 199 ff.; Neuabdruck in: Aufrufe und Reden deutscher Professoren..., a. a. O., S. 152 ff.
21 A. a. O.
22 Betrachtungen eines Unpolitischen, 19./24. Auflage Berlin 1922,
  S. 246, XXXIV, XXXVI.
23 Siehe Aufrufe und Reden deutscher Professoren..., a. a. O., S. 49 f.
24 Die deutsche Freiheit, in: Die deutsche Freiheit – 5 Vorträge, a. a. O.,
  S. 14 ff. – Siehe von Meinecke auch: Die Deutsche Erhebung von 1914
  – Vorträge und Aufsätze, Stuttgart 1914.
25 Siehe: Aufrufe und Reden deutscher Professoren, a. a. O., S. 125 ff. –
  Sehr seltsam wirkt die Entrüstung im Rückblick auf den Wiener Kon-
  greß von 1814/15. Denn der schuf nach einem Vierteljahrhundert der
  Erschütterungen und Kriege eine europäische Friedensordnung, deren Fundamente trotz vieler Belastungen für ein Jahrhundert, bis
  1914, standgehalten haben.
26 Versöhnungsfriede – Machtfriede – Deutscher Friede, Berlin 1917.
  Delbrück verfaßte auch schon eine Gegenerklärung zur Seeberg-

Adresse; siehe: Aufrufe und Reden deutscher Professoren..., a. a. O.,
S. 135 ff. Von Delbrück ist im übrigen zu nennen: Krieg und Politik
1914–1918, 3 Bände, Berlin 1918–1919.
Delbrück, 1848–1929, Nachfolger Treitschkes an der Universität
Berlin, war schon vor dem Kriege von seiner ursprünglichen Flotten-
begeisterung abgerückt und in Gegensatz zu den «Alldeutschen» ge-
raten. Nach dem Kriege übte er scharfe Kritik an Ludendorff und
Tirpitz und bekämpfte die «Dolchstoß»-Legende.

27 Hier nach: Bismarcks Erbe, Berlin 1915, S. 202.

28 Siehe: Aufrufe und Reden deutscher Professoren, a. a. O., S. 184 f.

29 Klaus Schwabe hat mit Recht gesagt: «Gerade die Gelehrten waren es,
die kraft ihrer Autorität und ihrer Denkweise den politischen Fragen
häufig den Anschein wissenschaftlicher bzw. ideeller Probleme verliehen und damit die politischen Gegensätze auch dann ins Prinzipielle
erhoben, wenn dies von der Sache her nicht berechtigt war... Die
idealistische Selbsteinschätzung dieser Gelehrten gab damit die Bahn
frei zur Verketzerung des – allein ideell verstandenen – Gegners und
verbaute gleichzeitig den Weg zu praktischen Kompromissen, den zu
beschreiten Berufspolitiker vom Schlage eines Erzberger oder Stresemann viel eher bereit gewesen sind.» (Wissenschaft und Kriegsmoral,
a. a. O., S. 185 und 165.)

30 Siehe zum Thema: Fritz Fischer, Griff nach der Weltmacht – Die
Kriegszielpolitik des kaiserlichen Deutschland 1914–1918, Düsseldorf 1961; Karl Heinz Janssen, Macht und Verblendung – Die Kriegszielpolitik deutscher Bundesstaaten 1914–1918, Göttingen 1963;
Deutsche Kriegsziele 1914–1918, eine Diskussion, herausgegeben
von Ernst Wilhelm Graf Lynar, Frankfurt a. M. und Berlin 1964.

31 Heinrich Heine hat kritisch und ahnungsvoll gesagt: «Der Patriotismus des Deutschen besteht darin, daß sein Herz enger wird, daß es
sich zusammenzieht wie Leder in der Kälte, daß er das Fremdländische haßt, daß er nicht mehr Weltbürger, nicht mehr Europäer,
sondern nur ein enger Deutscher sein will. Da sahen wir nun das idealische Flegeltum, daß Herr Jahn» – der Turnvater – «in System gebracht; es begann die schäbige, plumpe, ungewaschene Opposition
gegen eine Gesinnung, die eben das Herrlichste und Heiligste ist, was
Deutschland hervorgebracht hat, nämlich gegen jene Humanität, gegen jene allgemeine Menschenverbrüderung, gegen jenen Kosmopolitismus, dem unsere großen Geister, Lessing, Herder, Schiller, Goethe, Jean Paul, dem alle Gebildeten in Deutschland immer gehuldigt
haben.» (Die romantische Schule, Erstes Buch, 1835.)
Der Entwicklung vom einen Pol zum anderen hat Friedrich Meinecke

eine eingehende, freilich in den Wertungen zwiespältige Untersuchung gewidmet: Weltbürgertum und Nationalstaat – Studien zur Genesis des deutschen Nationalstaates, München und Berlin 1908, 9. Auflage München und Wien 1969.

32 Vorlesungen über die Philosophie der Geschichte, Vierter Teil, Dritter Abschnitt, Drittes Kapitel: Die Aufklärung und die Revolution.

33 Im Siebenjährigen Krieg wurden Londons Straßen zum Geburtstag Friedrichs des Großen festlich illuminiert; unzählige Wirtshäuser hießen «King of Prussia». Und bis zu Eisenhower 1945 ist kein ausländischer Heerführer so enthusiastisch gefeiert worden wie – nach Waterloo – der Preuße Blücher.

34 Untertitel: Patriotische Besinnungen, München und Leipzig 1915.

35 Leipzig 1915; die «Kategorientafel» S. 442 f.

36 Das Ressentiment im Aufbau der Moralen, in: Vom Umsturz der Werte, Band I, 2. Auflage Leipzig 1919.

37 Krieges Anfang, neu abgedruckt in: Aufrufe und Reden deutscher Professoren, a. a. O., S. 59 f.

38 Phänomenologie des Geistes, B. Selbstbewußtsein, IV. Die Wahrheit der Gewißheit seiner selbst, A. Selbständigkeit und Unselbständigkeit des Geistes; Herrschaft und Knechtschaft. Dieses Kapitel gliedert sich in die Abschnitte: 1. Das gedoppelte Selbstbewußtsein, 2. Der Streit der entgegengesetzten Selbstbewußtseine, 3. Herr und Knecht, mit den Unterabschnitten: Die Herrschaft – Die Furcht – Das Bilden. (Die Erstausgabe der «Phänomenologie» erschien 1807.)

39 In Kants unvergänglichem Aufsatz «Beantwortung der Frage: Was ist Aufklärung?» ist es ein sehr tiefer Gedanke, daß man den Ausgang der Menschen aus selbstverschuldeter Unmündigkeit keineswegs für selbstverständlich nehmen dürfe, daß vielmehr ein großer Teil der Menschen gerne zeitlebens unmündig bleibe, weil dies so bequem sei. «Daher», folgert Kant im Jahre 1784, also noch vor jeder Erfahrung mit Ablauf und Umschlag moderner Revolutionen, «kann ein Publikum nur langsam zur Aufklärung gelangen. Durch eine Revolution wird vielleicht wohl ein Abfall von persönlichem Despotismus und gewinnsüchtiger oder herrschsüchtiger Bedrückung, aber niemals wahre Reform der Denkungsart zustande kommen; sondern neue Vorurteile werden, eben sowohl als die alten, zum Leitbande des gedankenlosen großen Haufens dienen.»

40 Alfred Graf von Schlieffen, 1833–1913, war von 1891 bis 1905 der Chef des Generalstabs. Siehe zur Literatur: Wolfgang Foerster, Graf Schlieffen und der Weltkrieg, Teil 1, Berlin 1921; Gerhard Ritter, Der Schlieffenplan – Kritik eines Mythos, München 1956.

41 Unwillkürlich wird man an den Anfang des Siebenjährigen Krieges erinnert, als Friedrich der Große durch Sachsen hindurch gegen Österreich einen Präventivschlag versuchte. Aber Friedrich scheiterte bei Kolin, und sein Angriff lieferte wenn schon nicht das Motiv, dann doch willkommenen Vorwand, um die große Koalition gegen ihn zu rechtfertigen und zu aktivieren.

42 Sebastian Haffner hat noch schärfer geurteilt und von einem Verbrechen des deutschen Generalstabs gesprochen: Von Bismarck zu Hitler – Ein Rückblick, München 1987, S. 120.

43 Arthur Rosenberg hat den Sachverhalt farbig beschrieben: «Jedem, der es wissen wollte, versicherte die Marine, daß England binnen sechs Monaten nach Beginn des verschärften U-Boot-Krieges wahrscheinlich werde Frieden machen müssen. Man ist sogar manchmal von der ‹Wahrscheinlichkeit› dieser Prophezeiung zur ‹Bestimmtheit› übergegangen. Hervorragende Admirale nahmen es auf ihr ‹Seeoffiziers-Ehrenwort›, daß kein amerikanischer Soldat das europäische Festland betreten werde und daß die Rolle der Amerikaner im kommenden Landkrieg ‹gleich null› sein werde... Alle diese Männer und die hinter ihnen stehenden Offiziere, hohen Beamten, Industriellen, Gutsbesitzer und Intellektuellen, waren davon überzeugt, daß das Deutschland, wie sie es liebten und wie sie es sich allein denken konnten, ohne den U-Boot-Krieg verloren sei. Der U-Boot-Krieg war der Weg zum Siegfrieden und damit zur Rettung Deutschlands und der von ihnen als allein vernünftig angesehenen Gesellschaftsordnung. Es war wie ein politischer Rausch, der die in Deutschland regierenden Schichten damals ergriffen hatte und in dem die nüchterne Überlegung einfach unterging.» (Entstehung der Weimarer Republik, Frankfurt a. M. 1961, S. 129.)
Stresemann hat über die Sitzung des Hauptausschusses des Reichstags berichtet, in der es um den U-Boot-Krieg ging: «Der Staatssekretär des Reichsmarineamts, Herr von Capelle ... äußerte sich dahin, er schätze die Gefahr, daß Amerika irgendwelche Truppen nach Europa werfen könne, mit Null ein... Seine Ausführungen über die Verhinderung der Truppentransporte, die er noch durch den Satz ergänzte: ‹Wenn die Amerikaner wirklich kommen, freuen sich meine U-Boote schon im voraus auf die Beute, die sie machen werden›, waren für die Haltung der Fraktion mit entscheidend.» (Rosenberg, a. a. O., S. 258.)

44 Rosenberg, a. a. O., S. 91, sagt dazu: «Von Ende September 1914 bis zum Ende des Krieges sind die Tagesberichte durchaus sorgfältig und zuverlässig gewesen. Sie enthielten das, was Berichte dieser Art

bieten können, nämlich Angaben, wo die Front verlief und was an wichtigsten Ereignissen geschehen war. Aber das eigentlich Entscheidende über die Kriegslage kann man in die Tagesberichte nicht hineinschreiben: Die eigene Truppenstärke im Verhältnis zum Feinde, die beiderseitigen Reserven und die strategische Gesamtlage. Über diese wirkliche Kriegssituation hat das deutsche Volk, einschließlich der Parlamentarier, nichts erfahren. Die Kriegslage war bekannt: am Hof, bei der Obersten Heeresleitung und allenfalls beim Reichskanzler. Damit hörte der Kreis der Wissenden auf.»

45 «Das Instrument, mit dem Ludendorff seine Diktatur begründete, war die völlig neue, den alten Vorstellungen des deutschen Heeres fremde Auslegung, die er dem Begriff seiner ‹Verantwortung› gab... Wenn zum Beispiel der Reichskanzler eine nach Ansicht des Generals Ludendorff falsche, die Kriegführung schädigende Politik machte, erklärte Ludendorff, daß er dafür die ‹Verantwortung› nicht tragen könne. Er erbat demgemäß seine Entlassung. Die Folge davon war aber, daß nicht Ludendorff ging, sondern der Reichskanzler. Mit dem Druckmittel seiner ‹Verantwortung› hat General Ludendorff dem Kaiser nicht nur auf militärischem Gebiet, sondern auch in allen entscheidenden politischen Fragen seinen Willen aufgezwungen. – General Ludendorff genoß das unbedingte Vertrauen des Feldmarschalls von Hindenburg. Wenn Ludendorff seinen Rücktritt ankündigte, so schloß Hindenburg sich ihm an. Der Kaiser aber war gar nicht imstande, Hindenburg und Ludendorff zu entlassen. Die kaiserliche Autorität war so gesunken und dafür die Autorität der beiden Heerführer so gestiegen, daß Wilhelm II. gegenüber Ludendorff machtlos war. Hätte der Kaiser etwa im Jahre 1917 versucht, den General Ludendorff zu entlassen, so wäre aus der Ludendorff-Krise sehr bald eine Kaiser-Krise geworden.» (Rosenberg, a. a. O., S. 110f.)

Aber Ludendorff diktierte nicht bloß die große Linie politischer Entscheidungen: «In jedem Korpsbezirk hatte der zuständige General seit Kriegsbeginn die oberste Gewalt. Er übte die Pressezensur, verbot Versammlungen, ordnete die Schutzhaft an usw. Die Generalkommandos unterstanden dem Kriegsministerium. Bis zum August 1916 empfing der Kriegsminister in politischen Fragen die Richtlinien vom Reichskanzler, und so hatte Bethmann Hollweg den Regierungsapparat in der Hand. Mit dem Amtsantritt Ludendorffs wurde das anders. Jetzt fühlte sich der Kriegsminister in erster Linie verpflichtet, den Willen der Obersten Heeresleitung auszuführen, und der Chef des Generalstabs hatte auch die stellvertretenden Gene-

ralkommandos unter sich. Das war die reine Militärdiktatur, von der
Spitze herunter bis ins letzte Dorf.» (A. a. O., S. 118.)

46 Albrecht von Thaer, Generalstabsdienst an der Front in der O. H. L.
– Aus Briefen und Tagebuchaufzeichnungen 1915–1919, Göttingen
1958, S. 235.

47 Zitiert nach Michael Stürmer, Das ruhelose Reich – Deutschland
1866–1918, 2. Auflage Berlin 1983, S. 365.

Fünftes Kapitel: Die Novemberrepublik

1 Generalfeldmarschall von Hindenburg, Aus meinem Leben, Leipzig
1920, S. 403. Das Vorwort ist datiert «September 1919», also exakt ein
Jahr nach den Tagen, in denen Hindenburg und Ludendorff ihre Konsequenzen aus dem verlorenen Krieg zogen.

2 Johannes Fischart (Pseudonym für Erich Dombrowski), Das alte und
das neue System, 4 Bände, Berlin 1919–1925; hier Band 1, S. 246. –
Daß nicht nur ein kleiner Kreis von endlich Eingeweihten, sondern
die öffentliche Meinung so urteilte, bezeugt Ernst Troeltsch: «An die
Lügen vom ‹Dolchstoß von hinten› oder ‹im Felde unbesiegt› dachte
damals noch niemand. Vielmehr alle Welt fühlte sich, soweit sie nicht
längst Mißtrauen hegte, von der Aufklärung und der Stimmungsma-
che der bisher Herrschenden betrogen.» (Spektator-Briefe, herausgegeben von Hans Baron, Tübingen 1924, S. 14.)

3 Was immer man zu Hindenburgs Haltung sonst sagen mag, der letzte
Satz verdient Würdigung. Er unterscheidet sich grundlegend von der
Haltung Hitlers im deutschen Endkampf 1944–1945. Er unterscheidet sich auch von der Einstellung der Marineleitung in diesem Oktober 1918.

4 Daß es den meuternden Matrosen zunächst gar nicht um die Revolution ging, sondern schlicht darum, den sinnlosen Schlachtentod und
dann die drohende Bestrafung abzuwenden, hat Arthur Rosenberg
mit sarkastischen Anmerkungen geschildert: «Die Forderungen der
aufständischen Matrosen waren durchaus unpolitisch. Unter den 13
Punkten, die der Soldatenrat des ersten Geschwaders aufstellte, geht
am weitesten die Forderung, die verhafteten Mannschaften von ‹Thüringen› und ‹Helgoland› sowie die im Jahre 1917 verurteilten Matrosen freizulassen. Auch für die Teilnehmer an der jetzigen Bewegung
wird Straflosigkeit gefordert: Es soll ihnen ‹keine ungünstige Eintragung in das Führungsbuch gemacht werden›! Die Revolutionäre wollen also nicht, daß man ihnen die Revolution ins Führungsbuch

schreibt... Unvergleichlich ist Punkt 9: ‹Die Anrede ‹Herr Kapitän usw.› hat nur am Anfang eines Satzes zu dienen. Im weiteren Verlauf des Gesprächs fällt sie weg, und ich rede den Vorgesetzten mit Sie an!› – Man male sich die Situation aus: 100000 Matrosen haben gemeutert. Sie haben alle Kanonen. Das Leben der Offiziere hängt von ihrer Gnade ab. Das deutsche Kaisertum zerbricht vor ihrer Erhebung, und dieselben Revolutionäre machen sich darüber Sorgen, daß sie künftig nicht mehr: ‹wollen Herr Leutnant› sagen möchten, sondern einfach: ‹Sie›.» (Entstehung der Weimarer Republik, Frankfurt a. M. 1961, S. 235.) Im Hintergrund stand die Erfahrung mit den Hungerstreiks vom Sommer 1917, die zur Erschießung der Matrosen Reichpietsch und Köbis geführt hatten. Auch im Blick auf diese Vorgeschichte gilt Rosenbergs Urteil: «Nicht die USPD, sondern Admiral Scheer hat den Revolutionsherd geschaffen, der sich im November 1918 zeigte.» (A. a. O., S. 168.) Siehe im übrigen zum Thema: Wilhelm Deist, Die Politik der Seekriegsleitung und die Rebellion der Flotten Ende Oktober 1918, in: Vierteljahreshefte für Zeitgeschichte, Jahrgang 14, 1966, S. 341 ff. Seltsam genug scheint Rosenberg den Beteuerungen der Admirale Glauben zu schenken: «Rein militärisch gesehen war also der deutsche Flottenvorstoß weder ein Abenteuer noch eine Todesfahrt, sondern ein sorgfältig vorbereitetes Unternehmen, das bei geringen eigenen Verlusten dem Feind erheblichen Schaden tun konnte.» (A. a. O., S. 233.) Ganz außer Betracht bleibt in jedem Falle, daß die Engländer den deutschen Funkverkehr abhörten und daher schon bei früheren Gelegenheiten rechtzeitig in See gegangen waren, wenn die Hochseeflotte auslief.

5 Mein Kampf, 190.–194. Auflage München 1936, S. 223 ff. – Das Buch ist in feierlicher Form den Toten des 9. November 1923 gewidmet.

6 Scheidemann berichtet, wie nach seiner Proklamation der Republik Ebert ihn «zornrot» anfuhr: «Du hast kein Recht, die Republik auszurufen! Was aus Deutschland wird, ob Republik oder was sonst, das entscheidet eine Konstituante!» (Philipp Scheidemann, Memoiren eines Sozialdemokraten, Dresden 1928, Band II, S. 313 f.)

7 Gedanken und Erinnerungen, Band I, Kapitel 13.

8 Bis nach dem Zweiten Weltkrieg blieb dieser Groll spürbar. Der Verfasser ist zufällig Zeuge eines Festakts zur Gründung der «Niedersächsischen Landespartei» im Jahre 1946 gewesen. Damals stellte der Hauptredner – später Bundesminister, dann Ministerpräsident von Niedersachsen – die geschichtliche Stunde unter das Motto: «Der Erbfeind (Preußen) liegt zerschmettert am Boden, die achtzigjährige Schmach von Langensalza (Kapitulation der hannoverschen Armee vor der preußischen) ist gelöscht und die gelbweiße Fahne wieder am Mast!»

Vielleicht hätte eine wirklich hannoveranisch profilierte Partei sich behaupten können; als man sich jedoch zur «Deutschen Partei» umbenannte und außerhalb Niedersachsens – ausgerechnet – unter den Farben des Bismarckreiches zum Stimmenfang auszog, war wohl mit Fug das Scheitern programmiert.

9 Kuno Graf von Westarp, Das Ende der Monarchie vom 9. November 1918, herausgegeben von Werner Conze, Stollhamm und Berlin 1952, S. 46.

10 Spektator-Briefe, Tübingen 1924, S. 23 f.

11 Preußen ohne Legende, Hamburg 1978, S. 84.

12 Theodor Fontane hat den zwiespältigen Sachverhalt schon 1897 zwiespältig beschrieben, auch wenn er noch nicht an den Flottenbau dachte: «Was mir an dem Kaiser gefällt, ist der totale Bruch mit dem Alten, und was mir an dem Kaiser nicht gefällt, ist das dazu im Widerspruch stehende Wiederherstellenwollen des Uralten. In gewissem Sinne befreit er uns von den öden Formen und Erscheinungen des alten Preußentums, er bricht mit der Ruppigkeit, der Popligkeit, der spießbürgerlichen Sechserdreierwirtschaft der 1823er Epoche, er läßt sich, aufs Große und Kleine hin angesehen, neue Hosen machen, statt die alten auszuflicken. Er ist ganz unkleinlich, forsch und hat ein volles Einsehen davon, daß ein deutscher Kaiser was anderes ist, als ein Markgraf von Brandenburg... Ich wollte ihm auf seinem Turmseilweg willig folgen, wenn ich sähe, daß er die richtige Kreide unter den Füßen und die richtige Balancierstange in Händen hätte. Das hat er aber nicht. Er will, wenn nicht das Unmögliche, so doch das Höchstgefährliche mit falscher Ausrüstung, mit unausreichenden Mitteln... Was der Kaiser mutmaßlich vorhat, ist mit Waffen überhaupt nicht zu leisten; alle militärischen Anstrengungen kommen mir vor, als ob man anno 1400 alle Kraft darauf gerichtet hätte, die Ritterrüstung kugelsicher zu machen – statt dessen kam man aber schließlich auf den einzig richtigen Ausweg, die Rüstung ganz fortzuwerfen.» (Briefe an Georg Friedländer, herausgegeben von Kurt Schreinert, Heidelberg 1954, S. 309.)

13 Aus der Fülle der Literatur seien genannt: Quellen zur Geschichte der Rätebewegung in Deutschland, 1918/19, 3 Bände, Düsseldorf 1968–1980, herausgegeben von der Kommission für Geschichte des Parlamentarismus und der Parteien; Peter von Oertzen, Betriebsräte in der Novemberrevolution, Düsseldorf 1963; Dieter Schneider und Rudolf Kuda, Arbeiterräte in der Novemberrevolution – Ideen, Wirkungen, Dokumente, 2. Auflage Frankfurt 1969; Die deutsche Revolution 1918–1919, Dokumente, herausgegeben von Gerhard A. Rit-

ter und Susanne Miller, Frankfurt a. M. und Hamburg 1968; Allan Mitchell, Revolution in Bayern 1918/19 – Die Eisner-Regierung und die Räterepublik, München 1967.

14 Außerdem erhielten: DNVP, 10,3, DVP 4,4, USP 7,6, Sonstige 1,6 Prozent. Siehe insgesamt bis 1933: Alfred Milatz, Wähler und Wahlen in der Weimarer Republik, Schriftenreihe der Bundeszentrale für Politische Bildung, Heft 66, 2. Auflage Bonn 1968.

15 Zitiert nach: Ursachen und Folgen. Vom deutschen Zusammenbruch 1918 bis 1945 bis zur staatlichen Neuordnung Deutschlands in der Gegenwart – Eine Urkunden- und Dokumentensammlung zur Zeitgeschichte, herausgegeben von Herbert Michaelis und Ernst Schraepler, Berlin 1958 ff., Band III, S. 203. – Wie schnell und gründlich die Einstellung sich veränderte, kann man nachlesen bei Werner Liebe, Die deutschnationale Volkspartei 1918–1924, Düsseldorf 1956. Siehe auch Annelise Thimme, Flucht in den Mythos – Die deutschnationale Volkspartei und die Niederlage von 1918, Göttingen 1969.

16 A. a. O., S. 221. – Die Gesamtentwicklung schildert Volker R. Berghahn: Der Stahlhelm, Bund der Frontsoldaten 1918–1935, Düsseldorf 1966.

17 Kurt Töpner, Gelehrte Politik und politisierende Gelehrte – Die Revolution von 1918 im Urteil deutscher Hochschullehrer, Göttingen 1970, S. 253 f.

18 Siehe zur näheren Darstellung den Zeitzeugen: Harry Graf Kessler, Walther Rathenau – Sein Leben und sein Werk, Ausgabe Frankfurt a. M. 1988, S. 314 ff.

19 Werner Liebe, a. a. O., S. 159.

20 Rathenau wurde als ein «Zutreiber und Fronvogt der unersättlichen Herrschsucht unserer Feinde» bezeichnet. Siehe Karl Helfferich. Deutschland in den Ketten des Ultimatums – Deutschnationale Flugschriften 107, Berlin 1921.
Die Mordhetze traf natürlich nicht nur Rathenau. Nach dem Attentat, dem Erzberger zum Opfer fiel, konnte man in der Hamburger «Reichsflagge» lesen: «Gott erhalte Ebert, Wirth und Scheidemann, Erzberger hat er schon erhalten.» (Zitiert nach Gotthard Jasper, Der Schutz der Republik, Tübingen 1963, S. 57.)

21 A. a. O., S. 325 f.

22 Friedrich Stampfer, Die vierzehn Jahre der ersten deutschen Republik, Karlsbad 1934, S. 265.

23 Hagen Schulze hat dazu gesagt: «Es war eine begeisternde Rede, ein Höhepunkt parlamentarischer Rhetorik, ein Fanal republikanischen

Geistes, nur eines war sie nicht: sie war nicht klug. Denn solcherma-
ßen gemeinsam mit den Deutschnationalen auf die Anklagebank verwiesen, fühlte sich die DVP-Führung gekränkt...» (Weimar –
Deutschland 1917–1933, Berlin 1982, S. 244.) Aber gibt es nicht Augenblicke, an denen das Fanal wichtiger wird als taktisches Geschick?
Krankte die Republik nicht allzuoft daran, daß sie bloß klug war und
die Rhetorik, die begeisternden Reden, die Wirkung der Fanale ihren
Feinden überließ?

24 A. a. O., S. 327. – Die übrigen Attentäter, zwei ehemalige Marine-
offiziere, wurden nach einiger Zeit in der Burg Saaleck, unweit von
Naumburg, entdeckt. Den einen erschoß die Polizei, der andere sich
selbst. Nach 1933 errichteten die Nationalsozialisten den Mördern
hier eine Gedenkstätte, die inzwischen von einem Rathenau-Museum
abgelöst worden ist. An der Koenigsallee in Berlin-Grunewald erinnert heute ein Gedenkstein an den Ort des Anschlags.

25 Zum ewigen Frieden, Erster Abschnitt, welcher die Präliminarartikel
zum ewigen Frieden unter Staaten enthält.

26 Eine anschauliche Darstellung des dramatischen Ringens um Ableh-
nung oder Annahme des Friedensvertrages findet man bei Theodor
Eschenburg: Die Entscheidung der Weimarer Nationalversammlung
über den Versailler Friedensvertrag im Juni 1919, in: Eschenburg, Die
Republik von Weimar – Beiträge zur Geschichte einer improvisierten
Demokratie, München 1984, S. 91 ff.

27 Die Abstimmung vom 11. Juli 1920 ergab im Bezirk Allenstein 98
Prozent für Deutschland, in Marienwerder 92 Prozent. In Oberschle-
sien fiel die Abstimmung vom 20. März 1921 mit 60 Prozent für
Deutschland – bei im einzelnen wechselnden Mehrheiten – weniger
eindeutig aus. Daher kam es zu einer Teilung. Um so wertvoller hätte
die Sicherung des bei Deutschland verbleibenden Gebiets sein können.

28 Viscount d'Abernon, Ein Botschafter der Zeitenwende, 3 Bände,
Leipzig ohne Jahr (um 1930), Band II, S. 329 f.

29 In seiner Dankesrede zur Verleihung des Friedens-Nobelpreises 1927 in
Oslo hat Gustav Stresemann gesagt: «Der Geschichtsforscher sieht
heute noch den Ausgang des Krieges für Deutschland vielfach nur in
verlorenen Gebietsteilen, verlorener praktischer Kolonialbetätigung,
verlorenem Staats- und Volksvermögen. Er übersieht vielfach den
schwersten Verlust, den Deutschland miterlitten hat. Dieser schwerste
Verlust bestand meiner Auffassung nach darin, daß jene geistige und
gewerbliche Mittelschicht, die traditionsgemäß Trägerin des Staatsge-
dankens war, ihre völlige Hingabe an den Staat im Kriege mit der
völligen Aufgabe ihres Vermögens bezahlte und proletarisiert wurde.»

(Gustav Stresemann, Vermächtnis – Der Nachlaß in drei Bänden, herausgegeben von Henry Bernhard, Band 3, Berlin 1933, S. 463.)
Als Literatur zum Thema sei genannt: Gerald D. Feldman (Herausgeber), Die Nachwirkungen der Inflation auf die deutsche Geschichte 1924–1933, München 1985. Siehe auch Jörgen Pedersen u. Karsten Laursen, The German Inflation 1918–1923, Amsterdam 1964.

30 Als ebenso gründliche wie kritische Untersuchung ist zu nennen: Harold James, Deutschland in der Weltwirtschaftskrise 1924–1936, Stuttgart 1988.

31 Siehe als ein Beispiel aus der zahlreichen Liteartur: Heinrich Bennecke, Wirtschaftliche Depression und politischer Radikalismus 1918–1938, München 1970.

32 Die Legende sollte endgültig erledigt sein seit der Arbeit von Henry Ashby Turner, Die Großunternehmer und der Aufstieg Hitlers, Berlin 1985. – Zum Affekt gegenüber dem bestehenden Wirtschaftssystem: Wolfgang Hock, Deutscher Antikapitalismus, Frankfurt a. M. 1960.

33 Die Kriegsverschuldung des Reiches betrug 154 Milliarden Mark. Aber das bedeutete nichts mehr angesichts eines Geldumlaufs, der am Vorabend der Währungsreform vom November 1923 auf 400 338 326 350 700 000 000 Mark geschätzt wurde; nach dem Zusammenstreichen im Verhältnis von einer Billion zu eins blieben von den 154 Milliarden noch 15,4 Pfennige! Sarkastisch hat Hagen Schulze angemerkt: «Fiskalisch gesehen ist der Erste Weltkrieg der billigste Krieg, der je geführt wurde.» (Weimar – Deutschland 1917–1933, Berlin 1982, S. 36.)

34 Anmerkungen zu Hitler, München 1978, S. 71.

35 Einmal mehr gerät man in Versuchung, über die Bedeutung des Todesdatums im geschichtlichen Urteil zu meditieren. Wie sähe es aus, wenn Hindenburg gegen Ende seiner ersten Amtszeit gestorben wäre? Ein Vater des Vaterlandes, fast ein deutscher de Gaulle – und eine andere Stellung des Bundespräsidenten, als das Gespenst der «Machtergreifung» sie den Vätern unseres Grundgesetzes eingab: Vieles scheint denkbar.

36 Gumbel, Vier Jahre politischer Mord, Berlin 1922; Neuausgabe Heidelberg 1980. Vorausgegangen war schon «Zwei Jahre politischer Mord», Berlin 1921; weitere wichtige Schriften folgten bis 1932. Als neuere Untersuchung ist bedeutsam: Heinrich Hannover und Elisabeth Hannover-Drück, Politische Justiz 1918–1933, Frankfurt a. M. 1966.

37 Nach Eugen Schiffer, Die deutsche Justiz, Berlin 1928, S. 15. – Siehe als Literatur zum Thema: Ernst Fraenkel, Zur Soziologie der Klassenju-

stiz, Berlin 1927, Neuausgabe Darmstadt 1968; Hugo Sinzheimer und Ernst Fraenkel: Die Justiz in der Weimarer Republik – eine Chronik, herausgegeben von Thilo Ramm, Neuwied und Berlin 1968; Otto Kirchheimer: Politische Justiz, Neuwied 1965; Kirchheimer: Von der Weimarer Republik zum Faschismus – Die Auflösung einer demokratischen Rechtsordnung, herausgegeben von Wolfgang Luthardt, Frankfurt a. M. 1976.

38 Zitiert nach Friedrich von Rabenau: Seeckt – Aus seinem Leben 1918 bis 1936, Leipzig 1940, S. 223.

39 A. a. O., S. 341 f. – Rabenau, selbst Reichswehrgeneral, erklärt dieses «Hinter mir» so: «Die Armee war ein Rest, freilich der oder das beste. Sie war schon vor dem Krieg ein Rest gewesen, nämlich ein absolutistischer im konstitutionellen Staat, ein Gegensatz zur sich verändernden Umwelt, zum Glück der Armee. Jetzt war sie insofern ein monarchischer Rest in einem parlamentarischen Parteistaat, als sie gewohnt war, auf eine das Ganze sinnbildlich zusammenfassende Person eingestellt zu sein. Also mußte ein Soldat da sein, der diese Persönlichkeit zu ersetzen berechtigt war.» (S. 469.) Aber woher stammt solche «Berechtigung», auf einen General statt auf den verfassungsmäßigen Oberbefehlshaber, also den Reichspräsidenten bezogen – solange der noch Friedrich Ebert und nicht Hindenburg hieß? Zeichnete sich damit nicht bereits eine Einstellung ab, der es nach dem Tode Hindenburgs wenig Skrupel bereitete, dem «Führer» als der nun «das Ganze zusammenfassenden» Person «bedingungslosen Gehorsam» zu schwören? – Als Literatur sei genannt: Francis L. Carsten, Reichswehr und Politik 1918–1933, 3. Auflage Köln und Berlin 1966.

40 Julius Leber, Ein Mann geht seinen Weg – Schriften, Reden und Briefe, Berlin und Frankfurt a. M. 1952, S. 204. – Die Stimmungslage der Arbeiterschaft am Beginn der «Revolution» macht eine Anekdote sichtbar: Das Drängen Liebknechts, in Berlin schon am 4. November loszuschlagen, weisen die Vorsitzenden der Revolutionären Obleute mit dem Argument zurück, erst müßten die Tage der Lohnzahlung abgewartet werden. Denn «da seien die Arbeiter nicht herauszubringen». Liebknechts Ansicht, daß das für die revolutionäre Zeit nicht gelten könne, wird als unpraktisch abgelehnt.» (Notiz Karl Liebknechts über die Vorbereitung des 9. November, in: Illustrierte Geschichte der deutschen Revolution, Berlin 1929, S. 203.) Wie es im November und Dezember 1918 in Berlin aussah, hat Hagen Schulze geschildert: «Jede Revolution schafft sich ihre eigene Armee, wie die Iron-sides der englischen, die Sansculotten-Armee der französischen oder die Rote Armee der russischen Revolution. In der Tat gab

es eine Reihe von Versuchen, der Umarmung durch die OHL zu entgehen; unter den Auspizien mal des Vollzugsrats, mal des linken USPD-Flügels, mal der MSPD wurden ‹Rote Garden›, eine ‹Sicherheitswehr›, eine ‹Republikanische Schutztruppe› aufgestellt; der Rat der Volksbeauftragten selbst erließ am 12. Dezember 1918 ein ‹Gesetz zur Bildung einer Freiwilligen Volkswehr›, ein nachdrücklicher Versuch, eine Gegenmacht zur alten Armee aufzustellen. Allen diesen Experimenten war durchweg kein Erfolg beschieden, wenn man von sehr wenigen Formationen wie dem ‹Regiment Reichstag› absieht, das hauptsächlich aus sozialdemokratisch und gewerkschaftlich organisierten Unteroffizieren bestand und von einem Vizefeldwebel geführt wurde. Das ‹Regiment Reichstag› schlug sich bei verschiedenen Gelegenheiten hervorragend für die Reichsregierung, aber es blieb eine Ausnahme... Die Soldaten und Matrosen hatten in ihrer übergroßen Mehrheit nicht durch Streikaktionen zum Kriegsende beigetragen, um anschließend in einem innerdeutschen Bürgerkrieg zu fallen. Einzelfälle wie das ‹Regiment Reichstag› widerlegen den Befund nicht, sondern stützen ihn; größer angelegte Organisationsversuche... scheiterten nämlich nicht zuletzt daran, daß alle Sozialdemokraten, die militärisch erfahren und zum Kampf bereit waren, sich dem ‹Regiment Reichstag› angeschlossen hatten. Damit war das militärische Reservoir der MSPD und der ihr nahestehenden Freien Gewerkschaften im Berliner Raum restlos erschöpft.» (Weimar – Deutschland 1917–1933, Berlin 1982, S. 172f.)

Gerade der historische Vergleich demonstriert, wie wenig es in Wahrheit um «Revolution» ging, wie sehr im Zusammenbruch der alten Ordnung um eine Sehnsucht nach der Normalität des Friedens: «Die Novemberrevolution von 1918 war eine Hunger- und Erschöpfungsrevolte», heißt es bei Theodor Eschenburg. (Die Republik von Weimar – Beiträge zur Geschichte einer improvisierten Demokratie, München 1984, S. 76.)

41 Nur als Beispiele seien zur historischen Diskussion angeführt: Erich Matthias, Einleitung zu: Zwischen Räten und Geheimräten – Die Regierung der Volksbeauftragten 1918/1919, Teil I, Düsseldorf 1969, S. CXX ff.; Helga Grebing, Konservative oder soziale Demokratie?, in: Vom Kaiserreich zur Weimarer Republik, herausgegeben von Eberhard Kolb, Köln 1972, S. 398 ff.; Waldemar Besson, Friedrich Ebert – Verdienst und Grenze, Göttingen 1963; Sebastian Haffner, Die verratene Revolution – Deutschland 1918–19, Bern, München 1969; Erich Matthias, Zwischen Räten und Geheimräten – Die deutsche Revolutionsregierung 1918/19, Düsseldorf 1970; Susanne Miller, Die Bürde

der Macht – Die deutsche Sozialdemokratie 1918–1920, Düsseldorf
1978; Heinrich August Winkler, Die Sozialdemokratie und die Revolution von 1918/19 – Ein Rückblick nach sechzig Jahren, Bonn 1979.

42 Kurt Tucholsky, Gesammelte Werke, Band I, Reinbek 1960, S. 377f.

43 In der berühmten, nachträglich fast zur Legende verklärten «Weltbühne» findet man 1926 (1. Halbjahr, Nr. 22, S. 45ff.) einen Aufsatz
von Kurt Hiller, «Mussolini und unsereins». Darin wird der faschistische Diktator als «die lebende Widerlegung des Demokratismus» verherrlicht, der «Schwung, Eleganz, Vitalität» und offensichtlich Kultur
besitzt. Denn «er sieht aus wie jemand, der Kraft hat, aber etwas von
Kunst versteht und Philosophie gelesen hat. Die Reichskanzler der
Republik Deutschland, zum Beispiel, mögen sie dem Zentrum oder
der Sozialdemokratie angehört haben, sahen durch die Bank nicht so
aus.» Im gleichen Heft (S. 52ff.) zerreißt Tucholsky unter seinem
Pseudonym Ignaz Wrobel die «Ebert-Legende»; er sticht den verstor-
benen Reichspräsidenten als einen «Verräter» von «bodenloser Charakterlosigkeit» ab. – Die Bewunderung Mussolinis in der «Weltbühne» blieb kein Einzelfall. Theodor Wolff zum Beispiel schrieb (am
11. 5. 1930, S. 2) im «Berliner Tageblatt» über den «Duce»: «Er schafft
ohne Pause, stampft Schöpfungen aus dem Boden, reißt mit seiner
ungeheueren Energie unablässig sein Gefolge mit sich – diese Werke
müssen doch bleiben, können nicht geleugnet werden.»
Das Bild eines zwar theatralischen, aber vergleichsweise gemäßigten
Faschismus hat im falschen Analogieschluß vermutlich dazu beigetragen, den Nationalsozialismus zu unterschätzen. Dem gleichen Analogieschluß, nur in seiner Umkehrung, ist dann auch Hitler erlegen, als er
glaubte, in Italien einen Bündnispartner von militärischem Rang gefunden zu haben.

44 Kessler, Aus den Tagebüchern 1918–1937, München 1965, S. 166.

45 Vom Geist unserer Zeit, München 1929, S. 130.

46 Siehe dazu Herbert Döring, Der Weimarer Kreis – Studien zum Bewußtsein verfassungstreuer Hochschullehrer in der Weimarer Republik, Meisenheim/Glan 1975.

47 Die deutschen Universitäten und der Staat – Referate, erstattet auf der
Weimarer Tagung deutscher Hochschullehrer am 23. und 24. April
1926, von Wilhelm Kahl, Friedrich Meinecke, Gustav Radbruch, Tübingen 1926, S. 8f.

48 A. a. O., S. 33.

49 Die Haltung der deutschen Universitäten zur Weimarer Republik, in:
Nationalsozialismus und die deutsche Universität – Universitätstage
1966, Berlin 1966, S. 28. Siehe im übrigen Sontheimers großangelegte

Untersuchung: Antidemokratisches Denken in der Weimarer Republik, München 1962. – Ein anschauliches Bild vermittelt: Theodor Eschenburg, Aus dem Universitätsleben vor 1933, in: Deutsches Geistesleben und Nationalsozialismus – Eine Vortragsreihe der Universität Tübingen, Tübingen 1965, S. 24 ff. – Als wichtige Untersuchung sei noch genannt: Fritz K. Ringer, Die Gelehrten – Der Niedergang der deutschen Mandarine 1890–1933, Stuttgart 1983.

50 Die deutschen Universitäten und der Staat, a. a. O., S. 11.

51 A. a. O.

52 Die Haltung der deutschen Universitäten, a. a. O., S. 29.

53 Die deutschen Universitäten und der Staat, a. a. O., S. 25. – Siehe von Meinecke im übrigen: Politische Schriften und Reden (Werke, Band II), herausgegeben von Georg Kotowski, Darmstadt 1958. Siehe auch: Waldemar Besson, Friedrich Meinecke und die Weimarer Republik, in: Vierteljahreshefte für Zeitgeschichte, 7, 1959, S. 113 ff. – Insgesamt zur Haltung der Historiker gegenüber der Weimarer Republik: Bernd Faulenbach, Ideologie des deutschen Weges – Die deutsche Geschichte in der Historiographie zwischen Kaiserreich und Nationalsozialismus, München 1980.

54 Deutsche Hochschulzeitung, 16. 2. 1924. – Näheres zu Lietzmann in: Glanz und Niedergang der deutschen Universität – 50 Jahre deutsche Wissenschaftsgeschichte in Briefen an und von Hans Lietzmann (1892–1942), herausgegeben von Kurt Aland, Berlin, New York 1979.

55 Held und Volk, Erlangen 1928, S. 4 und 14.

56 Politik und Geistesleben – Rede zur Reichsgründungsfeier im Januar 1927 und drei weitere Ansprachen, Münchener Universitätsreden 8, München 1927, S. 4 und 5 f.

57 Julius von Gierke, Die erste Reform des Freiherrn vom Stein, Rede zum 18. 1. 1924, Hallische Universitätsreden Nr. 21.

58 Hermann Stieve, Hallische Universitätsreden Nr. 40 (1929), S. 6.

59 Ferdinand von Wolff, Hallische Universitätsreden Nr. 50 (1931), S. 23.

60 Siehe Werner Klose, Freiheit schreibt auf eure Fahnen – 800 Jahre deutsche Studenten, Oldenburg und Hamburg 1967, S. 213. – Weitere Literatur über Studentenschaft und Republik: Jürgen Schwarz, Studenten in der Weimarer Republik – Die deutsche Studentenschaft in der Zeit von 1918 bis 1923 und ihre Stellung zur Politik, Berlin 1971; Hans Peter Bleuel und Ernst Klinnert, Der deutsche Student auf dem Weg ins Dritte Reich, Ideologien – Programme – Aktionen 1918 bis 1935, Gütersloh 1967; Michael H. Kater, Studentenschaft und Rechtsradikalismus in Deutschland 1918–1933, eine sozialgeschichtliche Studie zur Bildungskrise in der Weimarer Republik, Hamburg 1975; Anselm

Faust, Der Nationalsozialistische Deutsche Studentenbund – Studenten und Nationalsozialismus in der Weimarer Republik, 2 Bände, Düsseldorf 1973. Als Beispiele von Lokalstudien seien genannt: Manfred Franze, Die Erlanger Studentenschaft, 1918–1945, Würzburg 1972; Wolfgang Kreutzberger, Studenten und Politik 1918–1933. Der Fall Freiburg im Breisgau, Göttingen 1972.

61 Diese Tendenz setzte sich fort bis zur «Machtergreifung». Am 6. März 1933 hieß es in den Burschenschaftlichen Blättern: «Was wir seit Jahren ersehnt und erstrebt und wofür wir im Geiste der Burschenschaft von 1817 jahraus, jahrein an und in uns gearbeitet haben, ist Tatsache geworden. Das deutsche Volk hat bei der soeben abgeschlossenen Wahl zu den gesetzgebenden Körperschaften zum erstenmal seit der Schmach von 1918 bekannt, daß höchstes und oberstes Gut die nationale Einheit und nationaler Freiheitswille sind. All unsere Arbeit galt immer dem deutschen Volke, an der Herbeiführung einer großen freien deutschen Nation tätig mitzuhelfen und mitzustreiten ist unser oberstes Gebot.» Im Angesicht der Scheiterhaufen zur Bücherverbrennung vom 10. Mai 1933 drückte es die Zeitschrift «Der Deutsche Student» dann genauer und brutaler aus: «Politische Soldaten in Uniform rücken auf die Hochschule; der Intellektuelle fürchtet sich vor solchem Barbarentum; die junge Generation aber freut sich, daß sie zum Urwald zurückfand.»

62 Zitiert nach Faust, a. a. O., Band I, S. 49. – Das Windhund-Leder-Kruppstahl-Idol hat Hitler wiederholt beschworen und später auf die Hitlerjugend bezogen.

63 Mein Konflikt mit der national-sozialistischen Regierung 1933, in: Universitas, Zeitschrift für Wissenschaft, Kunst und Literatur, 10/ 1955, S. 457 ff. – Angesichts solcher Beschwichtigungen verdienen öffentliche Warnungen auch dann Respekt, wenn sie sich im Rückblick seltsam verschwommen und hilflos ausnehmen. Siehe etwa: Ernst Robert Curtius, Deutscher Geist in Gefahr, Stuttgart 1933.

64 Hochschule und Staat, in: Der Staat, Berlin 1928, S. 19.

65 Die Haltung der deutschen Universitäten, a. a. O., S. 35.

66 Wolf Jobst Siedler, Weder Maas noch Memel – Ansichten vom beschädigten Deutschland, Stuttgart 1982, S. 83.

67 Theodor Fontane, zitiert nach: Walther Kiaulehn, Berlin – Schicksal einer Weltstadt, 3. Auflage München und Berlin 1958, S. 413.

68 Viele Namen und Ereignisse nennt, in einem nützlichen Überblick über die Gesamtgeschichte der Stadt: Georg Holmsten, Die Berlin-Chronik – Daten, Personen, Dokumente, Düsseldorf 1984. – Zur Bibliographie mit rund 1400 Titeln: Kiepert Berlin-Literatur Verzeich-

nis, Ausgabe zur 750-Jahr-Feier 1987, herausgegeben von der Buchhandlung Kiepert, Berlin 1986. Insgesamt zur Zeit der Weimarer Republik: Friedrich C. A. Lange, Groß-Berliner-Tagebuch 1920–1933, 2. Auflage Berlin, Bonn 1982; zur keineswegs «goldenen» Kehrseite: Werner Hegemann, Das steinerne Berlin – Geschichte der größten Mietskaserne der Welt, Berlin 1930; zum Untergang Berlins: Werner Girbig, Im Anflug auf die Reichshauptstadt – Die Dokumentation der Bombenangriffe auf Berlin, Stuttgart 1977; Peter Gosztony (Herausgeber), Der Kampf um Berlin 1945 in Augenzeugenberichten, Düsseldorf 1970.

69 Diese Aufführung, inmitten der Tumulte, auf der Schneide zwischen Abbruch und Triumph, schildert sehr anschaulich: Fritz Kortner, Aller Tage Abend, München 1959, S. 350ff. – Zum Theater überhaupt: Günther Rühle (Herausgeber), Theater für die Republik 1917–1933, Frankfurt a. M. 1967; speziell zu Berlin: Florian Kienzl, Die Berliner und ihr Theater, Berlin 1967. Als ein Manifest der späten zwanziger Jahre sei genannt: Erwin Piscator, Das politische Theater, Neubearbeitung von Felix Gasbarra, Reinbek 1963. Zu Reinhardt: Heinz Herald, Max Reinhardt – Bildnis eines Theatermannes, Hamburg 1953.

70 Reinbek 1958.

71 Siehe von Willy Haas: Die literarische Welt – Erinnerungen, 2. Auflage München 1958. – Einen Eindruck vom wohl größten Kritiker vermittelt: Alfred Kerr, Mit Schleuder und Harfe – Theaterkritiken aus drei Jahrzehnten, herausgegeben von Hugo Fetting, Berlin 1982.

72 Siehe dazu: Peter de Mendelssohn, Zeitungsstadt Berlin – Menschen und Mächte in der Geschichte der deutschen Presse, Berlin 1959.

73 Sehr informativ, jedenfalls für einen Teilbereich: Fritz Schlawe, Literarische Zeitschriften, Teil II, 1910–1933, Stuttgart 1962. – Als kulturpolitisch wichtige Wochenzeitschrift wäre besonders «Das Tagebuch» unter der Herausgeberschaft Leopold Schwarzschilds zu nennen. – Zur Bedeutung der «Tat» und des um den Herausgeber Hans Zehrer versammelten «Tat-Kreises» in der Spätphase der Republik: Klaus Fritzsche, Politische Romantik und Gegenrevolution – Fluchtwege in der Krise der bürgerlichen Gesellschaft: Das Beispiel des «Tat-Kreises», Frankfurt a. M. 1976.

74 XII. Jahrgang Heft 6, Juni 1932.

75 «Spricht man heute mit alten Berlinern», heißt es bei Vicki Baum, «die die zwanziger Jahre mitgemacht haben und jetzt anderswo leben, so seufzen sie heimwehtief und erzählen einem, für eine so lebendige, faszinierende Stadt fehle jeder Vergleich. Ja, und eins der Herzen der Innenstadt war das Ullsteinhaus. Es war ein Brennpunkt des Liberalis-

mus ... Bei Ullstein bedeutete dieser Liberalismus, daß die Türen für die mannigfaltigsten Meinungen, Ideen, Einfälle und Richtungen weit offen standen. Unsere Autoren zeigten alle Regenbogenfarben vom Rot der äußersten Linken – Brecht und Toller – über die ganze Skala der expressionistischen Schule bis zu dem antimilitaristischen Antikriegsbuch *Im Westen nichts Neues* und hinüber bis zum Dunkelgrün bemooster alter Heimatschriftsteller ...» (Es war alles ganz anders – Erinnerungen, Berlin 1962, S. 354.)

76 Willy Haas, Die literarische Welt – Erinnerungen, 2. Auflage München 1958, S. 114f.

77 Zitiert nach Ludwig Marcuse, Mein zwanzigstes Jahrhundert – Auf dem Weg zu einer Autobiographie, München 1960, S. 54.

78 Als wär's ein Stück von mir, Frankfurt a. M. 1966, S. 311 ff.

79 Siehe als Dokumentation zum Thema: Hermann Glaser, Spießer-Ideologie – Von der Zerstörung des deutschen Geistes im 19. und 20. Jahrhundert, 2. Auflage Freiburg 1964.

80 Hagen Schulze, Weimar – Deutschland 1917–1933, Berlin 1982, S. 125.

81 «Landvolk», Itzehoe, Nr. 102, vom 27. 7. 1929.
Daß der Augenschein bot, was zur Entrüstung taugte, bezeugt Stefan Zweig – gewiß kein verstockter Provinzler –, wenn er von seinen Eindrücken aus dem Berlin der Inflationszeit berichtet: «Alle Werte waren verändert und nicht nur im Materiellen; die Verordnungen des Staates wurden verlacht, keine Sitte, keine Moral respektiert, Berlin verwandelte sich in das Babel der Welt. Bars, Rummelplätze und Schnapsbuden schossen auf wie die Pilze. Was wir in Österreich gesehen, erwies sich nur als mildes und schüchternes Vorspiel dieses Hexensabbats, denn die Deutschen brachten ihre ganze Vehemenz und Systematik in die Perversion. Den Kurfürstendamm entlang promenierten geschminkte Jugendliche mit künstlichen Taillen und nicht nur Professionelle; jeder Gymnasiast wollte sich etwas verdienen, und in den verdunkelten Bars sah man Staatssekretäre und hohe Finanzleute ohne Scham betrunkene Matrosen zärtlich hofieren. Selbst das Rom des Sueton hat keine solchen Orgien gekannt wie die Berliner Transvestitenbälle, wo Hunderte von Männern in Frauenkleidern und Frauen in Männerkleidung unter den wohlwollenden Blicken der Polizei tanzten.» (Die Welt von Gestern – Erinnerungen eines Europäers, Frankfurt a. M. 1970, S. 358 f.)
Wie eine ironische Replik wirkt da die Erinnerung von Felix Gilbert: «Wenn Fremde nach Berlin kamen, wollten sie etwas von der Amoralität des Berliner Lebens sehen, von der sie soviel gehört hatten. Folglich

führten sie die Berliner – und ich machte da keine Ausnahme – in ein Restaurant und einen Tanzpalast, die vornehmlich von Homosexuellen besucht wurden. Die Besucher reisten gewöhnlich zufrieden und glücklich ab, konnten sie doch von nun an aus eigener Anschauung über die Lasterhaftigkeit der Stadt sprechen.» (Lehrjahre im alten Europa, Erinnerungen 1905–1945, Berlin 1989, S. 76f.)

Natürlich war es nicht bloß in der Inflationszeit so; Erich Kästners Gedicht «Ragout fin de siècle» aus dem Jahre 1930 bestätigt die Eindrücke. Unwillkürlich fragt man sich, ob solche Gedichte – oder Kästners Roman «Fabian – Die Geschichte eines Moralisten» (Stuttgart, Berlin 1931) – nicht wider die Absicht des Autors zur Zerstörung der Urbanität beigetragen haben, indem sie, mit heimlicher Wollust und mit dem Haß ihres Verdrängens gelesen, den Zündstoff lieferten, der die Scheiterhaufen entflammte. Und wem wohl ist es zugute gekommen, wenn George Grosz in stiernackig brutalen Schiebern und Bonzen zeichnete, was er «Das Gesicht der herrschenden Klasse» nannte (so der Titel einer seiner graphischen Folgen, schon 1923 in der dritten Auflage)?

Kästner übrigens war wohl der einzige Dichter, der – in der Nacht des 10. Mai 1933 – auf dem Opernplatz zu Berlin seiner eigenen Verbrennung beigewohnt und den Rufer gehört hat: «Gegen Dekadenz und moralischen Verfall! Zur Zucht und Sitte in Familie und Staat! Ich übergebe dem Feuer die Schriften von Heinrich Mann, Ernst Glaeser und Erich Kästner.»

82 Doppelleben, in: Gesammelte Werke, 4 Bände, herausgegeben von Dieter Wellershoff, Wiesbaden 1958–1961, Band IV, S. 73.

83 Siehe Peter Gay, Die Republik der Außenseiter – Geist und Kultur in der Weimarer Zeit 1918–1933, Frankfurt a. M. 1987. – Aus deutscher Geschichte, aus bitterer Erfahrung stammt: Hans Mayer, Außenseiter, Frankfurt a. M. 1981.

84 Zitiert nach Eduard Bernstein, Sozialismus und Demokratie in der großen englischen Revolution, 2. Auflage Stuttgart 1908, S. 67.

Sechstes Kapitel: Die Entscheidung

1 Die totale Mobilmachung, in: Krieg und Krieger, herausgegeben von Ernst Jünger, Berlin 1930, S. 29.

2 Die umfangreichste Materialsammlung enthält: Kurt Sontheimer, Antidemokratisches Denken in der Weimarer Republik – Die politischen Ideen des deutschen Nationalismus zwischen 1918 und 1933,

München 1962. Siehe ferner, mit anderen Akzenten: Armin Mohler, Die konservative Revolution in Deutschland 1918–1932, Grundriß ihrer Weltanschauungen, Stuttgart 1950, 3. erweiterte Auflage Darmstadt 1989.

In der katholischen Kirche war die Ablehnung der Republik zumindest verbreitet. «Die Revolution ist Meineid und Hochverrat, und wird mit einem Kainszeichen gezeichnet bleiben, auch wenn sie da und dort gute Erfolge hatte neben den schlechten, denn eine Untat kann aus Grundsatz nicht heilig gesprochen werden», sagte der Münchener Kardinal Faulhaber. (Zitiert nach: Georg Franz-Willing, Die Hitler-Bewegung, Berlin 1962, S. 220. «A» = Adolf Stein machte daraus in der «Täglichen Rundschau» die Formel: «Die Republik ist auf Meineid und Hochverrat begründet»; siehe: A, Zwischen Staatsmännern, Reichstagsabgeordneten und Vorbestraften, Berlin 1922, S. 132.) Die konservative Grundhaltung mußte keine Zustimmung zu Hitler bedeuten, und die Wählerschaft des politischen organisierten Katholizismus erwies sich wie keine andere Gruppe als resistent. (Siehe zum Thema: Katholische Kirche und Nationalsozialismus, herausgegeben von Hans Müller, München 1965.) Aber die konservative Distanz zur Republik, die Ablehnung von Liberalismus und Marxismus, kam Hitler indirekt dennoch zugute.

Weit eindeutiger wirkte sich die Feindschaft zur Republik im evangelischen Bereich aus. Das Bismarckreich war eine preußisch-protestantische Gründung und der König von Preußen «Obrigkeit» sogar im kirchenrechtlichen Sinne. «Luther hat den Krieg verloren», soll Papst Benedikt XV. 1918 gesagt haben. Die Verurteilung der Republik war daher die Regel – und die lutherisch-obrigkeitsfromme Sehnsucht nach neuer, eindeutiger Führung fast übermächtig. «Wider die Ächtung der Autorität» heißt, bezeichnend, das Buch eines bedeutenden Theologen, von Friedrich Gogarten (Jena 1930). 1933 feierte ein anderer Theologe dann «die deutsche Stunde der Kirche»: «Der neue Staat wagt es wieder, das Richtschwert zu tragen. Er hat die schauerliche Verantwortungslosigkeit der Parlamente zerschlagen und läßt wieder sehen, was Verantwortung heißt. Er kehrt den Schmutz der Korruption aus. Er wehrt den Mächten der Zersetzung in Literatur und Theater...» (Paul Althaus, Die deutsche Stunde der Kirche, Göttingen 1933, S. 7.) Kaum überraschend hat der Nationalsozialismus mit seiner Bewegung der «Deutschen Christen» die Kirchen weitgehend auch von innen erobert. (Siehe dazu: Ernst Klee, «Die SA Jesu Christi» – Die Kirche im Banne Hitlers, Frankfurt a. M. 1989.) Erst das Jahr 1934 brachte eine teilweise Ernüchterung und eine Formierung des Widerstandes durch die Bekennende Kirche, deren grundlegendes Dokument die von Karl Barth formulierte Theologische Erklärung der Barmer Bekenntnissynode (29. bis 31. Mai 1934) darstellte. Freilich bedeutete die innerkirchliche Abwehr noch längst keine Wendung gegen das Regime insgesamt; nur ausnahmsweise hat der Weg in den politischen Widerstand geführt, wie bei Dietrich Bonhoeffer.

Als wichtigstes Werk zur Aufklärung des vielschichtigen Sachverhalts ist zu nennen: Klaus Scholder, Die Kirchen und das Dritte Reich, Band I: Vorgeschichte und Zeit der Illusionen 1918–1934, Frankfurt, Berlin, Wien 1977; Band II: Das Jahr der Ernüchterung – 1934, Barmen und Rom, Berlin 1985.

3 Henri Barbusse (1873–1935) wurde unter dem Eindruck seiner Kriegserlebnisse zum Pazifisten; sein Buch «Le Feu» (1916, deutsch: «Das Feuer», 1918) schildert das Grauen der Materialschlacht aus der Sicht des einfachen Soldaten.

4 Versteht man Hitlers Buch «Mein Kampf» als Symptom, so strotzt es in diesem Sinne vom Haß, wobei die Vielfalt der Gegnerschaften in der Feindfigur des «Juden» ihr Symbol findet. Dagegen ist von England eher mit Bewunderung die Rede. Frankreich erscheint zwar als natürlicher Widersacher der deutschen Machtentfaltung, doch fehlt auch hier der Haß – bei dem haßmächtigen Hitler auffällig genug. Die historisch letzte Aufwallung antifranzösischer Gefühle gab es im Ruhrkampf von 1923. Während aber alle anderen Parteien, von rechts bis links in seltener Einigkeit, den Widerstand gegen die Besetzung proklamierten, brach Hitler – vordergründig sehr unpopulär – aus dieser Einheitsfront aus und lieferte eine frühe und bemerkenswerte Probe seiner Instinktsicherheit für das Wesentliche und das Unwesentliche: «Nicht nieder mit Frankreich, sondern nieder mit den Vaterlandsverrätern, nieder mit den Novemberverbrechern muß es heißen.» (Hitler, Sämtliche Aufzeichnungen 1905–1924, herausgegeben von Eberhard Jäckel und Axel Kuhn, Stuttgart 1980, S. 786.)

5 So das Urteil sogar des Gegners, der liberalen Zeitschrift «Das Tage-Buch», am 21. 9. 1929.

6 «Positionen und Begriffe im Kampf mit Weimar – Genf – Versailles 1923–1939», heißt das Buch von Carl Schmitt, das Aufsätze aus zwei Jahrzehnten zusammenfaßt (zuerst Hamburg 1940, Neuauflage Berlin und München 1988).

7 Es ist ein ebenso beliebtes wie leidiges Spiel, die «Sündenfälle» zwischen 1933 und 1945 nachzurechnen – oder darauf zu pochen, daß sie ausblieben. Jünger hat keine Konzessionen gemacht, und seine verwegen anspielungsreiche Erzählung «Auf den Marmorklippen»

(Hamburg 1939) kann man wie eine vorweggenommene Geschichte des 20. Juli 1944 lesen. Schmitt dagegen, unter Verdrängung eines Kollegen auf den repräsentativen Berliner Lehrstuhl berufen, Staatsrat von Görings Gnaden, hat die Mordserie vom Sommer 1934 – in der sogenannten Röhm-Affäre – unter dem perversen Titel «Der Führer schützt das Recht» verbrämt (abgedruckt in: Positionen und Begriffe im Kampf mit Weimar – Genf – Versailles, Hamburg 1940, S. 199 ff.), und er hat einer «Säuberung» des Rechts von den Juden sein Ansehen geliehen. Doch so wichtig man dies nehmen mag, um nachträglich über Charakter oder Charakterlosigkeit, über Courage und Opportunismus zu urteilen: Historisch weit schwerer wiegt, was *vor* der «Machtergreifung» getan wurde oder unterblieb, als die deutsche Entscheidung noch offen war und man entweder zur Verteidigung von Freiheit und Recht oder zum Sturz in den Wahn seinen Beitrag leisten konnte. Entsprechendes gilt für andere Figuren der Zeit- und Geistesgeschichte; bei Martin Heidegger zum Beispiel müßte das kritische Interesse sich in erster Linie auf «Sein und Zeit», Halle 1927, statt auf die Rektoratsrede von 1933 konzentrieren.

8 Der Kampf als inneres Erlebnis, Berlin 1922, S. 12, 31, 53.

9 A. a. O., S. 108.

10 A. a. O., S. 76.

11 A. a. O., S. 32 und 74.

12 Krieg und Krieger, in: Krieg und Krieger, herausgegeben von Ernst Jünger, Berlin 1930, S. 63.

13 A. a. O., S. 62.

14 Die totale Mobilmachung, in: Krieg und Krieger, S. 25 und 30. – Besonders drastisch kommt Jüngers antieuropäische Haltung zum Ausdruck in: Das abenteuerliche Herz, Berlin 1929, S. 184 f. und 186 ff.

15 Ernst Jünger (Herausgeber), Vorwort zu: Friedrich Georg Jünger, Aufmarsch des Nationalismus, Leipzig 1926, S. XI.

16 Der Arbeiter, Hamburg 1932, S. 40.

17 «War, bei Lichte besehen, diese ‹Krisis der europäischen Kultur› nicht überhaupt eine Erfindung der ‹deutschen Männer›? Es ging doch immer um das schreckliche Unheil, das die Ideen von 1789 über die Welt gebracht haben – die böse Trinität von Freiheit, Gleichheit und Brüderlichkeit, die sie als apokalyptische Bedrohung empfanden. Warum? Freiheit hieß für sie Befreiung der Frau, Freisetzung der Sexualität, Libertinage; Gleichheit Emanzipation der Juden; und Brüderlichkeit die demokratische ‹Cochonfrèrerie›, die gesellschaftliche Anarchie, die Religion der Pöbelverehrung. Davor hatten sie

Angst. Dagegen mußten sie sich zur Wehr setzen. Ihre Gegenposition ist generell antidemokratisch, antiliberal, antiparlamentarisch natürlich, im speziellen aber, und das ist viel wichtiger: antifeministisch, antisemitisch und elitär. Das ist das deutsch-konservative Syndrom. Dazu gehört als Ideologie eine mehr oder weniger esoterische, mehr oder weniger konfuse, immer obskurantistische ‹Kulturphilosophie›. Was sie ablehnten, war Zivilisation, westliches Gedankengut, jüdischer Geist. Was sie verteidigten, war ihre ‹Kultur›. Nur sie wußten, was das ist. Eine deutsche Spezialität. So verschieden die spekulativen Systeme im einzelnen erscheinen mögen, im Grundmuster sind sie sich alle gleich. Es sind immer nur Rationalisierungen. Dahinter steht aber etwas anderes, für dieses Denken Konstitutives, Exklusives, Geheimnisvolles, Eigentliches. Was ist nämlich die Gegenposition zu der perhorreszierten egalitären, libertären und demokratischen Gesellschaft? Der *elitäre Männerbund*. – Das Männerbündlerische ist das spezifisch Gemeinsame dieser deutschen Gegenkultur. Das gibt ihr in allen ihren Erscheinungsformen eine besondere Prägung, ihr Pathos, ihre emotionelle Besetzung. Das unterscheidet die deutsche von allen anderen patriarchalischen Gesellschaften des Okzident. Das, und nicht die Homosexualität als solche, ist *le vice allemand*. Das Männerbündlerische schafft auch den Zusammenhang zwischen ihren Repräsentanten, sosehr sie in ihren Philosophemen, Programmen und Privatmythologien auch voneinander abweichen mögen. Bündisches gesellt sich zu Bündischem. Da schlägt die Kohäsionskraft des mann-männlichen Eros durch.» (Nicolaus Sombart, Jugend in Berlin 1933–1943, München und Wien 1984, S. 181 f.)

18 Unter dem Eindruck solcher Erscheinungen hat der Philosoph Hermann Schmalenbach (1885–1950) eine wohl nur in Deutschland mögliche Entdeckung gemacht: Er stellte den «Bund» als eine Wesensform des menschlichen Zusammenlebens neben Tönnies' «Gemeinschaft» und «Gesellschaft». Siehe von Schmalenbach: Die soziologische Kategorie des Bundes, in: Die Dioskuren, herausgegeben von Walter Strich, Band I, München 1922.

19 Siehe zur näheren Darstellung vom Verfasser: Friedrich der Große – Ein Lebensbild, Bergisch Gladbach 1987, Erstes Kapitel.

20 Die Friedrich-Verherrlichung, in der sich diese Betrachtung wie in einem Brennspiegel sammelt, beginnt verhältnismäßig spät. Einen Wendepunkt markiert das Werk des Schotten Thomas Carlyle. Im Jahre 1841 veröffentlicht er sein Buch «On Heroes, Hero-Worship, and the Heroic in History», rasch ins Deutsche übertragen unter dem Titel «Über Helden und Heldenverehrung». Von 1858–1869 folgt –

in sechs Bänden – die exemplarische Darstellung des Helden: «Geschichte Friedrichs II. von Preußen, genannt der Große» (Neuausgabe Berlin und Frankfurt a. M. 1954). 1945, in den gespenstischen Bunkerwochen unter der zerfallenden Reichskanzlei, liest Dr. Goebbels seinem Führer aus diesem Werk vor, und triumphierend meldet er den Tod Roosevelts als den Tod der Zarin. – Exemplarisch für die borussische Perspektive: Reinhold Koser, Geschichte Friedrichs des Großen, 4 Bände, Stuttgart und Berlin 1912–1914. – Zu den massenwirksamen Bildern zählen seit den zwanziger Jahren natürlich die Fridericus-Filme; eine Art von Vorläufer bildet das Hausbuch «Der Alte Fritz in 50 Bildern für Jung und Alt», auf persönliche Anregung Wilhelms II. von Carl Röchling und Richard Knötel geschaffen und 1895 zuerst veröffentlicht; Neuausgabe München und Zürich 1986 mit einem Vorwort von Christian Zentner.

21 Vom Eulenburg-Skandal der wilhelminischen Zeit über die Röhm-Affäre 1934 und die anschließende Verfolgung bis zur Fritsch-Intrige von 1938 ließe sich eine eigene Art von deutscher Geschichte des 20. Jahrhunderts schreiben. Zur Sache gehört auch die Aufregung, die Hans Blüher mit seinem Buch «Die Rolle der Erotik in der männlichen Gesellschaft» (2 Bände, Jena 1917–1919) verursachte, wie vorher schon mit «Die deutsche Wandervogelbewegung als erotisches Phänomen» (2. Auflage Berlin-Tempelhof 1914). Und zur Sache gehört für die Weimarer Republik die «Sodom»-Darstellung Berlins als einer Brutstätte der Perversionen.

22 Der Arbeiter, Hamburg 1921, S. 71.

23 In der amerikanischen Unabhängigkeitserklärung folgt auf die knappe Proklamation der Grundrechte eine lange Reihe von Anklagen der «tyrannischen» Herrschaft König Georgs III. Sie nehmen sich beinahe kurios aus, weil sie die englische Verfassungslage weit verfehlen, so als habe es die «glorreiche Revolution» von 1688 nie gegeben, die den Vorrang des Parlaments eindeutig machte. Dennoch haben die Anklagen eine genaue politische Funktion: Es geht darum, im Kontrast die Volksherrschaft zu begründen.

24 Siehe zum Text oben, S. 101.

25 Zur genaueren Darstellung von Hobbes' Anthropologie und Staatskonstruktion siehe vom Verfasser: Soziologie des Friedens, Gütersloh 1962, Teil 1: Thomas Hobbes' Philosophie des Friedens.

26 Zum ewigen Frieden (zuerst Königsberg 1795), Erster Zusatz: Von der Garantie des ewigen Friedens.

27 1927, im folgenden zitiert nach der 5. Auflage, Halle 1941. – Daß «Sein und Zeit» einschlug «wie ein Blitz» und daß damit die bis da-

hin führende Stellung Max Schelers sofort auf Heidegger überging, bezeugt Georg Misch: Lebensphilosophie und Phänomenologie, eine Auseinandersetzung der Dilthey'schen Richtung mit Heidegger und Husserl, 2. Auflage Bonn 1931, S. 1f.

28 In der Einleitung zur 6. Auflage von «Was ist Metaphysik?», die nach 1945 geschrieben wurde, heißt es: «Einen deutlicheren Beleg für die Macht der Seinsvergessenheit, in der alle Philosophie versunken ist, die aber zugleich der geschickhafte Anspruch an ‹Sein und Zeit› geworden und geblieben ist, konnte die Philosophie nicht leicht aufbringen, als durch die nachtwandlerische Sicherheit, mit der sie an der eigentlichen und einzigen Frage von ‹Sein und Zeit›» – eben der «Seinsfrage» überhaupt – «vorbeiging. Darum handelt es sich auch nicht um Mißverständnisse gegenüber einem Buch, sondern um unsere Verlassenheit vom Sein.» (Frankfurt a. M. 1951, S. 17.) So schroff hat Heidegger keineswegs immer geurteilt. In der Einleitung von «Sein und Zeit» selbst heißt es: «In der Absicht auf eine mögliche Anthropologie bzw. deren ontologische Fundierung, gibt die folgende Interpretation nur einige wenige, wenngleich nicht unwesentliche Stücke.» (S. 17) Warum aber sollen die nicht auch anthropologisch zu interpretieren sein?

29 Sein und Zeit, S. 129 und 127.

30 Da hier nur eine ganz knappe Skizze möglich ist, sei auf die ältere und ausführlichere Studie des Verfassers verwiesen: Die Entscheidung – Eine Untersuchung über Ernst Jünger, Carl Schmitt, Martin Heidegger, 1958, Neuausgabe Frankfurt a. M. 1990.

31 Die Selbstbehauptung der deutschen Universität – Rede, gehalten bei der feierlichen Übernahme des Rektorats der Universität Freiburg i. Br. am 27. 5. 1933, Breslau 1933. Einige Passagen seien hier zitiert: «Der Begriff der Freiheit des deutschen Studenten wird jetzt zu seiner Wahrheit zurückgebracht. Aus ihr entfalten sich künftig Bindung und Dienst der deutschen Studentenschaft. – Die erste Bindung ist die in die Volksgemeinschaft... Diese Bindung wird fortan festgemacht und in das studentische Dasein eingewurzelt durch den *Arbeitsdienst*. – Die zweite Bindung ist die an die Ehre und das Geschick der Nation inmitten der anderen Völker... Diese Bindung umgreift und durchdringt künftig das ganze studentische Dasein als *Wehrdienst*.» Die dritte Bindung ist im *Wissensdienst* die «an den geistigen Auftrag des deutschen Volkes» (S. 15f.) – Natürlich ist auch vom Kampf die Rede: «Alle willentlichen und denkerischen Vermögen, alle Kräfte des Herzens und alle Fähigkeiten des Leibes müssen *durch* Kampf entfaltet, *im* Kampf gesteigert und als Kampf bewahrt

bleiben.» (S. 20) – Dann zum Abschluß: «... Wir wollen, daß unser Volk seinen geschichtlichen Auftrag erfüllt. – Wir wollen uns selbst. Denn die junge und jüngste Kraft des Volkes, die über uns hinweggreift, *hat* darüber bereits *entschieden.* – Die Herrlichkeit aber und die Größe dieses Aufbruchs verstehen wir dann erst ganz, wenn wir in uns jene tiefe und weite Besonnenheit tragen, aus der die alte griechische Weisheit das Wort gesprochen: ... ‹Alles Große steht im Sturm...›» (S. 22)

32 Im «verlorenen Posten» vereinen und verdoppeln sich Standhaftigkeit und Untergang zum Inbegriff des Heroischen; es handelt sich um eine Figur, die in Jüngers Schriften vielfach wiederkehrt, in Abwandlungen und Verkleidungen bis in das Spätwerk hinein. Zum Mut und zur Konsequenz des Autors gehört, daß er ausspricht und nicht vertuscht, worum es geht: «Die Katastrophe erscheint als das Apriori eines veränderten Denkens.» (Der Arbeiter, Hamburg 1932, S. 55.)

Hier wäre wohl auch an den unerhörten Eindruck zu erinnern, den «Der Untergang des Abendlandes» von Oswald Spengler am Ende des Ersten Weltkriegs und danach machte. Mit dem Untergang der traditionellen Kultur soll zugleich etwas Neues freigesetzt werden, wie es in der Einleitung heißt: «Gebrauchen wir das bedenkliche Wort Freiheit, so steht es uns nicht mehr frei, dieses oder jenes zu verwirklichen, sondern *das Notwendige* oder *nichts.* Dies als ‹gut› zu empfinden kennzeichnet den Tatmenschen... Wir haben mit den harten und kalten Tatsachen eines *späten* Lebens zu rechnen, dessen Parallele nicht im perikleischen Athen, sondern im cäsarischen Rom liegt... Wenn unter dem Eindruck dieses Buches sich Menschen der neuen Generation der Technik statt der Lyrik, der Marine statt der Malerei, der Politik statt der Erkenntniskritik zuwenden, so tun sie, was ich wünsche, und man kann ihnen nichts Besseres wünschen.» (Der Untergang des Abendlandes, 48. bis 52. Auflage München 1923, S. 54, 55, 56.) Die «Marine» mutet freilich noch wilhelminisch und fast schon romantisch an; im historischen Vergleich hätte von einer Prätorianergarde, im Blick auf die Zukunft von einem Orden der Macht und des Todes die Rede sein müssen.

33 «Echte Gestalten werden daran erkannt, daß ihnen die höchste Summe aller Kräfte gewidmet, die höchste Verehrung zugewandt, der äußerste Haß entgegengebracht werden kann. Da sie das Ganze in sich bergen, fordern sie das Ganze ein. So kommt es, daß der Mensch zugleich mit der Gestalt seine Bestimmung, sein Schicksal entdeckt, und diese Entdeckung ist es, die ihn des Opfers fähig

macht, das im Blutopfer seinen bedeutendsten Ausdruck gewinnt.»
(Der Arbeiter, a. a. O., S. 36.)

34 Der Kampf als inneres Erlebnis, Berlin 1922, S. 24 f.

35 Der Arbeiter, a. a. O., S. 210.

36 A. a. O., S. 280.

37 A. a. O., S. 248.

38 A. a. O., S. 272.

39 A. a. O., S. 143, vergleiche auch S. 220 f.

40 A. a. O., S. 264.

41 A. a. O., S. 203.

42 A. a. O., S. 201. – Die Auflösung aller Gegensätze führt zu dem charakteristischen Eindruck, daß «bei der Lektüre des ‹Arbeiters› nichts
so unheimlich ist als die Beobachtung, daß man in der Darstellung
des Typus, der Arbeitswelt, der totalen Mobilmachung usw. wie in
einem Vexierbild bald den amerikanischen Kapitalismus, bald den
russischen Kommunismus, bald den europäischen Faschismus, bald
den japanischen Imperialismus zu erkennen glaubt». (Hannah Vogt,
Der Arbeiter – Wesen und Probleme bei Friedrich Naumann, August
Winnig, Ernst Jünger, Dissertation Göttingen 1945, S. 87.)
Die Einheit aus Soldaten und Arbeitern stellt indessen eine deutsche
Denkfigur dar, die man nicht nur bei Jünger findet. Man denke an
Oswald Spenglers «Preußentum und Sozialismus» (München 1920),
Arthur Moeller van den Brucks «Das Recht der jungen Völker»
(München 1919) und «Das Dritte Reich» (3. Auflage Hamburg
1931), Ernst Niekischs «Gedanken über deutsche Politik» (Dresden
und Berlin 1929) und «Entscheidung» (Berlin 1930). Niekisch war
als ein Exponent des «Nationalbolschewismus» besonders radikal; er
betonte, daß Deutschland sich mit Rußland zusammenschließen und
im Kampf gegen Westeuropa mit «Asien» verbinden müsse. Jünger
war mit Niekisch befreundet; «Der Arbeiter» und Niekischs «Die
Dritte imperiale Figur» (Berlin 1935) zeigen viele verwandte Züge.

43 In diesem Sinne ist Nicolaus Sombart zuzustimmen, wenn er sagt,
Jüngers «Arbeiter» sei als ein Grunddokument, als «zuverlässiges
Ideenprotokoll jener Konstruktion» anzusehen, «die der Fehlent-
wicklung von 1933 zugrunde lag»; es handle sich gleichsam um die
über alle Verunreinigungen der Praxis erhabene Blaupause des Faschismus. (Nachdenken über Deutschland – Vom Historismus zur
Psychoanalyse, München 1987, S. 144 ff.)

44 Der Begriff des Politischen, zuerst 1927, hier zitiert nach der 3. Auflage, Hamburg 1933, S. 7.

45 A. a. O., S. 9.

46 A. a. O., S. 15 und 18.

47 A. a. O., S. 31.

48 A. a. O., S. 33.

49 Urmensch und Spätkultur, Bonn 1956, S. 229.

50 Politische Theologie, München 1922, S. 31.

51 A. a. O., S. 14 f.

52 «Alle prägnanten Begriffe der modernen Staatslehre sind säkularisierte theologische Begriffe... Der Ausnahmezustand hat für die Ju-
risprudenz eine analoge Bedeutung wie das Wunder für die Theologie. Erst in dem Bewußtsein solcher analogen Stellung läßt sich die
Entwicklung erkennen, welche die staatsphilosophischen Ideen in
den letzten Jahrhunderten genommen haben. Denn die Idee des modernen Rechtsstaates setzt sich mit dem Deismus durch, mit einer
Theologie und Metaphysik, die das Wunder aus der Welt verweist
und die im Begriff des Wunders enthaltene, durch einen unmittelbaren Eingriff eine Ausnahme statuierende Durchbrechung der Natur-
gesetze ebenso ablehnt wie den unmittelbaren Eingriff des Souveräns
in die geltende Rechtsordnung. Der Rationalismus der Aufklärung
verwarf den Ausnahmefall in jeder Form.» Umgekehrt versuchten
die Theoretiker der Restauration, «mit Analogien aus einer theisti-
schen Theologie die persönliche Souveränität des Monarchen ideologisch zu stützen». (A. a. O., S. 37.)

53 A. a. O., S. 9.

54 A. a. O., S. 22.

55 Der Begriff des Politischen, S. 8.

56 Politische Theologie, S. 32.

57 Die Diktatur, zuerst 1921, 2. Auflage München 1928.

58 Das Gesetz ist seinem Wesen nach generelle Normierung, die Maßnahme dagegen gehört zur anomalen Situation; sie ist die Ausnahme,
bezogen auf einen konkreten, besonderen Fall. Daher zeigt sich für
Schmitt nicht in der Legalität der ordentlichen Gesetzgebung, sondern in der Verfügung über die Maßnahme der eigentliche Souverän.
In der Maßnahme beweist sich «die Überlegenheit des Existentiellen
über die bloße Normativität. Wer zu solchen Handlungen befugt
und imstande ist, handelt souverän.» (Verfassungslehre, München
1928, S. 107.)

59 Die Diktatur, S. IX.

60 Die Diktatur des Reichspräsidenten nach Art. 48 der Reichsverfassung, in: Veröffentlichungen der Vereinigung deutscher Staatsrechtslehrer, Heft I, Berlin und Leipzig 1924, S. 63 ff., ferner als Anhang in: Die Diktatur, 2. Auflage 1928.

61 Der Begriff des Politischen, S. 12.

62 A. a. O., S. 48. – Daß die Jahrhunderte der Aufklärung und des Liberalismus als eine Epoche der Entfremdung vom echten Politikver-
ständnis anzusehen sind, hat Schmitt in einer eigenen Abhandlung
darzulegen versucht: Das Zeitalter der Neutralisierungen und Entpolitisierungen, zuerst 1929, abgedruckt in: Positionen und Begriffe
im Kampf mit Weimar – Genf – Versailles 1923–1939, Hamburg
1940, S. 120ff.

63 Politische Theologie, S. 49.

64 A. a. O., S. 52.

65 Siehe insgesamt: Donoso Cortés in gesamteuropäischer Interpretation – Vier Aufsätze, Köln 1950, hier: S. 34. – Der zitierte Aufsatz
stammt aus der «Politischen Theologie» (IV: Zur Staatsphilosophie
der Gegenrevolution).

66 Politische Theologie, S. 50.

67 A. a. O., S. 54.

68 Die geistesgeschichtliche Lage des heutigen Parlamentarismus, zuerst 1923, 2. Auflage München 1926, S. 10 und 12.

Demagogisch ist Schmitts Behauptung, das parlamentarische System meine «Regierung durch Diskussion» mit dem Ziel, in der Diskussion die Wahrheit des Gemeinwohls festzustellen; mit solchem
Maßstab gemessen erscheint jeder reale Parlamentarismus natürlich
als Karikatur. In Wirklichkeit geht es um Mehrheit und Minderheit;
die Mehrheit soll auf ihrer programmatischen Grundlage die Regierung bilden, die Minderheit sie kontrollieren, und die parlamentarischen Reden dienen auf der einen Seite der Begründung, auf der anderen der Kritik von Regierung und Gesetzgebung.

Hierzulande ist in der neueren Diskussion oft vom «herrschaftsfreien
Diskurs» die Rede: Unter der Voraussetzung, daß keine Sonderinteressen und Ungleichgewichte der Macht und der Ohnmacht die Perspektiven verzerren, glaubt man in einer beharrlich geführten Diskussion die «verallgemeinerungsfähigen» Interessen ermitteln zu
können, also den aufs Gemeinwohl zielenden Gemeinwillen, mit
Rousseau zu reden die volonté générale, in die alle einstimmen.
Praktisch aber, vielmehr praxisfern wird dabei die ideale, völlig ho-
mogene Gemeinschaft vorausgesetzt, aus der das Politische als ein
Machtkampf organisierter Interessen schon getilgt wurde. Überhaupt wirkt die Vorstellung vom herrschaftsfreien Diskurs seltsam
unpolitisch; sie kann ihre Herkunft aus dem akademischen Seminar
schwer verleugnen. Denn bei der Diskussion aller mit allen entsteht
ein unendlicher Zeitbedarf. Der Mensch aber ist ein endliches Wesen,

und politisch gilt erst recht, daß im Strom des Geschehens Entscheidungen hier und jetzt getroffen werden müssen, in chronischer Zeitnot und unter Bedingungen der Ungewißheit.

Die Idee vom «herrschaftsfreien Diskurs» setzt damit ebenfalls einen Maßstab, der gewollt oder ungewollt auf die Diskreditierung des parlamentarischen Systems angelegt ist. Überhaupt gerät dieser «Linksrousseauismus» in eine zwielichtige Nähe zu Carl Schmitt, den man einen Rechtsrousseauisten nennen könnte, sofern nämlich auch sein Freund-Feind-Begriff des Politischen auf die Herstellung der Homogenität angelegt ist. Realistischer nur als seine linken Gegenspieler und heimlichen Bewunderer sieht Schmitt, daß es dazu nicht der Abschaffung, sondern einer Steigerung der Herrschaft zur Diktatur bedarf; deren Entscheidung entscheidet, was die volonté générale sein soll und was nicht.

69 Die geistesgeschichtliche Lage des heutigen Parlamentarismus, S. 14.

70 A. a. O., S. 22.

71 A. a. O., S. 22.

72 Carl Schmitt, Legalität und Legitimität, München 1932, S. 92 ff.

73 Einige Passagen aus Schmitts Aufsatz zu den mit der «Röhm-Affäre» aufgeworfenen Fragen seien hier zitiert: «Der Führer schützt das Recht vor dem schlimmsten Mißbrauch, wenn er im Augenblick der Gefahr kraft seines Führertums unmittelbar Recht schafft... Der wahre Führer ist auch immer Richter. Wer beides voneinander trennen oder gar entgegensetzen will, macht den Richter entweder zum Gegenführer oder zum Werkzeug eines Gegenführers und sucht den Staat mit Hilfe der Justiz aus den Angeln zu heben. Das ist eine oft erprobte Methode nicht nur der Staats-, sondern auch der Rechtszerstörung... Inhalt und Umfang seines Vorgehens bestimmt der Führer selbst... Das Richtertum des Führers entspringt derselben Rechtsquelle, der alles Recht jedes Volkes entspringt. In der höchsten Not bewährt sich das höchste Recht und erscheint der höchste Grad richterlich rächender Verwirklichung dieses Rechtes. Alles Recht stammt aus dem Lebensrecht des Volkes. Jedes staatliche Gesetz, jedes richterliche Urteil enthält nur so viel Recht, als ihm aus dieser Quelle zufließt. Das übrige ist kein Recht, sondern ein ‹positives Zwangsnormengeflecht›, dessen ein geschickter Verbrecher spottet.» (Der Führer schützt das Recht, in: Positionen und Begriffe im Kampf mit Weimar – Genf – Versailles 1923–1939, Hamburg 1940, S. 199 ff.)

Gewaltenteilung und Unabhängigkeit des Richters, Bindung an das Gesetz, formgerechtes Verfahren, Anspruch auf Verteidigung: nichts bleibt, nur die Lynchjustiz, die Rache statt des Rechts, das «gesunde Volksempfinden», über das der Führerbefehl nach Belieben verfügt.

74 Legalität und Legitimität, S. 13.

75 Rechtsstaat oder Diktatur? Tübingen 1930, S. 17 f.

76 A. a. O., S. 23 f.

77 Dabei bleibt zu bedenken, daß Sozialpolitik seit Bismarck zur konservativen Tradition gehört; ihre Errungenschaften – der Entwicklung in westlichen Demokratien mindestens ebenbürtig und oft überlegen – stören das Herrschaftsbewußtsein keineswegs, sondern sie stärken es, solange sie als patriarchalisch-fürsorglich von «oben» gewährt statt von «unten» erkämpft erscheinen und mit der Gnade mehr zu tun haben als mit dem Recht.

78 Siehe hierzu die eindringliche Darstellung bei Helmuth Plessner: Die verspätete Nation – Über die politische Verführbarkeit bürgerlichen Geistes, Stuttgart 1959. – Daß infolge der historischen Umstände das deutsche Bürgertum jene Jahrhunderte «verpaßte», die in Westeuropa für die Entwicklung des bürgerlichen Selbstverständnisses und Selbstbewußtseins zentrale Bedeutung besaßen, ist eine von Plessners zentralen Thesen.

79 Im «Dritten Reich» wurde fast nie von der «Weimarer Republik», vielmehr verächtlich meist von der «Systemzeit» gesprochen; gemeint war damit, durch Parteien und Parlamentarismus hindurch, jene politische Ordnung, welche die staatsbürgerliche Freiheit und Gleichheit systematisch voraussetzte.

Dem gebildet-elitären Entsetzen vor den avancierenden «Massen» hat das in Deutschland vielgelesene Buch von José Ortega y Gasset, «Der Aufstand der Massen», viele Stichworte geliefert. (Deutsch zuerst 1931, neue 50000-Großauflage Stuttgart 1947.)

80 Daß sich ein November 1918 in der deutschen Geschichte nie wiederholen werde, war ein umjubeltes Versprechen Hitlers, das er auf fatale Weise sogar gehalten hat.

81 Heinz Pol, Ende der völkischen Bewegung, in: Die Weltbühne, 17. 3. 1925.

82 Zitiert nach Ernst Deuerlein (Herausgeber): Der Aufstieg der NSDAP in Augenzeugenberichten, Düsseldorf 1968, S. 251 f.

83 Die Fehleinschätzung setzte sich fort bis in die Tage der «Machtergreifung». Zum Jahresbeginn 1933 reimte der «Simplicissimus»: «Eins nur läßt sich sicher sagen, und das freut uns ringsherum: Hitlern geht es an den Kragen, dieses ‹Führers› Zeit ist um.» (Nr. 1, 1933, zitiert nach: Wieland Eschenhagen (Herausgeber): Die «Machtergreifung». Tagebuch einer Wende nach Presseberichten

vom 1. Januar bis 6. März 1933, Darmstadt und Neuwied 1982, S. 37.) Und der Reichskanzler Kurt von Schleicher behauptete am 15. Januar: «Herr Hitler bildet kein Problem mehr. Seine Bewegung hat aufgehört, eine politische Gefahr zu sein. Diese ganze Frage ist gelöst und eine Sorge der Vergangenheit.» (Kurt v. Schuschnigg, Dreimal Österreich, 3. Auflage Wien 1938, S. 165.)

Dem sozialdemokratischen «Vorwärts» schien es noch am 8. Februar nicht viel anders zu sein: «Berlin ist nicht Rom. Hitler ist nicht Mussolini. Berlin wird niemals die Hauptstadt eines Faschistenreiches werden. Berlin bleibt rot.» (Zitiert nach: Erich Matthias / Rudolf Morsey (Herausgeber), Das Ende der Parteien 1933. Darstellungen und Dokumente, Düsseldorf 1960, S. 101.)

Bei den Kommunisten kam die dogmatische Borniertheit noch hinzu: «Als Diener des Monopolkapitalismus gehören Faschismus und Sozialdemokratie innerlich zusammen», so erklärte Georg Lukács – immerhin ein Intellektueller von Rang – die Parteiparole vom «Sozialfaschismus». (Zitiert nach Walter Z. Laqueur, Deutschland und Rußland, Berlin 1965, S. 154.)

Diese linke Dummheit wurde nur noch vom rechten Leichtsinn überboten, mit dem ein Franz von Papen Hitler wie eine Art von politischem Kammerdiener «engagiert» und erledigt sah: «Was wollen Sie denn? Ich habe das Vertrauen Hindenburgs. In zwei Monaten haben wir Hitler in die Ecke gedrückt, daß er quietscht.» (Zitiert nach Ewald von Kleist-Schmenzin, Die letzte Möglichkeit, in: Politische Studien 10, 1959, S. 92.)

Ewald von Kleist-Schmenzin, obwohl ein konservativer Gegner der Weimarer Republik, zählte zu den wenigen, die die Gefahr früh erkannten und vergeblich warnten, wie auch Erich Ludendorff, der Hitler aus den Münchener Putschtagen kannte und seinem Kriegsgefährten Hindenburg schrieb: «Sie haben durch die Ernennung Hitlers zum Reichskanzler unser heiliges Deutsches Vaterland einem der größten Demagogen aller Zeiten ausgeliefert. Ich prophezeie Ihnen feierlich, daß dieser unselige Mann unser Reich in den Abgrund stürzen und unsere Nation in unfaßbares Elend bringen wird.» (Zitiert nach Wilhelm Breucker, Die Tragik Ludendorffs. Eine kritische Studie auf Grund persönlicher Erinnerungen an den General und seine Zeit, Stollhamm 1953, S. 136. – Zu Kleist-Schmenzin siehe Bodo Scheurig: Ewald von Kleist-Schmenzin. Ein Konservativer gegen Hitler, Oldenburg und Hamburg 1968.)

Zu den Hellsichtigen unter den Marxisten gehörte Ernst Bloch: «Nicht die Theorie der Nationalsozialisten, wohl aber ihre Energie ist ernst, der fanatisch-religiöse Einschlag, der nicht nur aus Verzweiflung und Dummheit stammt, die seltsam aufgewühlte Glaubenskraft.» (Erbschaft dieser Zeit, Frankfurt a. M. 1962, S. 65 f.) Mit seinem Sinn für das Heilsverlangen erkannte Bloch zugleich – 1932 – die Blindheit im eigenen Lager: «Das Problem wird desto größer, je einfacher dem wasserhellen Autor die wasserklare Lösung gelungen ist; nämlich für seine vulgär-marxistischen Bedürfnisse, die ihm genauso alles vereinfachen wie den Nationalsozialisten ihre dumme Begeisterung.» (A. a. O., S. 155.)

84 Man könnte von einem fatalen Zirkel sprechen: Das gekränkte Selbstgefühl wittert überall neue Kränkungen, die wiederum das Gekränktsein verstärken. Der Historiker Karl Alexander von Müller hat etwas Wichtiges beobachtet, wenn er aus der Münchener Nachkriegszeit von Begegnungen mit Hitler berichtet: «Etwas seltsam Linkisches haftete ihm noch immer an, und man hatte das unangenehme Gefühl, er spürte es und nahm es einem übel, daß man es merkte.» (Erinnerungen Bd. 3: Der Wandel einer Welt, 1919–1932, herausgegeben von Alexander von Müller, München 1966, S. 129.)

85 Beispielsweise heißt es in einer Rede vom 30. September 1942: «Die Juden haben einst auch in Deutschland über meine Prophezeiungen gelacht. Ich weiß nicht, ob sie auch heute noch lachen, oder ob ihnen das Lachen bereits vergangen ist. Ich kann aber auch jetzt nur versichern: Es wird ihnen das Lachen überall vergehen. Und ich werde auch mit diesen Prophezeiungen recht behalten.» Und wiederum am 8. November 1942: «Man hat mich immer als Propheten ausgelacht. Von denen, die damals lachten, lachen heute Unzählige nicht mehr, und die jetzt noch lachen, werden es vielleicht in einiger Zeit auch nicht mehr tun.» (Reden im Berliner Sportpalast und im Münchener Löwenbräukeller, siehe: Hitler, Reden und Proklamationen 1932–1945, herausgegeben von Max Domarus, Band II, Würzburg 1963, S. 1920 und 1937.)

86 Hitler selbst hat es zum «Wunder dieser Zeit» verklärt, «daß ihr mich gefunden habt, daß ihr mich gefunden habt unter so vielen Millionen». (Siehe Domarus, a. a. O., Band I / 2, S. 643.) Aber das Wunder läßt sich erklären; es beruht eben auf dem personifizierten Heilsversprechen oder – falls man es so nennen will – auf der märchenhaft vollkommenen Wunscherfüllung.

87 Eberhard Jäckel, Hitlers Weltanschauung – Entwurf einer Herrschaft, erweiterte und überarbeitete Neuausgabe, 3. Auflage Stuttgart 1986, S. 13.

88 A. a. O., S. 7.

89 Mein Kampf, hier und im folgenden zitiert nach der 190. bis 194. Auf-
    lage, München 1936, S. 510. – Eigentlich handelte es sich um zwei
    Bände; nur der erste wurde in Landsberg geschrieben und erschien
    1925; der zweite folgte Ende 1926. Im Regelfall wurden beide Bände
    später in einem zusammengefaßt: I Eine Abrechnung, II Die national-
    sozialistische Bewegung. – Nach der zitierten Ausgabe kam der Absatz
    erst richtig in Schwung; 1939 war man bereits auf dem Wege von der
    400. zur 500. Auflage. Bis 1933 sind immerhin rund 250000 Exemplare
    verkauft worden; am Ende lag die Gesamtauflage bei über 6 Millionen.
    Hitlers «Zweites Buch», das unveröffentlicht blieb, enthält kaum
    Neues, jedoch eine Systematisierung vor allem des außenpolitischen
    Programms. Siehe Gerhard L. Weinberg (Herausgeber): Hitlers Zwei-
    tes Buch – Ein Dokument aus dem Jahre 1928, Stuttgart 1961.
    Die liberalen und gebildeten Leser jener Zeitung, die nach dem geschei-
    terten Putsch von 1923 den Nationalsozialismus schon «für alle Zeiten»
    als «gerichtet» ansah, trifft ein besonderer Hieb: «Für diese Leute war
    und ist freilich die ‹Frankfurter Zeitung› der Inbegriff aller Anständig-
    keit. Verwendet sie doch niemals rohe Ausdrücke, lehnt jede körper-
    liche Brutalität ab und appelliert immer an den Kampf mit den ‹geisti-
    gen› Waffen . . .» (S. 267.) Aber «die Tätigkeit der sogenannten liberalen
    Presse war Totengräberarbeit am deutschen Volk und am deutschen
    Reich». (S. 265.) An anderer Stelle schildert Hitler seinen Wandel vom
    Bewunderer zum Verächter der liberalen «Weltpresse»: «Der Stil ward
    immer unerträglicher, den Inhalt mußte ich als innerlich seicht und
    flach ablehnen, die Objektivität der Darstellung schien mir nun mehr
    Lüge zu sein als ehrliche Wahrheit; die Verfasser aber waren – Juden.»
    (S. 62.)
90 A. a. O., S. 196 f.
91 A. a. O., S. 198.
92 A. a. O., S. 129. – Immer kommt es auf die Konzentration zum Entwe-
    der-Oder an: «Es muß in allen Fällen, in denen es sich um die Erfüllung
    scheinbar unmöglicher Forderungen oder Aufgaben handelt, die ge-
    samte Aufmerksamkeit eines Volkes nur auf diese eine Frage geschlos-
    sen vereinigt werden, so, als ob von ihrer Lösung tatsächlich Sein oder
    Nichtsein abhänge.» (S. 273.)
93 A. a. O., S. 201.
94 A. a. O., S. 200.
95 A. a. O., S. 202.
96 Aus «Mein Kampf» gewinnt man den Eindruck, daß Deutschland den
    Ersten Weltkrieg gewonnen, jedenfalls nicht verloren hätte, falls nur
    die Kriegspropaganda Hitlers Grundsätzen gefolgt wäre.

97 Der «Marsch auf Rom» fand am 28. 10. 1922 statt; er führte zur faschistischen Machtübernahme. Am 31. 10. wurde Mussolini zum Ministerpräsidenten ernannt. Anders als in Deutschland brauchte die Durchsetzung der Diktatur allerdings noch Jahre, bis zum Staatsstreich vom 5. Januar 1925. Das Mussolini-Zitat findet man bei Carl Schmitt: Die geistesgeschichtliche Lage des heutigen Parlamentarismus, 2. Auflage München 1926, S. 89.

98 Da es sich um einen Prozeß handelt, ist kaum zu datieren, wann die bewußt manipulierte Darstellung von der Selbstüberzeugung überlagert und schließlich verdrängt wird. «Ich gehe mit traumwandlerischer Sicherheit den Weg, den mich die Vorsehung gehen heißt», behauptet Hitler im März 1936 nach der riskanten, aber ohne französische Intervention geglückten Rheinlandbesetzung. (Siehe Domarus, a. a. O., Band I / 2, S. 606.) Seit diesem Zeitpunkt häufen sich die Aussagen zur eigenen Auserwähltheit.

99 A. a. O., S. 386.

100 «Die Rede eines Staatsmanns zu seinem Volk habe ich nicht zu messen nach dem Eindruck, den sie bei einem Universitätsprofessor hinterläßt, sondern an der Wirkung, die sie auf das Volk ausübt. Und dies allein gibt auch den Maßstab für die Genialität des Redners.» (S. 534.)

101 A. a. O., S. 507.

102 A. a. O., S. 384.

103 A. a. O., S. 438.

104 A. a. O., S. 44. – An anderer Stelle heißt es: «Das Volk ist in seiner überwiegenden Mehrheit so feminin veranlagt und eingestellt, daß weniger nüchterne Überlegung, vielmehr gefühlsmäßige Empfindung sein Denken und Handeln bestimmt. Diese Empfindung aber ist nicht kompliziert, sondern sehr einfach und geschlossen. Es gibt hierbei nicht viel Differenzierungen, sondern ein Positiv oder ein Negativ, Liebe oder Haß, Recht oder Unrecht, Wahrheit oder Lüge, niemals aber halb so und halb so, oder teilweise usw.» (S. 201.)

105 A. a. O., S. 530–532.

106 A. a. O., S. 535 f.

107 A. a. O., S. 46.

108 Siehe den farbigen Bericht von einer Saalschlacht, S. 562 ff.

109 A. a. O., S. 85.

110 A. a. O., S. 85 f.

111 A. a. O., S. 378 und 501.

112 A. a. O., S. 99 f.

113 A. a. O., S. 693.

114 Hitler behauptet, daß er die preußische Armee zum Vorbild nimmt. Dort aber gab es den absoluten und blinden Gehorsam der Befehls-empfänger gerade nicht. Es galt vielmehr die Eigenverantwortlich-keit in der Ausführung – wie die Anekdote aus der Schlacht bei Kö-niggrätz anschaulich macht: Ein Major hat etwas Unsinniges getan und beruft sich auf den Befehl, der ihm erteilt wurde. Doch er be-kommt zu hören: «Herr, dazu hat Sie der König von Preußen zum Stabsoffizier gemacht, daß Sie wissen, wann Sie einen Befehl nicht ausführen dürfen!»
Im Verlaufe des Zweiten Weltkriegs hat Hitler als Oberbefehlshaber der Wehrmacht dieses Prinzip systematisch zerstört, indem er seine Generale mehr und mehr zu bloßen Befehlsausführern herabsetzte und schließlich bis in die kleinsten Einheiten und Einzelheiten hinein zu diktieren, also jede Eigenverantwortung zu ersticken ver-suchte.

115 Mein Kampf, a. a. O., S. 327f.

116 A. a. O., S. 406.

Siebentes Kapitel: Im Dritten Reich

1 Fazit – Kein Rechtfertigungsversuch, Stuttgart 1963, S. 16f.; Neuauf-lage mit dem Untertitel: Mein Weg in die Hitler-Jugend, München 1979.

2 Diese Dialektik, das widersprüchliche Doppelbedürfnis nach Ferne und Nähe zugleich, trifft Kant mit seinem Begriff der ungeselligen Geselligkeit, Schopenhauer im Bild von den frierenden Stachel-schweinen. Mit anthropologischer Begründung hat Helmuth Pless-ner wider die Utopie einer puren Nähe gestritten: Grenzen der Ge-meinschaft – Eine Kritik des sozialen Radikalismus, zuerst 1924, 2. Neuauflage Bonn 1972; siehe ferner: Gesammelte Schriften Band V, Frankfurt a. M. 1981, S. 7ff.

3 Die Kultur der Renaissance in Italien, herausgegeben von Werner Kaegi, Bern o. J., S. 145.

4 Insofern stellt Robert Burtons «Anatomy of Melancholy», zuerst 1621, ein «klassisches» Werk der Moderne dar. Siehe im übrigen: Wolfgang Lepenies, Melancholie und Gesellschaft, Frankfurt a. M. 1969.

5 Daß dieses Dilemma unaufhebbar bleibt, ist eine Zentralthese in der umfassenden Untersuchung von Martin Greiffenhagen: Das Di-lemma des Konservatismus in Deutschland, München 1971.

6 Zitiert nach: Ursachen und Folgen. Vom deutschen Zusammenbruch 1918 und 1945 bis zur staatlichen Neuordnung Deutschlands in der Gegenwart. Eine Urkunden- und Dokumentensammlung zur Zeitgeschichte, herausgegeben von Herbert Michaelis und Ernst Schraepler, Band IX, Berlin 1964, S. 74. – In einem Erlaß vom 17. Februar 1933 schärfte Göring seinen Untergebenen ein: «Polizeibeamte, die in Ausübung dieser (politischen) Pflichten von der Schußwaffe Gebrauch machen, werden ohne Rücksicht auf die Folgen des Schußwaffengebrauchs von mir gedeckt; wer hingegen in falscher Rücksichtnahme versagt, hat dienststrafrechtliche Folgen zu gewärtigen.» (A. a. O., S. 38 f.)

Zum Betroffensein nur der «anderen» – und zur nationalsozialistischen Taktik, die Gegner nacheinander anzugreifen und zu «erledigen», hat ein unbeugsamer Mann wie Martin Niemöller später selbstkritisch gesagt: «Als die Nazis die Kommunisten holten, habe ich geschwiegen; ich war ja kein Kommunist. Als sie die Sozialdemokraten einsperrten, habe ich geschwiegen; ich war ja kein Sozialdemokrat. Als sie die Katholiken holten, habe ich nicht protestiert; ich war ja kein Katholik. Als sie mich holten, gab es keinen mehr, der protestieren konnte.» (Zitiert nach Renzo Vespignani, Faschismus, 5. Aufl. Berlin 1979, S. 87.)

7 In der Kabinettssitzung vom 3. Juli 1934 dankte der Reichswehrminister General von Blomberg Hitler «für sein entschlossenes und mutiges Handeln, durch das er das deutsche Volk vor dem Bürgerkrieg bewahrt habe». Und am Vorabend von Hindenburgs Tod überraschte er mit der Erklärung, «daß er beabsichtige, unmittelbar nach dem Ableben des Herrn Reichspräsidenten die Soldaten der Wehrmacht auf den Führer und Reichskanzler Adolf Hitler zu vereidigen». (Akten der Reichskanzlei: Die Regierung Hitler, bearbeitet von Karl-Heinz Minuth, Teil A, Band I / 2, Boppard am Rhein 1983, S. 1358 und 1385.) Die Eidesformel der Wehrmacht, die Blomberg und sein Chef des Ministeramtes, Oberst von Reichenau, entwarfen, lautete fortan: «Ich schwöre bei Gott diesen heiligen Eid, daß ich dem Führer des deutschen Reiches und Volkes, Adolf Hitler, dem Obersten Befehlshaber der Wehrmacht unbedingten Gehorsam leisten und als tapferer Soldat bereit sein will, jederzeit für diesen Eid mein Leben einzusetzen.»

Zuvor hatten die Soldaten nicht etwa auf den Reichspräsidenten, sondern auf die Verfassung geschworen; mit der Genauigkeit betrachtet, um die sich offenbar niemand mehr scherte, beruhte die neue Eidesformel daher auf einem Eidbruch.

Die ermordeten Generale waren Hitlers Amtsvorgänger als Reichskanzler, von Schleicher, der mit seiner Frau niedergeschossen wurde, und sein Mitarbeiter von Bredow. Angesichts der Vernichtungsbefehle zum Feldzug gegen die Sowjetunion, die allem Völker- und Kriegsrecht Hohn sprachen, notierte Ulrich von Hassel in seinem Tagebuch: «Mit dieser Unterwerfung unter Hitlers Befehle opfert Brauchitsch (der Oberbefehlshaber des Heeres) die Ehre der deutschen Armee.» (Vom anderen Deutschland – Tagebuchaufzeichnungen 1938–1944. Nach der Handschrift revidierte und erweiterte Ausgabe, herausgegeben von Friedrich Freiherr Hiller von Gaertringen, Berlin 1986, S. 200.) Doch diese Ehre war eben schon 1934 geopfert worden. Man versteht die Verzweiflung, die den altpreußischen Konservativen Ewald von Kleist-Schmenzin zu der Formel führte: «Charakterlos wie ein deutscher Beamter, gottlos wie ein protestantischer Pfaffe, ehrlos wie ein preußischer Offizier.» (Siehe Bodo Scheurig: Ewald von Kleist-Schmenzin – Ein Konservativer gegen Hitler, Oldenburg und Hamburg 1968, S. 145.)

8 Zitiert nach Ian Kershaw, Der Hitler-Mythos – Volksmeinung und Propaganda im Dritten Reich, Stuttgart 1980, S. 78. Hier handelte es sich um eine Mitteilung aus Ingolstadt; in anderen Berichten aus Bayern war von der «rückhaltlosen Anerkennung der Energie, der Klugheit und des Mutes des Führers» oder von einem «Akt politischer Moralität und Gerechtigkeit» die Rede. (A. a. O., S. 74 und 79.) Ähnliches meldete ein norddeutscher Regierungspräsident: «Das rücksichtslose Vorgehen gegen die Schuldigen, das auch vor höher gestellten Personen nicht Halt machte, entsprach dem Rechtsempfinden weiter Bevölkerungskreise und löste in vielen ein Gefühl wiederkehrender Rechtssicherheit aus, das seit Monaten mehr und mehr im Schwinden begriffen war.» (Mathilde Jamin, Ende der «Machtergreifung» – Der 30. Juni 1934 und seine Wahrnehmung in der Bevölkerung, in: Die nationalsozialistische Machtergreifung, herausgegeben von Wolfgang Michalka, Paderborn, München, Wien, Zürich 1984, S. 213.)

9 1935 gab es 33 Gauleiter, 827 Kreisleiter, ungefähr 21 000 Ortsgruppen- und 260 000 Zellen- und Blockleiter. Zwei Jahre später hatte sich die Gesamtzahl politischer Leiter schon mehr als verdoppelt und wuchs in den Krieg hinein immer weiter an. Die Riesenzahl der Funktionsträger in den vielfältigen Nebenorganisationen kam noch hinzu – ein Millionenheer insgesamt; 1939 zählte allein die Deutsche Arbeitsfront 44 000 hauptamtliche Mitarbeiter.

10 «The General Theory of Employment, Interest and Money», New York 1935, erschien 1936 in Berlin als deutsche Übersetzung.

11 Der Anteil der Ausgaben für die Wehrmacht und ihre Aufrüstung

stieg von 4 Prozent der öffentlichen Ausgaben 1933 auf etwa 50 Prozent 1938. Dabei lag, wiederum 1938, der Anteil der Staatsausgaben (ohne Kommunalverwaltungen und Sozialversicherungen) schon sehr hoch: bei 35 Prozent des Volkseinkommens, gegen 23,8 Prozent in Großbritannien und 10,7 Prozent in den Vereinigten Staaten.

12 Siehe oben, S. 76 ff.

13 Robert Ley, Durchbruch der sozialen Ehre, München 1935, S. 71.

14 Hans-Ulrich Thamer, Verführung und Gewalt. Deutschland 1933–1945, Berlin 1986, S. 178. – Zur gemischten beruflichen Herkunft der Parteimitglieder siehe die Tabelle daselbst, S. 175. Selbständige, Beamte und Angestellte waren zwar deutlich überrepräsentiert, aber bei immerhin 33,5 Prozent der zwischen 1930 und 1933 neu eingetretenen Mitglieder handelte es sich um Arbeiter, während deren Anteil in der deutschen Berufsstatistik 45,1 Prozent betrug.
Der ähnliche Altersaufbau der KPD gibt einen interessanten Hinweis: Auch sie wollte – im revolutionären Umbau der Gesellschaft – die alten Milieuschranken niederreißen; auch sie gehörte daher im Verfallsstadium der Republik zu den Gewinnern. Und nicht wenige Intellektuelle und besonders entschlossene junge Leute bürgerlicher Herkunft haben sich den Kommunisten zugewandt, die ihnen als die einzig noch denkbare Alternative zum Faschismus erschienen.

15 Kampf um Deutschland, München 1932, S. 171

16 Rede vom 7.12.1936, in: Dokumente der Deutschen Politik, Band 4, Berlin 1936, S. 331 ff.; siehe auch: Hannsjoachim W. Koch, Geschichte der Hitlerjugend – Ihre Ursprünge und ihre Entwicklung 1922–1945, Percha am Starnberger See 1975, S. 257.

17 Siehe zum Überblick: Arno Klönne, Jugend im Dritten Reich – Die Hitler-Jugend und ihre Gegner, Düsseldorf und Köln 1982. Als Beispiele seien ferner genannt: Detlev Peukert, Die Edelweißpiraten – Protestbewegung jugendlicher Arbeiter im Dritten Reich, 2. Aufl. Köln 1983; Stefan Krolle, Bündische Umtriebe. Geschichte des Nerother Wandervogels vor und unter dem NS-Staat – Ein Jugendbund zwischen Konformität und Widerstand, 2. Aufl. Münster 1985; Matthias von Hellfeld, Bündische Jugend und Hitlerjugend 1930–1939, Köln 1987.

18 Thamer, a. a. O., S. 415.

19 Rede in Reichenberg am 2. Dezember 1938, zitiert nach: Ursachen und Folgen, a. a. O., Band XI, S. 138 f.

20 Der achtzehnjährige Hans Baumann schrieb das Lied im Jahre 1932; kaum ein anderes ist in der HJ so oft gesungen worden. Es gibt Textvarianten; ursprünglich war vom «roten» statt vom «großen» Krieg

die Rede, und als das rüstende Reich bemüht war, sich der Welt als friedliebend darzustellen, wurde im Refrain das «gehört» abgeändert: «Heute, da hört uns Deutschland...» Später kehrte man zur alten Fassung zurück, wie sie ohnehin durchweg gesungen wurde, hier zitiert nach: Uns geht die Sonne nicht unter – Lieder der Hitler-Jugend, zusammengestellt zum Gebrauch für Schulen und Hitler-Jugend vom Obergebiet West der Hitler-Jugend, Köln 1934, S. 26. Beglaubigt wird dieses Buch durch eine Unbedenklichkeitserklärung des «Vorsitzenden der parteiamtlichen Prüfungskommission zum Schutze des NS-Schrifttums» vom 7.12.1934. Siehe im übrigen: Deutschland Deutschland – Politische Gedichte vom Vormärz bis zur Gegenwart, herausgegeben von Helmut Lamprecht, Bremen 1969, S. 390f.

21 Der Verfasser hat das «Jungvolk» erst als Dreizehnjähriger kennengelernt, als er in ein Internat geschickt wurde. Auf dem Lande konnte die Hitler-Jugend schon deshalb kaum durchdringen, weil Kinder und Jugendliche zur Mitarbeit in Haus und Hof, auf dem Felde, beim Kühehüten und so fort dringend gebraucht wurden. In der Stadt wiederum setzte für die Mehrheit der Jugendlichen nach dem Volksschulabschluß im vierzehnten Lebensjahr die Lehrlingspflicht Grenzen, die der HJ-Dienst nicht überschreiten konnte, je stärker sich im Zuge der Aufrüstung und dann im Krieg der Mangel an Arbeitskräften bemerkbar machte, desto weniger. Voll verfügbar waren im Grunde nur die Oberschüler, wie ihr Einsatz als «Flakhelfer» seit 1943 zeigte – keine zehn Prozent ihrer Jahrgänge.

22 Zitiert nach Francis Courtade und Pierre Cadars, Geschichte des Films im Dritten Reich, München 1975, S. 13.

23 Vollständiger Abdruck bei Thamer, a.a.O., S. 506f.

24 Wiecherts «Das einfache Leben» mochte als Modellentwurf eines Rückzugs ins Unpolitische gelesen werden. Immerhin hat der Autor, schon 1933 aus dem Schuldienst entlassen, 1935 und 1937 vor Münchener Studenten so kritische Reden gehalten, daß er 1938 mit dem sokratischen Ehrentitel, ein «Verführer und Verderber der Jugend» zu sein, für zwei Monate ins Konzentrationslager Buchenwald eingeliefert wurde; er hat darüber 1946 in seiner Schrift «Der Totenwald» berichtet. Jochen Klepper, der es ablehnte, sich von seiner jüdischen Frau zu trennen, hat mit ihr und mit seiner Tochter im Dezember 1942 Selbstmord begangen.

25 Setzt man den Index für 1939, das zu zwei Dritteln noch ein Friedensjahr war, mit 100 an, so lag die Rüstungsproduktion 1940 und 1941 bei 176, um dann bis auf 500 im Jahre 1944 zu steigen. Der Produktionsgipfel wurde erst im August 1944 erreicht.

26 Von einem «Herrenvolk aus Untertanen» hat Heinrich Mann 1919 in seinem Aufsatz «Kaiserreich und Republik» gesprochen; siehe von Mann: Macht und Menschen – Essays, Frankfurt a. M. 1989, S. 180. – Als wichtige Untersuchung zum Thema ist zu nennen: Hans Dietrich Schäfer, Das gespaltene Bewußtsein – Über deutsche Kultur und Lebenswirklichkeit 1933–1945, 2. Auflage München und Wien 1982.

27 Siehe von Höß: Kommandant in Auschwitz – Autobiographische Aufzeichnungen, herausgegeben von Martin Broszat, 4. Auflage München 1978.
Und wie eigentlich war es mit Hitler? Führte nicht auch er ein Doppelleben, abgeschirmt auf dem Obersalzberg das bürgerlich-private? Liebte er nicht das unpolitische Kino, Schäferhunde und Eva Braun? So sonderbar wie bezeichnend wirkt der letzte Akt vor dem Selbstmord, die Heirat: Für den Mann, dessen «Führerbefehl» oberstes Gesetz war, mußte im Trommelfeuer der russischen Artillerie unbedingt noch ein richtiger Standesbeamter herbeigeschafft werden, damit alles seine gutbürgerliche Ordnung hatte.

28 Felix Hartlaub, Das Gesamtwerk, herausgegeben von Geno Hartlaub, Frankfurt a. M. 1955, S. 454. – Die Äußerung steht keineswegs allein; zum Beispiel heißt es bei Max Kommerell: «Nicht die politische Realität stand zur Diskussion, es galt vielmehr, Mittel zu finden, um inmitten des Schreckens, auf einer Rückzugsposition, dennoch als Mensch... bestehen zu können.» (Briefe und Aufzeichnungen 1919–1944, herausgegeben von Inge Jens, Olten und Freiburg 1967, S. 35.)

29 Das amerikanische Original erschien 1941 unter dem Titel «The Dual State»; deutsch: Der Doppelstaat – Recht und Justiz im «Dritten Reich», Ausgaben Frankfurt a. M. 1974 und 1984. Fraenkel sammelte sein Material zwischen 1933 und 1937 als Rechtsanwalt in Berlin; 1938 emigrierte er in die Vereinigten Staaten, aus denen er später als Professor für Politikwissenschaft nach Berlin zurückkehrte.

30 Wesentlich zum Thema vor allem: Hans Buchheim, Martin Broszat, Hans-Adolf Jacobsen, Helmut Krausnick: Anatomie des SS-Staates, 2 Bände, Olten und Freiburg 1965, als Taschenbuch München 1979.

31 Fraenkel führte das Urteil des höchsten deutschen Gerichts, des Reichsgerichts in Leipzig, vom 27. Juni 1936 an, das die Juden zum bürgerlichen Tod verurteilte, lange bevor sie physisch vernichtet wurden:
«Im Februar 1933 hatte ein Filmregisseur mit einer Filmgesellschaft einen Vertrag geschlossen. Vereinbart worden war, daß die Gesellschaft das Recht haben sollte, vom Vertrage zurückzutreten, falls der Regisseur ‹durch Krankheit, Tod oder ähnlichen Grund nicht zur

Durchführung seiner Regietätigkeit im Stand› sein sollte. Als kurze
Zeit nach Unterzeichnung des Vertrages die große antisemitische
Hetze begann, sagte sich die Filmgesellschaft von dem Vertrage los
und verweigerte die Honorarzahlung. – Das Reichsgericht hatte zu
entscheiden, ob jüdische Abstammung ebenso ein Grund für das Er-
löschen eines Vertrages bilden könne wie dies bei Krankheit und Tod
der Fall sei. Das Reichsgericht hat die Analogie als berechtigt anerkannt und die Klage abgewiesen. Das Reichsgericht führte aus: ‹Die
frühere (liberale) Vorstellung vom Rechtsinhalte der Persönlichkeit
machte keine grundsätzlichen Wertunterschiede nach der Gleichheit
oder Verschiedenheit des Blutes... Der nationalsozialistischen Weltanschauung dagegen entspricht es, im Deutschen Reiche nur
Deutschstämmige (oder gesetzlich ihnen Gleichgestellte) als rechtlich
vollgültig zu behandeln. Damit werden grundsätzliche Abgrenzun-
gen des früheren Fremdenrechts erneuert und Gedanken wieder aufgenommen, die vormals durch die Unterscheidung zwischen voll
Rechtsfähigen und Personen minderen Rechts anerkannt waren. Den
Grad völliger Rechtlosigkeit stellte man ehedem, weil die rechtliche
Persönlichkeit ganz zerstört sei, dem leiblichen Tode gleich; die Ge-
bilde des ‹bürgerlichen Todes› und des ‹Klostertodes› empfingen ihre
Namen aus dieser Vergleichung. Wenn in Nr. 6 des Manuskript-Ver-
trages vom 24. Februar 1933 davon die Rede ist, das Ch. ‹durch
Krankheit, Tod oder ähnlichen Grund nicht zur Durchführung seiner
Regietätigkeit imstande sein sollte›, so ist unbedenklich eine aus ge-
setzlich anerkannten rassepolitischen Gesichtspunkten eingetretene
Änderung in der rechtlichen Geltung der Persönlichkeit dem gleich-
zusetzen.›» (Fraenkel, a. a. O., Ausgabe 1984, S. 126 f.)
Zur Rechts- und Verfassungsgeschichte sei angemerkt, daß es in dem
Werk der Frankfurter Nationalversammlung, der Reichsverfassung
vom 28. März 1849, im Paragraphen 135 hieß: «Die Strafe des bürgerlichen Todes soll nicht stattfinden und da, wo sie bereits ausgesprochen ist, in ihren Wirkungen aufhören.» Damit wurde die aus der
Rechtsfähigkeit begründete Unantastbarkeit menschlicher Würde
zum Grundrecht erhoben.

32 Anmerkungen zu Hitler, München 1978, S. 58 f.
33 Siehe das Zitat auf S. 182.
34 Denkwürdigkeiten, 5. Auflage Berlin 1905, Band I, S. 152 (ff.).
35 Die unsichtbare Flagge, 6. Auflage München 1953, S. 74 f.
36 Auf seltsame Weise wird bei Bamm das Verbrechen gezeigt – und
   dann wieder überdeckt, so als sorge ein geheimnisvolles Schicksal wie
   von selbst für Gerechtigkeit. Es heißt in dem Bericht: «Der General-

oberst warf den Offizier (der das Massaker photographiert hatte) aus seinem Stab. Wir warteten darauf, was weiteres geschehen werde. Wir hielten es damals noch nicht für möglich, daß ein Armeeführer nicht die Macht besäße, solche offenbaren Verbrechen in seinem Bereich zu verbieten. Wenige Tage später stieß dem Generaloberst das Unglück zu, daß sein Fieselerstorch auf einer Mine landete. Der Generaloberst wurde zerrissen. Bei seinem feierlichen Begräbnis rutschte sein Nachfolger in das offene Grab. Diese beiden Ereignisse verwandelten sich in der Phantasie der Soldaten zu unheilschwangeren Vorzeichen. Wegen der Morde an den Bürgern von Nikolajew geschah nichts.» (A. a. O., S. 74.)

37 Als ein Beispiel aus der Literatur sei genannt: Helmut Krausnick/ Hans-Heinrich Wilhelm, Die Truppe des Weltanschauungskrieges – Die Einsatzgruppen der Sicherheitspolizei und des SD 1938 – 1942, Stuttgart 1981. Im Vorwort von Martin Broszat heißt es: «Angesichts der Tatsache, daß die Einsatzgruppen ohne entsprechende Konzessionen der Wehrmacht – und speziell der Heeresführung – ihre Sonderaufgaben nicht hätten durchführen können, geht Helmut Krausnick detailliert dem Verhältnis zwischen Sicherheitspolizei und Heeresführung nach und kommt hier, was die Rolle der Wehrmacht betrifft, zu bedrückenden Ergebnissen.»
Ein anderes bedrückendes Beispiel liefert: Christian Streit, Keine Kameraden – Die Wehrmacht und die sowjetischen Kriegsgefangenen 1941–1945, Stuttgart 1978. Siehe ferner: Arno J. Mayer, Der Krieg als Kreuzzug – Das Deutsche Reich, Hitlers Wehrmacht und die «Endlösung», Reinbek 1989. Zur Vorgeschichte: Manfred Messerschmidt, Die Wehrmacht im NS-Staat – Zeit der Indoktrination, Hamburg 1969; Klaus-Jürgen Müller, Das Heer und Hitler – Armee und nationalsozialistisches Regime 1933–1940, Stuttgart 1969.

38 Sekundärtugenden wie Fleiß, Leistungsbereitschaft, Dienstbereitschaft und Pflichterfüllung beziehen sich auf die Mittel, nicht auf Ziele des Handelns. Es *sind* Tugenden. Aber die Leistung sagt nicht, wofür sie erbracht wird, die Pflichterfüllung nicht, in wessen Dienst sie steht. Die Frage nach den vorrangigen Werten, nach den Zielen muß daher stets gestellt und beantwortet werden, sonst läßt tatsächlich auch das Verbrechen sich rechtfertigen. Doch Hitlers *Verheißung* an die Deutschen war ja gerade, sie von Zielentscheidungen zu *entlasten*, für die er allein die Verantwortung zu übernehmen versprach.

39 Die preußisch-deutsche Armee 1640–1945, Staat im Staate, Düsseldorf 1960, S. 543.

40 Diese Zuordnung zu den verschiedenartigen Milieus hat dazu ge-

führt, daß jeder der beiden deutschen Staaten «seinen» Widerstand pflegte und feierte. Wer hatte in der Bundesrepublik je etwas von Anton Saefkow gehört, was wußte man in der DDR von Henning von Tresckow? In der «Bibliographie ‹Widerstand›» (herausgegeben von der Forschungsgemeinschaft 20. Juli e. V., bearbeitet von Ulrich Cartarius, München, New York, London, Paris 1984) mit mehr als 6000 Titeln findet man etwa je zur Hälfte Arbeiten aus der DDR und der Bundesrepublik; in der DDR beherrscht der heldenhafte Kampf der Arbeiterklasse unter Führung der Kommunistischen Partei das Bild; in der Bundesrepublik steht der christliche und der soldatische Widerstand im Vordergrund.

41 Siehe dazu: Joachim Beckmann und andere, Dann werden die Steine schreien – 50 Jahre Theologische Erklärung Barmen / Kirchenkampf im Dritten Reich, Bielefeld 1983. Ferner: Die Barmer Theologische Erklärung – Einführung und Dokumentation, herausgegeben von Alfred Burgsmüller und Rudolf Weth, 2. Auflage Neukirchen-Vluyn 1984.

42 Als Darstellungen sei genannt: Heinrich Portmann, Kardinal von Galen – Ein Gottesmann seiner Zeit. Mit einem Anhang: Die drei weltberühmten Predigten, 5. und 6. erweiterte Auflage Münster 1958. Siehe ferner: Max Bierbaum, Nicht Lob, nicht Furcht – Das Leben des Kardinals von Galen, nach unveröffentlichten Briefen und Dokumenten, 6. Auflage Münster 1966.

43 Siehe Karl A. Schleunes, Nationalsozialistische Entschlußbildung und die Aktion T 4, in: Eberhard Jäckel / Jürgen Rohwer (Herausgeber): Der Mord an den Juden im Zweiten Weltkrieg – Entschlußbildung und Verwirklichung, Stuttgart 1985, S. 77.

44 Henry Picker (Herausgeber): Hitlers Tischgespräche im Führerhauptquartier 1941–1942, neu herausgegeben von Percy E. Schramm, 2. Auflage Stuttgart 1965, S. 416.

45 Material zum Thema bei Detlev Peukert: Die Edelweißpiraten – Protestbewegung jugendlicher Arbeiter im Dritten Reich, Köln 2. Aufl. 1983. – Nicht frei von Idealisierungen, dennoch als farbige Milieuschilderung zu empfehlen ist der Roman von Franz Josef Degenhardt: Zündschnüre, Hamburg 1973.

46 Lothar Gruchmann (Herausgeber): Autobiographie eines Attentäters – Johann Georg Elser, Aussage zum Sprengstoffanschlag im Bürgerbräukeller, München, am 8. November 1939, Stuttgart 1970 (Neuausgabe 1989), S. 80. Siehe im übrigen: Anton Hoch, Das Attentat auf Hitler im Münchner Bürgerbräukeller 1939, in: Vierteljahreshefte für Zeitgeschichte, Jahrgang 17, 1969, S. 383 bis 413.

Zur religiösen Frage erklärte Elser auf Vorhaltungen, daß das kommunistische Rußland ein atheistischer Staat sei: «Ich habe nie davon gelesen und glaube das auch gar nicht. Dagegen glaube ich, daß die deutsche Regierung die in Deutschland bestehenden Kirchen, das heißt Religionen, abschaffen will.» (A. a. O., S. 79.)

47 A. a. O., S. 81.

48 A. a. O., S. 75.

49 Es gab natürlich große Unterschiede zwischen neuen und traditionsreichen Truppenteilen. Berühmt war das Infanterieregiment 9 in Potsdam, «Graf Neun» genannt, in dem die Tradition des Ersten Garderegiments zu Fuß weiterlebte. In der Zeit der Republik pflegte man dort im Kasino bei festlichen Anlässen sein erstes Glas auf «Seine Majestät, den König von Preußen» als den «Obersten Kriegsherrn» zu leeren. Aber aus keinem anderen Regiment sind mehr Offiziere hervorgegangen, die im Kampf gegen Hitler ihr Leben einsetzten und verloren.

50 Am 13. März 1943 besuchte Hitler das Hauptquartier der Heeresgruppe Mitte, deren Generalstabs-«Ia» Tresckow war. Es gelang Tresckow, eine als Geschenksendung getarnte Bombe in das Führerflugzeug zu schmuggeln. Aber obwohl die Sprengwirkung der Bombe und der Mechanismus ihrer Zeitzündung vorher sorgfältig erprobt worden waren, versagte in diesem Falle die Zündung; Hitler kehrte sicher nach Rastenburg zurück. Ein weiteres Attentat scheiterte wenige Tage später, weil Hitler die Ausstellung russischer Beutewaffen im Berliner Zeughaus vorzeitig verließ. Siehe zu diesen Attentatsversuchen: Fabian von Schlabrendorff, Offiziere gegen Hitler, zuerst Zürich 1946, in der Ausgabe Frankfurt a. M. und Hamburg 1959 S. 92 ff. – In der engagierten Darstellung eines Beteiligten, der überlebte, liefert dieses Buch insgesamt ein farbiges Bild der Militäropposition. Überdenkt man die vielen, immer nur knapp und in ihrer Summe ganz unwahrscheinlich gescheiterten Attentatsversuche vom 8. November 1939 bis zum 20. Juli 1944, so möchte man fast meinen, daß Hitler ein Überdauern vorbestimmt war – bis zum schrecklichen Scheitern, das allein den Ungeist der Gewaltherrschaft auszubrennen vermochte.

51 Bodo Scheurig: Henning von Tresckow – Eine Biographie, 3. Auflage Oldenburg und Hamburg 1973, S. 119 f.

52 Moabiter Sonette, Berlin 1946; siehe auch: Deutschland Deutschland – Politische Gedichte vom Vormärz bis zur Gegenwart, herausgegeben von Helmut Lamprecht, Bremen 1969, S. 441 f.
    Haushofers Vater war der Lehrer der «Geopolitik» Karl Haushofer, der über seinen Schüler Rudolf Heß auf das nationalsozialistische Machtdenken eingewirkt hatte. Albrecht Haushofer wurde wenige Tage vor

der Kapitulation im Gefängnis Moabit, in dem er seine Sonette geschrieben hatte, von der Gestapo ermordet.

53 Siehe zur Darstellung: Hans Mommsen, Gesellschaftsbild und Verfassungspläne des Widerstandes, in: Der deutsche Widerstand gegen
Hitler – Vier kritisch-historische Studien, herausgegeben von Walter
Schmitthenner und Hans Buchheim, Köln 1966. Überarbeitete Neu-
fassung in: Widerstand im Dritten Reich – Probleme, Ereignisse,
Gestalten, herausgegeben von Hermann Graml, Frankfurt a. M.
1984, S. 14–91.

54 Schlabrendorff, a. a. O., S. 138.

55 A. a. O., S. 154.

Achtes Kapitel: Das Heilsverbrechen

 1 Band IX, S. 282 ff. der Taschenbuchausgabe: Heinrich Heine, Sämtliche Werke, München 1964.

 2 Joseph A. Schumpeter, Kapitalismus, Sozialismus und Demokratie,
2. Auflage, Bern 1950, S. 134 ff.

 3 Rede vor dem Konvent vom 5. Februar 1794, in: Maximilien Robespierre, Habt ihr eine Revolution ohne die Revolution gewollt? –
Reden, herausgegeben von Kurt Schnelle, Leipzig o. J., S. 329.
Diese Dialektik von Ideal und Realisierung, von Tugend und Terror
hat auf seine Weise schon Heine kommentiert: «Der Gedanke will Tat,
das Wort will Fleisch werden. Und wunderbar! Der Mensch, wie der
Gott der Bibel, braucht nur seinen Gedanken auszusprechen, und es
gestaltet sich die Welt, es wird Licht oder es wird Finsternis, die Wasser sondern sich von dem Festland, oder gar wilde Bestien kommen
zum Vorschein. Die Welt ist die Signatur des Wortes. – Dies merkt
euch, ihr stolzen Männer der Tat. Ihr seid nichts als unbewußte Hand-
langer der Gedankenmänner, die oft in demütigster Stille euch all eu'r
Tun aufs bestimmteste vorgezeichnet haben. Maximilien Robespierre
war nichts als die Hand von Jean-Jacques Rousseau, die blutige Hand,
die aus dem Schoße der Zeit den Leib hervorzog, dessen Seele Rousseau geschaffen. Die unstete Angst, die dem Jean-Jacques das Leben
verkümmerte, rührte sie vielleicht daher, daß er schon im Geiste
ahnte, welch eines Geburtshelfers seine Gedanken bedurften, um leib-
lich zur Welt zu kommen?» (Zur Geschichte der Religion und Philosophie in Deutschland, Drittes Buch; a. a. O., S. 240.)

 4 Theologie der Geschichte, Stuttgart, Berlin 1966, S. 212.

 5 Speech on presenting to the House of Commons a Plan for the better

security of the Independence of Parliament and the Economic Reformation of the Civil and other Establishments, 1780, in: Edmund
Burke, The Works, Boston 1839, Band 2, S. 164.

6 Beantwortung der Frage: Was ist Aufklärung?, 1784. Siehe Immanuel
Kant, Politische Schriften, herausgegeben von Otto Heinrich von der
Gablentz, Köln und Opladen 1965, S. 2.

7 Der alte Staat und die Revolution, Drittes Buch, Erstes Kapitel; in der
Rowohlt-Taschenbuchausgabe von 1969: S. 125.

8 A. a. O., S. 128.

9 Ludwig Feuerbach (1804–1872) veröffentlichte sein Hauptwerk «Das
Wesen des Christentums» Leipzig 1841. Der Theologe David Fried-
rich Strauß (1808–1874) schrieb schon Tübingen 1835 «Das Leben
Jesu, kritisch betrachtet»; eine populäre Volksausgabe folgte 1864.
Bruno Bauer (1809–1882), ebenfalls Theologe, begann mit seiner
«Kritik der evangelischen Geschichte des Johannes» (1840), der die
«Kritik der evangelischen Geschichte der Synoptiker» folgte (3
Bände, 1841/42); ein spätes Hauptwerk hieß: «Christus und die Cäsa-
ren – Der Ursprung des Christentums aus dem römischen Griechen-
tum» (1877). Alle diese Autoren waren «Linkshegelianer», allen blok-
kierte ihre Kritik den akademischen Karriereerfolg, alle haben Marx
und die marxistische Religionsauffassung beeinflußt.

10 Die Deutsche Ideologie (1845/46); siehe von Marx: Die Frühschriften, herausgegeben von Siegfried Landshut, Stuttgart 1953, S. 342 f.

11 Die pietistische Abkunft läßt sich noch an der Nachkriegssituation des
Evangelischen Kirchentages nachweisen. Er wurde 1949 von Reinold
von Thadden-Trieglaff ins Leben gerufen, der aus der Welt des pom-
merschen Pietismus stammte: Sein Urgroßvater Adolf von Thadden
war Begründer und eine der Hauptfiguren dieser wesentlich von
Gutsherren getragenen Bewegung.

12 Die verspätete Nation – Über die politische Verführbarkeit bürgerlichen Geistes, Stuttgart 1959, S. 59. – Die Originalausgabe, durch ein
Pseudonym gedeckt, erschien unter dem Titel «Das Schicksal deutschen Geistes im Ausgang seiner bürgerlichen Epoche», Zürich 1935.

13 Natürlich steht Gerhardt nicht allein. Bei Beerdigungen wurde einst
oft und gern das geistliche Volkslied angestimmt, geschrieben von
Ludwig Joergens (oder Jörgens, geboren 1792), das in älteren Gesangbüchern noch zu finden ist:

«Wo findet die Seele die Heimat, die Ruh?
Wer deckt sie mit schützenden Fittichen zu?
Ach bietet die Welt keine Freistatt uns an,

wo die Sünde nicht herrschen, nicht anfechten kann?
Nein, nein, hier ist sie nicht;
die Seele der Heimat ist droben im Licht.

Verlasset die Erde, die Heimat zu sehn,
die Heimat der Seele, so herrlich, so schön!
Jerusalem droben, von Golde erbaut,
ist dieses die Heimat der Seele, der Braut?
Ja, ja, dieses allein
kann Ruhplatz und Heimat der Seele nur sein.»

Inzwischen allerdings ist dieses Lied aus den Gesangbüchern getilgt, sei es aus puristischem Kunstempfinden – oder aus dem Wandel des Glaubens zur Weltfrömmigkeit.

14 In dem von ihm herausgegebenen Buch über Pfarrerskinder sagt der Pfarrerssohn Martin Greiffenhagen: «Die geistige und politische Kultur Deutschlands ist in starkem Maße vom evangelischen Pfarrhaus geprägt. Die ‹Allgemeine deutsche Biographie› weist aus, daß von der Mitte des 17. Jahrhunderts bis in die Mitte unseres Jahrhunderts hinein über die Hälfte der dort aufgeführten Männer Pfarrerssöhne waren. Um nur die glänzendsten Namen zu nennen: Aus Pfarrershäusern stammen die Dichter Gryphius, Gottsched, Gellert, Claudius, Lessing, Wieland, die Brüder Schlegel, Jean Paul, Gotthelf, Ina Seidel, Hermann Hesse, Gottfried Benn; die Historiker Pufendorf, Droysen, Mommsen, Jacob Burckhardt, Lamprecht, Haller, Gerhard Ritter; die Philosophen Schelling, Schleiermacher, Nietzsche, Kuno Fischer und Dilthey... Was Friedrich Nietzsche und Gottfried Benn, Hermann Hesse, C. G. Jung und Albert Schweitzer verbindet, ist das väterliche Thema: Protestantismus als Beruf. Welchen Beruf Pfarrerskinder auch ergriffen, die väterliche Berufung wurde für viele Herausforderung, Anspruch und Maßstab zur Bewährung in einer Welt, die über sich hinausweist.» (Pfarrerskinder – Autobiographisches zu einem protestantischen Thema, herausgegeben von Martin Greiffenhagen, Stuttgart 1982, S. 14 und 7.)

15 Johann Gottlieb Fichte, Die Grundzüge des gegenwärtigen Zeitalters, Erste Vorlesung, zitiert nach der Ausgabe in der Philosophischen Bibliothek Band 130 b, Abdruck 1943 der zweiten Auflage Leipzig 1922, S. 17f.

16 Zur Geschichte der Religion und Philosophie in Deutschland, a. a. O., S. 282.

17 Siehe zur Literatur: David Kaufmann, Die letzte Vertreibung der Juden aus Wien und Niederösterreich, ihre Vorgeschichte und ihre Op-

fer, Wien 1889, S. 209ff.; Selma Stern, Der preußische Staat und die Juden, Tübingen 1962, I. Teil, I. Abteilung.

18 Hans Joachim Schoeps, Preußen – Geschichte eines Staates, Berlin 1966, S. 87.

19 Aus einer Eingabe der Stände des Lebusschen, Storkow- und Bees-kowschen Kreises, zitiert nach Alfred Stern, Abhandlungen und Ak-tenstücke zur Geschichte der preußischen Reformzeit 1807–1815, Leipzig 1885, S. 245ff.: Die Entstehung des Edikts vom 11. März 1812, betreffend die bürgerlichen Verhältnisse der Juden in dem preu-ßischen Staat; hier: S. 251.

20 Zwar war in adligen Offizierskreisen die jüdische Bankierstochter sprichwörtlich, die man heiratete, wenn man sich vor Schulden nicht mehr zu retten wußte. Aber dann mußte man seinen Abschied neh-men, wie nach einem ehrenrührig verweigerten Duell.

21 Ausgewählte Schriften, herausgegeben von Paul Fischer, 2. Auflage München 1934, S. 239.

22 Wider den Strom – Vom Werden und Wachsen der nationalen Oppo-sition im alten Reich, Leipzig 1932, S. 17f.

23 Siehe dazu: Der Berliner Antisemitismusstreit, herausgegeben von Walter Boehlich, Ausgabe Frankfurt a. M. 1988.

24 Hitlers Herrschaft – Vollzug einer Weltanschauung, 2. Auflage Stutt-gart 1988, S. 133f.

25 Siehe Egmont Zechlin, Die deutsche Politik und die Juden im Ersten Weltkrieg, Göttingen 1969.

26 Die Zerstörung der deutschen Politik – Dokumente 1871–1933, neu herausgegeben und kommentiert von Harry Proß, Ausgabe Frank-furt a. M. 1983, S. 266ff.

27 Siehe die Hinweise bei Jäckel, Hitlers Herrschaft, a. a. O., S. 134.

28 Lehrjahre im alten Europa – Erinnerungen 1905–1945, Berlin 1989, S. 107.

29 A. a. O., S. 49.

30 Stimmungsberichte zeigen eher Kritik an den nationalsozialistischen Maßnahmen. Siehe dazu: Otto Dov Kulka, Die Nürnberger Rassege-setze und die deutsche Bevölkerung im Lichte geheimer NS-Lage- und Stimmungsberichte, in: Vierteljahreshefte für Zeitgeschichte 32, 1984, S. 622.

31 Kästner für Erwachsene, herausgegeben von Rudolf Walter Leon-hardt, Ausgabe Frankfurt a. M. 1966, S. 448f. Siehe im übrigen zum Thema: Das Judenpogrom 1938 – Von der «Reichskristallnacht» zum Völkermord, herausgegeben von Walter H. Pehle, Frankfurt a. M. 1988.

32 Anmerkungen zu Hitler, München 1978, S. 15 f.

33 Hitler among the Germans, 1976; deutsch «... daß ihr mich gefunden habt» – Hitler und die Deutschen: eine Psychohistorie, Stuttgart 1978.

34 Siehe Eberhard Jäckel, Hitlers Weltanschauung – Entwurf einer Herrschaft, 3. Auflage Stuttgart 1986. Siehe im übrigen: Hitler, Sämtliche Aufzeichnungen 1905–1924, herausgegeben von Eberhard Jäckel und Axel Kuhn, Stuttgart 1980.

35 Hitler, Sämtliche Aufzeichnungen..., a. a. O., S. 88 ff.

36 Hitlers Politisches Testament – Die Bormann-Diktate vom Februar und April 1945, mit einem Essay von Hugh R. Trevor-Roper und einem Nachwort von André François-Poncet, Hamburg 1981, S. 122.

37 Hier zitiert nach Jäckel, Hitlers Weltanschauung, a. a. O., S. 78.

38 Gold und Eisen – Bismarck und sein Bankier Bleichröder, Frankfurt a. M., Wien und Berlin 1978, S. 213.

39 Der Anteil der Juden an der deutschen Bevölkerung hat sich zwischen 1820 und 1910 von 1,9 auf 0,95 Prozent halbiert; bis 1933 war er – trotz der Zuwanderung von jüdischen Flüchtlingen aus dem Osten: etwa 80000 zwischen 1917 und 1920 – auf 0,76 Prozent gesunken. In absoluten Zahlen bedeutete das zwischen 1910 und 1933 einen Rückgang von 615000 auf 499000. Zur Zuwanderung, der auch oder gerade eingesessene Juden ablehnend, mitunter feindlich begegneten, weil sie um ihr eigenes Ansehen fürchteten: Trude Maurer, Ostjuden in Deutschland 1918–1933, Hamburg 1986. – Eine weitere Perspektive vermittelt: Joseph Roth, Juden auf Wanderschaft, Berlin 1927, Neuausgabe Köln 1985.

40 Johann Jacoby, Briefwechsel 1816–1849, Hannover 1974, S. 56 f.

41 Israel unter den Völkern, Zürich 1936, S. 114.

42 Eichmann in Jerusalem – Ein Bericht von der Banalität des Bösen, Ausgabe München 1986.

43 Wiedergabe des Rituals bei der zentralen Kundgebung auf dem Opernplatz in Berlin. Siehe zur genaueren Darstellung vom Verfasser: Scheiterhaufen – Glanz und Elend des deutschen Geistes, Berlin 1983. In diesem Buch wird auch die Geschichte des Exils dargestellt, die hier ausgespart bleibt.

44 Siehe oben, S. 101.

45 Pallas Athene – Ethik des politischen Volkes, Jena 1935, S. 121 f.

46 Siehe dazu, als Rückblick des Schülers auf seinen Lehrer: Helmut Schelsky, Die verschiedenen Weisen, wie man Demokrat sein kann – Erinnerungen an Hans Freyer, Helmuth Plessner und andere, in: Rückblicke eines «Anti-Soziologen», Opladen 1981, S. 134 ff. Schelsky sagt von Freyer: «Selbst die ihm am meisten verdachte

Schrift ‹Revolution von rechts› (1931) ist zwar eine Parteinahme für die ‹nationale Revolution› zu Anfang der Dreißiger, aber, wie allen Kennern der Lage klar war, auf moralische Eliten der nationalen Jugendbewegung, z. B. des ‹Tat-Kreises› setzend und gerade kein Bekenntnis zur Straßen- und Parteikampfbewegung der Nationalsozialisten; sie steht den Schriften eines Ernst Jünger, Ernst Niekisch, Hugo Fischer, Oswald Spengler oder Giselher Wirsing näher als eines Hitler oder Alfred Rosenberg. Waren die Genannten ‹Demokraten›? Sicherlich nicht. Waren sie Gegner der sich ankündigenden parteibürokratischen Gewalt- und Ideologieherrschaft der Hitler-NSDAP? Ebenso sicher ein Ja, denn aus diesen Kreisen, nicht aus denen der ‹Partei-Demokraten›, ist der verspätete, aber sein Leben einsetzende und scheiternde Widerstandskampf gegen Hitler vor und im Kriege vorgetragen worden.» (A. a. O., S. 134.)

47 Hans Freyer, Revolution von rechts, Jena 1931.

48 In der philosophischen Anthropologie Max Schelers heißt es: «Mit dem Tiere verglichen, das immer ‹Ja› zum Wirklichsein sagt – auch da noch, wo es verabscheut und flieht –, ist der Mensch der ‹Neinsagenkönner›, der ‹Asket des Lebens›, der ewige Protestant gegen alle bloße Wirklichkeit.» (Die Stellung des Menschen im Kosmos, zuerst Darmstadt 1928, hier zitiert nach der Ausgabe München 1947, S. 51.) «Vermittelte Unmittelbarkeit» ist eine der anthropologischen Grundkategorien bei Helmuth Plessner: Die Stufen des Organischen und der Mensch – Einleitung in die philosophische Anthropologie, 1928, jetzt in: Gesammelte Schriften Band IV, Frankfurt a. M. 1981, S. 396 ff.

In einer großen Epoche deutschen Geistes, 1784 – zeitgleich mit Kants «Beantwortung der Frage: Was ist Aufklärung?» –, findet man bei Johann Gottfried Herder, so poetisch wie präzise, eine europäisch-humanistische Grundlegung der Anthropologie, mit dem Ausblick auf die Riskiertheit und den möglichen Absturz des Menschen: «Lasset uns bedenken, was in den großen Gaben Vernunft und Freiheit liegt, und wieviel die Natur gleichsam wagte, da sie dieselben einer so schwachen, vielfach gemischten Erdorganisation, als der Mensch ist, anvertraute. Das Tier ist nur ein gebückter Sklave; wenn gleich einige edlere derselben ihr Haupt empor heben und wenigstens mit vorgerecktem Halse sich nach Freiheit sehnen. Ihre noch nicht zur Vernunft gereifte Seele muß notdürftigen Trieben dienen, und in diesem Dienst sich erst zum eignen Gebrauche der Sinne und Neigungen von fern bereiten. Der Mensch ist der erste Freigelassene der Schöpfung; er steht aufrecht. Die Waage des Guten und Bösen, des Falschen und Wahren hängt in ihm; er kann forschen, er soll wählen. Wie die Natur ihm zwei freie Hände zu Werkzeugen gab und ein überblickendes Auge, seinen Gang zu leiten: so hat er auch in sich die Macht, nicht nur die Gewichte zu stellen, sondern auch, wenn ich so sagen darf, selbst Gewicht zu sein auf der Waage. Er kann dem trügerischsten Irrtum Schein geben und ein freiwillig Betrogener werden: er kann die Ketten, die ihn, seiner Natur entgegen, fesseln, mit der Zeit lieben lernen und sie mit mancherlei Blumen bekränzen. Wie es also mit der getäuschten Vernunft ging, gehet's auch mit der mißbrauchten oder gefesselten Freiheit: sie ist bei den meisten das Verhältnis der Kräfte und Triebe, wie Bequemlichkeit oder Gewohnheit sie festgestellt haben. Selten blickt der Mensch über diese hinaus, und kann oft, wenn niedrige Triebe ihn fesseln und abscheuliche Gewohnheiten ihn binden, ärger als ein Tier werden.» (Ideen zur Geschichte der Menschheit, Erster Teil, Viertes Buch, IV.)

49 Mein Kampf, 190./194. Auflage München 1936, S. 325 f.

50 A. a. O., S. 329 ff.

51 Siehe zur näheren Darstellung: Eberhard Jäckel, Hitlers Weltanschauung, Neuausgabe, 3. Auflage Stuttgart 1986, S. 29 ff.

52 Vorgeschichte und Vollzug stellen dar: Helmut Krausnick und Hans-Heinrich Wilhelm: Die Truppe des Weltanschauungkrieges. Die Einsatzgruppen der Sicherheitspolizei und des SD 1938–1942, Stuttgart 1981. – Einen Eindruck von der Planung und Praxis deutscher Herrschaft über eine unterworfene Bevölkerung vermittelt: Das Diensttagebuch des deutschen Generalgouverneurs in Polen 1939–1945, herausgegeben von Werner Präg und Wolfgang Jacobmeyer, Stuttgart 1975. Siehe im übrigen für Polen: Martin Broszat, Nationalsozialistische Polenpolitik 1939–1945, Stuttgart 1961; für die Sowjetunion: Alexander Dallin, Deutsche Herrschaft in Rußland 1941–1945, eine Studie über Besatzungspolitik, Düsseldorf 1958.
Der Beginn der systematischen Judenvernichtung ist vielfach auf die «Wannsee-Konferenz» vom 20. Januar 1942 datiert und manchmal daraus abgeleitet worden, Hitler habe angesichts der sich abzeichnenden Kriegswende wenigstens noch seinen «Krieg gegen die Juden» gewinnen wollen. Dazu sagt Thamer mit Recht: «So schwierig die Datierung der Entschlußbildung im einzelnen sein mag, eines ist sicher: die Entscheidung zur ‹Endlösung› der Judenfrage fiel innerhalb der höchsten nationalsozialistischen Führungsspitzen in einem Augenblick, in dem sich Hitler und seine Umgebung auf dem Höhepunkt ihrer Siegeszuversicht befanden. Nicht die Schwierigkeiten bei der Organisation der Judendeportationen, nicht die militärische Niederlage und ein daraus resultierender Versuch, in einem verzweifelten

Akt zumindest einen Teil der ‹historischen Mission› zu erfüllen, gab den letzten Anstoß zur ‹Endlösung›, sondern die Aussicht, daß sich mit einem Schlag Lebensraumeroberung und Judenvernichtung, die beiden zentralen Elemente in der nationalsozialistischen Weltanschauung, würden verwirklichen lassen... Auf der Wannsee-Konferenz wurde über die Mitwirkung der Reichs- und Parteibehörden an der Vernichtungsaktion gesprochen, nicht aber über Ziel und Ausdehnung der Judenpolitik.» (Hans-Ulrich Thamer, Verführung und Gewalt – Deutschland 1933–1945, Berlin 1986, S. 704 und 706.)

53 Über die Demokratie in Amerika, Schlußbetrachtung des ersten Bandes; in einer deutschen Ausgabe, der die Übersetzung hier nur teilweise folgt: Stuttgart 1959, S. 478 f.

54 Hitler hat vermutlich gewußt, daß sich zwischen ihm und den Deutschen eine Kluft auftat, soweit es um die «Endziele» ging. Am Ende hat er selbst sein Volk als unwürdig preisgegeben: «Wenn der Krieg verlorengeht, wird auch das Volk verloren sein. Es ist nicht notwendig, auf die Grundlagen, die das deutsche Volk zu seinem primitivsten Weiterleben braucht, Rücksicht zu nehmen. Im Gegenteil sei es besser, diese Dinge selbst zu zerstören. Denn das Volk hätte sich als das schwächere erwiesen, und dem stärkeren Ostvolk gehöre dann ausschließlich die Zukunft. Was nach diesem Kampf übrigbleibe, seien ohnehin nur die Minderwertigen, denn die Guten seien gefallen.» (Kriegstagebuch des Oberkommandos der Wehrmacht 1940–1945, herausgegeben von Percy Ernst Schramm, Band IV, Frankfurt a. M. 1961, S. 1581 f.)

55 Rede des Reichsführers der SS vom 4. Oktober 1943 vor SS-Führern in Posen: Der Prozeß gegen die Hauptkriegsverbrecher vor dem Internationalen Militärgerichtshof, Sitzungsprotokolle und Beweisurkunden, Nürnberg 1947–1949, Band XXIX, S. 145. Abgedruckt unter anderem bei Joachim C. Fest, Das Gesicht des Dritten Reiches – Profile einer totalitären Herrschaft, München 1963, S. 162.

Neuntes Kapitel: Die Rückkehr des Bürgers

1 Siehe zum vollständigen Text: Kästner für Erwachsene, herausgegeben von Rudolf Walter Leonhardt, Frankfurt a. M. 1966, S. 103 f. – Wie kaum ein anderer hat Kästner, des bösen Vorsatzes unverdächtig, Zeitstimmungen eingefangen. Man lese für die späte Kriegszeit «Berliner Hetärengespräch» (1943), «Von meiner Wohnung blieb nur der Schlüssel» (1944), «Die Lust ist zäher als das Gewissen» (Februar

1945); a. a. O., S. 450 ff., 454 ff., 459 f. Am 4. Mai 1945 hat Kästner in einem österreichischen Dorf notiert, was, dem Prinzip nach, gewiß nicht bloß dort Geltung beanspruchen darf:

«Gestern nachmittag hat sich, mit einem Dr.-Ing. Gruber an der Spitze, die Österreichische Widerstandsbewegung konstituiert...» Ihr zweiter Erlaß – nach dem ersten zur Aufhebung der Verdunkelung – «befahl die sofortige Beflaggung in den Farben Österreichs, also Rot-Weiß-Rot, oder in den Tiroler Farben Rot-Weiß. Die Schwierigkeit, unter der die Bevölkerung leise seufzte, bestand nicht etwa, wie man denken könnte, in dem über Nacht zu vollziehenden Gesinnungswandel. Auch nicht in der bedenklichen Zumutung, ihn vor aller Augen meterlang aus den Fenstern zu hängen. Die Schwierigkeit lag ausschließlich darin, sich in so kurzer Zeit, noch dazu nach Ladenschluß und bei der herrschenden Stoffknappheit, das geeignete Fahnentuch zu beschaffen. – Künftige Usurpatoren sollten daraus lernen. Man kann die Menschen, nicht nur die Österreicher, natürlich dazu nötigen, vom Abend zum Morgen ihre Gesinnung wie einen Handschuh umzukehren. Und man kann sie mühelos dazu bewegen, diese Wandlung öffentlich zu bekennen. Am guten Willen wird nicht zu zweifeln sein. Man muß nur die Grenzen beachten, die ihm gezogen sind. Die befriedigende Lösung der Flaggenfrage ist viel zeitraubender. Schon wegen des Ladenschlusses. Denn es genügt nicht, die Fahne nach dem Wind zu hängen. Es muß ja die neue Fahne sein!» (Die Fahnen der Freiheit, a. a. O., S. 462 f.)

2 Alexander und Margarete Mitscherlich, Die Unfähigkeit zu trauern – Grundlagen kollektiven Verhaltens, München 1977 (zuerst 1967).

3 Der Verfasser hat Männer weinen sehen, als der Wehrmachtbericht vom 2. Mai 1945 meldete: «An der Spitze der heldenmütigen Verteidiger der Reichshauptstadt ist der Führer gefallen. Von dem Willen beseelt, sein Volk und Europa vor der Vernichtung durch den Bolschewismus zu erretten, hat er sein Leben geopfert. Dieses Vorbild ‹getreu bis zum Tode› ist für alle Soldaten verpflichtend.» Aber die Tränen erregten schon damals Kopfschütteln und trockneten schnell; die Trauer zerbrach so rasch wie der durchsichtige Versuch, noch einmal eine Nibelungen-Legende vom heroischen Untergang zu schaffen.

4 Allein im Osten sind beim Einmarsch der Roten Armee, bei der Flucht oder Vertreibung Verluste unter der Zivilbevölkerung entstanden, die mit über 2 Millionen angesetzt werden müssen. Im gesamten Krieg verlor die Wehrmacht 3,76 Millionen Tote und etwa 500 000 Vermißte; rund 500 000 Opfer forderte der Luftkrieg. Relativ noch höher als in Deutschland waren die Verluste in Polen, der Sowjet-

union und Jugoslawien; insgesamt hat der Zweite Weltkrieg etwa 55 Millionen Tote gefordert.

5 Zitiert nach: Ursachen und Folgen – Vom deutschen Zusammenbruch 1918 und 1945 bis zur staatlichen Neuordnung Deutschlands in der Gegenwart. Eine Urkunden- und Dokumentensammlung zur Zeitgeschichte, herausgegeben von Herbert Michaelis und Ernst Schraepler, Berlin 1958 ff., Band XIII (1968), S. 115.

Goebbels schloß mit den Worten: «Aber wenn wir abtreten, soll der Erdkreis erzittern.» Welch eine historisch gemessen winzige Spanne Zeit trennte diesen Traum vom Finale von seiner Realisierbarkeit: dem Besitz von Atomwaffen! Alle Quellen lassen nur einen Schluß zu: Hitler hätte nicht gezögert, sie im Rahmen seiner «Nero-Befehle» in Deutschland selbst zünden zu lassen.

6 Ian Kershaw, Der Hitler-Mythos – Volksmeinung und Propaganda im Dritten Reich, Stuttgart 1980, S. 194.

7 Organisierte Schuld, in: Die Wandlung, Heft 4 1945/46, S. 339 f.

8 Der Verfasser erinnert sich an sein Staunen als Beifahrer beim Kirschenholen im «Alten Land», nordwestlich von Hamburg, nahe bei Stade. Dank des Graben- und Wassersystems in den Elbmarschen riegelte die Polizei das Gebiet während der Erntezeit leicht und lückenlos ab. Aber die Ein- und Ausfahrt bereitete keine Schwierigkeiten, weil der Fahrer hinter der Windschutzscheibe ein Schild mit seinem Amtstitel sehen ließ: Generalstaatsanwalt.

9 Dieser Andere, herausgegeben von Christof Schmid, Frankfurt a. M. 1976, S. 55 f.

10 Die Lust ist zäher als das Gewissen, eine Notiz vom 7. Februar 1945, in: Kästner für Erwachsene, a. a. O., S. 459 f.

11 Draußen vor der Tür und ausgewählte Erzählungen, Hamburg 1956, S. 8.

12 Wandlungen der deutschen Familie in der Gegenwart, 3. erweiterte Auflage Stuttgart 1955.

13 A. a. O., S. 90.

14 Der Verfasser hat davon in einer exemplarischen Geschichte erzählt: Die Stunde der Frauen – Bericht aus Pommern 1944–1947, 6. Auflage Stuttgart 1989.

15 Eine bewegende Darstellung findet man in Bernhard Wickis Film «Die Brücke» von 1959.

16 Die skeptische Generation, eine Soziologie der deutschen Jugend, Düsseldorf und Köln 1957.

17 Die heimlich-aufsässigen Anfänge der «Swing-Jugend» reichen noch in die Kriegsjahre zurück. Aus der Nachkriegszeit hat Oliver Hassen-

camp berichtet: «Wir jungen und nicht mehr ganz jungen Jugend-
nachholer saßen nachts vor dem Radio, um zu hören, was wir endlich
ungestraft hören durften: Swing von AFN, dem American Forces
Network, wie der alliierte Soldatensender hieß. Wenn Mark White,
der kleine, zierliche Discjockey mit der sonoren Stimme, im Programm Midnight in Munich die Platten ankündigte und abspielte,
schwelgten wir in unserem Lebensgefühl... Nach der Todesdroge
zynisch-flotter Märsche führte die Musik der Unterdrückten die
Menschen wieder zusammen. Wir haben es erlebt, im Jazz. Aus Skla-
venliedern, auf den Baumwollfeldern in den Südstaaten entstanden,
hat er den Aufbruch der Minderheiten in aller Welt artikuliert, die
Grenze zwischen Rassen, das Verbot der Fraternisation weggetrom-
melt... Musikalisch betrachtet, ist es nur ein kleiner Schritt von
der Unterdrückung zur Freiheit. Mit dem Zwei-Viertelrhythmus
des Marsches schüchtert Staatsgewalt zum Gehorsam ein, beim
Vier-Viertelrhythmus, in den man aus dem Zwei-Viertel-rhythmus
nahezu unbemerkt hinübergleiten kann, entkrampft sich der Mensch
und schwingt brüderlich mit allen andern im Kollektiv.» (Der Sieg
nach dem Krieg – Die gute schlechte Zeit, München und Berlin 1983,
S. 31 f. und 109 f.)

18 Ende 1946 kennzeichnete Ernst Rowohlt in einem Gespräch die Lage:
«Wissen Sie, daß wir es in Deutschland mit einer ganzen Generation
zu tun haben, die von all dem, was für uns Literatur heißt, nichts ahnt?
Sinclair Lewis, Joseph Conrad, André Gide – sie kennt kaum die Namen.» (Gespräch mit einem Verleger – Ernst Rowohlt über seinen
Ro-Ro-Ro-Plan, in: Neue Zeitung, 9.12.1946.) Um dem Mangel ab-
zuhelfen, erfand Rowohlt seine «Rotations-Romane», auf Zeitungs-
papier in hoher Gebrauchsauflage zu 50 Pfennig das Stück.

19 Zitiert nach: Hermann Glaser, Kulturgeschichte der Bundesrepublik
Deutschland, Band 1: Zwischen Kapitulation und Währungsreform
1945–1948, München und Wien 1985, S. 244. – Es handelt sich insgesamt um ein sehr materialreiches Buch.

20 Der tägliche Kram, in: Gesammelte Schriften für Erwachsene, Band
7, München und Zürich 1969, S. 14. – Kästner wurde zum wichtigsten
Autor, Ursula Herking zur zentralen Figur der Münchener «Schaubude», die im August 1945 eröffnete.

21 Der sozusagen dialektische Reiz dieser Meinung schlug sich bald
schon in Geschichten wie der folgenden nieder: Mr. Smith aus London besucht seinen Handelspartner Herrn Schmitz in Köln – und ent-
schuldigt sich: «Es tut mir leid, aber ich habe zu den Bomberpiloten
der Royal Air Force gehört, die Ihre Fabrik zerstörten.» «Im Gegen-

teil, ich habe zu danken», antwortet Schmitz, «denn jetzt ist meine Anlage nagelneu – und Sie sitzen auf Ihrem uralten Kram.»

22 Gerold Ambrosius, Das Wirtschaftssystem, in: Die Geschichte der Bundesrepublik, Band 2: Wirtschaft, herausgegeben von Wolfgang Benz, Frankfurt a. M. 1989, S. 23.

23 Das Gesetz zum Lastenausgleich trat am 1.9.1952 in Kraft; die Vermögensabgabe der Einheimischen lief bis zum 31.3.1979; die Auszahlungen an die Vertriebenen waren zu diesem Zeitpunkt zwar in der Hauptsache, aber noch keineswegs vollständig abgeschlossen. Die Anträge nach dem Feststellungs-Gesetz waren zu 98,7 Prozent erledigt; positiv entschieden waren nach diesem Gesetz über 5,5 Millionen Anträge mit einer Gesamt-Schadenssumme von 48,8 Milliarden Reichsmark; nach einem weiteren Gesetz kamen 427000 Anträge mit einer Schadenssumme von 8,2 Milliarden noch hinzu. Kleinere Vermögenverluste wurden zum Nennwert, größere nur zu einem mit der Summe abnehmenden Prozentsatz entschädigt. Die insgesamt bescheidenen Dimensionen werden an der Tatsache deutlich, daß sich der Lastenausgleich über mehr als ein Vierteljahrhundert hinzog. Dagegen betrug das Steueraufkommen nur des einen Stichjahres 1979 343 Milliarden, das Bruttosozialprodukt 1980 1485 Milliarden.

24 Berührung zwischen Vergangenheit und Zukunft, in: Politik und Kultur, Heft 3, 5. Jahrgang Berlin 1978, S. 62f.

25 Bei der Stadtverordnetenwahl vom Oktober 1946 erreichte die SPD einen Stimmenanteil von 48,7 Prozent und die SED mit 19,8 Prozent nur den dritten Platz hinter der CDU, während ohne Viermächteaufsicht für die Länder der sowjetischen Besatzungszone SED-Mehrheiten bekanntgegeben wurden. Seither hat es die SED nicht mehr gewagt, sich einem freien Wettbewerb zu stellen.

26 Zitiert nach: Die Welt, 17.9.1966.

27 Eine fruchtbare Diskussion um christliche Grundwerte oder das christliche Menschenbild hat es kaum gegeben, und fast immer blieb offen und undeutlich, welche konkreten Konsequenzen für die praktische Politik zu ziehen seien. Ähnlich überall; die SPD bekannte, daß man gleichwertig von einem christlichen, humanistischen oder marxistischen Menschenbild ausgehen könne; im Ergebnis sprach die Partei von den Grundwerten «Freiheit, Gerechtigkeit, Solidarität» (Godesberger Programm, 1959), die CDU – in erhellendem Kontrast – von «Freiheit, Solidarität, Gerechtigkeit» (Grundsatzprogramm 1978).

Eine heftige, aber wenig folgenreiche Debatte entzündete sich 1976 an der Frage nach der Verantwortung des Staates für die Grundwerte.

Als Beispiele aus der Literatur seien genannt: Grundwerte in Staat und Gesellschaft, herausgegeben von Günter Gorschenek, 3. Auflage München 1978; Alexander Schwan, Grundwerte der Demokratie – Orientierungsversuche im Pluralismus, München 1978; Was sind Grundwerte? Zum Problem ihrer Inhalte und ihrer Begründung, herausgegeben von Otto Kimminich, Düsseldorf 1977; Josef Stimpfle, Die Grundwerte in der Sicht der katholischen Kirche, Stuttgart 1979; Heinrich Basilius Streithofen, Macht und Moral – Die Grundwerte in der Politik, Stuttgart, Berlin, Köln, Mainz 1979; Carl Schmitt, Eberhard Jüngel, Sepp Schelz, Die Tyrannei der Werte, Hamburg 1979.

Wenn das Grundgesetz die Würde des Menschen ins Zentrum rückt, entsteht ohnehin die Frage, ob die Verantwortung für Grundwerte oder Sinnbestimmungen des Lebens nicht dem Individuum gebührt, so daß es als verfassungswidrig anzusehen ist, wenn der Staat Grundwerte verordnet oder verwaltet. Ironisch hat das als Liberaler und als Bundespräsident Walter Scheel formuliert: «Die Demokratie kann und will ihren Bürgern nicht ihren Lebenssinn, handlich verpackt, liefern; den müssen sich die Bürger schon selber suchen.» (Nach dreißig Jahren. Die Bundesrepublik Deutschland – Vergangenheit, Gegenwart, Zukunft, herausgegeben von Walter Scheel, Stuttgart 1979, S. 15.)

28 Die Verfassung hat versucht, die Grundrechte so deutlich wie möglich gegen Angriffe zu schützen. Am Ende des Grundrechtsteils werden in Artikel 19, Absatz 2 den gesetzlichen Einschränkungen Grenzen gezogen: «In keinem Fall darf ein Grundrecht in seinem Wesensgehalt angetastet werden.» Artikel 79, Absatz 3 bekräftigt: «Eine Änderung dieses Grundgesetzes, durch welche die... in den Artikeln 1 und 20 niedergelegten Grundsätze berührt werden, ist unzulässig.»

29 Von Verfassungsmüttern kann man kaum reden. Unter den 65 Mitgliedern des Parlamentarischen Rates waren nur vier Frauen: Helene Weber (CDU), Helene Wessel (Zentrum), Elisabeth Selbert und Friederike Nadig (SPD). Um so größer war der Anteil der Beamten, Richter und Professoren mit beinahe einer Zweidrittelmehrheit. Siehe zur Zusammensetzung des Parlamentarischen Rates: Werner Sörgel, Konsensus und Interesse – Eine Studie zur Entstehung des Grundgesetzes, Opladen 1985, S. 236 ff.

30 Zu den Schranken gehört die Gewaltenteilung, besonders durch das Bundesverfassungsgericht und durch das föderalistische Prinzip, das die Besatzungsmächte mit der Zerschlagung Preußens und einer Neugliederung der Länder schon weitgehend vorzeichneten. Zur Stabilisierung von Parlament und Regierung sollen unter anderem die

Entmachtung des Bundespräsidenten, die Ausschaltung des Plebiszits und die Wahl eines neuen Kanzlers als Bedingung für die Abwahl des alten (konstruktives Mißtrauensvotum) beitragen. Zur Wehrhaftmachung gehört, daß Grundrechte verwirkt, «wer sie zum Kampfe gegen die freiheitliche demokratische Grundordnung mißbraucht» (Artikel 18); ebenso können Parteien für verfassungswidrig erklärt werden, «die nach ihren Zielen oder nach dem Verhalten ihrer Anhänger darauf ausgehen, die freiheitliche demokratische Grundordnung zu beeinträchtigen oder zu beseitigen oder den Bestand der Bundesrepublik Deutschland zu gefährden» (Artikel 21, Absatz 2). Im Handgemenge um die praktische Anwendung dieser Bestimmungen ist die «freiheitliche demokratische Grundordnung» zur Formel erstarrt: FDGO.

31   Klassisch kommt diese Haltung in den «Federalist Papers» von 1787/ 88 zum Ausdruck; als Beispiel sei aus dem Paper Nr. 51 (von Alexander Hamilton oder James Madison) zu Fragen der Gewaltenteilung und -kontrolle zitiert:

«Die wichtigste Sicherung gegen die allmähliche Konzentration der verschiedenen Gewalten an einer Stelle besteht darin, dafür zu sorgen, daß die Männer, welche die einzelnen Ämter verwalten, die notwendigen verfassungsmäßigen Mittel besitzen und ein persönliches Interesse daran haben, sich den Übergriffen der anderen Ämter zu widersetzen. Hier wie in allen anderen Fällen müssen die Maßnahmen zur Verteidigung der voraussichtlichen Stärke des Angriffs entsprechen. Ehrgeiz muß durch Ehrgeiz unschädlich gemacht werden. Das persönliche Interesse muß mit den verfassungsmäßigen Rechten des Amtes Hand in Hand gehen. Es mag ein schlechtes Licht auf die menschliche Natur werfen, daß solche Kniffe notwendig sein sollten, um Mißbräuche in der Regierung zu verhindern. Aber setzt nicht schon die Tatsache, daß Regierungen überhaupt nötig sind, die menschliche Natur in ein schlechtes Licht? Wenn die Menschen Engel wären, brauchten sie keine Regierung. Wenn Engel über die Menschen herrschten, dann wäre weder eine innere noch eine äußere Kontrolle der Regierung notwendig.» (Als deutsche Ausgabe ist zu nennen: Der Föderalist, herausgegeben von Felix Ermacora, Wien 1958; Zitat S. 296 f.)

In knapper Form hat der amerikanische Theologe Reinhold Niebuhr die skeptische Haltung zum Ausdruck gebracht: «Der Menschen Sinn für Gerechtigkeit macht Demokratie möglich, seine Neigung zu Ungerechtigkeit macht Demokratie notwendig.» (Die Kinder des Lichts und die Kinder der Finsternis, München 1947, S. 8.)

32 Bei den Reichstagswahlen von 1871 und 1874 errangen die Liberalen eine Mehrheit der Mandate, jedoch – wegen des Mehrheitswahlrechts – mit einem Stimmenanteil von 46,1 beziehungsweise 39,3 Prozent. Bei den Märzwahlen 1933 erreichte die NSDAP nur 43,9 Prozent; zur Mehrheit verhalf ihr erst der deutschnationale Bündnispartner.

33 Hieran erinnerte bis zum Sommer 1989 die Schreibregelung der Springerpresse, nur eine Anführungszeichen-«DDR» als «sogenannte» gelten zu lassen. Im Grunde handelt es sich um eine Spielart von magischem Denken, das den Teufel bannen möchte, indem es ihn als den Gottseibeiuns verschweigt – und benennt.

Von der «Zone» war auch amtlich noch lange die Rede. So gab zum Beispiel das Bundesministerium für gesamtdeutsche Fragen in der siebenten, «überarbeiteten» und erweiterten Auflage eine Schrift heraus unter dem Titel: SBZ von A bis Z – Ein Taschen- und Nachschlagebuch über die Sowjetische Besatzungszone Deutschlands, Bonn 1962.

34 Seiner eigenen Kanzlerschaft vorweg hat Adenauer ein Muster geprägt, wenn er bei der Ausfertigung des Grundgesetzes am 23. Mai 1949 als Präsident des Parlamentarischen Rates feierlich erklärte: «Wir sind der festen Überzeugung, daß wir durch unsere Arbeit einen wesentlichen Beitrag zur Wiedervereinigung des ganzen deutschen Volkes und auch zur Rückkehr unserer Kriegsgefangenen und Verschleppten leisten. Wir wünschen und hoffen, daß bald der Tag kommen möge, an dem das ganze deutsche Volk unter dieser Fahne wieder vereint sein wird. Uns alle leitete bei unserer Arbeit der Gedanke und das Ziel, das die Präambel des Grundgesetzes in folgenden Worten zusammenfaßt: Im Bewußtsein seiner Verantwortung vor Gott und den Menschen, von dem Willen beseelt, seine nationale und staatliche Einheit zu wahren und als gleichberechtigtes Glied in einem vereinten Europa dem Frieden der Welt zu dienen, hat das deutsche Volk in den Ländern Baden, Bayern, Bremen, Hamburg, Hessen, Niedersachsen, Nordrhein-Westfalen, Rheinland-Pfalz, Schleswig-Holstein, Württemberg-Baden und Württemberg-Hohenzollern, um dem staatlichen Leben für eine Übergangszeit eine neue Ordnung zu geben, kraft seiner verfassunggebenden Gewalt dieses Grundgesetz der Bundesrepublik Deutschland beschlossen. Möge alle Zeit der Geist und der Wille, der aus diesen Sätzen spricht, im deutschen Volk lebendig sein.»

35 Was die Bürger wollten und was nicht, zeigen die Wahlergebnisse von 1953. Gegenüber 1949 sprang der Stimmenanteil der CDU von 25,2 auf 36,4 Prozent, der Anteil der CSU von 5,8 auf 8,8 Prozent. Die Gesamtdeutsche Volkspartei dagegen, von Gustav Heinemann gegründet, nachdem er im Protest gegen Adenauers Politik 1950 sein

Ministeramt aufgegeben und 1952 die CDU verlassen hatte, blieb mit einem Stimmenanteil von 1,2 Prozent eine ohnmächtige Splittergruppe – und dies im Angesicht des Notenwechsels zwischen den Siegermächten vom März bis zum September 1952, der die Alternativen aufgezeigt hatte.

36 Das Verletzende dieser preiswerten Anbiederung hat ein Bürger der DDR einmal anonym in einem Gedicht zum Ausdruck gebracht:

> «Die wir leben müssen zwischen den Feuern,
> ja sagen – nein denken – nicht denken –
> die wir dunkle Nächte haben und genormte Gesichter
> die wir leben müssen ohne Erwartung –
> und sehen: die Herzen werden alt vor der Zeit
> wir bitten euch:
> verschont uns mit eurer Menschlichkeit.»

(Zitiert nach: Deutschland Deutschland – Politische Gedichte vom Vormärz bis zur Gegenwart, herausgegeben von Helmut Lamprecht, Bremen 1969, S. 547.)

37 Siehe dazu: Dokumente zur Frage der Obrigkeit – Zur Auseinandersetzung um die Obrigkeitsschrift von Bischof D. Otto Dibelius («Violett-Buch»), Darmstadt 1960, S. 25 f.

38 In seinem Gedicht «Die Lösung» hat Bertolt Brecht den Sachverhalt dialektisch und sarkastisch kommentiert:

> «Nach dem Aufstand des 17. Juni
> Ließ der Sekretär des Schriftstellerverbands
> In der Stalinallee Flugblätter verteilen
> Auf denen zu lesen war, daß das Volk
> Das Vertrauen der Regierung verscherzt habe
> Und es nur durch verdoppelte Arbeit
> Zurückerobern könne. Wäre es da
> Nicht doch einfacher, die Regierung
> Löste das Volk auf und
> Wählte ein anderes?»

Doch hier irrt der Dichter in den Maßstäben. Zur Obrigkeit in dem von Dibelius beschworenen, von der DDR praktizierten Sinne gehört, daß die Landes-Kinder ihr Vertrauen durchaus verspielen können und es sich durch Bravheit, durch Gehorsam und Leistung erst verdienen müssen. (Siehe zu dem Gedicht: Bertolt Brecht, Gesammelte Werke Bd. 10, Gedichte 3, Frankfurt a. M. 1968, S. 1009 f.)

39 Friedrich II. von Preußen – Eine Biographie, Berlin 1979, S. 212. –
   Die These, daß die deutsche Arbeiterklasse ihre unverwechselbaren
   Züge im Kampf gegen die Kräfte des preußisch-deutschen Militär-
   staates angenommen habe, birgt ihre eigene Dialektik: Findet man
   Preußisches nicht bei Führungsfiguren von August Bebel bis Kurt
   Schumacher – und auch oder erst recht in den Formen der Diszipli-
   niertheit und Organisiertheit?

40 Arnfried Astel, Ostkontakte, in: «Notstand» – 100 Gedichte, Wuppertal 1968, hier zitiert nach: Deutschland Deutschland, a. a. O.,
   S. 553.

41 Beantwortung der Frage: Was ist Aufklärung?, 1784, in: Immanuel
   Kant, Politische Schriften, herausgegeben von Otto Heinrich von der
   Gablentz, Köln und Opladen 1965, S. 7.

42 Die Verlegenheit zeigte sich exemplarisch an der «National»-Hymne
   der DDR, die zwar gespielt, aber mit ihrem Text von Johannes R.
   Becher nicht mehr gesungen werden durfte, weil er vom nationalen
   Pathos geprägt war – wie schon in den Anfangszeilen:

   > «Auferstanden aus Ruinen
   > und der Zukunft zugewandt,
   > laß uns dir zum Guten dienen,
   > Deutschland, einig Vaterland.»

   Weil sie kein Nationalstaat war, befand sich die DDR in einer grundsätzlich anderen Situation als etwa Ungarn oder Polen – und unversehens wiederum in der preußischen Erbfolge. Gerade sie aber zeigt
   das Problem: Preußen rettete sich mit Bismarcks «Flucht nach vorn»
   in den Nationalstaat – und ging dennoch am eigenen Triumph elend
   zugrunde.

43 Anschaulich dazu: Fritz Pleitgen, Die Erfahrungen eines Korrespon-
   denten in der DDR, in: DIE ZEIT, Nr. 34, vom 20. August 1982,
   S. 48.

44 Wo Deutschland liegt – Eine Ortsbestimmung, Hamburg 1983,
   S. 156 ff.; Zitat S. 157.

45 Siehe von Havemann unter anderem: Fragen, Antworten, Fragen –
   Aus der Biographie eines deutschen Marxisten, München 1979; Morgen – Die Industriegesellschaft am Scheideweg. Kritik und reale Utopie, München und Zürich 1980. – Daß Havemann zwar mit Schikanen überzogen und systematisch isoliert, aber nicht ins Gefängnis ge-
   worfen wurde, beruhte wohl auf der Tatsache, daß er im Dritten
   Reich zusammen mit Erich Honecker Zuchthausinsasse in Brandenburg gewesen war.

46 Zitiert nach: Deutschland Deutschland, a. a. O., S. 526f.

47 Schumpeter hat gesagt, daß die Wirtschaft ein «Nährboden der Lo-
    gik» sei und dies beziehungsreich erklärt: «Wir wollen annehmen, daß
    ein ‹Primitiver› die elementarste aller Maschinen, den bereits von un-
    serem Vetter, dem Gorilla, geschätzten Stock, verwendet und daß die-
    ser Stock in seinen Händen zerbricht. Wenn er versucht, den Schaden
    durch Hersagen einer Zauberformel wiedergutzumachen – er könnte
    zum Beispiel ‹Angebot und Nachfrage› oder ‹Planung und Kontrolle›
    murmeln, in der Erwartung, daß wenn er dies neunmal wiederholt,
    die beiden Stücke sich wieder vereinigen –, dann befindet er sich in-
    nerhalb der Bezirke des praerationalen Denkens. Wenn er nach dem
    besten Weg sucht, um die beiden Stücke wieder zusammenzufügen
    oder sich einen anderen Stock zu verschaffen, so ist er in unserem
    Sinne rational. Selbstverständlich ist sowohl das eine wie das andere
    Verhalten möglich. Aber es ist leicht zu verstehen, daß bei dieser und
    den andern wirtschaftlichen Handlungen das Versagen einer Zauber-
    formel viel offensichtlicher ist, als es das Versagen einer Formel sein
    könnte, die unsern Mann siegreich im Kampf oder glücklich in der
    Liebe machen oder eine Schuldlast von seinem Gewissen wälzen
    sollte.» (Joseph A. Schumpeter, Kapitalismus, Sozialismus und De-
    mokratie, 2. Auflage Bern 1950, S. 201.)

Zehntes Kapitel: Der Aufbruch und die Ängste

1 Benny Härlin, Von Haus zu Haus – Berliner Bewegungsstudien, in:
   Kursbuch 65, herausgegeben von Karl Markus Michel und Tilman
   Spengler, Berlin, Oktober 1981, S. 10f.

2 Das Indianerspiel zeigt wieder der Text von Härlin: «Unsere Power
   kann man spüren, wenn es Putz gibt auf der Straße; bis in die Zehen-
   spitzen in den schnellen Turnschuhen, als Zittern aus Lust und Angst
   in der Magengrube, beim Klirren der Scheiben nach dem befreienden
   Wurf, beim Lachen im Rennen. Und dabei bist du total cool. Halb ein
   stolzer Krieger, halb ein geschmeidiges Tier. Sie kriegen dich nicht,
   solange du keine Angst hast. Und wenn schon. Unsere Power ist
   auch, daß wir wenig zu verlieren haben. – Frechheit siegt. Unsere
   Power ist, was wir uns trauen: das Haus knacken, den Balken wegtra-
   gen, losziehen, wenn Randale angesagt ist, den Spruch an die Wand
   sprühen, die Barrikade anzünden oder auch die alte Wohnung kündi-
   gen. Unsere Power kann man spüren, wenn man Hemmschwellen
   durchbricht: der Bruch mit dem Vertrauten, dem Elternhaus, der

Schule, der faden Clique, der Bruch mit dem öffentlichen Konsens, mit den ewig defensiven linken Gewißheiten, mit dem Machbaren. Es herrscht Aufbruchstimmung. Überrascht von den selbst geschaffenen Fakten hasten wir voran. Ein Kribbeln durchdringt uns…» (A. a. O., S. 25.)

Die blutige Kehrseite wird sichtbar im «Mescalero-Nachruf» auf den ermordeten Generalbundesanwalt Buback vom April 1977: «Ich habe diesen Typ oft hetzen hören, ich weiß, daß er bei der Verfolgung, Kriminalisierung, Folterung von Linken eine herausragende Rolle spielt. Wer sich in den letzten Tagen nur einmal sein Konterfei angesehen hat, der kann erkennen, welche Züge dieser Rechtsstaat trägt, den er in so hervorragender Weise verkörpert. Ehrlich, ich bedaure es ein wenig, daß wir dieses Gesicht nun nicht mehr in das kleine rotschwarze Verbrecheralbum aufnehmen können, das wir nach der Revolution herausgeben werden, um der meistgesuchten und meistgehaßten Verbrecher der alten Welt habhaft zu werden.»

Dieser «Nachruf» stammte aus Göttingen, und unwillkürlich erinnert man sich an Heinrich Heine: «Im Bierkeller zu Göttingen mußte ich einst bewundern, mit welcher Gründlichkeit meine altdeutschen Freunde die Proskriptionslisten anfertigten, für den Tag, wo sie zur Herrschaft gelangen würden. Wer nur im siebenten Glied von einem Franzosen, Juden oder Slawen abstammte, ward zum Exil verurteilt. Wer nur im mindesten etwas gegen Jahn oder überhaupt gegen altdeutsche Lächerlichkeiten geschrieben hatte, konnte sich auf den Tod gefaßt machen, und zwar auf den Tod durchs Beil…» (Ludwig Börne – Eine Denkschrift, Viertes Buch, 1840.) Die Feindbilder wechseln, der Haß nicht. – Um den Nachdruck des «Nachrufs», von einer Gruppe von Professoren unterstützt, entspann sich eine erbitterte Auseinandersetzung.

3 Die herrschende Stimmung zeigt ein «Tunix»-Aufruf vom Frühjahr 1978: «Uns langt's jetzt hier. Der Winter ist uns zu trist, der Frühling zu verseucht, und im Sommer ersticken wir. Uns stinkt schon lange der Mief aus den Amtsstuben, den Reaktoren und Fabriken, von den Autobahnen. Die Maulkörbe schmecken uns nicht mehr und auch nicht die plastikverschnürte Wurst. Das Bier ist uns zu schal und auch die spießige Moral. Wir woll'n nicht mehr immer dieselbe Arbeit tun, immer die gleichen Gesichter zieh'n. Sie haben uns genug kommandiert, die Gedanken kontrolliert, die Ideen, die Wohnung, die Pässe, die Fresse poliert. Wir lassen uns nicht mehr einmachen und kleinmachen und gleichmachen…» (Zitiert nach: Trotz und Träume – Jugend lehnt sich auf, herausgegeben von Uwe Schlicht, Berlin 1982, S. 236.)

4 Politik als Beruf, in: Gesammelte Politische Schriften, herausgegeben von Johannes Winckelmann, 2. Auflage Tübingen 1958, S. 548. – Zum Jungsein als einem legitimierenden Selbstwert hat Weber an gleicher Stelle angemerkt: «Mit dem Datum des Geburtsscheines bei Diskussionen überstochen zu werden, habe auch ich mir nie gefallen lassen; aber die bloße Tatsache, daß einer 20 Jahre zählt und ich über 50 bin, kann mich schließlich auch nicht veranlassen zu meinen, daß allein wäre eine Leistung, vor der ich in Ehrfurcht ersterbe.» (S. 546.)

5 Bei den Abgeordneten und Delegierten der Grünen ist dies sehr ausgeprägt; insofern setzen die Grünen nur fort oder verstärken sogar, was im konservativen Parteienspektrum seit je typisch war. Die SPD folgt den Grünen mit einigem Abstand; «richtige» Arbeiter bekommen Seltenheitswert. So gesehen wächst auch der Abstand zwischen Sozialdemokraten und Gewerkschaften, wenn man von der Gewerkschaft Erziehung und Wissenschaft (GEW) absieht.

6 In nur 30 Jahren, von 1950 bis 1980, hat sich der Anteil der Beamten und Angestellten an den Erwerbstätigen von 20,6 auf 45,6 Prozent mehr als verdoppelt. Die Studentenzahlen explodierten in 25 Jahren, zwischen 1960 und 1984, von 291 000 auf 1 314 000; inzwischen ist die Anderthalb-Millionen-Grenze erreicht. Der Anteil der Studenten an den 19- bis 25jährigen betrug 1950 6 Prozent, im Studienjahr 1987/88 20 Prozent. Die Bildungsexpansion ist besonders in den sechziger Jahren mit Nachdruck gefordert und eingeleitet worden. Zu den Marksteinen gehören die Schriften von Georg Picht «Die deutsche Bildungskatastrophe» (Olten und Freiburg 1964) und von Ralf Dahrendorf «Bildung ist Bürgerrecht» (Hamburg 1965), ebenso die Gründungen des Max-Planck-Instituts für Bildungsforschung in Berlin (1963) und des Deutschen Bildungsrates (1965).

7 Siehe zur Darstellung und Kritik für die Nachkriegsperiode: Volker Nitzschke, Zur Wirksamkeit politischer Bildung, Teil II, Schulbuchanalyse, Forschungsbericht der Max Traeger Stiftung, Frankfurt a. M. 1966. Zur Entwicklung seit den sechziger Jahren: Wolfgang Northemann (Herausgeber), Politisch-gesellschaftlicher Unterricht in der Bundesrepublik – Curricularer Stand und Entwicklungstendenzen, Opladen 1978.
Sozusagen das polare Gegenstück zur idyllischen «Gemeinschaftskunde» bildete dann der Entwurf hessischer Rahmenrichtlinien für die «Gesellschaftslehre». Siehe zur Darstellung und Kritik vom Verfasser: Idylle oder Konflikt? Das Beispiel einer notwendigen Reform – und wie man sie ruiniert, in: Christian Graf von Krockow, Reform als politisches Prinzip, München 1976, S. 62 ff.

8 Ein schwieriges Vaterland – Zur politischen Kultur Deutschlands, München 1979; Zitat S. 321.

9 Natürlich handelte es sich um eine unsinnige Zweckbehauptung, wenn gesagt wurde, daß es vor 1968 keine «kritische» Wissenschaft und keine Auseinandersetzung mit der Vergangenheit gegeben habe. Das Institut für Zeitgeschichte in München wurde schon 1950 gegründet und veröffentlichte seit 1953 die Vierteljahreshefte für Zeitgeschichte; grundlegende Untersuchungen von Karl Dietrich Bracher, Kurt Sontheimer, Fritz Fischer und anderen erschienen in den fünfziger oder den frühen sechziger Jahren. Die Politikwissenschaft hatte ihr Gründungsmanifest bereits auf der Konferenz von Waldleinigen geschrieben, die am 11. September 1949 – fast symbolträchtig einen Tag vor der Wahl des ersten Bundespräsidenten – zum Abschluß kam. Zu den Gründervätern der neuen Disziplin gehörten Eugen Kogon und Wolfgang Abendroth, und wichtige Impulse gingen von Gelehrten aus, die aus der Emigration zurückkehrten, wie Arnold Bergstraesser und Ernst Fraenkel. Die politische Bildung erhielt einen kräftigen Schub – unter anderem durch die Einrichtung von Lehrstühlen an Pädagogischen Hochschulen –, nachdem Ende der fünfziger Jahre eine Welle von antisemitischen Schmierereien national und international für Aufsehen gesorgt hatte. Auch die Marxismusforschung wurde keineswegs vernachlässigt – nur freilich kritisch und nicht orthodox betrieben, wie man sie später ausgerechnet unter dem Vorzeichen «kritischer» Wissenschaft forderte. Zuzugeben ist indessen, daß die Auseinandersetzung mit der Vergangenheit bis 1968 im guten wie im problematischen Sinne weithin akademisch blieb.

10 Abschied vom Prinzipiellen – Philosophische Studien, Stuttgart 1981, S. 9 f. – Die zitierten Passagen aus «Totem und Tabu» zum nachträglichen Gehorsam findet man in: Sigmund Freud, Gesammelte Werke in Einzelbänden, Band 9, 4. Auflage Frankfurt a. M. 1968, S. 173 ff.

11 Im Zusammenhang heißt es bei Kant: «Daß der bei weitem größte Teil der Menschen (darunter das ganze schöne Geschlecht) den Schritt zur Mündigkeit, außer dem daß er beschwerlich ist, auch für sehr gefährlich halte: dafür sorgen schon jene Vormünder, die die Oberaufsicht über sie gütigst auf sich genommen haben. Nachdem sie ihr Hausvieh zuerst dumm gemacht haben, und sorgfältig verhüteten, daß diese ruhigen Geschöpfe ja keinen Schritt außer dem Gängelwagen, darin sie sie einsperreten, wagen durften: so zeigen sie ihnen nachher die Gefahr, die ihnen drohet, wenn sie es versuchen

allein zu gehen. Nun ist diese Gefahr zwar ebenso groß nicht, und sie würden durch einigemal Fallen wohl endlich gehen lernen; allein ein Beispiel von der Art macht doch schüchtern und schreckt gemeiniglich von allen ferneren Versuchen ab.» (Beantwortung der Frage: Was ist Aufklärung? In: Immanuel Kant, Politische Schriften, herausgegeben von Otto Heinrich von der Gablentz, Köln und Opladen 1965, S. 1.)

12 In 40 Jahren Bundesrepublik hat es auf der Seite der Institutionen und Amtsträger wohl nur zwei symbolische Akte von Rang gegeben, beide spontan statt geplant: den «Bruderkuß» zwischen Adenauer und de Gaulle und den «Kniefall» Willy Brandts in Warschau.

13 Rechtsstaat im Wandel – Verfassungsrechtliche Abhandlungen 1950–1954, Stuttgart 1964, S. 206. – Eine frühe Schrift von Forsthoff hieß «Der totale Staat» (Hamburg 1933). Aber noch 1964 findet man altdeutsche Sätze: «Staatsgesinnung als Grundlage der Gehorsamsbereitschaft erwächst nicht aus der Freiheit. Die Freiheit isoliert den Menschen – sie distanziert ihn vom Staat. Sie konstituiert nichts an überindividueller Ordnung, auch nicht im Ethischen. Sie bringt keine Staatsgesinnung hervor.» (S. 66.)

14 Das «eherne Gesetz der Oligarchie» hat Robert Michels 1911 in seiner Untersuchung «Zur Soziologie des Parteiwesens in der modernen Demokratie» formuliert, damals vor allem im Blick auf die Sozialdemokratie.

15 München 1919; es folgte: Das Recht der jungen Völker – Sammlung politischer Aufsätze, herausgegeben von Hans Schwarz, Berlin 1932.

16 Siehe zum Text oben, S. 9f.

17 Die Deutsche Ideologie, A. Thesen über Feuerbach, 11, in: Karl Marx, Die Frühschriften, herausgegeben von Siegfried Landshut, Stuttgart 1953, S. 341.

18 Einen Eindruck vermittelt, fast als das Kultbuch einer «verlorenen» Generation: Bernward Vesper, Die Reise – Romanessay, Ausgabe letzter Hand, 20. Auflage Berlin und Schlechtenwegen 1981. – Vesper war der Sohn des tief in den Nationalsozialismus verstrickten Will Vesper und der Freund Gudrun Ensslins; er endete im Freitod.

19 Aus dem Tagebuch eines jungen Mädchens: Karin Q, «Wahnsinn, das ganze Leben ist Wahnsinn», herausgegeben von der Projektgruppe Jugendbüro, Frankfurt a. M. 1978, S. 12.

20 Von «Restauration» als dem Kennzeichen der Nachkriegszeit haben Intellektuelle stets gesprochen. Es dürfte kein Zufall sein, daß die in Deutschland notorische Kluft zwischen «Geist» und «Macht» sich nur während der Kanzlerschafts Willy Brandts – und der Präsidentschaft Gustav Heinemanns – zu schließen schien.

21 Das «Sozusagen», der Vorbehalt eines Abstandes von Darstellung und Wirklichkeit, blieb stets überlebenswichtig; ohne solchen Vorbehalt war der Terrorismus der «Rote Armee Fraktion» die logische Konsequenz. Was haben Frauen wie Ulrike Meinhof und Gudrun Ensslin denn anderes gewollt, als im idealistischen Ernst den «Befreiungskampf» für die Elenden und Entrechteten in die «Metropolen» zu tragen?

22 Ludwig Fels, Der Anfang der Vergangenheit – Gedichte, München und Zürich 1984, S. 94.

23 Zitiert nach: Jörg Bopp, Trauer-Tower – Zur Jugendrevolte 1981, in: Kursbuch 65, herausgegeben von Karl Markus Michel und Tilman Spengler, Berlin (Oktober) 1981, S. 151 ff., hier S. 162.

24 Luigi Vittorio Ferraris, Wenn schon, denn schon – aber ohne Hysterie. An meine deutschen Freunde, München 1988, S. 50, 37 und 144.

25 Bernward Vesper, a. a. O., S. 107.

26 Bernd Guggenberger und Claus Offe, Politik an der Basis – Herausforderung der parlamentarischen Demokratie, in: aus politik und zeitgeschichte, Beilage zu: Das Parlament, 26. 11. 1983, S. 6. Siehe auch den von Guggenberger und Offe herausgegebenen Sammelband: An den Grenzen der Mehrheitsdemokratie – Politik und Soziologie der Mehrheitsregel, Opladen 1984, S. 12.

27 Die Aufkündiger eines «überholten» quantitativen Demokratieverständnisses geraten in die Nähe von Carl Schmitt, zu seiner Polemik gegen den «statistischen Apparat» und die «künstliche Maschinerie» des «Registriersystems geheimer Abstimmungen» im parlamentarischen System, in die Nähe auch zu Carl Schmitts Art, Legitimität gegen Legalität auszuspielen. Indem es hier wie dort um eine tiefere Wahrheit und die darauf zu gründende Homogenität geht, um eine volonté générale, könnte man von der dialektischen Nähe der «Links»-Rousseauisten zum «Rechts»-Rousseauisten sprechen. Es tritt hier zutage, was Ernst Fraenkel einmal scharf bezeichnet hat, als er sagte: «Das Unbehagen an unserer Demokratie dürfte nicht zuletzt darauf zurückzuführen sein, daß Verfassungsrecht und Verfassungswirklichkeit auf der einen Seite und die demokratische Vulgärideologie auf der anderen Seite aus verschiedenen Quellen gespeist wird. Wir haben uns unsere Verfassungsordnung und weitgehend auch unsere Verfassungssoziologie von den Engländern und unsere Verfassungsideologie von den Franzosen ausgeborgt.» (Deutschland und die westlichen Demokratien, 4. Auflage Stuttgart, Berlin, Köln, Mainz 1968, S. 53.) Mit der «demokratischen Vulgärideologie» ist dabei gerade der Rousseauismus gemeint.

28 Ökologie und Demokratie – ein Problem der politischen Kultur, in: aus politik und zeitgeschichte, Beilage zu: Das Parlament, 3. 7. 1982, S. 31.

29 Politische Reden und Schriften, herausgegeben von Horst Ehmke und Carlo Schmid, Berlin und Bonn–Bad Godesberg 1976, S. 273.

30 «Eine Beobachtung: Eine nicht unbedeutende Zahl von Menschen aus allen möglichen Ländern entscheidet sich unabhängig von verwandtschaftlichen oder finanziellen Bedingungen dafür, den Lebensabend in einem anderen Land zu verbringen... Doch niemand – oder fast niemand – denkt an Deutschland, ein Land, das so viele Schönheiten und Annehmlichkeiten des täglichen Lebens bietet. Wieso? Warum erscheint diese Diskrepanz so unlogisch und ungerechtfertigt?» (Ferraris, a. a. O., S. 29 f.)

31 Die gezähmten Deutschen – Von der Machtbesessenheit zur Machtvergessenheit, 2. Auflage Stuttgart 1985.

32 Sei es naiv, dann aber erst recht charakteristisch, nennen sich die Herausgeber eines Buches «Perspektiven ökologischer Wirtschaftspolitik – Ansätze zur Kultivierung von ökonomischem Neuland» (Frankfurt a. M. und New York 1986) «Projektgruppe Grüner Morgentau», als handle es sich um die Neuauflage des beim einstigen Kriegsgegner längst vergessenen Plans, Deutschland in die radikal entmachtete Agraridylle zu verwandeln.

33 Exemplarisch zeigten das die vieldiskutierten hessischen Rahmenrichtlinien zur «Gesellschaftslehre». Siehe dazu vom Verfasser: Reform als politisches Prinzip, München 1976, S. 62 ff.

34 «Vielleicht läuft alles darauf hinaus, daß die Politik zwei große Feinde hat: Gleichgültigkeit gegenüber menschlichem Leid und Leidenschaft für Gewißheit in Dingen, die wesentlich politisch sind. Gleichgültigkeit gegenüber menschlichem Leid macht freie Regierungen unglaubwürdig, wenn sie nicht fähig oder nicht mutig genug sind, die Möglichkeit und die Gewohnheit der Freiheit von den wenigen auf die vielen auszudehnen. Die Leidenschaft für Gewißheit verachtet die politischen Qualitäten – Vorsicht, Konzilianz, Kompromißbereitschaft, Vielfalt, Anpassungsfähigkeit und Lebhaftigkeit – zugunsten einer Pseudowissenschaft des Regierens, einer absolut klingenden Ethik oder Ideologie, eines Weltbildes rassischer oder wirtschaftlicher Art. Vielleicht ist es sonderbar oder einfach unnatürlich, daß Menschen, die mit Würde und Ehrbarkeit leben können angesichts solcher Ungewißheiten wie Tod, Unfall oder Krankheit, wie der Liebe mit all ihrer Labilität, Vergänglichkeit, ihrer Abhängigkeit von Willen und Launen der anderen, dennoch verrückt sind

nach Gewißheit im Regieren, einer Gewißheit, die Politik und Freiheit tötet. Eine freie Regierung ist eine, die Entscheidungen politisch
und nicht ideologisch trifft.» (Bernard Crick, Eine Lanze für die Politik, München 1966, S. 198.)
Was dem englischen Autor als «sonderbar» oder gar «unnatürlich»
erscheint, hat freilich, wie im deutschen Falle, stets mit historischen
Umständen zu tun. Womöglich sollte man die Betrachtungsweise
überhaupt umkehren; bei einem vergleichenden und weiten Blick in
die Geschichte liegt es nahe zu sagen: Nur die besonderen Umstände
der neueren europäischen Geschichte haben, im glücklichen Falle,
ein Selbstbewußtsein geschaffen, das stark genug war, um ein Handeln im Horizont der Ungewißheit und damit freiheitliche Politik
möglich zu machen.
Zu den Eigentümlichkeiten der deutschen Nachkriegsentwicklung
gehört der Versuch, die Ungewißheit und Verantwortlichkeit des
Handelns durch eine Berufung aufs Grundgesetz zu mindern oder
abzuschaffen, als sei es «Auftrag» und eine Programmschrift zum
Heil, das vorweg schon und ein für allemal entschieden habe, was
man tun müsse. Robert Leicht hat diese Unart kritisch kommentiert:
«Je mehr die politischen Kräfte dazu neigen, nur solche Interessen für
achtbar zu halten, die sich direkt auf einen Verfassungsauftrag berufen können, um so stärker leisten sie dem fatalen Vorurteil Vor-
schub, wonach politische Interessen für sich genommen nicht nur
nicht besonders anerkennenswert sind, sondern geradezu verwerf-
lich. Diese Denunziation des Politischen muß ein parlamentarisches
System auf das empfindlichste treffen, abgesehen von dem hohen
Maß an Realitätsverlust, das sie bei seinen Bürgern auslösen kann.»
(Das Grundgesetz – eine säkularisierte Heilsordnung? Zur Technik
der politischen Triebbefriedigung. In: Grundgesetz und politische
Praxis – Parlamentarismus in der Bundesrepublik, München 1974,
S. 140f.)
Zu den Folgen gehört eine neue Spielart des Obrigkeitssyndroms
mit seiner Feinderklärung an die Andersdenkenden: «Jeden als Reaktionär oder als linkssozialistischen Kollektivisten zu bezichtigen ist
zwar an sich schon ein schönes Verdammungsurteil; doch zündend
hört es sich erst an, wenn der Betroffene außerdem nicht mehr auf
dem ‹Boden des Grundgesetzes› steht, also nicht nur politisch, sondern zudem ‹rechtskräftig› verdammt ist. Die Gegenreaktion liegt
auf der Hand: Weil es politisch nicht gerade förderlich ist, dermaßen
gebrandmarkt zu sein, schwört nun wiederum jeder Stein und Bein
auf das Grundgesetz, alle auf denselben Artikel, so daß außer gro-

ßem verbalem Aufwand nicht mehr gewonnen ist als eine heillose Verdeckung des eigentlichen politischen Konflikts.» (A. a. O., S. 137.)

35 Zu den überragenden Bucherfolgen der letzten 15 Jahre zählte Erich Fromms «Haben oder Sein – Die seelischen Grundlagen einer neuen Gesellschaft» (Stuttgart 1976, München 1979). Dabei ist Fromms Versuch, ein mystisches «Sein» polemisch gegen das «Haben» auszu-spielen, schon in der anthropologischen Grundlegung verfehlt; zur conditio humana gehört, daß das eine sich mit dem anderen zur «ex-zentrischen Positionalität» verschränkt. Siehe dazu S. 363.

36 In diesem Sinne Franz Alt, Frieden ist möglich – Die Politik der Bergpredigt, München und Zürich 1983; zur Hochzeit der Friedens-bewegung gegen die Nachrüstung wurde die gute Botschaft binnen Monaten vielhunderttausendfach verkauft.

37 Das Beispiel dieser Dialektik haben die Grünen geliefert; je emphati-scher sie eine neue und sanfte Politik forderten, desto mehr ver-strickten sie sich untereinander in vergiftete Auseinandersetzungen.
Eine schon klassisch zu nennende Darstellung findet man bei Kurt Lewin, der nach seiner Emigration aus Deutschland zu einem Be-gründer der modernen amerikanischen Sozialpsychologie wurde: Some social-psychological differences between the United States and Germany, in: Resolving Social Conflicts, New York 1948; deutsch: Die Lösung sozialer Konflikte, Bad Nauheim 1953.

38 Nur als Beispiel sei genannt: Die Identität der Deutschen, herausge-geben von Werner Weidenfeld, München und Wien 1983, vorab er-schienen in der Schriftenreihe der Bundeszentrale für Politische Bil-dung (Band 200, Bonn 1983), dann als Taschenbuch München 1984.

39 Grundlinien der Philosophie des Rechts, Vorrede, Berlin 1820.

40 Artikel 3 des Bonner Grundgesetzes, der Gleichheitsartikel, spricht nicht nur, aber mit besonderem Nachdruck von diesen Schicksalsbe-stimmungen, um deutlich zu machen, daß sie zwar Unterschiede, doch auf keinen Fall Ungleichheit begründen.

41 Auf die Reservate des Gemeinsamen ist schon Kant in seiner Schrift «Zum ewigen Frieden» eingegangen, wenn er von den «ehrlosen Stratagemen» spricht, die sie vernichten: «Denn irgendein Vertrauen auf die Denkungsart des Feindes muß mitten im Krieg noch übrig bleiben, weil sonst auch kein Friede abgeschlossen werden könnte, und die Feindseligkeit in einen Ausrottungskrieg ausschlagen würde.» (Präliminarartikel zum ewigen Frieden, 6.)

42 Siehe zum Zitat, im Zusammenhang mit der Darstellung Friedrich Meineckes, S. 71.

43 David Riesman / Reuel Denney / Nathan Glazer, Die einsame Masse
   – Eine Untersuchung der Wandlungen des amerikanischen Charak-
   ters, Hamburg 1958. In der Tendenz sehr ähnlich: William H. Whyte
   Jr., Herr und Opfer der Organisation, Düsseldorf 1958.

44 Alexis de Tocqueville, Über die Demokratie in Amerika, Band II; in
   der Ausgabe Stuttgart 1962; S. 267.

45 Zum Überblick über die Träume von einer mitteleuropäischen Identität der Deutschen und zu ihrer Kritik: Wilfried von Bredow und
   Thomas Jäger, Niemandsland Mitteleuropa – Zur Wiederkehr eines
   diffusen Ordnungskonzepts, in: aus politik und zeitgeschichte, Beilage zu: Das Parlament, 30. September 1988, S. 37 ff. – Siehe im übrigen als leidenschaftliche Warnung: Arnulf Baring in Zusammenarbeit mit Volker Zastrow, Unser neuer Größenwahn – Deutschland
   zwischen Ost und West, Stuttgart 1988.

46 Den Begriff des Verfassungspatriotismus hat Dolf Sternberger ge-
   prägt; siehe seine Rede zur 25-Jahr-Feier der Akademie für Politische
   Bildung in Tutzing, abgedruckt in: Frankfurter Allgemeine Zeitung
   vom 31. 8. 1982. Auch in: Grundfragen der Demokratie, Folge 3,
   Schriftenreihe der Niedersächsischen Landeszentrale für Politische
   Bildung, Hannover 1982.

47 Wiederum sei an Heinrich Heine erinnert: «Der Patriotismus des
   Deutschen besteht darin, daß sein Herz enger wird, daß es sich zusammenzieht wie Leder in der Kälte, daß er das Fremdländische
   haßt, daß er nicht mehr Weltbürger, nicht mehr Europäer, sondern
   nur noch enger Deutscher sein will. Da sahen wir nun das idealische
   Flegeltum, das Herr Jahn in System gebracht; es begann die schäbige, plumpe, ungewaschene Opposition gegen eine Gesinnung, die
   eben das Herrlichste und Heiligste ist, was Deutschland hervorgebracht hat, nämlich gegen jene Humanität, gegen jene allgemeine
   Menschenverbrüderung, gegen jenen Kosmopolitismus, dem unsere
   großen Geister, Lessing, Herder, Schiller, Goethe, Jean Paul, dem
   alle Gebildeten in Deutschland immer gehuldigt haben.» (Die romantische Schule, Erstes Buch.)

Elftes Kapitel: Ein Ende, ein Anfang – Die Deutschen 1989–1990

1 Abgedruckt in: Stefan Heym, Einmischung – Gespräche, Reden, Essays, Gütersloh 1990, S. 257 f.

2 Grundlinien der Philosophie des Rechts, § 268.

3 Die skizzierten Impressionen beruhen nicht auf dem Hörensagen, da

der Verfasser an der Kanzlerreise nach Warschau am 9. November und an der Rückreise des Gefolges am 10. November teilgenommen hat.

4 Aus den deutsch-französischen Jahrbüchern (1843/44), c. Zur Kritik der Hegelschen Rechtsphilosophie; abgedruckt in: Karl Marx, Die Frühschriften, herausgegeben von Siegfried Landshut, Stuttgart 1953, S. 211.

5 Zuflucht ist freilich etwas anderes als Bindung; die situationsbedingte Wirkung der Kirche dürfte daher in einer veränderten Situation wieder schrumpfen. Günter Krusche, Generalsuperintendent von Ost-Berlin und Mitglied der Kirchenleitung in Berlin-Brandenburg, schätzt den Sachverhalt nüchtern ein, wenn er sagt: «Die Kirche wurde in diesen Jahren zum einzigen gesellschaftlichen Freiraum, der nicht dem Prinzip des ‹demokratischen Zentralismus› unterlag. Daraus resultierte schließlich ihre große politische Wirksamkeit, die ihrer sozialen Rolle als Minderheit eigentlich nicht entsprach, ja zu einer Überschätzung des kirchlichen Einflusses führte.» (Das prophetische Wächteramt – die zukünftige Rolle der Kirche, in: Aufbruch in eine andere DDR – Reformer und Oppositionelle zur Zukunft ihres Landes, herausgegeben von Hubertus Knabe, Reinbek 1989, S. 99.) Daß der Pastoralisierung des Politischen keine Dauer beschieden sein dürfte, zeigt auch Lutz Niethammer: «Die Inhalte und Perspektiven der Gruppen, die (durch ihre Ansiedlung im kirchlichen Freiraum) gesprächs- und organisationsfähig wurden und die Demonstrationskultur auf den Straßen der DDR im Herbst 1989 vorbereiteten, sind aber wesentlich weniger eng mit der Kirche als religiöser Institution verbunden und auch sehr viel vereinzelter als bei der Solidarnosc-Bewegung in Polen. Insbesondere gibt es keinen größeren Einbruch in die Industriearbeiterschaft.» (Das Volk der DDR und die Revolution, in: «Wir sind das Volk!» Flugschriften, Aufrufe und Texte einer deutschen Revolution, herausgegeben von Charles Schüddekopf, Reinbek 1990, S. 261.) Auf einen anderen Aspekt macht allerdings Erhart Neubert aufmerksam. Die Nähe der politischen Gruppen zur evangelischen Kirche «scheint formal den Grund zu haben, daß sich die Kirche als ‹Freiraum› in der DDR behaupten konnte. Das trifft jedoch die Sachlage nicht vollständig. Jahrzehntelang ist die Kirche nicht oder nur im sehr eingeschränkten Sinne dieser Unterschlupf gewesen. Die Gruppen haben sich vor allem bei der Kirche angesiedelt, weil diese im Versagen der SED-Ideologie die bedeutendste Bewahrerin kultureller Tradition war. Sozialisationsdefizite in der DDR nötigten dazu, nach sinnstiftenden Angeboten Ausschau zu halten.» (Motive des Aufbruchs, in: Auf-

bruch in eine andere DDR, a. a. O., S. 149.) In gewisser Weise erinnert dies an die westdeutsche Rolle der Kirchen, besonders der Evangelischen Akademien, als Gesprächsinstitutionen der Nachkriegszeit, ebenso für eine frühe und dann wieder für eine spätere Phase an die Funktion der Kirchentage.

6 Siehe dazu das Obrigkeitszitat des Bischofs Otto Dibelius auf S. 295 f. Für die Vorgänge in der DDR hat Günter Krusche ein Fazit versucht, wenn er die «Weltverantwortung» der Kirche und der Christen zu den «Lernergebnissen» zählt. Es «ist eine Sensibilität für soziale Probleme herangereift, die es auch künftig nicht zulassen wird, daß gesellschaftliche Prozesse unkritisch hingenommen werden. Wenn auch nach dem Abflauen der Krise die zahlreichen Zaungäste der Kirche sich verlaufen haben werden, so wird doch das Bewußtsein für die prophetische, kritische Funktion der Kirche den evangelischen Kirchen nicht so leicht wieder abhanden kommen. Damit hat ein Lernprozeß seinen vorläufigen Abschluß gefunden, der mit dem Widerstand der Bekennenden Kirche unter dem Nationalsozialismus seinen Anfang nahm und für Kirchen lutherischer Provenienz neue Horizonte öffnete.» (A. a. O., S. 102.)

7 Beantwortung der Frage: Was ist Aufklärung? Abgedruckt in: Immanuel Kant, Politische Schriften, herausgegeben von Otto Heinrich von der Gablentz, Köln und Opladen 1965, S. 2.

8 Der Kampf des Dritten Standes gegen die Privilegien des Adels und der Kirche, der in der Erklärung der Menschen- und Bürgerrechte seinen ideellen Ausdruck fand, hatte nicht nur mit der Frage der Besteuerung zu tun, sondern auch damit, aus dem Adels- und Kirchenbesitz ein Wirtschaftsgut im modernen Sinne zu machen; das Bürgertum griff politisch nach der Macht, um eben damit die eigenen, schon weitgehend entfalteten und dennoch gehemmten Wirtschaftsinteressen endgültig und vollständig durchzusetzen. – Zum amerikanischen Beispiel sei verwiesen auf das grundlegende und längst «klassisch» zu nennende Werk von Charles A. Beard, An Economic Interpretation of the Constitution of the United States, zuerst 1913.

9 Zur Zeitbedingtheit unserer Urteile sei an die Bemerkungen über Wilhelm II. S. 18 f. erinnert.

10 Matthäus 7, Vers 26–27. Auf diese Auffassung von der Torheit und der Klugheit gründet sich die philosophisch-theologische Lehre des Mittelalters, mit besonderer Klarheit bei Thomas von Aquin: Im Anschluß an antike Vorbilder erscheint ihm Klugheit – neben Gerechtigkeit, Tapferkeit, Mäßigung – als eine der vier weltlichen Kardinaltugenden, ja als erste dieser Tugenden, als ihre Gebärerin und ihr Formgrund. Und

Torheit ist demgemäß nicht ein quantifizierbarer Intelligenzmangel, sondern eine Blindheit gegenüber dem Sein: privatio entis, Sünde mithin, die sich verschließt und verstockt, letztlich gegenüber Gott: «Die Toren sprechen in ihrem Herzen: Es ist kein Gott. Sie taugen nichts, und sind ein Greuel in ihrem Wesen; da ist keiner, der Gutes tue. – Der Herr schaut vom Himmel auf der Menschen Kinder, daß er sehe, ob jemand klug sei und nach Gott frage. – Aber sie sind allesamt abgewichen und allesamt untüchtig; da ist keiner, der Gutes tue, auch nicht einer. – Will denn keiner das merken, die mein Volk fressen, daß sie sich nähren; aber den Herrn rufen sie nicht an?»

So beginnt der vierzehnte Psalm. Torheit als Sünde, die den Fall verursacht: In der Umkehrung kann dies bedeuten, daß das Aufrechtbleiben oder gar Aufsteigen als Zeichen der Begnadung einen positiven Akzent erhält – eine Konsequenz, die Calvinismus und Puritanismus gezogen haben. Doch die Identifikation des Klugen und Guten mit dem Erfolg, der Torheit mit dem Bösen und dem Mißerfolg gibt es in vielen Formen auch außerhalb der religiösen Zusammenhänge, etwa im Märchen oder im Halsrätsel, wenn der Kluge, der es zu lösen vermag, Prinzessin und Königreich gewinnt, indessen die Toren schimpflichen Tod erleiden.

In der modernen Auffassung geht es hingegen um den «Intelligenzquotienten» – und im Streit darum, ob er angeboren oder durch die sozialen Umstände bedingt sei. Sonst aber läßt sich damit wenig anfangen: Im statistischen Durchschnitt ihres Intelligenzquotienten dürften sich die Machteliten verschiedener Herrschaftssysteme kaum voneinander unterscheiden. Dennoch gibt es die markanten Gegensätze kluger und bis zur Verblendung törichter Politik.

11 Wenn es in der Wilhelminischen Zeit unzählige Prozesse und Verurteilungen wegen «Majestätsbeleidigung» gab, dann handelte es sich doch nur um ein harmloses Vorspiel: Im Dritten Reich konnte ein Witz über den Führer oder ein Zweifel an seiner Begnadung durch die «Vorsehung» tödliche Folgen haben. Daher in der Spätzeit der Berliner Witz: «Eh' det ick mir die Rübe abhacken lasse, eher jlobe ick an den Endsieg!»

12 Vergleichbares gibt es offenbar schon im vormenschlichen Bereich, wie die folgende Geschichte demonstriert: Japanische Forscher hatten auf einem Pazifikatoll eine Affenherde ausgesetzt. Eines Tages entdeckte eine junge Äffin, daß das ausgelegte Futter nicht bloß sauber wurde, sondern auch besser schmeckte – wegen des Salzes –, wenn man es vor dem Verzehr im Meer wusch. Bald lernten immer mehr Tiere die neue Technik. Nur das Leittier, der «Boß», lernte nicht. Wie sollte er? Sollte er «zugeben», daß ein rangniederes Tier – und noch dazu ein

weibliches Wesen – etwas entdeckt hatte, worauf er nicht gekommen war?

13 Am 14. August 1989 wurden Erich Honecker feierlich die Funktionsmuster von Mikroprozessoren aus DDR-eigener Herstellung übergeben. Bei dieser Gelegenheit meinte der Staatsratsvorsitzende, «daß das Triumphgeschrei westlicher Medien über ‹das Scheitern› der sozialistischen Gesellschaftskonzeption› nicht das Geld wert ist, das dafür ausgegeben wird». Daran schloß sich dann der Ochs- und Esel-Reim an. Ihr Geld nicht wert war indessen die mikroelektronische Anstrengung der DDR; es handelte sich um eine Milliarden-Fehlinvestition, die dem Weltstandard hoffnungslos hinterherhinkte, so daß die einschlägigen Kombinate nun am Rande des Ruins stehen.

14 Dietrich Staritz, Geschichte der DDR 1945–1985, Frankfurt a. M. 1985, S. 138; hieran anschließend auch: Adolf M. Birke, Nation ohne Haus – Deutschland 1945–1961, Berlin 1989, S. 442.

15 Heym, a. a. O., S. 241.

16 Siehe zur Quelle und zum Text: Anm. 47 des vorigen Kapitels.

17 Zu den Träumen, die ausgerechnet die im Namen der revolutionären Arbeiterklasse zur Macht Aufgestiegenen sich erfüllten, gehörten nicht zuletzt ihre quasifeudalen, weidmännischen Privilegien in abgeschotteten «Sonderjagdgebieten». Über den Zusammenhang von Macht, Ohnmacht und Aufruhr hat José Ortega y Gasset schon vor Jahrzehnten geschrieben: «Von überall, das heißt von allen revolutionären Zonen der Geschichte, bricht der wilde Haß der unteren Klassen gegen die oberen hervor, weil diese die Jagd beschränkt hatten... Eine der Ursachen der Französischen Revolution war der Groll der Bauern, weil man sie nicht jagen ließ; aus diesem Grunde war dies auch eines der ersten Vorrechte, auf das die Adligen verzichten mußten. Bei jeder Revolution war es immer das erste, daß das ‹Volk› über die Einfriedigungen der Gehege sprang oder sie niederriß und im Namen der sozialen Gerechtigkeit den Hasen und das Rebhuhn verfolgte.» (Meditationen über die Jagd, Stuttgart 1953, S. 24.) «Alle personengebundenen Jagdgebiete jeglicher Art sind aufzulösen» – meldeten am 16. November 1989 die Zeitungen der DDR als Verfügung des zuständigen Ministers.

18 Der alte Staat und die Revolution, Drittes Buch, Erstes Kapitel; Erstausgabe 1856, hier zitiert nach der Rowohlt-Klassiker-Reihe Band 234–235 (Französische Literatur Band 18), 1969, S. 127 und 128.

19 Politik, Fünftes Buch, Elftes Kapitel. – In diesem denkwürdigen Kapitel ist nicht zuletzt von der Korruption der Charaktere die Rede, «da die Tyrannis auf ein Dreifaches abzielt, einmal darauf, im Volke eine

kleinmütige Gesinnung großzuziehen – denn ein Kleinmütiger wagt keine Empörung –, sodann darauf, gegenseitiges Mißtrauen zu nähren; denn keine Tyrannis wird zu Fall gebracht, wenn nicht zuvor eine Anzahl Bürger Vertrauen zueinander gefaßt hat; deshalb verfolgen die Gewaltherrscher auf die rechtlichen Leute als solche, die ihrer Herrschaft gefährlich sind, nicht bloß, weil sie sich nicht despotisch behandeln lassen, sondern auch darum, weil sie sich und anderen die Treue halten und weder sich noch andere anklagen; endlich drittens auf Ohnmacht zu politischen Aktionen; denn niemand wagt das Unmögliche, und so auch nicht den Sturz einer Tyrannis, wenn die Macht dazu fehlt... Allen ihren Praktiken liegt einer dieser Zwecke zugrunde: entweder, daß niemand dem anderen traue, oder daß niemand Macht gewinne, oder daß jedermann knechtisch gesinnt sei.»

20 Die deutsche Ideologie, A. Thesen über Feuerbach 3; siehe Karl Marx, Die Frühschriften, a. a. O., S. 340. – Marx polemisiert gegen Feuerbach, weil er zwar materialistisch, aber im Sinne einer von der Geschichte nicht veränderbaren menschlichen Natur argumentiert habe. Doch gerade die geschichtliche Erfahrung drängt zu der Frage, ob gegen Marx nicht Feuerbach das letzte Wort behält.

21 Als Adamiten oder Adiamianer wurden Sekten bezeichnet, die angeblich nackt ihre Gottesdienste feierten, um paradiesische Unschuld darzustellen. Hier hingegen ist der Adam nach dem Sündenfall gemeint, der seine Nacktheit erkennt und sich schämt, weil die Frucht vom Baum der (Selbst-)Erkenntnis ihn menschlich machte.

22 Günter de Bruyn, Fromme Wünsche, offene Fragen, in: Die Geschichte ist offen – DDR 1990: Hoffnung auf eine neue Republik – Schriftsteller aus der DDR über die Zukunftschancen ihres Landes, herausgegeben von Michael Naumann, Reinbek 1990, S. 27.
Zu beachten ist, daß sich die Hunderttausende und die Millionen auch im Generationenprofil unterschieden. Das Risiko der Flucht und der anfänglichen Demonstrationen nahmen vor allem jüngere Menschen auf sich, die vergleichsweise wenig zu verlieren hatten. Erst später, in der Wende zur Einheit und an den Wahlurnen, brachte die mittlere und ältere Generation ihr demographisches Übergewicht zum Tragen. Siehe zu dem Sachverhalt: Lutz Niethammer, Das Volk der DDR und die Revolution, in: «Wir sind das Volk!» Flugschriften, Aufrufe und Texte einer deutschen Revolution, herausgegeben von Charles Schüddekopf, Reinbek 1990, S. 254.

23 Die konservative «Allianz für Deutschland» kam mit 48,15 Prozent der Stimmen und 193 von 400 Sitzen in der Volkskammer nahe an die absolute Mehrheit heran, wobei sie besonders in den einstigen «ro-

ten» Hochburgen, den Industriebezirken Sachsens und Thüringens triumphierte. Das «Bündnis 90», zu dem sich die Bewegungen zusammengeschlossen hatten, die in der Frühphase des Umsturzes eine führende Rolle spielten (Neues Forum, Demokratie Jetzt, Initiative Frieden und Menschenrechte) brachte es gerade noch auf 2,9 Prozent und 12 Sitze. Die Sozialdemokraten sahen mit 21,84 Prozent und 87 Sitzen ihre Erwartungen enttäuscht; die «Partei des demokratischen Sozialismus» – die frühere SED – erreichte immerhin 16,33 Prozent und 65 Sitze.

24 Stefan Heym, Aschermittwoch, in: Einmischung, a. a. O., S. 265. – Der Beschimpfung folgt immerhin eine Form von Entschuldigung: «Nicht sie sind schuld, diese Vergierten, an ihrer Entwürdigung: schuld sind die, die da in dem Land hinter der Mauer eine Wirtschaft führten, in welcher Mangel an Logik zu Mangel an Gütern führte und selbst der beste Wille und die beste Arbeit zu Ineffizienz und schäbiger Frucht verkamen.» (S. 266.)

25 In dem Appell «Für unser Land» vom 26. November 1989 lauteten die entscheidenden Passagen: «*Entweder* können wir auf der Eigenständigkeit der DDR bestehen und versuchen, mit allen unseren Kräften und in Zusammenarbeit mit denjenigen Staaten und Interessengruppen, die dazu bereit sind, in unserem Land eine solidarische Gesellschaft zu entwickeln, in der Frieden und soziale Gerechtigkeit, Freiheit des einzelnen, Freizügigkeit aller und die Bewahrung der Umwelt gewährleistet sind. *Oder* wir müssen dulden, daß, veranlaßt durch starke ökonomische Zwänge und durch unzumutbare Bedingungen, an die einflußreiche Kreise aus Wirtschaft und Politik in der Bundesrepublik ihre Hilfe für die DDR knüpfen, ein Ausverkauf unserer materiellen und moralischen Werte beginnt und über kurz oder lang die Deutsche Demokratische Republik durch die Bundesrepublik Deutschland vereinnahmt wird. – Laßt uns den ersten Weg gehen. *Noch* haben wir die Chance, in gleichberechtigter Nachbarschaft zu allen Staaten Europas eine sozialistische Alternative zur Bundesrepublik zu entwickeln. *Noch* können wir uns besinnen auf die antifaschistischen und humanistischen Ideale, von denen wir einst ausgegangen sind.» (Abdruck des Textes unter anderem in: Der Fischer Weltalmanach, Sonderband DDR, Frankfurt am Main 1990, S. 334.) Dieser Appell wurde allerdings schon dadurch um seine Glaubwürdigkeit und Wirkung gebracht, daß die Repräsentanten der alten Monopolherrschaft, mit Egon Krenz an der Spitze, ihm eilig beitraten.

26 Die Schriftsteller und das Volk, in: DER SPIEGEL 7/90, S. 68–70. – An anderer Stelle sagt Monika Maron: «Wo immer ich höre, daß einer

weiß, was des anderen Menschen Glück ist; wo immer ich lese, daß jemand im Namen einer Idee über Millionen Menschen verfügt, und sei es nur in Gedanken; wo immer ich sehe, daß einer alten Ideologie frische Schminke aufgelegt wird, um ihren Tod zu maskieren, packt mich Entsetzen. Und eine jahrzehntealte Wut.» (Ich war ein antifaschistisches Kind, in: Die Geschichte ist offen, a. a. O., S. 129.)

Das Thema kennt viele Variationen. Selbstkritisch heißt es bei Rosemarie Zeplin: «Ist uns bei unseren Appellen, die wir jetzt veröffentlichen, die Besonderheit unserer Lage wirklich bewußt? Sollten wir nicht vor allem erst einmal sehr genau hinzuhören versuchen, bevor wir entscheiden, was gut ist für andere? Wir, in unserer Neigung, totalisierende Ansprüche zu verinnerlichen, unserer Erbschuld. Das verstummte Volk ist in den sogenannten Nischen doch offenkundig nicht in totale Regression verfallen. Ihm seine Bedürfnisse ausreden zu wollen, dürfte schwerfallen.» (Die Geschichte ist offen, in: Die Geschichte ist offen, a. a. O., S. 179 f.)

Gegen solche Einstellungen, besonders gegen Frau Maron hat wiederum ihr Kollege Joseph von Westphalen polemisiert, indem er vom «Einheitsgeschrei des DDR-Pöbels» spricht: «Das Grölen dieses Pöbels hat leider einen Bonus: Weil es um ihr Lebensglück betrogene Menschen sind, die hier nach Einheit und Konsum rufen, mag man ihnen die Leviten nicht lesen. Und wer sich trotzdem verächtlich von dem Volk der Fahnenschwenker und Sloganskandierer abwendet (wie die altlinken DDR-Autoren), dem wird sofort Arroganz vorgeworfen. Die Preisfrage lautet: Wer hat oder nimmt sich das moralische Recht, den Einheitsschwenkern Vorhaltungen zu machen? – Jeder versteht sie. Keiner wagt, sie entsetzlich zu finden, weil er Angst haben muß, es könne ihm die Arroganz der Privilegiertheit vorgehalten werden. Schließlich waren die Unterprivilegierten jahrzehntelang eingesperrt und an der Leine gehalten – es ist ihr gutes Recht jetzt, stöhnt der privilegierte Linksintellektuelle leise, da er den nötigen Mut nicht hat, verachtungsvoll zu lästern. Sanft gepeinigt von seinem ewig schlechten Gewissen, hat er vergessen, daß ihm, da er machtlos ist, ein arroganter Blick auf die greulichen Umtriebe des Volkes durchaus zusteht... – Das Volk hat die Linke zum Teufel gejagt, und das ist gut so. Nun braucht sie sich nicht mehr dem Volk anzudienen. Das war immer falsch. Im Osten hat sie es kaputtgemacht. Sie sollte die immer redlich gemeinte Anbiederung nicht weiter fortsetzen. Eine arrogante und elitäre Ablehnung der darwinistisch-dreisten Volksmasse: das wäre eine der Positionen, auf die sich die vom Sozialismus erlöste Linke zurückziehen könnte.» («Das große Fressen – Letzte Polemik

gegen die deutsche Einheit», in: DIE ZEIT, Nr. 21, 18. Mai 1990,
S. 62.)

Da bleibt freilich, weil jedes historische und politische Argument als
«ausgeleiert, abgeschwatzt» erscheint, bloß noch Ästhetik: «Die
Furcht vor dem Elend eines vierten Reiches ist unbegründet. Das dürfen wir so laut nicht sagen, denn eben diese Furcht ist immer noch ein
gutes Argument – wenn schon nicht mehr gegen die Vereinigung, so
doch gegen die Hemmungslosigkeit ihrer Durchführung. Ein über-
mächtiges Deutschland aber ist kaum zu befürchten, eher ein unappe-
titliches. Es geht eigentlich bei der ganzen deutschen Angelegenheit
nur noch um Stilfragen. Ein unflätig angeschwollenes, aufgeblähtes,
formlos-fettes Deutschland, das sich fortwährend schmatzend den
Mund leckt, ist uns noch peinlicher als der ganze nationale Identitäts-
schwachsinn.» (Westphalen, a. a. O.)

27 Lutz Winckler, in: Mein Deutschland findet sich in keinem Atlas –
Schriftsteller aus beiden deutschen Staaten über ihr nationales Selbst-
verständnis, herausgegeben von Françoise Barthélemy und Lutz
Winckler, Frankfurt a. M. 1990, S. 10.

28 Zu den Ausnahmen gehört vor allem Martin Walser; siehe von ihm:
Über Deutschland reden, Frankfurt a. M. 1989.

29 Helga Schütz, Ein Stück der täglichen Wahrheit zur Sprache bringen,
in: Mein Deutschland findet sich in keinem Atlas, a. a. O., S. 21.

30 Günter Kunert, Notgemeinschaft, in: Mein Deutschland..., a. a. O.,
S. 33.

31 Uwe Kolbe, Ich war nicht darauf vorbereitet, ein Deutscher zu sein,
in: Mein Deutschland..., a. a. O., S. 67ff.

32 Reinhard Schult, Offen für alle – das «Neue Forum», in: Aufbruch in
eine andere DDR – Reformer und Oppositionelle zur Zukunft ihres
Landes, herausgegeben von Hubertus Knabe, Reinbek 1989, S. 168f.

33 Die frühen Vorwürfe sind in einer späteren Phase neu aufgenommen
und vielfältig formuliert worden. Um nur wenige Beispiele anzufüh-
ren: Der CDU-Staat – Studien zur Verfassungswirklichkeit der Bundesrepublik, herausgegeben von Gert Schäfer und Carl Nedelmann,
München 1967; Die Restauration entläßt ihre Kinder oder Der Erfolg
der Rechten in der Bundesrepublik, herausgegeben von Freimut
Duve, Reinbek 1968; Jürgen Seifert, Grundgesetz und Restauration,
3. Auflage Neuwied und Darmstadt 1977; Peter Brückner, Versuch,
uns und anderen die Bundesrepublik zu erklären, Berlin 1978. Allen
diesen Schriften vorweg ist schon beinahe «klassisch» zu nennen: Karl
Jaspers, Wohin treibt die Bundesrepublik? Tatsachen – Gefahren –
Chancen, München 1966.

34 Deutscher Lastenausgleich – Wider das dumpfe Einheitsgebot. Reden
    und Gespräche, Frankfurt a. M. 1990, S. 7 und 10 f. – Im übrigen lehnt
    Grass die Wiedervereinigung ab, «weil niemand, der bei Verstand und
    geschlagen mit Gedächtnis ist, zulassen kann, daß es abermals zu einer
    Machtballung in der Mitte Europas kommt: Die Großmächte, nun
    wieder betont als Siegermächte, gewiß nicht, die Polen nicht, die
    Franzosen nicht, nicht die Niederländer, nicht die Dänen. Aber auch
    wir Deutsche nicht, denn jener Einheitsstaat, dessen wechselnde Voll-
    strecker während nur knapp fünfundsiebzig Jahren anderen und uns
    Leid, Trümmer, Niederlagen, Millionen Flüchtlinge, Millionen Tote
    und die Last nicht zu bewältigender Verbrechen ins Geschichtsbuch
    geschrieben haben, verlangt nach keiner Neuauflage und sollte – so
    gutwillig wir uns mittlerweile zu geben verstehen – nie wieder politi-
    schen Willen entzünden.» (S. 8.)
35 A. a. O., S. 17.
36 Siehe zur Beschreibung der Nischengesellschaft durch Günter Gaus
    S. 299.
37 Zu Tönnies' Konstruktion und zu ihrer Wirkung siehe S. 60 ff.; zur
    Vergleichbarkeit der Faszination durch die «Volksgemeinschaft» sei
    an den Text von Melita Maschmann auf S. 198 erinnert.
38 Helga Königsdorf, am Ende des Gedichts «Im Gegenlicht», in: Die
    Geschichte ist offen – DDR 1990: Hoffnung auf eine neue Republik –
    Schriftsteller aus der DDR über die Zukunftschancen ihres Landes,
    herausgegeben von Michael Naumann, Reinbek 1990, S. 84.
39 Heinz Czechowski, Euphorie und Katzenjammer, in: Die Geschichte
    ist offen, a. a. O., S. 38.
40 Gabi Kachold, gegen die führungsrolle des mannes, in: Die Ge-
    schichte ist offen, a. a. O., S. 95.
41 Elke Erb, Selbständigkeit, in: Die Geschichte ist offen, a. a. O., S. 49.
42 Fritz Rudolf Fries, Braucht die neue Republik neue Autoren?, in: Die
    Geschichte ist offen, a. a. O., S. 57.
43 Auch in der Frage nach der nationalen Identität stößt man überwie-
    gend auf das bloß Gutgemeinte oder das Wunschdenken: «Was mir zu
    ‹Deutschland› einfällt? Ich wundere mich und sage: Goethe und die
    DDR. – Die Nation der DDR ist, wie die französische, durch eine Re-
    volution gegangen. Unser Staatsbegriff ist durchaus der jakobinische,
    mit Entschiedenheit nicht der der Gironde. Der Staat und die Nation
    fallen hier zusammen. Der Vorschlag, die DDR mit dem zurückge-
    bliebenen Teil der ehemaligen deutschen Nation ‹wiederzuvereini-
    gen›, muß alle nationalen Instinkte eines DDR-Bürgers befremden…
    Die Bundesrepublik Deutschland ist einfach ein benachbartes west-

liches Ausland.» So einfach machte es sich – datiert Dezember 1988 –
Peter Hacks. (Brief an eine Dame in Paris über einen Ort namens
Deutschland, in: Mein Deutschland findet sich in keinem Atlas,
a. a. O., S. 29.) Dabei nimmt der Text schon die Hilflosigkeit vorweg. Denn was bleibt, wo Staat und Nation zusammenfallen, wenn
der Staat fällt? Aber einmal mehr und exemplarisch zeigt sich hier,
daß die Schriftsteller, Intellektuellen und Gruppen, die ihr Selbstverständnis «links» einstuft, die Frage nach der nationalen Einheit für erledigt hielten oder zumindest nicht darauf vorbereitet waren, Antworten zu geben, so daß die konservative Rhetorik triumphiert. Nur
vereinzelt und praktisch vergeblich ist auf das drohende Defizit hingewiesen worden, etwa von Peter Brandt und Herbert Ammon: Die
Linke und die nationale Frage – Dokumente zur deutschen Einheit seit
1945, Reinbek 1981.

44 Ein Detail beleuchtete im Februar 1990 ein Gespräch beim Bundespräsidenten. Es entstand die Vermutung, daß der Bundespräsident
wohl als erster nach Berlin umziehen werde: «Nein, das geht nicht –
wegen Präsident Mobutu von Zaire.» – «Wie das?» – «Weil man bei
Staatsbesuchen das Ehrenbataillon der Bundeswehr braucht, und das
darf nicht über die Elbe.» – «Und wie wäre es dann mit der Nationalen Volksarmee? Sie kann wenigstens noch den alten Stechschritt.» –
«Die darf nicht nach Westberlin.» – Doch selbst solche Fragen haben
sich inzwischen erledigt.

45 Mit den föderalistisch wiedererstehenden Ländern bietet sich zwar
eine Chance zum Rückhalt in der regionalen Identität; Sachsen zum
Beispiel hält dafür ähnlich kräftige Voraussetzungen bereit wie Bayern. Aber so wichtig dies sein mag, so wenig kann die regionale Identität das Selbstbewußtsein auf der gesamtstaatlich-nationalen Ebene
ersetzen und tragen.

46 Ohne die Nachsicht des Außenstehenden hat der DDR-Psychiater
Hans-Joachim Maaz «ein typisches Bild des durchschnittlichen DDR-
Bürgers» entworfen: «Er ist autoritätsgläubig, ängstlich und gefühls-
blockiert, vor allem aggressiv gehemmt. Seine Bereitschaft, wirkliche
Konflikte offen auszutragen, ist gering; seine Realitätswahrnehmung
ist verzerrt und eingeengt. Er zeigt einen deutlichen Mangel an Di-
rektheit und spontaner Lebensfreude – alles ist verhalten, gebremst,
abgesichert und kontrolliert. Doch unter dieser Oberfläche, die nur
unter großem Druck aufbricht, brodeln heftigste Gefühle: mörderische Wut, ohnmächtige Angst, auch tiefer Schmerz und lähmende
Traurigkeit... In der psychotherapeutischen Arbeit lassen sich die
Spuren des ‹alltäglichen Stalinismus› bei nahezu jedem Patienten fest-

stellen. Anfangs gibt es immer eine Phase, in der die Patienten verschlossen abwarten und nur ihre Fassade zeigen. Ihr dringlichster Wunsch ist ein ‹Führer›, dem sie folgen wollen oder gegen den sie opponieren können. Bleibt er aus, so verspüren sie die größte Angst und Unsicherheit, die sich in Wut- und Haßausbrüchen sowie in der Suche nach Sündenböcken äußert, manchmal auch in Zusammenbrüchen mit Verwirrung und Flucht: Dabei zerbröckelt die soziale Fassade; bisher in Schach gehaltene Gefühle brechen durch – das mühsam erlernte ‹Autoritätsspiel› funktioniert nicht mehr.» («Stalinismus als Lebensform», in: DER SPIEGEL, Nr. 9, 26. Februar 1990, S. 216 und 218.)

47 Ludwig Börne – Eine Denkschrift (1840), Viertes Buch; in der Ausgabe Sämtliche Werke, München 1964: Band XI, S. 85.

48 Jürgen Habermas, Der DM-Nationalismus, in: DIE ZEIT, Nr. 14, 30. März 1990, S. 62 f.
Besonders drastisch hat Günter Grass den DM-Nationalismus beschrieben und ihn schon als vollendete Tatsache hingestellt: «Was mit Mut begann, nach all den Demütigungen Selbstbewußtsein förderte, Witz, sogar Heiterkeit zuließ und kurze Zeit lang in beiden Staaten Freude machte, ist in Kümmernis umgeschlagen. Der deutschen Einheit Pate heißt Freudlosigkeit. Was als Gespräch tastend, einander erfragend begonnen wurde und Gedanken zulassen sollte, die auch unseren Nachbarn, den Polen voran, verläßlich sein könnten, hat sich auf Mark und Pfennig verkürzt. Geld muß die fehlende, übergreifende Idee ersetzen. Harte Währung soll mangelnden Geist wettmachen. Bei kritischer Nachfrage darf ersatzweise der Europagedanke herhalten. Nicht allmähliche Annäherung der Deutschen ist gefragt, sondern einzig Zuwachs an Absatzmärkten, weil umfassender Stumpfsinn alles dem alles regulierenden Markt überlassen hat. Selten ist im Verlauf der oft genug unglücklichen deutschen Geschichte eine tatsächlich historisch zu wertende Möglichkeit aus Mangel an gestaltender Kraft so kleinkrämerisch verrechnet, so dumpf nicht begriffen, so leichtfertig verspielt worden.» («Was rede ich. Wer hört noch zu.» In: DIE ZEIT, Nr. 20, 11. Mai 1990, S. 71 b.)

49 Vollständiger Titel: Incertitudes allemandes – La crise de la civilisation bourgeoise en Allemagne, Paris 1931.

Die europäische Vernunft und das deutsche Drama: Ein Epilog

1 Gedanken und Erinnerungen, Dritter Band, Zehntes Kapitel; in der Ausgabe Stuttgart und Berlin 1919: S. 124.

2 Zum ewigen Frieden, Erster Zusatz: Von der Garantie des ewigen Friedens. Siehe: Immanuel Kant, Politische Schriften, herausgegeben von Otto Heinrich von der Gablentz, Köln und Opladen 1965, S. 129.

3 Immanuel Kant, Kritik der praktischen Vernunft, Erster Teil, I. Buch, 1. Hauptstück, § 7.

Als Erbe Kants und der Aufklärung erweist sich Jürgen Habermas, wenn er erwartet, daß ein gewaltfreier Diskurs, sei es in unendlicher Annäherung, die verallgemeinerungsfähigen Interessen, eine Art von volonté générale im Sinne Rousseaus ermitteln könne. Siehe von Habermas: Theorie des kommunikativen Handelns, 2 Bände, Frankfurt a. M. 1981; Vorstudien und Ergänzungen zur Theorie des kommunikativen Handelns, Frankfurt a. M. 1984.

Bei Thomas Hobbes gibt es eine Wechselwirkung, um nicht zu sagen ein Bündnis von Weitsicht und Todesfurcht: «Jedem Menschen, der weit vorausschaut, ergeht es wie Prometheus. Denn wie Prometheus – das heißt übersetzt: der kluge Mann – an den Kaukasus, einen Berg von weiter Aussicht, geschmiedet war, wo ein Adler täglich das von seiner Leber verzehrte, was nachts nachwuchs: so nagt auch am Herzen des Menschen, der zu weit vorausschaut, in der Sorge um die Zukunft die Furcht vor dem Tode, vor der Armut und anderer Unbill, und es gibt keine Erholung von dieser Furcht als den Schlaf.» (Leviathan, Kapitel 12.) Vor-Sicht und Furcht aber führen zu der Erkenntnis, daß der kurzsichtig egoistische «Krieg aller gegen alle» durch die Gründung des Staates überwunden werden muß.

4 Das neuzeitlich-europäische Geschichtsdenken besteht – als säkularisiert christliches – auf der Einmaligkeit und Unwiederholbarkeit allen Geschehens. Als Individualitäten wird den historischen Erscheinungen damit ein Charakter des Absoluten zuerkannt, der über jede Form von Relativierung triumphiert. Diese Absolutheit zerfällt erst, wenn man, wie in der Antike, nicht vom einmaligen Geschehen, sondern von natürlichen Kreisläufen ausgeht. Auf den prinzipiellen Unterschied von antikem und modernem Denken hat – kritisch gegen die Moderne – Karl Löwith mit Nachdruck hingewiesen: Weltgeschichte und Heilsgeschehen, in: Sämtliche Schriften Band 2, Stuttgart 1983.

5 Über die Demokratie in Amerika, Zweiter Band, Zweiter Teil, Kapitel IX; in der Ausgabe Stuttgart 1962: S. 140.

6 Sebastian Haffner hat von «Todsünden» gesprochen: Die sieben Todsünden des deutschen Reiches – Grundfehler deutscher Politik nach Bismarck, damals und auch heute, Hamburg 1965, Neuauflage Bergisch Gladbach 1981. Nähme man den Begriff aber beim Wort, so

müßte er in eine andere Dimension führen als das Nachrechnen von Fehlern.

7 In seiner großangelegten Untersuchung über «Weltbürgertum und Nationalstaat» (1908, 9. Auflage München und Wien 1969) hat Friedrich Meinecke zwar das Spannungsverhältnis von Moral und Macht, von Ideal- und Realpolitik dargestellt, aber damit nur Möglichkeiten und Gegensätze innerhalb des traditionellen Bezugsrahmens vermessen. Siehe von Meinecke auch: Die Idee der Staatsräson in der neueren Geschichte, München 1924, 6. Auflage München und Wien 1963. Nach 1945 blieb dann – konsequent – nur «Die deutsche Katastrophe» (Untertitel: Betrachtungen und Erinnerungen, Wiesbaden 1946).

8 Elemente und Ursprünge totaler Herrschaft, Frankfurt a. M. 1958, S. 240 und 244.

9 Als Literatur zum Thema seien genannt: Jürgen Habermas, Eine Art Schadensabwicklung, Frankfurt a. M. 1987; «Historikerstreit» – Die Dokumentation der Kontroverse um die Einzigartigkeit der nationalsozialistischen Judenvernichtung, München 1987; Dan Diner (Herausgeber), Ist der Nationalsozialismus Geschichte? Zu Historisierung und Historikerstreit, Frankfurt a. M. 1987; Hans-Ulrich Wehler, Entsorgung der deutschen Vergangenheit? Ein polemischer Essay zum «Historikerstreit», München 1988; Imanuel Geiss, Die Habermas-Kontroverse – Ein deutscher Streit, Berlin 1988; Niedersächsische Landeszentrale für Politische Bildung (Herausgeber), Von der Verdrängung zur Bagatellisierung – Aspekte des sogenannten Historikerstreits, Hannover 1988; Landeszentrale für Politische Bildung Nordrhein-Westfalen (Herausgeber), Streitfall deutsche Geschichte: Geschichts- und Gegenwartsbewußtsein in den 80er Jahren, Essen 1988.

10 Als Noltes Hauptschrift, frühere Arbeiten zusammenfassend, ist hier zu nennen: Der europäische Bürgerkrieg 1917–1945. Nationalsozialismus und Bolschewismus, Berlin 1987.

11 Rankes berühmter Satz lautet: «Man hat der Historie das Amt, die Vergangenheit zu richten, die Mitwelt zum Nutzen zukünftiger Jahre zu belehren, beigemessen; so hoher Ämter unterwindet sich gegenwärtiger Versuch nicht; er will bloß sagen, wie es eigentlich gewesen.» (Geschichten der romanischen und germanischen Völker von 1494 bis 1535, Leipzig und Berlin 1824, Vorrede.)

12 Rainer Maria Rilke, Achte Duineser Elegie.

13 The Open Society and Its Enemies, 2 Bände, London 1945; siehe hier besonders Band 1, Kapitel 10; deutsch: Die offene Gesellschaft und ihre Feinde, 4. Auflage München 1975.

14 Siehe dazu Erich Fromm, Die Flucht vor der Freiheit, Zürich 1945; spätere Ausgaben unter dem Titel: Die Furcht vor der Freiheit, 10. Auflage Frankfurt a. M. 1978.

15 Urmensch und Spätkultur – Philosophische Ergebnisse und Aussagen, Bonn 1956, S. 8 f.

16 A. a. O., S. 48 f.

17 Der Mensch, seine Natur und seine Stellung in der Welt, 4. verbesserte Auflage Bonn–Bad Godesberg 1950, S. 33.

18 Urmensch und Spätkultur, S. 49.

19 Die Seele im technischen Zeitalter – Sozialpsychologische Probleme in der industriellen Gesellschaft, Hamburg 1957, S. 58.

20 A. a. O., S. 62 und 84.

21 Moral und Hypermoral – Eine pluralistische Ethik, Frankfurt a. M. und Bonn, S. 41, 143, 97.

22 A. a. O., S. 143.

23 A. a. O., besonders S. 117 und 154.

24 A. a. O., S. 102.

25 Urmensch und Spätkultur, S. 20.

26 Über den Prozeß der Zivilisation – Soziogenetische und psychogenetische Untersuchungen, 2. Auflage Bern und München 1969, Band 2, S. 432.

27 Die Stufen des Organischen und der Mensch, in: Gesammelte Schriften Band IV, Frankfurt a. M. 1981, S. 360 ff.

28 Karl Bruno Leder, Nie wieder Krieg? Über die Friedensfähigkeit des Menschen, München 1982, S. 97.

29 Leder, a. a. O., S. 131 und 70.

30 Siehe dazu oben, S. 110 f.

Hinweise zur Literatur

Vorbemerkung

Trotz der Vielzahl von Hinweisen handelt es sich im folgenden um eine knappe Auswahl, denn die Veröffentlichungen zur neueren und neuesten Geschichte wuchern ins Unermeßliche. Allein zum Thema «Widerstand im Dritten Reich» führt zum Beispiel eine Bibliographie aus dem Jahre 1984 mehr als 6000 Titel auf.

Für seine Auswahl übernimmt der Autor zwar die Verantwortung, aber mit begrenzten Kenntnissen und eigenmächtigen Wertungen eine mißliche Rolle. Was ist wichtig, was lesbar – und was nicht? Darüber kann man endlos streiten. Der Fachmann für Spezialgebiete wird ohnehin den Kopf schütteln: Ausgerechnet das fehlt, was ihm unerläßlich scheint, und dafür ist Überflüssiges aufgeführt, das er verbannen möchte. Doch die Vielfalt der Faktoren soll von den wirtschaftlichen Bedingungen bis zu den geistigen Strömungen ebenso zum Ausdruck kommen, wie die Gegensätzlichkeit der Standpunkte.

Um nicht ins Uferlose zu geraten, sind Aufsätze und fremdsprachige Literatur nur ausnahmsweise berücksichtigt worden. Aus dem Anmerkungsteil wurden Literaturhinweise nur übernommen, wenn sie nicht bloß zum besonderen Anlaß, sondern allgemein als wichtig erschienen.

Geschichte im Überblick

Abelshauser, Werner / Petzina, Dietmar (Herausgeber): Deutsche Wirtschaftsgeschichte im Industriezeitalter: Konjunktur, Krise, Wachstum, Königstein / Ts. 1981.

Aubin, Hermann / Zorn, Wolfgang (Herausgeber): Handbuch der deutschen Wirtschafts- und Sozialgeschichte, 2 Bände, Stuttgart 1971 und 1976.

Boockmann, Hartmut / Schulze, Hagen / Schilling, Heinz / Stürmer, Michael: Mitten in Europa – Deutsche Geschichte, Berlin 1984.

Borchardt, Knut: Grundriß der deutschen Wirtschaftsgeschichte, 2. Auflage Göttingen 1985.

Broszat, Martin und andere (Herausgeber): Deutsche Geschichte der neuesten Zeit – Vom 19. Jahrhundert bis zur Gegenwart, München 1984 ff.

Craig, Gordon A.: Deutsche Geschichte 1866–1945, München 1980.

Derselbe: Über die Deutschen, München 1982.

Dahrendorf, Ralf: Gesellschaft und Demokratie in Deutschland, München 1965.

Dehio, Ludwig: Deutschland und die Weltpolitik im 20. Jahrhundert, Ausgabe Frankfurt a. M. und Hamburg 1961.

Deutsche Bundesbank (Herausgeber): Währung und Wirtschaft in Deutschland 1876–1975, Frankfurt a. M. 1976.

Deutschland – Porträt einer Nation, 10 Bände, Gütersloh 1985 f.

Fischer, Fritz: Bündnis der Eliten – Zur Kontinuität der Machtstrukturen in Deutschland 1871–1945, Düsseldorf 1979.

Gebhardt, Bruno: Handbuch der deutschen Geschichte, herausgegeben von Herbert Grundmann, Bände I–IV, 9. Auflage Stuttgart 1970/76.

Geyer, Michael: Deutsche Rüstungspolitik 1860–1980, Frankfurt a. M. 1984.

Glaser, Hermann: Spießer-Ideologie. Von der Zerstörung des deutschen Geistes im 19. und 20. Jahrhundert, Ausgabe Köln 1974.

Grebing, Helga/Greiffenhagen, Martin/Krockow, Christian Graf von/Müller, Johann B.: Konservatismus – Eine deutsche Bilanz, München 1971.

Greiffenhagen, Martin: Das Dilemma des Konservatismus in Deutschland, München 1971.

Hardach, Karl: Wirtschaftsgeschichte Deutschlands im 20. Jahrhundert, Göttingen 1976.

Hillgruber, Andreas: Die gescheiterte Großmacht – Eine Skizze des deutschen Reiches 1871–1945, Düsseldorf 1980.

Huber, Ernst Rudolf: Deutsche Verfassungsgeschichte seit 1789, Stuttgart 1963 ff.

Jeserich, Kurt G. A. (Herausgeber): Deutsche Verwaltungsgeschichte, Band 1–5, Stuttgart 1983 ff.

Klotzbach, Kurt: Bibliographie zur Geschichte der deutschen Arbeiterbewegung 1914–1945, 2. Auflage Bonn-Bad Godesberg 1976.

Lamprecht, Helmut (Herausgeber): Deutschland Deutschland – Politische Gedichte vom Vormärz bis zur Gegenwart, Bremen 1969.

Langewiesche, Dieter: Liberalismus in Deutschland, Frankfurt a. M. 1988.

Mann, Golo: Deutsche Geschichte des 19. und 20. Jahrhunderts, Frankfurt a. M. 1960.

Messerschmidt, Manfred: Militärgeschichtliche Aspekte der Entwicklung des deutschen Nationalstaates, Düsseldorf 1988.

Michaelis, Herbert / Schraepler, Ernst (Herausgeber): Ursachen und Folgen. Vom deutschen Zusammenbruch 1918 und 1945 bis zur staatlichen Neuordnung Deutschlands in der Gegenwart. Eine Urkunden- und Dokumentensammlung zur Zeitgeschichte, Berlin 1958 ff.

Militärgeschichtliches Forschungsamt (Herausgeber): Deutsche Militärgeschichte 1648–1939, 6 Bände, München 1979 ff.

Nipperdey, Thomas: Nachdenken über die deutsche Geschichte, Ausgabe München 1990.

Osterroth, Franz / Schuster, Dieter: Chronik der deutschen Sozialdemokratie, 3 Bände, 2. Auflage Berlin, Bonn-Bad Godesberg 1975–1978.

Plessner, Helmuth: Die verspätete Nation – Über die politische Verführbarkeit bürgerlichen Geistes, Stuttgart 1959.

Ploetz: Deutsche Geschichte – Epochen und Daten, herausgegeben von Werner Conze und Volker Hentschel, 2. Auflage Freiburg und Würzburg 1980.

Pross, Harry (Herausgeber): Die Zerstörung der deutschen Politik. Dokumente 1871–1933, Ausgabe Frankfurt a. M. 1983.

Rassow, Peter: Deutsche Geschichte, herausgegeben von Martin Vogt, Stuttgart 1987.

Ritter, Gerhard: Das deutsche Problem – Grundfragen deutschen Staatslebens gestern und heute, 2. Auflage München 1966.

Ritter, Gerhard A.: Staat, Arbeiterschaft und Arbeiterbewegung in Deutschland – Vom Vormärz bis zum Ende der Weimarer Republik, Berlin, Bonn 1980.

Sozialgeschichtliches Arbeitsbuch; Band 2: Georg Hohorst, Materialien zur Statistik des Deutschen Kaiserreichs 1870–1914, München 1975; Band 3: Dietmar Petzina, Materialien zur Statistik des Deutschen Reiches 1914–1945, München 1978.

Stern, Fritz: Das Scheitern illiberaler Politik – Studien zur politischen Kultur Deutschlands im 19. und 20. Jahrhundert, Berlin 1974.

Derselbe: Kulturpessimismus als politische Gefahr – Eine Analyse nationaler Ideologie in Deutschland, München 1986.

Derselbe: Der Traum vom Frieden und die Versuchung der Macht – Deutsche Geschichte im 20. Jahrhundert, Berlin 1988.

Wehler, Hans-Ulrich: Deutsche Gesellschaftsgeschichte, 4 Bände, München 1987 ff.

Die Wilhelminische Zeit

Baumgart, Peter (Herausgeber): Bildungspolitik in Preußen zur Zeit des Kaiserreichs, Stuttgart 1980.

Baumgart, Winfried: Deutschland im Zeitalter des Imperialismus 1890–1914. Grundkräfte, Thesen und Strukturen, 4. Auflage Stuttgart, Berlin, Köln, Mainz 1982.

Bebel, August: Aus meinem Leben, herausgegeben von W. G. Oschilewski, Bonn 1986.

Berghahn, Volker R.: Der Tirpitz-Plan. Genesis und Verfall einer innenpolitischen Krisenstrategie unter Wilhelm II., Düsseldorf 1971.

Derselbe / Deist, Wilhelm: Rüstung im Zeichen der wilhelminischen Weltpolitik – Grundlegende Dokumente 1890–1914, Düsseldorf 1988.

Bernhardi, Friedrich von: Deutschland und der nächste Krieg, Stuttgart 1912.

Blaich, Fritz: Staat und Verbände in Deutschland zwischen 1871 und 1945, Wiesbaden 1979.

Blüher, Hans: Wandervogel – Geschichte einer Jugendbewegung, 2 Bände, 4. Auflage Prien 1919.

Born, Karl Erich: Wirtschafts- und Sozialgeschichte des Deutschen Kaiserreiches 1867/71–1914, Stuttgart 1985.

Derselbe: Staat und Sozialpolitik seit Bismarcks Sturz, Wiesbaden 1957.

Braun, Lily: Memoiren einer Sozialistin, 2 Bände, München 1909 und 1911.

Bruch, Rüdiger vom: Wissenschaft, Politik und öffentliche Meinung – Gelehrtenpolitik im wilhelminischen Deutschland, 1890–1914, Husum 1980.

Burchardt, Lothar: Wissenschaftspolitik im Wilhelminischen Deutschland – Vorgeschichte, Gründung und Aufbau der Kaiser-Wilhelm-Gesellschaft zur Förderung der Wissenschaften, Göttingen 1975.

Degener, Hermann A. L. (Herausgeber): Wer ist's? Unsere Zeitgenossen, 3. Ausgabe Leipzig 1908.

Deist, Wilhelm: Flottenpolitik und Flottenpropaganda – Das Nachrichtenbureau des Reichsmarineamts 1897–1914, Stuttgart 1976.

Doerry, Martin: Übergangsmenschen – Die Mentalität der Wilhelminischen und die Krise des Kaiserreiches, Weinheim, München 1986.

Evans, Richard J. (Herausgeber): Kneipengespräche im Kaiserreich – Stimmungsberichte der Hamburger Politischen Polizei 1892–1914, Reinbek 1989.

Fehrenbach, Elisabeth: Wandlungen des deutschen Kaisergedankens 1871 bis 1918, München, Wien 1969.

Fischer, Fritz: Krieg der Illusionen – Die deutsche Politik von 1911–1914, Düsseldorf 1969.

Flemming, Jens: Landwirtschaftliche Interessen und Demokratie – Ländliche Gesellschaft, Agrarverbände und Staat 1890–1925, Bonn 1978.

Fontane, Theodor: Briefe an Georg Friedländer, herausgegeben von Kurt Schreinert, Heidelberg 1954.

Glaser, Hermann: Die Kultur der Wilhelminischen Zeit – Topographie einer Epoche, Frankfurt a. M. 1984.

Göhre, Paul: Drei Monate Fabrikarbeiter und Handwerksbursche – Eine praktische Studie, Leipzig 1891.

Grosser, Dieter: Vom monarchischen Konstitutionalismus zur parlamentarischen Demokratie – Die Verfassungspolitik der deutschen Parteien im letzten Jahrzehnt des Kaiserreichs, Den Haag 1970.

Guttmann, Bernhard: Schattenriß einer Generation 1888–1919, Stuttgart 1950.

Haffner, Sebastian: Die sieben Todsünden des Deutschen Reiches – Grundfehler deutscher Politik nach Bismarck damals und auch heute, Hamburg 1965, Neuausgabe Bergisch Gladbach 1981.

Hammann, Otto: Um den Kaiser – Erinnerungen, Berlin 1919.

Harden, Maximilian: Köpfe, Berlin 1913.

Helfferich, Karl: Deutschlands Volkswohlstand 1888–1913, 6. Auflage Berlin 1915.

Hentschel, Volker: Wirtschaft und Wirtschaftspolitik im wilhelminischen Deutschland: Organisierter Kapitalismus und Interventionsstaat, Stuttgart 1978.

Hepp, Corona: Avantgarde – Moderne Kunst, Kulturkritik und Reformbewegungen nach der Jahrhundertwende, München 1987.

Hildebrand, Klaus: Deutsche Außenpolitik 1871–1918, München 1989.

Hillgruber, Andreas: Deutschlands Rolle in der Vorgeschichte der beiden Weltkriege, 3. Auflage Göttingen 1986.

Hohorst, Gerd: Materialien zur Statistik des Kaiserreichs 1870–1914, München 1975 (Sozialgeschichtliches Arbeitsbuch, Band 2).

Holstein, Friedrich von: Die geheimen Papiere, herausgegeben von Norman Rich und M. H. Fischer, deutsche Ausgabe von Werner Frauendienst, 4 Bände, Göttingen, Berlin, Frankfurt a. M. 1956–1963.

Johann, Ernst (Herausgeber): Reden des Kaisers – Ansprachen, Predigten und Trinksprüche Wilhelms II., München 1966.

John, Hartmut: Das Reserveoffizierkorps im Deutschen Kaiserreich 1890–1914. Ein sozialgeschichtlicher Beitrag zur Untersuchung der gesellschaftlichen Militarisierung im Wilhelminischen Deutschland, Frankfurt a. M. 1981.

Kaelble, Hartmut: Industrielle Interessenpolitik in der Wilhelminischen Gesellschaft – Centralverband Deutscher Industrieller 1895–1914, Berlin 1967.

Kehr, Eckart: Schlachtflottenbau und Parteipolitik 1894–1901. Versuch eines Querschnittes durch die innenpolitischen, sozialen und ideologischen Voraussetzungen des deutschen Imperialismus, Berlin 1930.

Derselbe: Der Primat der Innenpolitik – Gesammelte Aufsätze zur preußisch-deutschen Sozialgeschichte im 19. und 20. Jahrhundert, herausgegeben von Hans-Ulrich Wehler, 2. Auflage Berlin 1970.

Kindt, Werner (Herausgeber): Die deutsche Jugendbewegung – Quellenschriften, 3 Bände, Düsseldorf und Köln 1963–1974.

Mann, Heinrich: Der Untertan, Roman, Leipzig 1918.

Masur, Gerhard: Propheten von gestern – Zur europäischen Kultur 1890–1914, Frankfurt a. M. 1965.

Modrow, Hans Otto: Berlin 1900 – Querschnitt durch die Entwicklung einer Stadt um die Jahrhundertwende, Berlin 1936.

Mogk, Walter: Paul Rohrbach und das größere Deutschland. Ethischer Imperialismus im Wilhelminischen Zeitalter – Ein Beitrag zur Geschichte des Kulturprotestantismus, München 1972.

Mommsen, Wolfgang J.: Der autoritäre Nationalstaat – Politik, Gesellschaft und Kultur des deutschen Kaiserreichs, Frankfurt a. M. 1990.

Nipperdey, Thomas: Die Organisation der deutschen Parteien vor 1918, Düsseldorf 1961.

Oldenburg-Januschau, Elard von: Erinnerungen, Leipzig 1936.

Paret, Peter: Die Berliner Sezession – Moderne Kunst und ihre Feinde im Kaiserlichen Deutschland, Berlin 1981.

Plagemann, Volker (Herausgeber): Übersee – Seefahrt und Seemacht im Deutschen Kaiserreich, München 1988.

Ploetz: Das Deutsche Kaiserreich 1867/71 bis 1918 – Bilanz einer Epoche, herausgegeben von Dieter Langewiesche, Freiburg und Würzburg 1984.

Pogge von Strandmann, Hartmut/Geiss, Imanuel: Die Erforderlichkeit des Unmöglichen – Deutschland am Vorabend des Ersten Weltkriegs, Frankfurt a. M. 1965.

Pörtner, Rudolf: Kindheit im Kaiserreich – Erinnerungen an vergangene Zeiten, Düsseldorf 1987.

Puhle, Hans-Jürgen: Agrarische Interessenpolitik und preußischer Konservatismus im wilhelminischen Reich 1893–1914, Hannover 1967.

Rathenau, Walther: Der Kaiser – Eine Betrachtung, Berlin 1919.

Rehbein, Franz: Das Leben eines Landarbeiters, herausgegeben von Paul Göhre, Jena 1911.

Ritter, Gerhard A. (Herausgeber): Deutsche Parteien vor 1918, Köln 1973.

Derselbe (Herausgeber): Gesellschaft, Parlament und Regierung – Zur Geschichte des Parlamentarismus in Deutschland, Düsseldorf 1974.

Derselbe (Herausgeber): Das Deutsche Kaiserreich 1871–1914. Ein historisches Lesebuch, 4. Auflage Göttingen 1981.

Derselbe (Herausgeber): Arbeiterkultur, Königstein/Ts. 1979.

Derselbe: Staat, Arbeiterschaft und Arbeiterbewegung in Deutschland, Berlin 1980.

Röhl, John C. G.: Kaier, Hof und Staat – Wilhelm II. und die deutsche Politik, München 1987.

Russell, Bertrand: Die deutsche Sozialdemokratie, herausgegeben von Achim von Borries, Berlin und Bonn 1978.

Sachse, Arnold: Friedrich Althoff und sein Werk, Berlin 1928.

Salewski, Michael: Tirpitz: Aufstieg, Macht, Scheitern, Göttingen 1979.

Saul, Klaus: Staat, Industrie, Arbeiterbewegung im Kaiserreich – Zur Innen- und Sozialpolitik des Wilhelminischen Deutschland 1903–1914, Düsseldorf 1974.

Schieder, Theodor: Das Deutsche Kaiserreich von 1871 als Nationalstaat, Köln und Opladen 1961.

Stegmann, Dirk: Die Erben Bismarcks – Parteien und Verbände in der Spätphase des Wilhelminischen Deutschlands. Sammlungspolitik 1897–1918, Köln und Berlin 1970.

Stillich, Oscar: Die Lage der weiblichen Dienstboten in Berlin, Bern 1902.

Stürmer, Michael (Herausgeber): Das kaiserliche Deutschland – Politik und Gesellschaft 1870–1918, Düsseldorf 1970.

Derselbe: Das ruhelose Reich. Deutschland 1866–1918, 2. Auflage Berlin 1983.

Thoma, Ludwig: Die Reden Kaiser Wilhelms II. und andere zeitkritische Stücke, München 1965.

Tirpitz, Alfred von: Erinnerungen, Leipzig 1919.

Treitschke, Heinrich: Politik – Vorlesungen, herausgegeben von Max Cornicelius, 2 Bände, Leipzig 1897 und 1898.

Vierhaus, Rudolf (Herausgeber): Das Tagebuch der Baronin Spitzemberg, geb. Freiin v. Varnbüler – Aufzeichnungen aus der Hofgesellschaft des Hohenzollernreiches, 4. Auflage Göttingen 1976.

Vondung, Klaus (Herausgeber): Das wilhelminische Bildungsbürgertum – Zur Sozialgeschichte seiner Ideen, Göttingen 1976.

Weber, Max: Gesammelte politische Schriften, herausgegeben von Johannes Winckelmann, 2. Auflage Tübingen 1958.

Wehler, Hans-Ulrich: Krisenherde des Kaiserreichs, 1871 bis 1918 – Studien zur deutschen Sozial- und Verfassungsgeschichte, Göttingen 1970.

Derselbe: Das deutsche Kaiserreich 1871–1918, 2. Auflage Göttingen 1975.

Wilhelm II.: Ereignisse und Gestalten aus den Jahren 1878–1918, Leipzig und Berlin 1922.

Das Wilhelminische Deutschland – Stimmen der Zeitgenossen, herausgegeben von Georg Kotowski, Werner Pöls, Gerhard A. Ritter, Frankfurt a. M. und Hamburg 1965.

Witt, Peter-Christian: Die Finanzpolitik des Deutschen Reiches von 1903 bis 1913 – Eine Studie zur Innenpolitik des Wilhelminischen Deutschland, Lübeck und Hamburg 1970.

Zedlitz-Trützschler, Robert Graf: Zwölf Jahre am deutschen Kaiserhof. Aufzeichnungen, Stuttgart, Berlin, Leipzig 1923.

Zweig, Stefan: Die Welt von Gestern – Erinnerungen eines Europäers, Frankfurt a. M. 1970.

Der Erste Weltkrieg

Anz, Thomas / Vogl, Joseph (Herausgeber): Die Dichter und der Krieg – Deutsche Lyrik 1914–1918, München, Wien 1982.

Baden, Prinz Max von: Erinnerungen und Dokumente, Berlin und Leipzig 1927.

Barnett, Correlli: Anatomie eines Krieges. Eine Studie über Hintergründe und entscheidende Phasen des Ersten Weltkrieges, München und Esslingen 1966.

Bermbach, Udo: Vorformen parlamentarischer Kabinettsbildung in Deutschland. Der interfraktionelle Ausschuß 1917/18 und die Parlamentarisierung der Reichsregierung, Köln und Opladen 1967.

Bernstorff, Johann-Heinrich Graf von: Deutschland und Amerika – Erinnerungen aus dem fünfjährigen Krieg, Berlin 1920.

Bethmann Hollweg, Theobald von: Betrachtungen zum Weltkriege, 2 Bände, Berlin 1919 und 1921.

Böhme, Klaus (Herausgeber): Aufrufe und Reden deutscher Professoren im Ersten Weltkrieg, Stuttgart 1975.

Cartier, Jean-Pierre: Der Erste Weltkrieg, 1914–1918, München u. Zürich 1984.

Deist, Wilhelm (Herausgeber): Militär und Innenpolitik im Ersten Weltkrieg, 2 Bände, Düsseldorf 1970.

Die deutschen Dokumente zum Kriegsausbruch 1914, herausgegeben im Auftrag des Auswärtigen Amtes von Karl Kautsky, 4 Bände, Neuausgabe Berlin 1927.

Erzberger, Matthias: Erlebnisse im Weltkrieg, Stuttgart und Berlin 1920.

Falkenhayn, Erich von: Die Oberste Heeresleitung 1914–1916 in ihren wichtigsten Entschließungen, Berlin 1920.

Fischer, Fritz: Griff nach der Weltmacht. Die Kriegszielpolitik des kaiserlichen Deutschland 1914/18, Düsseldorf 1961.

Derselbe: Weltmacht oder Niedergang – Deutschland im Ersten Weltkrieg, 2. Auflage Frankfurt a. M. 1968.

Geiss, Imanuel: Julikrise und Kriegsausbruch 1914, eine Dokumentensammlung, 2 Bände, Hannover 1963–1964.

Derselbe (Herausgeber): Juli 1914. Die europäische Krise und der Ausbruch des Ersten Weltkrieges, München 1980.

Gunzenhäuser, Max: Die Bibliographien zur Geschichte des Ersten Weltkrieges, Literaturbericht und Bibliographie, Frankfurt am Main 1964.

Herzfeld, Hans: Der Erste Weltkrieg, München 1968.

Hillgruber, Andreas: Deutschlands Rolle in der Vorgeschichte der beiden Weltkriege, 3. Auflage Göttingen 1986.

Janßen, Karl-Heinz: Der Kanzler und der General. Die Führungskrise um Bethmann Hollweg und Falkenhayn, 1914–1916, Göttingen 1967.

Johann, Ernst (Herausgeber): Innenansicht eines Krieges – Briefe, Bilder und Dokumente 1914–1918, Frankfurt a. M. 1968.

Kielmannsegg, Peter Graf: Deutschland und der Erste Weltkrieg, Frankfurt a. M. 1968.

Kocka, Jürgen: Klassengesellschaft im Krieg – Deutsche Sozialgeschichte 1914–1918, Göttingen 1973.

Koester, Eckart: Literatur und Weltkriegsideologie – Positionen und Begründungszusammenhänge des publizistischen Engagements deutscher Schriftsteller im Ersten Weltkrieg, Kronberg/Ts. 1977.

Legahn, Ernst: Meuterei in der Kaiserlichen Marine, 1917–1918. Ursachen und Folgen, Herford 1970.

Ludendorff, Erich: Meine Kriegserinnerungen 1914–1918, Berlin 1919.

Lynar, Ernst Wilhelm Graf (Herausgeber): Deutsche Kriegsziele 1914–1918, eine Diskussion, Frankfurt a. M. und Berlin 1964.

Mann, Thomas: Betrachtungen eines Unpolitischen, zuerst 1918, 19.–24. Auflage Berlin 1922; Werke, Stockholmer Gesamtausgabe Bd. 14, Frankfurt a. M. 1956.

Matthias, Erich/Morsey, Rudolf (Herausgeber): Die Regierung des Prinzen Max von Baden, Düsseldorf 1962.

Dieselben (Herausgeber): Der Interfraktionelle Ausschuß 1917/18, 2 Bände, Düsseldorf 1959.

Michelsen, Andreas: Der U-Boot-Krieg, 1914–1918, Leipzig 1925.

Miller, Susanne: Burgfrieden und Klassenkampf. Die deutsche Sozialdemokratie im Ersten Weltkrieg, Düsseldorf 1974.

Müller, Georg Alexander von: Regierte der Kaiser? Kriegstagebücher, Aufzeichnungen und Briefe 1914–1918, herausgegeben von Walter Görlitz, Göttingen, Berlin, Frankfurt a. M. 1959.

Pressel, Wilhelm: Die Kriegspredigt 1914–1918 in der evangelischen Kirche Deutschlands, Göttingen 1967.

Riezler, Kurt: Tagebücher, Aufzeichnungen, Dokumente, herausgegeben von Karl Dietrich Erdmann, Göttingen 1972.

Ritter, Gerhard: Der Schlieffenplan – Kritik eines Mythos, München 1956.

Roesler, Konrad: Die Finanzpolitik des Deutschen Reiches im Ersten Weltkrieg, Berlin und München 1967.

Schieder, Wolfgang (Herausgeber): Erster Weltkrieg – Ursachen, Entstehung und Kriegsziele, Köln, Berlin 1969.

Schulte, Bernd-Felix: Die deutsche Armee 1900–1914, Düsseldorf 1977.

Schwabe, Klaus: Wissenschaft und Kriegsmoral – Die deutschen Hochschullehrer und die politischen Grundfragen des Ersten Weltkrieges, Göttingen 1969.

Skalweit, August: Die deutsche Kriegsernährungswirtschaft, Stuttgart 1927.

Stegemann, Bernd: Die deutsche Marinepolitik 1916–1918, Berlin 1970.

Stern, Fritz: Bethmann Hollweg und der Krieg: Die Grenzen der Verantwortung, Tübingen 1968.

Tuchman, Barbara: August 1914, Bern, München, Wien 1964.

Weigel, Hans/Lukan, Walter/Peyfuss, Max D.: Jeder Schuß ein Ruß – jeder Stoß ein Franzos. Literarische und graphische Kriegspropaganda in Deutschland und Österreich 1914–1918, Wien 1983.

Zechlin, Egmont: Kriegsausbruch und Kriegsziele 1914, Göttingen 1971.

Derselbe: Krieg und Kriegsrisiko – Zur deutschen Politik im Ersten Weltkrieg, Düsseldorf 1979.

Die Weimarer Republik

Albertin, Lothar: Liberalismus und Demokratie am Anfang der Weimarer Republik – Eine vergleichende Analyse der Deutschen Demokratischen Partei und der Deutschen Volkspartei, Düsseldorf 1972.

Apelt, Willibalt: Geschichte der Weimarer Verfassung, 2. Auflage München 1964.

Bennecke, Heinrich: Wirtschaftliche Depression und politischer Radikalismus 1918–1938, München 1970.

Berghahn, Volker R.: Der Stahlhelm, Bund der Frontsoldaten 1918 bis 1935, Düsseldorf 1966.

Besson, Waldemar: Friedrich Ebert – Verdienst und Grenze, Göttingen 1963.

Biographisches Lexikon zur Weimarer Republik, herausgegeben von Wolfgang Benz und Hermann Graml, München 1988.

Bracher, Karl Dietrich, Die Auflösung der Weimarer Republik – Eine Studie zum Problem des Machtverfalls in der Demokratie, 4. Auflage Villingen 1964.

Derselbe/Funke, Manfred/Jacobsen, Hans-Adolf (Herausgeber): Die Weimarer Republik 1918–1933. Politik, Wirtschaft, Gesellschaft, Düsseldorf 1987.

Braun, Otto: Von Weimar zu Hitler, New York 1940.

Brecht, Arnold: Vorspiel zum Schweigen. Das Ende der deutschen Republik, Wien 1948.

Brüning, Heinrich: Memoiren 1918–1934, Stuttgart 1970.

Buchheim, Hans: Die Weimarer Republik – Das deutsche Reich ohne Kaiser, 2. Auflage München 1978.

Büsch, Otto/Feldmann, Gerald D. (Herausgeber): Historische Prozesse der deutschen Inflation 1914–1924, Berlin 1978.

Carsten, Francis L.: Reichswehr und Politik 1918–1933, 3. Auflage Köln und Berlin 1966.

Dahm, Karl-Wilhelm: Pfarrer und Politik. Soziale Position und politische Mentalität des deutschen evangelischen Pfarrerstandes zwischen 1918 und 1933, Köln und Opladen 1965.

Dederke, Karlheinz: Reich und Republik, Deutschland 1917–1933, 4. Auflage Stuttgart 1981.

Deuerlein, Ernst (Herausgeber): Der Hitler-Putsch, Stuttgart 1962.

Döblin, Alfred: Berlin Alexanderplatz, Berlin 1930.

Döhn, Lothar: Politik und Interesse – Die Interessenstrukturen der Deutschen Volkspartei, Meisenheim/Glan 1970.

Döring, Herbert: Der Weimarer Kreis – Studien zum Bewußtsein verfassungstreuer Hochschullehrer in der Weimarer Republik, Meisenheim/Glan 1975.

Dorpalen, Andreas: Hindenburg in der Geschichte der Weimarer Republik, Berlin und Frankfurt a. M. 1966.

Dupeux, Louis: «Nationalbolschewismus» in Deutschland 1919–1933. Kommunistische Strategie und konservative Dynamik, München 1985.

Ehni, Hans Peter: Bollwerk Preußen? Preußen-Regierung, Reich-Länder-Problem und Sozialdemokratie 1918–1932, Bonn-Bad Godesberg 1975.

Erdmann, Karl Dietrich: Die Weimarer Republik, 6. Auflage München 1980.

Derselbe / Schulze, Hagen (Herausgeber): Weimar – Selbstpreisgabe einer Demokratie. Eine Bilanz heute, Düsseldorf 1984.

Erger, Johannes: Der Kapp-Lüttwitz-Putsch. Ein Beitrag zur deutschen Innenpolitik 1919 / 20, Düsseldorf 1967.

Epstein, Klaus: Matthias Erzberger und das Dilemma der deutschen Demokratie, Berlin und Frankfurt 1962.

Eschenburg, Theodor: Matthias Erzberger – Der große Mann des Parlamentarismus und der Finanzreform, München 1973.

Derselbe: Die Republik von Weimar – Beiträge zur Geschichte einer improvisierten Demokratie, München 1984.

Eyck, Erich: Geschichte der Weimarer Republik, 2 Bände, Erlenbach-Zürich und Stuttgart 1954 und 1956.

Fallada, Hans: Bauern, Bonzen und Bomben, o. O. 1931.

Derselbe: Kleiner Mann, was nun?, o. O. 1932.

Faulenbach, Bernd: Ideologie des deutschen Weges – Die deutsche Geschichte in der Historiographie zwischen Kaiserreich und Nationalsozialismus, München 1980.

Feldman, Gerald D. (Herausgeber): Die Nachwirkungen der Inflation auf die deutsche Geschichte 1924–1933, München 1985.

Fischer, Wolfram, Deutsche Wirtschaftspolitik 1918–1945, 3. Auflage Opladen 1968.

Flechtheim, Ossip K.: Die KPD in der Weimarer Republik, Ausgabe Frankfurt a. M. 1969.

Fraenkel, Ernst: Zur Soziologie der Klassenjustiz, Berlin 1927; Neuausgabe: Zur Soziologie der Klassenjustiz und Aufsätze zur Verfassungskrise 1931–1932, Darmstadt 1968.

Freyer, Hans: Revolution von rechts, Jena 1931.

Fritzsche, Klaus: Politische Romantik und Gegenrevolution – Fluchtwege in der Krise der bürgerlichen Gesellschaft: Das Beispiel des «Tat»-Kreises, Frankfurt a. M. 1976.

Fromm, Erich: Arbeiter und Angestellte am Vorabend des Dritten Reiches – Eine sozialpsychologische Untersuchung, Stuttgart 1980.

Gay, Peter: Die Republik der Außenseiter – Geist und Kultur in der Weimarer Zeit 1918–1933, Frankfurt a. M. 1987.

Geiger, Theodor: Die soziale Schichtung des deutschen Volkes – Soziographischer Versuch auf statistischer Grundlage, 1932, Neuausgabe Stuttgart 1967.

Geßler, Otto: Reichswehrpolitik in der Weimarer Zeit, herausgegeben von Kurt Sendtner, Stuttgart 1958.

Gessner, Dieter: Agrarverbände in der Weimarer Republik – Wirtschaftliche und soziale Voraussetzungen agrarkonservativer Politik vor 1933, Düsseldorf 1976.

Gogarten, Friedrich: Wider die Ächtung der Autorität, Jena 1930.

Groener, Wilhelm: Lebenserinnerungen, Göttingen 1957.

Gumbel, Emil Julius: Vier Jahre Politischer Mord, Berlin 1922; Neuausgabe mit Denkschrift des Reichsjustizministers zu «Vier Jahre politischer Mord», Heidelberg 1980.

Derselbe: Vom Fememord zur Reichskanzlei – Geheime Rüstung und politische Morde in der Weimarer Republik, Heidelberg 1962.

Derselbe: Verschwörer – Zur Geschichte und Soziologie der deutschen nationalistischen Geheimbünde 1918 bis 1924, Heidelberg 1979.

Haffner, Sebastian: Die verratene Revolution – Deutschland 1918–19, Bern, München 1969.

Hannover, Heinrich / Hannover-Drück, Elisabeth: Politische Justiz 1918 bis 1933, Frankfurt a. M. 1966.

Hartwich, Hans Hermann: Arbeitsmarkt, Verbände und Staat 1918 bis 1933. Die öffentliche Bindung unternehmerischer Funktionen in der Weimarer Republik, Berlin 1967.

Haungs, Peter: Reichspräsident und parlamentarische Kabinettsregierung. Eine Studie zum Regierungssystem der Weimarer Republik in den Jahren 1924 bis 1929, Köln und Opladen 1968.

Heller, Hermann: Rechtsstaat oder Diktatur? Tübingen 1930.

Hermand, Jost / Trommler, Frank: Die Kultur der Weimarer Republik, Frankfurt a. M. 1988.

Herzfeld, Hans: Die Weimarer Republik, Frankfurt a. M. / Berlin 1966.

Hock, Wolfgang: Deutscher Antikapitalismus – Der ideologische Kampf gegen die freie Wirtschaft im Zeichen der großen Krise, Frankfurt a. M. 1960.

Holl, Karl / Wild, Adolf (Herausgeber): Ein Demokrat kommentiert Weimar – Die Berichte Hellmut von Gerlachs an die Carnegie-Friedensstiftung in New York 1922–1930, Bremen 1973.

Holzbach, Heidrun: Das «System Hugenberg». Die Organisation bürgerlicher Sammlungspolitik vor dem Aufstieg der NSDAP, Stuttgart 1981.

Hörnig, Herbert: Das preußische Zentrum in der Weimarer Republik. Demokratie und politischer Katholizismus in Preußen 1918–1933, Mainz 1979.

Hornung, Klaus: Der Jungdeutsche Orden, Düsseldorf 1958.

Huber, Ernst Rudolf (Herausgeber): Dokumente der Novemberrevolution und der Weimarer Republik 1918–1933, Stuttgart 1966.

Jacke, Jochen: Kirche zwischen Monarchie und Republik – Der preußische Protestantismus nach dem Zusammenbruch von 1918, Hamburg 1976.

James, Harold: Deutschland in der Weltwirtschaftskrise 1924–1936, Stuttgart 1988.

Jasper, Gotthard: Der Schutz der Republik. Studien zur staatlichen Sicherung der Demokratie in der Weimarer Republik 1922–1930, Tübingen 1963.

Jünger, Ernst: Der Kampf als inneres Erlebnis, Berlin 1922.

Derselbe: Der Arbeiter, Hamburg 1932.

Jenschke, Bernhard: Zur Kritik der konservativ-revolutionären Ideologie in der Weimarer Republik – Weltanschauung und Politik bei Edgar Julius Jung, München 1971.

Kaes, Anton (Herausgeber): Weimarer Republik – Manifeste und Dokumente zur deutschen Literatur 1918–1933, Stuttgart 1983.

Kelsen, Hans, Vom Wesen und Wert der Demokratie, 2. Auflage Tübingen 1929.

Kessler, Harry Graf: Aus den Tagebüchern 1918–1937, München 1965.

Derselbe: Walther Rathenau – Sein Leben und sein Werk, 1928; Neuausgabe Frankfurt a. M. 1988.

Kirchheimer, Otto: Von der Weimarer Republik zum Faschismus: Die Auflösung der demokratischen Rechtsordnung, herausgegeben von Wolfgang Luthardt, Frankfurt a. M. 1976.

Derselbe: Politische Justiz, Neuwied 1965.

Klemperer, Klemens von: Konservative Bewegungen zwischen Kaiserreich und Nationalsozialismus, München und Wien 1962.

Kluge, Ulrich: Die deutsche Revolution 1918/19 – Staat, Politik und Gesellschaft zwischen Weltkrieg und Kapp-Putsch, Frankfurt am Main 1985.

Koebner, Thomas (Herausgeber): Weimars Ende – Prognosen und Diagnosen in der deutschen Literatur und politischen Publizistik 1930–1933, Frankfurt a. M. 1982.

Koch, Hansjoachim W.: Der deutsche Bürgerkrieg. Eine Geschichte der deutschen und österreichischen Freikorps 1918–1923, Berlin 1978.

Kolb, Eberhard: Die Weimarer Republik, 2. Auflage München 1988.

Derselbe: Die Arbeiterräte in der deutschen Innenpolitik 1918–1933, Düsseldorf 1962.

König, Rudolf/Soell, Hartmut/Weber, Hermann (Herausgeber): Friedrich Ebert und seine Zeit – Bilanz und Perspektiven der Forschung, München 1990.

Krüger, Gabriele: Die Brigade Ehrhardt, Hamburg 1971.

Krüger, Peter: Die Außenpolitik der Republik von Weimar, Darmstadt 1985.

Laqueur, Walter: Weimar, Die Kultur der Republik, Frankfurt a. M., Berlin, Wien 1976.

Leibholz, Gerhard: Die Auflösung der liberalen Demokratie in Deutschland und das autoritäre Staatsbild, München 1933.

Liebe, Werner: Die deutschnationale Volkspartei 1918–1924, Düsseldorf 1956.

Linse, Ulrich: Inflations-Heilige. Messianische Führer und politisch-religiöse Erneuerungsbewegungen in der Weimarer Republik, Berlin 1983.

Löbe, Paul: Der Weg war lang – Erinnerungen des ehemaligen Präsidenten des Deutschen Reichstages, 2. Auflage Berlin 1954.

Ludwig, Emil: Hindenburg – Legende und Wirklichkeit, Hamburg 1962.

Luthardt, Wolfgang (Herausgeber): Sozialdemokratische Arbeiterbewegung und Weimarer Republik, Materialien zur gesellschaftlichen Entwicklung 1927–1933, 2 Bände, Frankfurt a. M. 1978.

Lutz, Heinrich: Demokratie im Zwielicht. Der Weg der deutschen Katholiken aus dem Kaiserreich in die Republik 1914–1925, München 1963.

Mahraun, Arthur: Das Jungdeutsche Manifest – Volk gegen Kaste und Geld, 2. Auflage Berlin 1928.

Matthias, Erich: Zwischen Räten und Geheimräten. Die deutsche Revolutionsregierung 1918/19, Düsseldorf 1970.

Mauersberger, Volker: Rudolf Pechel und die «Deutsche Rundschau». Eine Studie zur konservativ-revolutionären Publizistik in der Weimarer Republik, Bremen 1971.

Meier-Welker, Hans: Seeckt, Frankfurt a. M. 1967.

Meyer, Georg P.: Bibliographie zur deutschen Revolution 1918/19, Göttingen 1977.

Meyer, Gerd: Weltwirtschaftskrise und deutsche Reparationen – Brünings Revisionspolitik 1930–1932, Düsseldorf 1989.

Michalka, Wolfgang/Niedhart, Gottfried (Herausgeber): Die ungeliebte Republik, München 1980.

Milatz, Alfred: Wähler und Wahlen in der Weimarer Republik, 2. Auflage Bonn 1968 (Schriftenreihe der Bundeszentrale für Politische Bildung, Heft 66).

Miller, Susanne: Die Bürde der Macht. Die deutsche Sozialdemokratie 1918–1920, Düsseldorf 1978.

Mitchell, Allan: Revolution in Bayern 1918–1919. Die Eisner-Regierung und die Räterepublik, München 1967.

Mohler, Armin: Die konservative Revolution in Deutschland 1918 bis 1932 – Grundriß ihrer Weltanschauungen, 3. erweiterte Ausgabe mit umfassender Bibliographie Darmstadt 1989.

Moeller van den Bruck, Arthur: Das Dritte Reich, herausgegeben von Hans Schwarz, 3. Auflage Hamburg 1931.

Mommsen, Hans: Die verspielte Freiheit – Der Weg der Republik von Weimar in den Untergang 1918–1933, Frankfurt a. M. und Berlin 1989.

Mommsen, Hans / Petzina, Dietmar / Weisbrod, Bernd (Herausgeber): Industrielles System und politische Entwicklung in der Weimarer Republik, Düsseldorf 1974.

Motschmann, Claus: Evangelische Kirche und preußischer Staat in den Anfängen der Weimarer Republik – Möglichkeiten und Grenzen ihrer Zusammenarbeit, Lübeck und Hamburg 1969.

Müller, Hans Harald: Der Krieg und die Schriftsteller – Der Kriegsroman und die Weimarer Republik, Stuttgart 1986.

Neumann, Sigmund: Die Parteien in der Weimarer Republik, 4. Auflage Stuttgart 1977.

Niekisch, Ernst: Gedanken über deutsche Politik, Dresden 1929.

Derselbe: Die Legende von der Weimarer Republik, Köln 1968.

Noske, Gustav: Von Kiel bis Kapp, Berlin 1920.

Derselbe: Erlebtes aus Aufstieg und Niedergang einer Demokratie, Offenbach 1947.

Nowak, Kurt: Evangelische Kirche und Weimarer Republik. Zum politischen Weg des deutschen Protestantismus zwischen 1918 und 1932, Göttingen 1981.

Nußbaum, Manfred: Wirtschaft und Staat in Deutschland während der Weimarer Republik, Berlin 1978.

Oertzen, Peter von: Betriebsräte in der Novemberrevolution, Düsseldorf 1963.

Paetel, Karl O.: Versuchung oder Chance? Zur Geschichte des deutschen Nationalbolschewismus, Göttingen 1965.

Peters, Elke: Nationalistisch-völkische Bildungspolitik in der Weimarer Republik – Deutschkunde und höhere Schule in Preußen, Weinheim 1972.

Petzina, Dietmar: Die deutsche Wirtschaft in der Zwischenkriegszeit, Wiesbaden 1977.

Peukert, Detlev J. K.: Die Weimarer Republik, Frankfurt a. M. 1987.

Plessner, Helmuth: Grenzen der Gemeinschaft – Eine Kritik des sozialen Radikalismus, 1924, Neuauflage Bonn 1972.

Ploetz: Weimarer Republik – Eine Nation im Umbruch, herausgegeben von Gerhard Schulz, Freiburg / Br. und Würzburg 1987.

Prümm, Karl: Die Literatur des soldatischen Nationalismus der 20er Jahre,

1918–1933. Gruppenideologie und Epochenproblematik, 2 Bände, Kronberg/Ts. 1974.

Pünder, Hermann: Politik in der Reichskanzlei. Aufzeichnungen aus den Jahren 1929–1932, Stuttgart 1961.

Pyta, Wolfram: Gegen Hitler und für die Republik – Die Auseinandersetzung der deutschen Sozialdemokratie mit der NSDAP in der Weimarer Republik, Düsseldorf 1989.

Raabe, Felix: Die bündische Jugend – Ein Beitrag zur Geschichte der Weimarer Republik, Stuttgart 1961.

Die Regierung der Volksbeauftragten 1918/19, bearbeitet von Susanne Miller und Heinrich Potthoff, Bände I–II, Düsseldorf 1969.

Remarque, Erich Maria: Im Westen nichts Neues, Roman, zuerst Berlin 1929.

Ritter, Gerhard A./Miller, Susanne: Die deutsche Revolution 1918–1919, Dokumente, Frankfurt a. M. und Hamburg 1968.

Rohe, Karl: Das Reichsbanner Schwarz-Rot-Gold. Ein Beitrag zur Geschichte und Struktur der politischen Kampfverbände zur Zeit der Weimarer Republik, Düsseldorf 1966.

Rosenberg, Arthur: Entstehung der Weimarer Republik, herausgegeben von Kurt Kersten, Ausgabe Frankfurt a. M. 1961.

Derselbe: Geschichte der Weimarer Republik, herausgegeben von Kurt Kersten, Ausgabe Frankfurt a. M. 1961.

Salewski, Michael: Entwaffnung und Militärkontrolle in Deutschland 1919–1927, München 1966.

Salomon, Ernst von: Die Geächteten, Berlin 1930.

Derselbe: Das Buch vom deutschen Freikorpskämpfer, Berlin 1938.

Schmitt, Carl: Die Diktatur, 2. Auflage München 1928.

Derselbe: Die geistesgeschichtliche Lage des heutigen Parlamentarismus, 2. Auflage München 1926.

Derselbe: Der Begriff des Politischen, 3. Auflage Hamburg 1933.

Derselbe: Positionen und Begriffe im Kampf mit Weimar – Genf – Versailles 1923–1939, Hamburg 1940.

Scholder, Klaus: Die Kirchen und das Dritte Reich, Band I: Vorgeschichte und Zeit der Illusionen 1918–1934, Frankfurt a. M., Berlin, Wien 1977.

Schüddekopf, Otto-Ernst: Linke Leute von rechts. Die nationalrevolutionären Minderheiten und der Kommunismus in der Weimarer Republik, Stuttgart 1960.

Schultzendorff, Walter von: Proletarier und Prätorianer – Bürgerkriegssituationen aus der Frühzeit der Weimarer Republik, Köln 1966.

Schulz, Gerhard: Zwischen Demokratie und Diktatur – Verfassungspolitik und Reichsreform in der Weimarer Republik, 2 Bände, Berlin 1963 f.

Schulze, Hagen: Freikorps und Republik 1918–1920, Boppard am Rhein 1969.

Derselbe: Otto Braun oder Preußens demokratische Sendung. Eine Biographie, Frankfurt a. M., Berlin, Wien 1977.

Derselbe: Weimar. Deutschland 1917–1933, Berlin 1982.

Schuster, Kurt G. P.: Der Rote Frontkämpferbund 1924–1929. Beiträge zur Geschichte und Organisationsstruktur eines politischen Kampfbundes, Düsseldorf 1975.

Schustereit, Hartmut: Linksliberalismus und Sozialdemokratie in der Weimarer Republik – Eine vergleichende Betrachtung der Politik von DDP und SPD 1919–1930, Düsseldorf 1975.

Schwarzschild, Leopold: Die letzten Jahre vor Hitler. Aus dem «Tagebuch» 1929–1933, herausgegeben von Valerie Schwarzschild, Hamburg 1966.

Schwierskott, Hans Joachim: Arthur Moeller van den Bruck und der revolutionäre Nationalismus in der Weimarer Republik, Göttingen 1962.

Sell, Friedrich C.: Die Tragödie des deutschen Liberalismus, Stuttgart 1953.

Severing, Carl: Mein Lebensweg, Band II: Im Auf und Ab der Republik, Köln 1950.

Sinzheimer, Hugo / Fraenkel, Ernst: Die Justiz in der Weimarer Republik – Eine Chronik, herausgegeben von Thilo Ramm, Neuwied / Berlin 1968.

Sontheimer, Kurt: Antidemokratisches Denken in der Weimarer Republik, München 1962.

Sösemann, Bernd: Das Ende der Weimarer Republik in der Kritik demokratischer Publizisten, Berlin 1976.

Speier, Hans: Die Angestellten vor dem Nationalsozialismus – Ein Beitrag zum Verständnis der deutschen Sozialstruktur 1918–1933, Göttingen 1977.

Spengler, Oswald: Preußentum und Sozialismus, München 1925.

Stampfer, Friedrich: Die vierzehn Jahre der Ersten Deutschen Republik, Karlsbad 1934.

Stapel, Wilhelm: Der christliche Staatsmann – Eine Theologie des Nationalismus, Hamburg 1932.

Stephan, Werner: Aufstieg und Fall des Linksliberalismus 1918–1933. Geschichte der Deutschen Demokratischen Partei, Göttingen 1973.

Stoltenberg, Gerhard: Politische Strömungen im schleswig-holsteinischen Landvolk 1918–1933. Ein Beitrag zur politischen Meinungsbildung in der Weimarer Republik, Düsseldorf 1962.

Stürmer, Michael: Koalition und Opposition in der Weimarer Republik 1924–1928, Düsseldorf 1969.

Derselbe (Herausgeber): Die Weimarer Republik – Belagerte Civitas, Königstein/Ts. 1980.

Thimme, Annelise: Flucht in den Mythos – Die deutschnationale Volkspartei und die Niederlage von 1918, Göttingen 1969.

Töpner, Kurt: Gelehrte Politiker und politisierende Gelehrte – Die Revolution von 1918 im Urteil deutscher Hochschullehrer, Göttingen 1970.

Treue, Wilhelm (Herausgeber): Deutschland in der Weltwirtschaftskrise in Augenzeugenberichten, Düsseldorf 1967.

Troeltsch, Ernst: Spektator-Briefe. Aufsätze über die deutsche Revolution und die Weltpolitik 1918/22, herausgegeben von Hans Baron, Tübingen 1924.

Trumpp, Thomas/Köhne, Renate: Archivbestände zur Wirtschafts- und Sozialgeschichte der Weimarer Republik, Boppard am Rhein 1979.

Turner, Henry A.: Stresemann – Republikaner aus Vernunft, Berlin und Frankfurt a. M. 1968.

Vogelsang, Thilo: Reichswehr, Staat und NSDAP – Beiträge zur deutschen Geschichte 1930–1932, Stuttgart 1962.

Weber, Hermann: Die Wandlung des deutschen Kommunismus – Die Stalinisierung der KPD in der Weimarer Republik, 2 Bände, Frankfurt a. M. 1969.

Derselbe: Hauptfeind Sozialdemokratie: Strategie und Taktik der KPD, 1929–1933, Düsseldorf 1982.

Weisbrod, Bernd: Schwerindustrie in der Weimarer Republik – Interessenpolitik zwischen Stalibilisierung und Krise, Wuppertal 1978.

Werner, Bruno E.: Die Zwanziger Jahre, München 1962.

Wheeler-Bennet, John W.: Die Nemesis der Macht. Die deutsche Armee in der Politik 1918–1945, Düsseldorf 1954.

Winkler, Heinrich August: Mittelstand, Demokratie und Nationalsozialismus – Die politische Entwicklung von Handwerk und Kleinhandel in der Weimarer Republik, Köln 1972.

Derselbe: Die Sozialdemokratie und die Revolution 1918/19, Berlin und Bonn 1979.

Derselbe: Arbeiter und Arbeiterbewegung in der Weimarer Republik. Von der Revolution zur Stabilisierung – 1918 bis 1924, Berlin u. Bonn 1984.

Derselbe: Arbeiter und Arbeiterbewegung in der Weimarer Republik. Der Weg in die Katastrophe: 1930 bis 1933, Berlin und Bonn 1987.

Witt, Peter-Christian: Friedrich Ebert: Parteiführer, Reichskanzler, Volksbeauftragter, Reichspräsident, Bonn 1982.

Wolff, Theodor: Der Marsch durch zwei Jahrzehnte, Amsterdam 1936.

Wulf, Peter: Hugo Stinnes. Wirtschaft und Politik 1918–1924, Stuttgart 1979.

Ziegler, Heinz O.: Autoritärer oder totaler Staat, Tübingen 1932.

Zierer, Dietmar: Niedergang und Zusammenbruch der Weimarer Parteien, 1930–1933, München 1973.

Zimmermann, Ludwig: Deutsche Außenpolitik in der Ära der Weimarer Republik, Göttingen 1958.

Das Dritte Reich

Abel, Karl-Dietrich: Presselenkung im NS-Staat – Eine Studie zur Geschichte der Publizistik in der nationalsozialistischen Zeit, Berlin 1968.

Absolon, Rudolf: Die Wehrmacht im Dritten Reich. Aufbau – Gliederung – Recht – Verwaltung, 4 Bände, Boppard am Rhein 1963–1979.

Ackermann, Josef: Heinrich Himmler als Ideologe, Göttingen 1970.

Albrecht, Gerd: Nationalsozialistische Filmpolitik – Eine soziologische Untersuchung über die Spielfilme des Dritten Reichs, Stuttgart 1969.

Antoni, Ernst: KZ – Von Dachau bis Auschwitz. Faschistische Konzentrationslager 1933–1945, Frankfurt a. M. 1979.

Aronson, Shlomo: Reinhard Heydrich und die Frühgeschichte von Gestapo und SD, Stuttgart 1971.

Barkai, Avraham: Das Wirtschaftssystem des Nationalsozialismus – Ideologie, Theorie, Politik 1933–1945, Frankfurt a. M. 1988.

Becker, Josef / Becker, Ruth (Herausgeber): Hitlers Machtergreifung 1933 – Vom Machtantritt Hitlers 30. Januar 1933 bis zur Besiegelung des Einparteienstaates 14. Juli 1933, München 1983.

Benz, Wolfgang: Herrschaft und Gesellschaft im nationalsozialistischen Staat – Studien zur Struktur- und Mentalitätsgeschichte, Frankfurt a. M. 1990.

Beyerchen, Alan D.: Wissenschaftler unter Hitler – Physiker im Dritten Reich, Köln 1980.

Binion, Rudolph: «...daß ihr mich gefunden habt» – Hitler und die Deutschen: Eine Psychohistorie, Stuttgart 1978.

Bleuel, Hans Peter: Das saubere Reich – Theorie und Praxis des sittlichen Lebens im Dritten Reich, Bern, München und Wien 1972.

Boberach, Heinz (Herausgeber): Richterbriefe – Dokumente zur Beeinflussung der deutschen Rechtsprechung 1942–1944, Boppard 1975.

Derselbe: Jugend unter Hitler, Düsseldorf 1982.

Böckenförde, Ernst-Wolfgang (Herausgeber): Staatsrecht und Staatsrechtslehre im Dritten Reich, Heidelberg 1985.

Boelcke, Willi A.: Die deutsche Wirtschaft 1930–1945: Interna des Reichswirtschaftsministeriums, Düsseldorf 1983.

Bohnen, Klaus (Herausgeber): Nationalsozialismus und Literatur, Kopenhagen und München 1980.

Bollmus, Reinhard: Das Amt Rosenberg und seine Gegner – Studien zum Machtkampf im nationalsozialistischen Herrschaftssystem, Stuttgart 1970.

Bracher, Karl Dietrich: Die Deutsche Diktatur. Entstehung – Struktur – Folgen des Nationalsozialismus, erweiterte Neuausgabe Köln 1983.

Derselbe / Sauer, Wolfgang / Schulz, Gerhard: Die nationalsozialistische Machtergreifung – Studien zur Errichtung des totalitären Herrschaftssystems in Deutschland 1933 / 34, 3 Bände, Ausgabe Frankfurt a. M. 1979.

Derselbe / Funke, Manfred / Jacobsen, Hans-Adolf (Herausgeber): Nationalsozialistische Diktatur 1933 – 1945, eine Bilanz, Düsseldorf 1983.

Bramstedt, Ernest K.: Goebbels und die nationalsozialistische Propaganda 1925–1945, Frankfurt a. M. 1971.

Brandenburg, Hans-Christian: Die Geschichte der HJ – Wege und Irrwege einer Generation, 2. Auflage Köln 1982.

Breitling, Ruppert: Die nationalsozialistische Rassenlehre, Meisenheim 1971.

Brenner, Hildegard: Die Kunstpolitik des Nationalsozialismus, Reinbek 1963.

Broszat, Martin: Der Staat Hitlers – Grundlegung und Entwicklung seiner inneren Verfassung, 10. Auflage München 1983.

Derselbe / Möller, Horst (Herausgeber): Das Dritte Reich – Herrschaftsstruktur und Geschichte, München 1983.

Derselbe / Buchheim, Hans / Jacobsen, Hans-Adolf / Krausnick, Helmut: Anatomie des SS-Staates, 2 Bände, Olten und Freiburg 1965.

Bullock, Alan: Hitler – Eine Studie über Tyrannei, Düsseldorf 1967.

Conway, John S.: Die nationalsozialistische Kirchenpolitik 1933–1945. Ihre Ziele, Widersprüche und Fehlschläge, München 1969.

Courtade, Francis / Cadars, Pierre: Geschichte des Films im Dritten Reich, München 1975.

Crankshaw, Edward: Die Gestapo, Berlin 1964.

Denzler, Georg / Fabricius, Volker: Die Kirchen im Dritten Reich, Darstellung und Dokumente, 2 Bände, Frankfurt a. M. 1984.

Deschner, Günther: Reinhard Heydrich – Statthalter der totalen Macht, Eßlingen 1977.

Die deutsche Universität im Dritten Reich – Eine Vortragsreihe der Universität München, München 1966.

Diehl-Thiele, Peter M.: Partei und Staat im Dritten Reich – Untersuchungen zum Verhältnis von NSDAP und allgemeiner innerer Staatsverwaltung 1933–1945, München 1969.

Diller, Ansgar: Rundfunkpolitik im Dritten Reich, München 1980.

Distelkamp, Bernhard / Stolleis, Michael (Herausgeber): Justizalltag im Dritten Reich, Frankfurt a. M. 1988.

Domarus, Max: Hitler, Reden und Proklamationen 1932–1945. Kommentiert von einem deutschen Zeitgenossen, 2 Bände, Würzburg 1962/63, Wiesbaden 1973.

Döscher, Hans-Jürgen: Das Auswärtige Amt im Dritten Reich – Diplomatie im Schatten der ‹Endlösung›, Berlin 1987.

Dreier, Ralf / Sellert, Wolfgang: Recht und Justiz im «Dritten Reich», Frankfurt a. M. 1989.

Drewniak, Boguslaw: Der deutsche Film 1938–1945, ein Gesamtüberblick, Düsseldorf 1987.

Droste Geschichtskalendarium, 2/I: Das Dritte Reich 1933–1939, 2/II 1939–1945, Düsseldorf 1983.

Eschenhagen, Wieland (Herausgeber): Die «Machtergreifung» – Tagebuch einer Wende nach Presseberichten vom 1. Januar bis 6. März 1933, Darmstadt und Neuwied 1982.

Esenwein-Rothe, Ingeborg: Die Wirtschaftsverbände von 1933 bis 1945, Berlin 1965.

Fabry, Philipp W.: Mutmaßungen über Hitler – Urteile von Zeitgenossen, Düsseldorf 1969.

Fest, Joachim C.: Das Gesicht des Dritten Reiches – Profile einer totalitären Herrschaft, 7. Auflage München 1980.

Derselbe: Hitler – eine Biographie, Frankfurt a. M., Berlin und München 1973.

Flessau, Kurt-Ingo: Schule der Diktatur – Lehrpläne und Schulbücher des Nationalsozialismus, München 1977.

Flitner, Andreas (Herausgeber): Deutsches Geistesleben und Nationalsozialismus – eine Vortragsreihe der Universität Tübingen, Tübingen 1965.

Focke, Harald / Reimer, Uwe: Alltag unterm Hakenkreuz, Reinbek 1979.

Foertsch, Hermann: Schuld und Verhängnis – Die Fritschkrise im Frühjahr 1938 als Wendepunkt in der Geschichte der nationalsozialistischen Zeit, Stuttgart 1951.

Fraenkel, Ernst: Der Doppelstaat – Recht und Justiz im «Dritten Reich», Frankfurt a. M. 1984.

Fraenkel, Heinrich / Manvell, Roger: Hermann Göring, Hannover 1964.

Dieselben: Himmler – Kleinbürger und Massenmörder, Berlin, Frankfurt a. M., Wien 1965.

Dieselben: Gestapo, London 1972.

Frei, Norbert / Schmitz, Johannes: Journalismus im Dritten Reich, München 1989.

Der ‹Führerstaat› – Mythos und Realität. Studien zur Struktur und Politik des Dritten Reiches. The ‹Führer-State› – Myth and Reality. Studies on the structure and politics of the Third Reich, herausgegeben von Gerhard Hirschfeld und Lothar Kettenacker, Stuttgart 1981.

Funke, Manfred (Herausgeber): Hitler, Deutschland und die Mächte – Materialien zur Außenpolitik des Dritten Reiches, Düsseldorf 1976.

Gallo, Max: Der schwarze Freitag der SA – Die Vernichtung des revolutionären Flügels der NSDAP durch Hitlers SS im Juni 1934, Wien, München und Zürich 1972.

Ganssmüller, Christian: Die Erbgesundheitspolitik des Dritten Reiches – Planung, Durchführung und Durchsetzung, Köln und Wien 1987.

Geissler, Rolf: Dekadenz und Heroismus – Zeitroman und völkisch-nationalsozialistische Literaturkritik, Stuttgart 1964.

Grube, Frank / Richter, Gerhard: Alltag im Dritten Reich – So lebten die Deutschen 1933–1945, Hamburg 1982.

Gruchmann, Lothar: Justiz im Dritten Reich 1933–1940. Anpassung und Unterwerfung in der Ära Gürtner, München 1988.

Grün, Max von der: Wie war das eigentlich? Kindheit und Jugend im Dritten Reich, Darmstadt 1979.

Grundmann, Friedrich: Agrarpolitik im «Dritten Reich» – Anspruch und Wirklichkeit des Reichserbhofgesetzes, Hamburg 1979.

Güstrow, Dietrich: Tödlicher Alltag – Strafverteidiger im Dritten Reich, Berlin 1981.

Haffner, Sebastian: Anmerkungen zu Hitler, München 1978.

Hagemann, Jürgen: Die Presselenkung im Dritten Reich, Bonn 1970.

Heiber, Helmut: Joseph Goebbels, München 1965.

Heiden, Konrad: Adolf Hitler – Eine Biographie, 2 Bände, Zürich 1936/37.

Heinemann, Manfred (Herausgeber): Erziehung und Schulung im Dritten Reich, 2 Bände, Stuttgart 1980.

Hellfeld, Matthias von / Klönne, Arno: Die betrogene Generation – Jugend in Deutschland unter dem Faschismus, Quellen und Dokumente, Köln 1985.

Hennig, Friedrich-Wilhelm (Herausgeber): Probleme der nationalsozialistischen Wirtschaftspolitik, Berlin 1976.

Hildebrand, Klaus: Das Dritte Reich, 3. Auflage München 1987.

Derselbe: Vom Reich zum Weltreich – Hitler, NSDAP und koloniale Frage 1919–1945, München 1969.

Himmler, Heinrich: Geheimreden 1933 bis 1945 und andere Ansprachen, herausgegeben von Bradley F. Smith und Agnes F. Peterson, Frankfurt a. M., Berlin und Wien 1974.

Hitlers Zweites Buch – Ein Dokument aus dem Jahre 1928, eingeleitet und kommentiert von Gerhard L. Weinberg, Stuttgart 1961.

Hitler, Adolf: Monologe im Führer-Hauptquartier 1941–1944. Die Aufzeichnungen Heinrich Heims, herausgegeben von Werner Jochmann, Hamburg 1980.

Hitlers Politisches Testament – Die Bormann-Diktate vom Februar und April 1945, mit einem Essay von Hugh P. Trevor-Roper und einem Nachwort von André François-Poncet, herausgegeben von Eduard Baumgarten, Hamburg 1981.

Hitler: Sämtliche Aufzeichnungen 1905–1924, herausgegeben von Eberhard Jäckel und Axel Kuhn, Stuttgart 1980.

Hofer, Walther (Herausgeber): Der Nationalsozialismus, Dokumente 1933–1945, überarbeitete Neuausgabe Frankfurt a. M. 1982.

Höhne, Heinz: Der Orden unter dem Totenkopf – Die Geschichte der SS, Gütersloh 1967.

Derselbe: Mordsache Röhm – Hitlers Durchbruch zur Alleinherrschaft 1933–1934, Reinbek 1984.

Horn, Wolfgang: Der Marsch zur Machtergreifung – Die NSDAP bis 1933, Königstein / Ts. und Düsseldorf 1980.

Hüttenberger, Peter (Herausgeber): Bibliographie zum Nationalsozialismus, Göttingen 1980.

Derselbe: Die Gauleiter – Studie zum Wandel des Machtgefüges in der NSDAP, Stuttgart 1969.

Jäckel, Eberhard: Hitlers Weltanschauung – Entwurf einer Herrschaft, erweiterte und überarbeitete Neuausgabe, 3. Auflage Stuttgart 1986.

Derselbe: Hitlers Herrschaft – Vollzug einer Weltanschauung, 2. Auflage Stuttgart 1988.

Jacobsen, Hans-Adolf: Nationalsozialistische Außenpolitik 1933–1938, Frankfurt a. M. und Berlin 1968.

Jamin, Mathilde: Zwischen den Klassen – Zur Sozialstruktur der SA-Führerschaft, Wuppertal 1984.

Katholische Kirche im Dritten Reich – Eine Aufsatzsammlung zum Verhältnis von Papsttum, Episkopat und deutschen Katholiken zum Nationalsozialismus 1933–1945, herausgegeben von Dieter Albrecht, Mainz 1976.

Kershaw, Ian: Der Hitler-Mythos – Volksmeinung und Propaganda im Dritten Reich, Stuttgart 1980.

Klee, Ernst: «Die SA Jesu Christi» – Die Kirche im Banne Hitlers, Frankfurt a. M. 1989.

Derselbe: «Euthanasie» im NS-Staat – Die «Vernichtung lebensunwerten Lebens», Frankfurt a. M. 1983.

Derselbe (Herausgeber): Dokumente zur «Euthanasie», Frankfurt a. M. 1985.

Klönne, Arno: Jugend im Dritten Reich – Die Hitler-Jugend und ihre Gegner – Dokumente und Analysen, Düsseldorf und Köln 1982.

Knipping, Franz / Müller, Klaus-Jürgen (Herausgeber): Machtbewußtsein in Deutschland am Vorabend des Zweiten Weltkrieges, Paderborn 1984.

Koch, Hannsjoachim W.: Geschichte der Hitlerjugend – Ihre Ursprünge und ihre Entwicklung 1922–1945, Percha am Starnberger See 1975.

Kogon, Eugen: Der SS-Staat – Das System der deutschen Konzentrationslager, München 1977.

Derselbe: Rückblick auf den Nationalsozialismus – Lehren aus der Vergangenheit, Köln 1979.

Kranig, Andreas: Lockung und Zwang – Zur Arbeitsverfassung im Dritten Reich, Stuttgart 1983.

Kuhn, Axel: Hitlers außenpolitisches Programm – Entstehung und Entwicklung 1919–1939, Stuttgart 1970.

Lepsius, M. Rainer: Extremer Nationalismus – Strukturbedingungen vor der nationalsozialistischen Machtergreifung, Stuttgart u. a. 1966.

Lewy, Günther: Die katholische Kirche und das Dritte Reich, München 1965.

Loewy, Ernst: Literatur unterm Hakenkreuz – Das Dritte Reich und seine Dichtung, Frankfurt a. M. 1966.

Longereich, Peter: Die braunen Bataillone – Geschichte der SA, München 1989.

Ludwig, Karl-Heinz: Technik und Ingenieure im Dritten Reich, Düsseldorf 1974.

Maschmann, Melita: Fazit – Kein Rechtfertigungsversuch, Stuttgart 1963; Neuauflage mit dem Untertitel: Mein Weg in die Hitler-Jugend, München 1979.

Maser, Werner: Adolf Hitler. Legende – Mythos – Wirklichkeit, München und Eßlingen 1971.

Mason, Timothy W.: Arbeiterklasse und Volksgemeinschaft – Dokumente und Materialien zur deutschen Arbeiterpolitik 1936–1939, Opladen 1975.

Derselbe: Sozialpolitik im Dritten Reich – Arbeiterklasse und Volksgemeinschaft, Opladen 1977.

Matthias, Erich / Morsey, Rudolf (Herausgeber): Das Ende der Parteien
1933, Darstellungen und Dokumente, Königstein / Ts. und Düsseldorf
1979.

Meier, Kurt: Die Deutschen Christen – Das Bild einer Bewegung im Kirchenkampf des Dritten Reiches, Göttingen 1964.

Meinck, Gerhard: Hitler und die deutsche Aufrüstung 1933–1937, Wiesbaden 1959.

Messerschmidt, Manfred: Die Wehrmacht im NS-Staat – Zeit der Indoktrination, Hamburg 1969.

Michalka, Wolfgang (Herausgeber): Das Dritte Reich – Dokumente zur
Innen- und Außenpolitik, 2 Bände, München 1985.

Mitscherlich, Alexander / Mielke, Fred (Herausgeber): Medizin ohne
Menschlichkeit – Dokumente des Nürnberger Ärzteprozesses, Frankfurt a. M. und Hamburg 1960.

Mommsen, Hans: Beamtentum im Dritten Reich, Stuttgart 1966.

Derselbe / Willems, Susanne (Herausgeber): Herrschaftsalltag im Dritten
Reich – Studien und Texte, Düsseldorf 1988.

Moreau, Patrick: Nationalsozialismus von links – Die «Kampfgemein-
schaft revolutionärer Nationalsozialisten» und die «Schwarze Front»
Otto Strassers 1930–1935, Stuttgart 1985.

Mosse, George L.: Der nationalsozialistische Alltag, Königstein / Ts.
1978.

Müller, Hans: Katholische Kirche und Nationalsozialismus, München
1965.

Müller, Klaus-Jürgen: Armee und Drittes Reich 1933–1939, Darstellung
und Dokumentation, 2. Auflage Paderborn 1989.

Nationalsozialismus und die deutsche Universität – Universitätstage 1966
(FU Berlin), Berlin 1966.

Neumann, Franz: Behemoth – Struktur und Praxis des Nationalsozialismus 1933–1944, Köln und Frankfurt a. M. 1977.

Niekisch, Ernst: Das Reich der niederen Dämonen, Hamburg 1953.

Nolte, Ernst: Der Faschismus in seiner Epoche, 5. Auflage München 1979.

Nürnberger Prozeß: Der Prozeß gegen die Hauptkriegsverbrecher vor
dem Internationalen Militärgerichtshof, 42 Bände, Nürnberg
1947–1949.

Pehle, Walter H. (Herausgeber): Der historische Ort des Nationalsozialismus – Annäherungen, Frankfurt a. M. 1990.

Petzina, Dietmar: Autarkiepolitik im Dritten Reich – Der nationalsozialistische Vierjahresplan, Stuttgart 1968.

Peukert, Detlev/Reulecke, Jürgen (Herausgeber): Die Reihen fest geschlossen – Beiträge zur Geschichte des Alltags unterm Nationalsozialismus, Wuppertal 1981.

Ploetz: Das Dritte Reich, Ursachen, Ereignisse, Wirkungen, herausgegeben von Martin Broszat und Norbert Frei, Freiburg und Würzburg 1983; Neuausgabe München 1989.

Poliakov, Léon/Wulf, Joseph: Das Dritte Reich und seine Denker – Dokumente, Berlin-Grunewald 1959.

Redaktion Kritische Justiz (Herausgeber): Der Unrechts-Staat – Recht und Justiz im Nationalsozialismus, Frankfurt a. M. und Baden-Baden 1979.

Reich-Ranicki, Marcel (Herausgeber): Meine Schulzeit im Dritten Reich – Erinnerungen deutscher Schriftsteller, Köln 1982.

Ruhl, Klaus-Jörg: Brauner Alltag. 1933–1939 in Deutschland, Düsseldorf 1981.

Rüthers, Bernd: Entartetes Recht – Rechtslehren und Kronjuristen im Dritten Reich, München 1988.

Saldern, Adelheid v.: Mittelstand im «Dritten Reich». Handwerker – Einzelhändler – Bauern, Frankfurt a. M. und New York 1979.

Sänger, Fritz: Politik der Täuschungen – Mißbrauch der Presse im Dritten Reich. Weisungen, Informationen, Notizen 1933–1939, Wien 1975.

Schäfer, Hans Dietrich: Das gespaltene Bewußtsein – Deutsche Kultur und Lebenswirklichkeit 1933–1945, 2. Auflage München und Wien 1982.

Schellenberg, Walter: Aufzeichnungen. Die Memoiren des letzten Geheimdienstchefs unter Hitler, herausgegeben von Gitta Petersen, Wiesbaden und München 1979.

Schmeer, Karlheinz: Die Regie des öffentlichen Lebens im Dritten Reich, München 1956.

Scholder, Klaus: Die Kirchen und das Dritte Reich. Band I: Vorgeschichte und Zeit der Illusionen 1918–1934, Frankfurt a. M., Berlin und Wien 1977; Band II: Das Jahr der Ernüchterung 1934 – Barmen und Rom, Berlin 1985.

Schoenbaum, David: Die braune Revolution – Eine Sozialgeschichte des Dritten Reiches, Köln und Berlin 1968.

Scholtz, Harald: Erziehung und Unterricht unterm Hakenkreuz, Göttingen 1985.

Derselbe: Nationalsozialistische Ausleseschulen – Internatsschulen als Herrschaftsmittel des Führerstaates, Göttingen 1973.

Schreiber, Gerhard: Hitler-Interpretationen 1923–1983. Ergebnisse, Methoden und Probleme der Forschung, Darmstadt 1984.

Schulz, Gerhard: Aufstieg des Nationalsozialismus – Krise und Revolution in Deutschland, Frankfurt a. M., Berlin und Wien 1975.

Schumann, Hans-Gerd: Nationalsozialismus und Gewerkschaftsbewegung – Die Vernichtung der deutschen Gewerkschaften und der Aufbau der «Deutschen Arbeitsfront», Hannover und Frankfurt a. M. 1958.

Schweitzer, Arthur: Die Nazifizierung des Mittelstandes, Stuttgart 1970.

Smelser, Ronald / Zitelmann, Rainer (Herausgeber): Die braune Elite – 22 biographische Skizzen, Darmstadt 1989.

Smith, Bradley F.: Heinrich Himmler 1900–1926 – Sein Weg in den deutschen Faschismus, München 1979.

Speer, Albert: Erinnerungen, Berlin 1969.

Staff, Ilse (Herausgeber): Justiz im Dritten Reich – Eine Dokumentation, Frankfurt a. M. 1978.

Steinbach, Lothar: Ein Volk, Ein Reich, Ein Glaube? Ehemalige Nationalsozialisten und Zeitzeugen berichten über ihr Leben im Dritten Reich, Berlin und Bonn 1983.

Sternberger, Dolf / Storz, Gerhard / Süskind, Wilhelm E.: Aus dem Wörterbuch des Unmenschen – Neue und erweiterte Ausgabe mit Zeugnissen des Streites über die Sprachkritik, 3. Auflage Düsseldorf 1968.

Strothmann, Dietrich: Nationalsozialistische Literaturpolitik – Ein Beitrag zur Publizistik im Dritten Reich, 2. Auflage Bonn 1963.

Thamer, Hans-Ulrich: Verführung und Gewalt, Deutschland 1933–1945, Berlin 1986.

Tobias, Fritz: Der Reichstagsbrand – Legende und Wirklichkeit, Rastatt 1962.

Trevor-Roper, Hugh R.: Hitlers letzte Tage, Ausgabe Frankfurt a. M., Berlin und Wien 1973.

Tröger, Jörg (Herausgeber): Hochschule und Wissenschaft im Dritten Reich, Frankfurt a. M. und New York 1984.

Turner, Henry Ashby Jr.: Faschismus und Kapitalismus in Deutschland – Studien zum Verhältnis zwischen Nationalsozialismus und Wirtschaft, 2. Auflage Göttingen 1980.

Derselbe: Die Großunternehmer und der Aufstieg Hitlers, Berlin 1985.

Derselbe: Geißel des Jahrhunderts – Hitler und seine Hinterlassenschaft, Berlin 1989.

Tyrell, Albrecht (Herausgeber): Führer, befiehl – Selbstzeugnisse aus der «Kampfzeit» der NSDAP, Dokumentation und Analyse, Düsseldorf 1969.

Derselbe: Vom «Trommler» zum «Führer» – Der Wandel von Hitlers Selbstverständnis zwischen 1919 und 1924 und die Entwicklung der NSDAP, München 1975.

Ueberhorst, Horst (Herausgeber): Elite für die Diktatur – Die Nationalpolitischen Erziehungsanstalten 1933–1945. Ein Dokumentarbericht, Düsseldorf 1980.

Volkmann, Hans-Erich: Wirtschaft im Dritten Reich – Eine Bibliographie, Teil 1, 1933–1939, München und Koblenz 1980.

Vondung, Klaus: Magie und Manipulation – Ideologischer Kult und politische Religion des Nationalsozialismus, Göttingen 1971.

Wagner, Albrecht: Die Umgestaltung der Gerichtsverfassung und des Verfahrens- und Richterrechts im nationalsozialistischen Staat, Stuttgart 1968.

Wagner, Walter: Der Volksgerichtshof im nationalsozialistischen Staat, Stuttgart 1974.

Wegner, Bernd: Hitlers Politische Soldaten – Die Waffen-SS 1933–1945. Leitbild, Strukturen und Funktion einer nationalsozialistischen Elite, 3. Auflage Paderborn 1989.

Weinkauff, Hermann: Die deutsche Justiz und der Nationalsozialismus – Ein Überblick, Stuttgart 1968.

Werner, Karl F.: Das NS-Geschichtsbild und die deutsche Geschichtswissenschaft, Stuttgart 1967.

Winkler, Dörte: Frauenarbeit im «Dritten Reich», Hamburg 1977.

Wippermann, Wolfgang: Adolf Hitler – Weltanschauung und Politik, Gütersloh 1987.

Derselbe (Herausgeber): Kontroversen um Hitler, Frankfurt am Main 1986.

Wistrich, Robert: Wer war wer im Dritten Reich – Ein biographisches Lexikon, überarbeitet und erweitert von Hermann Weiß, 3. Auflage Frankfurt a. M. 1988.

Wulf, Joseph: Die bildenden Künste im Dritten Reich – Eine Dokumentation, Gütersloh 1963.

Derselbe: Literatur und Dichtung im Dritten Reich – Eine Dokumentation, Gütersloh 1963.

Derselbe: Musik im Dritten Reich – Eine Dokumentation, Gütersloh 1963.

Zitelmann, Rainer: Hitler – Selbstverständnis eines Revolutionärs, Stuttgart 1987.

Widerstand und Exil

Aleff, Eberhard/Kemter, Ilse/Zipfel, Friedrich (Herausgeber): Terror und Widerstand 1933–1945. Dokumente aus Deutschland und dem besetzten Europa, Berlin 1966.

Balfour, Michael / Frisby, Julian / Moltke, Freya von: Helmuth James von Moltke 1907–1945. Anwalt der Zukunft, Stuttgart 1975.

Beck, Dorothea: Julius Leber – Sozialdemokrat zwischen Reform und Widerstand, Berlin 1983.

Boberach, Heinz (Herausgeber): Berichte des SD und der Gestapo über Kirchen und Kirchenvolk in Deutschland 1934–1944, Mainz 1971.

Bonhoeffer, Dietrich: Widerstand und Ergebung – Briefe und Aufzeichnungen aus der Haft, herausgegeben von Eberhard Bethge, Neuauflage München 1977. ́

Briegel, Manfred / Frühwald, Wolfgang (Herausgeber): Die Erfahrung der Fremde – Kolloquium des Schwerpunktprogramms «Exilforschung» der Deutschen Forschungsgemeinschaft, Forschungsbericht, Weinheim 1988.

Brunotte, Heinz / Wolf, Ernst (Herausgeber): Zur Geschichte des Kirchenkampfes, 2 Bände, Göttingen 1965 und 1971.

Cartarius, Ulrich (Herausgeber): Opposition gegen Hitler – Ein erzählender Bildband, Berlin 1984.

Delp, Alfred: Im Angesicht des Todes. Geschrieben zwischen Verhaftung und Hinrichtung 1944–1945, Ausgabe Freiburg 1958.

Deutsche Bibliothek Frankfurt am Main: Deutsches Exilarchiv 1933–1945. Katalog der Bücher und Broschüren, herausgegeben von Klaus-Dieter Lehmann, Stuttgart 1989.

Durzak, Manfred (Herausgeber): Die deutsche Exilliteratur 1933–1945, Stuttgart 1973.

Ehlers, Dieter: Technik und Moral einer Verschwörung – Der Aufstand am 20. Juli 1944, 2. Auflage Bonn 1965.

Edinger, Lewis J.: Sozialdemokratie und Nationalsozialismus. Der Parteivorstand der SPD im Exil 1933–1945, Hannover und Frankfurt a. M. 1960.

Fabian, Ruth / Coulmas, Corinna: Die deutsche Emigration in Frankreich nach 1933, München 1978.

Feuchtwanger, Lion: Exil, Amsterdam 1940, Neuausgabe Berlin 1950.

Fleischhack, Ernst: Die Widerstandsbewegung «Weiße Rose» – Literaturbericht und Bibliographie, Frankfurt a. M. 1971.

Foitzik, Jan: Zwischen den Fronten – Zur Organisation und Funktion linker politischer Kleinorganisationen im Widerstand 1933–1939/40 unter besonderer Berücksichtigung des Exils, Bonn 1986.

Forschungsgemeinschaft 20. Juli e. V.: Bibliographie «Widerstand», bearbeitet von Ulrich Cartarius, München, New York, London, Paris 1984.

Fraenkel, Heinrich / Manvell, Roger: Der 20. Juli, 2. Auflage Berlin, Frankfurt a. M., Wien 1969.

Friedländer, Saul: Kurt Gerstein oder die Zwiespältigkeit des Guten, Gütersloh 1968.

Frühwald, Wolfgang / Schieder, Wolfgang (Herausgeber): Leben im Exil, Hamburg 1981.

Gerhard, Dirk: Antifaschisten – Proletarischer Widerstand 1933–1945, Berlin 1976.

Goguel, Rudi: Antifaschistischer Widerstandskampf 1933–1945, Bibliographie, herausgegeben vom Komitee der Antifaschistischen Widerstandskämpfer der DDR, Berlin (Ost) 1975.

Graml, Hermann (Herausgeber): Widerstand im Dritten Reich – Probleme, Ereignisse, Gestalten, Frankfurt a. M. 1984.

Grasmann, Peter: Sozialdemokraten gegen Hitler 1933–1945, München und Wien 1976.

Grossmann, Kurt Richard: Emigration – Geschichte der Hitler-Flüchtlinge 1933–1945, Frankfurt a. M. 1969.

Gruchmann, Lothar (Herausgeber): Autobiographie eines Attentäters – Johann Georg Elser, Stuttgart 1989.

Die Hassell-Tagebücher – Aufzeichnungen vom Anderen Deutschland 1938–1944, revidierte und erweiterte Ausgabe, herausgegeben von Friedrich Freiherr Hiller von Gaertringen, Berlin 1988.

Heilbut, Anthony: Kultur ohne Heimat – Deutsche Emigranten in den USA nach 1930, Weinheim 1987.

Hellfeld, Matthias von: Edelweißpiraten in Köln – Jugendrebellion gegen das 3. Reich, Köln 1981.

Hirschfeld, Gerhard (Herausgeber): Exil in Großbritannien, Stuttgart 1983.

Hoffmann, Peter: Widerstand, Staatsstreich, Attentat – Der Kampf der Opposition gegen Hitler, Neuausgabe München 1985.

Jacobsen, Hans-Adolf (Herausgeber): 20. Juli 1944 – Die deutsche Opposition gegen Hitler im Urteil der ausländischen Geschichtsschreibung. Eine Anthologie, Bonn 1969.

Derselbe (Herausgeber): Spiegelbild einer Verschwörung. Die Kaltenbrunner-Berichte – Die Opposition gegen Hitler und der Staatsstreich vom 20. Juli 1944 in der SD-Berichterstattung. Geheime Dokumente aus dem ehemaligen Reichssicherheitshauptamt, 2 Bände, Stuttgart 1984.

Kantorowicz, Alfred: Exil in Frankreich – Merkwürdigkeiten und Denkwürdigkeiten, Bremen 1971.

Derselbe: Politik und Literatur im Exil – Deutschsprachige Schriftsteller im Kampf gegen den Nationalsozialismus, Hamburg 1978.

Krohn, Claus-Dieter: Wissenschaft im Exil – Deutsche Sozial- und Wirtschaftswissenschaftler in den USA und die New School for Social Research, Frankfurt a. M. 1987.

Leber, Annedore (Herausgeber): Das Gewissen steht auf. 64 Lebensbilder aus dem deutschen Widerstand 1933–1945, 4. Auflage Frankfurt a. M. 1955.

Löwenthal, Richard: Die Widerstandsgruppe «Neu Beginnen», Berlin 1982.

Loewy, Ernst (Herausgeber): Exil. Literarische und politische Texte aus dem deutschen Exil 1933–1945, Stuttgart 1979.

Maas, Lieselotte: Handbuch der deutschen Exilpresse 1933–1945, 3 Bände, München und Wien 1976–1981.

Möller, Horst: Exodus der Kultur – Schriftsteller, Künstler und Wissenschaftler in der Emigration nach 1933, München 1984.

Mommsen, Hans: Gesellschaftsbild und Verfassungspläne des deutschen Widerstandes, in: Schmitthenner, Walter / Buchheim, Hans (Hg.): Der deutsche Widerstand gegen Hitler, Köln und Berlin 1966, S. 73 ff.

Zur Mühlen, Patrick von: «Schlagt Hitler an der Saar!» Abstimmungskampf, Emigration und Widerstand im Saargebiet 1933–1935, Bonn 1979.

Müller, Klaus-Jürgen: General Ludwig Beck. Studien und Dokumente zur militärisch-politischen Vorstellungswelt und Tätigkeitsbericht des Generalstabschefs des Heeres 1933–1938, Boppard am Rhein 1980.

Müssener, Helmut: Exil in Schweden – Politische und kulturelle Emigratoin nach 1933, München 1974.

Niemöller, Wilhelm (Herausgeber): Die evangelische Kirche im Dritten Reich – Handbuch des Kirchenkampfes, Bielefeld 1956.

Peukert, Detlev: Der deutsche Arbeiterwiderstand gegen das Dritte Reich, Berlin 1980.

Derselbe: Die KPD im Widerstand – Verfolgung und Untergrundarbeit an Rhein und Ruhr 1933–1945, Wuppertal 1980.

Derselbe: Die Edelweißpiraten – Protestbewegung jugendlicher Arbeiter im Dritten Reich. Eine Dokumentation, 2. Auflage Köln 1983.

Pohle, Fritz: Das mexikanische Exil – Ein Beitrag zur Geschichte der politisch-kulturellen Emigration aus Deutschland (1937–1946), Stuttgart 1986.

Repgen, Konrad: Hitlers Machtergreifung und der deutsche Katholizismus, Saarbrücken 1967.

Ritter, Gerhard: Carl Goerdeler und die deutsche Widerstandsbewegung, 4. Aufl. Stuttgart 1984.

Robertson, Edwin H.: Dietrich Bonhoeffer – Leben und Verkündigung, Göttingen 1989.

Röder, Werner: Die deutschen sozialistischen Exilgruppen in Großbritannien 1940-1945. Ein Beitrag zur Geschichte des Widerstandes gegen den Nationalsozialismus, 2. Auflage Bonn-Bad Godesberg 1973.

Derselbe / Strauss, Herbert A. (Herausgeber): Biographisches Handbuch der deutschsprachigen Emigration nach 1933 – International Biographical Dictionary of Central European Émigrés, 1933–1945, 3 Bände, München, New York, London, Paris 1980–1983.

Roon, Ger van: Widerstand im Dritten Reich – Ein Überblick, 4. neubearbeitete Auflage München 1987.

Rothfels, Hans: Deutsche Opposition gegen Hitler – Eine Würdigung. Neuausgabe, eingeleitet von Hermann Graml, Frankfurt am Main 1969.

Scheurig, Bodo: Freies Deutschland – Das Nationalkomitee und der Bund Deutscher Offiziere in der Sowjetunion 1943–1945, Köln 1984.

Derselbe: Ewald von Kleist-Schmenzin – Ein Konservativer gegen Hitler, Oldenburg und Hamburg 1968.

Derselbe: Henning von Tresckow – Eine Biographie, Frankfurt a. M., Wien, Berlin 1980.

Schlabrendorff, Fabian von: Offiziere gegen Hitler, Berlin 1984.

Schmädeke, Jürgen / Steinbach, Peter: Der Widerstand gegen den Nationalsozialismus – Die deutsche Gesellschaft und der Widerstand gegen Hitler, München 1985.

Schmidt, Kurt Dietrich (Herausgeber): Dokumente des Kirchenkampfes, 2 Bände, Göttingen 1964/65.

Schmitthenner, Walter / Buchheim, Hans (Herausgeber): Der deutsche Widerstand gegen Hitler – Vier kritisch-historische Studien, Köln 1966.

Schulz, Ursula: Adolf Reichwein – Ein Lebensbild aus Briefen und Dokumenten, München 1974.

Schwarz, Egon / Wegner, Matthias (Herausgeber): Aufzeichnungen deutscher Schriftsteller im Exil, Hamburg 1964.

Seghers, Anna: Das siebte Kreuz, Roman, Neuwied, Darmstadt 1977.

Dieselbe: Transit, Roman, 4. Auflage Darmstadt 1981.

Stahlberger, Peter: Der Zürcher Verleger Emil Oprecht und die deutsche politische Emigration 1933–1945, Zürich 1970.

Thun-Hohenstein, Romedio Galeazzo Graf von: Der Verschwörer – General Oster und die Militäropposition, Berlin 1982.

Tutas, Herbert E.: Nationalsozialismus und Exil, München 1975.

Vinke, Hermann: Carl von Ossietzky, Hamburg 1978.

Voigt, Klaus (Herausgeber): Friedenssicherung und europäische Einigung. Ideen des deutschen Exils 1939–1945, Frankfurt a. M. 1988.

Vollmer, Bernhard: Volksopposition im Polizeistaat – Gestapo- und Regierungsberichte 1934–1936, Stuttgart 1957.

Walter, Hans-Albert: Deutsche Exilliteratur 1933–1950, 7 Bände, Darmstadt und Neuwied, Stuttgart 1972–1988.

Wegner, Matthias: Exil und Literatur – Deutsche Schriftsteller im Ausland 1933–1945, Frankfurt a. M. 1967.

Weisenborn, Günther: Der lautlose Aufstand – Bericht über die Widerstandsbewegung des deutschen Volkes 1933–1945, 4. Auflage Frankfurt a. M. 1974.

Widerstand und Exil der deutschen Arbeiterbewegung 1933–1945, herausgegeben von der Friedrich-Ebert-Stiftung, Berlin 1982.

Zadek, Walter (Herausgeber): Sie flohen vor dem Hakenkreuz – Selbstzeugnisse der Emigranten. Ein Lesebuch für Deutsche, Reinbek 1981.

Zeller, Eberhard: Geist der Freiheit – Der 20. Juli, 5. Auflage München 1965.

Judentum und Judenverfolgung

Adam, Uwe Dietrich: Judenpolitik im Dritten Reich, Königstein/Ts. 1979.

Adler, Hans Günter / Langbehn, Hermann / Lingens-Reiner, Ella (Herausgeber): Auschwitz – Zeugnisse und Berichte, Frankfurt am Main 1962.

Adler, Hans Günter: Die Juden in Deutschland – Von der Aufklärung bis zum Nationalsozialismus. München 1987.

Derselbe: Theresienstadt 1941–1945. Das Antlitz einer Zwangsgemeinschaft, 2. Auflage Tübingen 1960.

Derselbe: Der verwaltete Mensch – Studien zur Deportation der Juden aus Deutschland, Tübingen 1974.

Adler-Rudel, Salomon (Schalom): Ostjuden in Deutschland 1880–1940, Tübingen 1959.

Derselbe: Jüdische Selbsthilfe unter dem Naziregime 1933–1939, Tübingen 1974.

Arendt, Hannah: Eichmann in Jerusalem – Ein Bericht von der Banalität des Bösen, Ausgabe München 1986.

Baeck, Leo: Von Moses Mendelssohn zu Franz Rosenzweig – Typen jüdischen Selbstverständnisses in den letzten zwei Jahrhunderten, Stuttgart 1958.

Ball-Kaduri, Kurt Jakob: Vor der Katastrophe – Juden in Deutschland 1934–1939, Tel Aviv 1967.

Barkai, Avraham: Vom Boykott zur «Entjudung». Der wirtschaftliche Existenzkampf der Juden im Dritten Reich, Frankfurt a. M. 1988.

Benz, Wolfgang (Herausgeber): Die Juden in Deutschland 1933–1945. Leben unter nationalsozialistischer Herrschaft, München 1988.

Berding, Helmut: Moderner Antisemitismus in Deutschland, Frankfurt a. M. 1988.

Boehlich, Walter (Herausgeber): Der Berliner Antisemitismusstreit, Frankfurt a. M. 1988.

Borries, Achim von (Herausgeber): Selbstzeugnisse des deutschen Judentums 1861–1945, Neuausgabe Frankfurt a. M. 1988.

Buber, Martin: Der Jude und sein Judentum. Gesammelte Aufsätze und Reden, Köln 1963.

Claussen, Detlev: Grenzen der Aufklärung – Zur gesellschaftlichen Geschichte des modernen Antisemitismus, Frankfurt a. M. 1987.

Czech, Danuta: Kalendarium der Ereignisse im Konzentrationslager Auschwitz-Birkenau 1939–1945, Reinbek 1989.

Drobisch, Klaus / Goguel, Rudi / Müller, Werner: Juden unterm Hakenkreuz. Verfolgung und Ausrottung der deutschen Juden 1933–1945, Frankfurt a. M. 1973.

Eggebrecht, Axel: Vergangenheit vor Gericht, München 1966.

Elbogen, Ismar / Sterling, Eleonore: Die Geschichte der Juden in Deutschland, eine Einführung, Frankfurt a. M. 1966.

Engelmann, Bernt: Deutschland ohne Juden – Eine Bilanz, Neuausgabe Köln 1988.

Epstein, Helen: Die Kinder des Holocaust – Gespräche mit Söhnen und Töchtern von Überlebenden, München 1987.

Eschwege, Helmut (Herausgeber): Kennzeichen «J» – Bilder, Dokumente, Berichte zur Geschichte der Verbrechen des Hitlerfaschismus an den deutschen Juden 1933–1945, Frankfurt a. M. 1979.

Freimark, Peter / Kopitzsch, Wolfgang: Der 9. / 10. November 1938 in Deutschland – Dokumentation zur «Kristallnacht», Hamburg 1978.

Fleming, Gerald: Hitler und die Endlösung, Wiesbaden 1982.

Genschel, Helmut: Die Verdrängung der Juden aus der Wirtschaft im Dritten Reich, Göttingen 1966.

Gilbert, Martin: Endlösung – Die Vertreibung und Vernichtung der Juden – Ein Atlas, Reinbek 1982.

Glaser, Hermann / Straube, Harald (Herausgeber): Wohnungen des Todes. Jüdisches Schicksal im Dritten Reich – Dokumente und Texte, Bamberg 1961.

Goldschmidt, Hermann Levin: Das Vermächtnis des deutschen Judentums, Frankfurt a. M. 1957.

Goldstein, Bernard: Die Sterne sind Zeugen – Der Untergang der polnischen Juden, München 1965.

Gorschenek, Günter/Reimers, Stefan (Herausgeber): Offene Wunden – brennende Fragen. Juden in Deutschland von 1938 bis heute, Frankfurt a. M. 1989.

Grab, Walter/Schoeps, Julius H.: Juden in der Weimarer Republik, Stuttgart und Sachsenheim 1985.

Graml, Hermann: Reichskristallnacht – Antisemitismus und Judenverfolgung im Dritten Reich, München 1988.

Graupe, Heinz Mosche: Die Entstehung des modernen Judentums. Geistesgeschichte der deutschen Juden 1650–1942, Hamburg 1969.

Greive, Hermann: Geschichte des modernen Antisemitismus, Darmstadt 1983.

Heuberger, Rachel/Krohn, Helga: Heraus aus dem Getto… – Juden in Frankfurt 1800–1950, Frankfurt a. M. 1988.

Hilberg, Raul: Die Vernichtung der europäischen Juden – Die Gesamtgeschichte des Holocaust, Berlin 1982.

Horbach, Michael: So überlebten sie den Holocaust – Zeugnisse der Menschlichkeit 1933–1945, 3. Auflage München 1979.

Juden in Deutschland vom 17. bis 20. Jahrhundert, 10 Bände, Frankfurt a. M. 1988.

Kallner, Rudolf: Herzl und Rathenau – Wege jüdischer Existenz an der Wende des 20. Jahrhunderts, Stuttgart 1976.

Kampe, Norbert: Studenten und «Judenfrage» im deutschen Kaiserreich. Die Entstehung einer akademischen Trägerschicht des Antisemitismus, Göttingen 1988.

Kampmann, Wanda: Deutsche und Juden – Die Geschichte der Juden in Deutschland vom Mittelalter bis zum Beginn des Ersten Weltkrieges, Frankfurt a. M. 1979.

Katz, Jacob: Vom Vorurteil bis zur Vernichtung. Der Antisemitismus 1700–1933, München 1989.

Kaznelson, Siegmund (Herausgeber): Juden im deutschen Kulturbereich – Ein Sammelwerk, 2. Auflage Berlin 1959.

Derselbe (Herausgeber): Jüdisches Schicksal in deutschen Gedichten – Eine abschließende Anthologie, Berlin 1959.

Koch, Thilo (Herausgeber): Portraits deutsch-jüdischer Geistesgeschichte, Köln 1961.

Kogon, Eugen/Langbein, Hermann/Rückerl, Adalbert und andere (Herausgeber): Nationalsozialistische Massentötungen durch Giftgas – Eine Dokumentation, Frankfurt a. M. 1983.

Kroh, Ferdinand: David kämpft, Reinbek 1988.

Kwiet, Konrad / Eschwege, Helmut: Selbstbehauptung und Widerstand. Deutsche Juden im Kampf um Existenz und Menschenwürde, 1933–1945, Hamburg 1986.

Laqueur, Walter: Was niemand wissen wollte – Die Unterdrückung der Nachrichten über Hitlers «Endlösung», Berlin und Wien 1981.

Lauber, Heinz: Judenpogrom – «Reichskristallnacht» November 1938 in Großdeutschland. Daten, Fakten, Dokumente, Quellentexte, Thesen und Bewertungen, Gerlingen 1981.

Leschnitzer, Adolf L.: Saul und David – Die Problematik der deutsch-jüdischen Lebensgemeinschaft, Heidelberg 1954.

Lessing, Theodor: Der jüdische Selbsthaß, Berlin 1930.

Lexikon des Judentums, Redaktion John F. Oppenheimer, Gütersloh 1967.

Liebeschütz, Hans: Das Judentum im deutschen Geschichtsbild von Hegel bis Max Weber, Tübingen 1967.

Longerich, Peter (Herausgeber): Die Ermordung der europäischen Juden. Eine umfassende Dokumentation des europäischen Holocaust von 1941–1945, München 1989.

Martin, Bernd / Schulin, Ernst (Herausgeber): Die Juden als Minderheit in der Geschichte, München 1981.

Massing, Paul W.: Vorgeschichte des politischen Antisemitismus, Frankfurt a. M. 1959.

Maurer, Trude: Ostjuden in Deutschland 1918–1933, Hamburg 1986.

Mosse, Werner E. (Herausgeber): Entscheidungsjahr 1932 – Zur Judenfrage in der Endphase der Weimarer Republik, 2. erweiterte Auflage Tübingen 1966.

Derselbe (Herausgeber): Deutsches Judentum in Krieg und Revolution 1916–1923, Tübingen 1971.

Derselbe (Herausgeber): Juden im Wilhelminischen Deutschland, 1890–1914, Tübingen 1976.

Naumann, Bernd: Auschwitz – Bericht über die Strafsache gegen Mulka und andere vor dem Schwurgericht Frankfurt, Frankfurt a. M. 1965.

Obermann, Heiko A.: Wurzeln des Antisemitismus – Christenangst und Judenplage im Zeichen von Humanismus und Reformation, Berlin 1981.

Oppenheimer, Max / Stuckmann, Horst / Schneider, Rudi (Herausgeber): Als die Synagogen brannten. Zur Funktion des Antisemitismus gestern und heute, Frankfurt a. M. 1978.

Pehle, Walter H. (Herausgeber): Das Judenpogrom 1938 – Von der «Reichskristallnacht» zum Völkermord, Frankfurt a. M. 1988.

Pulzer, Peter G. J.: Die Entstehung des politischen Antisemitismus in Deutschland und Österreich 1867–1914, Gütersloh 1966.

Reichmann, Eva G.: Die Flucht in den Haß. Die Ursachen der deutschen Judenkatastrophe, Frankfurt a. M. 1956.

Dieselbe: Größe und Verhängnis deutsch-jüdischer Existenz, Heidelberg 1974.

Reitlinger, Gerald: Die Endlösung. Hitlers Versuch der Ausrottung der Juden Europas 1939–1945, Berlin 1956.

Richarz, Monika (Herausgeber): Jüdisches Leben in Deutschland, 3 Bände, Stuttgart 1976–1982.

Dieselbe (Herausgeber): Bürger auf Widerruf – Lebenszeugnisse deutscher Juden 1780–1945, München 1989.

Rürup, Reinhard: Emanzipation und Antisemitismus – Studien zur «Judenfrage» der bürgerlichen Gesellschaft, Göttingen 1975.

Schatzker, Chaim: Jüdische Jugend im zweiten Kaiserreich – Sozialisations- und Erziehungsprozesse der jüdischen Jugend in Deutschland 1870–1917, Frankfurt a. M. 1988.

Scheffler, Wolfgang: Judenverfolgung im Dritten Reich, 1933–1945, Berlin 1964.

Schmid, Hans-Dieter / Schneider, Gerhard / Sommer, Wilhelm (Herausgeber): Juden unterm Hakenkreuz. Dokumente und Berichte zur Verfolgung und Vernichtung der Juden durch die Nationalsozialisten 1933 bis 1945, 2 Bände, Düsseldorf 1983.

Schoenberner, Gerhard: Wir haben es gesehen – Augenzeugenberichte über Terror und Judenverfolgung im «Dritten Reich», Hamburg 1962.

Derselbe (Herausgeber): Der gelbe Stern – Die Judenverfolgung in Europa 1933–1945, München 1978.

Schoeps, Julius H. (Herausgeber): Juden als Träger bürgerlicher Kultur in Deutschland, Sachsenheim 1989.

Simon, Ernst: Aufbau im Untergang – Jüdische Erwachsenenbildung im nationalsozialistischen Deutschland als geistiger Widerstand, Tübingen 1959.

Steinbach, Peter: Nationalsozialistische Gewaltverbrechen – Die Diskussion in der deutschen Öffentlichkeit nach 1945, Berlin 1981.

Sterling, Eleonore: Judenhaß – Die Anfänge des politischen Antisemitismus in Deutschland, 1815–1850, Frankfurt a. M. 1969.

Stern, Selma: Der preußische Staat und die Juden, 4 Teile, Tübingen 1962–1975.

Strauss, Herbert A. / Kampe, Norbert (Herausgeber): Antisemitismus – Von der Judenfeindschaft zum Holocaust, Frankfurt a. M. 1985.

Die Tagebücher der Anne Frank, herausgegeben vom Rijksinstituut voor Orlogsdocumentatie, Niederländisches Staatliches Institut für Kriegsdokumentation, Frankfurt a. M. 1988.

Toury, Jakob: Die politischen Orientierungen der Juden in Deutschland. Von Jena bis Weimar, Tübingen 1966.

Derselbe: Soziale und politische Geschichte der Juden in Deutschland 1847 bis 1871. Zwischen Revolution, Reaktion und Emanzipation, Düsseldorf 1977.

Wollenberg, Jörg (Herausgeber): «Niemand war dabei und keiner hat's gewußt»: Die deutsche Öffentlichkeit und die Judenverfolgung 1933–1945, München 1989.

Zechlin, Egmont: Die deutsche Politik und die Juden im Ersten Weltkrieg, Göttingen 1969.

Der Zweite Weltkrieg

Altrichter, Helmut / Becker, Josef (Herausgeber): Kriegsausbruch 1939 – Beteiligte, Betroffene, Neutrale, München 1989.

Benz, Wolfgang / Graml, Hermann (Herausgeber): Sommer 1939 – Die Großmächte und der europäische Krieg, Stuttgart 1979.

Boberach, Heinz (Herausgeber): Meldungen aus dem Reich 1938–1945 – Die geheimen Lageberichte des Sicherheitsdienstes der SS 1939–1944, München 1968. (Vollständige Ausgabe in 17 Bänden, Herrsching 1984.)

Boelcke, Willi A.: Die Kosten von Hitlers Krieg – Kriegsfinanzierung und finanzielles Kriegserbe in Deutschland 1933–1948, Paderborn 1985.

Derselbe: Deutschlands Rüstung im Zweiten Weltkrieg – Hitlers Konferenzen mit Albert Speer 1942–1945, Frankfurt a. M. 1969.

Derselbe (Herausgeber): Wollt ihr den totalen Krieg? Die geheimen Goebbels-Konferenzen 1939–1943, München 1967.

Brakelmann, Günter (Herausgeber): Kirche im Krieg – Der deutsche Protestantismus am Beginn des 2. Weltkrieges, München 1979.

Broszat, Martin: Nationalsozialistische Polenpolitik 1939–1945, Stuttgart 1961.

Buchbender, Ortwin / Sterz, Reinhold (Herausgeber): Das andere Gesicht des Krieges – Deutsche Feldpostbriefe 1939–1945, 2. Auflage München 1983.

Cartier, Raymond: Der Zweite Weltkrieg, 2 Bände, München 1967, 7. Auflage München 1985.

Conte, Arthur: Die Teilung der Welt – Jalta 1945, München 1967.

Dallin, Alexander: Deutsche Herrschaft in Rußland 1941–1945. Eine Studie über Besatzungspolitik, Düsseldorf 1958.

Das Deutsche Reich und der Zweite Weltkrieg, herausgegeben vom Militärgeschichtlichen Forschungsamt, 10 Bände, Stuttgart 1979 ff.

Deutsche im Zweiten Weltkrieg – Zeitzeugen sprechen, herausgegeben von Johannes Steinhoff, Peter Pechel, Dennis Showalter, München 1989.

Dröge, Franz: Der zerredete Widerstand – Zur Soziologie und Publizistik des Gerüchts im 2. Weltkrieg, Düsseldorf 1970.

Forstmeier, Friedrich / Volkmann, Hans-Erich (Herausgeber): Kriegswirtschaft und Rüstung 1939–1945, Düsseldorf 1977.

Friedländer, Saul: Auftakt zum Untergang – Hitler und die Vereinigten Staaten von Amerika 1939–1941, Stuttgart 1965.

Gruchmann, Lothar: Der Zweite Weltkrieg – Kriegführung und Politik, München 1967.

Hansen, Reimer: Das Ende des Dritten Reiches – Die deutsche Kapitulation 1945, Stuttgart 1966.

Heiber, Helmut (Herausgeber): Hitlers Lagebesprechungen – Die Protokollfragmente seiner militärischen Konferenzen 1942–1945, Stuttgart 1962.

Herbert, Ulrich: Fremdarbeiter – Politik und Praxis des «Ausländer-Einsatzes» in der Kriegswirtschaft des Dritten Reiches, Berlin und Bonn 1985.

Herbst, Ludolf: Der Totale Krieg und die Ordnung der Wirtschaft – Die Kriegswirtschaft im Spannungsfeld von Politik, Ideologie und Propaganda 1939–1945, München 1982.

Hillgruber, Andreas: Deutschlands Rolle in der Vorgeschichte der beiden Weltkriege, Göttingen 1967.

Derselbe: Hitlers Strategie, Politik und Kriegführung 1940–1941, Frankfurt a. M. 1965.

Derselbe (Herausgeber): Probleme des Zweiten Weltkrieges, Köln und Berlin 1967.

Derselbe / Hümmelchen, Gerhard: Chronik des Zweiten Weltkrieges, Frankfurt a. M. 1966.

Derselbe: Der Zusammenbruch im Osten 1944 / 45 als Problem der deutschen Nationalgeschichte und der europäischen Geschichte, Opladen 1985.

Hofer, Walther (Herausgeber): Die Entfesselung des Zweiten Weltkrieges – Eine Studie über die internationalen Beziehungen im Sommer 1939, 3. neubearbeitete Auflage Frankfurt a. M. 1964.

Hubatsch, Walther (Herausgeber): Hitlers Weisungen für die Kriegführung 1939–1945. Dokumente des Oberkommandos der Wehrmacht, Frankfurt a. M. 1962.

Irving, David: Hitler und seine Feldherren, Frankfurt a. M., Berlin und Wien 1975.

Jacobsen, Hans-Adolf: Der Zweite Weltkrieg – Grundzüge der Politik und Strategie in Dokumenten, Frankfurt a. M. 1965.

Derselbe/Rohwer, Jürgen (Herausgeber): Entscheidungsschlachten des Zweiten Weltkrieges, Frankfurt a. M. 1960.

Derselbe (Herausgeber): Der Weg zur Teilung der Welt – Politik und Strategie 1939–1945, Koblenz und Bonn 1977.

Kehrig, Manfred: Stalingrad – Analyse und Dokumentation einer Schlacht, Stuttgart 1974.

Klee, Franz/Dreßen, Willi (Herausgeber): «Gott mit uns» – Der deutsche Vernichtungskrieg im Osten 1939–1945, Frankfurt a. M. 1989.

Kleßmann, Christoph (Herausgeber): September 39 – Krieg, Besatzung, Widerstand in Polen, Göttingen 1989.

Derselbe (Herausgeber): Nicht nur Hitlers Krieg – Der Zweite Weltkrieg und die Deutschen, Düsseldorf 1989.

Krausnick, Helmut/Wilhelm, Hans Heinrich: Die Truppe des Weltanschauungskrieges – Die Einsatzgruppen der Sicherheitspolizei und des SD 1938–1942, Stuttgart 1981.

Kriegstagebuch des Oberkommandos der Wehrmacht 1940–1945, herausgegeben von Percy E. Schramm, 4 Bände, Frankfurt a. M. 1961–1965.

Messerschmidt, Manfred/Wüllner, Fritz: Die Wehrmachtjustiz im Dienste des Nationalsozialismus – Zerstörung einer Legende, Baden-Baden 1987.

Michalka, Wolfgang (Herausgeber im Auftrag des militärgeschichtlichen Forschungsamtes): Der Zweite Weltkrieg – Analysen, Grundzüge, Forschungsbilanz, München und Zürich 1989

Militärgeschichtliches Forschungsamt (Herausgeber): Das Deutsche Reich und der Zweite Weltkrieg, 10 Bände, Stuttgart 1979 ff.

Milward, Alan S.: Die deutsche Kriegswirtschaft 1939–1945, Stuttgart 1966.

Niedhart, Gottfried (Herausgeber): Kriegsbeginn 1939 – Entfesselung oder Ausbruch des Zweiten Weltkrieges? Darmstadt 1976.

Nicolaisen, Hans-Dietrich: Die Flakhelfer – Luftwaffenhelfer und Marinehelfer im Zweiten Weltkrieg, Berlin 1981.

Ploetz: Geschichte des Zweiten Weltkrieges 1939–1945, Teil I: Die militärischen und politischen Ereignisse, Teil II: Die Kriegsmittel, 2. erweiterte Auflage Würzburg 1960.

Rebentisch, Dieter: Führerstaat und Verwaltung im Zweiten Weltkrieg. Verfassungsentwicklung und Verwaltungspolitik 1939–1945, Wiesbaden 1988.

Recker, Marie-Luise: Nationalsozialistische Sozialpolitik im Zweiten Weltkrieg, München 1985.

Rumpf, Hans: Das war der Bombenkrieg – Deutsche Städte im Feuersturm, ein Dokumentarbericht, Oldenburg und Hamburg 1961.

Schäfer, Hans Dieter: Berlin im Zweiten Weltkrieg – Der Untergang der Reichshauptstadt in Augenzeugenberichten, München und Zürich 1985.

Snell, John L.: Illusionen und Realpolitik – Die diplomatische Geschichte des 2. Weltkrieges, München 1966.

Steinert, Marlis G.: Hitlers Krieg und die Deutschen – Stimmung und Haltung der deutschen Bevölkerung im Zweiten Weltkrieg, Düsseldorf und Wien 1970.

Streit, Christian: Keine Kameraden – Die Wehrmacht und die sowjetischen Kriegsgefangenen 1941–1945, 2. Auflage Stuttgart 1981.

Sywottek, Jutta: Mobilmachung für den Krieg – Die propagandistische Vorbereitung der deutschen Bevölkerung auf den Zweiten Weltkrieg, Opladen 1976.

Ueberschär, Gerd R. / Wette, Wolfram: Der deutsche Überfall auf die Sowjetunion – «Unternehmen Barbarossa» 1941, Frankfurt a. M. 1990.

Ursachen und Voraussetzungen des Zweiten Weltkrieges, von Wilhelm Deist, Manfred Messerschmidt, Hans Erich Volkmann, Wolfram Wette, Ausgabe Frankfurt a. M. 1989.

Wagenführ, Rolf: Die deutsche Industrie im Kriege 1939–1945, 2. Auflage Berlin 1963.

Warlimont, Walter: Im Hauptquartier der deutschen Wehrmacht 1939 bis 1945, Frankfurt a. M. 1962.

Die Wehrmachtberichte 1939–1945, 3 Bände, Ausgabe München 1985.

Weizsäcker, Richard v.: Zum 40. Jahrestag der Beendigung des Krieges in Europa und der nationalsozialistischen Gewaltherrschaft – Ansprache am 8. Mai 1985 in der Gedenkstunde im Plenarsaal des Deutschen Bundestages, Bonn 1985.

Werth, Alexander: Rußland im Krieg 1941–1945, München 1965.

Zayas, Alfred M. de: Die Wehrmacht-Untersuchungsstelle – Unveröffentlichte Akten über alliierte Völkerrechtsverletzungen im Zweiten Weltkrieg, München 1981.

Der Zweite Weltkrieg – Grundzüge, Analysen, Forschungsbilanz, herausgegeben vom Militärgeschichtlichen Forschungsamt durch Wolfgang Michalka, München 1989.

Von Osten nach Westen: Flucht, Vertreibung, Eingliederung

Benz, Wolfgang (Herausgeber): Die Vertreibung der Deutschen aus dem Osten – Ursachen, Ereignisse, Folgen, Frankfurt a. M. 1985.

Bethlehem, Siegfried: Heimatvertreibung, DDR-Flucht, Gastarbeiter-Zuwanderung – Wanderungsströme und Wanderungspolitik in der Bundesrepublik Deutschland, Stuttgart 1982.

Böddeker, Günter: Die Flüchtlinge – Die Vertreibung der Deutschen im Osten, München 1980.

Bohmann, Alfred: Menschen und Grenzen, 4 Bände, Köln 1969–1975. Band I: Strukturwandel der deutschen Bevölkerung im polnischen Staats- und Verwaltungsbereich; Band II: Bevölkerung und Nationalitäten in Südosteuropa; Band III: Strukturwandel der deutschen Bevölkerung im sowjetischen Staats- und Verwaltungsbereich; Band IV: Bevölkerung und Nationalitäten in der Tschechoslowakei.

Die deutschen Vertreibungsverluste – Bevölkerungsbilanzen für die deutschen Vertreibungsgebiete 1939/50, herausgegeben vom Statistischen Bundesamt Wiesbaden, Stuttgart 1958.

Dokumentation der Vertreibung der Deutschen aus Ost-Mitteleuropa, herausgegeben vom Bundesministerium für Vertriebene, Flüchtlinge und Kriegsgeschädigte, 1954–1961, Neuausgabe München 1984. Band I: Die Vertreibung der deutschen Bevölkerung aus den Gebieten östlich der Oder-Neiße; Band II: Das Schicksal der Deutschen in Ungarn; Band III: Das Schicksal der Deutschen in Rumänien; Band IV: Die Vertreibung der deutschen Bevölkerung aus der Tschechoslowakei; Band V: Das Schicksal der Deutschen in Jugoslawien.

Dokumente zur sudetendeutschen Frage 1916–1967, herausgegeben im Auftrag der Ackermann-Gemeinde von Ernst Nittner, München 1967.

Faust, Fritz: Das Potsdamer Abkommen und seine völkerrechtliche Bedeutung, 4. Auflage Frankfurt a. M. 1969.

Gaida, Hans-Jürgen: Die offiziellen Organe der ostdeutschen Landsmannschaften – Ein Beitrag zur Publizistik der Heimatvertriebenen in Deutschland, Berlin 1973.

Grube, Frank/Richter, Gerhard: Flucht und Vertreibung – Deutschland zwischen 1944 und 1947, Hamburg 1980.

Hecker, Hellmuth: Die Umsiedlungsverträge des Deutschen Reiches während des Zweiten Weltkrieges, Frankfurt a. M., Berlin 1971.

Hehn, Jürgen von: Die Umsiedlung der baltischen Deutschen – Das letzte Kapitel baltisch-deutscher Geschichte, Marburg/Lahn 1982.

Jolles, Hiddo M.: Zur Soziologie der Heimatvertriebenen und Flüchtlinge, Köln 1965.

Kogelfranz, Siegfried (Herausgeber): Die Vertriebenen, Reinbek 1985.

Kopelew, Lew: Aufbewahren für alle Zeit!, Hamburg 1976.

Krockow, Christian Graf von: Die Stunde der Frauen – Bericht aus Pommern 1944–1947, 6. Auflage Stuttgart 1989.

Lehmann, Hans Georg: Der Oder-Neiße-Konflikt, München 1979.

Lemberg, Eugen/Edding, Friedrich (Herausgeber): Die Vertriebenen in Westdeutschland – Ihre Eingliederung und ihr Einfluß auf Gesellschaft, Wirtschaft, Politik und Geistesleben, 3 Bände, Kiel 1959.

Lüttinger, Paul, unter Mitwirkung von Rita Rossmann: Integration der Vertriebenen – Eine empirische Analyse, Franfurt a. M. 1989.

Merkatz, Hans Joachim von (Herausgeber): Aus Trümmern wurden Fundamente – Vertriebene, Flüchtlinge, Aussiedler. 3 Jahrzehnte Integration, Düsseldorf 1979.

Neumann, Franz: Der Block der Heimatvertriebenen und Entrechteten 1950–1960. Ein Beitrag zur Geschichte und Struktur einer politischen Interessenpartei, Meisenheim a. Glan 1968.

Rhode, Gotthold/Wagner, Wolfgang: Quellen zur Entstehung der Oder-Neiße-Linie in den diplomatischen Verhandlungen während des Zweiten Weltkrieges, 2. Auflage Stuttgart 1959.

Schoenberg, Hans W.: Germans from the East – A study of their migration, resettlement, and subsequent history since 1945, The Hague 1970.

Vierheller, Viktoria: Polen und die Deutschland-Frage 1939–1949, Köln 1970.

Wagner, Wolfgang: Die Entstehung der Oder-Neiße-Linie in den diplomatischen Verhandlungen während des Zweiten Weltkrieges, Marburg/Lahn 1953, 3. erweiterte Auflage 1968.

Wembach, Max Manfred: Verbändestaat und Parteienoligopol – Macht und Ohnmacht der Vertriebenenverbände, Stuttgart 1971.

Wehler, Hans-Ulrich: Nationalitätenpolitik in Jugoslawien – Die deutsche Minderheit 1918–1978, Göttingen 1980.

Zeittafel. Vorgeschichte und Ablauf der Vertreibung sowie Unterbringung und Eingliederung der Vertriebenen und Bibliographie zum Vertriebenenproblem, herausgegeben vom Bundesministerium für Vertriebene, Flüchtlinge und Kriegsgeschädigte, Bonn 1959.

Ziemer, Gerhard: Deutscher Exodus – Vertreibung und Eingliederung von 15 Millionen Ostdeutschen, Stuttgart 1973.

Deutschland seit 1945

Backer, John H.: Die Entscheidung zur Teilung Deutschlands – Die amerikanische Deutschlandpolitik 1943–1948, München 1981.

Badstübner, Rolf/Siegfried, Thomas: Die Spaltung Deutschlands 1945–1949, Berlin (Ost) 1966.

Bahr, Egon: Was wird aus den Deutschen? Reinbek 1982.

Balfour, Michael: Vier-Mächte-Kontrolle in Deutschland 1945–1946, Düsseldorf 1959.

Baring, Arnulf: Unser neuer Größenwahn – Deutschland zwischen Ost und West, Stuttgart 1988.

Bender, Peter: Deutsche Parallelen – Anmerkungen zu einer gemeinsamen Geschichte zweier getrennter Staaten, Berlin 1989.

Benz, Wolfgang / Plum, Günter / Röder, Wilhelm: Einheit der Nation – Diskussionen und Konzeptionen zur Deutschlandpolitik der großen Parteien seit 1945, Stuttgart-Bad Cannstatt 1978.

Blumenwitz, Dieter / Zieger, Gottfried (Herausgeber): Das deutsche Volk und seine staatliche Gestalt, Köln 1988.

Brandt, Peter / Ammon, Herbert: Die Linke und die nationale Frage – Dokumente zur deutschen Einheit seit 1945, Reinbek 1981.

Bredow, Wilfried von: Deutschland, ein Provisorium? Berlin 1985.

Broszat, Martin / Henke, Klaus-Dietmar / Woller, Hans (Herausgeber): Von Stalingrad zur Währungsreform – Zur Sozialgeschichte des Umbruchs in Deutschland, 3. Auflage München 1990

Bundesministerium für innerdeutsche Beziehungen (Herausgeber): Bibliographie zur Deutschlandpolitik 1941–1974, Frankfurt a. M. 1975.

Dasselbe (Herausgeber): Bibliographie zur Deutschlandpolitik 1975–1982, Frankfurt 1983.

Bundeszentrale für Politische Bildung (Herausgeber): Die Frage nach der deutschen Identität, Bonn 1985.

Degen, Hans-Jürgen (Herausgeber): Was soll bloß aus Deutschland werden? Deutsche über die Zukunft ihres Landes, Berlin 1982.

Deuerlein, Ernst: Deutschland nach dem Zweiten Weltkrieg 1945–1955, Konstanz 1964.

Deutschland, Deutschland 40 Jahre – Eine Geschichte der Bundesrepublik Deutschland und der DDR in Bild und Text, Gütersloh 1989.

Foschepoth, Josef (Herausgeber): Kalter Krieg und Deutsche Frage – Deutschland im Widerstreit der Mächte 1945–1952, Göttingen, Zürich 1985.

Derselbe / Steininger, Rolf (Herausgeber): Die britische Deutschland- und Besatzungspolitik 1945–1949, Paderborn 1985.

Fritsch-Bournazel, Renata: Die Sowjetunion und die deutsche Teilung – Die sowjetische Deutschlandpolitik 1945–1979, Opladen 1979.

Frohn, Alexander: Neutralisierung als Alternative zur Westintegration – Die Deutschlandpolitik der Vereinigten Staaten von Amerika 1945–1949, Frankfurt a. M. 1985.

Gauly, Thomas M.: Die Last der Geschichte – Kontroversen zur deutschen Identität, Köln 1988.

Gimbel, John: Amerikanische Besatzungspolitik in Deutschland 1945–1949, Frankfurt a. M. 1985.

Graml, Hermann: Die Alliierten und die Teilung Deutschlands – Konflikte und Entscheidungen 1941–1948, Frankfurt a. M. 1985.

Grewe, Wilhelm G.: Die deutsche Frage in der Ost-West-Spannung, Herford 1986.

Grosser, Alfred: Geschichte Deutschlands seit 1945 – eine Bilanz, 7. Auflage München 1979.

Gruner, Wolf D.: Die deutsche Frage – Ein Problem der europäischen Geschichte seit 1800, München 1985.

Hacker, Jens: Der Rechtsstatus Deutschlands aus der Sicht der DDR, Köln 1974.

Hildebrandt, Reinhard: Kampf um Weltmacht – Berlin als Brennpunkt des Ost-West-Konflikts, Opladen 1987.

Hill, Werner (Herausgeber): Befreiung durch Niederlage – Die Deutsche Frage: Ursprung und Perspektiven, Frankfurt a. M. 1986.

Hillgruber, Andreas: Deutsche Geschichte 1945–1982. Die «deutsche Frage» in der Weltpolitik, 6. Auflage Stuttgart u. a. 1987.

Hofmann, Jürgen: Ein neues Deutschland soll es sein – Zur Frage nach der Nation in der Geschichte der DDR und der Politik der SED, Berlin (Ost) 1989.

Horn, Hannelore (Herausgeberin): Berlin als Faktor nationaler und internationaler Politik, Berlin 1988.

Jacobmeyer, Wolfgang (Herausgeber): Deutschlandbild und Deutsche Frage in den historischen, geographischen und sozialwissenschaftlichen Unterrichtswerken der Bundesrepublik Deutschland und der Deutschen Demokratischen Republik von 1949 bis in die 80er Jahre, Braunschweig 1986.

Janssen-Jurreit, Marielouise (Herausgeberin): Lieben Sie Deutschland? Gefühle zur Lage der Nation, München 1985.

Jeismann, Karl-Ernst (Herausgeber): Einheit – Freiheit – Selbstbestimmung. Die Deutsche Frage im historisch-politischen Bewußtsein, Frankfurt a. M. 1988.

Jesse, Eckard (Hg.): Renaissance der deutschen Frage? Stuttgart 1987.

Keiderling, Gerhard/Stulz, Percy: Berlin 1945–1968. Zur Geschichte der Hauptstadt der DDR und der selbständigen Einheit Westberlin, Berlin (Ost) 1970.

Kleßmann, Christoph: Die doppelte Staatsgründung – Deutsche Geschichte 1945–1955, Göttingen 1986.

Derselbe: Zwei Staaten, eine Nation. Deutschland 1955–1970, Göttingen 1988.

Klönne, Arno: Zurück zur Nation? Kontroversen zu deutschen Fragen, Köln 1984.

Korte, Karl-Rudolf: Der Standort der Deutschen – Akzentverlagerungen der deutschen Frage seit den siebziger Jahren, Köln 1990.

Kosing, Alfred: Nation in Geschichte und Gegenwart – Studie zur historisch-materialistischen Theorie der Nation, Berlin (Ost) 1976.

Krieger, Wolfgang: General Lucius D. Clay und die amerikanische Deutschlandpolitik 1945–1949, Stuttgart 1987.

Krockow, Christian Graf von: Nationalismus als deutsches Problem, 2. Auflage München 1974.

Lange, Klaus (Herausgeber): Aspekte der deutschen Frage, Herford 1986.

Loth, Wilfried: Die Teilung der Welt – Geschichte des Kalten Krieges 1941–1955, 5. Auflage München 1985.

Ludz, Peter Christian (Herausgeber): Deutschlands doppelte Zukunft – Bundesrepublik und DDR in der Welt von morgen, München 1974.

Maier, Hans: Die Deutschen und die Freiheit – Perspektiven der Nachkriegszeit, Stuttgart 1985.

Marienfeld, Wolfgang: Konferenzen über Deutschland – Die alliierte Deutschlandplanung- und -politik 1941–1949, Hannover 1963.

Mayer, Tilman: Prinzip Nation – Dimensionen der nationalen Frage, dargestellt am Beispiel Deutschlands, 2. Auflage Opladen 1987.

Mehnert, Klaus: Der deutsche Standort, Stuttgart 1967.

Meier, Christian: Vierzig Jahre nach Auschwitz – Deutsche Geschichtserinnerung 1987, München 1987.

Meier, Helmut / Schmidt, Walter (Herausgeber): Erbe und Tradition in der DDR – Die Diskussion der Historiker, Köln 1988.

Michalka, Wolfgang (Herausgeber): Die deutsche Frage in der Weltpolitik, Stuttgart 1986.

Miller, Susanne / Ristau, Malte (Herausgeber): Erben deutscher Geschichte. DDR – BRD: Protokolle einer historischen Begegnung, Reinbek 1988.

Mommsen, Wolfgang J.: Nation und Geschichte – Über die Deutschen und die deutsche Frage, München 1990.

Münch, Ingo von (Herausgeber): Dokumente des geteilten Deutschlands – Quellentexte zur Rechtslage des Deutschen Reiches, der Bundesrepublik Deutschland und der Deutschen Demokratischen Republik, 2 Bände, Stuttgart 1968/75.

Noack, Paul: Die deutsche Nachkriegszeit, München 1966.

Nolte, Ernst: Deutschland und der Kalte Krieg, München / Zürich 1974.

Overesch, Manfred: Die Deutschen und die Deutsche Frage 1945–1955, Düsseldorf 1985.

Pfeiler, Wolfgang: Deutschlandpolitische Optionen der Sowjetunion, Melle 1988.

Potsdam und die deutsche Frage. Mit Beiträgen von Ernst Deuerlein u. a. Köln 1970.

Pross, Helge: Was ist heute deutsch? Wertorientierungen in der Bundesrepublik, Reinbek 1982.

Pünder, Tilman: Das bizonale Interregnum – Die Geschichte des Vereinigten Wirtschaftsgebietes 1946–1949, Spich bei Köln 1966.

Reichelt, Paul: Deutsche Chronik 1945–1970. Daten und Fakten aus beiden Teilen Deutschlands, 2 Bände, Freudenstadt 1970/71.

Richter, Hans Werner (Herausgeber): Bestandsaufnahme – Eine deutsche Bilanz 1962, München u. a. 1962.

Rögner-Francke, Andrea: Die SED und die deutsche Geschichte, Melle 1987.

Rühle, Jürgen/Holzweissig, Gunter: 13. August 1961 – Die Mauer von Berlin, herausgegeben von Ilse Spittmann, Köln 1981.

Ruppert, Wolfgang (Herausgeber): Erinnerungsarbeit – Geschichte und demokratische Identität in Deutschland, Opladen 1982.

Scharf, Claus/Schröder/Hans-Jürgen (Herausgeber): Die Deutschlandpolitik Großbritanniens und die Britische Zone 1945–1949, Wiesbaden 1979.

Dieselben (Herausgeber): Die Deutschlandpolitik Frankreichs und die Französische Zone 1945–1949, Wiesbaden 1983.

Schneider, Eberhard: Der Nationsbegriff der DDR und seine deutschlandpolitische Bedeutung, Köln 1981.

Schulin, Ernst, unter Mitarbeit von Elisabeth Müller-Luckner (Herausgeber): Deutsche Geschichtswissenschaft nach dem Zweiten Weltkrieg 1945–1965, München 1989.

Schulze, Winfried: Deutsche Geschichtswissenschaft nach 1945, München 1989.

Schwarz, Hans-Peter: Vom Reich zur Bundesrepublik – Deutschland im Widerstreit der außenpolitischen Konzeptionen in den Jahren der Besatzungsherrschaft 1945–1949, 2. Auflage Stuttgart 1980.

Derselbe (Herausgeber): Die Legende von der verpaßten Gelegenheit – Die Stalin-Note vom 10. März 1952, Stuttgart und Zürich 1982.

Steininger, Rolf (Herausgeber): Deutsche Geschichte 1945–1961. Darstellung und Dokumente, 2 Bände, Frankfurt a. M. 1983.

Stolz, Rolf (Herausgeber): Ein anderes Deutschland – Grün-alternative Bewegungen und neue Antworten auf die Deutsche Frage, Berlin 1985.

Stürmer, Michael: Deutsche Fragen – Oder die Suche nach der Staatsräson, München 1988.

Tjulpanov, Sergej I.: Deutschland nach dem Kriege (1945–1949). Erinnerungen eines Offiziers der Sowjetarmee, herausgegeben von Stefan Doernberg, Berlin (Ost) 1986.

Turner, Henry Ashby: Geschichte der beiden deutschen Staaten seit 1945, München 1989.

Vogelsang, Thilo: Das geteilte Deutschland, 12. Auflage München 1983.

Wagenlehner, Günther (Herausgeber): Die deutsche Frage und die internationale Sicherheit, Koblenz 1988.

Weidenfeld, Werner: Die Frage nach der Einheit der deutschen Nation, München und Wien 1981.

Derselbe (Herausgeber): Die Identität der Deutschen, München und Wien 1983.

Derselbe (Herausgeber): Geschichtsbewußtsein der Deutschen – Materialien zur Spurensuche einer Nation, Köln 1987.

Derselbe/Zimmermann, Hartmut (Herausgeber): Deutschland-Handbuch. Eine doppelte Bilanz 1949–1989, Bonn 1989.

Wetzlaugk, Udo: Berlin und die deutsche Frage, Köln 1985.

Derselbe: Die Alliierten in Berlin, Berlin 1988.

Wilms, Eberhard: Die Deutsche Frage seit 1945, 2. Auflage Frankfurt a. M. 1988.

Winkler, Heinrich August (Herausgeber): Politische Weichenstellungen im Nachkriegsdeutschland 1945–1953, Göttingen 1979.

Zieger, Gottfried: Die Haltung von SED und DDR zur Einheit Deutschlands 1949–1987, Köln 1988.

Zivier, Ernst R.: Der Rechtsstatus des Landes Berlin – Eine Untersuchung nach dem Viermächteabkommen vom 3. September 1971, 3. Auflage Berlin 1977.

Die Bundesrepublik Deutschland

Abelshauser, Werner: Wirtschaftsgeschichte der Bundesrepublik Deutschland 1945–1980, 3. Auflage 1983.

Abenheim, Donald: Bundeswehr und Tradition – Die Suche nach dem gültigen Erbe des deutschen Soldaten, Vorwort von Gordon A. Craig, München 1989.

Abromeit, Heidrun: Staat und Wirtschaft – Zum Staatsverständnis der Wirtschaftsöffentlichkeit in der Bundesrepublik, Frankfurt a. M. und New York 1981.

Albers, Jens: Der Sozialstaat in der Bundesrepublik 1950–1983, Frankfurt a. M. 1989.

Alemann, Ulrich von/Heinze, Rolf G. (Herausgeber): Verbände und Staat – Vom Pluralismus zum Korporationismus. Analysen, Positionen, Dokumente, Opladen 1979.

Allemann, Fritz R.: Bonn ist nicht Weimar, Köln und Berlin 1956.

Ambrosius, Gerold: Die Durchsetzung der Sozialen Marktwirtschaft in Westdeutschland 1945–1949, Stuttgart 1977.

Arnold, Heinz Ludwig (Herausgeber): Literaturbetrieb in der Bundesrepublik Deutschland – Ein kritisches Handbuch, 2. Auflage München 1981.

Bald, Detlef: Vom Kaiserheer zur Bundeswehr – Sozialstruktur des Militärs: Politik der Rekrutierung von Offizieren und Unteroffizieren, Frankfurt a. M., Bern 1981.

Baring, Arnulf: Außenpolitik in Adenauers Kanzlerdemokratie, München und Wien 1969.

Derselbe: Machtwechsel. Die Ära Brandt – Scheel, Stuttgart 1982.

Bartholomäi, Reinhard/Bodenbender, Wolfgang/Henkel, Hardo/Hüttel, Renate (Herausgeber): Sozialpolitik nach 1945 – Geschichte und Analysen, Bonn–Bad Godesberg 1977.

Bausch, Hans: Rundfunkpolitik nach 1945, 2 Teile, München 1980.

Benz, Wolfgang: Von der Besatzungsherrschaft zur Bundesrepublik – Stationen einer Staatsgründung 1946–1949, Frankfurt am Main 1984.

Derselbe/Moos, Detlef (Herausgeber): Das Grundgesetz und die Bundesrepublik Deutschland 1949–1989, Gräfeling 1988.

Derselbe (Herausgeber): Die Geschichte der Bundesrepublik Deutschland – Politik, Wirtschaft, Gesellschaft, Kultur, Neuausgabe in 4 Bänden, Frankfurt a. M. 1989.

Berghahn, Volker R.: Unternehmer und Politik in der Bundesrepublik, Frankfurt a. M. 1985.

Bergmann, Joachim/Jacobi, Otto/Müller-Jentsch, Walther: Gewerkschaften in der Bundesrepublik, 2 Bände, 2. Auflage Frankfurt a. M. 1976/77.

Bernecker, Walther L./Dotterweich, Volker (Herausgeber): Persönlichkeit und Politik in der Bundesrepublik Deutschland – Politische Porträts, 2 Bände, Göttingen 1982.

Besson, Waldemar: Die Außenpolitik der Bundesrepublik – Erfahrungen und Maßstäbe, München 1970.

Beyme, Klaus von: Die politische Elite in der Bundesrepublik Deutschland, 2. Auflage München 1974.

Derselbe: Das politische System der Bundesrepublik Deutschland – Eine Einführung, München 1979.

Derselbe (Herausgeber): Die großen Regierungserklärungen der deutschen Bundeskanzler von Adenauer bis Schmidt, München und Wien 1979.

Bleek, Wilhelm/Jäckel, Hartmut/Maull, Hans (Herausgeber): Ein ganz normaler Staat – Perspektiven nach 40 Jahren Bundesrepublik, München 1989.

Bracher, Karl Dietrich/Eschenburg, Theodor/Fest, Joachim C./Jäckel, Eberhard (Herausgeber): Geschichte der Bundesrepublik Deutschland, 5 Bände, Stuttgart 1989.

Brodach, Georg/Wolff-Metternich, Hermann Freiherr von: Der Bundesverband der Deutschen Industrie, Düsseldorf 1986.

Brückner, Peter: Versuch, uns und anderen die Bundesrepublik zu erklären, Berlin 1978.

Brünneck, Alexander von: Politische Justiz gegen Kommunisten in der Bundesrepublik Deutschland 1949–1968, Frankfurt a. M. 1978.

Buchhaas, Dorothee: Die Volkspartei – Programmatische Entwicklung der CDU 1950–1973, Düsseldorf 1981.

Buchheim, Christoph: Die Wiedereingliederung Westdeutschlands in die Weltwirtschaft 1945–1958, München 1990.

Claessens, Dieter/Klönne, Arno/Tschoepe, Armin: Sozialkunde der Bundesrepublik Deutschland – Grundlagen, Strukturen, Trends in Wirtschaft und Gesellschaft, Neuausgabe Reinbek 1989.

Conze, Werner/Lepsius, M. Rainer (Herausgeber): Sozialgeschichte der Bundesrepublik Deutschland, Stuttgart 1983.

Datenhandbuch zur Geschichte des Deutschen Bundestages 1949 bis 1982, bearbeitet von Peter Schindler, Bonn 1983.

Dittberner, Jürgen: FDP – Partei der zweiten Wahl. Ein Beitrag zur Geschichte der liberalen Partei und ihrer Funktionen im Parteiensystem der Bundesrepublik, Opladen 1987.

Doering-Manteuffel, Anselm: Die Bundesrepublik Deutschland in der Ära Adenauer – Außenpolitik und innere Entwicklung 1949–1963, Darmstadt 1983.

Ellwein, Thomas/Hesse, Joachim Jens: Das Regierungssystem in der Bundesrepublik Deutschland, 6. Auflage Opladen 1987.

Ellwein, Thomas/Zoll, Ralf: Berufsbeamtentum – Anspruch und Wirklichkeit. Zur Entwicklung und Problematik des Öffentlichen Dienstes, Düsseldorf 1973.

Eschenburg, Theodor: Herrschaft der Verbände? Tübingen 1955.

Falter, Jürgen W./Rattinger, Hans/Troitzsch, Klaus G. (Herausgeber): Wahlen und politische Einstellungen in der Bundesrepublik Deutschland – Neuere Entwicklungen der Forschung, Frankfurt a. M. 1989.

Flechtheim, Ossip K. (Herausgeber): Dokumente zur parteipolitischen Entwicklung in Deutschland seit 1945, 9 Bände, Berlin 1962–1971.

Fürstenberg, Friedrich: Die Sozialstruktur der Bundesrepublik Deutschland – Ein soziologischer Überblick, 6. Auflage Opladen 1978.

Ganser, Helmut W. (Herausgeber): Technokraten in Uniform – Die innere Krise der Bundeswehr, Reinbek 1980.

Glaser, Hermann (Herausgeber): Bundesrepublikanisches Lesebuch – Drei Jahrzehnte geistiger Auseinandersetzung, München und Wien 1978.

Derselbe: Die Kulturgeschichte der Bundesrepublik Deutschland, 3 Bände, Ausgabe München 1990

Glastetter, Werner: Die Stellung der Bundesrepublik Deutschland in der Weltwirtschaft – Eine Bestandsaufnahme, Köln 1974.

Derselbe: Die wirtschaftliche Entwicklung der Bundesrepublik Deutschland im Zeitraum 1950 bis 1975 – Befund und Aspekte, Berlin, Heidelberg, New York 1977.

Gorschenek, Günter von (Herausgeber): Katholiken und ihre Kirche in der Bundesrepublik Deutschland, München, Wien 1977.

Greiffenhagen, Martin und Sylvia: Ein schwieriges Vaterland – Zur politischen Kultur Deutschlands, München 1979.

Grube, Frank / Richter, Gerhard: Die Gründerjahre der Bundesrepublik. Deutschland zwischen 1945 und 1955, Hamburg 1981.

Häberle, Peter (Herausgeber): Verfassungsgerichtsbarkeit, Darmstadt 1976.

Hach, Jürgen: Gesellschaft und Religion in der Bundesrepublik Deutschland, Heidelberg 1980.

Hacke, Christian: Weltmacht wider Willen – Die Außenpolitik der Bundesrepublik Deutschland, Stuttgart 1988.

Hanrieder, Wolfram F.: Fragmente der Macht – Die Außenpolitik der Bundesrepublik, München 1981.

Haungs, Peter: Parteiendemokratie in der Bundesrepublik, Berlin 1980.

Herbst, Ludolf: Option für den Westen – Vom Marshallplan bis zum deutsch-französischen Vertrag, München 1989.

Derselbe / Goschler, Constantin (Herausgeber): Wiedergutmachung in der Bundesrepublik Deutschland, München 1989.

Hermand, Jost: Kultur im Wiederaufbau – Die Bundesrepublik Deutschland 1945–1965, München 1986.

Hesse, Konrad: Grundzüge des Verfassungsrechts der Bundesrepublik Deutschland, 15. Auflage Karlsruhe 1985.

Hessler, Hans-Wolfgang (Herausgeber): Protestanten und ihre Kirche in der Bundesrepublik Deutschland, München und Wien 1976.

Hockerts, Hans-Günter: Sozialpolitische Entscheidungen im Nachkriegs-

deutschland – Alliierte und deutsche Sozialpolitik 1945 bis 1957, Stuttgart 1980.

Hondrich, Karl Otto: Die Ideologien von Interessenverbänden, Berlin
1963.

Hornung, Klaus: Staat und Armee – Studien zur Befehls- und Komman-
dogewalt und zum politisch-militärischen Verhältnis in der Bundesrepublik Deutschland, Mainz 1975.

Jaeggi, Urs: Kapital und Arbeit in der Bundesrepublik – Elemente einer
gesamtgesellschaftlichen Analyse, Frankfurt a. M. 1973.

Jaspers, Karl: Wohin treibt die Bundesrepublik? Tatsachen, Gefahren,
Chancen, München 1966.

Jühe, Reinhard / Niedenhoff, Horst-Udo / Pege, Wolfgang: Gewerkschaften in der Bundesrepublik Deutschland, 2. Auflage Köln 1982.

Kistler, Helmut: Bundesdeutsche Geschichte – Die Entwicklung der Bundesrepublik Deutschland seit 1945, Stuttgart 1986.

Klatt, Hartmut (Herausgeber): Der Bundestag im Verfassungsgefüge der
Bundesrepublik Deutschland, Bonn 1980.

Klotzbach, Kurt: Der Weg zur Staatspartei – Programmatik, praktische
Politik und Organisation der deutschen Sozialdemokratie 1945 bis 1965,
Berlin und Bonn 1982.

Kodalle, Klaus-M. (Herausgeber): Tradition als Last? – Legitimationspro-
bleme der Bundeswehr, Köln 1981.

Krockow, Christian Graf von (Herausgeber): Verwaltung zwischen Bürger und Politik, Bonn 1985 (Schriftenreihe der Bundeszentrale für politische Bildung, Band 218).

Derselbe / Lösche, Peter (Herausgeber): Parteien in der Krise – Das Parteiensystem der Bundesrepublik und der Aufstand des Bürgerwillens,
München 1986.

Langner, Albrecht: Katholizismus im politischen System der Bundesrepublik 1949–1963, Paderborn und München 1978.

Lehmann, Hans Georg: Chronik der Bundesrepublik Deutschland 1945/
49–1983, 3. Auflage München 1989.

Lehmbruch, Gerhard: Parteienwettbewerb im Bundesstaat, Stuttgart
1976.

Lösche, Peter: Wovon leben die Parteien? Über das Geld in der Politik,
Frankfurt a. M. 1984.

Lohmar, Ulrich: Das Hohe Haus – Der Bundestag und die Verfassungswirklichkeit, Stuttgart 1975.

Massow, Valentin von: Wissenschaft und Wissenschaftsförderung in der
Bundesrepublik, 2. Aufl. Bonn 1986.

Max-Planck-Institut für Bildungsforschung, Projektgruppe Bildungsbericht (Herausgeber): Bildung in der Bundesrepublik Deutschland – Daten und Analysen, 2 Bände, Stuttgart 1980.

McRae, Verena: Die Gastarbeiter – Daten, Fakten, Probleme, München 1980.

Meier-Braun, Karl-Heinz: ‹Gastarbeiter› oder Einwanderer – Anmerkungen zur Ausländerpolitik in der Bundesrepublik Deutschland, Berlin 1980.

Meyn, Hermann: Die neuen Medien – Chancen und Risiken, Berlin 1984.

Derselbe: Massenmedien in der Bundesrepublik, Neuauflage Berlin 1979.

Miegel, Meinhard: Die verkannte Revolution – Einkommen und Vermögen der privaten Haushalte, Bonn 1983.

Morsey, Rudolf: Die Bundesrepublik Deutschland – Entstehung und Entwicklung bis 1969, München 1987.

Narr, Wolf-Dieter / Tränhardt, Dietrich (Herausgeber): Die Bundesrepublik Deutschland – Entstehung, Entwicklung, Struktur, Königstein / Ts. 1979.

Neidhardt, Friedhelm: Die Familie in Deutschland – Gesellschaftliche Stellung, Strukturen und Funktionen, Opladen 1966.

Niclauß, Karlheinz: «Restauration» oder Renaissance der Demokratie? Die Entstehung der Bundesrepublik Deutschland 1945–1949, Berlin 1984.

Derselbe: Kanzlerdemokratie – Bonner Regierungspraxis von Konrad Adenauer bis Helmut Kohl, Stuttgart 1988.

Noelle-Neumann, Elisabeth: Eine demoskopische Deutschstunde, Zürich 1983.

Osterland, Martin: Gesellschaftsbilder in Filmen – Eine soziologische Untersuchung des Filmangebots der Jahre 1949–1964, Stuttgart 1970.

Otto, Volker: Das Staatsverständnis des Parlamentarischen Rates – Ein Beitrag zur Entstehungsgeschichte des Grundgesetzes für die Bundesrepublik Deutschland, Düsseldorf 1971.

Pirker, Theo: Die verordnete Demokratie – Grundlagen und Erscheinungen der «Restauration», Berlin 1977.

Ploetz: Die Bundesrepublik Deutschland – Daten, Fakten, Analysen, herausgegeben von Thomas Ellwein und anderen, Freiburg und Würzburg 1984.

Pross, Harry: Politik und Publizistik in Deutschland seit 1945 – Zeitbedingte Positionen, München 1980.

Derselbe (Herausgeber): Deutsche Presse seit 1945, Bern, München, Wien 1965.

Rausch, Heinz: Politische Kultur in der Bundesrepublik Deutschland, Berlin 1980.

Reichel, Peter: Politische Kultur in der Bundesrepublik, Opladen 1981.

Röhrich, Wilfried: Die Demokratie der Westdeutschen – Geschichte und politisches Klima einer Republik, München 1988.

Rowold, Manfred: Im Schatten der Macht – Zur Oppositionsrolle der nichtetablierten Parteien in der Bundesrepublik, Düsseldorf 1974.

Rückerl, Adalbert: NS-Verbrechen vor Gericht – Versuch einer Vergangenheitsbewältigung, Heidelberg 1982.

Rudzio, Wolfgang: Das politische System der Bundesrepublik Deutschland – Eine Einführung, Opladen 1983.

Ruppert, Wolfgang (Herausgeber): Erinnerungsarbeit – Geschichte und demokratische Identität in Deutschland, Opladen 1982.

Rytlewski, Ralf / Opp de Hipt, Manfred: Die Bundesrepublik Deutschland in Zahlen 1945 / 49 – 1980. Ein sozialgeschichtliches Arbeitsbuch, München 1987.

Scheel, Walter (Herausgeber): Die andere deutsche Frage – Kultur und Gesellschaft in der Bundesrepublik Deutschland nach 30 Jahren, Stuttgart 1981.

Schmid, Günther / Treiber, Hubert: Bürokratie und Politik – Zur Struktur und Funktion der Ministerialbürokratie in der Bundesrepublik Deutschland. München 1975.

Schössler, Dietmar: Der Primat des Zivilen – Konflikte und Konsens der Militärelite im politischen System der Bundesrepublik, Meisenheim / Glan 1973.

Schubert, Klaus von: Wiederbewaffnung und Westintegration – Die innere Auseinandersetzung um die militärische und außenpolitische Orientierung der Bundesrepublik 1950 bis 1952, Stuttgart 1970.

Schulz, Karl Ernst (Herausgeber): Streitkräfte im gesellschaftlichen Wandel, Bonn 1980.

Schwarz, Hans-Peter: Die Ära Adenauer, 2 Bände, Stuttgart 1981 und 1983.

Derselbe: Vom Reich zur Bundesrepublik, 2. Auflage Stuttgart 1980.

Simon, Ulrich: Die Integration der Bundeswehr in die Gesellschaft – Das Ringen um die innere Führung, Heidelberg und Hamburg 1980.

Sontheimer, Kurt: Grundzüge des politischen Systems der Bundesrepublik Deutschland, 12. Ausgabe München 1989.

Derselbe: Die verunsicherte Republik – Die Bundesrepublik Deutschland nach 30 Jahren, München 1979.

Sörgel, Werner: Konsensus und Interessen – Eine Studie zur Entstehung des Grundgesetzes für die Bundesrepublik Deutschland, Stuttgart 1969.

Spanner, Hans: Das Bundesverfassungsgericht, München 1972.

Spotts, Frederic: Kirchen und Politik in Deutschland, Stuttgart 1976.

Statistisches Bundesamt (Herausgeber): Statistisches Jahrbuch für die Bundesrepublik Deutschland, Stuttgart, erscheint jährlich.

Dasselbe (Herausgeber): Datenreport – Zahlen und Fakten über die Bundesrepublik Deutschland, Stuttgart, erscheint alle zwei Jahre.

Steinbach, Peter: Geschichte der Bundesrepublik Deutschland – Geschichte und Aspekte der Verfassungsordnung, Berlin 1982.

Stöss, Richard (Herausgeber): Parteien-Handbuch. Die Parteien der Bundesrepublik Deutschland 1945–1980, 4 Bände, Opladen 1983.

Thomas, Michael Wolf (Herausgeber): Die Verteidigung der Rundfunkfreiheit, Reinbek 1979.

Ullmann, Hans-Peter: Bibliographie zur Geschichte der deutschen Parteien und Interessenverbände, Göttingen 1978.

Varain, Heinz Josef: Interessenverbände in Deutschland, Köln 1973.

Wilke, Manfred: Die Funktionäre – Apparat und Demokratie im Deutschen Gewerkschaftsbund, München und Zürich 1979.

Wolf, Konstanze: CSU und Bayernpartei, Köln 1982.

Weidenfeld, Werner (Herausgeber): Politische Kultur und deutsche Frage – Materialien zum Staats- und Nationalbewußtsein in der Bundesrepublik Deutschland, Köln 1989.

Wurzbacher, Gerhard: Leitbilder gegenwärtigen deutschen Familienlebens, Stuttgart 1969.

Zapf, Wolfgang: Wandlungen der deutschen Elite – Ein Zirkulationsmodell deutscher Führungsgruppen 1919–1961, München 1965.

Derselbe (Herausgeber): Lebensbedingungen in der Bundesrepublik – Sozialer Wandel und Wohlfahrtsentwicklung, 2. Auflage Frankfurt a. M. 1978.

Die Deutsche Demokratische Republik

Akademie für Staats- und Rechtswissenschaft der DDR (Herausgeber): Handbuch gesellschaftlicher Organisationen in der DDR, Berlin (Ost) 1985.

Autorenkollektiv (Leitung Gerhard Rossmann): Geschichte der Sozialistischen Einheitspartei Deutschlands – Abriß, Berlin (Ost) 1978.

Bahro, Rudolf: Die Alternative – Zur Kritik des real existierenden Sozialismus, Köln und Frankfurt a. M. 1977.

Baring, Arnulf: Der 17. Juni 1953, 3. Auflage Köln und Berlin 1966.

Baske, Siegfried (Herausgeber): Bildungspolitik in der DDR 1963–1976. Dokumente, Wiesbaden 1979.

Bichler, Hans: Landwirtschaft in der DDR – Agrarpolitik, Betriebe, Produktionsgrundlagen und Leistungen, 2. Auflage Berlin 1981.

Bölling, Klaus: Die fernen Nachbarn – Erfahrungen in der DDR, Hamburg 1983.

Bröll, Werner/Heisenberg, Wolfgang/Sühlo, Winfried: Der andere Teil Deutschlands, 3. Auflage München und Wien 1971.

Bronnen, Barbara/Henny, Franz: Liebe, Ehe, Sexualität in der DDR – Interviews und Dokumente, München 1975.

Broszat, Martin/Weber, Hermann (Herausgeber): SBZ-Handbuch – Staatliche Verwaltungen, Parteien, gesellschaftliche Organisationen in der Sowjetischen Besatzungszone Deutschlands 1945–1949, München 1989.

Brunner, Georg: Einführung in das Recht der DDR, 2. Auflage München 1979.

Buch, Günther: Namen und Daten wichtiger Personen der DDR, 4. Auflage Berlin und Bonn 1987.

Bundesministerium für innerdeutsche Beziehungen (Herausgeber): DDR Handbuch, 2 Bände, 3. Auflage Köln 1985.

Bust-Bartels, Axel: Herrschaft und Widerstand in den DDR-Betrieben – Leistungsentlohnung, Arbeitsbedingungen, innerbetriebliche Konflikte und technologische Entwicklung, Frankfurt a. M. und New York 1980.

Dähn, Horst: Konfrontation oder Kooperation? Das Verhältnis von Staat und Kirche in der SBZ/DDR 1945–1980, Opladen 1982.

Damus, Renate: Der reale Sozialismus als Herrschaftssystem am Beispiel der DDR – Kritik der nachkapitalistischen Gesellschaft, Gießen 1978.

DDR – Werden und Wachsen. Zur Geschichte der Deutschen Demokratischen Republik, herausgegeben von der Akademie der Wissenschaften der DDR, Berlin (Ost) 1974.

Dietsch, Ulrich: Außenwirtschaftliche Aktivitäten der DDR, Hamburg 1976.

Dietz, Raimund: Die Wirtschaft der DDR 1950–1974, Wien 1976.

Ehring, Klaus/Dallwitz, Martin: Schwerter zu Pflugscharen – Friedensbewegung in der DDR, Reinbek 1982.

Emmerich, Wolfgang: Kleine Literaturgeschichte der DDR, Darmstadt und Neuwied 1981.

Fischbeck, Helmut (Herausgeber): Literaturpolitik und Literaturkritik in der DDR – Eine Dokumentation, 2. Auflage Frankfurt a. M., Berlin, München 1979.

Forster, Thomas M.: Die NVA – Kernstück der Landesverteidigung der DDR, 5. Auflage Köln 1979.

Freiburg, Arnold / Mahrad, Christa: FDJ – der sozialistische Jugendverband der DDR, Opladen 1982.

Fricke, Karl Wilhelm: Die DDR-Staatssicherheit – Entwicklung, Strukturen, Aktionsfelder, Köln 1982.

Gast, Gabriele: Die politische Rolle der Frau in der DDR, Düsseldorf 1973.

Gaus, Günter: Wo Deutschland liegt – Eine Ortsbestimmung, Hamburg 1983.

Gerlach, Ingeborg: Der schwierige Fortschritt – Gegenwartsdeutung und Zukunftserwartung im DDR-Roman, Königstein / Ts. 1979.

Gill, Ulrich: Der Freie Deutsche Gewerkschaftsbund (FDGB) – Theorie, Geschichte, Organisation, Funktion, Kritik, Opladen 1989.

Glaeßner, Gert-Joachim (Herausgeber): Die DDR in der Ära Honecker – Politik, Kultur, Gesellschaft, Opladen 1988.

Derselbe: Die andere deutsche Republik – Gesellschaft und Politik in der DDR. Opladen 1989.

Derselbe / Rudolph, Irmhild: Macht durch Wissen – Zum Zusammenhang von Bildungspolitik, Bildungssystem und Kaderqualifizierung in der DDR. Eine politisch-soziologische Untersuchung, Opladen 1978.

Gohl, Dieter: Deutsche Demokratische Republik – Eine aktuelle Landeskunde, Frankfurt a. M. 1986.

Görlich, J. Wolfgang: Geist und Macht in der DDR – Die Integration der kommunistischen Ideologie, Olten und Freiburg 1968.

Götz, Julius: Verzeichnis von in der DDR gebräuchlichen Abkürzungen, Bonn 1981.

Gruhn, Werner: Umweltpolitische Aspekte der DDR-Energiepolitik, Erlangen 1982.

Gutmann, Gernot (Herausgeber): Das Wirtschaftssystem der DDR – Wirtschaftspolitische Gestaltungsprobleme, Stuttgart und New York 1983.

Handbuch DDR-Wirtschaft, Ausgabe Reinbek 1977.

Hanke, Helmut: Freizeit in der DDR, Berlin (Ost) 1979.

Haupt, Michael: Die Berliner Mauer – Vorgeschichte, Bau, Folgen. Literaturbericht und Bibliographie zum 20. Jahrestag des 13. August 1961, München 1981.

Heitzer, Heinz / Schmerbach, Günther: Illustrierte Geschichte der DDR, 3. Auflage Berlin (Ost) 1988.

Henkys, Reinhard (Herausgeber): Die evangelischen Kirchen in der DDR – Beiträge zu einer Bestandsaufnahme, München 1982.

Henrich, Rolf: Der vormundschaftliche Staat – Vom Versagen des real existierenden Sozialismus, Reinbek 1989.

Hille, Barbara: Familie und Sozialisation in der DDR, Opladen 1985.

Holzweißig, Gunter: Massenmedien in der DDR, Berlin 1983.

Jaide, Walter / Hille, Barbara (Herausgeber): Jugend im doppelten Deutschland, Opladen 1977.

Janka, Walter: Schwierigkeiten mit der Wahrheit, Reinbek 1989

Keiderling, Gerhard: Berlin 1945 bis 1986 – Geschichte der Hauptstadt der DDR, Berlin (Ost) 1987.

Klein, Helmut: Bildung in der DDR, Reinbek 1974.

Knauf, Wolfgang: Katholische Kirche in der DDR – Gemeinden in der Bewährung 1945–1980, Mainz 1980.

Kregel, Bernd: Außenpolitik und Systemstabilisierung in der DDR, Opladen 1979.

Kuhrig, Herta / Speigner, Wulfram (Herausgeber): Zur gesellschaftlichen Stellung der Frau in der DDR, Leipzig 1978.

Lambrecht, Horst: Die Landwirtschaft der DDR vor und nach ihrer Umgestaltung im Jahre 1960, Berlin 1977.

Lehmann, Hans-Georg: Chronik der DDR 1945/49 bis heute, München 1987.

Lemke, Christiane: Persönlichkeit und Gesellschaft – Zur Theorie der Persönlichkeit in der DDR, Opladen 1980.

Leonhard, Wolfgang: Das kurze Leben der DDR – Betrachtungen und Kommentare aus vier Jahrzehnten, Stuttgart 1990.

Luchterhand, Otto: Die Gegenwartslage der Evangelischen Kirche in der DDR – Eine Einführung, Tübingen 1982.

Ludz, Peter Christian: Parteielite im Wandel – Funktionsaufbau, Sozialstruktur und Ideologie der SED-Führung. Eine empirisch-systematische Untersuchung, 3. Auflage Köln und Opladen 1970.

Derselbe: Soziologie und Marxismus in der Deutschen Demokratischen Republik, 2 Bände, Berlin und Neuwied 1972.

Derselbe: Die DDR zwischen Ost und West – Politische Analysen 1961 bis 1976, München 1977.

Derselbe: Mechanismen der Herrschaftssicherung – Eine sprachpolitische Analyse gesellschaftlichen Wandels in der DDR, München und Wien 1980.

Marzahn, Barbara: Der Deutschlandbegriff der DDR – Dargestellt vornehmlich an der Sprache des Neuen Deutschland, Düsseldorf 1979.

Maser, Peter: Glauben im Sozialismus, Berlin 1989.

Matthies, Helmut (Herausgeber): Zwischen Anpassung und Widerstand – Interviews mit Bischöfen und Kommentare zur Situation der evangelischen Kirchen in der DDR, Wiesbaden 1980.

Merseburger, Peter: Grenzgänger – Innenansichten der anderen deutschen Republik, München 1988.

Miksch, Jürgen: Jugend und Freizeit in der DDR, Opladen 1972.

Mrochen, Siegfried: Alter in der DDR – Arbeit, Freizeit, materielle Sicherung und Betreuung, Weinheim, Basel 1980.

Neugebauer, Gero: Partei und Staatsapparat in der DDR – Aspekte der Instrumentalisierung des Staatsapparates durch die SED, Opladen 1978.

Obertreis, Gesine: Familienpolitik in der DDR 1945–1980, Opladen 1986.

Otto, Elmar Dieter: Nachrichten in der DDR – Eine empirische Untersuchung über «Neues Deutschland», Köln 1979.

Ploetz: Die Deutsche Demokratische Republik – Daten, Fakten, Analysen, herausgegeben von Alexander Fischer, Darmstadt 1988.

Raddatz, Fritz J.: Traditionen und Tendenzen – Materialien zur Literatur in der DDR, 2 Bände, Ausgabe Frankfurt a. M. 1976.

Rausch, Heinz (Herausgeber): DDR – Das politische, wirtschaftliche und soziale System, 7. Auflage München 1988.

Reich-Ranicki, Marcel: Zur Literatur in der DDR, München 1974.

Roggemann, Herwig: Die DDR-Verfassungen, 3. Auflage Berlin 1980.

Roos, Peter (Herausgeber): Exil – Die Ausbürgerung Wolf Biermanns aus der DDR. Eine Dokumentation, Köln 1977.

Rudolph, Hermann: Die Gesellschaft in der DDR – Eine deutsche Möglichkeit? Anmerkungen zum Leben im anderen Deutschland, München 1972.

Rytlewski, Ralf/Opp de Hipt, Manfred: Die Deutsche Demokratische Republik in Zahlen 1945/49–1980. Ein sozialgeschichtliches Arbeitsbuch, München 1987.

Schäfer, Heinz/Schimanski, Ilona: Berufsausbildung in der DDR – Fragen, Diskussionen, Beobachtungen, Frankfurt a. M. 1981.

Schmid, Hans-Dieter: Geschichtsunterricht in der DDR – Eine Einführung, Stuttgart 1979.

Schneider, Eberhard: Die DDR – Geschichte, Politik, Wirtschaft, Gesellschaft, 5. Auflage Stuttgart 1980.

Schubert, Friedel: Die Frau in der DDR – Ideologie und konzeptionelle Ausgestaltung ihrer Stellung in Beruf und Familie, Opladen 1980.

Seiffert, Wolfgang: Kann der Ostblock überleben? Der COMECON und die Krise des sozialistischen Wirtschaftssystems, Bergisch Gladbach 1983.

Sontheimer, Kurt/Bleek, Wilhelm: Die DDR – Politik, Gesellschaft, Wirtschaft, 5. Auflage Hamburg 1979.

Sperling, Walter: Landeskunde DDR – eine annotierte Auswahlbibliographie, München und New York 1978.

Spittmann, Ilse/Fricke, Karl Wilhelm (Herausgeber): 17. Juni 1953 – Arbeiteraufstand in der DDR, 2. Auflage Köln 1988.

Thomas, Karin: Die Malerei in der DDR 1949–1979, Köln 1980.

Thomas, Rüdiger: Modell DDR – Die kalkulierte Emanzipation, 8. Auflage München 1982.

Voigt, Dieter: Soziologie in der DDR – Eine exemplarische Untersuchung, Köln 1975.

Derselbe / Voss, Werner / Meck, Sabine: Sozialstruktur der DDR – Eine Einführung, Darmstadt 1987.

Weber, Hermann: Die Sozialistische Einheitspartei Deutschlands 1946–1971, Hannover 1971.

Derselbe: SED – Chronik einer Partei 1971–1976, Köln 1976.

Derselbe: Kleine Geschichte der DDR, Köln 1980.

Derselbe: Die DDR 1945 bis 1986, München 1988.

Derselbe (Herausgeber): Parteiensystem zwischen Demokratie und Volksdemokratie – Dokumente und Materialien zum Funktionswandel der Parteien und Massenorganisationen in der SBZ / DDR 1945–1950, Köln 1982.

Wittstock, Uwe: Von der Stalinallee zum Prenzlauer Berg – Wege der DDR-Literatur 1949–1989, München 1989.

Zank, Wolfgang: Wirtschaft und Arbeit in Ostdeutschland 1945–1949. Probleme des Wiederaufbaus in der Sowjetischen Besatzungszone Deutschlands, München 1987.

Zimmer, Dieter: Auferstanden aus Ruinen – Von der SBZ zur DDR, Stuttgart 1989.

Deutsche Bewegungen seit 1968

Agnoli, Johannes / Brückner, Peter: Die Transformation der Demokratie – Theorie der außerparlamentarischen Opposition, Frankfurt am Main 1968.

Aust, Stefan: Der Baader Meinhof Komplex, Hamburg 1986.

Backes, Uwe / Jesse, Eckard: Politischer Extremismus in der Bundesrepublik Deutschland, 3 Bände, Köln 1989.

Bahr, Hans Eckehard / Mahlke, Heike und Gottfried / Sölle, Dorothee / Steffensky, Fulbert: Franziskus in Gorleben – Protest für die Schöpfung, Frankfurt a. M. 1981.

Balsen, Werner / Rössel, Karl: Hoch die internationale Solidarität – Zur Geschichte der Dritte-Welt-Bewegung in der Bundesrepublik, Köln 1986.

Bauss, Gerhard: Die Studentenbewegung der sechziger Jahre in der Bundesrepublik und West-Berlin – Handbuch, Köln 1977.

Benz, Wolfgang: Rechtsextremismus in der Bundesrepublik – Voraussetzungen, Zusammenhänge, Wirkungen, Frankfurt a. M. 1984.

Bieling, Rainer: Die Tränen der Revolution – Die 68er zwanzig Jahre danach, Berlin 1988.

Brand, Karl-Werner / Büsser, Detlef / Rucht, Dieter: Aufbruch in eine
andere Gesellschaft, Neuausgabe Frankfurt a. M. und New York
1986.

Bredow, Wilfried / Brocke, Rudolf H.: Krise und Protest – Ursprünge und
Elemente der Friedensbewegung in Westeuropa, Opladen 1987.

Brückner, Peter: Ulrike Marie Meinhof und die deutschen Verhältnisse,
Berlin 1976.

Derselbe (Herausgeber): Die Mescalero-Affäre, Hannover 1977.

Cyprian, Gudrun: Sozialisation in Wohngemeinschaften, Stuttgart 1978.

Ditfurth, Jutta: Träumen, Kämpfen, Verwirklichen – Politische Texte bis
1987, Köln 1988.

Doormann, Lottemi (Herausgeberin): Keiner schiebt uns weg – Zwi-
schenbilanz der Frauenbewegung in der Bundesrepublik, Weinheim
und Basel 1979.

Dudek, Peter / Jaschke, Hans-Gerd: Entstehung und Entwicklung des
Rechtsextremismus in der Bundesrepublik – Zur Tradition einer besonderen politischen Kultur, 2 Bände, Opladen 1984.

Ebermann, Thomas / Trampert, Rainer: Die Zukunft der Grünen – Ein
realistisches Konzept für eine radikale Partei, Hamburg 1984.

Ebert, Theodor: Ziviler Ungehorsam – Von der APO zur Friedensbewegung, Waldkirch 1984.

Ellwein, Thomas: Krisen und Reformen – Die Bundesrepublik seit den
sechziger Jahren, München 1989.

Fetscher, Iring: Terrorismus und Reaktion, Köln und Frankfurt a. M. 1977.

Fichter, Tilman / Lönnendonker, Siegward: Kleine Geschichte des SDS –
Der Sozialistische Deutsche Studentenbund von 1946 bis zur Selbstauf-
lösung, 2. Auflage Berlin 1979.

Frisch, Peter: Extremistenbeschluß, 2. Auflage Leverkusen 1976.

Funke, Manfred (Herausgeber): Extremistenbeschluß im demokratischen
Rechtsstaat – Ausgewählte Texte und Materialien zur aktuellen Diskussion, Düsseldorf 1978.

Gatter, Peter: Die Aufsteiger – Ein politisches Porträt der Grünen, Hamburg 1987.

Ginzel, Günther Bernd: Hitlers (Ur)Enkel – Neonazis: ihre Ideologie und
Aktionen, überarbeitete Neuauflage Düsseldorf 1989.

Glätzer, Harald: Landkommunen in der BRD – Flucht oder konkrete Utopie? Bielefeld 1978.

Glotz, Peter: Die deutsche Rechte – Eine Streitschrift, Stuttgart 1989.

Greiffenhagen, Martin (Herausgeber): Emanzipation, Hamburg 1973.

Derselbe (Herausgeber): Der neue Konservatismus der siebziger Jahre, Reinbek 1974.

Derselbe: Freiheit gegen Gleichheit? Zur Tendenzwende in der Bundesrepublik, Hamburg 1975.

Derselbe / Scheer, Martin (Herausgeber): Die Gegenreform – Zur Frage der Reformierbarkeit von Staat und Gesellschaft, Reinbek 1975.

Guggenberger, Bernd: Bürgerinitiativen in der Parteiendemokratie, Stuttgart 1980.

Derselbe / Kempf, Udo (Herausgeber): Bürgerinitiativen und repräsentatives System, 2. Auflage Opladen 1984.

Derselbe / Offe, Claus (Herausgeber): An den Grenzen der Mehrheitsdemokratie – Politik und Soziologie der Mehrheitsregel, Opladen 1984.

Hanolka, Harro: Schwarzrotgrün – Die Bundesrepublik auf der Suche nach ihrer Identität, München 1987.

Hartfiel, Günter (Herausgeber): Emanzipation – Ideologischer Fetisch oder reale Chance, Opladen 1975.

Hasenclever, Wolf-Dieter und Connie: Grüne Zeiten – Politik für eine lebenswerte Zukunft, München 1982.

Heidger, Ralf: Die Grünen – Basisdemokratie und Parteiorganisation – Eine empirische Untersuchung, Berlin 1987.

Hollstein, Walter: Die Gegengesellschaft – Alternative Lebensformen, Bonn 1979.

Huber, Joseph: Wer soll das alles ändern – Die Alternativen der Alternativbewegung, Berlin 1980.

Hüllen, Rudolf van: Ideologie und Machtkampf bei den Grünen – Untersuchungen zur programmatischen und innerorganisatorischen Entwicklung einer deutschen «Bewegungspartei», Bonn 1990.

Italiaander, Rolf (Herausgeber): «Fremde raus?» Fremdenangst und Ausländerfeindlichkeit – Gefahr für jede Gemeinschaft, Frankfurt a. M. 1983.

Jaide, Walter: Wertewandel? Opladen 1983.

Derselbe / Veen, Hans-Joachim: Bilanz der Jugendforschung – Ergebnisse empirischer Analysen in der Bundesrepublik Deutschland von 1975 bis 1987, Paderborn 1989.

Jansen, Mechthild (Herausgeberin): Halbe – Halbe. Der Streit um die Quotierung, Berlin 1986.

Janssen-Jurreit, Marielouise: Sexismus – Über die Abtreibung der Frauenfrage, München, Wien 1977.

Jugendprotest im demokratischen Staat, herausgegeben vom Presse- und Informationsamt des Deutschen Bundestages, Bonn 1982.

Jugendwerk der Deutschen Shell: Jugend 81 – Lebensentwürfe, Alltagskulturen, Zukunftsbilder, Opladen 1982.

Kaltenbrunner, Gerd-Klaus: Zur Emanzipation verurteilt – Der Preis unserer Mündigkeit, Freiburg 1975.

Kitschelt, Herbert: Kernenergiepolitik – Arena eines gesellschaftlichen Konflikts, Frankfurt a. M. 1980.

Klages, Helmut/Kmieciak, Peter (Herausgeber): Wertwandel und gesellschaftlicher Wandel, Frankfurt a. M. 1979.

Kommune 2: Versuch einer Revolutionierung des bürgerlichen Individuums, Berlin 1969.

Langguth, Gerd: Protestbewegung. Entwicklung – Niedergang – Renaissance. Die Neue Linke seit 1968, Köln 1983.

Derselbe: Der grüne Faktor – Von der Bewegung zur Partei? Osnabrück 1984.

Leggewie, Claus: Die Republikaner – Phantombild der Neuen Rechten, Berlin 1989.

Leuenberger, Theodor/Schilling, Rudolf: Die Ohnmacht des Bürgers – Plädoyer für eine nachmoderne Gesellschaft, Frankfurt a. M. 1977.

Liedtke, Rüdiger: Widerstand ist Bürgerpflicht – Macht und Ohnmacht des Staatsbürgers, München 1984.

Linse, Ulrich: Ökopax und Anarchie – Eine Geschichte der ökologischen Bewegungen in Deutschland, München 1986.

Derselbe/Falter, Reinhard/Rucht, Dieter/Kretschmer, Winfried: Von der Bittschrift zur Platzbesetzung – Konflikte um technische Großprojekte, Bonn 1988.

Löwenthal, Richard: Der romantische Rückfall – Wege und Irrwege einer rückwärtsgewendeten Revolution, Stuttgart 1970.

Lübbe, Hermann: Politischer Moralismus – Der Triumph der Gesinnung über die Urteilskraft, Berlin 1987.

Mayer-Tasch, Peter Cornelius: Die Bürgerinitiativbewegung – Der aktive Bürger als rechts- und politikwissenschaftliches Problem, Neuausgabe, 5. Auflage Reinbek 1985.

Meyer, Thomas: Am Ende der Gewalt? Der deutsche Terrorismus – Protokoll eines Jahrzehnts, Berlin 1980.

Michel, Karl Markus/Wieser, Harald (Herausgeber): Kursbuch 54 – Jugend, Berlin 1978.

Derselbe/Spengler, Tilman (Herausgeber): Kursbuch 65 – Der große Bruch – Revolte 81, Berlin 1981.

Miermeister, Jürgen/Staadt, Jochen (Herausgeber): Provokationen – Die

Studenten- und Jugendrevolte in ihren Flugblättern 1965–1971, Darmstadt 1980.

Mildenberger, Michael: Die religiöse Revolte – Jugend zwischen Flucht und Aufbruch, Frankfurt a. M. 1979.

Mosler, Peter: Was wir wollten, was wir wurden – Zeugnisse der Studentenrevolte, Reinbek 1988.

Müller, Emil-Peter: Die Grünen und das Parteiensystem, Köln 1984.

Müller-Borchert, Hans-Jochaim: Der Terrorismus in der Bundesrepublik, Hamburg 1978.

Noelle-Neumann, Elisabeth: Die stille Revolution – Wandlungen im Bewußtsein der deutschen Bevölkerung. In: Allensbacher Jahrbuch der Demoskopie 1976–1977, herausgegeben von Elisabeth Noelle-Neumann, Wien 1977.

Otto, Karl A.: Vom Ostermarsch zur APO – Geschichte der außerparlamentarischen Opposition in der Bundesrepublik 1960–1970, Frankfurt a. M. 1977.

Rabe, Karl-Klaus: Rechtsextreme Jugendliche – Gespräche mit Verführern und Verführten, Bornheim-Merten 1980.

Radikale im öffentlichen Dienst – Dokumente, Debatten, Urteile, zusammengestellt von Hermann Borg-Maciejewski, Stuttgart 1973.

Raschke, Joachim: Soziale Bewegungen – Ein historisch-systematischer Grundriß, Frankfurt a. M. 1985.

Rohrmoser, Günter: Die Herausforderung der Radikalen, Köln 1973.

Roth, Roland / Rucht, Dieter (Herausgeber): Neue soziale Bewegungen in der Bundesrepublik Deutschland, Frankfurt a. M. 1987.

Rudolph, Hermann: Die Herausforderung der Politik – Innenansichten der Bundesrepublik, Stuttgart 1985.

Schelsky, Helmut: Systemüberwindung, Demokratisierung und Gewaltenteilung – Grundsatzkonflikte der Bundesrepublik, München 1973.

Derselbe: Die Arbeit tun die anderen – Klassenkampf und Priesterherrschaft der Intellektuellen, Opladen 1975.

Schenk, Herrad: Die feministische Herausforderung – 150 Jahre Frauenbewegung in Deutschland, 3. Auflage, München 1983.

Scheuch, Erwin K. (Herausgeber): Die Wiedertäufer der Wohlstandsgesellschaft – Eine kritische Untersuchung der «Neuen Linken» und ihrer Dogmen, Köln 1968.

Schlicht, Uwe (Herausgeber): Trotz und Träume – Jugend lehnt sich auf, Berlin 1982.

Schöller, Gunhild: Feminismus und linke Politik, 2. Auflage Berlin 1986.

Schroeren, Michael (Herausgeber): Die Grünen – Zehn bewegte Jahre, Wien 1990.

Schütte, Johannes: Revolte und Verweigerung – Zur Politik und Sozialpsychologie der Sponti-Bewegung, Gießen 1980.

Schwarzer, Alice: So fing es an! – 10 Jahre Frauenbewegung, Köln 1981.

Seibold, Carsten (Herausgeber): Die 68er – Das Fest der Rebellion, München 1988.

Sontheimer, Kurt: Das Elend unserer Intellektuellen – Linke Theorie in der Bundesrepublik Deutschland, Hamburg 1976.

Stamer, Sabine (Herausgeber): Von der Machbarkeit des Unmöglichen, Hamburg 1985.

Wasser, Hartmut: Parlamentarismuskritik vom Kaiserreich zur Bundesrepublik – Analyse und Dokumentation, Stuttgart-Bad Cannstatt 1974.

Weinberger, Marie-Luise: Aufbruch zu neuen Ufern? Grün-Alternative zwischen Anspruch und Wirklichkeit, Bonn 1984.

Wiedemann, Erich: Die deutschen Ängste – Ein Volk in Moll, Berlin 1988.

Wiggershaus, Renate: Geschichte der Frauen und der Frauenbewegung, Wuppertal 1979.

Wilharm, Irmgard (Herausgeberin): Deutsche Geschichte 1962–1983, Dokumente in zwei Bänden, Frankfurt a. M. 1985.

Zander, Helmut: Die Christen und die Friedensbewegungen in beiden deutschen Staaten – Beiträge zu einem Vergleich für die Jahre 1978 bis 1987, Berlin 1989.

Deutschland und die Deutschen 1989–1990

Andert, Reinhold / Herzberg, Wolfgang: Der Sturz. Erich Honecker im Kreuzverhör, Berlin und Weimar 1990.

Artzt, Matthias / Suhr, Heinz: Der Treuhandskandal. Wie Ostdeutschland geschlachtet wurde, Frankfurt a. M. 1991.

Ash, Timothy Garton: Ein Jahrhundert wird abgewählt. Aus den Zentren Mitteleuropas 1980–1990, München 1991.

Assheuer, Thomas / Sarkowicz: Rechtsradikale in Deutschland, 2. Aufl. München 1992.

Augstein, Rudolf: Deutschland, einig Vaterland? Ein Streitgespräch, 2. Aufl., Göttingen 1990.

Baier, Lothar: Volk ohne Zeit. Essay über das heilige Vaterland, Berlin 1990.

Barthelémy, Françoise / Winckler, Lutz (Herausgeber): Mein Deutschland findet sich in keinem Atlas – Schriftsteller aus beiden deutschen Staaten über ihr nationales Selbstverständnis, Frankfurt a. M. 1990.

Beck, Ulrich: Jenseits von Rechts und Links, Frankfurt a. M. 1992.

Beyme, Klaus von: Hauptstadtsuche, Frankfurt a. M. 1991.

Blanke, Thomas / Erd, Rainer (Herausgeber): DDR – Ein Staat vergeht, Frankfurt a. M. 1990.

Blohm, Frank / Herzberg, Wolfgang (Herausgeber): Nichts wird mehr so sein, wie es war. Zur Zukunft der beiden deutschen Republiken, Frankfurt a. M. 1990.

Bohley, Bärbel, u. a.: 40 Jahre DDR... und die Bürger melden sich zu Wort, Berlin und München 1989.

Brachmann, Ronald / Kirchhof, Paul / Klein, Eckart u. a.: Die Wiedervereinigung und damit zusammenhängende Rechtsprobleme, Heidelberg 1991.

Brandt, Willy: Was zusammengehört... Reden zu Deutschland, Bonn 1990.

Brauns, Hans-Joachim: Wiedervereinigung und europäische Integration, Frankfurt a. M., Bern, New York und Paris 1990.

Brie, Michael / Klein, Dieter (Herausgeber): Umbruch zur Moderne. Kritische Beiträge, Hamburg 1991.

Bürgerkomitee Leipzig (Herausgeber): Stasi intern. Macht und Banalität, Leipzig 1991.

Christ, Peter / Neubauer, Ralf: Kolonie im eigenen Land. Die Treuhand, Bonn und die Wirtschaftskatastrophe der fünf neuen Länder, Berlin 1991.

Dahrendorf, Ralf: Betrachtungen über die Revolution in Europa, 2. Aufl., Stuttgart 1991.

Das Deutschland Buch. Geteilte Ansichten über eine vereinte Nation, Frankfurt a. M. 1990.

Diwald, Hellmut: Deutschland einig Vaterland, Berlin 1990.

Dohnanyi, Klaus von: Brief an die Deutschen Demokratischen Revolutionäre, Leipzig und München 1990.

Ders.: Das deutsche Wagnis. Europas Schlüssel zum Frieden, München 1990.

Ders.: Das Deutsche Wagnis. Über die wirtschaftlichen und sozialen Folgen der Einheit, München 1991.

Eckert, Rainer / Küttler, Wolfgang / Seeber, Gustav (Herausgeber): Krise – Umbruch – Neubeginn. Eine kritische und selbstkritische Dokumentation der DDR-Geschichtswissenschaft 1989/90, Stuttgart 1992.

Ehrenberg, Herbert: Damit keiner unter die Räder kommt – Strategien für einen gesamtdeutschen Sozialstaat, Köln 1990.

Eichhorn, Alfred / Reinhard, Andreas (Herausgeber): Nach langem Schweigen endlich sprechen. Briefe an Walter Janka, Weinheim 1990.

Der Eiserne Vorhang bricht. Bilder einer Weltrevolution. Stern-Fotore-portage, Hamburg 1990.

Farin, Klaus / Seidel-Pielen, Eberhard: Rechtsdruck. Rassismus im neuen Deutschland, Berlin 1992.

Fischer, Erica / Lux, Petra: Ohne uns ist kein Staat zu machen. DDR-Frauen nach der Wende, Köln 1990.

Der Fischer Weltalmanach, Sonderband DDR: Chronik, Namen, Parteien, Wahlergebnisse, Perspektiven, Frankfurt a. M. 1990.

Förster, Peter / Roski, Günter: DDR zwischen Wende und Wahl. Meinungsforscher analysieren den Umbruch, Berlin 1990.

Freibeuter 45: Verfassung und andere Revolutionen, Berlin 1990.

Fricke, Karl Wilhelm: MfS intern. Macht, Strukturen, Auflösung der DDR-Staatssicherheit, Köln 1991.

Fuchs, Jürgen: «...und wann kommt der Hammer?». Psychologie, Opposition und Staatssicherheit, Berlin 1990.

Gauck, Joachim: Die Stasi-Akten. Das unheimliche Erbe der DDR, Reinbek 1991.

Gaus, Günter: Deutschland – was sonst?, Hamburg 1990.

Ders.: Wendewut, Hamburg 1990.

Geerts, Rudi (Herausgeber): Hier lacht das Volk, Reinbek 1990.

Gill, David / Schröter, Ulrich: Das Ministerium für Staatssicherheit, Berlin 1991.

Glaeßner, Gert-Joachim: Der schwierige Weg zur Demokratie. Vom Ende der DDR zur deutschen Einheit, Wiesbaden 1991.

Glotz, Peter: Der Irrweg des Nationalstaates – Europäische Reden an ein deutsches Publikum, Stuttgart 1990.

Gorholt, Martin / Kunz, Norbert W. (Herausgeber): Deutsche Einheit, Deutsche Linke. Reflexionen der politischen und gesellschaftlichen Entwicklung, Köln 1990.

Götz, Hans Herbert: Honecker – und was dann. 40 Jahre DDR, Herford 1989.

Grass, Günter: Deutscher Lastenausgleich – Wider das dumpfe Einheitsgebot, Reden und Gespräche, Frankfurt a. M. 1990.

Grötzinger, Gerd: Teures Deutschland. Was kostet uns die DDR, Berlin 1990.

Grosser, Alfred: Mit Deutschen streiten. Aufforderungen zur Wachsamkeit, München 1992.

Gysi, Gregor: Wir brauchen einen dritten Weg. Selbstverständnis und Programm der PDS, Hamburg 1990.

Habermas, Jürgen: Die nachholende Revolution – Kleine politische Schriften, Band 7, Frankfurt a. M. 1990.

Hannover, Irmela/Rothin, Ilona (Herausgeberinnen): BRDDR. DDR-Reporter berichten aus Deutschland-West. BRD-Reporter berichten aus Deutschland-Ost, Hamburg 1990.

Hartmann, Andreas/Küsting, Sabine (Herausgeber): Grenzgeschichten. Berichte aus dem deutschen Niemandsland, Frankfurt a. M. 1990.

Hartung, Klaus: Neunzehnhundertneunundachtzig. Ortsbesichtigungen nach einer Epochenwende, Frankfurt a. M. 1991.

Hättich, Manfred: Politische Bildung nach der Wende, München 1991.

Hein, Christoph: Die fünfte Grundrechenart – Aufsätze und Reden 1987–1990, Frankfurt a. M. 1990.

Heine, Michael/Herr, Hansjörg/Westphal, Andreas/Busch, Ulrich/Modelaers, Rudolf (Herausgeber): Die Zukunft der DDR-Wirtschaft, Reinbek 1990.

Heinrich, Arthur/Naumann, Klaus (Herausgeber): Alles Banane – Ausblicke auf das endgültige Deutschland, Köln 1990.

Herles, Wolfgang: Nationalrausch. Szenen aus dem gesamtdeutschen Machtkampf, München 1990.

Herles, Helmut/Rose, Ewald (Herausgeber): Parlaments-Szenen einer deutschen Revolution – Bundestag und Volkskammer im November 1989, Bonn 1990.

Dies. (Herausgeber): Vom Runden Tisch zum Parlament, Bonn 1990.

Herrnstadt, Rudolf: Das Herrnstadt-Dokument. Das Politbüro der SED und die Geschichte des 17. Juni 1953, Reinbek 1990.

Hettlage, Robert: Die Bundesrepublik. Eine historische Bilanz, München 1990.

Heym, Stefan: Einmischung – Gespräche, Reden, Essays, Gütersloh 1990.

Hildebrandt, Jörg/Thomas, Gerhard (Herausgeber): Unser Glaube mischt sich ein… Evangelische Kirche in der DDR 1989. Berichte, Fragen, Verdeutlichungen, Berlin 1990.

Humann, Klaus (Herausgeber): Wir sind das Geld. Wie die Westdeutschen die DDR aufkaufen, Reinbek 1990.

Institut für Ökologische Wirtschaftsforschung (Herausgeber): Umweltreport DDR, Frankfurt a. M. 1990.

Jaenecke, Heinrich: Das deutsche Trauma. Die Geschichte der Teilung – Legende und Wirklichkeit, Hamburg 1989.

Janka, Walter: Spuren eines Lebens, Berlin 1991.

Joas, Hans/Kohli, Martin (Herausgeber): Zusammenbruch der DDR, Frankfurt a. M. 1992.

Jungblut, Michael: Wirtschaftswunder ohne Grenzen – Wohlstand diesseits und jenseits der Elbe, Stuttgart 1990.

Just, Gustav: Zeuge in eigener Sache. Mit einem Vorwort von Christoph Hein, Berlin und Frankfurt a. M. 1990.

Kahlau, Cordula (Herausgeberin): Aufbruch! Frauen in der DDR. Eine Dokumentation, München 1990.

Kallabis, Heinz: Ade DDR! Tagebuchblätter 7. Oktober 1989 bis 8. Mai 1990, Berlin 1990.

Keller, Dietmar (Herausgeber): Nachdenken über Deutschland. Vortragsreihe im Apollo-Saal der Deutschen Staatsoper Berlin, Berlin 1990.

Knabe, Hubertus (Herausgeber): Aufbruch in eine andere DDR. Reformer und Oppositionelle zur Zukunft ihres Landes, Reinbek 1989.

Knopp, Guido / Kuhn, Eckehard: Die deutsche Einheit. Traum und Wirklichkeit, Erlangen, Bonn, Wien 1990.

Koch, Peter-Ferdinand: Das Schalck-Imperium lebt. Deutschland wird gekauft, München und Zürich 1992.

Ködderitzsch, Peter / Müller, Leo A.: Rechtsextremismus in der DDR, Göttingen 1990.

Königsdorf, Helga: Adieu DDR. Protokolle eines Abschieds, Reinbek 1990.

Kuby, Erich: Der Preis der Einheit. Ein deutsches Europa formt sein Gesicht, Hamburg 1990.

Kuczynski, Jürgen: Schwierige Jahre – mit einem besseren Ende? Tagebuchblätter von 1987 bis 1989, Berlin 1990.

Kunert, Günter: «Deutschland» und die DDR. In: Conturen 4 / 1990, Wien 1990.

Kursbuch Heft 101: Abriß der DDR, Berlin 1991.

Lafontaine, Oskar: «Das Lied vom Teilen» – Die Debatte über Arbeit und politischen Neubeginn, München 1990.

Lang, Jochen von: Erich Mielke. Eine deutsche Karriere, Berlin 1991.

Leggewie, Claus: multi kulti. Spielregeln für die Vielvölkerrepublik, Berlin 1990.

Lemke, Christiane: Die Ursachen des Umbruchs 1989. Politische Sozialisation in der ehemaligen DDR, Wiesbaden 1991.

Leonhard, Wolfgang: Das kurze Leben der DDR. Berichte und Kommentare aus vier Jahrzehnten, Stuttgart 1990.

Longerich, Peter (Herausgeber): «Was ist des Deutschen Vaterland?» Dokumente zur Frage der deutschen Einheit 1800–1990. 2. Aufl. München und Zürich 1990.

Maaz, Hans-Joachim: Der Gefühlsstau. Ein Psychogramm der DDR, Berlin 1990.

Mangoldt, Hans u. a.: (Wieder-)Vereinigungsprozeß in Deutschland, Stuttgart 1990.

Maron, Jonas / Schedlinski, Rainer: Innenansichten DDR. Letzte Bilder, Reinbek 1990.

Marsh, David: Deutschland im Aufbruch, Wien 1990.

Martin, Bernd (Herausgeber): Deutschland in Europa. Ein historischer Rückblick, München 1992.

Matussek, Matthias: Das Selbstmord-Tabu. Von der Seelenlosigkeit des SED-Staates, Reinbek 1992.

Meier, Christian: Deutsche Einheit als Herausforderung: Welche Fundamente für welche Republik, München 1990.

Menge, Marlies: «Ohne uns läuft nichts mehr» – Die Revolution in der DDR, Stuttgart 1990.

Meyer, Thomas: Was bleibt vom Sozialismus?, Reinbek 1991.

Mitter, Armin / Wolle, Stefan (Herausgeber): «Ich liebe euch doch alle!» Befehle und Lageberichte des MfS Januar–November 1989, Berlin 1990.

Moeller, Michael Lukas / Maaz, Hans-Joachim: Die Einheit beginnt zu zweit. Ein deutsch-deutsches Zwiegespräch, Berlin 1991.

Müller, Heiner: «Jenseits der Nation», Berlin 1991.

Ders.: «Zur Lage der Nation», Berlin 1990.

Müller, Michael / Kanonenberg, Andreas: Die RAF-Stasi-Connection, Berlin 1992.

Münch, Ingo von (Herausgeber): Dokumente der Wiedervereinigung Deutschlands, Stuttgart 1991.

Münkler, Herfried (Herausgeber): Die Chancen der Freiheit. Grundprobleme der Demokratie, München und Zürich 1992.

Naumann, Michael (Herausgeber): «Die Geschichte ist noch offen». DDR 1990: Hoffnung auf eine neue Republik, Reinbek 1990.

Neumann, Thomas: Die Maßnahme. Eine Herrschaftsgeschichte der SED, Reinbek 1991.

Niethammer, Lutz: Die volkseigene Erfahrung. Eine Archäologie des Lebens in der Industrieprovinz der DDR, Berlin 1991.

Noll, Chaim: Nachtgedanken über Deutschland. Essay, Reinbek 1992.

Petschow, Ulrich / Meyerhoff, Jürgen / Thomasberger, Claus: Umweltreport DDR – Bilanz der Zerstörung, Kosten der Sanierung, Strategien für den ökologischen Umbau. Eine Studie des Instituts für Ökologische Wirtschaftsforschung, Frankfurt a. M. 1990.

Preuß, Ulrich K.: Revolution, Fortschritt und Verfassung. Zu einem neuen Verfassungsgeständnis, Berlin 1990.

Der Prozeß gegen Walter Janka und andere. Eine Dokumentation, Reinbek 1990.

Przybylski, Peter: Tatort Politbüro. Die Akte Honecker, Reinbek 1991.

Rammstedt, Otthein / Schmidt, Gert (Herausgeber): BRD – ade!, Frankfurt a. M. 1992.

Reinartz, Dirk / Runkel, Wolfram: Besonderes Kennzeichen: Deutsch – Sieben Reportagen, Göttingen 1990.

Reißig, Rolf / Glaeßner, Gert-Joachim (Herausgeber): Das Ende des Experiments. Umbruch in der DDR und deutsche Einheit, Bonn 1991.

Saña, Heleno: Das vierte Reich. Deutschlands später Sieg, Hamburg 1990.

Schabowski, Günter: Das Politbüro. Ende eines Mythos, Reinbek 1990.

Ders.: Der Absturz, Berlin 1991.

Schell, Manfred / Kalinka, Werner: Stasi und kein Ende. Die Personen und Fakten, Berlin 1991.

Scherzer, Landolf (Herausgeber): Zeit läuft. Dokumentarliteratur vor und nach der Wende, Berlin 1990.

Schirrmacher, Frank (Herausgeber): Im Osten erwacht die Geschichte. Essays, Stuttgart 1990.

Schmidt, Helmut: Die Deutschen und ihre Nachbarn, Berlin 1990.

Schneider, Peter: Extreme Mittellage. Eine Reise durch das deutsche Nationalgefühl, Reinbek 1990.

Schoch, Bruno (Redaktion): Deutschlands Einheit und Europas Zukunft, Frankfurt a. M. 1992.

Schöllgen, Gregor: Die Macht in der Mitte Europas. Stationen deutscher Außenpolitik von Friedrich dem Großen bis zur Gegenwart, München 1992.

Schüddekopf, Charles (Herausgeber): «Wir sind das Volk!». Flugschriften, Aufrufe und Texte einer deutschen Revolution, Reinbek 1990.

Schwarz, Gislinde / Zenner, Christine (Herausgeberinnen): Wir wollen mehr als ein «Vaterland». DDR-Frauen im Aufbruch, Reinbek 1990.

Simon, Günter: Tisch-Zeiten. Aus den Notizen eines Chefredakteurs 1981–1989, Berlin 1990.

Sloterdijk, Peter: Versprechen auf Deutsch – Rede über das eigene Land, Frankfurt a. M. 1990.

SPIEGEL TV: Fünf Wochen im Herbst – Protokoll einer deutschen Revolution. Von der 40-Jahr-Feier eines zerfallenden Regimes bis zur Öffnung des Brandenburger Tores. Eine zeitgeschichtliche Dokumentation über den Wandel in der DDR. Video-Kassette, Hamburg 1989.

SPIEGEL TV: Deutschland im Frühling 1990 – Protokoll einer deutschen Revolution Teil 2. Von der Öffnung des Brandenburger Tores bis zu den ersten freien Wahlen am 18. März 1990: Eine zeitgeschichtliche Dokumentation über den Wandel in der DDR und den Weg zur Einheit. Video-Kassette, Hamburg 1990.

Sternburg, Wilhelm von (Herausgeber): Das Deutschland-Buch. Geteilte Ansichten über eine vereinte Nation, Frankfurt a. M. 1990.

Süssmuth, Rita / Schubert, Helga: Bezahlen Frauen die Wiedervereinigung?, München und Zürich 1992.

Tetzner, Reiner: Leipziger Ring. Aufzeichnungen eines Montagsdemonstranten, Frankfurt a. M. 1990.

Veen, Hans-Joachim: Abschluß, Neubeginn und Übergang: Die erste gesamtdeutsche Wahl und die Veränderungen der Wähler- und Parteienstrukturen in Deutschland, Bonn 1991.

Walser, Martin: Über Deutschland reden, Frankfurt a. M. 1989.

Walther, Joachim / Biermann, Wolf / Bruyn, Günter de u. a. (Herausgeber): Protokoll eines Tribunals. Die Ausschlüsse aus dem DDR-Schriftstellerverband 1979, Reinbek 1991.

Wawrzyn, Lienhard: Der Blaue. Das Spitzelsystem der DDR, Berlin 1990.

Weber, Hermann: Aufbau und Fall einer Diktatur. Kritische Beiträge zur Geschichte der DDR, Köln 1991.

Ders.: DDR. Grundriß der Geschichte, Hannover 1991.

Wehner, Burkhard: Der lange Abschied vom Sozialismus, Frankfurt a. M. 1990.

Weidenfeld, Werner: Der deutsche Weg, Berlin 1990.

Westphalen, Josef von: Von deutscher Bulimie. Diagnose einer Freßgier. Vergebliche Streitschrift gegen die deutsche Einheit, München 1990.

Wewer, Göttrik (Herausgeber): DDR – Von der friedlichen Revolution zur deutschen Wiedervereinigung, Leverkusen 1990.

Wichner, Ernest / Wiesner, Herbert (Herausgeber): Literaturentwicklungsprozesse. Die Zensur der Literatur in der DDR, Frankfurt a. M. 1992.

Wickert, Ulrich (Herausgeber): Angst vor Deutschland, Hamburg 1990.

Wolf, Christa: Im Dialog – Aktuelle Texte, Frankfurt a. M. 1990.

Wolf, Markus: In eigenem Auftrag. Bekenntnisse und Einsichten, München 1991.

Worst, Anne: Das Ende eines Geheimdienstes oder wie lebendig ist die Stasi?, Berlin 1991.

Zurück zu Deutschland. Umsturz und demokratischer Aufbruch in der DDR, Bonn 1990.

Namenregister

«Ich fühle mich bis auf den heutigen Tag nicht wohl in meiner Haut als deutscher Untertan — oder genauer: als Untertan und Deutscher. Einige alpdruckartige Eckdaten der jüngeren deutschen Geschichte lassen sich in meinem Kopf nicht so ohne weiteres streichen oder gar umfunktionieren.»
Joschka Fischer

Joschka Fischer
Von grüner Kraft und Herrlichkeit
(aktuell 5532)
Aufsätze, Essays und Reden des grünen «Realo» Joschka Fischer.

Ralf Fücks (Hg.)
Sind die Grünen noch zu retten?
(aktuell 13017)
Anstöße von Ulrich Beck, Monika Griefahn, Petra Kelly, Otto Schily, Michaele Schreyer, Antje Vollmer u.a.

Rudi Dutschke
Mein langer Marsch *Reden, Schriften und Tagebücher aus zwanzig Jahren*
Herausgegeben von Gretchen Dutschke-Klotz, Helmut Gollwitzer und Jürgen Miermeister
(aktuell 4718)

Peter Mosler
Was wir wollten, was wir wurden *Zeugnisse der Studentenrevolte*
(aktuell 12488)

Leo A. Müller
Gladio — das Erbe des Kalten Krieges *Der Nato-Geheimbund und sein deutscher Vorläufer*
Mit einem Beitrag von Werner Raith
(aktuell 12993)

Mario Krebs
Ulrike Meinhof *Ein Leben im Widerspruch*
(aktuell 5642)
Sie war die meistgesuchte Frau der Bundesrepublik - für die einen überzeugte, wenn auch gescheiterte Moralistin, für die anderen kaltblütige Terroristin. Marion Krebs hat den politischen Lebensweg von Ulrike Meinhof an Hand der Zeugnisse, der Erzählungen von Freunden und Angehörigen und an Hand ihrer eigenen Texte rekonstruiert.

Klemens Ludwig
Europa zerfällt *Völker ohne Staaten und der neue Nationalismus*
(aktuell 13217)
Ob Serben, Kroaten, Tschechen oder Slowenen, ob Basken, Iren, Schotten oder Katalanen - Während die nationalstaat-lichen Klammern lockerer werden, brechen überall in Europa - scheinbar gegen-läufig - regionalistische und nationalistische Tendenzen auf. Klemens Ludwig unter-sucht die Hintergründe, Ur-sachen und Folgen.

«Kaum einer von denen, die über die deutsche Grenze drängen, ob Türken oder Afghanen, ob Boat people oder Tamilen, hat seine Heimat aus Übermut oder Leichtsinn verlassen.»
Wilhelm Wöste, Weihbischof in Münster

Bahman Nirumand (Hg.)
Angst vor den Deutschen *Terror gegen Ausländer und der Zerfall des Rechtsstaates*
(rororo aktuell 13176)
Angst ist zu einem prägenden Lebensgefühl im Alltag von Ausländern geworden. Das Buch sucht mit Appellen, Analysen und Berichten Betroffener nach den Ursachen des Fremdenhasses.
Mit Beiträgen von Hans Magnus Enzensberger, Peter Schneider, Bahman Nirumand, Heiner Geißler, Freimut Duve, Wolfgang Thierse u. a.

Barbara Malchow / Keyumars Tayebi / Ulrike Brand
Die fremden Deutschen
(rororo aktuell 12786)
Aussiedler erzählen ihre Lebensgeschichte, beschreiben ihre Ausreisemotive und schildern ihre ersten Eindrükke vom Leben in der Bundesrepublik.

Dorothee Sölle
Im Hause des Menschenfressers
Texte zum Frieden
(rororo aktuell 4848)
Die Theologin berichtet von Menschenrechtsverletzungen in Brasilien, vom Bürgerkrieg in El Salvador, den «Verschwundenen» in lateinamerikanischen Diktaturen und der Vernichtung der Indianer in Guatemala.

Thomas Seiterich (Hg.)
Briefe an den Papst *Beten allein genügt nicht*
Ein Publik-Forum-Buch
(rororo aktuell 12140)

Erhard Eppler
Das Schwerste ist Glaubwürdigkeit
(rororo aktuell 4355)
Gespräche über ein Politikerleben mit Freimut Duve

Peter-Jürgen Boock
Schwarzes Loch
Im Hochsicherheitstrakt
(rororo aktuell Essay 12505)
Notizen und Erinnerungen aus den Haftjahren

«Es ist eine Illusion zu glauben, das Problem der Stasi-Akten ließe sich dadurch erledigen, daß man einen riesigen Betondeckel über sie legt, so daß niemand mehr herankommt.»
Joachim Gauck

Joachim Gauck
Die Stasi-Akten *Das unheimliche Erbe der DDR*
(aktuell 13016)

Rudolf Herrnstadt
Das Herrnstadt–Dokument *Das Politbüro der SED und die Geschichte des 17. Juni 1953*
Herausgegeben von Nadja Stulz-Herrnstadt
(aktuell 12837)
Das Herrnstadt–Dokument enthüllt, wie tiefgehend die Krise der DDR–Führungsspitze vor, während und nach dem Aufstand vom 17. Juni 1953 war.

Helga Königsdorf
Adieu DDR *Protokolle eines Abschieds*
(aktuell 12991)
In den letzten Wochen der real existierenden DDR hat die Autorin Menschen über ihr vergangenes Leben, ihre gegenwärtigen Gefühle und ihre Erwartungen an die Zukunft befragt.

Günter Schabowsi
Das Politbüro *Ende eines Mythos. Eine Befragung*
Herausgegeben von Frank Sieren und Ludwig Koehne
(aktuell 12888)
«Mich bedrückt, daß ich ein verantwortlicher Vertreter eines Systems war, unter dem Menschen gelitten haben.»
Günter Schabowski

Cora Stephan (Hg.)
Wir Kollaborateure *Der Westen und die deutschen Vergangenheiten*
(aktuell 13218)

Joachim Walther / Wolf Biermann / Günter de Bruyn u. a. (Hg.)
Protokoll eines Tribunals *Die Ausschlüsse aus dem DDR-Schriftstellerverband 1979*
(aktuell 12992)

Matthias Matussek
Das Selbstmord-Tabu *Von der Seelenlosigkeit des SED-Staates*
(aktuell 13177)

Georg Lukács / Johannes R. Becher / Friedrich Wolf u. a.
Die Säuberung *Moskau 1936: Stenogramm einer geschlossenen Parteiversammlung*
Herausgegeben von Reinhard Müller
(aktuell 13012)

Reinhard Müller (Hg.)
Die Liquidierung *Stalins Terror gegen deutsche Emigranten 1933 bis 1945 Dokumente aus Moskauer Geheimarchiven*
(aktuell 13273 / Feb. '93)

Als die Nazis die Kommunisten holten,
habe ich geschwiegen;
ich war ja kein Kommunist.
Als sie die Sozialdemokraten einsperrten,
habe ich geschwiegen;
ich war ja kein Sozialdemokrat.
Als sie die Katholiken holten,
habe ich nicht protestiert;
ich war ja kein Katholik.
Als sie mich holten, gab es keinen mehr,
der protestieren konnte.
Martin Niemöller

Jens Ebert (Hg.)
Stalingrad - eine deutsche Legende
Zeugnisse einer verdrängten Niederlage
(aktuell 13121)

Harald Focke / Uwe Reimer
Alltag unterm Hakenkreuz *Wie die Nazis das Leben der Deutschen veränderten Ein aufklärendes Lesebuch*
(rororo aktuell 4431)
Wie lebten die Durchschnittsbürger nach 1933? Was änderte sich im Alltag des «kleinen Mannes»? Wie reagierte er auf die zunehmenden Reglementierungen?

Martin Gilbert
Endlösung *Die Vertreibung und Vernichtung der Juden*
(aktuell 5031)
Großformat. Ein Atlas

Ferdinand Kroh
David kämpft *Vom jüdischen Widerstand gegen Hitler*
(aktuell 5644)

Reinhard Kühnl
Formen bürgerlicher Herrschaft
Liberalismus - Faschismus
(aktuell 1342)

Erwin Leiser
"Deutschland, erwache!" *Propaganda im Film des Dritten Reiches*
(aktuell 12598)

Benno Müller-Hill
Tödliche Wissenschaft *Die Aussonderung von Juden, Zigeunern und Geisteskranken 1933 - 1945*
(aktuell 5349)
Dieses Buch ist eine Anklageschrift . Es untersucht die Teilhabe deutscher Wissenschaftler an dem faschistischen Vernichtungsfeldzug gegen Zigeuner, Juden und Geisteskranke.

rororo aktuell wird herausgegeben von Ingke Brodersen. Ein Gesamtverzeichnis der Reihe finden Sie in der *Rowohlt Revue.* Jedes Vierteljahr neu. Kostenlos in Ihrer Buchhandlung.

Peter–Jürgen Boock
Schwarzes Loch im Hochsicher-heitstrakt
(aktuell 12505)
«Mein Bericht über die Hoch-sicherheitshaft ist parteiisch und soll es auch sein. Hoch-sicherheitshaft zerstört Men-schen, ihre Psyche wie ihre Physis, dazu kann es keine "neutrale" Position geben.
Jürgen–Peter Boock

István Eörsi
Erinnerung an die schönen alten Zeiten
(aktuell 12990)
1956, nach dem ungarischen Volksaufstand, wurde István Eörsi, Anhänger von Imre Nagy und Schüler des später verfolgten Georg Lukács, ver-haftet. Dreißig Jahre danach erinnert er sich ...

Alain Finkielkraut
Die Niederlage des Denkens
(aktuell 12413)

Robert Havemann
Die Stimme des Gewissens *Texte eines deutschen Antistali-nisten*
(aktuell 12813)
Vom Volksgerichtshof unter Freisler zum Tode verurteilt, als Leiter des Kaiser-Wilhelm-Instituts in Berlin-Dahlem fristlos entlassen, in der DDR seiner Ämter enthoben und aus der Partei ausgeschlossen - Robert Havemann war ein unbequemer Zeitgenosse für das SED-Regime.

Hans-Jürgen Heinrichs
Inmitten der Fremde *Von In- und Ausländern*
(aktuell 13219)

Karl Otto Hondrich

Essay

Lehrmeister Krieg

rororo

Gunter Hofmann
Willy Brandt – *Porträt eines Aufklärers aus Deutschland*
(aktuell 12503)
«Willy Brandt war kein Held. Und er ließ das erkennen. Er war sich seiner selbst nicht ganz sicher. Politiker mit Schwächen kannte man, aber wenige, die sie zeigten. Er ha-be gelernt, "an die Vielfalt und an den Zweifel zu glauben", gestand er, als ihm der Friedensnobelpreis ver-liehen wurde.»
Gunter Hofmann

Karl Otto Hondrich
Lehrmeister Krieg *Essay*
(aktuell 13073)

Claus Leggewie
Alhambra - der Islam im Westen
(aktuell 13274)
Der Autor zeigt, daß die allenthalben spürbare Angst vor dem Islam weitaus gefährlicher ist als dieser selbst. Europas Moslems wollen keinen Gottesstaat, sondern einen reformierten Islam, der die Kluft zwischen Orient und Okzident ein-ebnet.

Wolfgang Huber
Protestantismus und Protest
Zum Verhältnis von Ethik und Politik
(aktuell 12136)
«Der christliche Glaube ist so politisch, wie er persönlich ist. Er betrifft die äußeren Lebensverhältnisse, wie er das Innere der Menschen verwandelt. Er hat es mit dem Frieden der Staaten ebenso zu tun wie mit dem Frieden der Herzen. Denn er betrifft den ganzen Menschen. Wer ihn zu einem abgesonderten Lebensbezirk macht, verurteilt ihn zur Bedeutungslosigkeit.»
Wolfgang Huber

Ivan Illich
H₂O und die Wasser des Vergessens
(aktuell 12131)

Rudolf zur Lippe
Freiheit die wir meinen
(aktuell 12900)
«Der gescheiterte Sozialismus hinterläßt ein erschreckendes Erbe. Die westliche Freiheit muß ganz neu ihren Aufgaben gerecht werden. Wie können wir ihre Werkzeuge tauglich machen, um den Erwartungen zu entsprechen und nicht länger Natur und Geschichte zu zerstören?»
Rudolf zur Lippe

Thomas Meyer
Fundamentalismus Aufstand gegen die Moderne
(aktuell 12414)
Was bleibt vom Sozialismus?
(aktuell 12898)
«Das Ende des Kommunismus kann keinen Sozialismus, der sich ernst nimmt, unberührt lassen. Was ansteht, ist eine neue Kritik des Sozialismus.» *Thomas Meyer*

Michael Lukas Moeller

Essay

Der Krieg, die Lust, der Frieden, die Macht

Adam Michnik
Der lange Abschied vom Kommunismus *Essay*
(aktuell 13072)

Michael Lukas Moeller
Der Krieg, die Lust, der Frieden, die Macht *Essay*
(aktuell 13175)

Bahman Nirumand
Leben mit den Deutschen *Briefe an Leila*
(aktuell 12404)

Chaim Noll
Nachtgedanken über Deutschland *Essay*
(aktuell 13120)

Richard von Weizsäcker
Die politische Kraft der Kultur
(aktuell 12249)
«Kultur ist das eigentliche Leben. Kultur ist kein Vorbehaltsgut für Eingeweihte, sie ist vielmehr unser aller Lebensweise. Sie ist folglich auch die Substanz, um die es in der Politik geht.»
Richard von Weizsäcker

Rowohlts bildmonografien mit Selbstzeugnissen und Bilddokumenten. Begründet von Kurt Kusenberg, herausgegeben von Wolfgang Müller.

Eine Auswahl:

Alfred Andersch
dargestellt von Bernhard Jendricke
(395)

Lou-Andreas-Salomé
dargestellt von Linde Salber
(463)

Simone de Beauvoir
dargestellt von Christiane Zehl Romero
(260)

Wolfgang Borchert
dargestellt von Peter Rühmkorf
(058)

Lord Byron
dargestellt von Hartmut Müller
(297)

Raymond Chandler
dargestellt von Thomas Degering
(377)

Charles Dickens
dargestellt von Johann N. Schmidt
(262)

Lion Feuchtwanger
dargestellt von Reinhold Jaretzky
(334)

Theodor Fontane
dargestellt von Helmuth Nürnberger
(145)

Maxik Gorki
dargestellt von Nina Gourfinkel
(009)

Brüder Grimm
dargestellt von Hermann Gerstner
(201)

Frierich Hölderlin
dargestellt von Ulrich Häussermann
(053)

Homer
dargestellt von Herbert Bannert
(272)

Henrik Ibsen
dargestellt von Gerd E. Rieger
(295)

James Joyce
dargestellt von Jean Paris
(040)

rororo bildmonographien

Ein Gesamtverzeichnis der Reihe rororo *bildmonographien* finden Sie in der *Rowohlt Revue*. Jedes Vierteljahr neu. Kostenlos. In Ihrer Buchhandlung.

Ein Gesamtverzeichnis der Reihe rororo *bildmonographien* finden Sie in der *Rowohlt Revue*. Jedes Vierteljahr neu. Kostenlos. In Ihrer Buchhandlung.